TANGANJIKA-CICHLIDEN
in ihrem natürlichen Lebensraum

Ad Konings

Deutsche Überarbeitung:
Dr. Gertrud Konings

Inhalt

Einleitung 7
Der See und seine Cichliden 10
Taxonomie und Phylogenie 18
Der wellenumspühlte Felsbiotop 26
Der seichte, sedimentfreie Felsbiotop 46
Der tiefe Felsbiotop 111
Die Tiefen 127
Das offene Wasser 139
Die Übergangszone 162
Leere Schneckengehäuse 202
Der Sandbiotop 223
Seichte, sedimentreiche Buchten 243
Der Schlammbiotop 255
Literatur 266
Index 270

Umschlagfoto: Ein junger *Tropheus duboisi* an der Insel Karilani, Tansania.

Umschlagfoto Rückseite: *Tropheus* sp. "ikola" bei Kekese, Tansania

Vorsatz: Eine Gruppe maulbrütender Weibchen und einiger *Cyprichromis leptosoma* Männchen bei Isanga, Sambia.

Fotos S. 4: *Neolamprologus buescheri* bei Isanga, Sambia, und *Julidochromis marlieri* bei Halembe, Tansania.

Foto S. 5: Ein *Ophthalmotilapia ventralis* Männchen bei Kambwimba, Tansania.

Alle Bilder vom Autor, außer wenn anders angegeben.

ISBN 3-931702-89-8

Copyright © 1999 by Cichlid Press
Vertrieb über Verlag A.C.S. GmbH
Alle Rechte vorbehalten.
Kein Teil des Werkes darf in irgendeiner Form (Druck, Fotokopie, Mikrofilm, Internet oder einem anderen Verfahren) ohne schriftliche Genehmigung des Verlages oder des Autors reproduziert oder unter Verwendung elektronischer Systeme verarbeitet, gespeichert oder vervielfältigt werden.

Cichlid Press
www.cichlidpress.com

Einleitung

Die erste Ausgabe dieses Buchs wurde als erstes seiner Art 1988 veröffentlicht, indem viele Tanganjikacichliden in exzellentem Detail in ihrem natürlichen Lebensraum gezeigt wurden, wobei die Fotos vorwiegend von Horst Dieckhoff stammten. Über das folgende Jahrzehnt hinweg verhalf es vielen Aquarianern dazu, ihre Becken und Fischgemeinschaften in Gefangenschaft so zu gestalten, daß sie die Cichliden in all ihrem Glanz genießen konnten.

Während dieser zehn Jahre haben aber auch ausgiebige neuere Beobachtungen, Beschreibungen und Erforschungen der Tanganjikacichliden zu neuen Einsichten über diese komplexe Fischgruppe geführt.

Mehrere Wissenschaftler der Kyoto Universität in Japan haben das Leben vieler Buntbarsche detailgenau studiert, und ihre Ergebnisse liefern uns noch immer neue Überraschungen. Durch anatomische Studien der Lamprologinen ist es Dr. Melanie Stiassny, vom American Museum of Natural History, gelungen, ein solides Fundament für die zukünftige Klassifizierung und Revision dieser Gruppe, die fast 40% aller Tanganjika-Cichlidenarten umfaßt, zu schaffen. Vor kurzem haben einige Wissenschaftler aus Japan eine Reihe informationstragender Bereiche im genetischen Material der Cichliden entdeckt, mit denen sie in der Lage waren, einen glaubwürdigen phylogenetischen Stammbaum für viele Tanganjikacichliden aufzustellen. Ich selbst war in der Lage, durch Beobachtungen in den verschiedenen Biotopen der Cichliden, einen besseren Einblick in die Natur ihrer komplexen Fischgemeinschaften zu bekommen und eine riesige Informationsmenge über das Leben dieser inspirierenden Kreaturen zu sammeln. Dieses Buch bemüht sich, die Ergebnisse all dieser Forschungen in die Beschreibungen der verschiedenen Arten in ihren Biotopen zu integrieren. Zusätzlich, um interessierten Aquarianern die Herrlichkeit von Tanganjikacichliden nahezubringen, habe ich versucht, jede Art in ihrer natürlichen Umgebung zu fotografieren. Obwohl jedes dieser Fotos nicht mehr als ein winziges Fenster im langen "Film" der Interaktionen der Cichliden darstellt, sagt es doch mehr aus als Worte erhoffen können, und geben dem Betrachter einen direkten Einblick ins Leben des Fischs.

Die in diesem Buch dokumentierten Beobachtungen befassen sich mit den Cichliden in ihrem natürlichen Lebensraum, nicht in Gefangenschaft. Obwohl vieles von ihrem natürlichen Verhalten auch in Gefangenschaft gezeigt wird, müssen wir doch immer daran denken, daß wir es im Aquarium nur mit wenigen Tieren zu tun haben, und daß Schlüsse, die aus derart kleinen Proben gezogen werden, nicht mit absoluter Sicherheit auf die Art im allgemeinen übertragen werden können. Wenn man ein Tanganjikacichliden-Aquarium aufstellen möchte, sollte die Kenntnis über Biotope und Bedürfnisse der Tiere in Betracht gezogen werden, weil damit eine gute Gesundheit und die Entfaltung ihres natürlichen Verhaltens wahrscheinlicher wird. Es sollte das Ziel jedes Aquarianers sein, seine Fische mit dem bestmöglichen künstlichen Biotop zu beliefern, denn nur so wird er sich maximal an seinen Fischen erfreuen können.

Eine Reihe von Fragen, die während der Vorbereitung zu diesem Buch aufkamen, wurden schnell und bezugnehmend von verschiedenen Ichthyologen beantwortet, und ich möchte deshalb meinen Dank an Drs. Melanie Stiassny, Jos Snoeks und Tetsumi Takahasi sagen, die ihr Wissen mit mir geteilt haben. Ich möchte aber auch Martin Geerts dafür danken, daß er mit mir sein enzyklopädisches Wissen über die Cichliden und seine kritische Betrachtung der wissenschaftlichen Literatur geteilt hat. Ich bin auch Mary Bailey für ihre Anregungen und Bemerkungen zum Inhalt des Manuskriptes dankbar. Ohne die Unterstützung und den Enthusiasmus von Toby Veall (Rift Valley Tropicals, Lusaka, Sambia) und von Laif DeMason (Old World Exotic Fish, Miami, Florida) hätten manche Expeditionen nicht verwirklicht werden können. Am meisten aber möchte ich meiner Frau Gertrud danken, die meine Sucht nach *in situ* Beobachtung der Cichliden unterstützt und bereit war, monatelang zurückzubleiben, um sich um Familie und Fische zu kümmern.

El Paso, Januar 1999

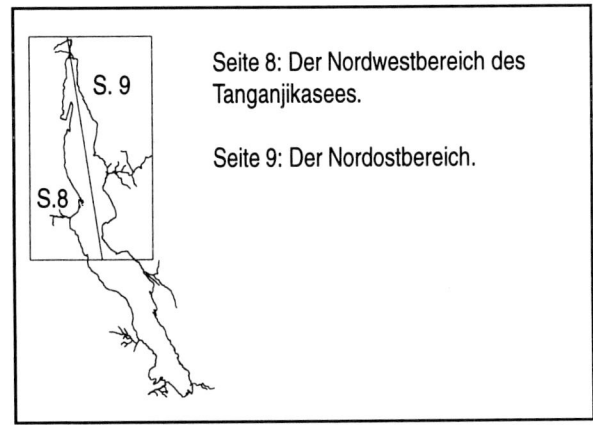

Seite 8: Der Nordwestbereich des Tanganjikasees.

Seite 9: Der Nordostbereich.

Der See und seine Cichliden

Der Tanganjikasee liegt ungefähr in Nordsüdlage im westlichen Arm des afrikanischen Großen Grabens. Seine Küstenlinie durchquert vier verschiedene Länder, wobei der größte Anteil zum Kongo und zu Tansania gehört. Die Nordostregion ist burundisches Gebiet und die südlichste Küstenregion liegt auf sambischem Territorium. Der Zugang zum See ist auf wenige Ortschaften, zu denen Straßen hinführen und in denen Unterkunftsmöglichkeiten gebaut wurden, beschränkt. Diese befinden sich vorwiegend in Burundi und Sambia.

Der Tanganjikasee ist der zweittiefste See der Welt (1470 m), und seine Entstehung wird auf 9 bis 12 Millionen Jahre zurückdatiert. Er besteht eigentlich aus drei Hauptbecken, dem Zongwe-, Kalemie- und Kigomabecken (Capart, 1949); laut Cohen *et al.* (1993) entstand jedes der drei Becken unabhängig von den anderen, wobei das zentrale Becken offensichtlich zuerst auftrat, vor etwa 9-12 Millionen Jahren. Das nördliche Becken bildet sich vor 7-8 Millionen Jahren aus, während das jüngste, das südliche, etwa 2-4 Millionen Jahre alt ist. Die Ufer des Sees sind topographisch unterschiedlich, wobei sich die verschiedenen Typen entlang der etwa 2000 km langen Küste abwechseln. Über lange Strecken werden die drei Becken von Felsküste eingerahmt, z. B. (jeweils) von den Marungu Bergen im Südwesten, den Mahali Bergen an der Zentralküste und von der steilen Felsküste gegenüber Kigoma an der Westseite. Die Küstenstreifen zwischen den drei Becken umfassen ebenfalls Felsregionen, bestehen jedoch größtenteils aus Sandstränden. In der Südhälfte des Sees herrschen oft Strände mit Kies und kleinen Steinen vor, vor allem wenn sich in unmittelbarer Nähe steile Felsküsten befinden. Flußmündungen deuten sich in der Regel durch auffällige Vegetation am Rande des Sees an. Die meisten Flüsse und Bäche sind jedoch nur zeitweiliger Natur und führen nur während der Regenzeit Wasser. Jedoch hatten (und haben noch immer) einige größere, permanente Flüsse Einfluß auf die Verbreitung felsbewohnender Cichliden, da sie oft die Grenze zwischen zwei benachbarten, aber anatomisch unterschiedlichen Populationen bildeten. In dieser Hinsicht bedeutende Flüsse sind der Malagarasi (Tansania), der Ifume (Tansania), der Rusizi (Burundi), der Lukuga (Kongo), der Lunangwa (Kongo) und der Lufubu (Sambia).

Der Lukuga an der westlichen Zentralküste ist der einzige Ausfluß aus dem See, zumindest beim jetzigen Wasserstand des Sees. In der Vergangenheit war der Seespiegel periodisch niedriger als heute; weshalb der Lukuga wahrscheinlich manchmal in die entgegengesetzte Richtung floß und Wasser in den See hinein trug, oder er war vielleicht sogar trocken. Der Fluß Rusizi, der mineralreiches Wasser aus dem Kivusee führt, trägt beträchtlich zum gegenwärtigen Wasserstand bei, aber mehr noch zur chemischen Zusammensetzung des Wassers im See (Haberyan & Hecky, 1987). Man schätzt, daß, nachdem sich der Rusizi — vor etwa 10.000 Jahren — zwischen dem Kivu- und dem Tanganjikasee ausgebildet hatte (Coulter, 1991), sich der Wasserspiegel im See um etwa 75 m anhob.

Der Niederschlag während der Regenzeit (von Oktober bis Dezember und Ende Februar bis April im Norden, und von November bis März im Süden) läßt den Wasserspiegel sichtbar ansteigen und spült große Mengen Sediment in den See. Vor allem am Nordende des Sees bewirkt die lange Regenzeit häufig Planktonblüten und dadurch geringe Sichtverhältnisse im normalerweise kristallklaren Wasser des Sees, der zum klarsten Süßwasser der Welt gezählt wird: die Sichtweite kann bisweilen über 20 m sein. In Sand- und Schlammregionen ist die Sichtweite wegen der suspendierten Sedimentpartikel natürlich stark reduziert. Nur an windstillen Tagen kann die Sichtweite hier 10 m und mehr betragen.

Da der See sehr tief ist, ist nur in der oberen Wasserschicht Sauerstoff vorhanden. Im Süden reicht die sauerstofftragende Schicht bis in etwa 200 m Tiefe, während sie im Norden nur etwa 100 m dick ist. Es gibt so gut wie keine Vermischung der beiden Schichten, abgesehen von einigen seltenen Aufwärtsströmungen von tiefliegendem, sauerstoflosem Wasser im Süden. Derartige Aufwärtsströmungen, die durch die vorherrschenden Südostwinde und eine daraus erfolgende Abkühlung der oberen Wasserschicht hervorgerufen werden, können zum Massensterben unter den Fischen in der oberen Wasserschicht führen (Fryer & Iles, 1972).

Die Cichliden

Der Tanganjikasee ist für seine einzigartige Fauna berühmt. Bei den Aquarianern sind es vor allem die Cichliden, die für ihre Form- und Verhaltensvielfalt bekannt sind, und es soll hier besonders darauf hingewiesen werden, daß die meisten der über 200 (und mehr) Arten endemisch sind, d.h. sie haben sich im isolierten Wasser dieses Sees entwickelt und kommen nirgendwo anders in der Welt vor. Es gibt zur Zeit etwa 177 beschriebene, endemische Cichlidenarten; die wenigen nicht-endemischen Arten im gesamten Seebereich leben in Lagunen und Flüssen, aber nicht im See selbst. Berücksichtigen wir auch noch die anderen Fischfamilien, sowie alle anderen Lebensformen im Wasser, werden wir sprachlos über die riesige Anzahl Arten, die in diesem See endemisch sind. Nicht nur von Cichliden, sondern auch von Stachelaalen, Welsen und Barben haben sich im See sogenannte Artenscharen ausgebildet (eine Artenschar ist eine Ansammlung endemischer Arten, die sich aus einem einzigen oder wenigen verwandten Vorfahren entwickelt haben und in ihrer Ausbreitung eingeschränkt sind (Greenwood, 1984)).

Im Vergleich zu manchen anderen Fischfamilien sind die Cichliden in afrikanischen Flüssen jedoch nur spärlich vertreten. Dagegen spielen sie im See aber die Hauptrolle, berücksichtigt man die vielen Futterspezialisierungen und die Anzahl Arten. Dafür wurden mehrere Begründungen angeführt. Es wurde spekuliert, daß der hohe Mineralgehalt wahrscheinlich die Selektion auf sekundäre Süßwasserfische hin begünstigte, da diese eine hohe Toleranz für gelöste Mineralien haben (Poll, 1986). Andererseits wurde aber auch angeführt, daß die Cichliden, da sie eine geschlossene Schwimmblase haben, die über eine Gasdrüse gefüllt wird, nicht ständig zur Oberfläche schwimmen müssen, um Luft zu schlucken, um ihre Blase zu füllen (Konings, 1988). In Binnenseen, in denen es selbst an der geringsten Deckung in Form von Wasserpflanzen mangelt (und der Tanganjikasee gehört zu diesem Typ), wären Jungfische einem enormen Auslesedruck durch Räuber ausgesetzt, wenn sie auf Oberflächenkontakt zum Auffüllen der Schwimmblase (oder wegen irgendeiner anderen Ursache) angewiesen wären. Eine noch bedeutendere Ursache, warum die Cichliden so weit im See vertreten sind, könnte in ihrer ausgefeilten Brutpflege liegen. Die Eier werden bewacht und befächelt oder im Maul ausgebrütet, und derart beschützt und ständig mit Sauerstoff versorgt. Arten, die sich nicht um ihre Eier kümmern und sich in Küstennähe befinden, sind einer riesigen Räuberansammlung ausgesetzt, und Wasserpflanzen, die den Eiern und Larven Schutz bieten könnten, sind kaum vorhanden.

Man kann bei den Tanganjikabuntbarschen zwei Hauptbrutpflegetypen erkennen: Substratbrüten und Maulbrüten. Das Substratbrüten wird generell für primitiver als das Maulbrüten gehalten (z. B. Barlow, 1991), obwohl die erstgenannte Gruppe dem starken Konkurrenzdruck, der sicher während der langen Evolution des Tanganjikasees stattgefunden hat, nicht weniger standhielt. Die felsige Umgebung liefert vielen kleinen Substratbrütern, die allgemein als Lamprologine bekannt sind, optimalen Lebensraum. Maulbrüten hat sich wahrscheinlich unter Bedingungen ausgebildet, wo Raubfische in der Lage waren, die Vorsichtsmaßnahmen der brutpflegenden Eltern zu umgehen und deren Eier und Larven zu fressen. Bei Arten, die keinem großen Raubfischdruck ausgesetzt waren, war Substratbrüten zweifellos gut an das Leben im See angepaßt. In solchen Fällen ist das Substratbrüten nicht unbedingt eine "rückständige" Technik; in der Tat kann es sich dabei um die für die besonderen Umstände beste Methode handeln.

Man nimmt an, daß sich bei Tanganjikacichliden das Maulbrüten mehrmals unabhängig im See entwickelt hat (vgl. S. 19), und bis heute gibt es mehrere vermutliche Zwischenstadien zwischen monogamen Substratbrütern und polygamen Maulbrütern. Als primitivste Arten gelten solche mit vielen, kleinen Eiern (über 200; etwa 1 mm groß), und als am weitesten entwickelt gelten Arten mit wenigen, großen Eiern (weniger als 20; über 5 mm groß). Bei primitiven Arten sind die Larven nach etwa 6 bis 9 Tagen voll entwickelt, bei fortschrittlicheren Arten benötigen sie dagegen über 30 Tage für ihre Entwicklung.

Als weitere Ursache für die starke Vertretung der Buntbarsche im See, mag neben dem besonderen Brutverhalten auch noch in ihrem Freßverhalten liegen. Cichliden sind generell sich am Boden orientierende Fische, die Futter und Schutz in, auf und dicht beim Substrat finden. Die Freßwerkzeuge der Buntbarsche sind in der Lage, sich zu spezialisieren, um sich einer möglichen Futterquelle anzupassen, und man glaubt, daß dieses Merkmal zu ihrem evolutionären Erfolg in einigen Regionen beigetragen hat. Neben den äußeren Kieferknochen,

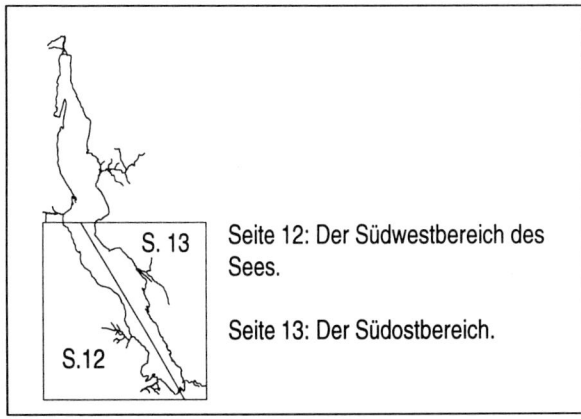

Seite 12: Der Südwestbereich des Sees.

Seite 13: Der Südostbereich.

die zum Ergreifen der Nahrung benutzt werden, besitzen die Cichliden auch noch einen zweiten Kiefersatz, unmittelbar vor dem Schlund, der sog. Pharyngealapparat, der aus mit Zähnen besetzten Knochenplatten besteht, die dazu geeignet sind, das normalerweise verzehrte Futter zu bearbeiten. Bei Fischfressern sind die Zähne auf diesen Schlundknochen scharf und schlank, um die Beute zu zerkleinern, während sie bei Schneckenfressern rund und kräftig sind, um dem Druck, der beim Aufknacken des Schneckengehäuses auf die Pharyngealknochen ausgesetzt wird, zu widerstehen. Ähnlich sind auch die äußeren Kieferknochen wandlungsfähig, um unterschiedliche Futterquellen zu erschließen zu können.

Tanganjikacichliden haben eine erstaunliche Anzahl Freßtechniken entwickelt, was vielleicht daran liegt, daß diese Fischgemeinschaft den See bereits seit langer Zeit bevölkert. Buntbarsche in den Flußsystemen Afrikas weisen eine viel geringere Futterspezialisierung auf; meistens fressen sie Wirbellose, Plankton oder sind Fischfresser. Diese Freßverhalten findet man auch bei zahlreichen Arten im See. Hier haben sich jedoch Spezialisierungen wie Schuppenfressen, Schwammfressen, Algengrasen, Schlammfressen, Eifressen und Überspezialisierungen der Freßtechniken der Flußcichliden entwickelt.

Diese Spezialisierungen haben sich bei den Buntbarschen zu einem solchen Grad hin entwickelt, daß jede Art einen bestimmten Biotop bevorzugt, und viele Arten sind sogar auf einen bestimmten Biotop beschränkt. Auswertungen der Freilandbeobachtungen und die Inspektion vieler lokaler Gemeinschaften an Ort und Stelle führten zum Erkennen mehrerer Biotoptypen, in denen spezifische Cichlidengemeinschaften existieren. Zu jedem Biotoptyp gehört eine spezifische Cichlidengemeinschaft. Jeder Biotoptyp hat seine spezifische Einwohnergruppe, die als solche in keinem anderen Biotop vorkommt; auch wenn einige Arten in verschiedenen Biotoptypen gefunden werden können, so ist dies doch die Ausnahme.

Ein Biotop, im Sinne wie er in diesem Buch verwendet wird, ist eine Umgebung im See, die groß genug ist, einer Fischgemeinschaft Lebensraum zu liefern. Dies schließt sowohl das Substrat als auch die Wassersäule darüber ein — im Falle einer steilen Felsküste, die Wassersäule neben ihr. Die Unterteilung eines Biotops in sogenannte Mikrobiotope basiert auf sehr spezifischen Anforderungen an einige Arten. Eine Nische ist die Umweltanforderung an eine einzige Art. Im Hauptteil dieses Buchs sind die Kapitel nach den verschiedenen, anerkannten Biotopen angeordnet, und ich habe versucht, ein echtes Bild der dort vorkommenden Gemeinschaften zu geben.

Wenn wir die Flexibilität der Buntbarsche bezüglich ihrer Nahrung mit ihrer bewiesenen Fähigkeit, die gesamte Uferregion bis hinunter zur Grenze des sauerstoffhaltigen Wassers zu bewohnen, kombinieren, wird uns sehr leicht klar, warum die Cichliden die Gruppe war, die am besten geeignet war, den See zu bewohnen. Die Tatsache, daß die meisten Tanganjikacichlidenarten stenotop sind (in einer begrenzten Region leben), verstärkte den Spezialisierungsprozeß unter diesen Fischen noch mehr. Ferner wurde bereits darauf hingewiesen, daß Cichliden in der Lage sind, über relativ kleine Zeitperioden hinweg neue Arten auszubilden (Greenwood, 1965; Geerts, 1991).

Die Artbildung

In den letzten Jahren wurden unsere Kenntnis der geologischen Entwicklung des Sees bedeutende neue Erkenntnisse zugefügt (Scholz & Rosendahl, 1988; Tiercelin & Mondeguer (1991); Cohen *et al.*, 1993). Von großem Interesse dabei ist, daß alle Forschungsergebnisse darauf hindeuten, daß der Wasserspiegel im See in bestimmten Zeitperioden derart stark abgesunken war, daß drei Seen (entsprechend den drei Becken) bestanden und nicht einer. Daraus wurde gefolgert, daß die Artbildung der Fische (und anderer Organismen) wahrscheinlich durch diese Schwankungen stark beschleunigt wurde. Die Schlüsselrolle in diesem Prozeß spielte dabei die geographische Isolation, und die Existenz von drei prähistorischen Teilseen spiegelt sich noch heute in der Verbreitung vieler Cichlidenarten wider (z. B. Konings & Dieckhoff, 1992).

Cichliden sind Fische, die sich am Boden orientieren und normalerweise kein tiefes, offenes Wasser durchqueren können, um sich in einer anderen Gegend anzusiedeln. Viele Arten sind auf den Biotoptyp, an den sie "angepaßt" sind, angewiesen, und wenn ein solcher Biotop von einem anderen, ungeeigneten Lebensraum unterbrochen wird, stellt dieser letztgenannte eine Barriere für ihre Ausbreitung dar. Je weiter günstige Biotope auseinanderliegen, desto unwahrscheinlicher ist es, daß biotopabhängige Arten von einem zum anderen wandern. Dies zeigt sich in der Verbreitung vieler felsbewohnender Cichliden im See.

Da die Buntbarsche engen Kontakt zum Substrat benötigen, können sie sich nur entlang der Küstenlinie bis in maximal 200 m Tiefe ausbreiten (die tieferen Schichten im Tanganjikasee enthalten keinen Sauerstoff). Große Bereiche der Küste des Tanganjikasees sind von der gegenüberliegenden Seite durch sehr tiefes Wasser getrennt, das von Cichliden nicht durchquert werden kann. Wenn also ein Buntbarsch an der einen Seite des Sees zur gegenüberliegenden Seite wandern möchte, muß er dem Küstenverlauf folgen. Deshalb ist die gegenüberliegende Seite eines tiefen Beckens des Sees der am weitesten entfernte Punkt bezüglich der Ausbreitung des Fischs. Trotzdem findet man viele Buntbarscharten an sich gegenüberliegenden Seiten des Sees (jedoch nicht in geeigneten Biotopen dazwischen), woraus offensichtlich wird, daß sie sich zur anderen Seeseite hin ausbreiteten, als der Wasserspiegel niedrig war. In den flachen, prähistorischen Seen waren sie wahrscheinlich die ganze Küstenlinie entlang vertreten, wie es im Kivusee der Fall ist (Jos Snoeks, pers. Mittl.). Als der Seewasserspiegel anstieg, wanderten sie ebenfalls einfach nach oben, wobei sie immer in der von ihnen bevorzugten Tiefe blieben (vertikale Migration). Wenn auch die Populationen an der Ost- und Westseite des Sees heute voneinander isoliert sind, sind sie doch noch immer dieselbe Art; zumindest gibt es keinen offensichtlichen Unterschied zwischen beiden.

Am schönsten ist dies anhand der Verbreitung von *Tropheus annectens* (vgl. Abb. Seite 68) zu illustrieren. Es soll dabei noch angemerkt werden, daß *T. annectens* nur in der Nähe solcher Stellen, die auch während Perioden von niedrigem Wasserstand bevölkert waren (steile Felsküsten), an der heutigen Küste lebt. Deshalb ist es wahrscheinlich, daß *T. annectens* in einem solchen prähistorischen See vorkam und sich nicht mehr weiter ausbreitete, als der Seewasserspiegel auf den heutigen Stand angestiegen war.

Aus dem Vorkommen von über einem Dutzend neuer (zur Zeit im prähistorischen Seebecken nicht auffindbaren) Arten im sambischen Teil des Sees, die in Zeiten niedrigen Wasserstandes dort nicht gewesen sein konnten, weil die gesamte Gegend damals trockenes Land war, können wir schließen, daß Arten in neu aufgefüllten Regionen entstehen. Dies führte zur allgemeinen Schlußfolgerung, daß Artbildung im Tanganjikasee vorwiegend aufgrund des sog. Gründereffekts vonstatten ging (Konings, 1992; Konings & Dieckhoff, 1992).

Wenn sich ein neuer, geeigneter Biotop gebildet hat (etwa durch einen ansteigenden Wasserspiegel), kann dieser von jeder Art besiedelt werden, die in der Lage ist, ungeeignete Biotope zwischen der "Mutterpopulation" und dieser Gegend zu durchqueren. Experimente diesbezüglich zeigten, daß die meisten felsbewohnende Arten mehrere Jahre benötigen, bevor die ersten Tiere einen neuen Biotop "finden" (McKaye & Gray, 1984). Da wir wissen, daß Cichliden in der Lage sind, mehrmals pro Jahr Nachkommen zu produzieren, kann man sich leicht vorstellen, daß ein Männchen und ein Weibchen einer Art, wenn sie einmal an einem neuen Riff eingetroffen sind und sich dort treffen, Hunderte Nachkommen haben können, bevor ein drittes Exemplar der Art hinzukommt.

Gründerpopulationen können daher von sehr wenigen Tieren aufgebaut werden, und mit hoher Wahrscheinlichkeit wurde, aufgrund der Inzucht im begrenzten Genreservoir der wenigen Tiere, Variabilität unter den Mitgliedern hervorgerufen. Wenn aber Inzucht zur Schaffung neuer Arten führt, dann muß der große Genpool der Mutterpopulation die Schaffung einer neuen Art verhindern und die Merkmale der Art stabilisieren. Deshalb müssen wir die meisten Varianten-Populationen und neuen Arten in relativ neuen Regionen erwarten. Im Fall des Tanganjikasees sind dies die Bereiche, die trockenes Land waren, als der Seewasserspiegel niedrig war.

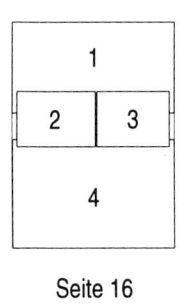

Seite 16
1. Das Zeltlager des Autors bei Halembe (Tansaniaexpedition 1997)
2. Das Dorf Chisanza, Sambia, bei Sonnenuntergang.
3. Ein adulter Chimpanse, der ein Jungtier versorgt. Gombe Nationalpark, Tansania.
4. Auf eine Expedition zum Tanganjikasee geht man mit Kind und Kegel (Tansania 1995).

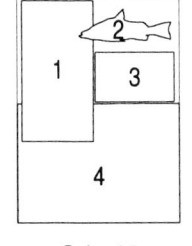

Seite 17
1. Die Kalambo Falls, von der sambischen Seite aus gesehen.
2. *Lates mariae* ist ein sehr geschätzter Nahrungsfisch.
3. Ndaga Fischer bei Bulu Point, Tansania.
4. Einheimische Fischer sind immer hilfreich und stolz darauf, ihren Fang zu zeigen (hier *Hemibates stenosoma*).

Taxonomie und Phylogenie

Die Tanganjikabuntbarsche waren erstmals gegen Ende des 19. Jahrhunderts Hauptdarsteller einer wissenschaftlichen Studie. Der bedeutendste Taxonom, der sie damals unter der Lupe nahm, war Boulenger, der zahlreiche neue Arten aus Sammlungen, die ihm von Moore, Lemaire und Cunnington überlassen wurden, beschrieb. Zwischen 1909 und 1916 veröffentlichte Boulenger seine vier Bände des *"Catalogue of the Freshwater fishes of Africa"*, in denen über 75 Tanganjikacichlidenarten aufgeführt wurden — fast alle von ihm beschrieben.

Neben Boulenger und anderen bekannten Ichthyologen, z. B. Pellegrin und Steindachner, von denen jeder eine Handvoll Tanganjikacichliden beschrieb, leistete Poll einen noch größeren Beitrag zur Taxonomie dieser Fische. Poll war Autor und Mitautor von Beschreibungen von über 65 Cichlidenarten und mehreren Revisionen und veröffentlichte 1956 einen sehr ausführlichen Expeditionsbericht über die Buntbarsche des Sees, der noch immer als die definitive Veröffentlichung über diese Fische gilt.

Der natürliche Lebensraum

Bis zur Erfindung der selbst regulierbaren Unterwasseratmungsgeräte (SCUBA) stammten unsere Erkenntnisse über die Tanganjikacichliden meistens von anatomischen Studien konservierter Fische und von den einheimischen Fischern. In den sechziger und siebziger Jahren erforschte Brichard mehrere Stellen im See mit SCUBA Ausrüstung, und das meiste, was wir über das natürliche Verhalten der Tanganjikabuntbarsche wissen, rührt von seinen Beobachtungen her (Brichard, 1978). Auch fing er viele, für die Wissenschaft noch neue Arten, von denen die meisten durch Poll und später auch von ihm selbst beschrieben wurden.

In den achtziger Jahren erkannte man, daß die Beschreibungen weiterer neuer Cichlidenarten des Tanganjikasees viel mehr Sinn ergeben würde, wenn Informationen über ihre Biologie und Verbreitung mitgeliefert werden könnten. Und in der Tat enthalten die letzten Artbeschreibungen von Büscher (1989-1997) auch Daten über die Lebensweise und den natürlichen Lebensraum des Subjekts, und liefern damit ein vollkommeneres Bild der betreffenden Art.

Wahrscheinlich wegen der Zugänglichkeit anderer Daten als der reinen anatomischen Beschreibung, haben taxonomischen Studien ihren Reiz verloren, und die Fragen in der Wissenschaft bewegten sich immer mehr in Richtung der Verwandtschaft aller Cichliden und darüber hinaus der Entstehung einer solchen Schar in einem einzigen Wasserkörper. Durch die Anhäufung von Information über die Geologie und Chemie des Sees konnten mehrere Hypothesen bezüglich seiner Evolution aufgestellt werden, und mit der Entwicklung der DNS Technologie wurden einige dieser Hypothesen auf diese Art und Weise getestet.

Molekulare Taxonomie

Während sich die DNS Forschung (z. B. Sturmbauer & Meyer, 1993; Kocher *et al.*, 1995) vorwiegend darauf konzentrierte, das Alter bestimmter Gene festzustellen und nicht so sehr den Artentstehungsprozeß zu erforschen, hat eine einmalige DNS-Studie den verläßlichsten aller bis heute bekannten Stammbäume der Tanganjikacichliden geliefert. Es handelt sich dabei um die Arbeit von Takahashi und Mitarbeitern (1998), in der die Isolierung und Charakterisierung von sog. SINEn (engl.: short interspersed repetitive elements) in der DNS der Cichliden vorgenommen wurde. Diese kurzen Stückchen werden im Laufe der Zeit zufallsmäßig ins Genom (DNS) der Fische eingebaut. Wenn ein solches Element einmal eingebaut ist, bleibt es für immer dort, wird dupliziert und an die nächsten Generationen weitergegeben. Entsteht nun aus einer solchen Art im Laufe der Evolution eine neue, wird auch diese neue Art das Element an genau derselben Stelle in ihrer DNS tragen. Haben also zwei Arten ein solches SINE-Element an genau derselben Stelle in ihrer DNS eingebaut, kann man mit großer Wahrscheinlichkeit behaupten, daß diese beiden Arten von einem gemeinsamen Vorfahr abstammen. Ist jedoch bei einer Art an einer Einbaustelle kein relevantes SINE-Element vorhanden, bedeutet das, daß diese Art keinen unmittelbaren gemeinsamen Vorfahr mit der SINE-tragenden Art teilt. Takahashi und seine Mitarbeiter haben ein derartiges cichlidenspezifisches SINE-Element isoliert, und es stellte sich heraus, daß alle untersuchten afrikanischen Cichliden, außer einem, Kopien eines solchen Elementes in ihrer DNS aufweisen. Interessanterweise fehlte dieses SINE-Element einer Art aus Madagaskar, *Paratilapia polleni*, aber auch *Etroplus maculatus* und zwei Cichlidenarten aus Südamerika.

Obwohl die DNS der Cichliden 2-20.000 dieser Elemente enthalten kann, haben Takahashi und Mitarbeiter (1998) nur wenige Einbaustellen isoliert und charakterisiert, und 19 davon haben sich als informativ für die Entschlüsselung des Stammbaums der meisten Tanganjikacichlidengattungen erwiesen (vgl. Diagramm). Diese Methode ermöglichte den Autoren auch die Aussage, daß das Maulbrüten mindestens dreimal in der Tanganjikacichliden-Artenschar entwickelt wurde. Position und Zeitfolge dieser Entwicklungen wurden im Diagramm festgehalten.

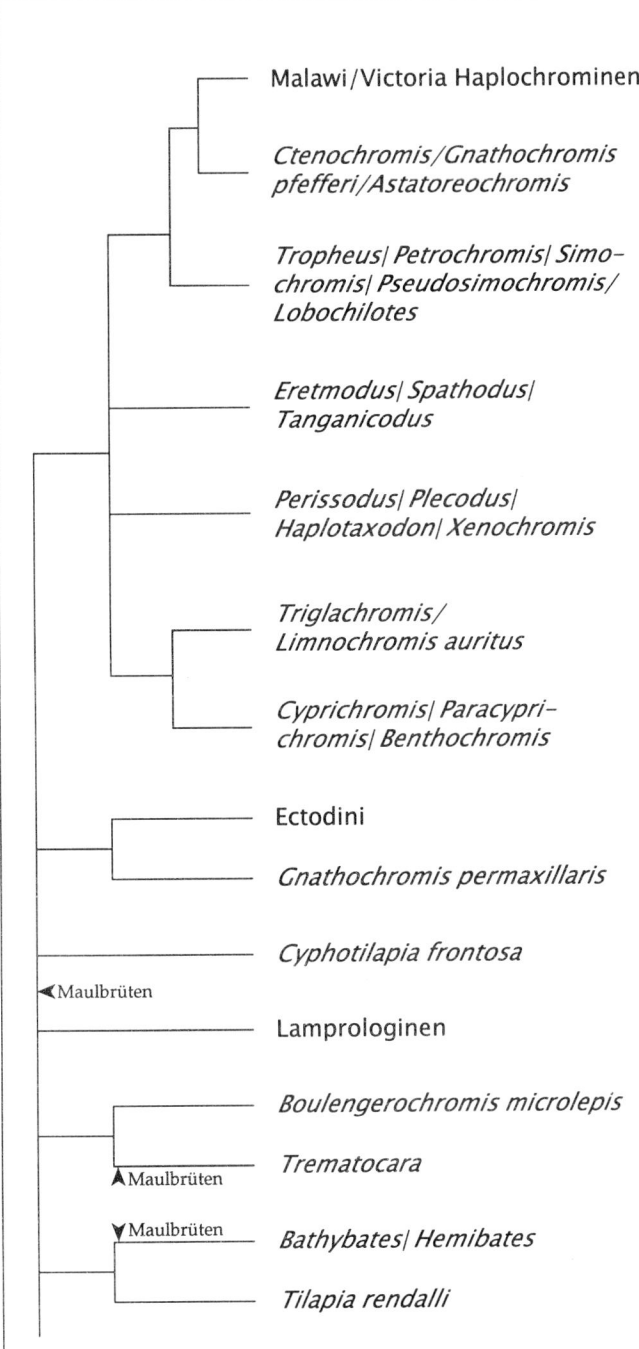

Der Stammbaum der Cichlidengattungen des Tanganjikasees, wie er sich von den Daten, die von Takahashi *et al.* (1998) und Nishida (1997) veröffentlicht wurden, herleitet.
Die Lamprologinen umfassen die Gattungen *Variabilichromis*, *Lamprologus*, *Neolamprologus*, *Lepidiolamprologus*, *Altolamprologus*, *Julidochromis*, *Chalinochromis* und *Telmatochromis*.
Der Stamm Ectodini umfaßt die Gattungen *Asprotilapia*, *Aulonocranus*, *Callochromis*, *Cyathopharynx*, *Ectodus*, *Grammatotria*, *Microdontochromis*, *Ophthalmotilapia* und *Xenotilapia*.

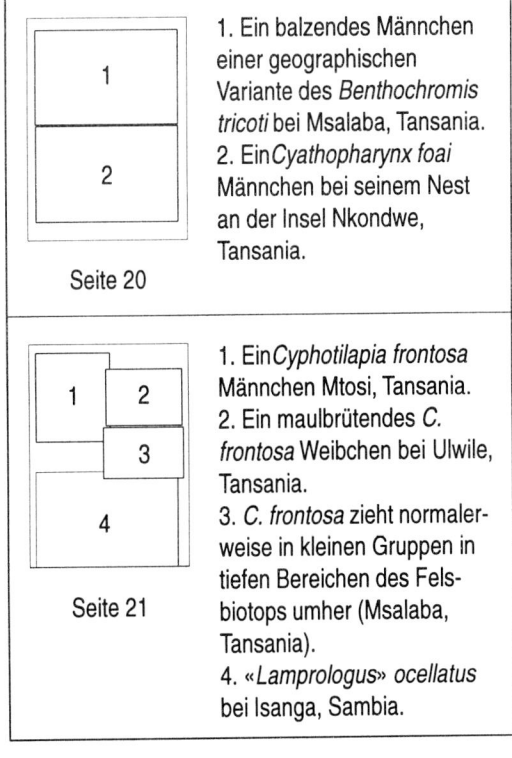

1. Ein balzendes Männchen einer geographischen Variante des *Benthochromis tricoti* bei Msalaba, Tansania.
2. Ein *Cyathopharynx foai* Männchen bei seinem Nest an der Insel Nkondwe, Tansania.
Seite 20

1. Ein *Cyphotilapia frontosa* Männchen Mtosi, Tansania.
2. Ein maulbrütendes *C. frontosa* Weibchen bei Ulwile, Tansania.
3. *C. frontosa* zieht normalerweise in kleinen Gruppen in tiefen Bereichen des Felsbiotops umher (Msalaba, Tansania).
4. «*Lamprologus*» *ocellatus* bei Isanga, Sambia.
Seite 21

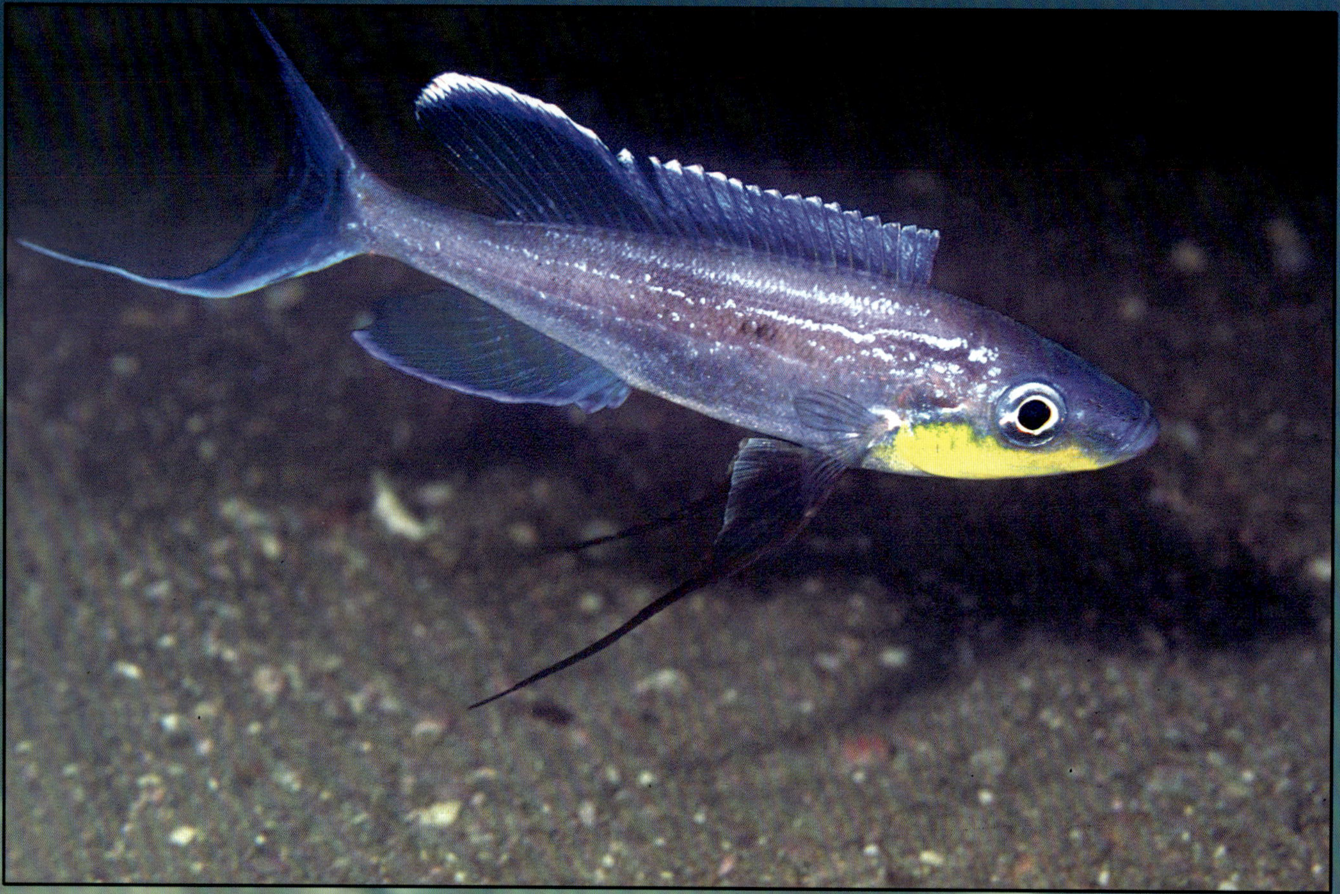
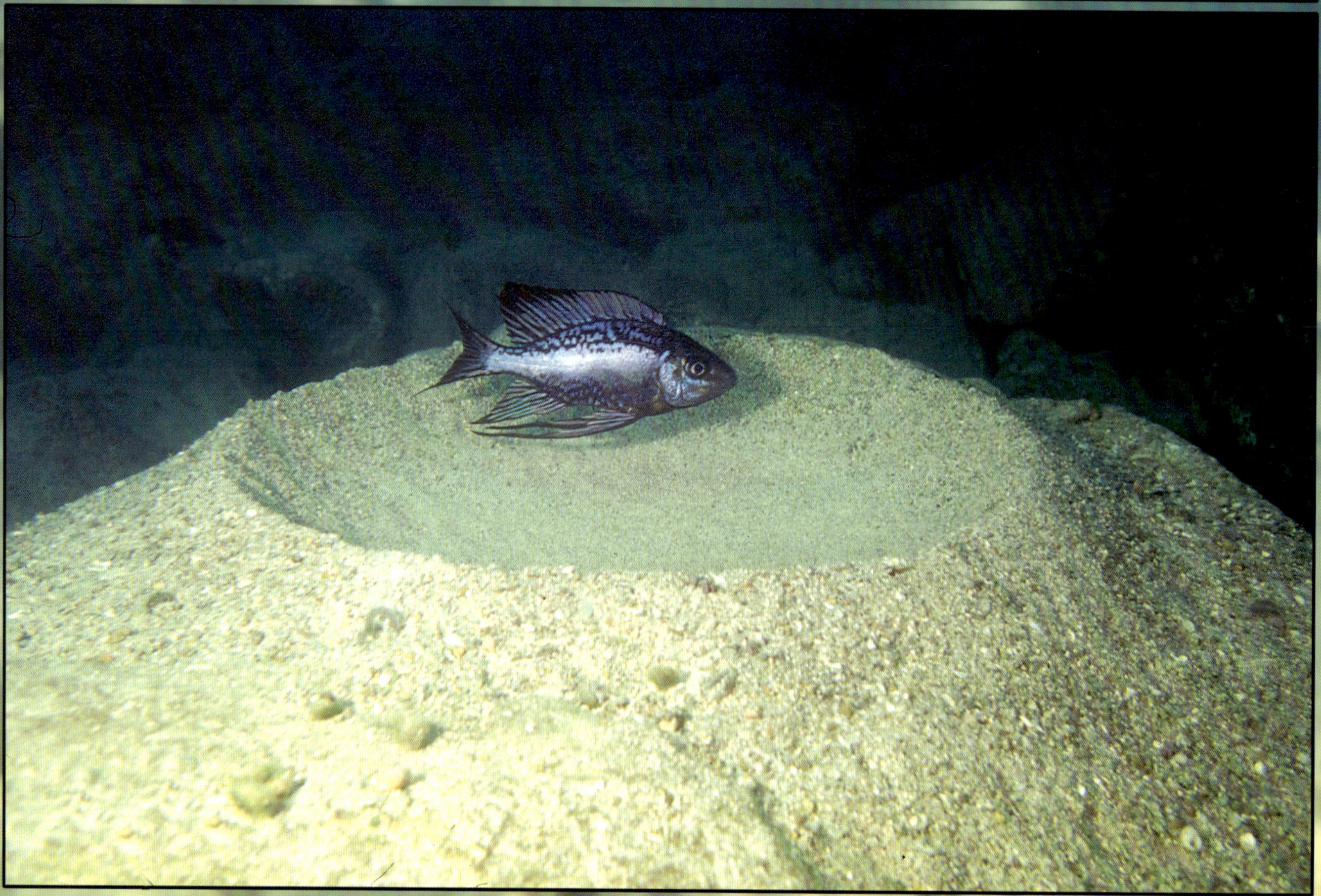

Ferner gelang den Autoren der Nachweis, daß alle Arten, die heute zu den Lamprologinen gehören, in der Tat Mitglieder einer monophyletischen Gruppe (vom selben Vorfahr abstammend) sind, und sie haben drei verschiedene Loci (DNS Einbaustellen) isoliert, die für die untersuchten Lamprologinen einzigartig waren.

Leider ist der Einbau dieser "repetitiven" (wiederholten) Elemente in die DNS ein derart seltenes Ereignis, daß noch keine informativen Einbaustellen in der DNS irgendwelcher Malawi- oder Viktoriaseecichliden gefunden werden konnten, weshalb sich diese Methode nicht zur Entschlüsselung der Stammbäume dieser Scharen eignet. Dabei ist die Anmerkung interessant, daß sowohl die Viktoria- als auch die Malawisee-buntbarsche mit *Ctenochromis* und *Astatoreochromis* in dieselbe Gruppe fallen, woraus zu schließen ist, daß die Cichliden dieser beiden Seen einen gemeinsamen Vorfahr mit einigen Tanganjikaseelinien teilen.

Die Anatomie ist nicht tot!

Obwohl es einen deutlichen Hinweis dafür gibt, daß alle Lamprologinen eine monophyletische Gruppe darstellen, war die weitere Entschlüsselung der Verwandtschaftsverhältnisse innerhalb der verschiedenen Gattungen, die zu dieser Gruppe gehören, bis vor kurzem noch nicht unzweideutig erfolgt. Erst jetzt hat Stiassny (1997) durch eine einzigartige (auf dem neuesten Stand der Technik stehende) anatomische Untersuchung fast aller heute bekannten Lamprologinen viele der phylogenetischen Probleme mit dieser Gruppe erhellt. Obwohl ihre Studie vorläufig war, fand Stiassny eine Reihe Merkmale, die möglicherweise sehr informativ für die Erstellung eines Stammbaums sein können und die deshalb dazu verwendet werden können, diese Arten zu klassifizieren.

Sie fand, daß *Lamprologus moorii* die primitivste Konfiguration einiger Knochen, die mit dem Schulterblatt assoziiert sind, und einiger Knochen um das Auge, aufwies, weshalb sie diese Art, von allen anderen Lamprologinen getrennt, an die Basis des Stammbaums stellte.

Colombé & Allgayer (1985) hatten diese Art bereits einer neuen Gattung, *Variabilichromis*, zugeordnet, die später von Poll (1986) aber wieder verworfen wurde. Stiassny hat diese monotypische Gattung jetzt wieder neu aufgestellt.

Colombé & Allgayer hatten auch eine weitere Art, *toae*, einer monotypischen Gattung, *Paleolamprologus*, zugeordnet, jedoch gibt es — obwohl Stiassny ein hergeleitetes Merkmal bei dieser Art fand — nichts, was die getrennte Aufführung dieser Art rechtfertigen würde.

Stiassny (1997; Veröffentlichung in Vorbereitung) stimmt ferner auch mit Sturmbauer *et al.* (1994) überein, daß die flußbewohnenden Arten eine monophyletische Gruppe innerhalb der Lamprologinen darstellen und von einem gemeinsamen Vorfahr abstammen, der im Tanganjikasee lebte. Der Name *Lamprologus* — die Typusart ist *L. congoensis* — ist deshalb von nun an auf Flußarten beschränkt, und keine kommen im Tanganjikasee vor. In ihrer noch nicht veröffentlichten Arbeit bestätigt Stiassny die Monophylie eines modifizierten *Lepidiolamprologus*. Zusätzlich zu *elongatus, attenuatus, profundicola* und *kendalli* (*nkambae* ist ein Synonym) fügt sie noch die folgenden Arten zu dieser Gattung hinzu: *meeli, hecqui, pleuromaculatus, boulengeri* und *lemairii*. *L. cunningtoni*, die bisher zu *Lepidiolamprologus* gehörte, fehlen einige ausschlaggebende Merkmale der Gruppe (siehe weiter unten), weshalb sie aus dieser Gattung entfernt wurde.

Zusätzlich zu allen anderen informativen Merkmalen erwähnt Stiassny in ihrer Veröffentlichung noch, daß ein einziges informatives

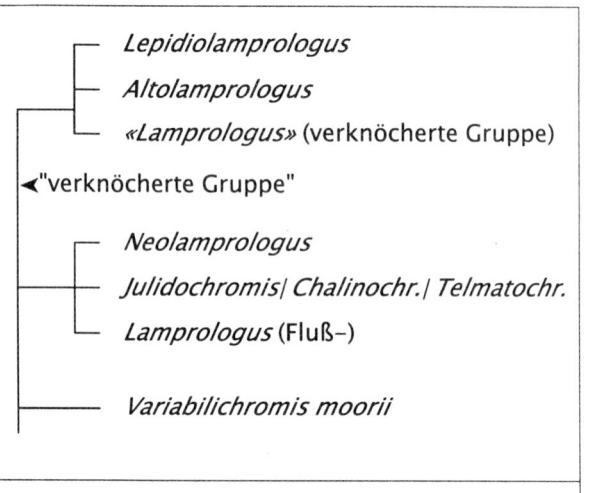

Der Stammbaum der Lamprologinen nach Stiassny (1997). Die "verknöcherte Gruppe" (siehe Text bez. der Erklärung) enthält eine Artenansammlung, für die es noch keinen Gattungsnamen gibt. Sie werden hier vorläufig als «*Lamprologus*» klassifiziert.

Merkmal gefunden wurde, das wichtig genug war, eine neue monophyletische Gruppe aufzustellen. Dieses Merkmal beinhaltet den Besitz einer verknöcherten Struktur im Lippenligament. Dieses Ligament (oder Sehne) befindet sich im Unterkiefer zwischen der linken und der rechten Seite, und enthält bei anderen Cichliden einen kleinen Knorpelwulst (ähnlich einer Kniescheibe, aber aus Knorpel). Bei den Arten der "verknöcherten Gruppe" ist dieser Wulst aus Knochen, ein einzigartiges Merkmal bei Cichliden. Es scheint, daß alle Arten, die zur Zeit zu *Lepidiolamprologus* gehören, der "verknöcherten Gruppe" angehören (wie auch zahlreiche andere Arten, die zur Zeit unter *Altolamprologus* und *Lamprologus sensu lato* aufgelistet sind), womit uns klar wird, daß *L. cunningtoni* nicht in dieser Gattung verbleiben kann, da ihm eine solche Verknöcherung fehlt.

Da *Neolamprologus tetracanthus*, die Typusart der Gattung *Neolamprologus*, nicht zur "verknöcherten Gruppe" gehört, sollten genau genommen auch alle Lamprologinen, die zu *Neolamprologus* geordnet wurden, keine Verknöcherung aufweisen. Da jedoch die engere Verwandtschaft dieser Arten noch völlig unaufgeklärt ist, verbleibt uns nur das taxonomische Chaos. Vorläufig werden deshalb, abgesehen von den Arten, die zu *Altolamprologus* und *Lepidiolamprologus* gehören, alle Mitglieder der "verknöcherten Gruppe" zu «*Lamprologus*» gezählt. Die Klammerzeichen deuten an, daß die damit versehene Art so verstanden wird, daß sie nicht im striktesten Sinne zu *Lamprologus* gehört, aber wegen des Nicht-Vorhandenseins eines anderen Namens vorläufig in dieser Gattung verbleibt oder darin plaziert wird. Die Arten der "verknöcherten Gruppe", die vorläufig in «*Lamprologus*» verbleiben oder darin plaziert werden, sind: *brevis, callipterus, calliurus, caudopunctatus, finalimus, leloupi, multifasciatus, ocellatus, ornatipinnis, similis, speciosus, stappersi* (*meleagris* ist ein Synonym, vgl. S. 207) und *wauthioni*.

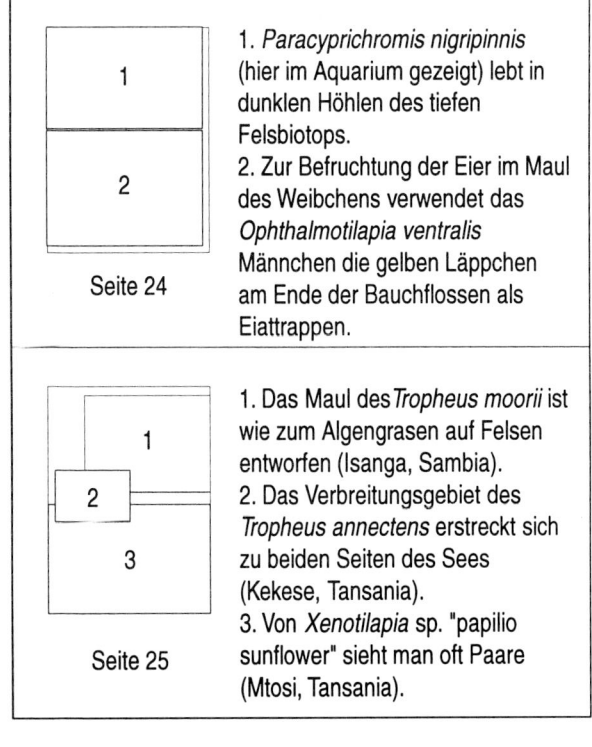

Seite 24

1. *Paracyprichromis nigripinnis* (hier im Aquarium gezeigt) lebt in dunklen Höhlen des tiefen Felsbiotops.
2. Zur Befruchtung der Eier im Maul des Weibchens verwendet das *Ophthalmotilapia ventralis* Männchen die gelben Läppchen am Ende der Bauchflossen als Eiattrappen.

Seite 25

1. Das Maul des *Tropheus moorii* ist wie zum Algengrasen auf Felsen entworfen (Isanga, Sambia).
2. Das Verbreitungsgebiet des *Tropheus annectens* erstreckt sich zu beiden Seiten des Sees (Kekese, Tansania).
3. Von *Xenotilapia* sp. "papilio sunflower" sieht man oft Paare (Mtosi, Tansania).

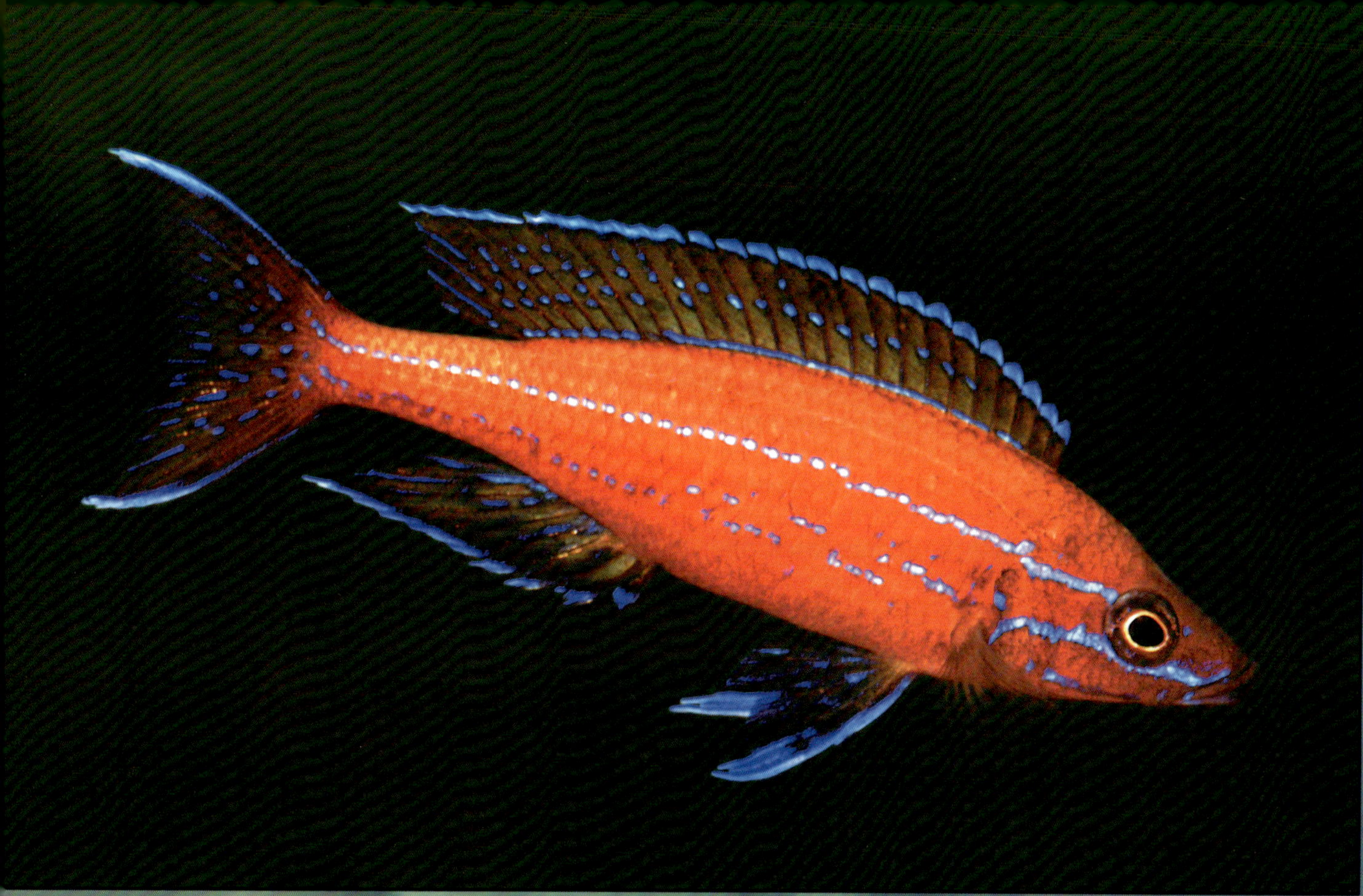

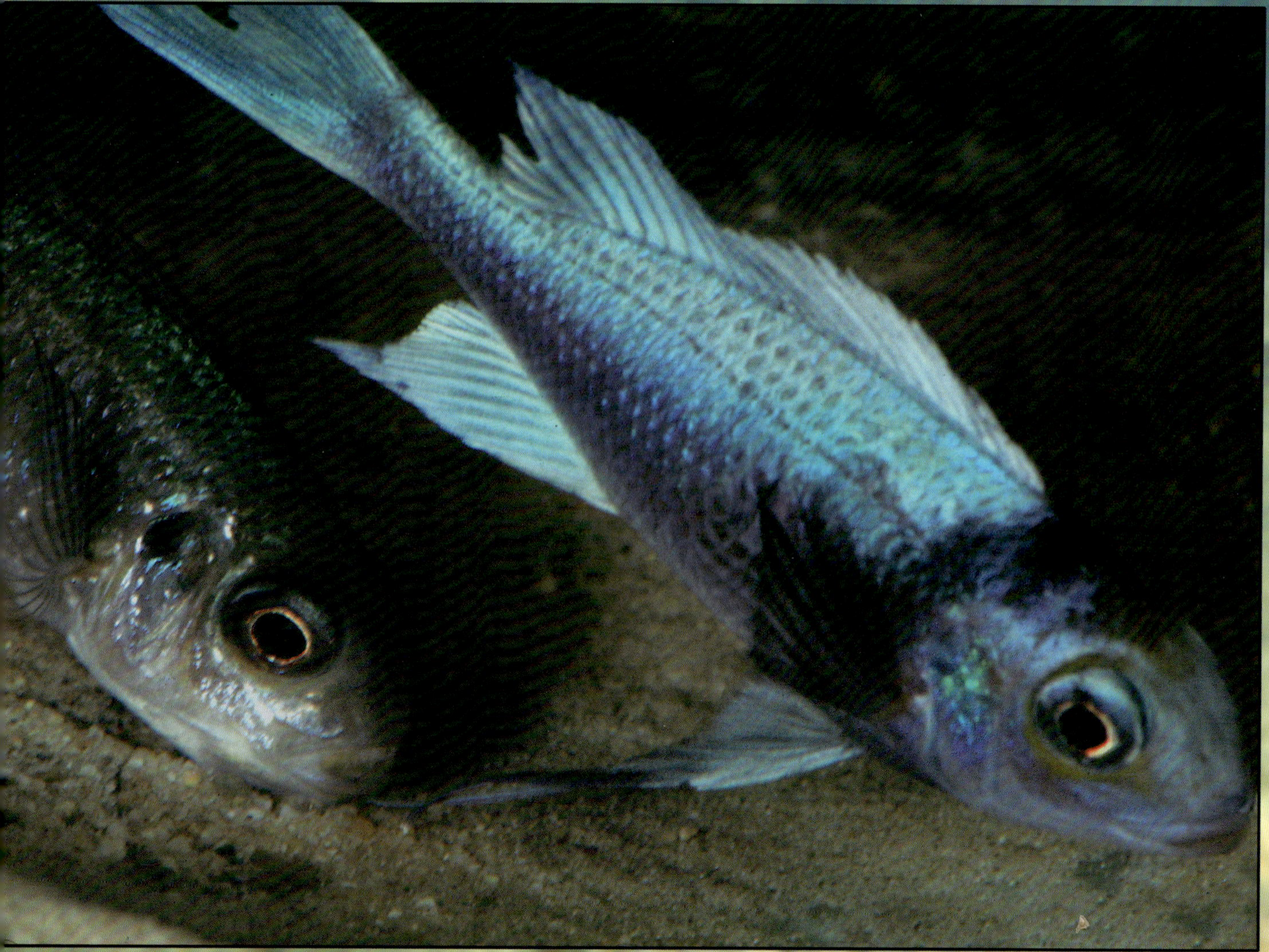

Der wellenumspühlte Felsbiotop

Die oberen drei Meter der Felsbiotope und der Übergangszonen sind von einer jeweils individuellen Gruppe spezialisierter Buntbarsche bewohnt. Viele dieser Cichliden sind Pflanzenfresser, die an der reichhaltigen Algendecke auf den Felsen grasen. Für seine Bewohner bedeutet dieses Biotops hauptsächlich ein relativer Überfluß an Nahrung und turbulentes Wasser.

Eine steil abfallende Küste hat ein viel kleineres Brandungsbiotop als eine allmählich in die Tiefe hinunterreichende Küste. Der Brandungsbiotop einer flachen Küste kann mehrere zehn Meter breit sein, während eine steile Felsküste aus großen Felsblöcken nur eine sehr schmale Brandungszone aufweist. Seichte Küsten können einen Boden aus Sand oder Fels haben; manchmal ist der Sand von Mineralien durchsetzt, die sich aus dem Wasser herauskristallisieren, wobei sich große, rundkantige "Platten" am Wasserrand bilden. Das Brandungswasser ist wegen seiner Turbulenz sehr reich mit Sauerstoff versorgt, und gleichzeitig wird der "faunale Auspuf" (CO_2) schnell an die Atmosphäre abgegeben, was in der Brandungszone zu einem leicht erhöhten pH-Wert im Vergleich zu anderen Biotopen führt. Aufgrund der ständigen Vermischung der oberen Schicht mit darunterliegenden Wasser bleibt die Temperatur recht konstant, sogar im extremen Flachwasser.

Grundelcichliden

Die Arten der drei Gattungen *Eretmodus*, *Spathodus* und *Tanganicodus*, die wir besser unter ihrem geläufigen Handelsnamen Grundelcichliden kennen, sind dermaßen gut an das turbulente Wasser in der Brandungszone angepaßt, daß es die einzige Stelle im See ist, wo wir sie antreffen können. Die Grundelcichliden unterscheiden sich anatomisch, aber auch in ihrem Freß- und Brutverhalten von anderen Buntbarschen. Alle Mitglieder der Gruppe haben einen ähnlichen Körperbau: einen kurzen, seitlich komprimierten Körper und eine bemerkenswert lange Rückenflosse. Damit sie nicht durch die Brandung weggeschwemmt werden, ist ihre Schwimmblase reduziert und nicht mehr dazu geeignet, sie im Gleichgewicht zu halten. Wenn sie auf dem Substrat ruhen und nicht schwimmen, werden ihre Brust- und Bauchflossen dazu benutzt, den Fisch zwischen den Felsen in Position zu halten, und häufig kann man sehen, wie sich ihr Körperhinterteil in der Strömung wiegt, während ihre Köpfe relativ still im manchmal heftig bewegten Wasser stehen.

Die Rückenflosse der Grundelcichliden ist im Vergleich zu der anderer Tanganjikacichliden sehr lang. Alle Buntbarsche benutzen den weichstrahligen, hinteren Teil der Flosse zum Feinabstimmen ihrer Position in der Wassersäule. Bei den Grundelcichliden dient jede Bewegung dieses Teils der Rückenflosse dazu, den Fisch dichter ans Substrat zu drücken. Das ist aber genau was diese Fische benötigen, wenn sie sich in turbulentem Wasser befinden. Ein Nachteil davon ist jedoch, daß der Grundelcichlide richtig hüpfen oder energisch mit seinen Brustflossen schlagen muß, wenn er sich von einer Stelle zur anderen hin bewegen möchte. Dieses komisch aussehende Schwimmverhalten ist nur eine der Eigenheiten der Grundelcichliden, die sie bei den Aquarianern so beliebt gemacht haben.

Im Biotop umherhüpfend und -huschend sind sie Räubern ausgesetzt, vor allem auch, weil sie nicht schnell genug schwimmen können, um Angriffen von Räubern auszuweichen. Da aber nur wenige Räuber in der Lage sind, in extrem seichtem Wasser zu schwimmen — sie würden gegen die Felsen geschleudert — kommt die meiste Gefahr durch Räuber für die Grundelcichlide von oben — fischende Vögel kommen am See recht häufig vor! Als Verteidigung gegen derartige Angriffe wirken jedoch die vielen Stacheln ihrer Rückenflosse. In der Tat tragen die Grundelcichlide von allen Buntbarschen die meisten Stacheln in der Rückenflosse, manchmal über 25! Und je stachliger die Beute, desto unwahrscheinlicher ist es, daß sie zur Mahlzeit für Vögel werden.

Neben der stachligen Rückenflosse haben diese Buntbarsche auch noch eine Tarnfärbung aus senkrechten Bändern. Wenn Sie einmal in sehr seichtem Wasser geschnorchelt haben, werden sie wahrscheinlich das sich ständig bewegende Muster der Spiegellungen und Schatten an der Oberfläche des Substrats bemerkt haben. In einer solchen Umgebung kann man Fische mit einem Farbmuster aus abwechselnd hellen und dunklen Bändern viel schwerer erkennen als einfarbige.

Neben der großen Anzahl Stacheln in der Rükkenflosse und der reduzierten Schwimmblase findet man noch ein drittes Merkmal bei den Grundelcichliden: vorstehende Augen (Glotzaugen). Weil sie die meiste Zeit auf dem Substrat sitzend verbringen, ist eine Stellung der Augen hoch oben auf dem Kopf von Vorteil. Die hohe Augenstellung ermöglicht dem Fisch eine genaue Beobachtung seiner Umgebung. Jedoch ist er damit nicht mehr in der Lage, unmittelbar vor seinem Maul zu sehen, weshalb dieser Fisch seine Freßstellen nicht visuell aussuchen kann (Yamaoka, 1997).

Bei den Grundelcichliden haben sich verschiedene Nahrungsspezialisierungen ausgebildet, obwohl sich alle Arten von der Algenschicht und deren Mikroorganismen auf dem Kies und den Steine in ihrer Umgebung ernähren. Diese Schicht, Aufwuchs genannt, besteht aus Fadenalgen, die am Substrat festgeheftet sind, und die ein Netzwerk formen, auf dem sich andere Algen, vor allem einzellige Algen und Kieselalgen, festheften können. In dieser Algenmatte finden kleine Wirbellose, z. B. Krebstierchen, Milben und andere Insekten, sowie deren Larven Zuflucht und Nahrung, die wiederum einigen Grundelcichliden als Nahrung dienen.

Brutverhalten

Alle Grundelcichliden sind Maulbrüter. Es besteht so gut wie kein sexueller Dimorphismus, wenn auch das Weibchen normalerweise kleiner als das Männchen ist. Mit Ausnahme von *Spathodus marlieri* sind die Grundelcichliden beidelterliche (biparentale) Maulbrüter. Daß Männchen und Weibchen bisweilen ein lebenslanges Paarband ausbilden, ist für Maulbrüter recht ungewöhnlich. Das Paar scheint ein Revier zu verteidigen, ein Verhalten das zwar im Aquarium recht auffällig ist, in freier Natur manchmal aber nur schwer zu erkennen ist, da man nicht immer sicher sein kann, ob die verteidigten Stellen in der Tat Brutreviere sind oder einfach nur zeitweilige Freßstellen. Sowohl das Männchen als auch das Weibchen vertreiben Eindringlinge aus dem Revier, und ihre Aggression richtet sich hauptsächlich gegen Mitglieder ihrer eigenen Art.

Im Aquarium wird auf einer horizontalen Fläche, z. B. einem auf der Oberfläche flachen Fels oder am Beckenboden, abgelaicht. Vor der Eiablage schwimmt das Männchen über den Laichplatz, wobei es (wahrscheinlich) Samenflüssigkeit ausstößt. Während sich das Weibchen in schräger Haltung vom Männchen wegbewegt, schwimmt es langsam über dieselbe Stelle und schüttelt sich beim Absetzen eines oder weniger Ei(er). Danach dreht es sich schnell um und sammelt die Eier auf. Das Männchen bewegt sich nun nochmals zitternd über dieselbe Stelle und stößt seine Milch aus. Diesmal jedoch "inhaliert" das Weibchen gleichzeitig etwas Samenflüssigkeit an seiner Geschlechtsöffnung. Die Eier werden also erst jetzt im Maul des Weibchens befruchtet. Einige Eier wurden aber vielleicht bereits befruchtet, als sie auf dem Substrat abgesetzt wurden.

Pro Gelege werden ungefähr 20 bis 30 Eier produziert. Das Weibchen brütet die Eier während der ersten 10 bis 12 Tage, jedoch bleibt das Männchen die ganze Zeit in seiner Nähe. Gegen Ende dieser Zeitspanne versucht das Weibchen nochmals die Aufmerksamkeit seines Partners zu erringen. Es sieht fast so aus, als ob das Paar nochmals ablaichen wollte: beide, das Männchen und das Weibchen, vertreiben wieder aktiv jeden Eindringling. Sobald sie jedoch ihren "Laichplatz" abgesichert haben, beginnt der Austausch der Larven. Das Weibchen schüttelt seinen Kopf, um eine Larve nach der anderen freizugeben, die vom Männchen sorgfältig aufgenommen werden. Das Männchen weiß sehr wohl, was vor sich geht und wartet ungeduldig mit halboffenem Maul. Manchmal sieht es aus, als würde es das Weibchen bitten, wieder eine Larve auszuspucken, denn es pickt sie beinahe aus dessen Maul heraus! Sind alle Larven vom Männchen übernommen, werden sie von diesem nochmals 7 bis 10 Tage lang bebrütet. Wieder bleiben Männchen und Weibchen während der ganzen Zeit zusammen. Sobald das Männchen jedoch die Larven freisetzt, werden sie von beiden Eltern ignoriert.

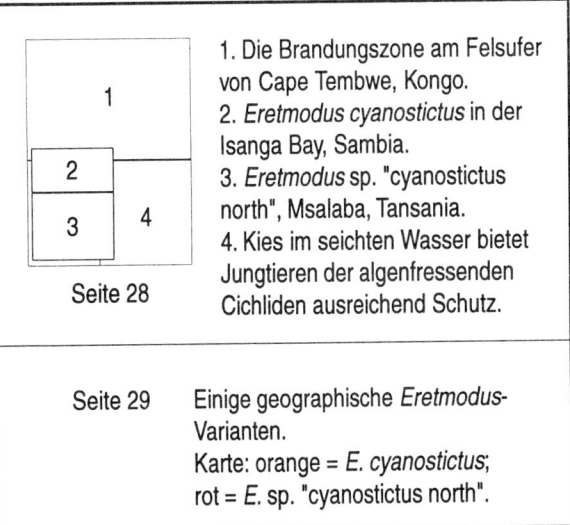

1. Die Brandungszone am Felsufer von Cape Tembwe, Kongo.
2. *Eretmodus cyanostictus* in der Isanga Bay, Sambia.
3. *Eretmodus* sp. "cyanostictus north", Msalaba, Tansania.
4. Kies im seichten Wasser bietet Jungtieren der algenfressenden Cichliden ausreichend Schutz.

Seite 28

Seite 29 — Einige geographische *Eretmodus*-Varianten.
Karte: orange = *E. cyanostictus*; rot = *E.* sp. "cyanostictus north".

Die Farbe der Jungen variiert während der ersten paar Tage, zumindest bei *Eretmodus*: ungefähr die Hälfte der Brut ist dunkelbraun, während die andere Hälfte hellbraun gefärbt ist. In einem Experiment wurden die beiden Farbformen getrennt aufgezogen, und es stellte sich heraus, daß die dunkel gefärbten Tiere Männchen waren und die helleren Weibchen. Es ist nicht bekannt, ob dies für alle Gelege gilt, und wenn, aus welchen Grund. Vielleicht gibt es aber auch gar keinen Grund dafür! Eines ist jedoch sicher, daß eine kleine Gruppe dunkel- und hellgefärbter Jungfische sehr gut mit der Umgebung eines sonnenbeschienenen Bodens im Niedrigwasser verschmilzt.

Nach Angaben von Kuwamura *et al.* (1989) ist *Spathodus marlieri* ein mütterlicher Maulbrüter, was bedeutet, daß nur das Weibchen die Eier und Larven ausbrütet. Das *S. marlieri* Männchen ist bedeutend größer als das Weibchen — 10 cm vs 6 cm — und die maulbrütenden Weibchen halten sich mit jungen Grundelbuntbarschen (Jungfischen der Salmercichliden) zusammen in sehr seichtem Wasser auf. *S. marlieri* streift durch den Biotop und scheint kein Heimatrevier zu haben. Die anderen Grundelcichliden sind monogam und leben in einer relativ begrenzten Umgebung von von etwa 2 m Durchmesser auf. Das abwechselnde, beidelterliche Maulbrüten bei *E. cyanostictus*, *S. erythrodon* und *T. irsacae* wird manchmal von Aquarianern als fortschrittlicher angesehen, wahrscheinlich ist es jedoch eher ein Stadium zwischen Substrat- und mütterlichem Maulbrüten. Es ist sehr wichtig, daß die Jungen, wenn sie endgültig freigesetzt werden, groß genug sind, um durch eigene Kraft Räubern entkommen zu können. Das bedeutet jedoch große Eier, aber auch, daß diese mindestens drei Wochen lang bebrütet werden müssen. Daß das Weibchen in der Lage ist, nach der zehn- bis zwölftägigen Maulbrutperiode wieder zu fressen, ist sicher von Vorteil, jedoch ist der Preis dafür sehr hoch: die völlig hilflosen Larven sind während des Transfers vom Weibchen zum Männchen völlig der Außenwelt ausgesetzt. Außerdem müssen die Eltern dicht beieinander bleiben, denn sonst muß das Weibchen die Brut während der gesamten Periode alleine ausbrüten (was auch geschieht, wenn man das maulbrütende Weibchen isoliert). Wichtiger aber ist die Tatsache, daß im Prinzip jedes Männchen zum Partner irgendeines Weibchens werden kann; mit anderen Worten, es besteht keine ständige männliche Konkurrenz.

Die Männchen vieler Arten mütterlicher Maulbrüter müssen um eine gute Stellung in der Brutarena kämpfen und werden von den Weibchen aufgrund ihrer Fitness ausgewählt. Deshalb kann sich ein erfolgreiches Männchen mit mehreren Weibchen verpaaren. Dieses System kann vielleicht dazu dienen, eine Art schneller an eine sich verändernde Umgebung anzupassen.

Glücklicherweise hat sich der Lebensraum der Tanganjikacichliden in den letzten paar Millionen Jahren jedoch kaum verändert, und scheinbar weniger fortschrittliche Brutstrategien sind noch immer sehr effektiv — fortschrittlich bedeutet nicht immer besser!

Die Grundelcichliden sind zur Zeit auf drei verschiedene Gattungen verteilt, die nur auf der Grundlage der Zahnstruktur errichtet wurden: spatelförmige Zähne findet man bei *Eretmodus* Arten, zylindrische Zähne bei *Spathodus* Arten (vgl. Foto S. 32) und schlanke, spitze Zähne bei *Tanganicodus irsacae*. Neuere Untersuchungen unter Verwendung der DNS dieser Arten (Verheyen *et al.*, 1996) legen jedoch nahe, daß die Auftrennung der Grundelcichliden diese Gattungen wahrscheinlich künstlich ist, und sie wahrscheinlich besser in einer einzigen Gattung untergebracht wären — in diesem Falle *Eretmodus*, da es die älteste der drei Gattungen ist.

Eretmodus

Eretmodus Arten leben von Algen, die sie von Felsen abschaben. Man sieht sie gewöhnlich an der Oberseite kleiner Felsen grasen. Das unterständige Maul von *E.* sp. "cyanostictus north" ermöglicht es dieser nördlichen Art, in einer fast horizontalen Position zu fressen, so daß sie selbst in sehr niedrigem Wasser Algen von Steinen abschaben kann, ohne dabei ihr Gleichgewicht zu verlieren. Die Zähne von *Eretmodus* ähneln winzigen Meißeln; sie sind nicht spitz wie bei den meisten anderen Cichliden. Diese Zähne sind beim Schaben an den Felsen, um diese von festgewachsenen Algen zu reinigen, sehr effektiv und hinterlassen Kratzspuren, ein deutlicher Hinweis für die Gegenwart von *Eretmodus*. In der Tat sind diese Zähne so einzigartig, daß sie als Grundlage für die Einordnung von *E. cyanostictus* in eine eigene Gattung dienten. Eine derartige taxonomische Sonderstellung scheint heute jedoch veraltet, und es würde uns nicht überraschen, wenn in einer zukünftigen Revision alle Grundelcichliden in einer Gattung untergebracht würden, u. z. in *Eretmodus*.

Die dichtgestellten Zähne auf den Pharyngealknochen, den Knochenplatten unmittelbar vor dem Schlund, sind zahlreich, jedoch nicht so viele wie bei anderen algenfressenden Cichliden. Pflanzenfressende Buntbarsche benutzen ihre Schlundzähne zum Aufbrechen der Algenzellen, so daß der verdauliche Inhalt der Zellen freigesetzt wird. Algenfresser haben immer einen langen Darm, da Pflanzenmaterial schwer verdaulich ist und eine lange Bearbeitungszeit im Darm benötigt. Der Darm von *Eretmodus* ist zwei- bis dreimal so lang wie der Fisch selber, jedoch haben andere Algenfresser, z.B. *Petrochromis*, Därme, die bis zu zehnmal so lang wie die Körperlänge des Fischs sein können. Eine beträchtliche Anzahl Sandkörner wurden in *Eretmodus* Mägen gefunden. Es ist möglich, daß Sand eine Verdauungsfunktion übernimmt, wie z. B. bei samenfressenden Vögeln, bei denen verschluckter Kies dazu verwendet wird, die Samen im Kropf zu zermahlen. Es ist nicht bekannt, ob der Sand absichtlich verschlungen wird oder eher zufällig mit den Algen aufgepickt wird. Im Aquarium konnte nicht beobachtet werden, daß *Eretmodus* absichtlich Sand aufnimmt. Es ist jedoch manchmal schwierig, *Eretmodus* in einem Becken ohne Sandsubstrat zu pflegen.

Geographische Variation

E. cyanostictus wurde 1898 von Boulenger anhand von Tieren beschrieben, die in der Nähe von Mpulungu, das damals Kinyamkolo hieß, gefangen wurden. Im Südteil des Sees ist dies die einzig vorkommende Grundelcichlidenart; die nördlichen Zweidrittel des Sees teilt sie jedoch mit drei anderen Arten: *Spathodus erythrodon*, *Tanganicodus irsacae* und *Spathodus marlieri*. Man findet jedoch selten mehr als zwei verschiedene Grundelcichliden an einer Stelle. Sind mehr als eine Art vorhanden, ist immer eine davon *Eretmodus* und die andere entweder *T. irsacae* oder eine *Spathodus* Art.

95% der *Eretmodus*, die wir in unseren Becken pflegen, stammen aus Burundi; nur eine kleine Zahl wurde aus Sambia exportiert. Es ist nicht wahrscheinlich, daß die burundische Population die gleiche Art wie *E. cyanostictus* ist. Da sie den Biotop mit drei anderen Arten teilt, war sie vielleicht "gezwungen", eine andere Freßtechnik oder Biotoppräferenz zu entwickeln. Wenn wir uns beide Formen genau ansehen, können wir feststellen, daß *E. cyanostictus* ein mehr endständiges Maul hat als die burundische Form. Dieser Unterschied scheint bei allen Populationen vorzuliegen, und ich betrachte deshalb diese beiden Formen als unterschiedliche Arten. Die nördliche Form habe ich *Eretmodus* sp. "cyanostictus north" genannt. Es ist jedenfalls nicht ratsam, beide Arten im selben Aquarium zu pflegen.

Man kann im See mehrere geographischen Varianten bei *Eretmodus* unterscheiden. Der Unterschied zwischen diesen Morphen ist nicht so dramatisch wie bei anderen maulbrütenden Arten im See, aber es ist dennoch ratsam, diese Varianten immer in getrennten Aquarien zu halten.

Der *E. cyanostictus* bei Mpulungu und Umgebung zeichnet sich durch eine Anzahl hellblauer Punkte auf dem Kopf und der oberen Körperhälfte aus, und dieses Merkmal tritt bei allen Populationen im südlichen Teil des Sees zwischen Kipili in Tansania und Moliro im Kongo auf. Ich denke, daß die Art *E. cyanostictus* auf diese Populationengruppe beschränkt bleiben soll. Es ist auch die einzige Gruppe, die in ihrem gesamten Verbreitungsgebiet mit keinem anderen Grundelcichliden den Lebensraum teilt. Die nördliche Art, *E.* sp. "cyanostictus north", kommt in mehreren geographischen Varianten vor. Die häufigste davon (in der Aquaristik) stammt aus Nyanza Lac in Burundi. Sie hat 7-9 sehr deutliche, senkrechte Bänder, die auch auf der Körperoberseite und auf dem Schwanzstiel sichtbar sind. Vor allem auf dem Kopf trägt sie auch einige blaue Punkte. Diese Variante findet man in

Seite 32
1. *Spathodus erythrodon* bei Kapampa, Kongo.
2. *Spathodus erythrodon* bei Cape Tembwe, Kongo.
3. *Spathodus marlieri* (aus Burundi) im Aquarium.
4. Nahaufnahme der Zähne des *Spathodus erythrodon*.
5. *Spathodus erythrodon* an der Insel Kavala, Kongo.
6. Kopf des *Spathodus marlieri* (aus Burundi).

Seite 33
1. *Tanganicodus irsacae* an der Insel Kibige (Kavala, Kongo).
2. *T. irsacae* bei Kapampa, Kongo.
3. *T. irsacae* im Aquarium (von Nyanza Lac, Burundi).
4. *T. irsacae* bei Halembe, Tansania.
5. *T. irsacae* bei Mabilibili, Tansania.
6. Der Brandungsbiotop bei Nyanza Lac, Burundi.

Burundi und entlang der nördlichen Küste von Tansania, über die Mündung des Flusses Malagarasi hinweg bis nach Halembe. Ich habe keine relevanten Daten über Populationen im Nordwestteil des Sees, jedoch ist es sehr wahrscheinlich, daß diese Variante auch dort vorkommt.

Das Bänderungsmuster der *E.* sp. "cyanostictus north" Variante bei Kapampa im Kongo gleicht dem der Burundi-Variante, jedoch sind zusätzlich noch blaue Punkte auf der Körperoberseite vorhanden. Entlang der tansanischen Küste finden wir mehrere verschiedene Formen/Arten. Die Felsküste nördlich von Kipili, bei Kapemba, wird von einer Variante bewohnt, die kaum gebändert ist, aber blaue Punkte auf Kopf und Körperoberseite trägt, jedoch erstreckt sich die gepunktete Region nicht bis auf den Schwanzstil. Ich habe keinen anderen grundelähnlichen Cichliden bei Kapemba finden können. Etwa 4 km nördlich von Kapemba beginnt die Felsregion von Msalaba, die nördliche Spitze von Cape Mpimbwe, wie wir es besser kennen. Hier lebt eine andere Form von *E.* sp. "cyanostictus north", die der Burundi-Form im Bänderungsmuster gleicht, jedoch fehlt ihr der größte Teil der blauen Färbung auf dem Kinn.

Sie trägt einige recht hübsche, blaue Punkte auf dem Kopf, die diese Variante sehr attraktiv machen. Eine weitere Variante finden wir an der Küste entlang der Kungwe Gebirgskette. Ein Foto dieser Variante war auf Seite 17 in der ersten Ausgabe dieses Buchs abgebildet, jedoch irrtümlicherweise als "*Eretmodus* von Karema" betitelt. Diesen Morph charakterisiert vor allem die dunkle Farbe auf Wangen und Kiemendeckeln sowie das Fehlen der blauen Flecke auf dem Kopf.

Eretmodus Arten können in freier Natur eine Gesamtlänge von etwa 9 cm erreichen; die Weibchen bleiben um ein Fünftel kleiner als die Männchen. *Eretmodus* sieht man vorwiegend paarweise; an manchen Stellen kann man jedoch auch mehrere Tiere gleichzeitig sehen. Auf *Eretmodus* Arten trifft man an fast jeder Felsküste.

Tanganicodus

Tanganicodus irsacae ist der kleinste der Grundelbuntbarsche: die Gesamtlänge kann bei Männchen etwa 6,5 cm betragen, bei Weibchen etwa 5,5 cm. Als Nahrung picken sie Wirbellosen vom Substrat auf. Ihr Darm ist anderthalb- bis zweimal so lang wie die Gesamtlänge des Fischs. Untersuchte Darminhalte enthielten auch Fadenalgen, die vielleicht gleichzeitig mit den Wirbellosen, der Hauptbestandteil seiner Nahrung, verschluckt wurden (Poll, 1956).

Auf den ersten Blick gleicht *Tanganicodus* dem *E.* sp. "cyanostictus north" und dem *Spathodus erythrodon*, kann jedoch an seiner spitzen Schnauze und einem dunklen Fleck auf der Rückenflosse erkannt werden. Beim näherer Betrachtung kann man die langen, spitzen Zähne sehen, die dazu benutzt werden, Insektenlarven und Krebstierchen aus winzigen Löchern im Substrat "herauszuangeln". *Tanganicodus* ist weit verbreitet und kommt an vielen Stellen im nördlichen Zweidrittel des Sees vor. Nördlich des Flusses Malagarasi trägt *T. irsacae* einen schwarzen Punkt auf der Rückenflosse, jedoch nicht im weichstrahligen (Konings, 1988; Verheyen *et al.*, 1995), sondern im stacheligen Teil, etwa in der Mitte der Flosse. Ich fand bei allen *T. irsacae* Populationen Punkte in den Rückenflossen, südlich des Malagarasi waren diese Punkte jedoch nicht deutlich erkennbar. Bei den nördlichsten Populationen liegt ein deutlicher Punkt mehr oder weniger auf dem Rand der Rückenflosse, während er bei Tieren anderer Populationen sich mit einem oder mehreren senkrechten Bändern deckt und deshalb auf dem unteren Teil der Flosse liegt. Die Mitglieder der Population am Typusfundort (Uvira, im äußersten Norden des Sees) zeigen den Punkt am Flossenrand und das Bänderungsmuster ist auf der unteren Körperhälfte deutlich zu sehen, jedoch auf der oberen Körperhälfte nur undeutlich oder fehlt. Die Population an der Insel Kavala im Kongo trägt einen Rückenflossenpunkt am Flossenrand, ihr fehlt jedoch die senkrechte Bänderung. Die südlichste *T. irsacae* Population im Kongo findet man bei Kapampa. Die Tiere in dieser Population zeigen ein deutliches Bänderungsmuster, der Rückenflossenpunkt liegt über (ist jedoch fortlaufend mit) einem oder zwei senkrechten Bändern. Ferner sind sie durch senkrecht verlängerte, blaue Streifen auf der Körperunterseite gekennzeichnet, wo bei anderen Varianten nur Punkte zu sehen sind. Die bei Halembe und entlang der Kungwe Gebirge vorkommenden Varianten gleichen einander. Beide haben deutliche, senkrechte Bänderung auf der unteren Körperhälfte und einen Rückenflossenpunkt, der in ein oder zwei Bänder übergeht.

Spathodus

Spathodus erythrodon und *S. marlieri* gehören zu der dritten Gattung der grundelähnlichen Cichliden. Die Zähne sind bei *Spathodus* Arten recht lang und zylindrisch (vgl. Foto S. 32). *S. erythrodon* ist ein Algenfresser und nur selten zu sehen. Sein Darm ist zwei- bis dreimal so lang wie sein Körper (Poll, 1956). Die Männchen können maximal eine Gesamtlänge von etwa 7,5 cm haben. *S. erythrodon* sieht *E. cyanostictus* sehr ähnlich, und wäre es nicht wegen des Baus seiner Zähne, wäre er zweifellos ebenfalls in diese Gattung eingeordnet worden. Ohne Untersuchung der Zahnform ist kaum zu entscheiden, ob es sich um einen *Eretmodus* oder einen *Spathodus* handelt. Den nördlichen Populationen von *S. erythrodon* fehlen die senkrechten Bänder des *Eretmodus*, weshalb es hier recht einfach ist, beide Arten unter Wasser zu unterscheiden. Entlang der kongolesischen Küste jedoch hat auch *S. erythrodon* deutliche Bänder auf der unteren Körperhälfte (Poll, 1956). Ich habe versucht, beide Arten anhand der Maulstellung zu identifizieren: wenn das Maul deutlich unterständig ist, habe ich den Grundelbuntbarsch als *Eretmodus* klassifiziert, und wenn es fast endständig war, nannte ich ihn *Spathodus* (das geht natürlich nur bei Populationen, in denen beide Gattungen sympatrisch leben, da der echte *E. cyanostictus* kein unterständiges Maul hat, sondern nur *E.* sp. "cyanostictus north").

S. erythrodon wird vorwiegend von Burundi aus exportiert und hin und wieder auch von Kigoma, zeigt jedoch im gesamten nördlichen Zweidrittel des Sees ein unterbrochenes Verbreitungsmuster.

S. marlieri ist der größte der Grundelcichliden aber auch der seltenste, denn er kommt nur in Felsbiotopen im nördlichen Drittel des Sees vor. Die Männchen können etwa 10 cm lang werden und leben im unteren Bereich des Brandungsbiotops. Im Gegensatz zu den anderen Grundelcichliden braucht *S. marlieri* keinen engen Kontakt mit Felsen und schwimmt auch vom Substrat weg (Brichard, 1978). Seine Nahrung setzt sich aus Algen, Wirbellosen und Sandkörnern (unabsichtlich?) zusammen. Eine Menge Kieselalgen und andere einzellige Organismen werden zweifellos gleichzeitig mit dem Sand verschluckt. Im Aquarium stellte sich *S. marlieri* als recht unangenehmer Bursche heraus, da er dazu neigt, andere Arten zu jagen. Alle Grundeln sind etwas aggressiv gegeneinander; sobald sich jedoch Paare gebildet haben, ist der Kampf vorbei. *S. marlieri* erwies sich als mütterlicher Maulbrüter. Deshalb besteht keine Notwendigkeit, daß Männchen und Weibchen zusammenbleiben.

Grundelcichliden im Aquarium

Grundelcichliden pflegt man am besten als Paare oder in Gruppen von 6 bis 8 Tieren in größeren Becken mit über 600 l Wasser. Wie bereits erwähnt, benötigen sie sehr sauerstoffreiches Wasser, einen üppigen Algenwuchs auf den Felsen und die Gesellschaft von ähnlich großen Buntbarschen, z. B. *Tropheus* Arten. Es ist ratsam, etwas feinen Sand auf dem Boden zu haben. Um ein Paar zu bekommen, sollte man mit einer Gruppe Jungfische beginnen, aus denen sich ein Paar formen kann. Sind nur adulte Tiere vorhanden, sollte man ein großes und ein kleineres Tier, das schon rundbäuchig ist, auswählen. Manchmal ist es sogar möglich, ein bereits "geformtes" Paar in einer Zoohandlung aufzulesen. Ziehen zwei Fische von unterschiedlicher Größe miteinander "umher", handelt es sich sehr wahrscheinlich um ein Paar.

Der Ursprung der Grundelcichliden

Es ist nicht unwahrscheinlich, daß die Grundelcichliden des Tanganjikasees und einige *Orthochromis* Arten, die in Flüssen um den See vorkommen, einen gemeinsamen Vorfahr haben (Konings, 1988). *O. malagaraziensis* findet man im Malagarasi (einem Fluß östlich des Sees). Es ist ein Maulbrüter, der vorwiegend in starker Strömung lebt (Seegers, 1992). *O. polyacanthus* lebt in Flußsystemen westlich des Sees und ist ein mütterlicher Maulbrüter (Mary Bailey, pers. Mittl.). Eine andere

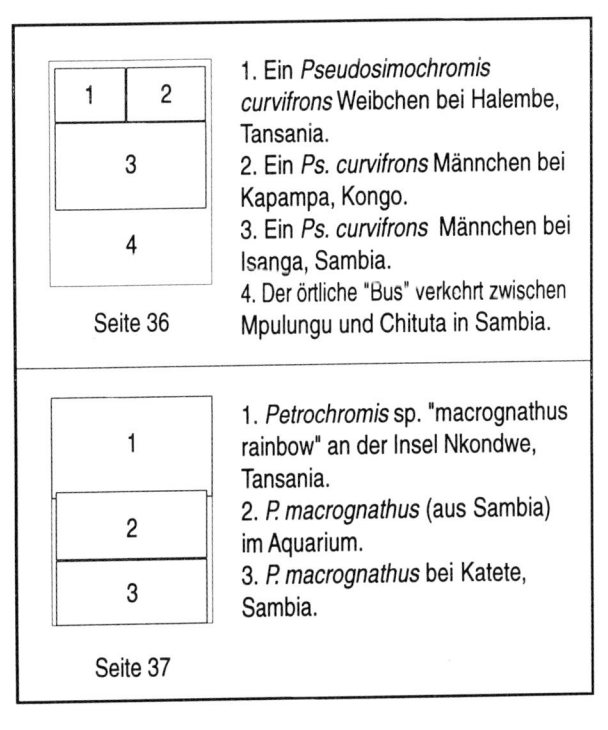

Seite 36

1. Ein *Pseudosimochromis curvifrons* Weibchen bei Halembe, Tansania.
2. Ein *Ps. curvifrons* Männchen bei Kapampa, Kongo.
3. Ein *Ps. curvifrons* Männchen bei Isanga, Sambia.
4. Der örtliche "Bus" verkehrt zwischen Mpulungu und Chituta in Sambia.

Seite 37

1. *Petrochromis* sp. "macrognathus rainbow" an der Insel Nkondwe, Tansania.
2. *P. macrognathus* (aus Sambia) im Aquarium.
3. *P. macrognathus* bei Katete, Sambia.

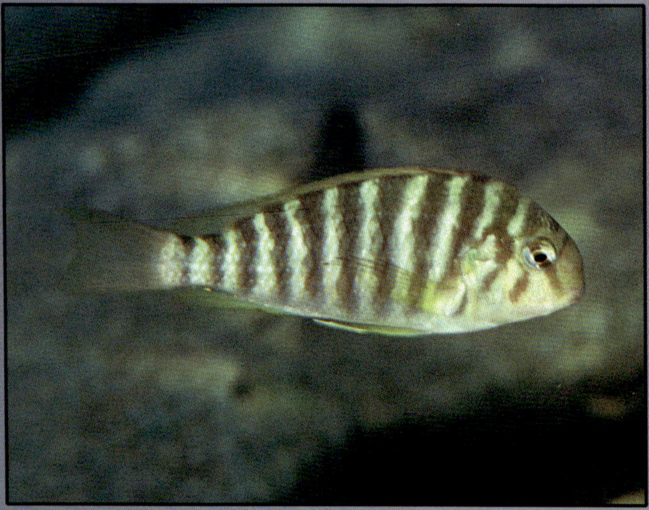
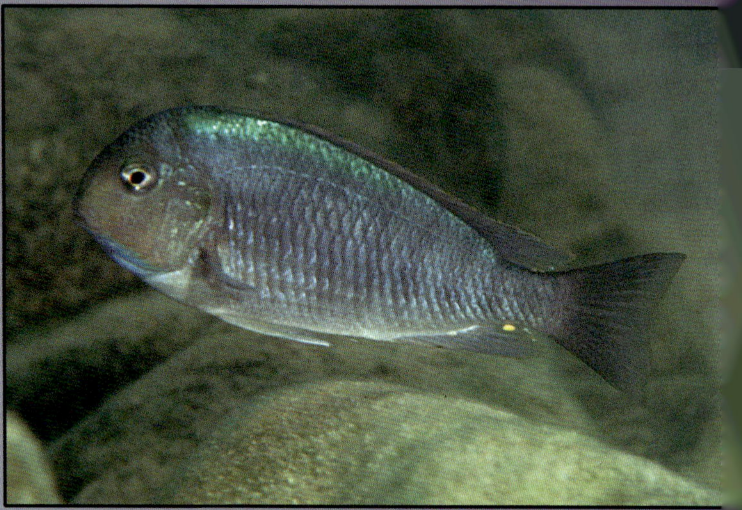
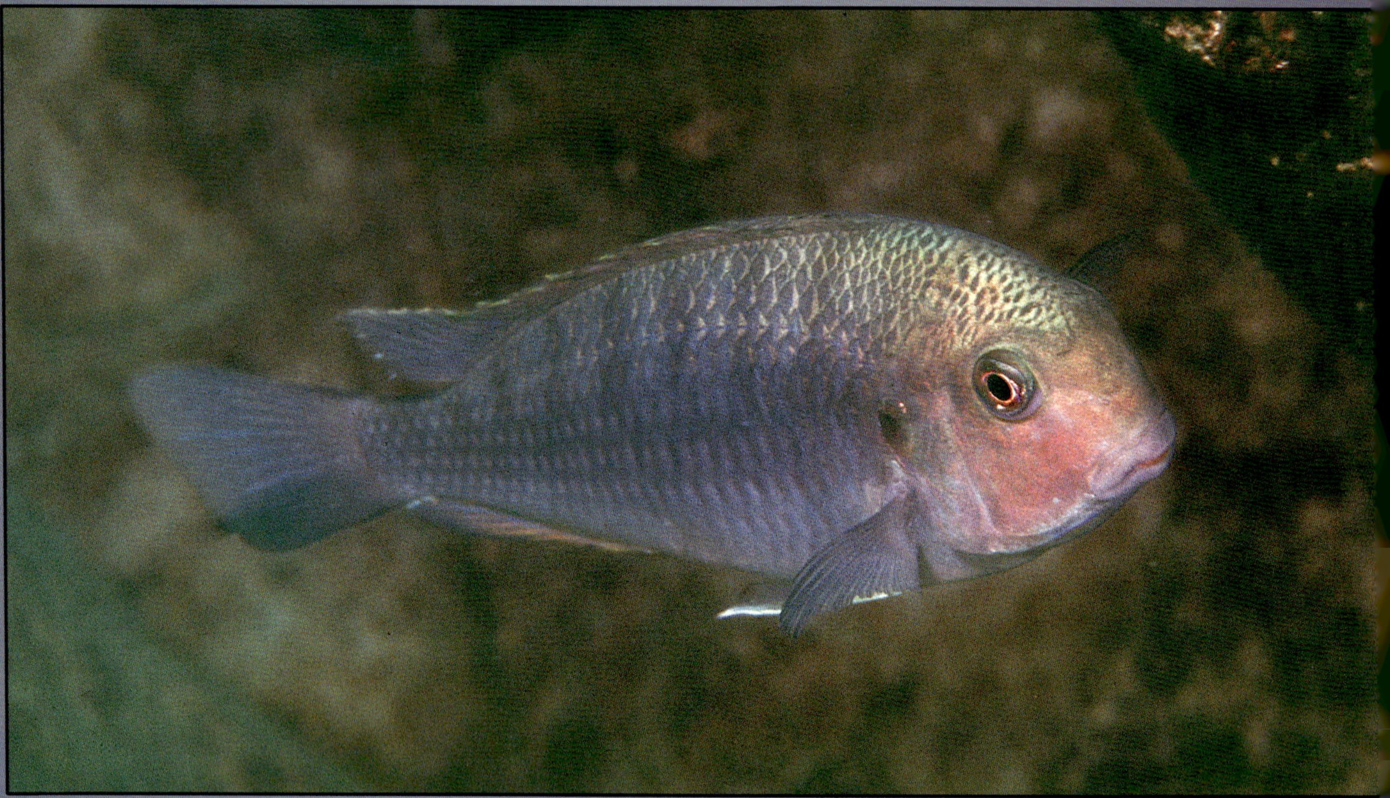
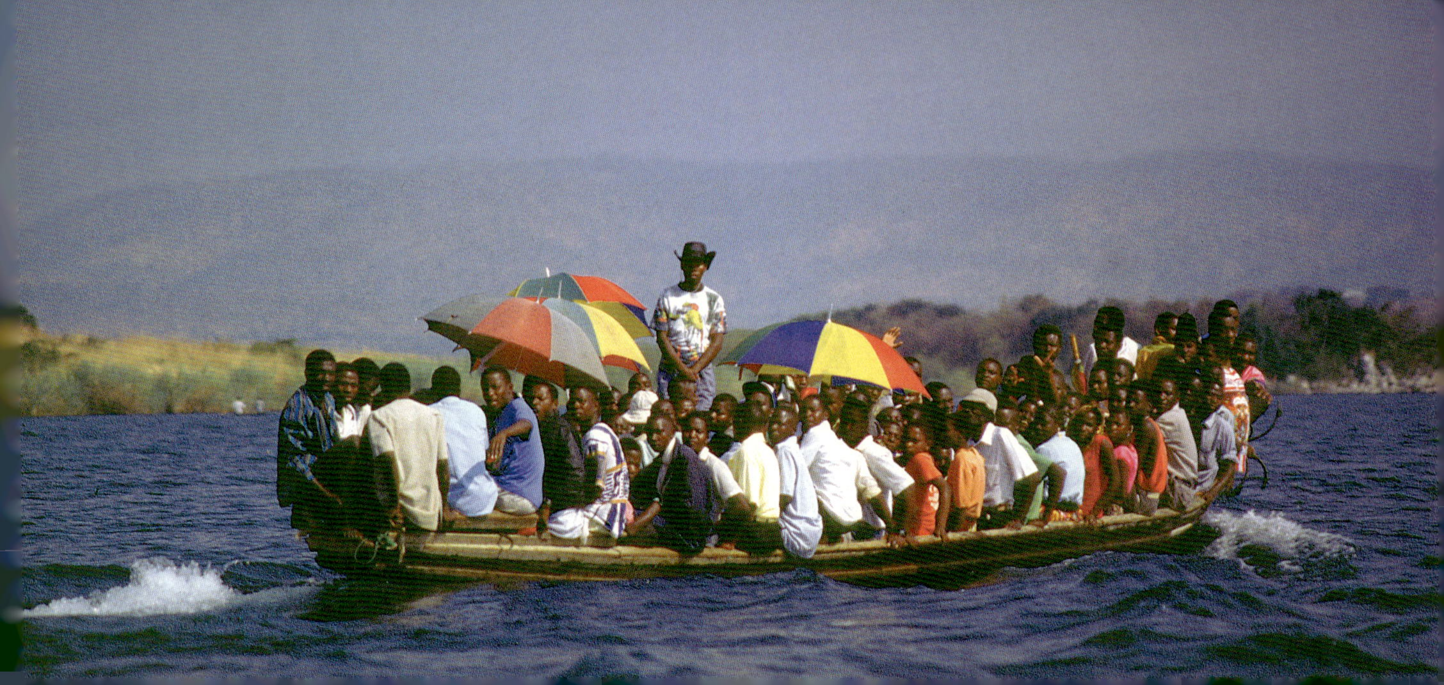

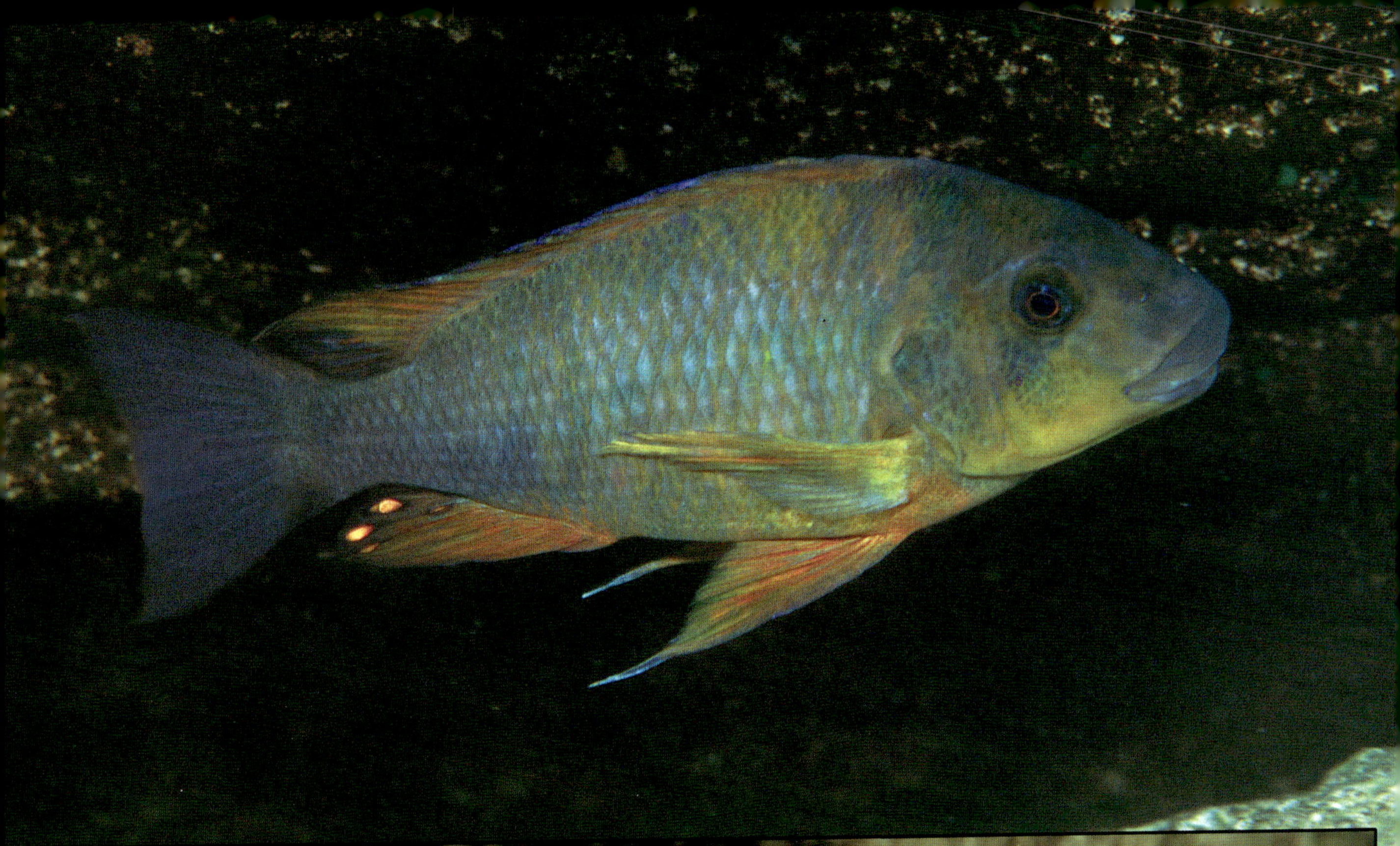
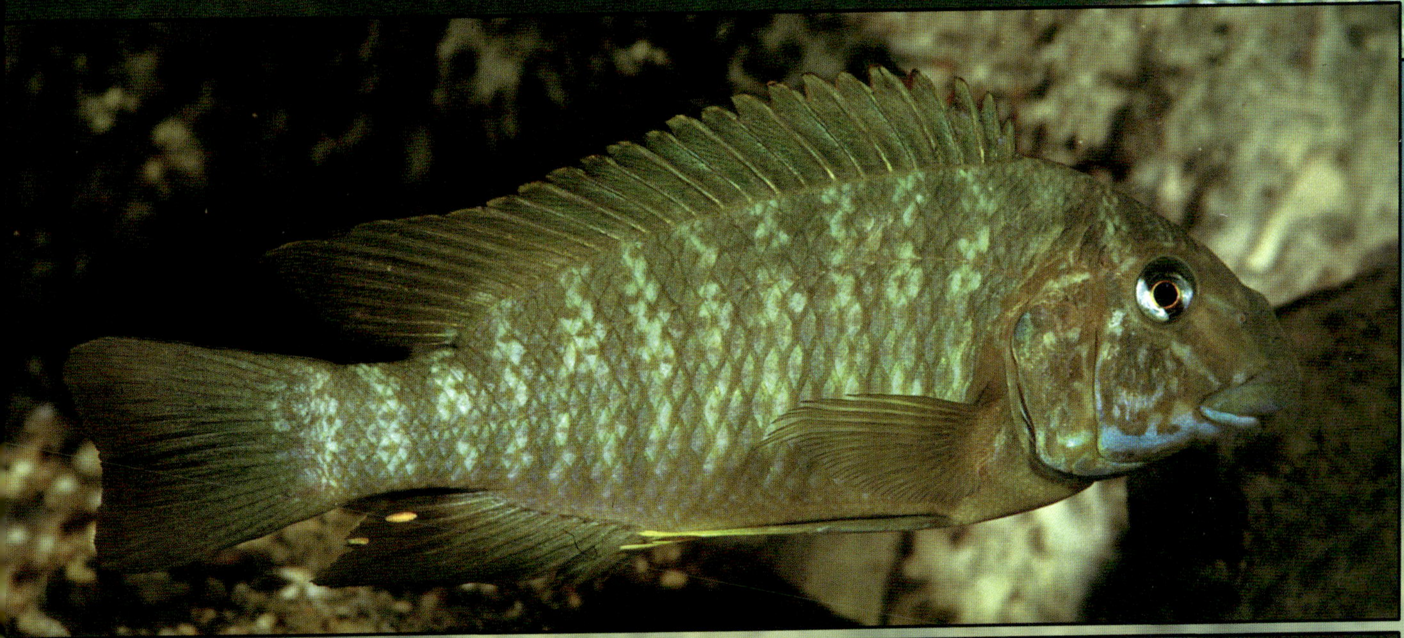
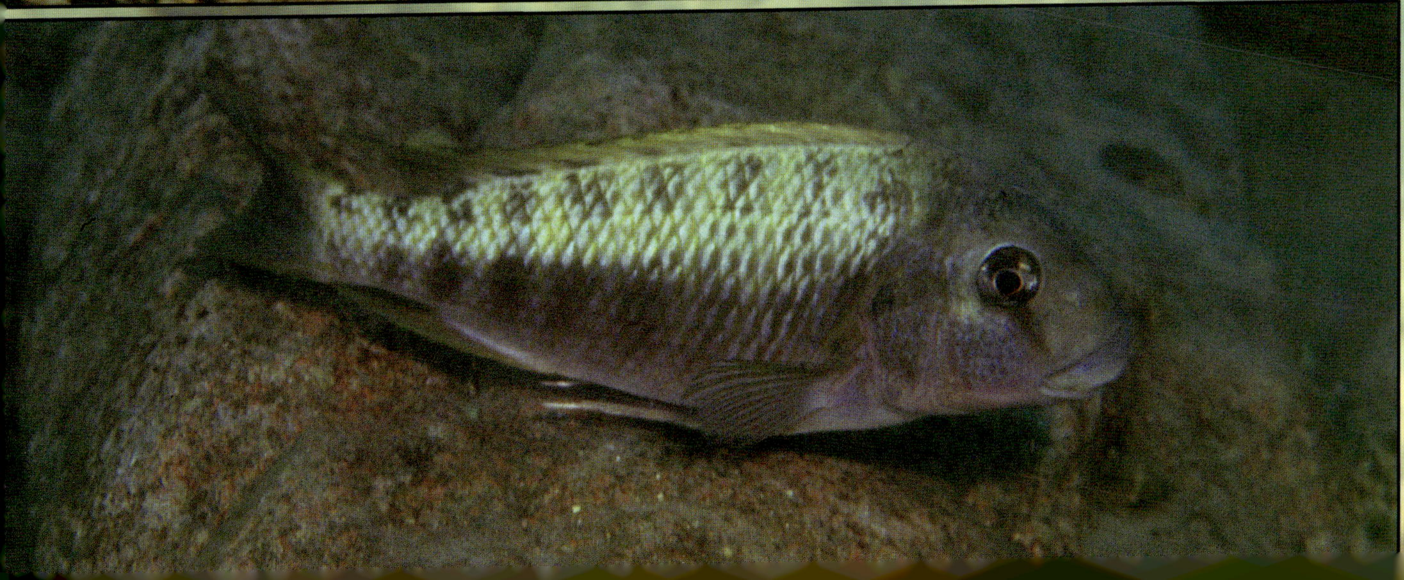

Form, die Seegers (1992) als *O.* spec. conf. *polyacanthus* klassifizierte, scheint ein fakultativ beidelterlicher Maulbrüter zu sein. Erst kürzlich wurden diese *Orthochromis* Arten in *Schwetzochromis* (Kullander & Greenwood, 1997) eingeordnet, jedoch wurde diese neue Zuordnung nicht von allen, die sich mit diesen Fischen auskennen, akzeptiert (Bailey, pers. Mittl.).

In ihrer Form und Biotopbevorzugung gleichen diese beiden *Orthochromis* Arten den Grundelcichliden aus dem Tanganjikasee. *Orthochromis* Männchen und Weibchen haben dieselbe Farbzeichnung, was zumindest darauf hindeutet, daß es keine alltäglichen mütterlichen Maulbrüter sind, und dem Männchen fehlen die umrandeten Eiflecke auf der Afterflosse. Keiner der Grundelcichliden hat einen solchen Eifleck.

Seegers berichtete auch über einen *O. torrenticola* und lieferte ein Foto von einem Männchen, das im Kongo gefangen wurde. Diese Art zeigt Eiflecke (wenn auch keine mit einem dunklen Hof) und gleicht insgesamt eher den *Astatotilapia* Arten, die in afrikanischen Flüssen vorkommen. Sie und *O. machadoi* stammen wahrscheinlich von einem anderen Vorfahr als *O. malagaraziensis* und *O. polyacanthus* ab und haben keinen gemeinsamen Vorfahr mit den Grundelcichliden des Tanganjikasees.

DNS Untersuchungen (Takahashi *et al.* in Nishida, 1997; SINE Einbaustellenuntersuchung) zeigen, daß die Grundelcichliden eine ältere Gruppe sind als die *Astatotilapia/Ctenochromis/Tropheus* Gruppe, weshalb es nicht unwahrscheinlich ist, daß sich *O. malagaraziensis* und *O. polyacanthus* von Seegrundelcichliden herleiten (anstatt umgekehrt, z. B. die Grundelcichliden von eingewanderten *Orthochromis* (Konings, 1988; Seegers, 1992)). Würde sich aber bei zukünftigen Untersuchungen herausstellen, daß eine dieser beiden Arten zur *Astatotilapia* Gruppe gehört anstatt zur *Eretmodus* Gruppe, dann wäre es sehr unwahrscheinlich, daß diese Arten als Ursprung der Grundelcichliden des Sees gelten können.

Stiassny (1997) schlug vor, die Flußlamprologinen als Abkömmlinge von Seearten anzusehen, und ein ähnliches Szenarium könnte man sich bezüglich der Grundelcichliden und der *Orthochromis* Arten vorstellen. Bevor jedoch die SINE Einbaustellen (siehe Erklärung auf S. 18) dieser *Orthochromis* Arten bestimmt worden sind, kann kein vernünftiges Wort darüber gesagt werden, in welche Richtung eine mögliche Entwicklung stattgefunden haben könnte — und vielleicht sind ja auch die Grundelcichliden überhaupt nicht mit den *Orthochromis* verwandt!

Pseudosimochromis curvifrons

Pseudosimochromis curvifrons gleicht den *Tropheus* Arten nicht nur morphologisch, sondern auch im Freßverhalten. Wie *Tropheus moorii* frißt er ausschließlich Fadenalgen. Aber anstatt die Algen wie *Tropheus* abzureißen, grast *P. curvifrons* vom Aufwuchs, indem er die Algenstränge abnippt oder abschneidet (Yamaoka, 1983a; Takamura, 1984). Zwar kann man diese Art niemals in großer Zahl sehen, sie ist jedoch fast an jeder Felsküste vorhanden. Interessanterweise haben sich keine deutlich unterschiedliche geographische Rassen ausgebildet wie bei anderen felsbewohnenden, mütterlichen Maulbrütern. Im nördlichen Teil des Sees tragen die Männchen einen grünlichen Schimmer über dem meist silbrigen Körper, während sie im Süden eine bläuliche Färbung haben. Die Weibchen zeigen ständig eine senkrechte Bänderung, die auch bei männlichen Jungtieren zu sehen ist.

Die Männchen sind territorial, und der Durchmesser ihrer Brutreviere kann 3-5 m betragen (Kuwamura, 1987a). In ihren Revieren richten die Männchen ihre Aggression meistens gegen andere Algenfresser, vor allem gegen Mitglieder ihrer eigenen Art, aber auch gegen *Tropheus* Arten. Die Weibchen leben einzelgängerisch und verteidigen kein Nahrungsrevier. Kuwamura (1987a) fand, daß nicht alle Männchen ein Revier besetzt halten und daß nicht-territoriale Männchen sich bisweilen in die Reviere eines territorialen Männchens einschleichen, um sich während des Ablaichens mit "dessen" Weibchen zu paaren (dieses Verhalten wird im Englischen "sneaking" genannt). Es muß kaum erwähnt werden, daß solche "hinterlistigen" Männchen eifrig aus dem Revier vertrieben werden. Jedoch waren sie, nach dem Bericht von Kuwamura, bei vielen Gelegenheiten in der Lage, einige Eier zu befruchten. Dieser Autor stellte aber auch fest, daß das ablaichende Paar noch, nachdem die letzten Eier abgesetzt waren, den Ablaichvorgang für weitere 9 bis 24 Minuten fortsetzte (T-Positions Technik)! Es scheint also, daß einige Eier noch, nachdem sie schon vom Weibchen ins Maul aufgenommen wurden, befruchtet werden. Auch versuchten nicht-territoriale Männchen noch in dieser Phase (nachdem die Eier schon abgelaicht waren), sich einzuschleichen. Wenn dieses Verhalten noch irgendeine Wirkung erzielen sollten, dann dürften noch nicht alle Eier im Maul des Weibchens befruchtet sein.

Die Gesamtlänge eines *P. curvifrons* Männchens liegt bei maximal etwa 14 cm; die Weibchen bleiben mit etwa 11 cm etwas kleiner.

Petrochromis

Petrochromis ist eine erfolgreiche Art, deren Mitglieder sehr wichtige Bewohner im Felsbiotop sind. *Petrochromis* Arten grasen Algen und sind außerordentlich gut für die Verdauung von Pflanzenmaterial angepaßt. Einige Arten dieser Gattung (z. B. *P. trewavasae*) haben einen Darm, der zehnmal so lang wie die Gesamtlänge des Fischs ist. Ein erwachsener *Petrochromis* kann also einen Verdauungstrakt von mehr als zwei Metern Länge haben! Nicht nur für die Verdauung der Nahrung ist gut gesorgt, sondern auch für ihren Erwerb. Die stark verbreiterten Lippen des *Petrochromis* tragen zahlreiche, schlanke Zähne. *Petrochromis*-Arten fressen, indem sie einzellige Algen (Kieselalgen) von den auf Felsen festgewachsenen Fadenalgen abkämmen. Zusammen mit den Kieselalgen sammeln sie auch anderes lockeres Material auf, einschließlich Sandkörner (Samaoka, 1997). Durch Pressen der "bezahnten" Lippen gegen das Substrat wird der Aufwuchs aufgesammelt. Die beweglichen Zähne passen sich dem Umriß des Felses an, und wenn das Maul des Fischs geschlossen wird, werden lockeres Material und Kieselalgen vom Algengerüst des Aufwuchs abgekämmt. Es gibt keine andere Artengruppe im Tanganjikasee, deren Mitglieder in der Lage sind, Algen auf so wirksame Art und Weise aufzunehmen.

Einer der größten Algenkämmer im See ist *P. macrognathus* — ein reifes Männchen kann maximal eine Gesamtlänge von etwa 21 cm erreichen. Das Maul dieser Art ist breit und steht etwas nach unten gerichtet vor. Sie lebt in den oberen zwei Metern des Felsbiotops und kämmt meistens in turbulentem Wasser lockere Algen an senkrechten Felsflächen ab. Damit der Fisch mit der Wasserbewegung mithalten kann, frißt er sehr schnell. Es ist aber auch eine sehr scheue Art, wahrscheinlich wegen des starken Jagddrucks durch Vögel und/ oder Otter. Die Männchen sind revierhaltend und verstecken sich in großen Höhlen, wenn sie sich bedroht fühlen.

Der Holotypus dieser Art wurde an der kongolesischen Küste in der Nähe von Luhanga, 12 km südlich von Uvira gefangen. Sie ist jedoch seeweit verbreitet. Vor über zehn Jahren tauchte der sog. "Green Kabogo Petrochromis", der von Horst Dieckhoff in der Nähe von Cape Kabogo entdeckt wurde, in der Aquaristik auf. Diese Form scheint eine Rasse von *P. macrognathus* zu sein. *P. macrognathus* wurde seither auch an anderen Stellen gefunden und für die Aquaristik aus dem sambischen Teil des Sees exportiert. *P. macrognathus* Männchen aus dem nördlichen Seeabschnitt — die Art wurde nördlich von Cape Kabogo entlang der Ostufer nicht gefunden — sind dunkelgrün gefärbt oder haben eine Zeichnung aus senkrechten Streifen, während der Bauch normalerweise gelb ist. Diese Variante kommt auch im zentralen Abschnitt des Sees vor. Südlich der Mahali Gebirge an der Ostseite des Sees bewohnt eine noch buntere Variante oder Art die oberen zwei Meter des Felsbiotops; vorläufig möchte ich diese Form *P.* sp. "macrognathus rainbow" nennen. Die Maulstruktur des "Macrognathus Rainbow" ähnelt sehr der des typischen *P. macrognathus* und nicht irgendeiner anderen bekannten *Petrochromis* Art, was ein sehr starker Hinweis dafür ist, daß beide Formen artgleich sind. Da es aber mehrere "isolierte" Cichlidenarten entlang der zentralen Ostufer des Sees gibt, einschließlich des endemischen *Petrochromis* (vgl. nächstes Kapitel), ziehe ich es vor, auch den bunten "Macrognathus Rainbow" als getrennte Art anzusehen. Im südlichen Teil des Sees findet man eine gelbere Variante, die dem typischen *P. macrognathus* gleicht, und es ist nur vernünftig, diese als geographische Variante jener Art anzusehen.

Im Jahre 1986 entdeckte Dieckhoff (pers. Mittl.) den größten *Petrochromis*, der jemals gefunden wurde: den noch nicht wissenschaftlich beschriebenen *P.* sp. "giant". Er fand ihn "an einer Insel in der Nähe von Kipili". Diese Art wurde 1994 an den Fulwe Rocks, einem kleinen Felsriff in der Nähe von Wampembe, etwa 80 km südlich von Kipili, wiederentdeckt. Die maximale Größe dieser Art wird auf etwa 40 cm geschätzt. Die Männchen sind extrem territorial, und man kann häufig

Seite 40	Einige geographische Varianten des *Ophthalmotilapia ventralis* und ihre Verbreitungsgebiete: "Black-&-White" Ventralis (schwarz), "Yellow Ventralis" (gelb), und die Moliro-Form (orange).
Seite 41	Die südliche Variante des *Ophthalmotilapia ventralis*, des sog. "Bright-Blue Ventralis" (blau).

① Maswa
② M'toto
③ Kanoni
④ Tembwe
⑤ Kapampa
⑥ Moliro
⑦ Halembe
⑧ Karilani Is.
⑨ Sibwesa
⑩ Cape Mpimbwe
⑪ Nkondwe Is.
⑫ Mamalesa Is
⑬ Samazi

① Chimba
② Kachese
③ Cape Chaitika
④ Katoto
⑤ Chituta
⑥ Isanga
⑦ Kantalamba
⑧ Kambwimba

Auseinandersetzungen zwischen Männchen beobachten. *P.* sp. "giant" scheint nicht mit *P. macrognathus* verwandt zu sein, da er ein endständiges Maul mit einem leichten Überbiß hat. Wahrscheinlich ist er eher mit *P. polyodon* (vgl. S. 46) verwandt. Man findet ihn in den oberen drei Metern der Wassersäule zwischen riesigen Felsblöcken des Riffs. Die Männchen sind grünblau gefärbt; die Weibchen scheinen eine gelblichere Färbung mit senkrechten Bändern zu haben (es wurden aber noch keine Weibchen für eine richtige Identifizierung gefangen). Es muß nicht erwähnt werden, daß alle großen *Petrochromis* sehr aggressiv in ihrer Revierverteidigung sind. Wenn sie nicht in einem künstlichen Felsriff mit einem Durchmesser von etwa 5 m oder mehr untergebracht werden können, sind sie für Aquarien ungeeignet.

Fadenmaulbrüter

Fadenmaulbrüter ist der Kollektivname für Buntbarsche der Gattungen *Ophthalmotilapia*, *Cyathopharynx* und *Cunningtonia*. Die Männchen dieser Arten zeichnen sich durch verlängerte Bauchflossen aus, die normalerweise in einer gelben, lappenartigen Verlängerung enden. Normalerweise findet man im Brandungsbiotop nur eine Art: *O. ventralis*.

Von *O. ventralis* findet man regelmäßig große Populationen, und sein weites Verbreitungsgebiet umfaßt die tansanische Küste südlich des Flusses Malagarasi, die gesamte sambische Küste und die Küstenlinie des Kongo bis mindestens nach Cape Tembwe. Er kommt aber wahrscheinlich auch noch weiter nördlich vor. Es sind mehrere geographische Varianten bekannt, von denen viele in die Aquaristik eingebracht wurden (vgl. Verbreitungskarte S. 40 und 41). Alle südlichen Varianten sind unter dem Handelsnamen "Bright Blue Ventralis" bekannt, und die Färbung von stark erregten Männchen ist in der Tat leuchtendblau. Man kann die geographischen Varianten durch ihre unterschiedliche schwarze Zeichnung auf dem Körper unterscheiden. Die "Bright Blue" Variante im Süden wird an beiden Seiten des Sees von gelben Varianten umgeben, die an der Ostküste um die Insel Mamalesa in Tansania und an der Westküste, um Kapampa im Kongo, vorkommen. Diese gelben Varianten werden ihrerseits im Norden von Populationen mit schwarzweißgefärbten Männchen begrenzt, und auch hier an beiden Seiten des Sees.

Die *O. ventralis* Männchen sind territorial und verteidigen eine recht kleine Stelle oder "Ecke" auf einem großen Fels im obersten Meter des Felsbiotops. Ihre Reviere sind recht groß, mit einem Durchmesser von 2-3 m. In solchen Revieren werden nur Männchen derselben Art aggressiv verfolgt, und hier werden auch die Weibchen angebalzt. Diese sind jedoch gesellig und formen Schulen mit über 500 Tieren, die küsteneinwärts ziehen, um Plankton und lockeren Aufwuchs zu fressen.

Die Bruttechnik von *O. ventralis* wurde in Gefangenschaft beobachtet. Der interessanteste Teil kommt der Funktion der gelben Läppchen an den Enden der Bauchflossen der Männchen zu: diese gleichen Eiern und stellen Eiattrappen dar, mit deren Hilfe die Befruchtung der richtigen Eier im Maul des Weibchens sichergestellt wird. Die Männchen bauen normalerweise keinen auffälligen Laichplatz (Nest), aber manchmal wird eine Stelle auf einem Fels leicht durch eine dünne Schicht sehr feinen Sandes markiert. In Gefangenschaft kann *O. ventralis* jedoch einen Laichplatz im Sand ausgraben, wenn keine geeigneten Felsen vorhanden sind. Alle Eindringlinge werden aus der unmittelbaren Umgebung des Nests vertrieben, und Artgenossen werden mit besonderem Eifer ferngehalten. Die Weibchen werden, wenn sie ins Revier hineinschwimmen, angebalzt, wobei das Männchen auf typisch schwänzelnde Weise, die Flossen gegen den Körper haltend, ein Geleitschwimmen zum Nest hin veranstaltet. Das Männchen schwimmt ständig vom Nest zu den Weibchen hin und "schwänzelt" wieder zurück. Dabei reagiert es sehr aufgeregt, wenn ein Weibchen seine Annäherungsversuche beantwortet, wobei es zwischen den sich nähernden Weibchen und dem Nest in scheinbar unkontrollierter Weise hin- und herschwimmt.

Zeigt sich ein Weibchen wirklich interessiert, schwimmt das Männchen zum Nest hinunter und stößt, immer noch zitternd, seine Milch aus. Danach hört es auf zu zittern und hebt seinen Schwanz vom Nest hoch, als ob es wegschwimmen möchte; seine Bauchflossen bleiben jedoch mit dem Substrat in Kontakt. Die gelben Läppchen, die während des Ablaichvorgangs geschwollen aussehen, erregen die volle Aufmerksamkeit des Weibchens. Da ihre Form und Farbe genau denen echter Eier ähneln, versucht es, diese aufzupicken. Manchmal verschwinden die Läppchen dabei völlig im Maul des Weibchens. Es sammelt dabei jedoch den Samen auf. Nun schwimmt das Männchen davon und wartet in unmittelbarer Nähe. Das

Weibchen beginnt, ein oder mehrere Eier zu laichen, die es sofort aufpickt. Danach verläßt es den Laichplatz, was das Männchen dazu veranlaßt, ihm zu folgen, um es wieder zum Nest zurückzuführen. Die nächste Charge Eier kann aber auch im Nest eines anderen Männchens abgesetzt werden. Und diesmal hat das Weibchen schon einige Eier im Maul, die bei der nächsten Runde befruchtet werden.

Statt Dekoration sind diese Läppchen am Ende der Bauchflossen des Männchen die realistischsten und effektivsten Eiattrappen, die bei Cichliden vorkommen. Noch lange nachdem alle Eier abgelaicht sind, wird das Weibchen von diesen Attrappen angezogen. Dadurch wird die ordentliche Befruchtung aller Eier sichergestellt. Nach Abschluß des Ablaichvorgangs schließt sich das Weibchen einer Schule aus vorwiegend maulbrütenden Weibchen an.

Aus Aquariumbeobachtungen ist zu schließen, daß die Weibchen während der Inkubation der Eier kleine Futterpartikel fressen. Wahrscheinlich um Energie zu sparen und so unauffällig wie möglich zu sein, bewegen maulbrütende Weibchen kaum eine Flosse. Nach etwa drei Wochen Brutzeit werden die Jungen aller brütender Weibchen in der Schule gleichzeitig in seichtem Wasser freigesetzt, wo sie sofort eine Schule bilden. Die Jungen bleiben dicht beisammen und halten sich in den oberen Zentimetern des offenen Uferwassers auf. Sie vermischen sich oft mit Jungfischen anderer Arten, sogar mit jungen Killifischen (*Lamprichthys tanganicanus*). Da sich die Schwärme der Jungfische in Interwallen ausbilden, haben die Tiere einer einzigen Schule alle dieselbe Größe, und eine Vermischung der Schulen ereignet sich wahrscheinlich nur, wenn die Tiere beider Gruppen von etwa derselben Größe sind.

O. ventralis ist ein Pflanzenfresser, und sowohl die ausgewachsenen Tiere als auch die Jungfische ernähren sich von Plankton und vom Aufwuchs der Felsen. Die Länge des Darmkanals ist etwa die drei- bis vierfache Länge des Fischs, was ihre vegetarische Ernährung bestätigt. Die Gesamtlänge eines Männchens kann maximal etwa 15 cm sein; die Weibchen bleiben um einige Zentimeter kleiner.

In Gefangenschaft benötigt *O. ventralis* viel Raum, da die Männchen recht kämpferisch sind. Möchte man *Ophthalmotilapia* nachziehen, sollte das Becken eine Länge von mindestens 150 cm haben. Es ist ratsam, ein junges Männchen zusammen mit einem ausgewachsenen Männchen in einer Brutgruppe zu halten, so daß das dominante Männchen ständig seine schönste Färbung zeigt. Man kann das Aquarium in einen Felsteil und einen Stück offenen Sandes unterteilen, oder hin und wieder einen einzelnen flachen Stein aufstellen. Diese Buntbarsche benötigen hinsichtlich ihrer Nahrung keinerlei besondere Vorkehrungen, obwohl man nicht vergessen sollte, daß es Vegetarier sind. Einige Lamprologinen Paare stellen geeignete Beckengenossen dar.

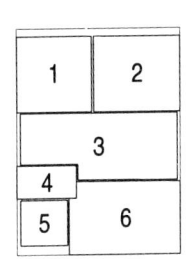

Seite 44

1. *Petrochromis* sp. "giant" bei Fulwe Rocks, Tansania; zu sehen sind die großen, runden Freßspuren, die dieser riesige Algenkämmer hinterläßt.
2. *P.* sp. "giant" mit zwei *P.* sp. "kipili brown" (Fulwe Rocks, Tansania).
3. Zwei balzende *P.* sp. "giant" Männchen bei Fulwe Rocks.
4. Ein kleiner Ausschnitt der Fulwe Rocks in der Nähe von Wampembe brechen durch die Wasseroberfläche.
5. Pakete von Schneckeneiern, die am Fels befestigt sind.
6. Lager bei Wampembe, Tansania.

Seite 45

1. Der kristallisierter Kalk auf Felsen liefern den kleineren Cichliden ausreichend Schutz.
2. Die Süßwasserqualle, *Limnocnida tanganyicae*, kommt manchmal im Überfluß vor.
3. Die Schattenseiten eines großen, glatten Felses werden gewöhnlich von *Neolamprologus furcifer* bewacht.
4. Kristallisierte Mineralien werden ständig von exponierten Stellen der Felsen entfernt, lagern sich jedoch als dicke Schicht ab, wo grasende Cichliden keinen Zugang haben.
5. Eine Schule des *Petrochromis famula* auf Nahrungssuche an der Insel Mvuna, Tansania. Nur die Macht der Überzahl ermöglicht es ihnen, in den Revieren der aggressiveren *Petrochromis* Arten zu fressen; hier *P. ephippium*.

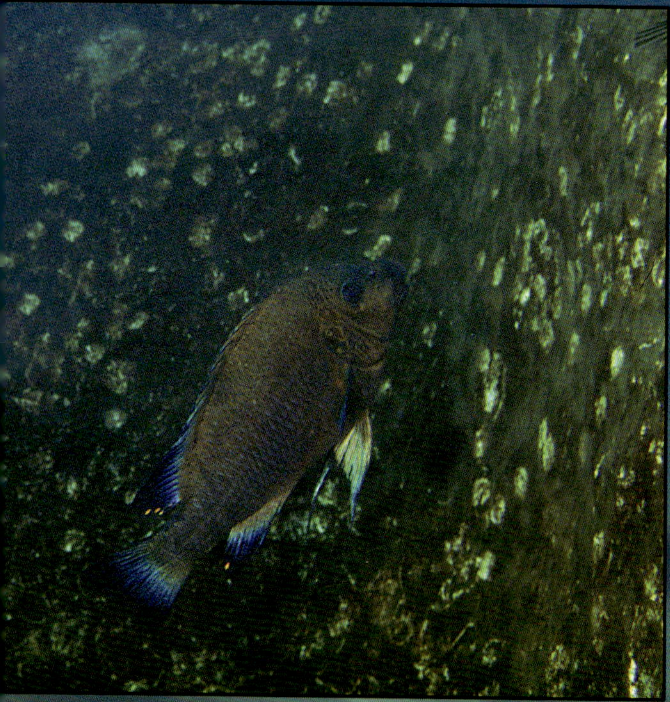
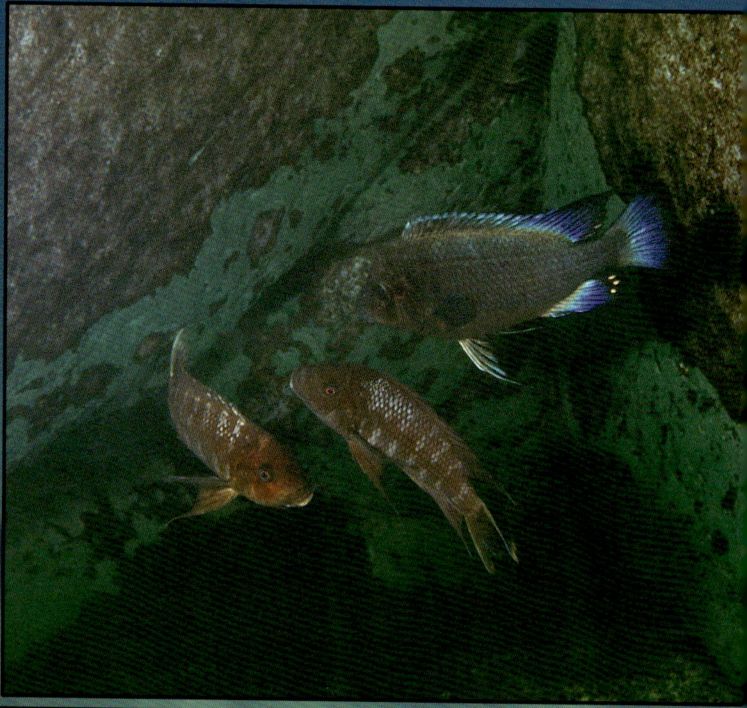
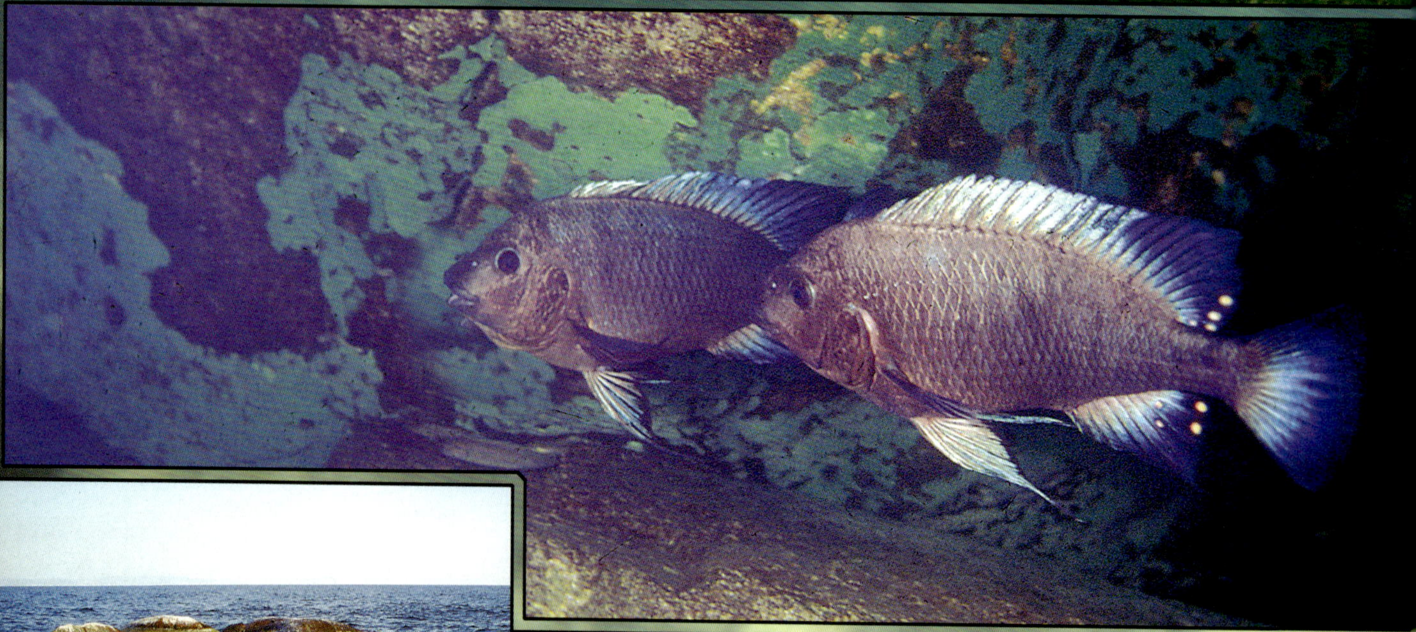
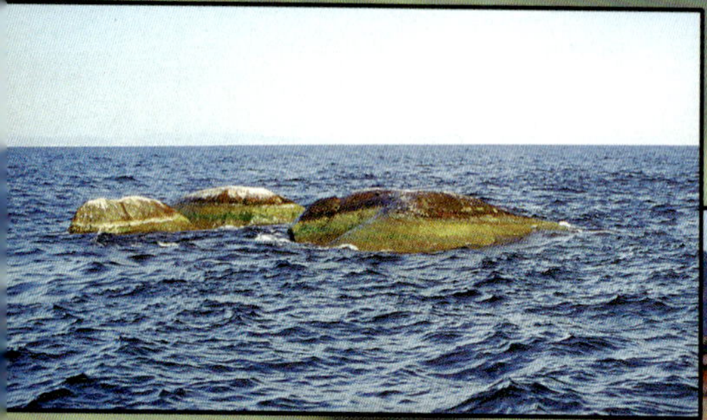
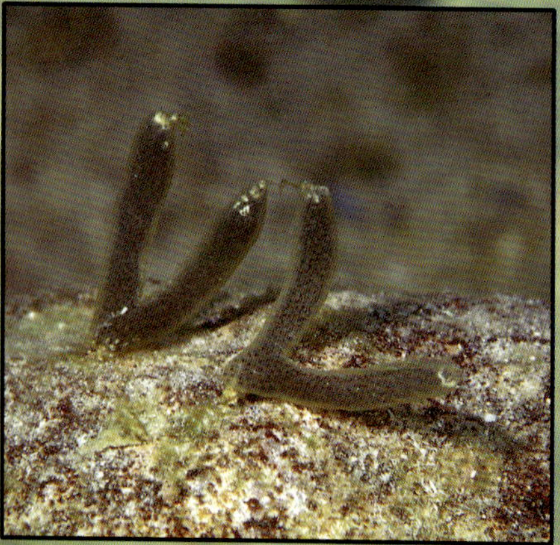
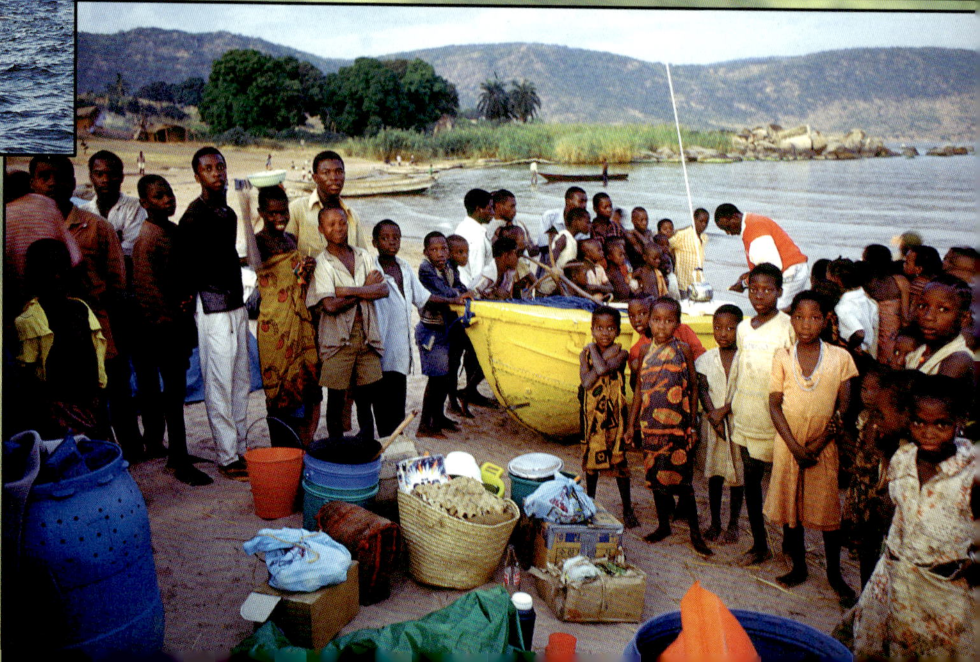

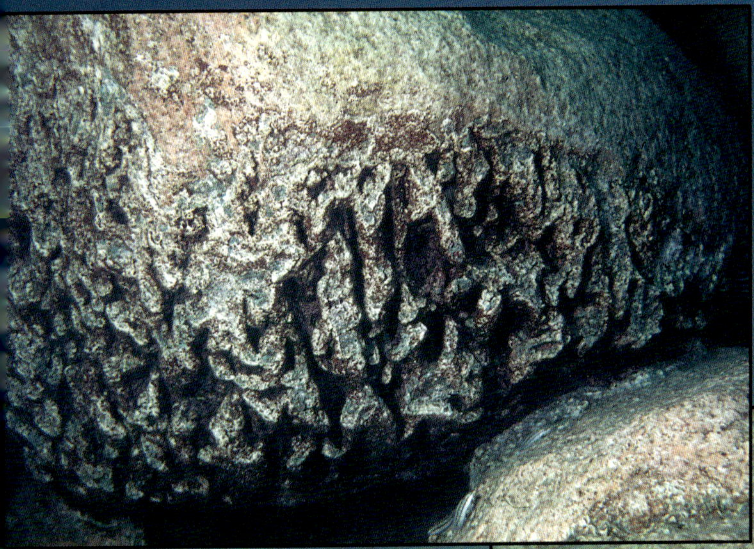
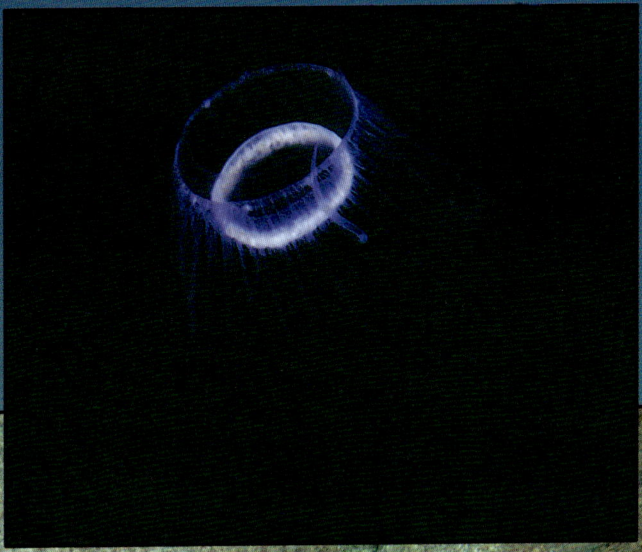
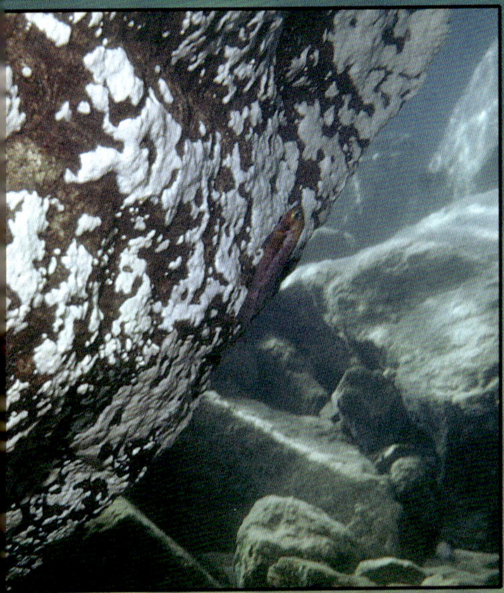
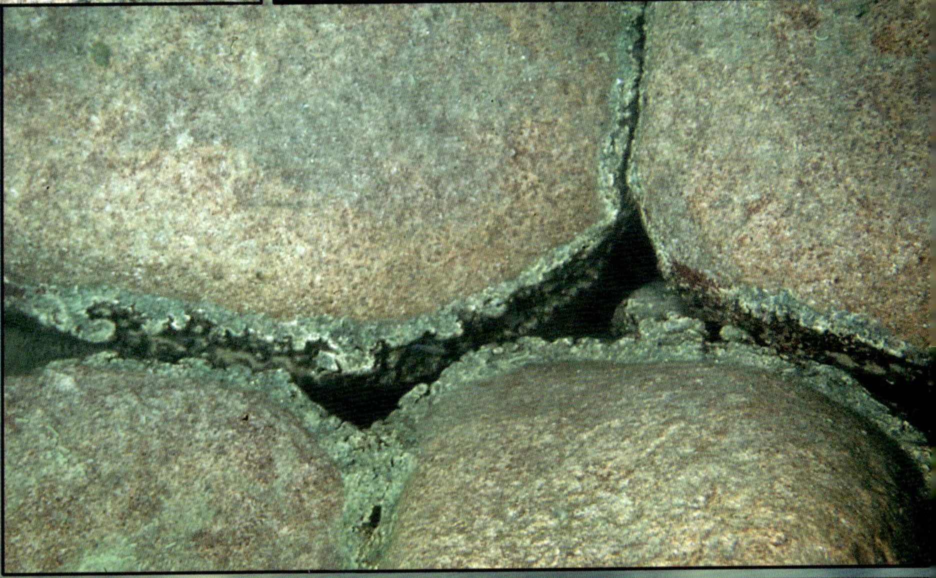
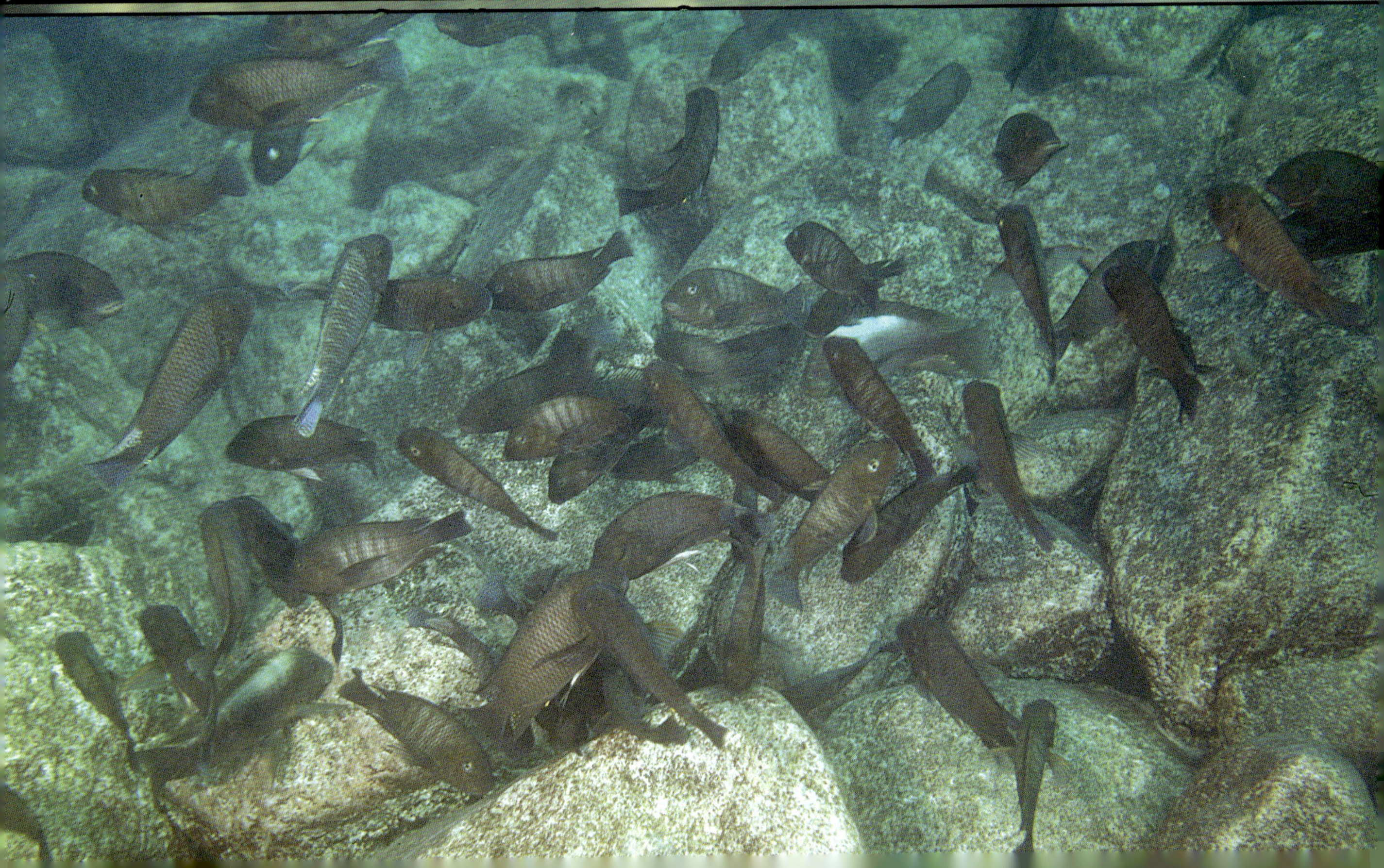

Der seichte, sedimentfreie Felsbiotop

Die Felsen in diesem Biotop sind gestapelt, wobei sie ein kompliziertes Netzwerk aus Höhlen und Spalten bilden. Der Aufwuchs der Felsen ist so gut wie frei von Sediment, weshalb Algen gut gedeihen und an einigen Stellen dicke, grüne Matten formen. Wegen dieses Nahrungsüberflusses ist die Konkurrenz um Lebensraum groß, und nur die stärksten und aggressivsten Arten können sich ein Revier sichern.

Petrochromis

Die am häufigsten vorkommende Artengruppe in diesem Biotop ist *Petrochromis*. *Petrochromis* Arten sind die größten und aggressivsten Pflanzenfresser im See und an jeder Felsküste vorhanden. Sie sind ausgezeichnet zum Algenfressen angepaßt; einige Mitglieder der Gattung (z. B. *P. trewavasae*) haben einen Darm von zehnmal ihrer Körperlänge. Ein ausgewachsener *Petrochromis* kann also einen Verdauungstrakt von über 2 m Länge haben! Nicht nur die Verdauung der Nahrung, auch ihr Aufsammeln muß optimal geregelt sein. Die breiten, vergrößerten Lippen des *Petrochromis* tragen zahlreiche schlanke Zähne mit dreizackigen Spitzen. Wenn diese Lippen gegen das Substrat gepreßt werden, passen sich die beweglichen Zähne genau der Felskontur an. Beim Schließen des Mauls können die Spitzen der Zähne lockeres Material und Kieselalgen von den Algensträngen, die am Felsen festhaften, abkämmen. Das Maul wird gewöhnlich mehrmals an der gleichen Stelle geöffnet und geschlossen. *Petrochromis* Arten sind beim Abgrasen der dicken Aufwuchsschicht sehr effizient, was wichtig ist, da sie wegen ihrer Größe jeden Tag große Mengen Futter benötigen.

Petrochromis Arten sind mütterliche Maulbrüter, und die Männchen sind äußerst territorial. Ihre Revieraggression richtet sich nicht nur gegen artgleiche Männchen, sondern gegen alle *Petrochromis* Arten, die in ihr Nahrungsrevier eindringen. Das Nahrungsrevier ist kleiner als das Brutrevier, kann aber einen Durchmesser von über 2 m haben, das Brutrevier dagegen von über 5 m. Aufgrund der starken Platzkonkurrenz im oberen Felsbiotop werden fast jede paar Zentimeter von dem einen oder dem anderen *Petrochromis* besetzt gehalten. Das territoriale Männchen muß innerhalb seines eigenen Reviers fressen, denn würde es dieses verlassen, um woanders zu fressen, würde es sein Revier wahrscheinlich bei seiner Rückkehr von einem anderen Männchen besetzt finden.

Im Durschnitt laichen die *Petrochromis* Weibchen etwa 15 Eier pro Gelege. Das Ablaichen findet in einer Höhle oder dunklen Spalte im Revier des Männchens statt. Die Eier werden im Maul des Weibchens befruchtet, wenn dieses nach der Afterflosse des Männchens schnappt und dabei Samen, der zur gleichen Zeit vom Männchen ausgestoßen wird, aufnimmt. Die Jungen werden nach etwa 30 Tagen Brutzeit freigesetzt. Während der Brutzeit nimmt das Weibchen nur kleine Futterpartikel zu sich, entweder für sich selbst oder für die Jungen in seinem Maul.

Die Männchen mehrerer *Petrochromis* Arten tragen zwei verschiedene Flecktypen auf den Afterflossen (manchmal auch auf der Rückenflosse): gelbe, dunkelumrandete Flecke (Eiflecke) auf dem hinteren Teil der Afterflosse und nicht-umrandete Flecke auf dem vorderen Teil. Die nicht-umrandeten Flecke befinden sich an der Spitze der Membrane zwischen den Stacheln und könnten während des Ablaichens in der Tat die Funktion einer Eiattrappen übernehmen: die Weibchen versuchen diese falschen Eier aufzusammeln, und gleichzeitig kommen die Eier in seinem Maul mit dem Samen des Männchens in Kontakt. Die umrandeten Flecke sind auch auf den Afterflossen der Weibchen vorhanden, jedoch kleiner und nicht so zahlreich.

Es gibt viele *Petrochromis* Arten. An einer einzigen Stelle kann man bis zu 8 verschiedene Arten finden! Fast an jeder Felsküste trifft man auf eine *P. polyodon*-ähnliche Art, *P. famula*, eine *P. orthognathus*-ähnliche Art, eine *P. macrognathus*-ähnliche Art, *P. fasciolatus* und *P. ephippium*.

Petrochromis polyodon

Die in diesem Biotop am häufigsten vorkommende Art oder Artengruppe ist *P. polyodon* und seine nahe verwandten Formen. *P. polyodon* ist ein großer Pflanzenfresser mit einer maximalen Gesamtlänge von etwa 20 cm. Es gibt viele geographische Varianten und Formen (Arten?), die morphologisch dem *P. polyodon* sehr ähnlich sind. Das Typenmaterial von *P. polyodon* wurde in der Nähe von Mpulungu im Süden des Sees gesammelt, was bedeutet, daß der gelbblaue *Petrochromis* aus dem Süden die Typusart von *P. polyodon* ist (bezüglich dieser Diskussion vgl. Herrmann, 1996). Entlang der südlichen Ufer des Kongo gibt es eine sehr bunte Variante oder Art, die *P. polyodon* gleicht und die hier vorläufig als geographische Variante behandelt wird. *P. polyodon* kommt entlang der südlichen Ufer in Tansania bis hinauf nach Kala vor. Entlang der zentralen Ostküste gibt es mehrere *polyodon*-ähnliche Formen, denen unterschiedliche Namen gegeben wurden. Zwischen Kipili und Karema finden wir den sog. *Petrochromis* sp. "texas kipili", und entlang der Felsküste nördlich von Ikola kommt ein großer dunkelblauer *Petrochromis* vor, den ich leider nicht auf Film festhalten konnte. Weiter nördlich, entlang der Mahali Gebirgskette, lebt der schwerauffindbare "Texas Petrochromis", den ich nur bei Mabilibili und Lumbye Bay gesehen habe. Diese Art erhielt ihren Namen wegen des blau gepunkteten Musters auf dem Kopf, das dem des *Herichthys carpintis* ähnelt — einem mexikanischen Cichliden der manchmal fälschlicherweise als "Texas Buntbarsch" bezeichnet wird.

Von Halembe bis zum nördlichsten Teil des Sees in Burundi finden wir den sogenannten *Petrochromis* sp. "kasumbe", der als Rasse von *P. polyodon* gilt (z. B. Kuwamura, 1986a), den ich aber für eine andere Art halte. Von der Halbinsel Ubwari im Kongo wurde noch eine andere Art, die sich vom "Kasumbe Petrochromis" unterscheidet, als *P.* sp. "texas red" exportiert. Seinen Namen erhielt er, weil er dem "Texas Petrochromis" ähnelt, jedoch einen rotgefärbten Schwanz hat. Es scheint, daß der "Kasumbe Petrochromis" das nördliche Äquivalent zu *P. polyodon* im Süden ist, und daß mehrere verschiedene Formen im zentralen Teil des Sees existierenNoch eine andere Art .

Petrochromis orthognathus

Ein ähnliches Verbreitungsmuster findet man auch bei *P. orthognathus*-ähnlichen Arten. In der Nordhälfte des Sees lebt *P. orthognathus*, in der Südhälfte *P.* sp. "orthognathus tricolor", und entlang der zentralen Ostküste zwischen Msalaba und Luagala Point begegnen wir *P.* sp. "orthognathus ikola". Innerhalb jedes Verbreitungsgebiets existiert wenig geographische Variation, weshalb ich diese drei Formen für getrennte Arten halte. Die Weibchen der *P. polyodon*-ähnlichen Arten haben eine bescheidene Farbzeichnung mit einem vorwiegend hellgefärbten Körper und senkrechten Bändern; das Farbmuster der Weibchen der *P. orthognathus* Gruppe ist jedoch fast identisch mit dem der Männchen. Mitglieder beider Artengruppen kommen im selben Biotop vor, es scheint jedoch, daß *P. orthognathus* Formen besser sedimentbedeckte Felsen vertragen.

Petrochromis famula

Eine *Petrochromis* Art mit beträchtlicher geographischer Variation, die früher fälschlicherweise als *P. polyodon* identifiziert wurde, ist uns heute als *P. famula* bekannt (Herrmann, 1996). Sie kommt an fast allen Felsküsten vor; das Typusmaterial stammt aus dem Nordteil des Sees. Die Gesamtlänge von *P. famula* ist deutlich geringer als bei den beiden vorher genannten Arten, denn die Männchen werden maximal etwa 15 cm groß. Obwohl *P. famula* den Biotop mit größeren, pflanzenfressenden Arten teilt, scheinen die Männchen in der Lage zu sein, sich Reviere zu sichern, wobei sie meistens Höhlen besetzen, die für *P. polyodon* und *P. ephippium* zu klein sind. Die Weibchen und revierlosen Männchen gruppieren sich manchmal auf Nahrungssuche in großen Schulen, wobei sie durch den Biotop streifen und an jeder Stelle, die ihnen zusagt, fressen (vgl. Foto S. 45). Wegen ihrer großen Zahl können sie in jedes Revier eindringen — kein Besitzer kann mehrere Hundert Fische auf einmal vertreiben! Diese Methode, den aggressiven Angriffen der

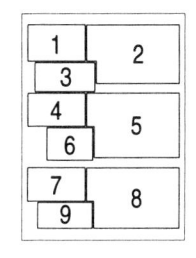

Seite 48

1. *Petrochromis* sp. "texas red" (Ubwari, Kongo) im Aquarium.
Ein Männchen (2) und ein Weibchen (3) des *Petrochromis* sp. "kasumbe" bei Halembe, Tansania.
4. *Petrochromis* sp. "texas kipili" bei Msalaba, Tansania.
Ein Männchen (5) und ein Weibchen (6) des *Petrochromis* sp. "texas" bei Mabilibili, Tansania.
7. *Petrochromis polyodon* at Kantalamba, Tansania.
Ein Männchen (8) und ein Weibchen (9) des *P. polyodon* bei M'toto, Kongo.

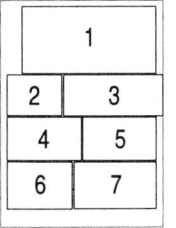

Seite 49

1. *Petrochromis* sp. "orthognathus ikola" bei Msalaba, Tansania.
Ein Männchen (2) und ein maulbrütendes Weibchen (3) des *P.* sp. "orthognathus ikola" bei Kekese.
4. *Petrochromis* sp. "orthognathus tricolor" bei Chimba, Sambia.
5. *P.* sp. "orthognathus tricolor" an der Insel Mvuna, Tansania.
6. *Petrochromis* cf. *orthognathus* bei Cape Tembwe, Kongo.
7. *Petrochromis orthognathus* bei Magara, Burundi.

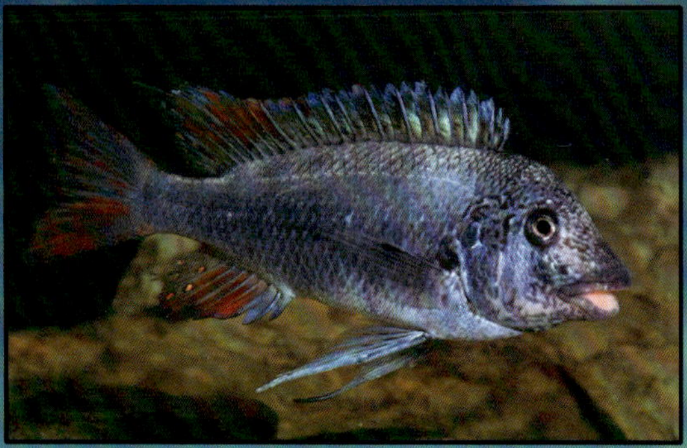
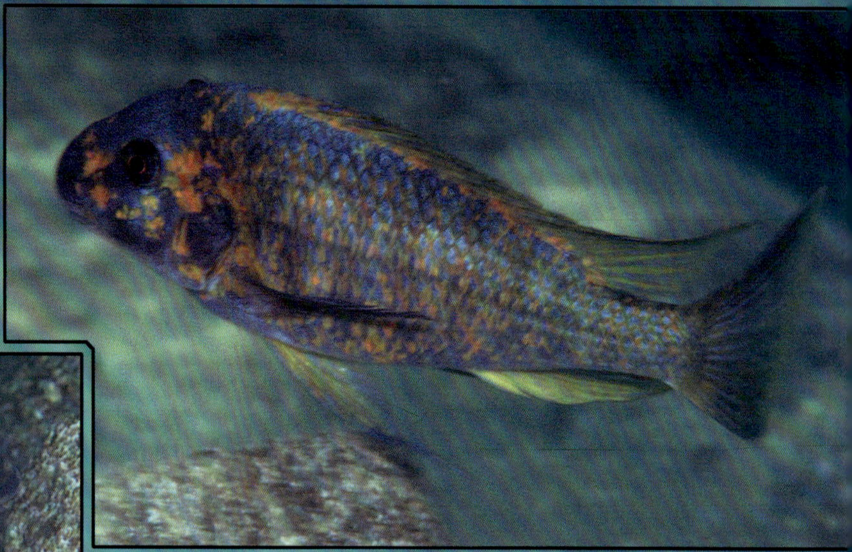
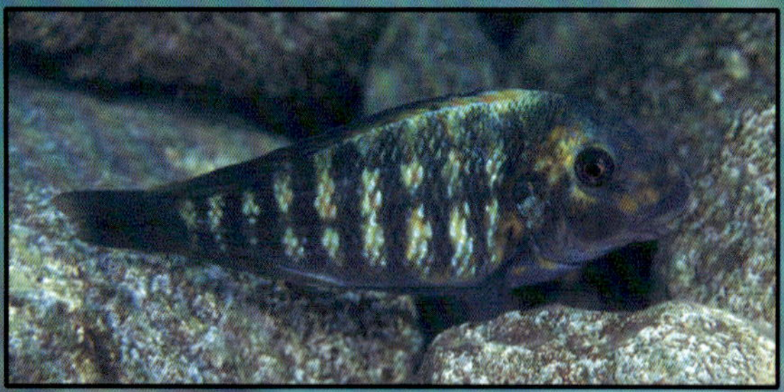
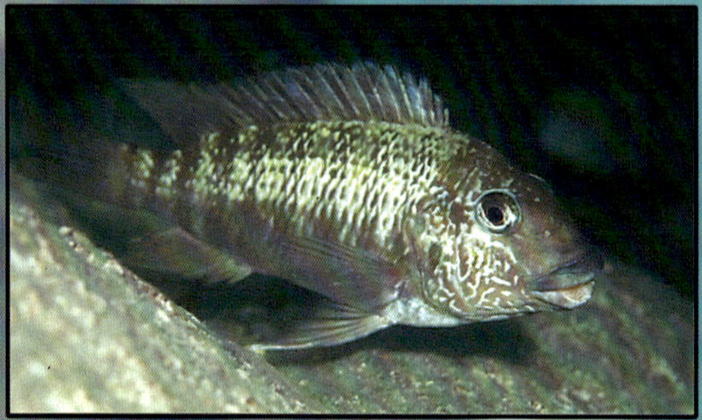
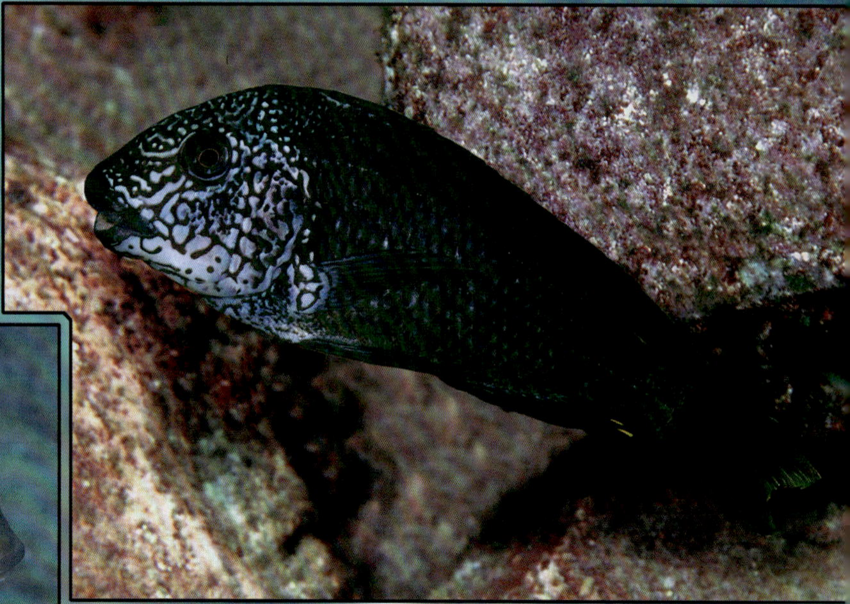
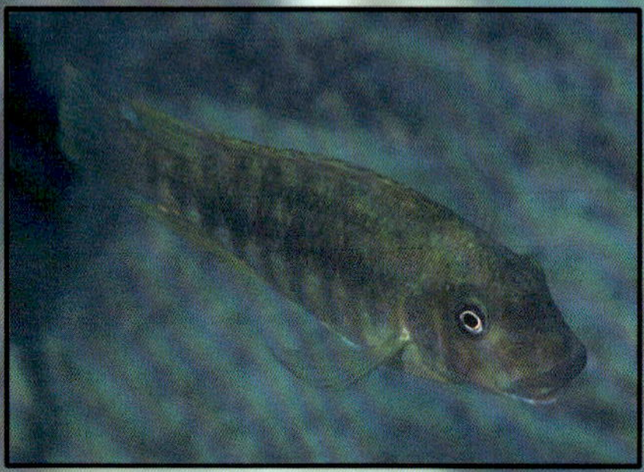
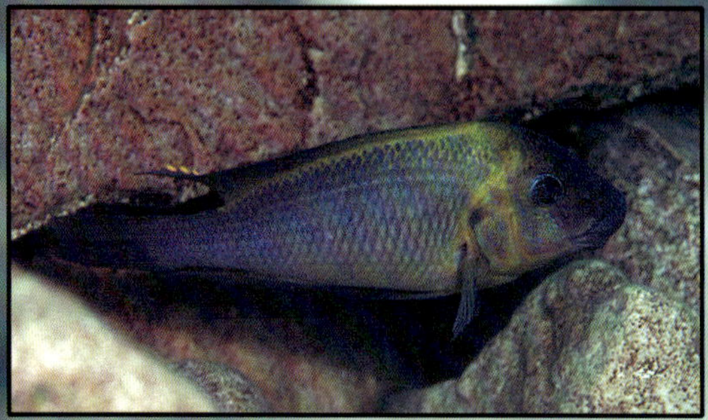
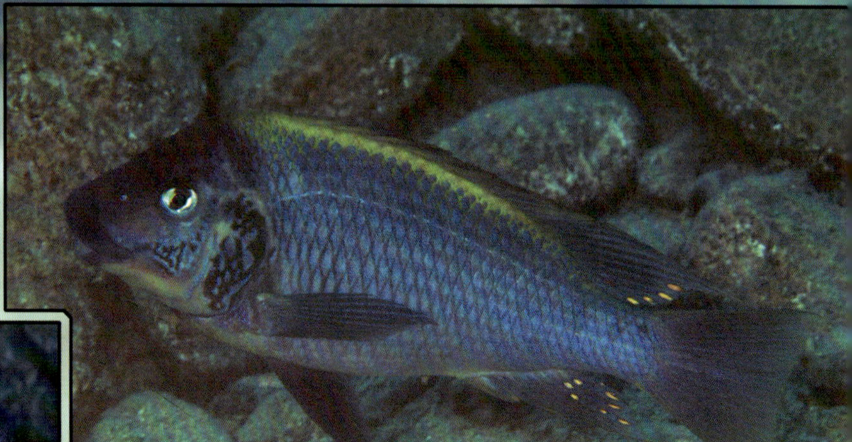
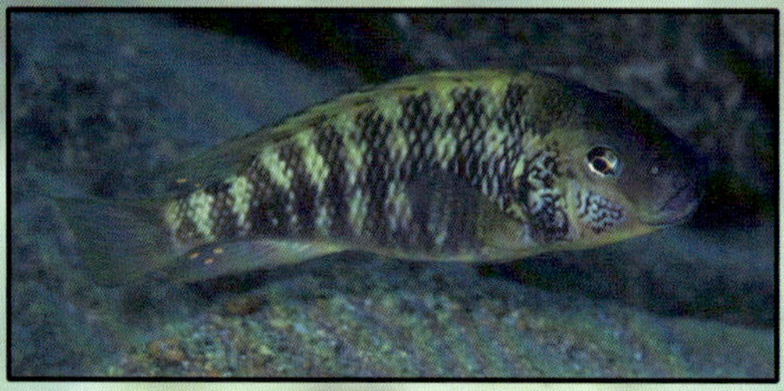

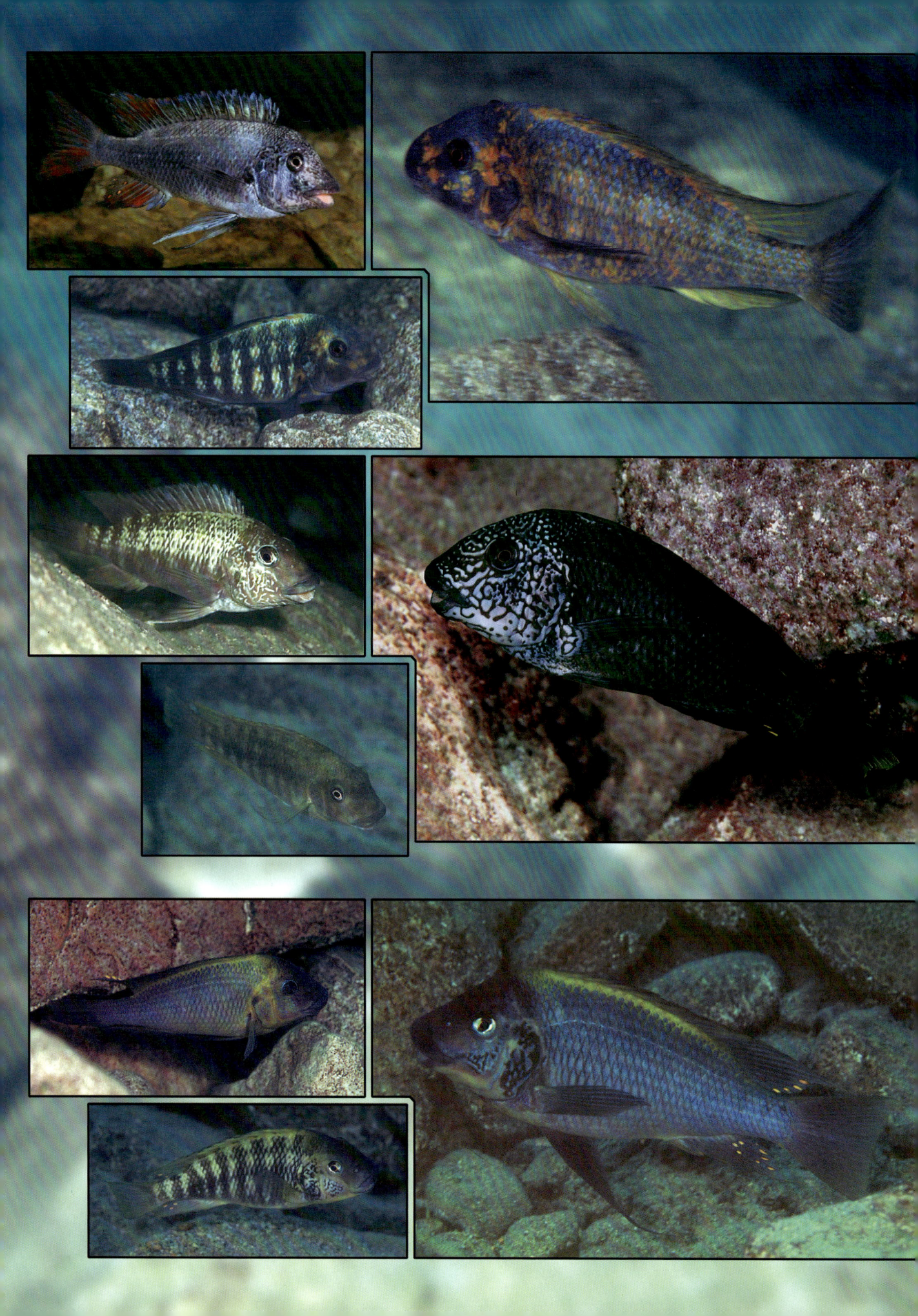

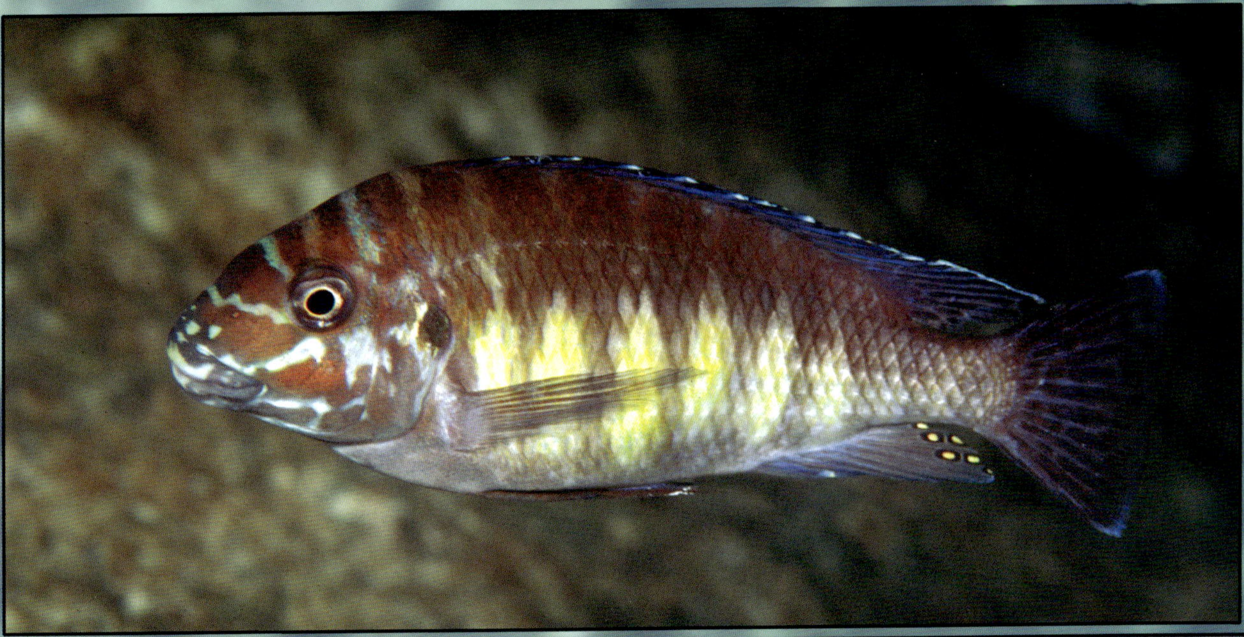

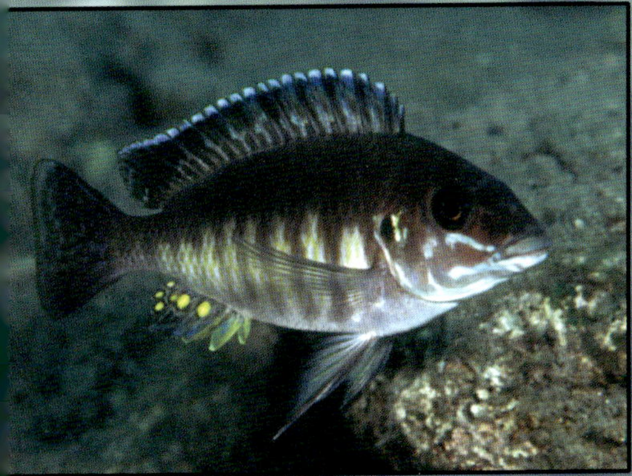

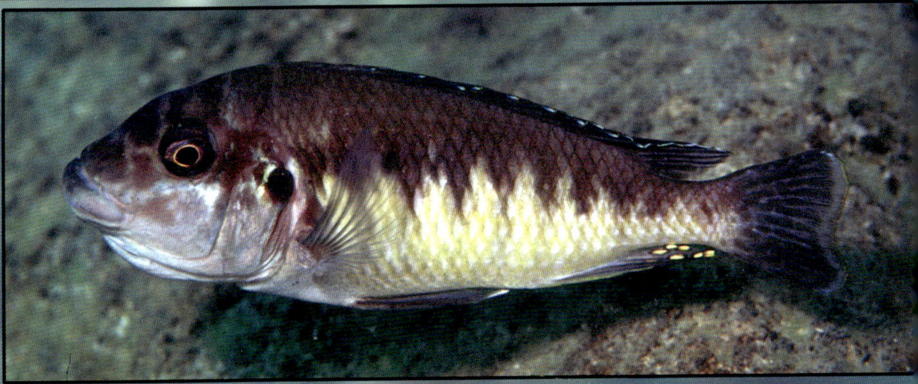

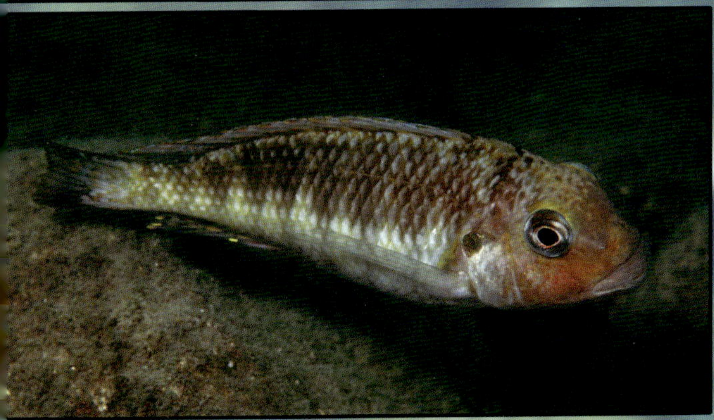

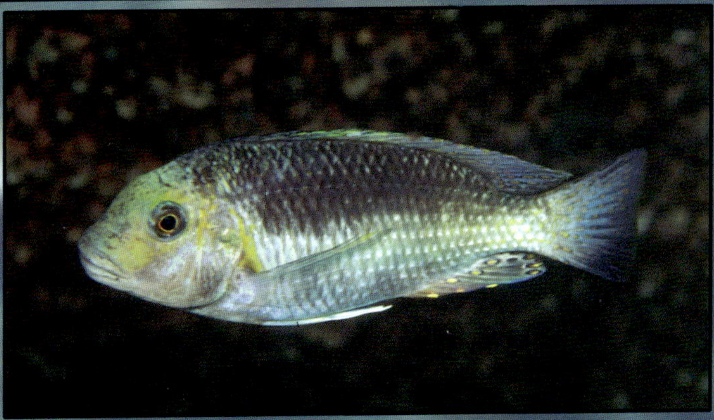

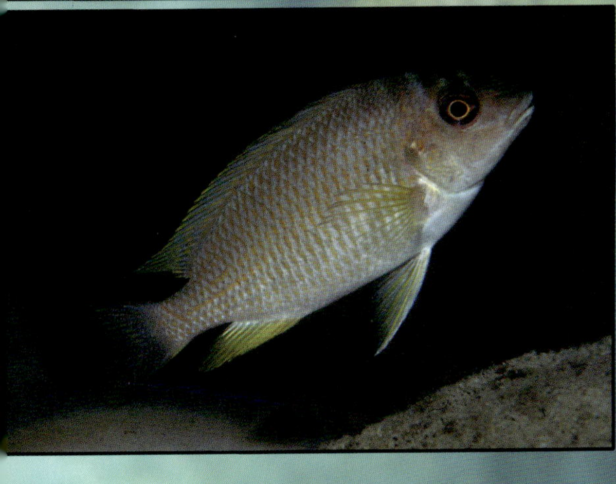

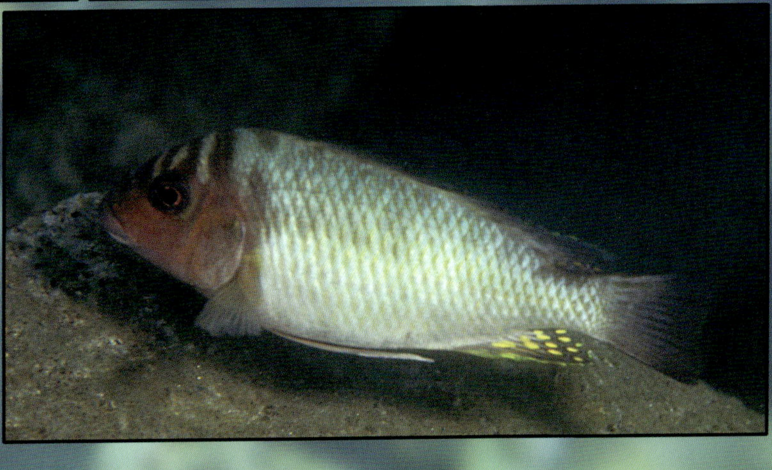

Revierbesitzer zu entgehen, kann man auch bei anderen Arten beobachten (z. B. *P. fasciolatus* und *Tropheus moorii*).

Petrochromis ephippium und ähnliche Formen

Petrochromis ephippium und *P. trewavasae* gleichen einander und wurden manchmal auch für artgleich gehalten (z. B. Kuwamura, 1987b). Jedoch fand ich beide Arten an mehreren Stellen entlang der Südufer des Kongo sympatrisch leben (z. B. bei Kanoni und Kapampa). *P. ephippium* ist seeweit verbreitet, während *P. trewavasae* auf den Südwestteil des Sees beschränkt ist, mit der höchsten Populationsdichte bei Kapampa. *P. trewavasae* ist eine äußerst scheue Art und wird gewöhnlich in kleinen Gruppen angetroffen. Beide Arten können etwa 20 cm lang werden. *P. trewavasae* zeigt keine geographische Variation, jedoch haben sowohl Männchen als auch Weibchen ein fast identisches Farbmuster aus einer braunen bis schwarzen Grundfärbung mit vielen hellgelben Punkten. Ein ähnliches Muster findet man auch bei *P. ephippium*, der noch zusätzlichen einen hellgefärbten Fleck am Rücken entlang und in der Rückenflosse ("Sattelfleck") trägt. Die Farbe dieses Sattelflecks ist, je nach Fundort, entweder weiß oder gelb. Es gibt sowohl weiß- als auch gelbgesattelte Populationen im südlichen Teil des Sees, jedoch ist der Fleck bei Tieren an der zentralen Ostküste gelb, und weiß bei den Populationen in der Nordhälfte des Sees. Ich habe große, maulbrütende Weibchen mit einer schwarze Grundfärbung und hellen Flecken gesehen, jedoch auch einige territoriale Männchen (nicht alle an derselben Stelle), die diese Zeichnung verloren und eine schmutziggelbe (im Süden z. B. an der Insel Mvuna; vgl. Foto S. 52) oder eine graublaue Farbe (im Norden, z. B. Halembe) angenommen hatten .

Es gibt eine andere Art (zumindest denke ich, daß sie sich von *P. ephippium* unterscheidet), bei der die ausgewachsenen Männchen eine schmutzig- bis hellgelbe Färbung haben, und die als *P.* sp. "moshi yellow" bekannt ist. Sie kommt entlang der Ostküste zwischen Msalaba und Luagala Point vor und zwischen Cape Kabogo und Kigoma. Die Männchen bei Maswa haben einen gelben Körper mit einem dunkelbraunen Kopf, bei Kigoma sind sie jedoch ganz gelb gefärbt. Die Weibchen dieser hellgelb gefärbten Art gleichen in vieler Hinsicht *P. ephippium*, auch wenn sie keine hellgefärbten Punkte tragen. Sie haben jedoch einen cremefarbenen Sattel und einen dunklen, graubraunen Körper. Ich bin noch immer nicht sicher, ob der "Moshi Yellow" sich vom ausgewachsenen *P. ephippium* unterscheidet, da einige Männchen der letztgenannten Art entfärbten "Moshi" Männchen gleichen. Bei Kekese konnte ich beide Varianten oder Arten fotografieren. Hier trägt *P. ephippium* einen schwefelgelben Sattel, während diese Markierung bei dem "Moshi Yellow" weiß ist (siehe Fotos S. 52). Dennoch könnte es sich bei den gelbgesattelten *P. ephippium* um halbwüchsige Männchen handeln. Es ist jedoch recht ungewöhnlich, daß junge Männchen ein anderes Farbmuster als die Weibchen haben. Wenn Sie jetzt vielleicht denken, daß dies alles sehr kompliziert ist, was halten Sie dann erst von den folgenden paar *Petrochromis* Arten, die sympatrisch mit den zuvor erwähnten *Petrochromis* leben?

Seltene Petrochromis

P. sp. "kipili brown", der im Felsbiotop zwischen Fulwe Rocks (in der Nähe von Wampembe) und der Insel Nkondwe (in der Nähe von Kipili) vorkommt, ist eine interessante Art. Die Weibchen haben ein deutliches Bänderungsmuster, die Männchen sind jedoch eher schokoladebraun. Die Männchen der Population in der Nähe von Kipili haben gelbe Bänder auf der unteren Körperhälfte (eigentlich ist es aber die gelbe Grundfärbung, die wegen der schmaleren, senkrechten Bänder sichtbar wird), während sie bei Fulwe Rocks keine solchen Bänder zeigen, dafür aber einen orangen Rand auf dem Schwanz tragen. Der "Kipili Brown" kommt in seichtem Wasser, aber auch bis in 20 m Tiefe vor, was für einen Pflanzenfresser bemerkenswert ist.

In der Nähe von Kipili lebt diese Art mit dem "Texas Kipili" sympatrisch und mit einer dritten, *P. polyodon*-ähnlichen Art: *P.* sp. "texas blue". Ich habe den "Texas Blue" nur südlich von Kipili, in der Nähe von Kisambala, in recht seichtem Wasser gesehen. Die Weibchen konnte ich jedoch nicht identifizieren, da die Männchen mit allen anderen *Petrochromis* Arten beschäftigt und recht scheu waren.

Der "Rote Petrochromis" lebt am Luagala Point (Horst Dieckhoff, pers. Mittl.), wo er in recht tiefem Wasser, u. z. unterhalb von 15 m Tiefe, vorkommt. Es ist möglich, daß *Petrochromis* sp. "red" eine geographische Variante des "Moshi Yellow" ist, der entlang des Mahali Gebirges eher orange gefärbt ist. Da ich jedoch persönlich noch nicht in der Lage war, diese Form im See zu beobachten, werde ich sie hier als getrennte Art aufführen.

In Gefangenschaft sind alle *Petrochromis* Arten problematisch. Die Männchen greifen die Weibchen bei jeder Gelegenheit an. Auch eine große Gruppe Weibchen und nur ein Männchen scheinen das Problem nicht zu lösen. Einigen Aquarianern ist die Pflege eines Paares in einem großen Becken mit vielen Schlupfwinkeln gelungen. Ist jedoch kein großes Becken vorhanden, ist eher eine Überzahl an Männchen (nicht Weibchen) zu empfehlen. Ein anderes

Problem ist ihre Ernährung. Wie bei allen Pflanzenfressern kann auch *Petrochromis* Darm- oder andere physiologische Krankheiten entwickeln, wenn man ihm große Mengen an proteinreichem, oder anders ungeeignetem Futter (wie z. B. Rinderherz oder rote Mückenlarven) gibt. Deshalb sollte man ihm besser auf pflanzlicher Basis zubereitete Flocken- oder Pelletfuttersorten bester Qualität anbieten. *Petrochromis* Arten sind in keinerlei Hinsicht gute Aquariumbewohner und sollten erfahrenen Aquarianern überlassen bleiben.

Tropheus Arten

Die Gattung *Topheus* enthält zur Zeit acht Arten: *T. moorii* (*T. kasabae* ist ein Juniorsynonym), *T. annectens* (*T. polli* ist ein Juniorsynonym), *T. duboisi*, *T. brichardi*, *T.* sp. "black", *T.* sp. "red", *T.* sp. "mpimbwe" und *T.* sp. "ikola". Die Taxonomie dieser Gattung ist verwirrend, besonders weil noch niemand alle Populationen oder Formen in ihren natürlichen Lebensräumen gesehen hat. Soweit mir bekannt ist, gibt es keine Felsküste am See, an der keine *Tropheus* Art lebt, und mindestens vier der obengenannten Arten zeigen viel geographische Variation, was noch mehr Verwirrung stiftet. Glücklicherweise ist dies den meisten Aquarianern bewußt, und sie bringen selten unterschiedliche Varianten derselben Art im selben Becken unter, da dies unweigerlich zu Bastardisierungen führen würde.

Diese lustig aussehenden Cichliden sind bei den Aquarianern sehr beliebt. Leider aber werden fast alle *Tropheus* Arten in der Aquaristik *T. moorii* genannt, was sowohl bei einigen Aquarianern als auch Wissenschaftlern zu Verwirrung geführt hat. *T. moorii*, die Typusart der Gattung, ist auf den Südteil des Sees beschränkt. Das nördlichen Gegenstück, *T.* sp. "black", zeigt ein sehr ähnliches Verhalten. An einem kleinen Felsvorsprung an der Zentralküste von Tansania werden jedoch beide Arten sympatrisch gefunden, ein Beweis, daß diese beiden Formen wirklich unterschiedliche Arten sind.

Nicht nur aus Schutzgründen, sondern auch wegen ihres Futters sind die *Tropheus* Arten auf den oberen Felsbiotop angewiesen. Alle *Tropheus* Arten sind Algengraser, die Algenstränge von den Felsen abschneiden oder -reißen, und es vermeiden, anorganisches Sediment aufzunehmen (Yamaoka, 1983a). Die äußeren Zähne der *Tropheus* Arten sind zweispitzig und stehen eng zusammen, wodurch sie eine dichtgepackte Reihe bilden. Damit kann der Fisch individuelle Algenstränge ergreifen, die dann vom Substrat durch Beißen oder häufiger noch durch ruckartiges Seitwärtsschlagen mit dem Kopf abgetrennt werden.

Takamura (1984) und andere Forscher stellten fest, daß *T.* sp. "black" eine Freßgemeinschaft mit mehreren Arten der Gattung *Petrochromis* bildet. Letztere sind Algengraser, die vorwiegend lockeres Material, einschließlich etwas Sediment, vom Aufwuchs abkämmen. Stellen, an denen diese *Petrochromis* Arten gefressen haben, enthalten weniger Sediment und werden deshalb von *Tropheus* Arten bevorzugt — ich habe dieses Verhalten auch bei den südlichen *Tropheus* Arten beobachten können. Es ist auch interessant zu beobachten, daß bei vielen Gelegenheiten die *Tropheus* Art nicht vom Nahrungsrevier eines großen, aggressiven *Petrochromis* vertrieben wird, sondern es ihm erlaubt ist, an bereits "besuchten" Stellen zu fressen. Solche sedimentfreien Stellen sind jedoch begrenzt, und nicht selten kann man große Schulen einer einzigen *Tropheus* Art, deren

Seite 52

1. *Petrochromis ephippium* bei Sibwesa, Tansania.
2. *P. ephippium* an der Insel Ulwile, Tansania.
3. *P. ephippium* bei Kantalamba, Tansania.
4. *P. ephippium* bei Halembe, Tansania.
5. *P. ephippium* an der Insel Mvuna, Tansania.
Ein Männchen (6) und ein Weibchen (7) des *Petrochromis* sp. "moshi yellow" bei Kekese, Tansania.
8. *Petrochromis trewavasae* bei Kapampa, Kongo.
9. *P. trewavasae* bei Moliro, Kongo.

Seite 53

1. *Petrochromis* sp. "texas blue" bei Kisambala, Tansania.
2. *Petrochromis* sp. "red" (vom Luagala Point, Tansania) im Aquarium.
3. *Petrochromis famula* bei Kapemba, Sambia.
4. *Petrochromis famula* bei Cape Tembwe, Kongo.
5. *Petrochromis* sp. "kipili brown" an der Insel Kerenge, Tansania.
6. Ein *P.* sp. "kipili brown" Weibchen an der Insel Mvuna, Tansania.
7. *P.* sp. "kipili brown" bei Fulwe Rocks, Tansania.
8. *P. famula* bei Kambwimba, Tansania.
9. *P. famula* bei Chimba, Sambia.

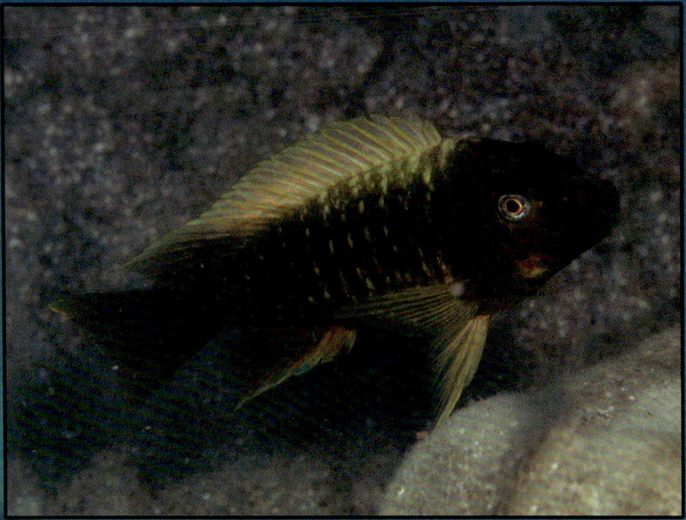
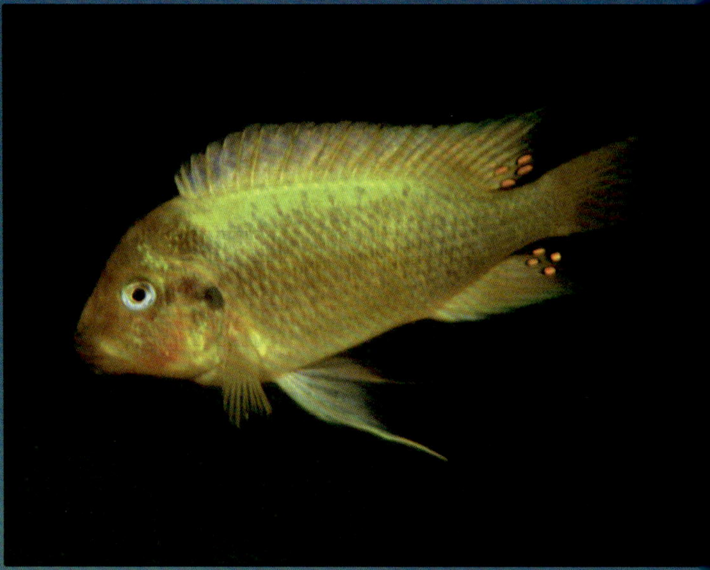
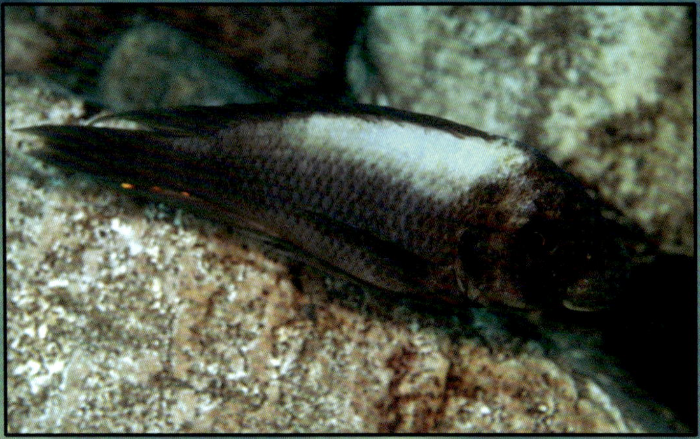
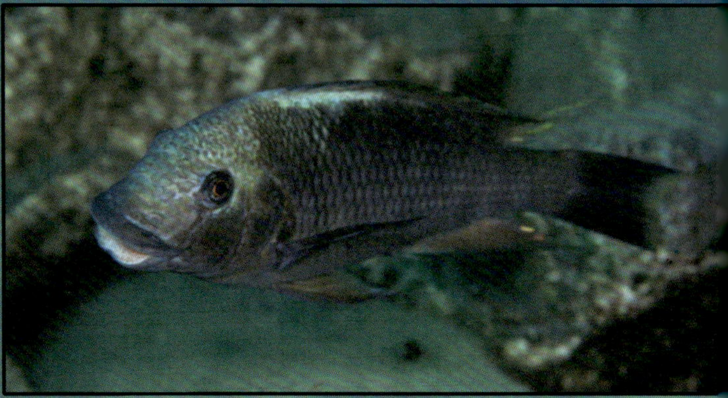
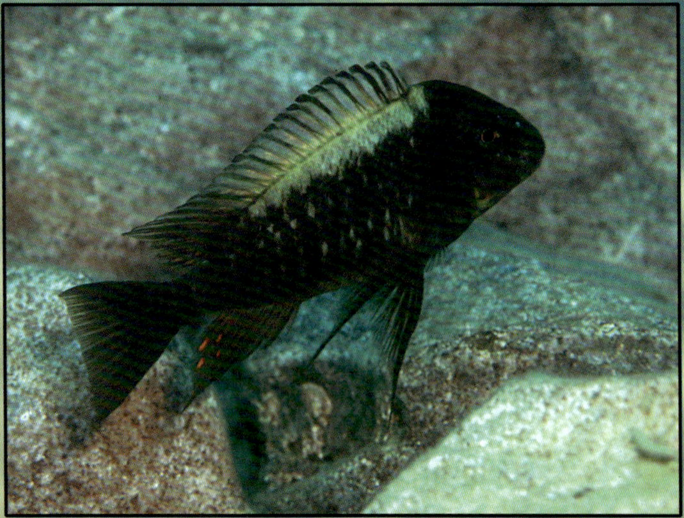
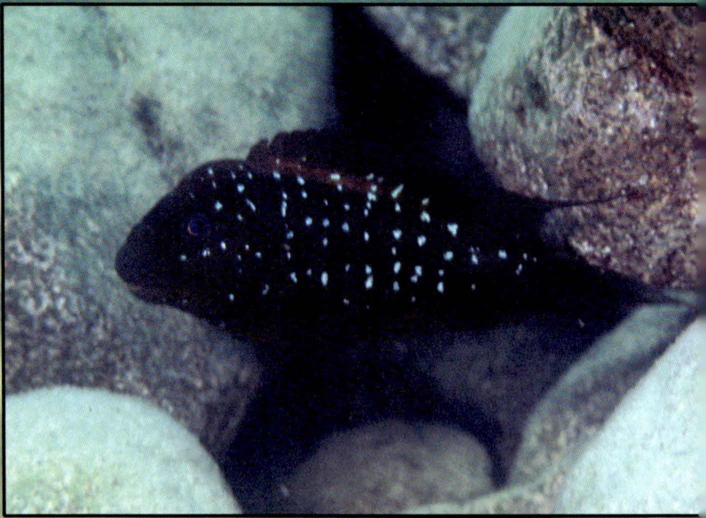
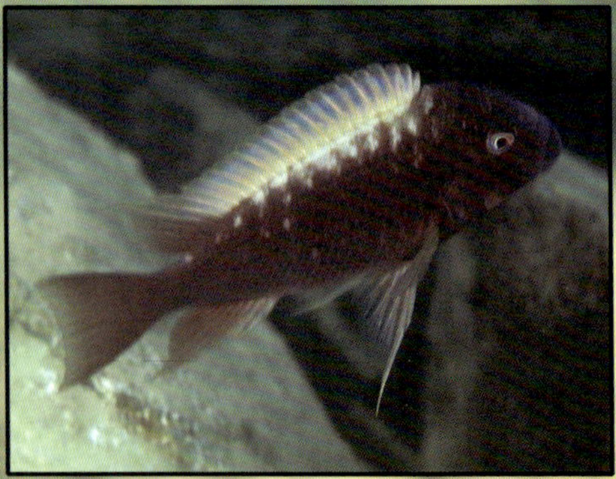
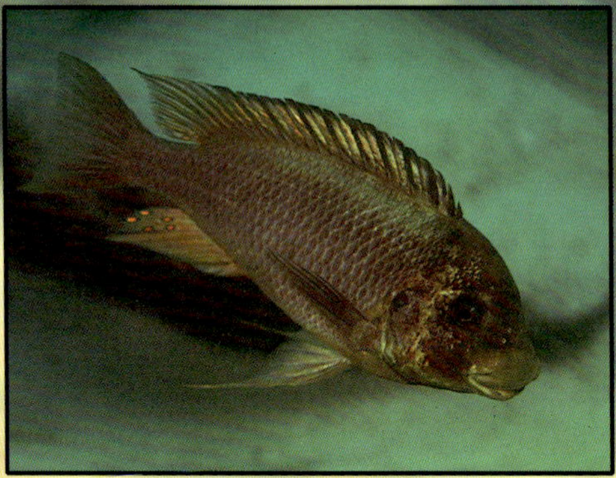
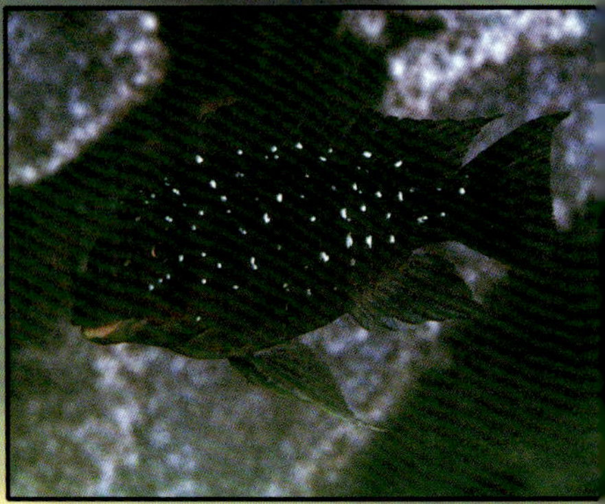

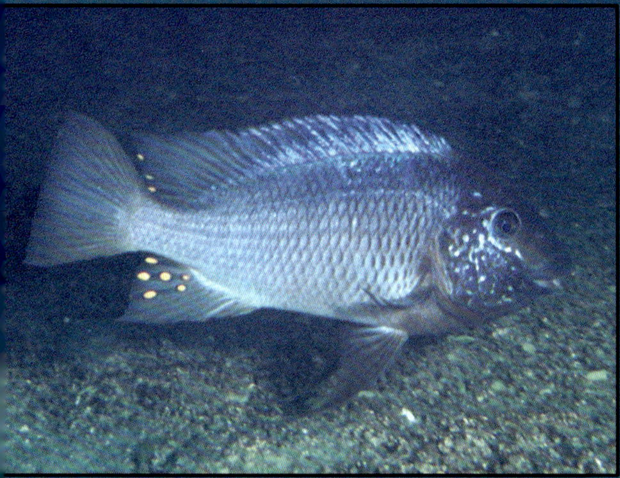
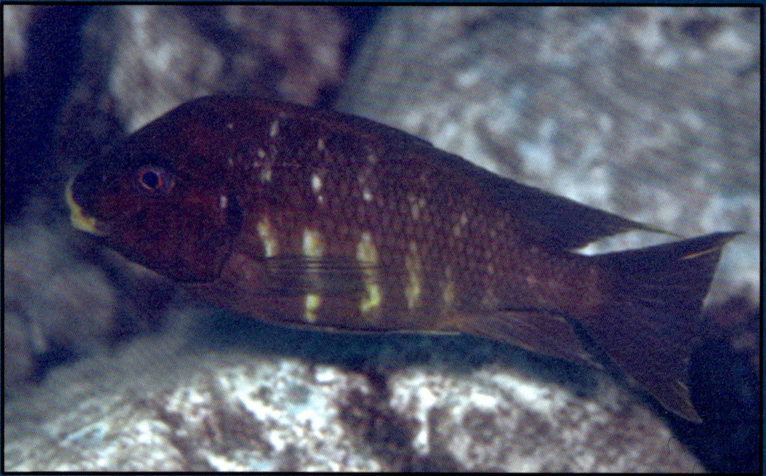
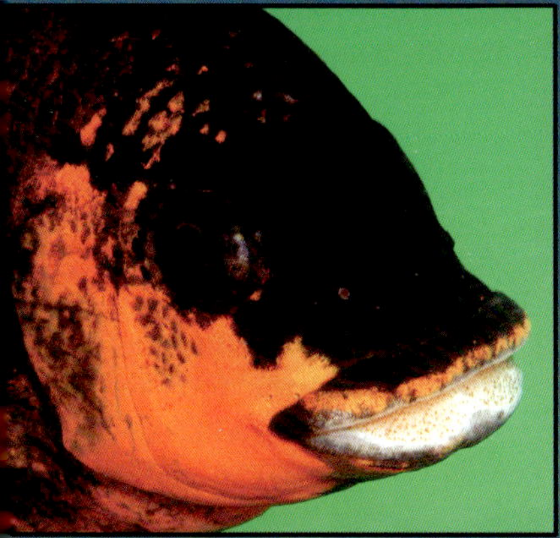
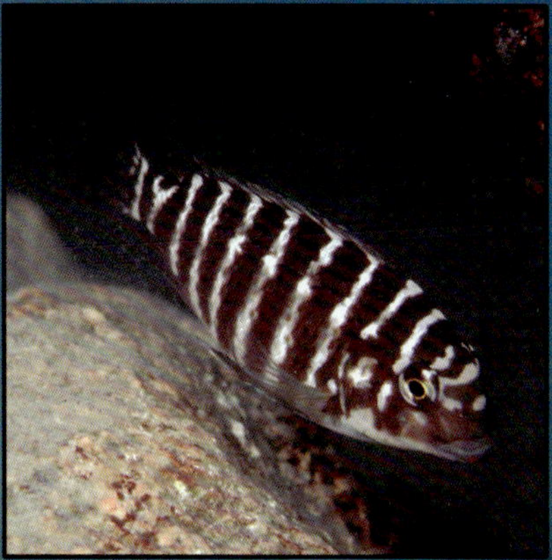
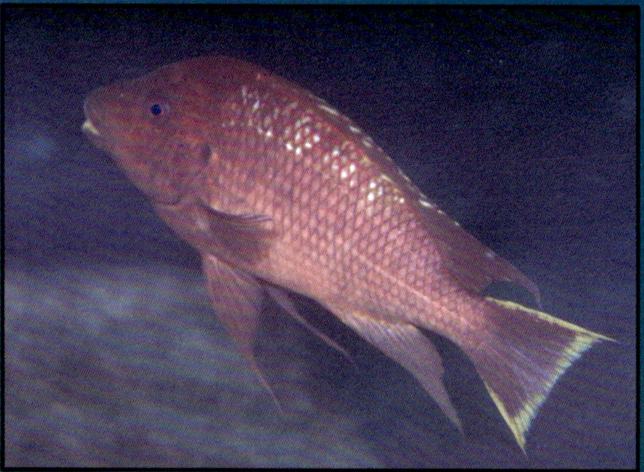
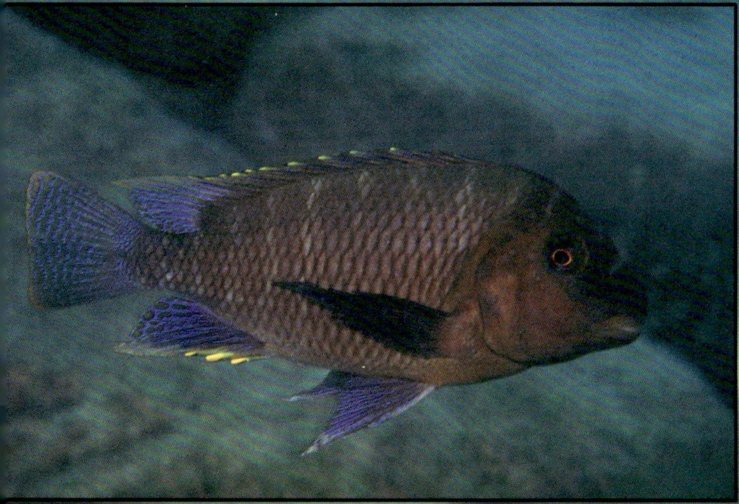
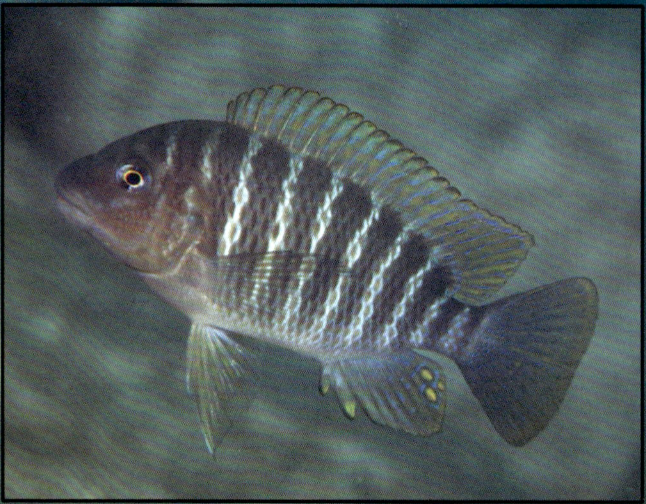
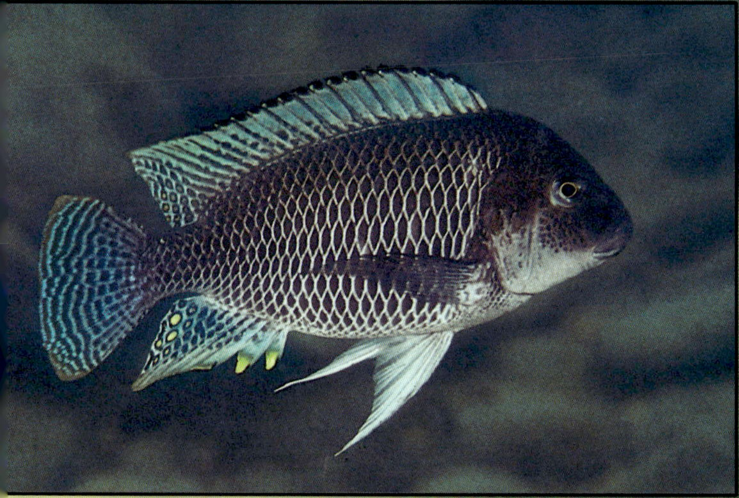
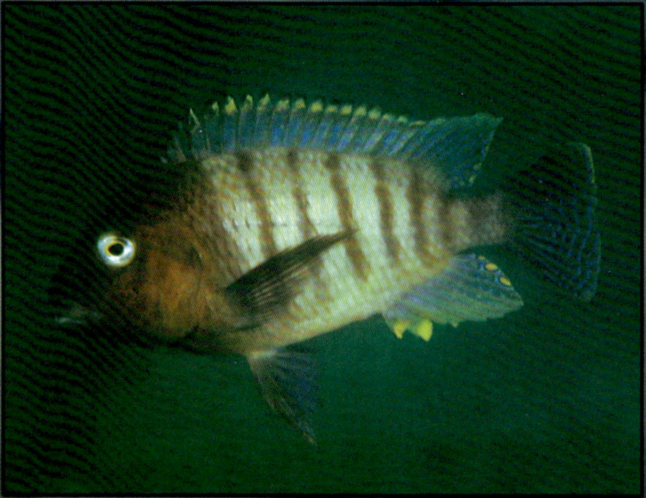

Zahl in die Hunderte geht, auf Nahrungssuche beobachten. Solche Schulen ziehen durch den Felsbiotop und fressen an bevorzugten Stellen, die normalerweise zu heftig verteidigt werden, um einem einzigen Tier zugänglich zu sein — die Übermacht der Zahl ermöglicht es ihnen jedoch. Ich konnte Schwärme auf Nahrungssuche beobachten, die von *T. moorii, T. brichardi, T. annectens, T.* sp. "red" oder von *T.* sp. "black" gebildet wurden.

Alle *Tropheus* Arten sind territorial und die meisten Männchen halten recht große Nahrungsreviere besetzt, manchmal von über 2 m Durchmesser (z. B. bei *T. brichardi*). Artgleiche Männchen, aber auch Weibchen werden aus solchen Revieren vertrieben; Weibchen werden aber manchmal auch toleriert. Interessanterweise besetzen auch Weibchen Freßreviere, aus denen sie artgleiche Weibchen vertreiben (Kuwamura, 1992; 1997). Diese Reviere sind jedoch weder groß noch werden sie aggressiv verteidigt, da man nicht selten mehrere Tiere am selben kleinen Fels fressen sehen kann.

Alle *Tropheus* Arten sind mütterliche Maulbrüter, jedoch zeigen nur zwei Arten (*T. annectens* und *T. brichardi*) sexuellen Dichromatismus — der bei mütterlichen Maulbrütern gewöhnlich ist. Kawanabe (1981) stellte fest, daß es einem *T.* sp. "black" Weibchen bis zu drei Wochen vor dem Ablaichen erlaubt ist, im Revier des Männchens zu fressen. Aber auch, daß das Weibchen das Revier des Männchens nach dem Ablaichen verläßt, um sich zwischen Felsen zu verstecken. *T. duboisi* Weibchen kehren jedoch nach dem Ablaichen zu ihrem ursprünglichen Nahrungsrevier zurück (Yanagisawa & Sato, 1990). Ich habe revierverteidigende *T. moorii* und *T.* sp. "red" Männchen gesehen, die einige Artgenossen von ihrem Besitz vertrieben, andere jedoch ignorierten, woraus man schließen kann, daß bei beiden Arten eine Art Verbundenheit zwischen Männchen und Weibchen vor dem Ablaichen besteht (wie auch bei *T.* sp. "black"). Yanagisawa und Nishida (1991) gingen sogar soweit in ihrer Annahme, daß die Eizellen der Weibchen vielleicht nur heranreifen könnten, wenn sie sich im Schutz des Reviers eines Männchens befinden.

Maulbrütende Weibchen suchen den Aufwuchs sorgfältig ab, um Nahrung für die Jungen in ihrem Maul zu finden, vielleicht auch für sich selber, obwohl sie nach vier Wochen Maulbrüten recht ausgehungert aussehen. Die *T. duboisi, T. moorii, T.* sp. "red" und *T.* sp. "black" Weibchen bewachen ihre Jungen noch einige Tage nach dem erstmaligen Freisetzen. Im Aquarium weist *T. duboisi* die längste Brutpflegezeit, normalerweise etwa eine Woche. Im Aquarium können die Weibchen vielleicht ihre Nachkommen auch gar nicht bewachen. Die *T. duboisi*-Jungen werden im Revier des Weibchens freigesetzt, während die der anderen Arten normalerweise in äußerst seichtem Wasser zwischen Kies und kleinen Felsen zu finden sind. Auch im Aquarium werden die *T. moorii, T. brichardi* und *T.* sp. "black" Jungen in der obersten Region zwischen Felsen freigesetzt (Tijsseling, 1982).

Tropheus moorii

Das Typusexemplar von *T. moorii* wurde bei Kinyamkolo, dem ehemaligen Namen von Mpulungu, gefangen. Der *T. moorii* bei Mpulungu (eigentlich Kasakalawe, das einige Kilometer westlich der Stadt liegt) wird im Handel "Sunset Moori" genannt und ist durch einen orangen Fleck auf den Flanken charakterisiert. Nelissen (1977) beschrieb die Unterart *T. moorii kasabae*, wobei er Tiere untersuchte, die bei Cape Chaitika gefangen wurden. Der Handelsname dieser Form ist "Blauer Regenbogen Moori", und sie wurde von Poll (1986) in den vollen Rang einer Art, *T. kasabae*, erhoben. *T. kasabae* wird hier jedoch als Juniorsynonym von *T. moorii* beachtet. Es geht nicht deutlich aus Nelissens Veröffentlichung hervor, ob er den Blaue Regenbogen Moori mit *T. moorii* von Mpulungu oder mit Tieren des nördlichen *T.* sp. "black" verglich, da die Letztgenannten im Aquariumhandel recht häufig vorkamen und zur Zeit der Veröffentlichung als *T. moorii* galten. Hat er jedoch *T.* sp. "black" aus Burundi verwendet hat, fand er jedoch nicht nur einen Unterschied in Farbe und Verbreitung zwischen der nördlichen Art und *T. moorii kasabae*, sondern auch einen anatomischen Unterschied.

Die meisten geographischen Varianten des *T. moorii*, die in Tansania vorkommen, werden nur selten importiert, mit Ausnahme des schönen "Roter Regenbogen Moori" von Kasanga, der entlang der Felsküste bei Kasanga (Bismarck Point) und weiter südlich recht häufig vorkommt. Die Stelle, an der fast alle "Rote Regenbogen Moori" für den Aquariumhandel gefangen werden, liegt einige Kilometer südlich von Kasanga. Es gibt etwas Variation bei den *T. moorii* Populationen zwischen Kasanga und dem Fluß Kalambo, der Grenze zu Sambia: obwohl es eine einzige, durchgehende Population gibt, zeigen einige Tiere mehr blaues Pigment in der Rückenflosse als andere. Die meisten Tiere haben jedoch eine deutlich rote Rückenflosse. Meiner Meinung nach bedeutet die blaugefärbte Rückenflosse nicht, daß wir es mit zwei unterschiedlichen Populationen zu tun haben, sondern mit einer individuellen Variation (ähnlich unseren dunklen und blonden Haaren).

Bei Kasanga trennt eine 4 km lange Sandküste die "Roter Regenbogen" Population vom sog. "Blue Blaze Moorii". Dem "Blue Blaze" — die Handelsbezeichnung ist irreführend, da diese Morphe keine blaue Blesse sondern kleine, blaue Flecken auf der Rückenflosse hat — fehlt der leuchtendgelbe Fleck auf dem Körper. Er hat aber mehr blaue Punkte auf der Rückenflosse als der "Rote Regenbogen". Die Weibchen zeigen, vor allem auf der Unterseite des Körpers, etwas gelbe Färbung, jedoch ist die Intensität, verglichen mit der beim "Roten Regenbogen", viel geringer. Das Verbreitungsgebiet des "Blue Blaze" beschränkt sich auf einige Felsvorsprünge in der Nähe der Ortschaft Muzi, nördlich von Kasanga.

Bei Samazi, etwa 12 km nördlich von Kasanga, fehlt dem *T. moorii* jegliche leuchtende Farbe: das Rot und Blau auf der Rückenflosse sind im Vergleich zum "Blue Blaze Moorii" stark reduziert. Bei Katili hat *T. moorii* eine braun-grüne Färbung, jedoch fehlt der Rückenflosse völlig das rote Pigment. Kopf und Brust sind zwar noch rot, aber diese Population ist die am wenigsten attraktivste.

Bei der Insel Mamalesa tragen einige *T. moorii* wenige, senkrecht ausgezogene, gelbe Flecken auf den Flanken. Die Rückenflosse ist gelb und ein gelblichgrauer Schimmer liegt über dem ganzen Körper. *T. moorii* an der Insel Kala hat als dominantestes Farbmerkmal gelbliche Flossen. Die beiden Inseln bei Kala liegen dicht am Ufer, weshalb es recht unwahrscheinlich ist, daß sie eine andere *T. moorii* Population als die Festlandküste beherbergen. Sie wurden jedoch noch nicht besucht.

Weiter nördlich unterscheidet sich die Küstenlinie von der südlich von Kala gelegenen. Obwohl hohe Berge dicht an den See heranreichen, haben Sedimentablagerungen über Jahrtausende hinweg eine sehr flache — und wahrscheinlich fruchtbare — Küstenebene gebildet. Dieses flache Küstenvorland ist an einigen Stellen über 1 km breit und hat das Felsbiotop über eine weite Strecke zwischen Kala und Wampembe unter sich begraben. Ungefähr 1 km außerhalb der Küste bei Wampembe liegt ein kleines Riff aus riesigen Steinblöcken. Dieses Riff, von den Einheimischen Fulwe genannt, ragt kaum über die Wasseroberfläche und liegt in 25 m Tiefe. *T. moorii* ist an dieser Stelle gelblichbraun gefärbt und nicht einmal unattraktiv. Weiter nördlich ähnelt die Struktur der Küstenlinie der südlich von Wampembe: Sandstrände ohne Felsdurchbrüche. Erst bei Hinde B stoßen wir wieder auf Felsen. Diese sind sehr groß und der Sand in etwa 12 m Tiefe sehr grob. *T. moorii* bei Hinde B gleicht der Fulwe Variante, jedoch sind die schmalen Bänder gelblicher und der Fisch überhaupt ist eine attraktivere Erscheinung. Diese *T. moorii* (bei Hinde B) unterscheiden sich von allen anderen bekannten Populationen durch den Fortbestand der schmalen Bänderung der Jungtiere bei den adulten Männchen. Auch die ausgewachsenen Weibchen zeigen deutliche Bänderung, wobei die Bänder schmal sind und blaßgelb gefärbt. Zwischen Hinde B und Namansi baut sich die Küste alternierend aus Sandbuchten und kleinen Felsvorsprüngen auf. Die Färbung des *T. moorii* ändert sich zwischen diesen beiden Stellen allmählich von braun (Hinde B) zu gelbbraun (Namansi), und die ersten drei senkrechten Bänder hinter dem Kiemendeckel werden deutlicher und etwas breiter.

Bei Mtosi findet man *T. moorii* zusammen mit *T. brichardi*. Zwischen Namansi und Kisambala leben *T. moorii* und *T. brichardi* sympatrisch. *T. moorii* bewohnt den oberen Teil des Felsbiotops, wo kaum Sediment vorhanden ist; manchmal lebt er in großen Schwärmen auf Nahrungssuche. Dagegen findet man *T. brichardi* in kleinen Gruppen unterhalb von 10 m Tiefe, manchmal bis in 28 m Tiefe hinab, wo eine deutliche Sedimentschicht die Felsen bedeckt. Die *T. brichardi* Tiere sind viel kleiner als die *T. moorii*, aber auch kleiner als *T. brichardi* an anderen, nahegelegenen Stellen, an denen *T. moorii* nicht vorkommt. Obwohl es scheint, daß *T. brichardi* teilweise gegenüber sedimentbedeckten Nahrungsgründen (normalerweise in tieferen Schichten vorkommend) tolerant ist, findet er anscheinend jedoch nicht ausreichend Nahrung, um die Größe und Stärke zu erreichen, die er benötigen würde, um mit *T. moorii* in seichteren Regionen um Reviere konkurrieren zu können. *T. moorii* ist sichtlich größer und daher auch stärker als *T. brichardi* an dieser Stelle, weshalb er in der Lage ist, Reviere im "besseren" Teil des Felsbiotops einzunehmen.

Von großem Interesse ist, daß im Verbreitungsgebiet des *T. moorii* entlang der Ostküste des Sees eine große Lücke auftritt: Zwischen Kisambala und Sibwesa, an einem etwa 200 km langen Küstenstreifen, fehlt er, und nur bei Lyamembe, einige Kilometer nördlich von Sibwesa, existiert eine

Seite 56	Geographische Varianten des *Tropheus moorii* und ihre Verbreitungsgebiete an der Westseite des Sees.
Seite 57	*T. moorii* Varianten und ihre Verbreitungsgebiete an den Ostufern des Sees. Bemerke das isolierte Verbreitungsgebiet einer kleinen Population in der Nähe von Sibwesa (Lyamembe) im zentralen Abschnitt des Sees (oben).

① Kanoni
② Lusingu
③ Tembwe
④ Kapampa
⑤ Nkamba Bay
⑥ Cape Nangu
⑦ Lufubu
⑧ Cape Chaitika
⑨ Katoto
⑩ Kasakalawe
⑪ Mbete Island
⑫ Chituta

① Lyamembe
② Kisambala
③ Mtosi
④ Hinde B
⑤ Fulwe
⑥ Mamalesa Is.
⑦ Katili
⑧ Samazi
⑨ Muzi
⑩ Kambwimba
⑪ Isanga

Restpopulation. Diese *T. moorii* Population lebt mit *T.* sp. "black", dem sog. "Kirschfleck Moori", und mit *T. annectens* (früher *Tropheus polli*) sympatrisch.

Die Verbreitung von *T. moorii* entlang der sambischen und kongolesischen Küste weist ebenfalls eine Lücke auf, und zwar zwischen Nkamba Bay, Sambia, und Kiku, Kongo. In dieser Lücke finden wir *T.* sp. "red" (siehe weiter unten), eine Art, die mit *T. moorii* nahe verwandt ist und sich sehr wahrscheinlich von ihr herleitet. Ich halte den rotgefärbten *Tropheus* für von *T. moorii* verschieden, da mehrere Beobachter unabhängig voneinander beide Arten bei Kiku und in der Nähe von Kasaba Bay Lodge in Nkamba Bay sympatrisch lebend gesehen haben (Brichard, 1989; Toby Veall, pers. Mittl., Christian Houllier, pers. Mittl.).

Südlich des Flusses Kalambo, der Grenze zwischen Sambia und Tansania, entlang der Ostseite der Chituta Bay, finden wir den rotäugigen "Chisanza Moori". Dieser *Tropheus*, im Grunde eine sehr attraktive Variante, zeigt den sog. OB (orange-blotch) Polychromatismus, weshalb einige Tiere sehr bunt sein können. Eine derartige orange-blotch Färbung, die von vielen felsbewohnenden Cichliden im Malawisee bekannt ist, ist im Tanganjikasee jedoch sehr selten und wurde nur bei *Ctenochromis benthicola* (nur solide orange Tiere, keine gefleckten Formen) und *T. moorii* gefunden.

Ich habe gefleckte *T. brichardi* gesehen, aber diese hatten keine orange Grundfärbung. Die OB-Variante von *T. moorii* ist in der Aquaristik als "Golden Kalambo Moori" bekannt, und diese besondere Färbung tritt nur bei voll ausgewachsenen Tieren auf. Sowohl OB-Tiere als auch eine größere Zahl Morphe mit gelben Rändern auf Rücken- und Schwanzflossen findet man in derselben Gegend. Wahrscheinlich sind einige davon noch junge, ausgewachsene Tiere, die allmählich das OB-Muster entwickeln, andere jedoch zeigen die Gelbrand-Färbung, wenn sie voll entwickelt sind. Die Felsbiotope entlang der Ostseite der Chituta Bay sind recht klein, weshalb es auch die *T. moorii* Populationen, die sie bewohnen, sind. Kleine und wahrscheinlich aussterbende Populationen könnten zum Auftreten dieser OB-Variante geführt haben, da es bei weniger Tieren schneller zu Inzucht kommt als in großen Populationen.

Der *T. moorii*, der zwischen Kasanga und Cape Chaitika vorkommt, wird durch blaue Punkte auf einem hellgefärbten Kopf gekennzeichnet. Den beiden Formen, die zwischen dem Fluß Lufubu und Nkamba Bay gefunden werden, dem sog. "Nangu Moori" und dem "Ilangi Moori", fehlen diese Punkte; sie haben jedoch einen gelbgefärbten Körper, eines der Unterscheidungskriterien zwischen *T. moorii* und *T.* sp. "red". Der Ilangi Moorii, der südlich von der Kasaba Bay Lodge in Nkamba Bay vorkommt, lebt sympatrisch mit der dunkelroten Form von *T.* sp. "red", dem sog. "Chilanga Moori" (Veall, pers. Mittl.).

Bei Kiku, wo nur eine kleine *T. moorii* Population vorhanden ist (Houllier, pers. Mittl.), ist der am häufigsten gesehene *Tropheus* ein *T.* sp. "red", der durch blutrote Farbe auf Kehle und Brust charakterisiert ist. Der *T. moorii* bei Kiku gleicht dem von Kapampa. Weiter nach Norden entlang der kongolesischen Küste kommt *T. moorii* bis Moba vor. Eine der nördlichsten Populationen im Kongo ist der sog. "Murago Moori", der südlich von Moba an einem Ort namens Lusingu gefunden wird.

Tropheus sp. "red"

Einige Kilometer nördlich des Flusses Lunangwa, bei Kiku, findet man eine rotgefärbte *Tropheus* Variante in den oberen Bereichen des Felsbiotops. Diese Population unterscheidet sich deutlich von der bei Kapampa, jedoch kann keine deutliche Grenzlinie zwischen beiden Populationen gezogen werden. Christian Houllier (pers. Mittl.) fand auch den "Kapampa Moori" bei Kiku, wo er sympatrisch mit der roten Variante lebt. Dies deutet darauf hin, daß es sich bei dem "Roten Moori" um eine echte Art handelt und nicht um *T. moorii*. Brichard (1989) berichtet über das sympatrische Vorkommen einer Variante des Roten Moorii (seine Nsumbu-Nkamba Linie) und einer Variante des *T. moorii* (Kabeyeye Linie) in der Nkamba Bay. Auch dies würde wieder ein Hinweis darauf sein, daß der Rote Moorii eine andere Art ist.

Die Eigenschaften des roten *Tropheus* sind ein dunkler Körper mit einem bordeauxroten Schimmer, zwei winkelförmige Streifen zwischen den Augen, und manchmal ein hellgefärbten Streifen auf der unteren Wangenhälfte. Ein anderer Unterschied zwischen *T. moorii* und *T.* sp. "red" (und der meisten anderen *Tropheus*) ist die blaue Farbe des ersten Strahls der Bauchflosse — dieses Merkmal kommt bei allen *T. moorii* Populationen, einschließlich der in der Nähe von Sibwesa, vor. Der vordere Rand der Bauchflosse ist bei *T.* sp. "red" dunkelbraun oder rötlich, jedoch nicht blau. Unter Wasser ist der *T.* sp. "red" leicht zu erkennen, da die meisten Tiere eine dunkle, fast schwarze Färbung zeigen. Keine der bekannten Populationen hat hellgefärbte Flanken, das offensichtlichste Erkennungsmerkmal von *T. moorii*. Territoriale Männchen mit einem aggressiven Verhalten tragen den gefärbten Streifen auf ihren Wangen.

Das Verbreitungsgebiet des Roten Tropheus füllt die Lücke im Ausbreitungsgebiet des *T. moorii*, wobei sich beide an den Enden ihres Ausbreitungsgebiets überlappen. Diese Überlappungsgebiete sind recht klein, nur mehrere 100 m, und ähnlich denen von *T.*

moorii und *T.* sp. "black" bei Lyamembe (Sibwesa), jedoch nicht zu vergleichen mit dem 10 km großen Überlappungsgebiet von *T. moorii* und *T. brichardi* südlich von Kipili. Die in der Aquaristik am häufigsten vorkommenden *T.* sp. "red" Formen sind der sog. "Schwanzstreifen Moori" von Cape Kipimbi (Chipimbe) und Katete in Sambia, und die Form von Cape Kachese, ebenfalls in Sambia.

Südlich von Kiku, in der Nähe von Livua, bewohnt der sog. "Blutkehl Moori" den Felsbiotop; eine hübsche Variante, die nur sporadisch für den Aquariumhandel exportiert wurde. Zwischen Moliro, Kongo, und Katete, Sambia, ist der *T.* sp. "red" durch ein rotes Dreieck auf der Körperhinterseite, einschließlich des Schwanzstiels, gekennzeichnet. Der Streifen auf dem Schwanzstiel wechselt zwischen einem breiten, blutroten Band und einigen Punkten oder kann völlig fehlen, was man innerhalb einer einzigen Population sieht. Bei den meisten *Tropheus* Populationen besteht eine erwähnenswerte Variation in der Farbzeichnung, die jede Population durchzieht, was jedoch nur ein Zeichen für die Variabilität der Gattung und der Buntbarsche im allgemeinen ist. Der Schwanzstreifen Moorii gleicht sehr der nächsten, unterscheidbaren Population bei Chimba in der Cameron Bay. Die Chimba Variante wurde früher von Sambia aus als "Roter Moori" importiert. Die Tiere, die man nördlich von der Ndole Bay findet, sind weniger rot und auf den Flanken mehr orange. Die Küste ist sandig, jedoch liegt direkt an der Uferlinie eine kleine Felszone aus Sandstein. Der *Tropheus*, der in weniger als 1 m Tiefe lebt, kann als intermediäre Population zwischen den Chimba und Kachese Formen angesehen werden. *T.* sp. "red" von Cape Kachese hat eine orange Kehle und eine orangerote Rückenflosse. Die Tiere der Population an der Insel Sumbu, bei Chisanse und Chilanga (Nkamba Bay) haben einen allgemein dunkelrotgefärbten Körper und eine rote Rückenflosse. Der gefärbte Streifen auf den Wangen ist bei diesen Formen weniger deutlich.

Tropheus sp. "black"

T. sp. "black" aus der Nordhälfte des Sees, zeigt ebenfalls geographische Variation. Die Grundfarbe ist jedoch schwarz oder dunkelbraun. Die Population bei Uvira ist völlig schwarz, und zwischen Uvira und Luhanga gibt es eine Population, deren adulte Tiere ganz schwarz sind (manchmal mit gelben Flecken), jedoch als Jungtiere ein oranges Band auf der Flanke tragen (Brichard, 1989). Bei Pemba (früher Bemba) bewohnt eine sehr attraktive Form des *T.* sp. "black" zusammen mit *T. duboisi* den Felsbiotop. Der sog. "Bemba Moori" ist schwarz mit einem sehr breiten, hellorangen Band auf dem Körper. Bei Mboko sind drei flache Inseln, die von dem "Mboko Moori" bewohnt werden, der ein sehr schmales, gelbes Band auf seinem schwarzen Körper trägt. Die beiden sedimentreichen Vorsprünge bei Lueba beherbergen wieder eine andere Variante. Laut Brichard (1989) ist die Population 3 km nördlich von Lueba sehr variable mit ganz schwarzen Morphen und solchen mit einem oder zwei leuchtend gelben Flecken auf den Flanken. Die Tiere der Population bei Lueba sind ganz schwarz.

Der sehr beliebte "Kiriza Moori" oder "Kaiser II Moori" lebt am Westufer der Halbinsel Ubwari und ist vom völlig anders gefärbten "Caramba Moori" durch eine Variante getrennt, die einen variablen, gelben Fleck oder Band auf dem schwarzen Körper trägt ("Banza Moori"). Nach den Angaben von Brichard (1989), der die nördlichen Bereiche des Sees sehr sorgfältig erforschte, befindet sich das Ausbreitungsgebiet des "Caramba Moori" zwischen Cape Caramba, an der südlichen Spitze der Halbinsel, und Cape Muzimu, fast an der nördlichen Spitze. Das würde bedeuten, daß es keine deutliche physikalische Barriere zwischen dem Verbreitungsgebiet des "Caramba Moori" und dem des "Banza Moori" (der zwischen Cape Muzimu und Manga, einem Dorf an der nördlichsten Spitze der Halbinsel, lebt) gibt. Der "Caramba Moori" teilt seinen Biotop mit einer anderen *Tropheus* Art: *T. brichardi*, dem sog. "Ubwari Green Moori" (Brichard, 1989).

Der nördlichste Teil des Sees besteht aus Sandstränden, denen jegliche Felsregionen fehlen. Die nördlichsten Felsküsten an der Ostseite des Sees findet man in der Nähe von Magara im Rutunga Distrikt von Burundi. Diese Region wird vom sog. "Brabant Moori" bewohnt, dem ersten, jemals im Aquarium aufgetretenen *Tropheus* (1958). Südlich von Magara, bei Minago, ist *T.* sp. "black" ganz schwarz gefärbt, und weiter südlich, bei Rumonge, ist er schwarz mit einem undeutlichen, braungelben Fleck auf dem Bauch.

Es besteht eine deutliche Lücke im Verbreitungsgebiet des *T.* sp. "black" entlang der Ostufer des Sees. Die nordöstlichen Populationen kommen zwischen Magara und Rumonge vor und die zentralöstlichen

Seite 60	Geographische Varianten des *Tropheus* sp. "red" und ihre Verbreitungsgebiete entlang der Südwestufer des Sees.
Seite 61	*Tropheus* sp. "black" Varianten und ihre Verbreitungsgebiete in der Nordsektion des Sees.

① Kiku
② Livua
③ Cape Kipimbi
④ Katete
⑤ Chimba
⑥ Cape Kachese
⑦ Sumbu Is.
⑧ Chisanse
⑨ Chilanga

① Pemba

② Mboko

③ Kiriza

④ Cape Caramba

⑤ Magara

⑥ Siyeswe

⑦ Mabilibili

Populationen zwischen Luagala (auch Luahagala) und Lyamembe (in der Nähe von Sibwesa). Die letztgenannten Populationen schließen auch den beliebten Kirschfleck Moorii ein. Die gesamte Uferlinie der zentralöstlichen Region ist felsig, abgesehen von sehr kleinen Sandbuchten. Es scheint eine leichte Veränderung in der Färbung des *T.* sp. "black" entlang dieses Teils seines Verbreitungsgebietes zu geben. Die südlichsten Populationen bei Lyamembe und Mabilibili sind schwarz mit zwei dunkelroten Flecken auf den Flanken; manchmal verschmelzen die Flecke und bilden eine fast dunkelrote Flanke. Lumbye Bay und Siyeswe Bay und die Region dazwischen beherbergen den Kirschfleck Moorii, der für den Aquariumhandel exportiert wird, und hier hat er seine attraktivste Färbung. Weiter nördlich in Richtung Lubugwe Bay und um Luagala Point ist *T.* sp. "black" meistens schwarz mit sehr wenig roter Färbung. Im gesamten Bereich seines zentralen Verbreitungsgebiets teilt *T.* sp. "black" den Biotop mit *T. annectens*, und bei Lyamembe kommen beide Arten sympatrisch mit *T. moorii* vor. Frühere Berichte (Konings, 1988), daß der Kirschfleck Moorii auch an der Insel Karilani und am Bulu Point vorkommt, basierten auf der persönlichen Mitteilung von Horst Dieckhoff, konnten jedoch bei einem späteren Besuch der beiden Stellen nicht bestätigt werden.

Tropheus brichardi

T. brichardi wurde anhand von Tieren, die in der Nähe von Nyanza Lac in Burundi (Nelissen & Thys van den Audenaerde, 1975), gefangen wurden, beschrieben. Diese Population ist als "Schokolade Moorii" bekannt. Das Hauptmerkmal von *T. brichardi*, der von allen *Tropheus* Arten am weitesten verbreitet zu sein scheint, ist seine Farbzeichnung aus deutlichen, senkrechten Bändern, die auch bei ausgewachsenen Weibchen sichtbar sind. Die meisten großen adulten Männchen verlieren dieses Muster jedoch oder zeigen auf ihrem grünen oder braunen (jedoch niemals schwarzen) Körper nur noch Spuren davon.

Es scheint, daß *T. brichardi* einen größeren Anteil Sediment auf dem Substrat verträgt, weshalb man ihm sowohl in Schlammregionen als auch in tieferen Felsregionen begegnen kann. Dies könnte auch seine weite Verbreitung an beiden Ufern des Sees entlang, den östlichen und den westlichen, ermöglicht haben. Im Aquarium scheint *T. brichardi* aggressiver und sich durchsetzender bei seiner Revierverteidigung zu sein als andere *Tropheus* Arten, und diese Beharrlichkeit ist auch in seinem natürlichen Lebensraum erkennbar. Interessanterweise besetzt er südlich von Kipili, wo er sympatrisch mit *T. moorii* vorkommt, die weniger bevorzugten Teile des Felsbiotops: hier findet man ihn in Regionen unterhalb von 10 m Tiefe, wogegen er in den oberen Bereichen an Stellen vorkommt, an denen *T. moorii* fehlt. Obwohl ich glaube, daß der Aggressionsspiegel der Individuen einer Art ein wichtiger Faktor beim Sichern eines Reviers ist, könnte es in diesem Fall jedoch auch sein, daß *T. brichardi* vielleicht der besseren Freßtechnik des *T. moorii* unterlegen ist. Ein weiteres mögliches Szenarium könnte sein, daß *T. moorii* von den größeren und aggressiveren *Petrochromis* Arten, die in den oberen Felsbiotopen dominieren, toleriert wird, nicht dagegen aber *T. brichardi*. *T. moorii* frißt nur an sedimentfreien Stellen, während *T. brichardi* wahrscheinlich auch an Stellen frißt, die von *Petrochromis* bevorzugt werden, weshalb er vertrieben wird.

Ich habe die Halbinsel Ubwari, an der *T. brichardi* und *T.* sp. "black" sympatrisch vorkommen, noch nicht besucht, jedoch könnte hier eine ähnliche Anordnung bestehen: *T.* sp. "black" im oberen, algenreichen Felsbiotop und *T. brichardi* in den sedimentreicheren, tieferen Regionen. Brichard (1989) berichtet, daß bei Uvira eine *T. brichardi*-ähnliche Art sympatrisch mit *T.* sp. "black" lebend gefunden wird, daß aber *T. brichardi* zahlenmäßig der anderen stark unterlegen ist. Dies könnte bedeuten, daß *T.* sp. "black" auch bei Uvira die besser angepaßteste Art von beiden ist.

Von der Grenze zwischen Burundi und Tansania bis Kigoma wird der Felsbiotop vom "Kigoma Moori" bewohnt. Diese *T. brichardi* Variante ist im adulten Stadium dunkelgrün bis blaubraun gefärbt und sehr häufig zu sehen. Südlich von Kigoma, bei Ujiji, wird der sog. "Katonga Moori" für den Aquariumhandel gefangen. Ausgewachsene Männchen dieser Form zeigen immer ein Bänderungsmuster. Südlich des Flusses Malagarasi bis nach Halembe ist *T. brichardi* ganz grünbraun gefärbt, mit Ausnahme der Population bei Maswa, die ein anderes Farbmuster hat; hier hat der sog. "Grüne Wimpel Moori" einen grünen Körper mit einem breiten, gelben Band. Zwischen Halembe und Bulu Point gibt es keine Felsküste, aber bei Bulu Point, an der Insel Karilani und entlang des Festlandes weiter südlich zur Mündung des Flusses Kasoje hin, beherbergt die felsige Uferlinie eine stumpfbraune Variante von *T. brichardi*. Diese Population lebt zwischen dem Fluß Kasoje und Bulu Point mit *T. annectens* sympatrisch.

Zwischen dem Fluß Kasoje und Cape Korongwe, nördlich von Kipili, gibt es keinen *T. brichardi*, obwohl zwei in dieser Gegend gefundene *Tropheus* Formen früher dieser Art zugeordnet wurden. Diese beiden Formen, *T.* sp. "ikola" und *T.* sp. "mpimbwe", werden heute nicht mehr als *T. brichardi* betrachtet, aus

Gründen, die später erläutert werden sollen (S. 63). Zwischen Cape Korongwe (in der Nähe des Dorfes Kapemba) und Kisambala, südlich von Kipili, ist *T. brichardi* das einzig vorkommende Mitglied seiner Gattung. Die Formen, die an den Inseln in der Nähe von Kipili gefangen wurden, wurden als "Kipili Moori" exportiert und zeichnen sich durch attraktiv gefärbte Jungen aus. Zwischen Kisambala und Namansi teilt *T. brichardi* den Biotop mit *T. moorii* und lebt in tieferen Schichten des Felsbiotops als gewöhnlich. Bei Mtosi habe ich *T. brichardi* in 28 m Tiefe gesehen, was für einen algenfressenden Cichliden sehr tief ist. Dieckhoff (pers. Mittl.) fotografierte "bei Isonga", einem Dorf im Gebirge nördlich von Karema, Tansania, einen attraktiven *T. brichardi*-ähnlichen Cichliden mit leuchtendgelber Farbe an der Basis der Brustflossen. Die Ufer sind in dieser Gegend sehr felsig, jedoch konnte ich dort nur *T. annectens* und *T. sp. "ikola"* finden. Ich vermute, daß der "Isonga Moori" wahrscheinlich an einer anderen Stelle fotografiert wurde, möglicherweise in der Nähe des Malagarasi Deltas.

T. brichardi kommt auch entlang der Westküste des Sees vor und wird zwischen Uvira (Kavimvira: Brichard, 1989) und Kambwebwe, südlich von Cape Tembwe gefunden. Den Green Ubwari Moorii findet man entlang der Ostufer der Halbinsel Ubwari. Er wurde jedoch niemals oder nur selten für den Aquariumhandel exportiert. Von der Küste zwischen den Inseln Kavala und Cape Caramba wird behauptet, daß sie zwei verschiedene *T. brichardi* Formen beherbergt (Brichard, 1989). Aber obwohl ich an zwei der Kavala Inseln tauchte, was es mir nicht gelungen, mehr als eine *T. brichardi* Art zu finden. Die Beschreibungen, die von Brichard für die beiden Arten geliefert wurden, unterscheiden sich kaum. Deshalb wäre es interessant, diese beiden Arten einmal nebeneinander in ihrem natürlichen Lebensraum zu beobachten. Bei Kalemie und weiter südlich bis nach M'toto ist *T. brichardi* schokoladebraun. Bei M'toto lebt er sympatrisch mit *T. annectens*.

Tropheus sp. "mpimbwe"

T. sp. "mpimbwe" wurde vorher *T. brichardi* zugeordnet, da er aber in einer Region des Sees gefunden wird, die relativ neu ist, und weil seine Jungtiere sich farblich drastisch von den benachbarten *Tropheus* Populationen unterscheiden, bevorzuge ich es, diese Form als getrennte Art zu behandeln. Sie kommt bei Cape Mpimbwe (auch Msalaba) vor und zeigt, soweit bekannt, keine Überlappung mit *T. brichardi*. Ich habe *T. brichardi* (den Kipili Moorii) bei Cape Korongwe in der Nähe des Dorfes Kapemba gefunden, und vor kurzem erst hat Karlsson (1998) über eine gelbwangige Form des Mpimbwe Moorii in der Korongwe Bay berichtet. Es scheint also, daß beide Arten, *T. brichardi* und *T. sp. "mpimbwe"*, durch eine Sandküste von etwa 2 km Länge voneinander getrennt sind. Die orangewangige Form von *T. sp. "mpimbwe"* kommt nur etwas weiter südlich des Dorfes Mpimbwe vor (Karlsson, 1998). Eine gelbwangige Form wird weiter nördlich am Kap gefunden. Junge *T. sp. "mpimbwe"* sind weder orange noch leuchtendgelb wie die *T. brichardi* Jungen bei Kapemba oder Kipili; sie haben ein attraktives Muster aus dunkelbraunen Bändern auf einem weißen oder blaßgelben Hintergrund. Dieses Muster ähnelt sehr dem der *T. annectens* Jungen und für geraume Zeit wurde in der Vergangenheit der rotwangige Mpimbwe Moorii als "Roter Polli" exportiert. *T. annectens* wird jedoch durch 4 Stacheln in der Afterflosse charakterisiert, während andere *Tropheus* Arten, einschließlich *T. sp. "mpimbwe"*, 5-7 haben.

Bei Kalila, nördlich von Kabwe und südlich von Karema fand ich eine *Tropheus* Art, die weder dem Mpimbwe Moorii, dem Kaiser Moorii (*T. sp. "ikola"* — siehe weiter unten) noch dem Kipili Moorii gleicht. Bei näherer Betrachtung könnten wir annehmen, daß die halbwüchsigen Tiere mehr *T. brichardi* Formen gleichen als denen des "Kaiser Moorii". Obwohl ich früher die Form bei Kalila *Tropheus sp. "ikola"* zugeordnet hatte, denke ich jetzt doch, daß sie mit *T. sp. "mpimbwe"* näher verwandt ist.

Die großen Felsen bei Kabwe, etwa 10 km nördlich von Cape Mpimbwe, liegen in sehr seichtem Wasser, beherbergen jedoch überraschenderweise eine kleine *Tropheus* Population. Die Männchen dieser Population tragen keinen gefärbten Fleck auf ihren Wangen (wie *T. sp. "mpimbwe"*) oder ein breites, gelbes Band (wie der Kaiser Moorii). Es sind jedoch keine weiteren Einzelheiten über ihre Farbzeichnung bekannt, da die Sicht an dieser exponierten Stelle fast das ganze Jahr über sehr schlecht ist. Auch diese Population könnte zu *T. sp. "mpimbwe"* gehören.

Seite 64	Geographische Varianten des *Tropheus brichardi* und ihre Verbreitungsgebiete im Nordteil des Sees.
Seite 65	*Tropheus brichardi* Varianten und ihre Verbreitungsgebiete um Kipili in Tansania. Die kleinen Fotos zeigen die Jungtiere der fünf verschiedenen Populationen.

① Kabimba
② Kavala
③ Cape Tembwe
④ Kambwebwe
⑤ Nyanza Lac
⑥ Katonga
⑦ Maswa
⑧ Halembe
⑨ Bulu Point
⑩ Karilani Is.

① Kapemba
② Nkondwe Is.
③ Kerenge Is.
④ Mvuna Is.
⑤ Ulwile Is.
⑥ Mkinga
⑦ Mtosi

① Kapemba
② Nkondwe Is.
③ Kerenge Is.
⑤ Ulwile Is.
⑧ Kipili

Tropheus sp. "ikola"

Diese Art ist besser als Kaiser Moorii bekannt und bei den Aquarianern sehr beliebt. Der Kaiser Moorii ist auf die Felsküste zwischen Ikola und Isonga beschränkt. Die Ufer bei Ikola bestehen aus reinem Sand und eine Felsküste beginnt erst etwa 20 km nördlich des Dorfes. Am nördlichsten Punkt der Felsgegend, bei Isonga, macht das Ufer einen Winkel von fast 90 Grad. Die gesamte Küstenlinie bis nach Sibwesa, etwa 18 km lang, ist sandig. T. sp. "ikola" scheint aus einer einzigen, ununterbrochen Population zu bestehen, und geographische Varianten sind nicht bekannt.

Tropheus annectens

Die Mitglieder dieser Art kann man leicht erkennen, da sie durch den Besitz von 4 Stacheln in der Afterflosse charakterisiert sind, während alle anderen *Tropheus* Arten 5-7 Stacheln in diesen Flossen haben. Ein weiteres Merkmal ist, daß adulte Männchen ein deutlich anderes Farbmuster zeigen als die Weibchen. Somit bildet diese Form zusammen mit *T. brichardi* und *T.* sp. "mpimbwe" einc kleine Gruppe mit sexuellem Dichromatismus innerhalb der Gattung *Tropheus*. Der Holotypus von *T. annectens* wurde Berichten zufolge bei Kalemie gefangen (Boulenger, 1900). Es ist jedoch wahrscheinlicher, daß der Fischer, der den Fisch gefangen hatte, bei Kalemie stationiert war. *T. annectens* kommt entlang der westlichen Ufer nur in der Nähe von M'toto vor, in einem Streifen von weniger als 15-25 km. Man findet ihn jedoch auch an der gegenüberliegenden Küste zwischen Bulu Point und Ikola. Wie alle vorher erwähnten *Tropheus* Arten bevorzugt auch er den oberen Felsbiotop und wird selten tiefer als 7 m gesehen. Obwohl dem östlichen Verbreitungsgebiet große Sandstreifen eingelagert sind (an denen *Tropheus* fehlt) zeigen die drei oder vier recht isolierten Populationen von *T. annectens* keine signifikante geographische Variation. Und bemerkenswerteise ist die Population an der gegenüberliegenden Küste bei M'toto ebenfalls kaum verschieden. Dennoch muß diese letztgenannte Population von den beiden anderen seit sehr langer Zeit getrennt sein, mindestens seit der Zeit als der Wasserspiegel viel niedriger war, und ein seichter Felsbiotop zwischen dem östlichen und westlichen Ufer vorhanden war. Vielleicht sind wegen der an verschiedenen Stellen seines Verbreitungsgebietes sympatrisch lebenden Arten, *T. duboisi, T. brichardi* und *T. moorii*, die *T. annectens* Weibchen sehr kritisch bei der Auswahl ihrer Paarungspartner geworden, und diese vermutlich stringente sexuelle Selektion hat nur sehr wenig Variation zwischen den *T. annectens* Populationen hervorgebracht.

Die Formen entlang der östlichen Ufer wurden als *T. polli* beschrieben und sind den Aquarianern noch immer unter diesem Namen bekannt. Es besteht wenig Zweifel daran, daß *T. polli* ein Juniorsynonym von *T. annectens* ist, da sich seine Morphologie von der Letztgenannten nicht unterscheidet, jedoch sehr wohl von den anderen *Tropheus* Arten, aber auch wegen der wachsenden Akzeptanz der Hypothese, daß ähnliche Formen an gegenüberliegenden Seiten des Sees in der Tat Populationen einer einzigen Art sind, die in früheren Tagen einen kleineren Paläosee bewohnten (Konings, 1992; Konings & Dieckhoff, 1992).

Tropheus duboisi

T. duboisi ist möglicherweise die populärste Art der Gattung, wahrscheinlich wegen der Färbung der Jungtiere: rußschwarz mit hellblauen bis weißgelben Punkten. Im Vergleich zu anderen *Tropheus* Arten ist das Maul bei *T. duboisi* stärker endständig, weshalb sein Körper beim Fressen einen größeren Winkel mit dem Substrat bildet als bei *T. moorii*. Dieser frißt in fast horizontaler Stellung, was ihm wahrscheinlich in der manchmal turbulenten, oberen Region der Felsküste mehr Stabilität verleiht. Wahrscheinlich ist dies der Grund dafür, daß *T. duboisi* in etwas tieferen Schichten vorkommt als *T. brichardi* oder *T.* sp. "black" mit dem er den Biotop teilt. Dennoch bevorzugt *T. duboisi* den oberen Bereich des Felsbiotops, wo er Algen, die auf den Felsen wachsen, frißt.

Das zerstreute Verbreitungsmuster von *T. duboisi* könnte ein weiterer Hinweis dafür sein, daß es sich um eine weniger spezialisierte Art handelt. *T. duboisi* kommt an mehreren Stellen in der Nordhälfte des Sees vor, wird jedoch nirgends als einziger Vertreter der Gattung gefunden. Im Kongo findet man ihn in der Nähe von Pemba (Bemba), wo er den Biotop mit dem Orange Moorii (*T.* sp. "black") teilt. Sein größtes durchgehendes Verbreitungsgebiet liegt in Tansania, zwischen dem Malagarasi-Delta und der Grenze zwischen Burundi und Tansania. Südlich des Flusses Malagarasi kommt er bei Maswa und Cape Kabogo vor, und eine isolierte Population wurde bei Halembe entdeckt (Konings, 1998). Die Tiere dieser drei Populationen sind durch ein sehr breites, gelbes Band auf dem Körper gekennzeichnet und werden allgemein "Maswa Duboisi" genannt (Maswa ist der Name einer alten Festung, eines späteren Klosters, das am Ufer südlich des Malagarasi Delta gelegen ist). Eine weitere, unterschiedliche Population lebt im Felsbiotop der Insel Karilani. Diese Form trägt ein schmales, weißes Band auf dem schwarzen Körper. Die Jungen aller Populationen sehen identisch aus, und es gibt keinen Zweifel daran, daß alle uns bekannten Populationen zur selben Art gehören.

Kohda und Yanagisawa (1992) glauben, daß *T. duboisi* besser als *T.* sp. "black" (die Autoren verwenden den Namen *T. moorii* für den schwarzen *Tropheus* im Norden) daran angepaßt ist, an sedimentbedeckten Stellen zu fressen. An Stellen, an denen beide Arten sympatrisch vorkommen, z. B. bei Pemba im Kongo, scheint es, daß *T. duboisi* die tieferen, sedimentreicheren Regionen des Felsbiotops bewohnt. *T.* sp. "black" wurde in extremem Niedrigwasser gefunden, bis maximal 18 m Tiefe, am häufigsten jedoch in den oberen 2 m des Biotops. *T. duboisi* dagegen war am häufigsten zwischen 6 und 10 m zu sehen, kam aber auch in etwa 30 m Tiefe vor. *T.* sp. "black" bei Luhanga, 12 km nördlich von Pemba, wird in tieferen Schichten gefunden (*T. duboisi* ist dort nicht zu sehen), ist hier aber kleiner als seine Artgenossen in seichteren Regionen. *T. duboisi* ist größer als *T.* sp. "black" in den tiefergelegenen, sedimentreichen Zonen, da er in der Lage ist, in solchen Bereichen besser zu fressen als dieser. Deshalb hat *T. duboisi* in tieferen Regionen auch eine bessere Chance, Reviere zu besetzen. In seichteren Regionen, wo sich beide Arten überlappen, findet *T.* sp. "black" bessere Freßmöglichkeiten und wird größer als *T. duboisi* in derselben Ebene, was ihm wahrscheinlich einen Vorteil bei der Revierverteidigung bringt. Ein sehr ähnliches Szenarium wurde für *T. moorii* und *T. brichardi* südlich von Kipili diskutiert (siehe S. 55). Entlang der tansanischen Ufer lebt *T. duboisi* sympatrisch mit *T. brichardi*, und wieder ist die letztgenannte Art vorwiegend in den oberen 3 m des Biotops anzutreffen. Auch hier sieht es so aus, als ob *T. duboisi* der Verlierer ist, wenn es darum geht, Reviere in den oberen Felsregionen zu etablieren.

Möchten wir die verstreute Verbreitung des *T. duboisi* erklären, müssen wir die Tatsache akzeptieren, daß die heutigen Populationen Überreste vergangener, besserer Zeiten sind, in denen *T. duboisi* eine viel weitere Verbreitung genoß. Durch die Konkurrenz mit anderen Pflanzenfressern (nicht notwendigerweise anderer *Tropheus* Arten) wurde er vielleicht an einigen Stellen in weniger bevorzugte Regionen des Felsbiotops abgedrängt; an anderen ist er vielleicht sogar zu völliger Verdrängung gelangt. DNS Untersuchungen deuteten daraufhin, daß *T. duboisi* älter als andere der untersuchten *Tropheus* Arten ist (Nishida, 1997).

Verbreitungsmuster

Durch die Existenz ähnlicher Populationen derselben Art an gegenüberliegenden Seiten des Sees motiviert (Konings, 1992), wagte ich mich daran, über den möglichen Hergang der Evolution, der zur heutigen Verbreitung der *Tropheus* Arten geführt hat, zu spekulieren.

T. duboisi ist wahrscheinlich die älteste Art der Gattung. Diese Art ist heute auf einige verstreute Stellen in der nördlichen Seehälfte beschränkt. Es ist jedoch sehr wahrscheinlich, daß sie früher einmal viel weiter verbreitet war. Der spätere Rückzug könnte durch zwei offensichtliche Faktoren verursacht worden sein: 1. eine Reduktion des bevorzugten Biotops und/oder 2. die Konkurrenz mit anderen Arten mit ähnlichen Bedürfnissen. Obwohl seine Biotoppräferenz noch nicht sorgfältig untersucht wurde — wenn es überhaupt möglich ist, eine echte Präferenz nachzuweisen und nicht nur eine Toleranz für einen besonderen Biotop — können wir doch annehmen, daß *T. duboisi* den oberen Teil im Felsbiotop bevorzugt, wo er Nahrung in relativem Überfluß findet. Wahrscheinlich wegen der starken Konkurrenz in seichtem Wasser, bleibt er in etwas tieferen Regionen, am Rande seines "bevorzugten" Biotops.

Die obere Schicht der meisten Felsregionen im See wird von Arten der Gattung *Petrochromis* "beherrscht". Dies sind relativ große, algenfressende

---

Seite 68 — Die Verbreitung des *Tropheus annectens* umfaßt beide Seiten des Sees. *Tropheus* sp. "mpimbwe" kommt in der Nähe von Cape Mpimbwe an der zentralen Ostküste des Sees vor. Karte: rot = Verbreitungsgebiet des *T. annectens*; gelb = Verbreitungsgebiet des *T.* sp. "mpimbwe".

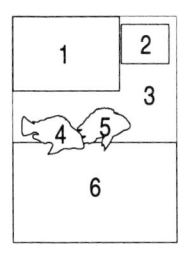

Seite 69
1. *Tropheus duboisi* (Maswa Variante) bei Halembe, Tansania.
2. Ein junger *T. duboisi* an der Insel Karilani (Tansania); bei diesem Tier hat sich das senkrechte Band dem weißen Punktmuster überlagert.
3. Drei adulte *T. duboisi* haben ein "Treffen" an der Insel Karilani.
4. und 5. Das schwarz-weiße Punktmuster der jungen *T. duboisi* hat diese Art zu einem der begehrtesten Cichliden aller Zeiten gemacht.
6. Der Kaiser der *Tropheus*: *Tropheus* sp. "ikola", auch als "Kaiser Moori" bekannt.

② *T. annectens*, Kekese

① *T. annectens*, Karilani Is.

② *T. annectens*, Kekese

③ *T. annectens*, M'toto

④ *T. sp.* "mpimbwe", Kalila

③ *T. annectens*, M'toto

⑤ *T. sp.* "mpimbwe", Msalaba

⑥ *T. sp.* "mpimbwe", Korongwe

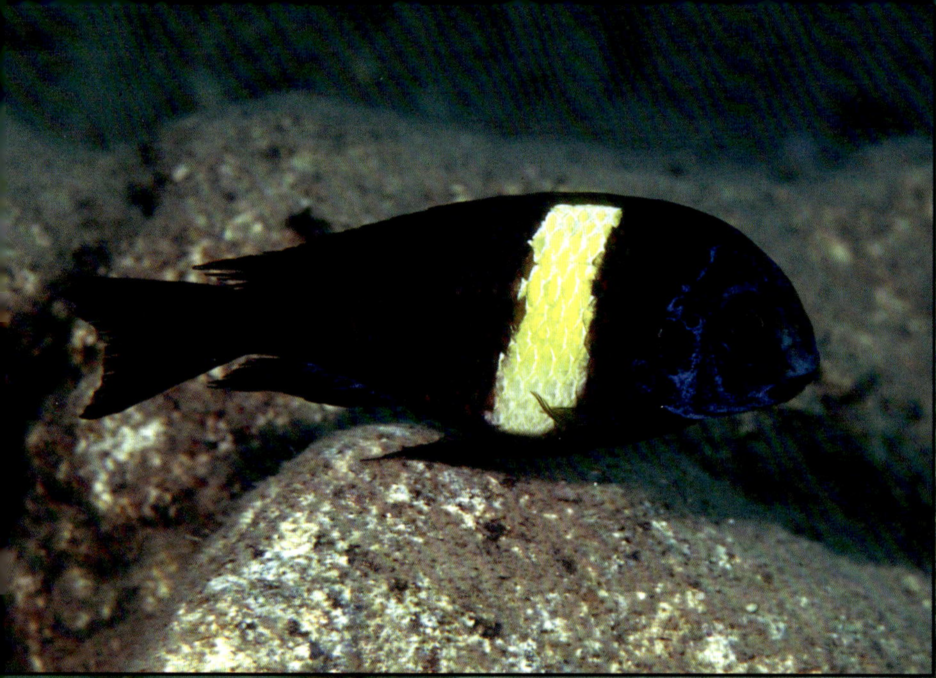
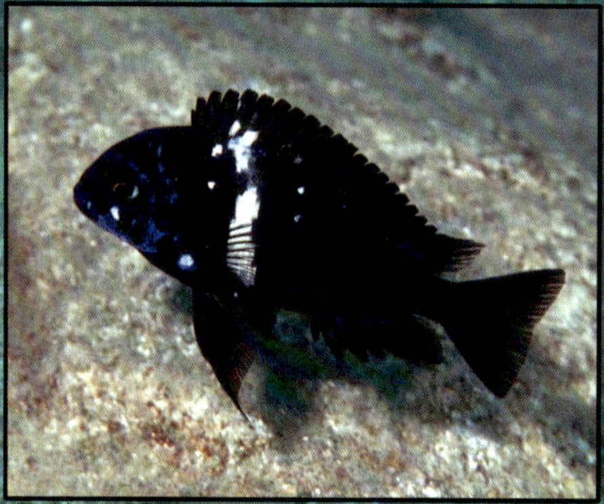
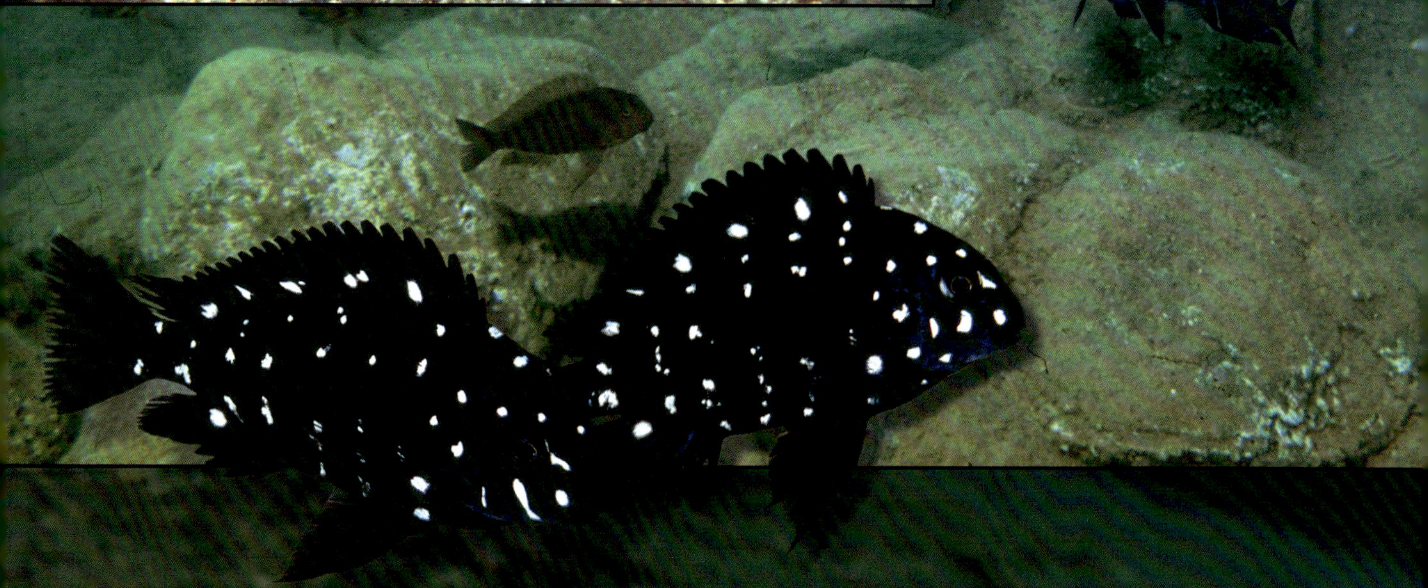
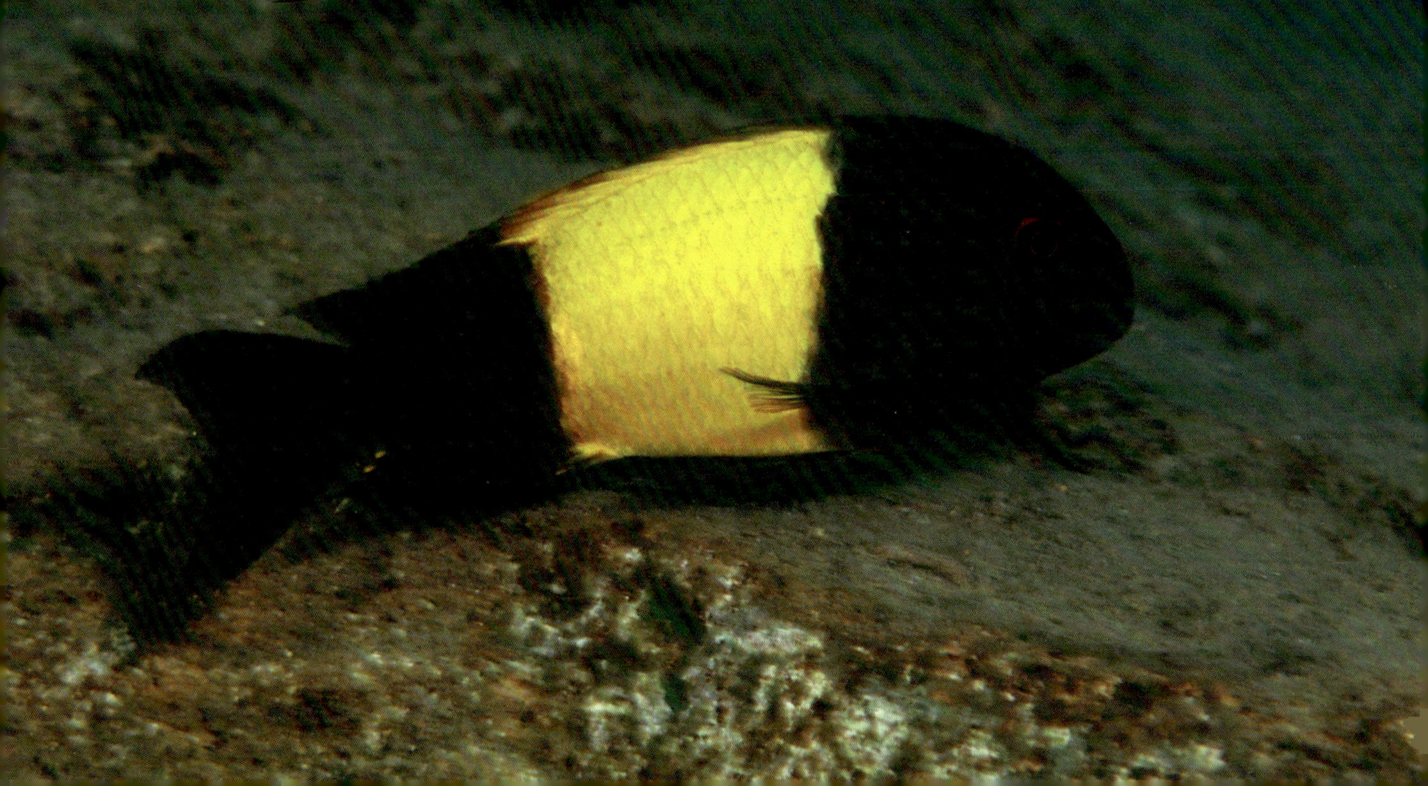

Buntbarsche, die ihr Nahrungsrevier sehr aggressiv verteidigen. Obwohl sich ihre Aggression vor allem gegen Artgenossen und andere *Petrochromis* Arten richtet, wird sie auch gegen die meisten anderen algenfressenden Cichliden angewendet. *Tropheus* Arten spielen, obwohl sie in der aquaristischen Literatur als die fortschrittlichsten und am häufigsten vorkommenden Cichliden beschrieben werden, eine recht untergeordnete Rolle, wenn es darum geht, den Biotop zu "teilen". Und es kann sehr wohl sein, daß *T. duboisi* nicht stark genug ist, dem Druck von *Petrochromis* standzuhalten (oder ihn zu tolerieren).

Seit Jahren hält man es für erwiesen, daß die dunkel gefärbten *Tropheus*, die in der Nordhälfte des Sees vorkommen, eine Form von *T. moorii* sind (Brichard, 1989; Kuwamura, 1986a, 1987b; Takamura, 1984; Yamaoka, 1997). Dies ist jedoch sehr unwahrscheinlich, da Letztgenannter bei Lyamembe, in der Nähe von Sibwesa, Tansania (vgl. Karte S. 13), sympatrisch mit dem schwarzen *Tropheus* lebt. Die recht verstreute Verbreitung von *T.* sp. "black" kann auf mehrere Art und Weise erklärt werden, jedoch ist es (zumindest meiner Meinung nach) offensichtlich, daß die Art, wie *T. duboisi*, einmal viel weiter verbreitet war. Das Wort "einmal" ist eine Generalisierung; der eigentliche Zeitpunkt und der Zustand des Sees zur damaligen Zeit sind beide für das Argument irrelevant. Im Laufe der Zeit wurde der schwarze *Tropheus* wahrscheinlich an mehreren Stellen von aggressiveren oder besser angepaßten Cichliden außer Konkurrenz gesetzt.

Die (verstreute) Verbreitung des *T. moorii* ist auf die Südhälfte des Sees beschränkt. Die Population bei Sibwesa ist wahrscheinlich der Überrest einer einmal weit verbreiteten Art. Die Formen, die von Moba bis Kapampa im Kongo gefunden werden, sind Varianten von *T. moorii*. Ganz besonders die Populationen nördlich von Kapampa gleichen der in der Nähe von Sibwesa vorkommenden.

T. brichardi unterscheidet sich in mehrerer Hinsicht von den anderen Mitgliedern der Gattung, wobei der deutlichste Unterschied das Farbmuster der Jungfische ist. Junge *T. brichardi* zeigen ein Muster aus senkrechten Bändern, von denen jedes sich deutlich vom hellen Hintergrund abhebt. Auch die Jungen der meisten anderen *Tropheus* Arten haben Bänder, die jedoch nur teilweise sichtbar oder so breit sind, daß sie nicht mehr wie Bänder aussehen, da die helle Hintergrundfarbe nur noch als dünner vertikaler Streifen, kaum breiter als eine Schuppe, sichtbar ist. Die Farbzeichnung der jungen *T. annectens* gleicht der des *T. brichardi*, jedoch kann man beide Arten an der Zahl der Stacheln in der Afterflosse unterscheiden: 4 bei *T. annectens* und 6 (selten 5 oder 7) bei *T. brichardi*. Bei vielen geographischen Varianten von *T. brichardi* bleibt das Bänderungsmuster bei den ausgewachsenen Tieren sichtbar, vor allem bei den Weibchen.

Der zweite Unterschied zwischen *T. brichardi* und den meisten anderen *Tropheus* Arten ist seine Biotoppräferenz (oder Toleranz): *T. brichardi* gedeiht auch in der Übergangszone, auch wenn die Felsen mit Sediment bedeckt sind. Der Erfolg des *T. brichardi* beim Bevölkern des Sees ist sehr offensichtlich: es ist die einzige Art der Gattung, die sowohl in der Nord- als auch in der Südhälfte des Sees an beiden Seiten vorkommt.

Die begrenzte Verbreitung von *T. annectens* könnte durch zwei verschiedene Faktoren verursacht worden sein: 1. es ist eine relativ junge Art, die keine Zeit hatte, sich in eine größere Region auszubreiten, oder 2. seine Biotoptoleranz ist so begrenzt, daß er nicht mit anderen Arten in einem weniger geeigneten Lebensraum konkurrieren kann. Letzte Möglichkeit ist jedoch recht unwahrscheinlich, da große Schulen von *T. annectens* dabei beobachtet wurden, wie sie im offenen Wasser des Felsbiotops schwammen. Bei M'toto, Kongo, wurde ein Schwarm von mehreren Hundert Tieren gesehen, der von keinem *Petrochromis* vom bevorzugten Freßplatz vertrieben werden konnte. Es bleibt natürlich noch die Möglichkeit, daß andere Regionen, die an seinen heutigen Lebensraum grenzen, seinen uns noch unbekannten, speziellen Bedürfnissen nicht genügen. Jedoch scheint es mir plausibler zu sein, daß *T. annectens* eine noch recht junge Art ist, die darauf spezialisiert ist, im sedimentfreien Felsbiotop zu leben. Solche Biotope existieren auch an anderen Stellen entlang der Küstenlinie des Sees, jedoch gab es noch nicht ausreichend Zeit für diese Art, sich bis in diese Gegenden auszubreiten.

T. sp. "red", *T.* sp. "ikola" und *T.* sp. "mpimbwe" sind noch relativ junge Arten, die sich zu einem späteren Zeitpunkt als *T. annectens* entwickelt haben. Alle drei Arten kommen in Gegenden vor, die zur Zeit des jüngsten Tiefstandes des Sees trockenes Land waren, weshalb sich ihre Evolution zusammen mit dem Anheben des Wasserspiegels ereignet haben muß. Keine der drei Arten zeigt eine unterbrochene Verbreitung. Aufgrund der Beobachtung, daß die Verbreitungsgebiete vieler Arten (und geographischer Rassen von Arten) ein Spiegelbild an gegenüberliegenden Seiten des Sees zeigen, vor allem wo es steile Felsküsten gibt (Konings, 1992; Konings & Dieckhoff, 1992), könnte man sehr wohl wie folgt argumentieren: wenn verschiedene Arten/Varianten an gegenüberliegenden Felsküsten vorkommen, ist es sehr wahrscheinlich, daß sich dieses Verbreitungsmuster nach der Anhebung des Wasserstandes auf den heutigen Stand entwickelt hat. Obwohl eine "ungleichmäßige" Verbreitung durch mehrere Faktoren bedingt sein kann (wie z. B. Konkurrenz, drastische Veränderung im Biotop oder Wanderung), ist es im Fall der südlichen tansanischen Ufer jedoch wahrscheinlich, daß *T. brichardi*, offensichtlich heutzutage der erfolgreichste *Tropheus*, südlich wanderte und Gegenden besetzte, die vielleicht weniger sedimentbeladen waren als sie es heute sind, und die früher wahrscheinlich von *T. moorii* besetzt waren. Ein ähnlicher Prozeß könnte in der Nordhälfte des Sees stattgefunden haben, wo *T. brichardi* den Lebensraum übernommen haben könnte, der früher von dem Schwarzen Moorii "besetzt" war, eben weil er sedimentreicher wurde oder auf irgendeine andere Art und Weise für *T. brichardi* akzeptabler wurde als für *T. sp.* "black". Dieses hypothetische Szenarium basiert hauptsächlich auf dem Befund, daß sich der Wasserstand des Sees mehrmals im Laufe seiner Existenz drastisch veränderte.

Tropheus im Aquarium

Im Aquarium verhalten sich die Männchen aller *Tropheus* Arten deutlich territorial und vertreiben artgleiche Männchen pausenlos aus ihrem Besitz. Die Weibchen werden ständig angebalzt und, wenn sie nicht laichbereit sind, oft ebenfalls aggressiv verjagt. Der einzig richtige Weg, diese Arten in Gefangenschaft zu halten, ist in einer Gruppe von zehn oder mehr Tieren. Das Geschlecht kann bei *Tropheus* leicht bestimmt werden, wenn man die Geschlechtsöffnung untersucht. *T. duboisi* kann mit jeder anderen *Tropheus* Art gehalten werden, jedoch ist es besser, sie getrennt zu pflegen. Man sollte auch niemals verschiedene geographische Rassen von *Tropheus* oder Tiere von verschiedenen Lokalitäten im selben Becken zusammenbringen, da dies oft zu ungewollter Bastardierung führt. Von *T. annectens* und *T. brichardi* werden am besten nur je ein dominantes Männchen in einem Aquarium gehalten. Ein kleinesm junges Männchen kann als Ersatz zugegeben werden, für den Fall, daß das führende Männchen sein Revier "aufgibt". Die anderen *Tropheus* Arten vertragen sich mit genausovielen Männchen wie Weibchen.

Diese Arten zu füttern ist der schwierigste Teil ihrer Hälterung und Zucht. Die sicherste Nahrung, die man diesen Pflanzenfressern anbieten kann, ist Spirulina Flockenfutter. Flocken einer guten Qualität — mit absolut keinen Produkten warmblütiger Tiere als Zutaten — reicht aus, um diese Buntbarsche in Brutstimmung zu bringen. Einige andere Futtersorten können ebenfalls empfohlen werden: *Cyclops*, *Mysis* und andere planktonische Krebstierchen.

Es ist wichtig, daß sich das (gefrorene) Futter rauh anfühlt und nicht weich oder schleimig ist. Rote oder weiße Mückenlarven, *Artemia*, Rinderherz oder anderes weiches, leicht verdauliches Futter kann für diese Fische tödlich sein. Man sollte nur einmal am Tag füttern. Fast alle kommerziell erhältlichen Trockenfuttersorten enthalten eine Menge Protein und Fett, weshalb die Cichliden im Aquarium in zwei Minuten mehr von diesen Nährstoffen verschlingen können, als es ihnen in ihrem natürlichen Lebensraum den ganzen Tag über möglich wäre. Auch liefert das Algenwachstum auf der Aquariumdekoration, das durch starke Belichtung gefördert wird, eine zusätzliche Futterquelle.

Seite 72

1. & 2. Der sog. "Golden Kalambo" ist ein xanthischer Morph von *Tropheus moorii* und kommt nur bei Chisanza und in der Isanga Bay im Südostteil des Sees vor. Nur völlig ausgewachsene Männchen und Weibchen zeigen das unregelmäßige aber farbenfrohe Muster. Das Männchen auf Foto 2 befindet sich noch im Anfangsstadium seines Farbwechsels.
Der sog. "Red Rainbow" von Kambwimba, Tansania (3), und der "Sunset Moori" von Kasakalawe, Sambia (4), sind zwei der populärsten Varianten des *Tropheus moorii*.

Seite 73

1. Eine *Tropheus moorii* Schule auf Nahrungssuche bei Mtosi, Tansania.
2. *Tropheus sp.* "red" bei Cape Kachese, Sambia.
3. Das Tier rechts hat eine unterwürfige Haltung eingenommen, um die Aggression des (stärkeren) Tieres links zu mindern. *Tropheus sp.* "black" (der sog. "Kirschfleck Moori") bei Mabilibili, Tansania.
Die Weibchen auf den Fotos 4, 5, und 6 gleichen einander und deuten vielleicht eine enge Verwandtschaft zwischen *Tropheus annectens* (4) und *T. sp.* "mpimbwe" (5: Kalila; 6: Msalaba) an. Siehe zum Vergleich das Weibchen auf dem Foto 7.
7. Ein *Tropheus brichardi* Weibchen bei Kapemba, Tansania.
8. *Tropheus moorii* bei Lyamembe (Sibwesa, Tansania) lebt mindestens 150 km weit von der nächsten Population dieser Art.

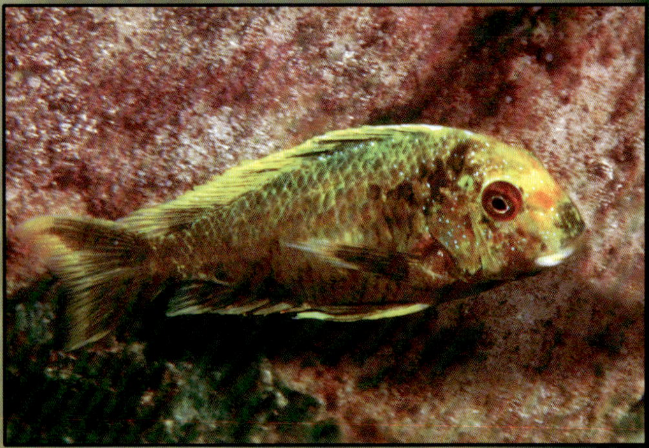
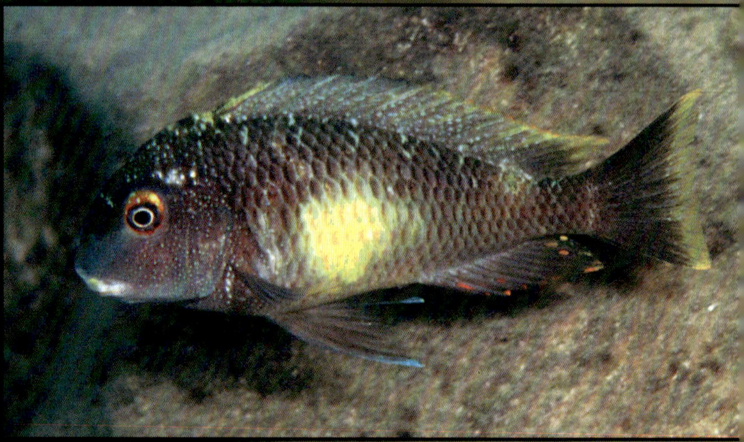
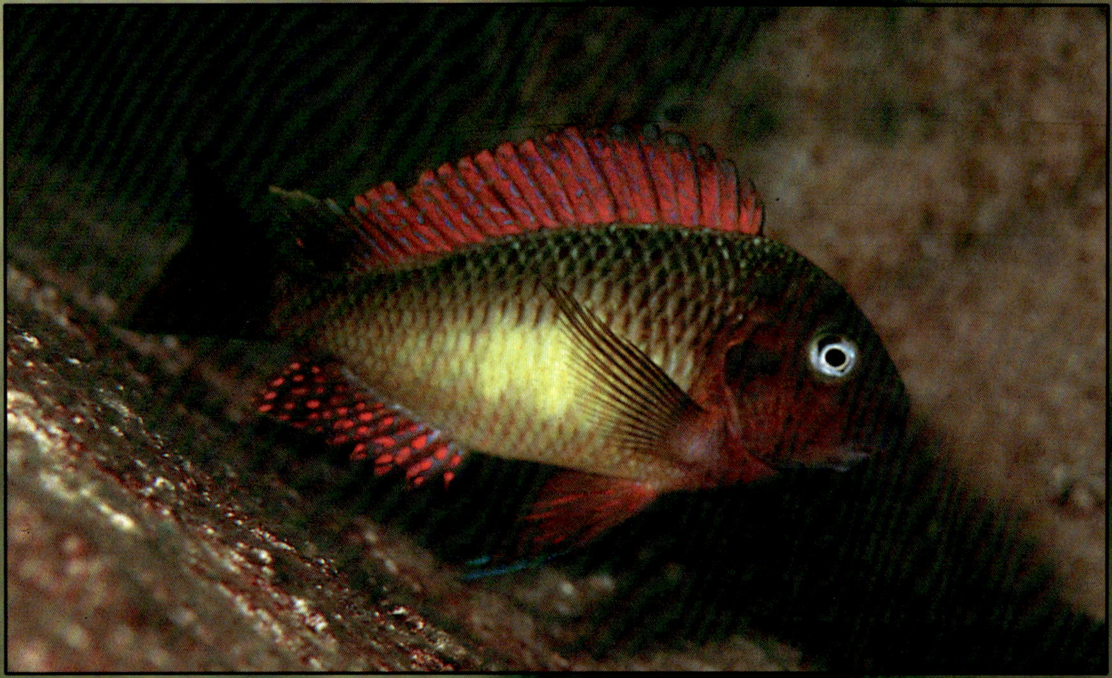
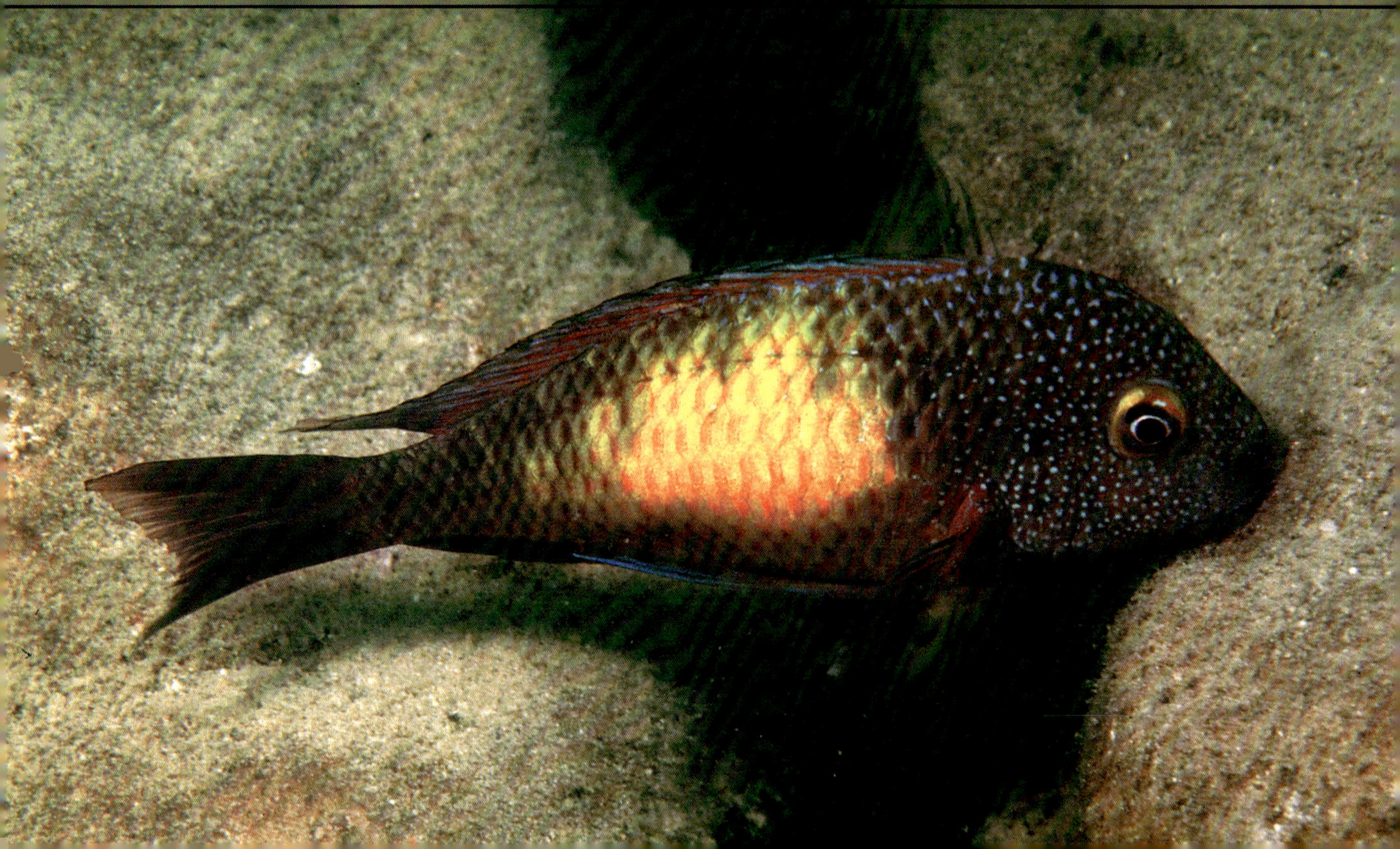

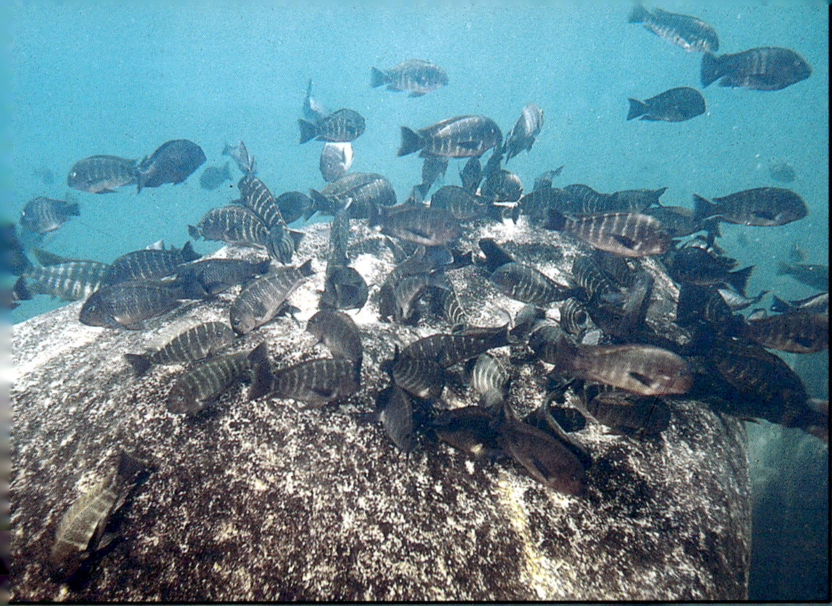

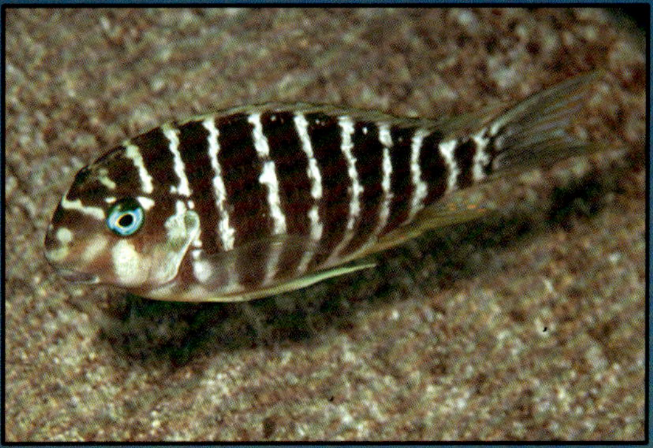

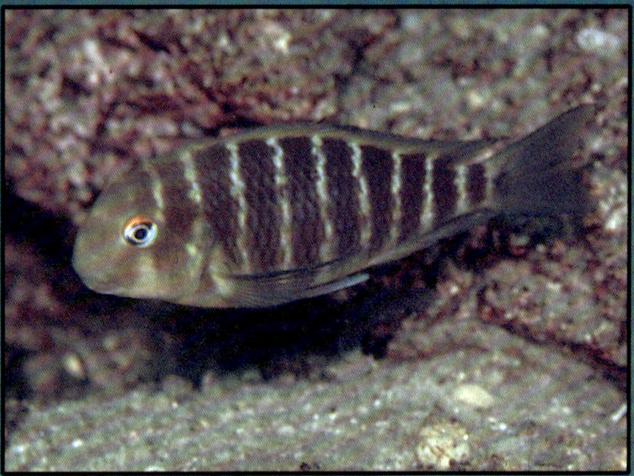

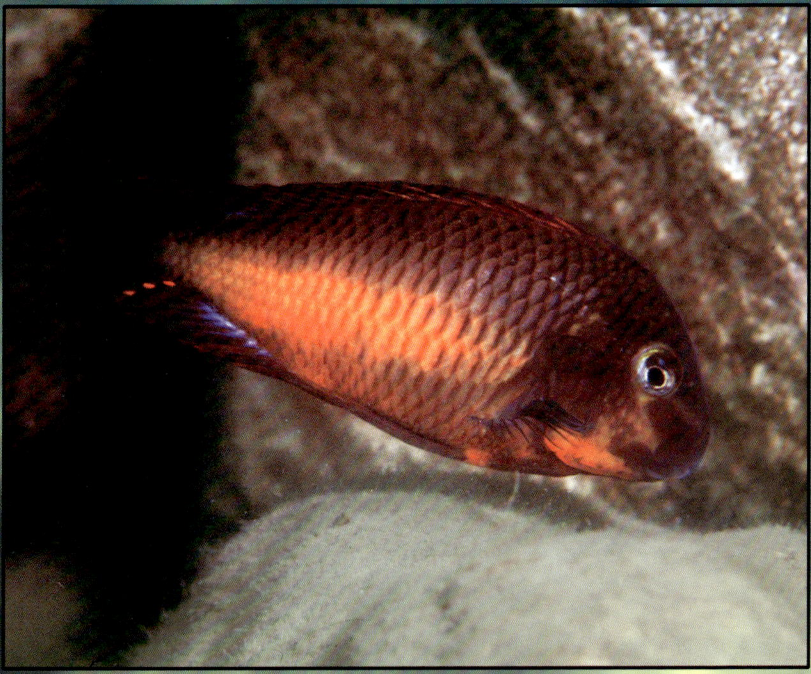

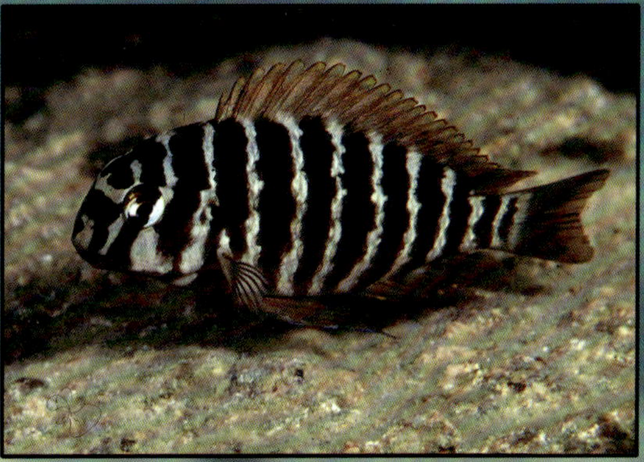

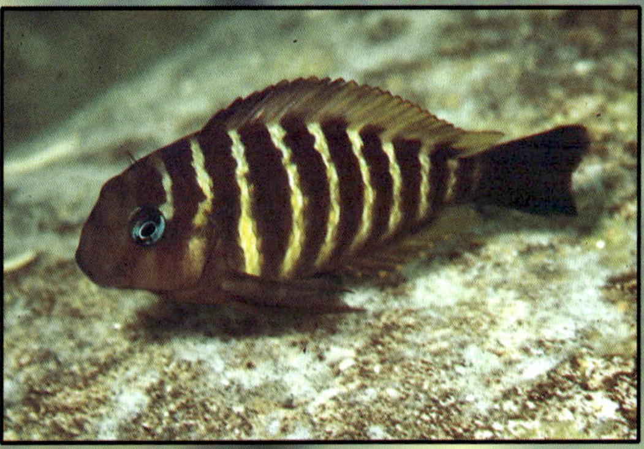

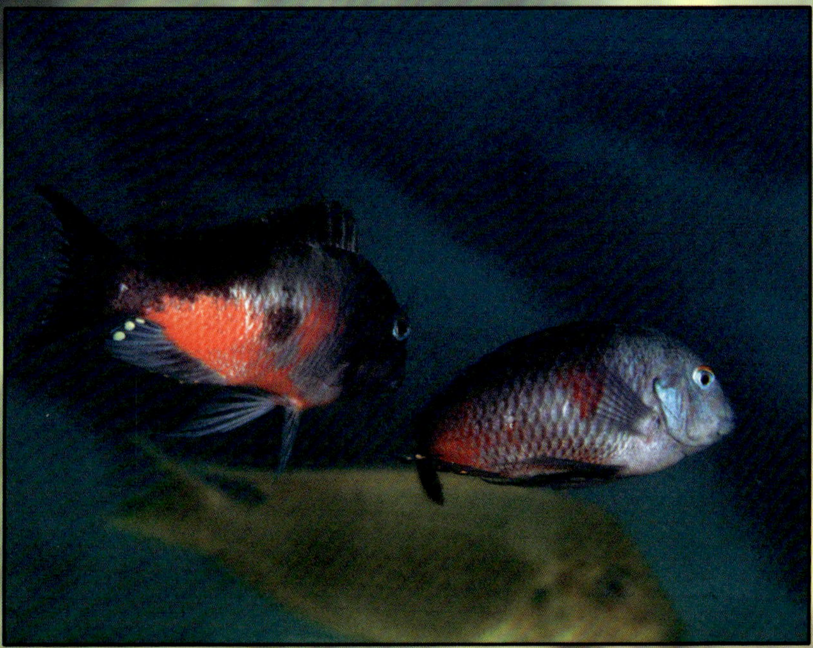

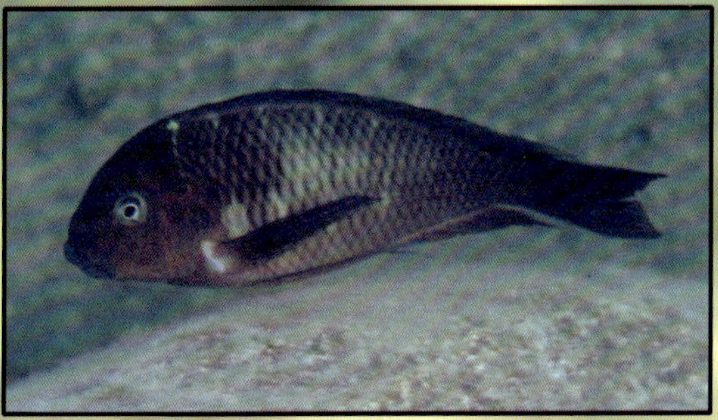

Tropheus Arten zum Brüten zu bringen ist aus mehreren Gründen sehr schwierig. Vor allem möchten die Männchen am liebsten jede Minute ablaichen. Andererseits sind die Weibchen nicht leicht einzugewöhnen. Sie brauchen nicht viel Futter, aber die richtige Sorte. Maulbrütende Weibchen können aus dem Becken genommen und allein in ein Aufzuchtbecken gesetzt werden. Etwa 25 Tage nach dem Ablaichen können ihnen die Jungfische entnommen werden, jedoch gibt es Anzeichen dafür, daß diese Jungfische, mangels einer richtigen Prägungsphase, selber schlechte Maulbrüter werden, wenn sie erwachsen sind. Solche Weibchen benötigen manchmal bis zu sechs Laichgänge, bevor sie ihre Eier bis zur Reife halten können, während natürlich freigesetzte Weibchen normalerweise die Eier vom ersten Laichgang an halten. Es ist deshalb besser, maulbrütende Weibchen in Aufzuchtbecken zu setzen, wo sie sich bis zum Tag des Freisetzens der Jungen um diese kümmern können. Die Weibchen tragen bis zu 20 Eier pro Gelege.

Ein anderer, sehr wichtiger zu beachtender Punkt bei der Hälterung und Zucht dieser Cichliden ist, niemals neue Tiere in eine existierende Gruppe zu geben. Wenn eine Zuchtstamm erweitert werden soll, setzt man am besten alle Tiere der neuen, vergrößerten Gruppe gleichzeitig in ein neues Aquarium oder arrangiert die Dekoration neu, damit bereits existierende Reviere zerstört werden.

Der *Neolamprologus brichardi* Komplex

Fast jede Felsregion an der Küste des Sees wird von einem oder mehreren Vertretern einer Artengruppe bewohnt, die *Neolamprologus brichardi* ähneln. Dieser Komplex setzt sich aus mindestens 8 verschiedenen Arten zusammen: *N. brichardi*, *N. savoryi*, *N. pulcher*, *N. gracilis*, *N. falcicula*, *N. splendens*, *N. marunguensis* und *N. crassus*. Interessanterweise können mehrere dieser Arten sympatrisch lebend gefunden werden, und *N. savoryi* kommt an jeder Stelle vor, an der irgendeine andere Art dieses Komplexes zugegen ist. Diese Arten scheinen sehr erfolgreich zu sein, da sie an den meisten Stellen in großer Zahl vorhanden sind. Die meisten Arten dieser Gruppe bevorzugen eine Tiefe von 4-20 m und sollen später noch detaillierter diskutiert werden. Nur selten findet man sie in niedrigerem Wasser, und die meisten besetzen Felsregionen in 7-15 m Tiefe.

Die Nahrung dieser eleganten Buntbarsche besteht aus winzigen Wirbellosen, die entweder auf dem Aufwuchs gefunden werden oder noch häufiger in der Wassersäule über dem Substrat. Nicht selten sieht man kleine, substratbrütende Cichliden im offenen Wasser Plankton fressen. Diese dichten Populationen werden von einer Unmenge Zooplankton, wie z. B. *Cyclops*-ähnlichen Krebstierchen ernährt. Der Darmtrakt dieser Buntbarsche mißt etwa 60% der Gesamtlänge des Fischs, was eine Bestätigung für ihre Fleischnahrung ist. Oberflächlich betrachtet scheinen *N. brichardi* und *N. pulcher* sich wie Schwarmfische zu verhalten. Obwohl sie gesellig sind, sind es doch Substratbrüter, und beide Eltern beteiligen sich an der Aufzucht der Jungen. Manchmal verpaart sich ein einziges Männchen mit mehreren Weibchen (Gashagaza, 1991). Was wie ein Schwarm aussieht, ist in Wirklichkeit eine massive Ansammlung an Brutpaaren, sexuell inaktiven Tieren und vielen Jungtieren in verschiedenen Entwicklungsstadien.

N. brichardi und *N. pulcher* haben in Bezug auf Koloniebildung und Brüten ein interessantes Verhalten entwickelt. Es scheint, als ob die Mitglieder einer nahrungsuchenden Schule zufällig in der Gruppe umherschwimmen; wenn sie jedoch gestört werden, verschwindet jedes in seine eigene, kleine Höhle. Jedes Brutpaar hat sein eigenes Revier, das gemeinsam verteidigt wird. Die Zusammenarbeit von Männchen und Weibchen verstärkt ihr Paarband, und die meisten Paare bleiben länger als über eine einzige Brutperiode hinweg zusammen. Sexuell inaktive Fische wagen sich jedoch weiter vom Substrat weg als die brütenden Erwachsenen (da sie nicht so sehr die Notwendigkeit fühlen, dicht bei den Nachkommen in einer Bruthöhle zu bleiben), und bilden eine Art Schutzschirm über der Brutgemeinschaft. Eine herannahende Gefahr wird zuerst durch diese Wächter angekündigt, und ihr plötzlicher Rückzug ist ein Warnzeichen für die anderen Mitglieder im Schwarm. Die ersten Tiere, die von Räubern verschlungen werden, sind diese sexuell inaktiven "Wachen", und dies schadet der Fortpflanzung der Gruppe nicht direkt.

Am stärksten werden jedoch die Jungfische und Larven von Raubfischen, die sich in Bodennähe anschleichen, bedroht. Größere Lamprologine wandern an Winkeln und Spalten im Felsbiotop entlang und überraschen kleinere Cichliden. Ein interessantes Verhaltensmerkmal dieser Arten ist, daß die halbwüchsigen und jungen *N. brichardi* und *N. pulcher* ihren Eltern bei der Verteidigung der noch kleineren Jungfische und Larven helfen. Eigentlich verteidigen sie jedoch eher ihre Heimstätte als ihre jüngeren Brüder und Schwestern. Da sich in der Regel Jungtiere aus aufeinanderfolgenden Laichen um das Nest aufhalten, gibt es immer Jungfische, die groß genug sind, um eine mögliche Gefahr von ihren jüngeren Geschwistern fernzuhalten.

Neolamprologus brichardi und N. pulcher

Als Brichard 1971 den ersten *Neolamprologus brichardi* aus dem Tanganjikasee exportierte (Brichard, 1989), gab er ihm den passenden Handelsnamen "Prinzessin von Burundi". Diese eleganten Cichliden wurden in Burundi, in der Nähe von Magara, gefangen, und obwohl sie nicht die leuchtende Färbung anderer zur damaligen Zeit häufig im Aquariumhandel aufzufindender Fische aufwiesen, verhalf jedoch ihre Flossenpracht schon bald der "Prinzessin", zu einem der populärsten Cichliden zu werden. Sie hat sich als usgezeichneter Aquariumbewohner erwiesen, obwohl es eine territoriale Art ist, die ihr Revier mit recht viel Ausdauer verteidigt. Gibt man einem Paar jedoch ausreichend Raum, wird es schon bald zu brüten beginnen und eine Nachzucht nach der anderen produzieren. Dies ist der schönste Teil bei der Pflege dieser Art, da auch in Gefangenschaft die älteren Jungfische ihre Eltern aktiv bei der Verteidigung der jüngeren Geschwister unterstützen.

Im Jahre 1952 wurde die Prinzessin von Burundi wissenschaftlich als Unterart von *N. savoryi* bekannt, nämlich *Lamprologus savoryi elongatus* (Trewavas & Poll, 1952). Poll erhob jedoch 1974 die Prinzessin von Burundi von einer Unterart in den Artstatus. Da aber der Name *L. elongatus* schon vergeben war — *Lamprologus elongatus* (jetzt *Lepidiolamprologus elongatus*) war 1898 von Boulenger beschrieben worden — nannte er die Prinzessin von Burundi *Lamprologus brichardi*, zu Ehren des verstorbenen Pierre Brichard, der zahlreiche Tanganjikacichliden entdeckte. Colombé und Allgayer veröffentlichten 1985 ihre Revision der Gattung *Lamprologus*, in welcher die Prinzessin von Burundi zu *Neolamprologus* versetzt wurde und Boulengers *L. elongatus* zur wiederbelebten Gattung *Lepidiolamprologus*.

Gleichzeitig mit der Beschreibung von *L. savoryi elongatus* wurde noch eine weitere Unterart beschrieben, nämlich *L. s. pulcher*. Der Unterschied zwischen diesen beiden Unterarten liegt hauptsächlich im Zeichnungsmuster der Kiemendeckel. Beide Arten haben zwei dunkle Striche zwischen den Augen und dem äußeren Rand der Kiemendeckel. Bei *N. brichardi* haben diese Striche, grob betrachtet, die Form des Buchstabens T, der auf der Seite liegt (siehe Fotos). Bei *N. pulcher* ist der Strich unmittelbar hinter dem Auge nicht waagerecht, sondern nach unten gebogen und verschmilzt nicht mit dem senkrechten Strich auf dem Kiemendeckelrand.

Brichardi-ähnliche Cichliden wurden aus Sambia, dem Südteil des Sees, exportiert, einige davon als *Lamprologus pulcher*. Es ist jedoch nicht bekannt, ob sie an oder in der Nähe des Typusfundortes (der nicht bekannt ist, jedoch wahrscheinlich in der Nähe von Mpulungu liegt) gefangen wurden oder nur wie der Holotypus von *L. savoryi pulcher* aussehen.

Im Laufe der Jahre habe ich eine ganze Reihe verschiedener Populationen von *N. brichardi*-ähnlichen Cichliden an der Küste des Sees sehen und auch fotografieren können. Beim Vergleich dieser Bilder fiel mir auf, daß die Kiemendeckelzeichnung leicht bei allen Populationen variiert (vgl. auch die Fotos auf S. 76 und 77).

N. pulcher und *N. brichardi* gleichen einander in der Form und im Verhalten. In Gefangenschaft scheinen beide Arten sich als artgleich anzusehen, sogar wenn Paare der einen Art zusammen mit Paaren der anderen gepflegt werden. Es kommt recht schnell zu Bastardierungen, und diese Hybride sind ebenfalls fruchtbar. *N. brichardi* und *N. pulcher* wurden niemals sympatrisch lebend gesehen, und obwohl es scheinen mag, daß die Kiemendeckelzeichnung ein einfacher Schlüssel zu ihrer Unterscheidung ist, gibt es jedoch Populationen, in denen die Markierung intermediär zwischen beiden Arten zu sein scheint. Die Form bei Cape Chaitika in Sambia, zum Beispiel, die als *N. brichardi* klassifiziert wurde, zeigt bei näherer Betrachtung ihrer Markierung ein intermediäres Muster (vgl. Foto S. 76). Nur wenige Meilen südlich von Cape Chaitika, bei Kapemba, gibt es eine *N. pulcher* Population, deren Markierung ebenfalls nicht typisch für diese Art ist (z. B. fehlt ihr die blaue Farbe zwischen den Strichen). Jedoch sind beide Formen recht distinkt, was auch nahelegt, daß ihre Einordnung in zwei unterschiedliche Arten gerechtfertigt ist.

Brichard (1989) beschrieb mehrere Arten in diesem Komplex, und die Typen dieser Taxa sind im Museum für Mittelafrika, Tervuren, Belgien, deponiert. Die vier Arten, die Berichten zufolge alle aus dem Kongo stammen (vgl. jedoch später), sind *N. splendens*, *N. gracilis*, *N. crassus* und *N. olivaceous*. In seiner Beschreibung von *N. olivaceous* (in derselben

Seite 76	Geographische Varianten des *Neolamprologus brichardi*. Karte: rot = Verbreitungsgebiet des *N. brichardi*; orange = die Population in dieser Region (16) scheint eine Zwischenform von *N. brichardi* und *N. pulcher* zu sein.
Seite 77	Das Verbreitungsgebiet des *Neolamprologus pulcher*. Karte: Verbreitungsgebiet des *N. pulcher* (rot); des *N. splendens* (braun).

① Magara
② Kigoma (Aquarium)
③ Halembe
④ Karilani
⑤ Nkondwe
⑥ Mkinga
⑦ Mtosi
⑧ Fulwe
⑨ Kala
⑩ Katili
⑪ Milima
⑫ Kapampa
⑬ Kiku
⑭ Kachese
⑮ Sumbu
⑯ Chaitika

① Cape Tembwe
② Kitumba
③ M'toto
④ Kalila
⑤ Msalaba
⑥ Samazi
⑦ Kasanga
⑧ Kambwimba
⑨ Kantalamba
⑩ Isanga
⑪ Kapemba
⑫ Chituta

Veröffentlichung auch als olivaceus geschrieben) erwähnt Brichard (1989) die Bucht von Luhanga als Typusfundort (ein Name, der nur aus dem Nordteil des Sees bekannt ist, und er meinte wahrscheinlich Lunangwa, das in der Nähe von Masanza liegt). Bei Kiku, nördlich des Flusses Lunangwa, konnte ich nur *N. brichardi* und *N. marunguensis* finden. Das Foto auf Seite 375 in Brichards Buch zeigt ein Exemplar des *N. olivaceous*, das mit den konservierten Typenexemplaren und mit dem *brichardi*-ähnlichen Cichliden, den ich bei Cape Tembwe, Kitumba und M'toto gefunden habe, übereinstimmt. Deshalb ist es möglich, daß entweder die Typuslokalität südlich des Flusses Lunangwa liegt (was von Heinz Büscher nicht bestätigt werden konnte (pers. Mittl.)) oder die Bestimmung der Typuslokalität als Lunangwa (Luhanga) falsch ist. Da seine Exemplare alle, wie in seiner Beschreibung erwähnt, zwischen Kalemie und Moliro gefangen wurden, ist es wahrscheinlicher, daß sein *N. olivaceous* zwischen Cape Tembwe und M'toto gefangen wurde.

Die charakteristische Zeichnung von *N. olivaceous* besteht aus zwei vertikalen, gebogenen Streifen auf dem Kiemendeckel (ähnlich zwei Winkeln). Der Streifen unmittelbar hinter dem Auge liegt auf der Rand des Preoperkulums, und der zweite liegt auf den äußeren Rand des Kiemendeckels (siehe Foto S. 77). Diese Zeichnung ist für *N. pulcher* charakteristisch. Obwohl die Typuslokalität von *N. pulcher* unbekannt ist, findet man die Kiemendeckelzeichnung dieses Cichliden in mehreren Populationen. Deshalb hatte ich vorgeschlagen (Konings, 1993), daß *N. olivaceous* als Synonym von *N. pulcher* angesehen werden sollte. Dies wurde von Jos Snoeks (pers. Mittl.), der gerade eine Revision dieses Komplexes vorbereitet, bestätigt.

N. pulcher ist ein kleiner Cichlide (Gesamtlänge maximal etwa 8 cm), der in Gruppen im etwas tiefergelegenen Felsbiotop vorkommt. Die meisten Tiere trifft man tiefer als 5 m an. Die Jungfische hatten bei Cape Tembwe, Kongo, orange Rückenflossen. Der sog. "Daffodil", der in der Nähe des Kalambo Flußdeltas bei Kantalamba, Tansania, vorkommt, hat im Jugend- und Erwachsenenstadium eine ähnliche Kiemendeckelmarkierung und gelbe unpaare Flossen. Wegen der offensichtlichen Wichtigkeit des Kiemendeckelmusters halte ich den "Daffodil" für eine geographische Variante von *N. pulcher*.

Neolamprologus savoryi und N. splendens

Eine Art im *N. brichardi* Komplex ist leicht zu erkennen und zeigt (soweit heute bekannt) keine geographische Variation, nämlich *Neolamprologus savoryi*. Diese kleine Art von maximal von etwa 8 cm Größe, ist durch breite, senkrechte Bänder auf dem Körper gekennzeichnet. Sie wurde an jeder betauchten Felsregion gesehen und bevorzugt eine Tiefe zwischen 10 und 40 m. Das ist etwas tiefer als die meisten anderen *N. brichardi*-ähnlichen Arten, die hauptsächlich zwischen 5 und 25 m vorkommen. *N. brichardi* und *N. pulcher* leben in großen Gruppen, *N. savoryi* jedoch gewöhnlich paarweise oder einzeln, aber häufig in der Nähe von Gruppen anderer Arten aus diesem Komplex.

Wie Brichard (1989) berichtete, teilt *N. brichardi* bei Zongwe, Kongo, seinen Lebensraum mit *N. splendens*. Die letztgenannte Art — ihr Handelsname ist "New Black Brichardi" — trägt deutliche Markierungen auf dem Kiemendeckel (vgl. Foto S. 81), weshalb sie leicht erkannt und von *N. brichardi* unterschieden werden kann. Jedoch konnte ich bei Zongwe keine Cichliden mit *N. brichardi*-ähnlicher Zeichnung auf dem Kiemendeckel finden. Die drei Arten im *Brichardi*-Komplex, die ich bei Zongwe fand, waren *N. savoryi*, *N. splendens* und *N. gracilis*.

N. splendens ist ein dunkelgefärbter Cichlide. Die Kiemendeckelzeichnung ist ein V-Muster und nicht sehr von der des *N. savoryi* verschieden. Büscher fand *N. splendens* Populationen bei Kamakonde und Kalo, südlich von Zongwe, deren Jungfische senkrechte Bänder ähnlich denen der *N. savoryi* Jungen tragen. Junge *N. splendens* aus der Nähe von Zongwe zeigen ebenfalls eine solche senkrechte Bänderung (Büscher, 1997). Bei Zongwe ist *N. splendens* nicht gelblich gefärbt — die südlichen Populationen jedoch sind es — und aus diesem Grund (und wegen einiger geringfügiger anatomischer Unterschiede) betrachtet er die südlichen Populationen als andere Art. Büscher beschrieb diese Form kürzlich als *N. helianthus* (Büscher, 1997), sie wird hier jedoch als geographische Variante von *N. splendens* betrachtet.

N. splendens ist wahrscheinlich näher mit *N. savoryi* verwandt als mit *N. brichardi*. Seine Größe kann maximal 8 cm werden. Obwohl er im Felsbiotop häufig vorkommt, wurde er jedoch nicht, wie es manchmal bei *N. brichardi* der Fall ist, in riesigen Schwärmen beobachtet.

Ohne Kiemendeckel-Zeichnung

Während der letzten 20 Jahre wurden viele verschiedene *N. brichardi*-ähnliche Buntbarsche mit den unterschiedlichsten Namen exportiert. Wir sahen "Lamprologus Kasagera", "Daffodil", "Walteri", "Mbitae", "Black Brichardi", "White Tail", "Palmeri", "Cygnus" und andere, die noch nicht in der Aquariumliteratur erwähnt wurden. Alle diese Varianten oder Arten wurden, den Berichten zufolge, an verschiedenen Stellen gefangen.

Der erste Bericht, daß neben *N. savoryi* und *N. brichardi*, noch eine andere Art denselben Biotop mitbewohnen kann, stammte von Brichard (1989). Nach vielen Jahren Fischen bei Magara, Burundi, entdeckte er, daß noch ein anderer *brichardi*-ähnlicher Cichlide in Schichten unterhalb von 15 m vorkommt. Diese Art, *Neolamprologus falcicula* genannt (Brichard, 1989), lebt paarweise oder in sehr kleinen Gruppen in unmittelbarer Nähe großer *N. brichardi* Gruppen. Der wichtigste Unterschied zwischen diesen beiden Arten ist das Fehlen der Kiemendeckelzeichnung bei *N. falcicula*.

Der Cichlide mit dem Handelsnamen "Lamprologus Walteri", der in Kigoma Bay und bei Cape Kabogo, vorkommt, ist eine geographische Rasse des *N. falcicula*. Zur Zeit wird auch "Lamprologus Cygnus" aus Tansania (Konings, 1991a), für eine geographische Variante dieser Art gehalten. Die orange-gelben Rücken- und Afterflossen der Jungfische der Magara Population des *N. falcicula* erinnern etwas an die herrlichen Farben der jungen Cygnus, die in der Nähe von Kipili vorkommen. *N. falcicula* lebt nicht in großen Gruppen, außer vielleicht im Fall des Walteri in der Kigoma Bay. Sie schwimmen jedoch hier, wie auch anderswo, niemals weiter als 10 cm über dem Substrat, während *N. brichardi* sich bis auf 1 m über die Felsen wegwagt. *N. falcicula* ist entlang der Ostküste weitverbreitet und kommt an verschiedenen Stellen zwischen Magara, in Burundi, und Samazi, in Tansania, in der Nähe der sambischen Grenze vor (vgl. Verbreitungskarte auf S. 80).

In seinem Buch "*Cichlids and all the other fishes of Lake Tanganyika*", das erstmals im September 1989 veröffentlicht wurde, erwähnt Brichard noch andere Stellen, an denen *N. brichardi*-ähnliche Cichliden den Biotop mit einer ähnlichen Art teilen. Diese Stellen liegen an den Südwestufern des Sees. In seinem Buch beschreibt Brichard noch zusätzlich vier neue Arten, alle aus dieser Gegend. Büscher, der diesen Teil des Tanganjikasees mehrmals besuchte, berichtet ebenfalls (1989) von einer dritten oder möglicherweise vierten Art, die den Biotop mit *N. savoryi* und *N. brichardi* (und einem anderen *brichardi*-ähnlichen Cichliden) teilt. Er beschrieb eine dieser Arten als *N. marunguensis*, die später als Synonym von *N. crassus* betrachtet wurde (Konings, 1993), aber jetzt als echte Art gilt (Snoeks, pers. Mittl.). *N. crassus*, eine der vier Arten, die vier Monate zuvor von Brichard beschrieben wurde, scheint falsche Fundortdaten zu haben, und obwohl die Typusserie einige *N. marunguensis* enthält, ist der Holotypus verschieden (Snoeks, pers. Mittl.). *N. crassus* kommt südlich von Moliro bei Cape Kipimbi und Katete in Sambia vor und war in der Aquaristik als "Black Brichardi" bekannt.

Brichard benutzte mehrere anatomische Merkmale, um zwischen seinen neuen Arten zu unterscheiden, was natürlich normale Praxis bei solchen Beschreibungen ist. Sehen wir uns diese *N. brichardi*-ähnlichen Arten an, bemerken wir, daß die Markierung der Kiemendeckel von Art zu Art verschieden ist (siehe Fotos). Bei meinen persönlichen Beobachtungen im natürlichen Lebensraum der Fische konnte ich keinerlei sichtbare Variation im Muster dieser Markierungen bei Tieren irgendeiner Population erkennen. Deshalb können wir diese Markierungen als diagnostisches Merkmal zur Identifizierung dieser Arten verwenden.

N. gracilis fehlen die Kiemendeckelmarkierungen, und er ist ferner an den sehr langen Fäden an den unpaaren Flossen zu erkennen. Einige halbwüchsige Tiere tragen Schwanzflossen, die fast so lang wie die Standardlänge des Fischs sind. Es ist das Hauptmerkmal, das diese Art von *N. marunguensis* unterscheidet, die ihrerseits viel stämmiger ist und keine fadenförmigen Verlängerungen an den Flossen trägt. Dieser Art fehlen, wie *N. gracilis*, die Markierungen auf den Kiemendeckel. Es ist eine recht kleine Art mit maximal einer Länge von etwa 7 cm. Ihr Typusfundort liegt bei Lunangwa, jedoch kommt sie auch bei Kapampa und in der Moliro Bay, Kongo, vor. Bei

---

Seite 80 — Die Verbreitungsgebiete einiger nahe verwandter Lamprologinen: *Neolamprologus falcicula*, *N. gracilis*, *N. marunguensis* und *N. crassus*. *N. gracilis* und *N. marunguensis* kommen an beiden Seiten des Sees vor.
Karte: blau = *N. falcicula*; gelb = *N. gracilis*; rot = *N. marunguensis*; orange = *N. crassus*.

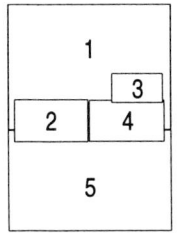

Seite 81

1. Der sog. "Daffodil", *Neolamprologus pulcher*, wird an einem kleinen Abschnitt an der südtansanischen Küste bei Kantalamba gefunden.
2. *Neolamprologus splendens* bei Kanoni, Kongo.
3. *Neolamprologus savoryi* bei Chimba, Sambia.
4. *N. savoryi* bei Magara, Burundi.
5. Die geographische Variante des *Neolamprologus brichardi* bei Fulwe Rocks, Tansania, hat eine sehr attraktive Farbzeichnung auf den Wangen.

① *N. falcicula*, Magara
② *N. falcicula*, Kigoma
① *N. falcicula*, Magara
③ *N. falcicula*, Lumbye
⑤ *N. gracilis*, Kanoni
③ *N. gracilis*, Lumbye
⑥ *N. gracilis*, Kapampa
④ *N. marunguensis*, Kekese
⑥ *N. marunguensis*, Kapampa
⑧ *N. falcicula*, Nkondwe Is.
⑦ *N. marunguensis*, Moliro
⑧ *N. falcicula* (Aquarium)
⑨ *N. crassus*, Katete
⑩ *N. falcicula*, Samazi

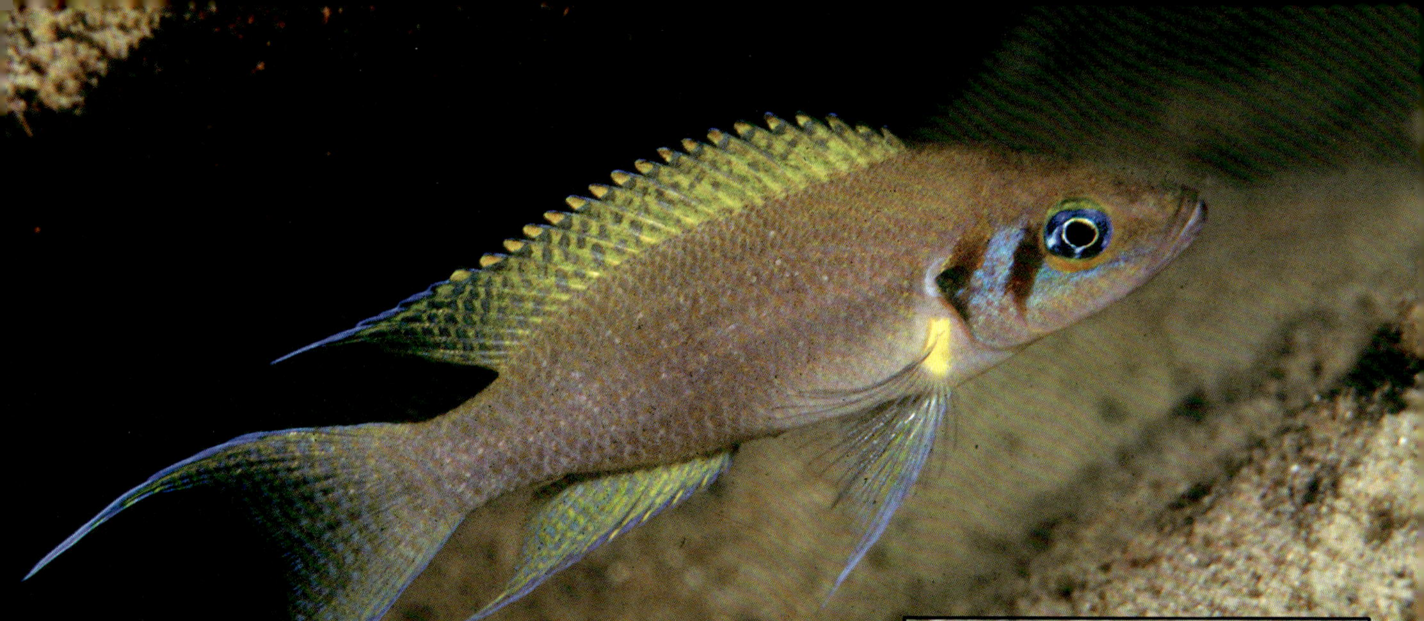

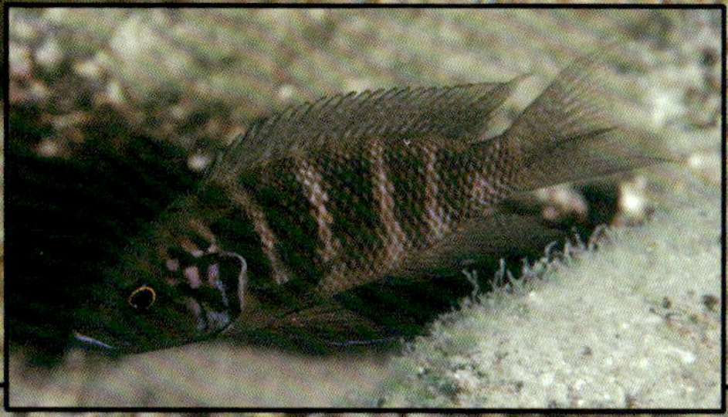

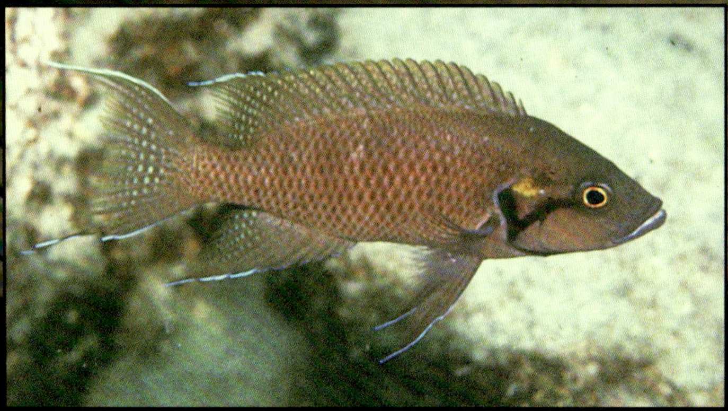

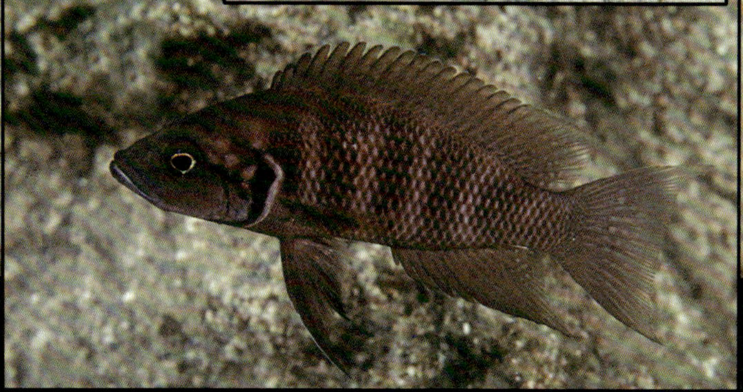

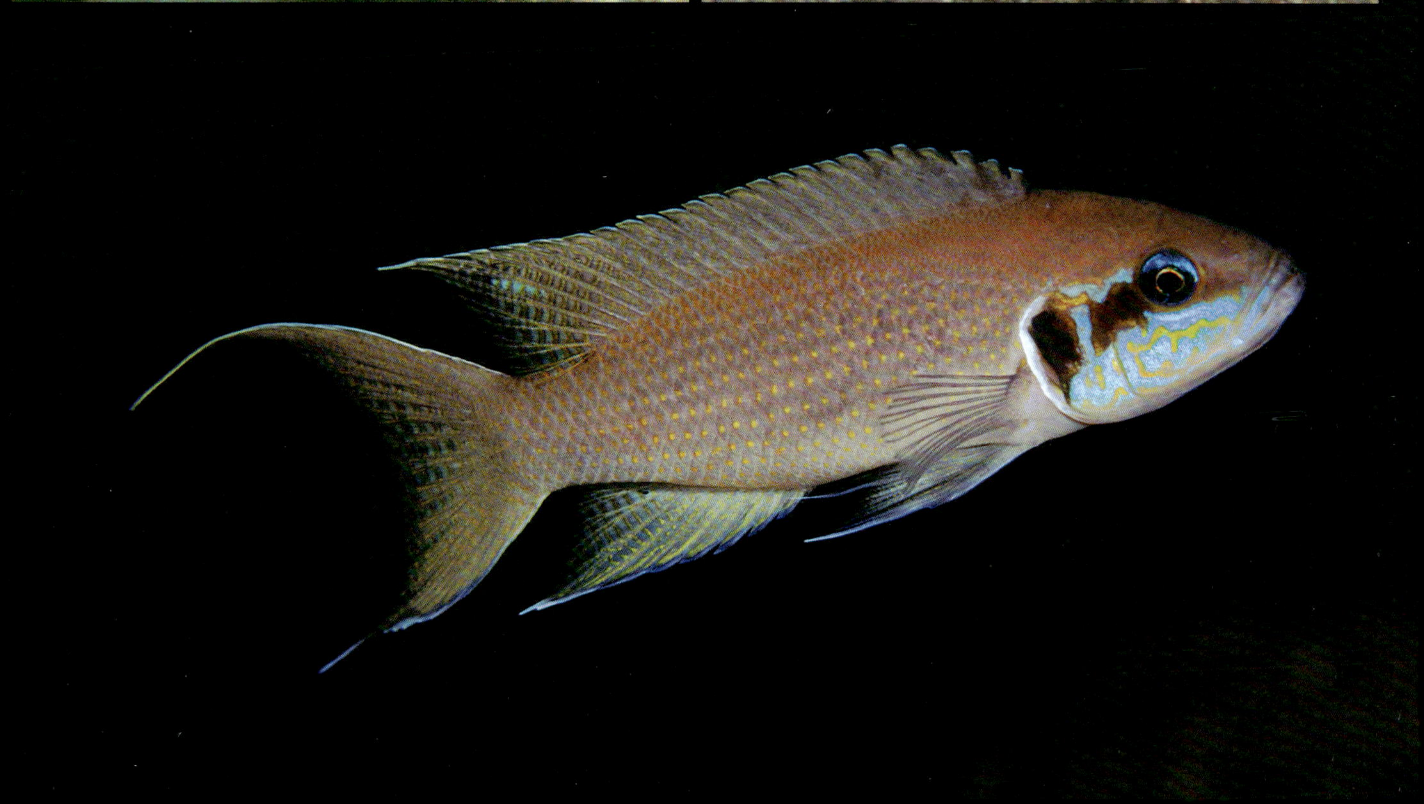

Katete und Cape Kipimbi in Sambia lebt eine sehr ähnliche Art im Felsbiotop, die in vieler Hinsicht *N. marunguensis* gleicht und ebenfalls einen stämmigen Körper hat. Der auffälligste Unterschied ist jedoch ein Kiemendeckelfleck, anhand dessen man sie leicht auseinanderhalten kann. Da die Markierungen auf den Kiemendeckel für die Unterscheidung der verschiedenen Formen des *N. brichardi* Komplexes wichtig zu sein scheinen, würde ich es vorziehen, diese Form als echte Art anzusehen.

Snoeks (pers. Mittl.) stellte fest, daß der Holotypus von Brichards *N. crassus* eine sehr ähnliche Markierung auf dem Kiemendeckel hat. Da aber ein solches Muster (siehe Foto S. 80) bei keiner anderen Art im *N. brichardi* Komplex gefunden wurde, denke ich, daß Brichards Fundortdaten für *N. crassus* — die zweite Bucht nördlich von Masanza — als falsch angesehen werden müssen und durch Cape Kipimbi ersetzt werden sollten. Brichard fing den "Black Brichardi" früher hier, und vielleicht hat er Tiere aus dieser Region mit einigen, die später im Kongo gefangen wurden, verwechselt.

Interessanterweise wird an der gegenüberliegenden Seite des Sees, zwischen Kekese und Isonga (nördlich von Ikola), der Felsbiotop ebenfalls von einem *marunguensis*-ähnlichen Cichliden bewohnt. Obwohl *N. gracilis* nördlich dieser Stelle, entlang des Mahali Gebirges, vorkommt, würde ich es vorziehen, diese Population *N. marunguensis* zuzuordnen, und zwar wegen ihres gedrungenen Baus. Wenn man sie mit dem schlanken *N. gracilis* bei Sibwesa und weiter nördlich, an der zentralen Ostufer entlang, vergleicht, wird deutlich, daß die Form bei Kekese-Isonga eine andere Art sein muß.

Bei Kapampa werden *N. marunguensis* und *N. gracilis* sympatrisch mit *N. brichardi* und *N. savoryi* gefunden. Den ersten beiden Arten fehlen Markierungen auf den Kiemendeckel, während *N. marunguensis* breite, weißblaue Ränder auf Rücken- und Afterflossen hat (siehe Foto S. 80). Die Spitzen der Afterflossen sind bei beiden Arten weiß, obwohl sie bei *N. gracilis* viel länger sind. Die letztgenannte Art ist länglicher als der stämmiger gebaute *N. marunguensis*. Bei Kapampa lebt *N. marunguensis* in einer recht tiefen Schicht im Felsbiotop. Wie Büscher (1989) berichtet, wurde er am häufigsten zwischen 25 und 35 m Tiefe gefunden. *N. gracilis* wurde ebenfalls an derselben Stelle beobachtet, jedoch in etwa 10 m tiefem Wasser.

"Lamprologus White Tail" oder "Lamprologus Palmeri" kommt zwischen Sibwesa und Kasoje, Tansania, vor. Dieser Buntbarsch ist zweifellos eine geographische Rasse des *N. gracilis*. Interessanterweise fand ich sie bei Lumbye mit einer anderen *brichardi*-ähnlichen Art zusammen, wahrscheinlich einer geographischen Variante des *N. falcicula*. Beiden Arten fehlen Zeichnungen auf den Kiemendeckel, eine Situation wie sie auch auf der gegenüberliegenden Seite des Sees bei Kapampa besteht. Bei Lumbye scheint jedoch der einzige Unterschied zwischen beiden Arten darin zu liegen, daß *N. falcicula* einen dunkleren Körper hat als *N. gracilis* und daß sie etwas tiefer, in 15 bis 25 m Tiefe, gefunden werden. Wenn wir diese *N. falcicula* Variante mit *N. marunguensis*, die weiter südlich an der Ostseite des Sees vorkommt, vergleichen, können wir feststellen, daß sie einen länglicheren Körper und eine dunklere Farbe hat. Jedoch tragen die Mitglieder aller anderen bekannten *N. falcicula* Populationen einen dünnen, schwarzen Rand auf Rücken- und Afterflossen; nicht jedoch die Form bei Lumbye. Es wurden aber auch keine Jungfische der Lumbye Variante gesehen, zumindest nicht von einer Größe, bei der sie etwas Farbe auf der Rückenflosse zeigen könnten, die einen Hinweis darauf geben könnten, ob wir es mit einer geographischen Variante von *N. falcicula* zu tun haben oder mit einer noch nicht beschriebenen Art. Vorläufig wird die Lumbye Form als *N. falcicula* betrachtet.

An allen anderen bekannten Stellen, an denen drei Arten des Komplexes den Biotop miteinander teilen, gibt es *N. savoryi*, einen *N. brichardi*-ähnlichen Cichliden mit Markierungen auf dem Kiemendeckel und einen ohne solche Markierungen. Es scheint also, daß der Besitz dieser Markierungen oder ihr Fehlen das Hauptmerkmal für die Segregation der Arten in diesem Komplex ist (abgesehen von *N. marunguensis* und *N. gracilis* bei Kapampa und *N. gracilis* und *N. falcicula* bei Lumbye).

Verbreitung

N. brichardi scheint von allen Arten im Komplex am weitesten verbreitet zu sein. Ich betrachte alle *brichardi*-ähnlichen Cichliden mit T-förmiger Kiemendeckelmarkierung als geographische Variante des *N. brichardi*. V-förmige Markierungen treten bei *N. splendens* auf und winkelförmige Markierungen bei *N. pulcher*. *N. crassus* trägt einen schmalen, vertikal verlängerten Fleck auf dem Rand des Kiemendeckels. *N. falcicula* kann man am Fehlen der Markierungen auf dem Kiemendeckel und an der dunklen Grundfärbung erkennen. *N. gracilis* fehlen diese Markierungen ebenfalls, jedoch haben die unpaaren Flossen weiße Ränder und der Körper ist hellgefärbt. Er unterscheidet sich von *N. marunguensis* durch seinen länglichen Körper, dessen Höhe 25-28% der Standardlänge beträgt (Brichard, 1989). Der vergleichbare Prozentsatz bei *N. marunguensis* ist 31-35%. Es sollte hier auch vermerkt werden, daß, soweit bisher bekannt, *N. brichardi*, *N. gracilis*, *N. marunguensis* und *N. pulcher* eine unterbrochene Verbreitung haben und sowohl an der West- als auch an der Ostküste des Sees vorkommen. *N. falcicula* Populationen oder nahe verwandte Arten findet man entlang der Ostküste des Sees, und auch diese Art scheint ein unterbrochenes Verbreitungsmuster zu zeigen.

Abgesehen von *N. savoryi*, der an allen Felsufern vorkommt, findet man die Arten des *N. brichardi* Komplexes an unterschiedlichen Stellen des Sees. Im Nordteil ist es hauptsächlich *N. brichardi*, manchmal von *N. falcicula* begleitet. Im Zentralteil des Sees kommen neben *N. brichardi* und *N. falcicula* auch *N. gracilis* und *N. marunguensis* (Tansania) sowie *N. pulcher* (Kongo) vor. In der südlichen Sektion des Sees finden wir alle in diesem Komplex bekannte Arten, mit maximal fünf sympatrisch lebenden Arten (*N. savoryi, N. brichardi, N. marunguensis, N. splendens*, and *N. gracilis*) bei Kiku im Kongo (Büscher, 1997).

Neolamprologus leleupi und ähnliche Arten

Die Mitglieder der nächsten Gruppe der Lamproginen Cichliden findet man normalerweise in Verstecken im Felsbiotop: *Neolamprologus leleupi*, *N. cylindricus*, *N. mustax* und mehrere Varianten, die zur Zeit *N. leleupi* zugeordnet sind. Sie sind nicht auf Plankton angewiesen und leben mehr zurückgezogen. Die Mitglieder dieser Gruppe ernähren sich von Wirbellosen, hauptsächlich Garnelen und anderen Krebstierchen, die im Aufwuchs der Felsen oder in Felsspalten vorkommen. Ein nahrungssuchendes Mitglied dieser Gruppe deckt ein großes Gebiet ab; es ist nicht bekannt, ob sie spezielle Nahrungsreviere haben; auch die Jungfische sind in der Regel einzelgängerisch.

Ihr Einzelgängertum erklärt vielleicht ihre Streitsucht gegenüber Artgenossen im Aquarium. Nur reife Weibchen werden im Revier des Männchens geduldet. Jedoch werden die Eier in der Höhle des Weibchens abgelaicht. Im See kann ein umherziehendes Männchen auf ein reifes Weibchen in seiner Höhle treffen und sofort mit ihm ablaichen. Im Aquarium formen Mitglieder dieser Art während der Brutperiode Paare. Ich konnte im See noch keine Brutpaare finden, jedoch ist es möglich, daß das Männchen beim Weibchen bleibt bis die Jungen groß genug sind, sich der Außenwelt zu stellen. Im Aquarium hält das Paarband selten länger als zwei Wochen.

Der Holotypus von *N. leleupi* wurde im Nordteil des Sees bei Luhanga im Kongo gefangen. Auch die ersten Tiere, die für den Aquariumhandel exportiert wurden, wurden an dieser Stelle gefangen. In den Mittsiebzigern exportierte Misha Fainzilber *N. leleupi* von der tansanischen Ostküste des Sees. Diese geographische Variante wurde später als *Lamprologus leleupi longior* beschrieben (Staeck, 1980). Viel früher beschrieb Matthes eine andere Unterart und nannte sie *L. leleupi melas* (Matthes, 1959a), weil sie eine dunkle Farbe hat und kein leuchtendes Gelb. Diese Unterart wurde an derselben Stelle wie *N. leleupi* gefunden, nämlich an der nordwestlichen, kongolesischen Küste in der Nähe von Pemba (Bemba). Später wurde aufgrund von Unterwasserbeobachtungen festgestellt, daß solche braunschwarzen Tiere auch an der Ostküste vorkommen, wo sie den Biotop mit der gelben Unterart teilen. Poll erklärte 1986 in seiner Revision der Tanganjikacichliden die Unterart *melas* als synonym mit *N. leleupi leleupi*, und verlieh der Unterart *longior* den Artstatus.

Die Tatsache, daß dunkel und gelb gefärbte Morphe innerhalb einer Population vorkommen (Polychromatismus) ist bemerkenswert, jedoch nicht einmalig bei Cichliden. Poll (1986) fand bei Untersuchungen an frisch gefangenen Tieren des dunklen Morphs, daß das gelbe Pigment bei solchen Tieren vom schwarzen Pigment unterdrückt wird. Den gelben Tieren fehlt also (zeitweilig?) die schwarze Farbe. Es ist bekannt, daß im Tanganjikasee derartiger Polychromatismus auch bei anderen Arten vorkommt. *Ctenochromis benthicola* hat orange und auch braune Weibchen (Mireille Schreyen, pers. Mittl.), und Büscher (1991b) berichtet über Polychromatismus bei *N. pectoralis*. Ich fand ihn auch bei *N. mustax*, und auch in anderen Wassersystemen ist Polychromatismus bei Buntbarschen bekannt. Im Malawisee werden diese Tiere generell als "orange blotch" (OB) (orange gefleckt) oder orange (O) bezeichnet und kommen bei mindestens 12 Arten

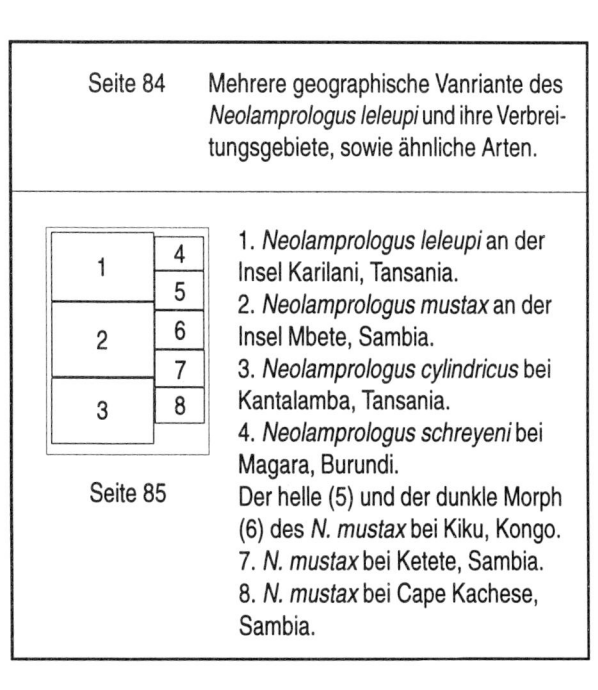

Seite 84   Mehrere geographische Vanriante des *Neolamprologus leleupi* und ihre Verbreitungsgebiete, sowie ähnliche Arten.

1	4
	5
2	6
	7
3	8

Seite 85

1. *Neolamprologus leleupi* an der Insel Karilani, Tansania.
2. *Neolamprologus mustax* an der Insel Mbete, Sambia.
3. *Neolamprologus cylindricus* bei Kantalamba, Tansania.
4. *Neolamprologus schreyeni* bei Magara, Burundi.
Der helle (5) und der dunkle Morph (6) des *N. mustax* bei Kiku, Kongo.
7. *N. mustax* bei Ketete, Sambia.
8. *N. mustax* bei Cape Kachese, Sambia.

	N. leleupi
	N. cf leleupi
	N. mustax
	N. schreyeni
	N. cylindricus

① *N. leleupi*, Milima

① *N. leleupi*, Milima

② *N. leleupi*, Maswa

③ *N. leleupi*, Halembe

④ *N. leleupi*, Bulu Pt.

⑤ *N. leleupi*, Karilani

⑥ *N. leleupi*, Lumbye

⑦ *N. leleupi*, Kekese

⑧ *N. leleupi*, Cape Tembwe

⑨ *N. leleupi*, M'toto

⑩ *N. cf leleupi*, Kapampa

⑪ *N. cf leleupi*, Kiku

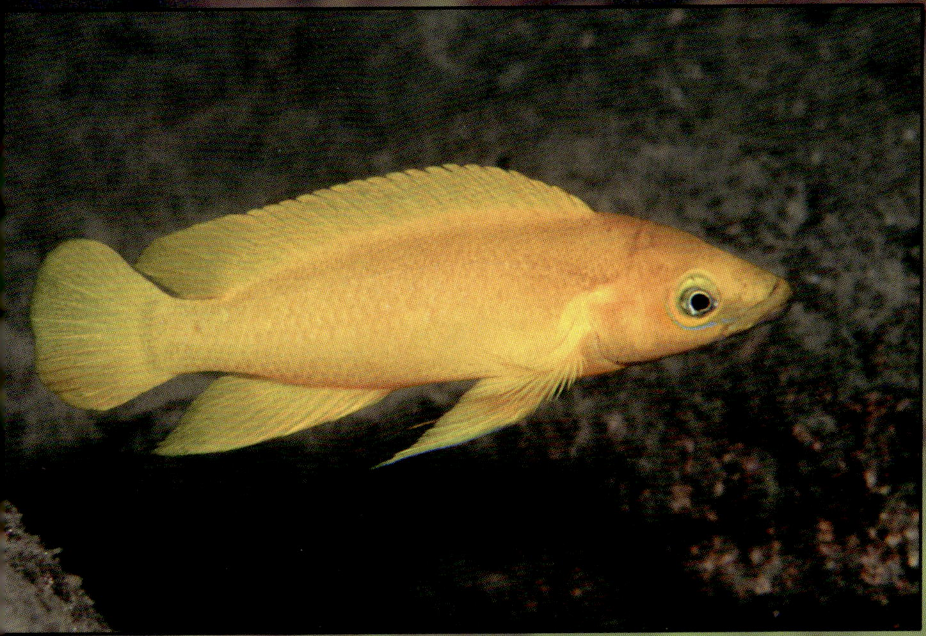
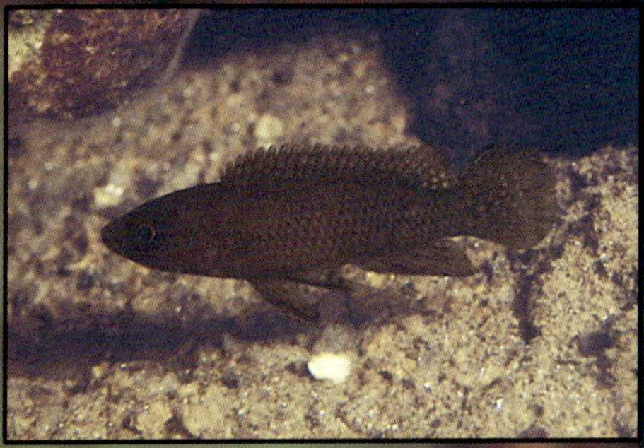
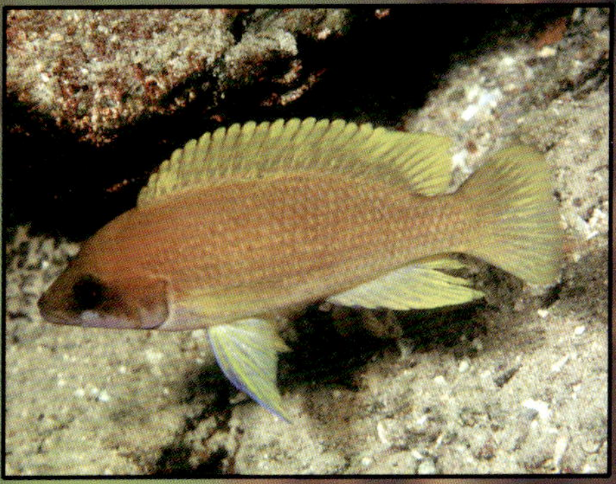
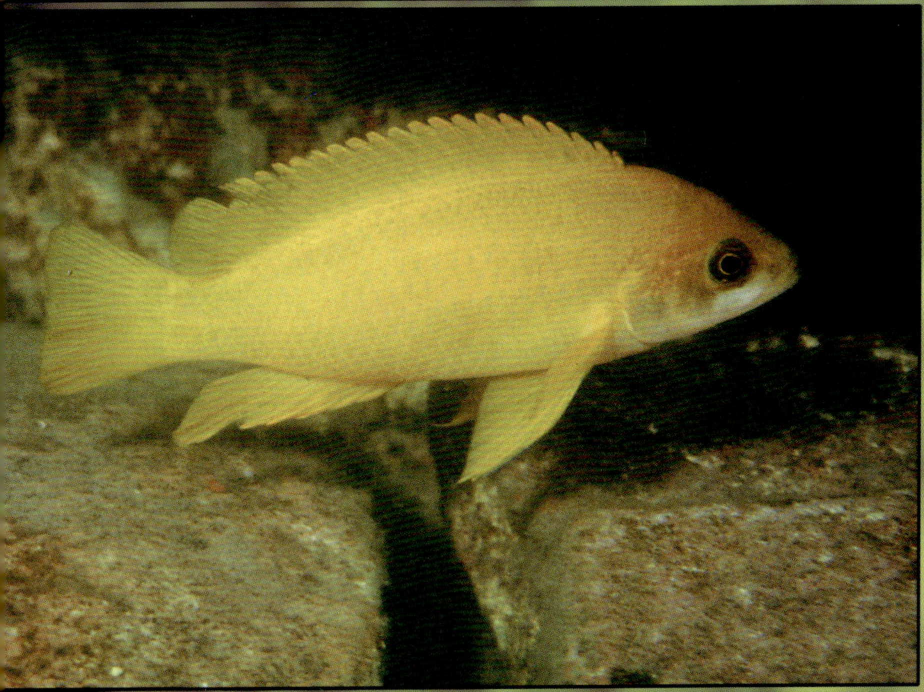
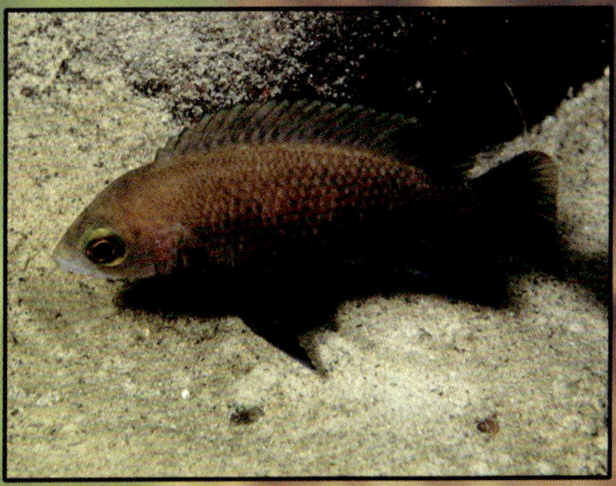
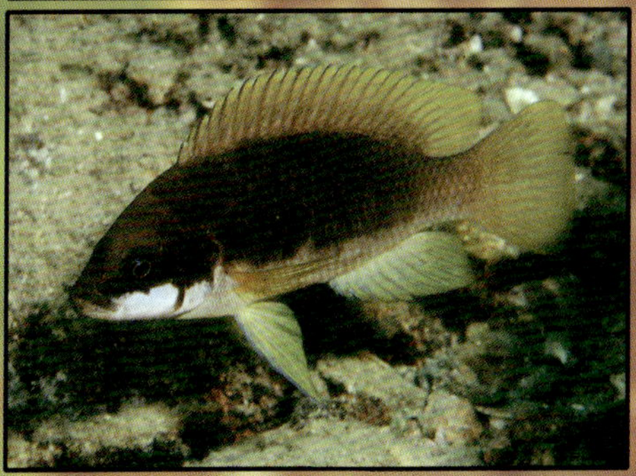
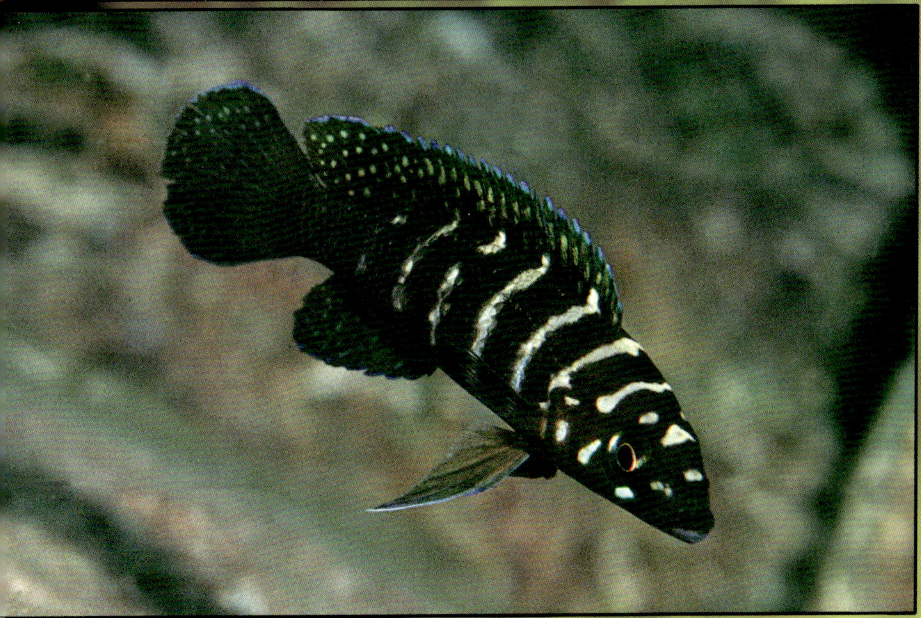
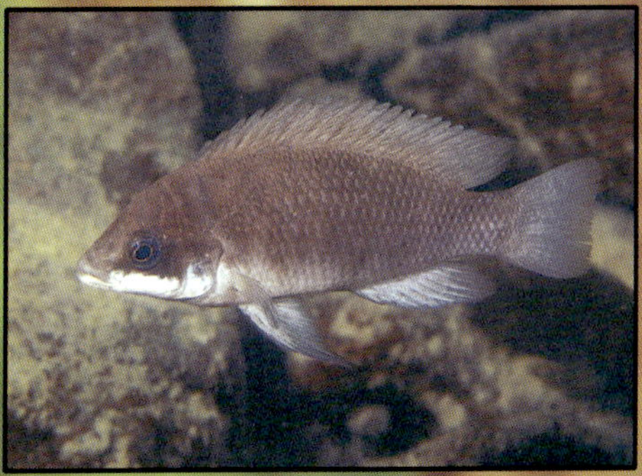

vor. Unter den heroine Cichliden in Zentramerika sind orangegefärbte Tiere von mehreren Arten bekannt, z. B. bei *Vieja fenestrata, Amphilophus citrinellus* und *Petenia splendida*.

Der gelbe *N. leleupi* ist also ein Morph einer polychromatischen Art. An mehreren Stellen scheint der gelbe Morph häufiger zu sein als der dunkle, obwohl *N. leleupi* an den meisten Plätzen eine seltene Art ist. Kuwamura (1987b) berichtet jedoch, daß *N. leleupi* entlang der zentralen Ostküste in der Nähe von Miyako (etwa 15 km südlich der Insel Karilani), Tansania, viel häufiger vorkommt. Der dunkle Morph ist jedoch weniger auffällig als der gelbe, dennoch scheint er nicht an allen Stellen, an denen gelbe Tiere gesehen wurden, vorhanden zu sein. Bei Cape Tembwe, Kongo, fand ich mehrere gelbe *N. leleupi*, jedoch keine dunklen. Dasselbe gilt für zwei Stellen südlich von Cape Tembwe, Kitumba und M'toto. Dies bedeutet nicht, daß der dunkle Morph nicht in diesen Populationen vorkommt; es kann einfach nur ein Anzeichen seines geringen Anteils an der Population sein.

N. leleupi scheint entlang der Ostküste viel weiter verbreitet zu sein. Die ersten Tiere, die für die Aquaristik gefangen wurden, kamen von der Insel Karilani, Bulu Point und der benachbarten Festlandküste südlich von Karilani. An diesen Stellen fand ich auch dunkel gefärbte Tiere. Die Felsbiotope nördlich von Karilani, bei Halembe und sogar noch weiter nördlich bei Maswa, werden von *N. leleupi* bewohnt, wenn auch in geringer Zahl. Die Form bei Halembe hat einen dunklen Körper und gelbe Flossen; bei Maswa ist sein Körper hellgefärbt. Ich fand *N. leleupi* auch südlich von Karilani: entlang des Mahali Gebirges und entlang der Küste zwischen Isonga und Kekese. Die hier vorkommende Form scheint keine gelbgefärbten Tiere zu haben; die wenigen gesichteten Tiere (bei Kekese und bei Lumbye) waren entweder hellsilbrig-beige oder dunkelgrau-braun (siehe Fotos S. 84).

Einige *N. leleupi* Populationen (oder eine sehr nahe verwandte Art) an der Südküste des Kongo entlang zeigen keine gelbpigmentierten Tiere sondern nur silbrigbeige. In diesen Populationen gibt es auch schwarze und hellgefärbte Tiere. Um Milima, eine Insel der Kavala Gruppe, sah ich eine Art mit einer sehr großen Ähnlichkeit mit *N. leleupi*. Der einzig auffällige, morphologische Unterschied zum bekannten *N. leleupi* schienen die langen Bauchflossen zu sein. Im Verhalten, Polychromatismus und der Anzahl glich sie jedoch *N. leleupi*. Eine sehr ähnliche Population kommt auch bei Kapampa und Kiku vor. Auch dieser Population fehlt der gelbe Morph, jedoch werden schwarze Tiere sympatrisch mit hellbeigen gefunden. Diese Cichliden scheinen jedoch hoch-

rückiger als *N. leleupi* von Pemba im Norden des Sees oder von der Insel Karilani und Bulu Point entlang der tansanischen Küste zu sein. *N. mustax* ist nahe mit *N. leleupi* verwandt und hochrückiger, jedoch kommt er bei Kiku sympatrisch mit der *leleupi*-ähnlichen Art vor.

Meiner Meinung nach ist *N. leleupi* eine sehr variable Art und im Tanganjikasee recht weit verbreitet. Wahrscheinlich sind Populationen mit dem gelben Farbmorph alt, weil sie an beiden Seiten des Sees vorkommen. Sie waren wahrscheinlich schon im Paläosee vorhanden, als der Wasserstand viel niedriger als heute war. Beim Anstieg des Wassers wurde die Hauptpopulation geteilt und auf die westliche und östliche Zentralküste verteilt. Die Art, die als *N. longior* beschrieben wurde, ist, meiner Meinung nach, eine Population von *N. leleupi*.

Das Malagarasi-Delta an der Ostküste war und ist noch immer eine Barriere in der Ausbreitung der Arten nach Norden. *N. leleupi* kommt nur südlich des Flusses vor. Seine Gegenstück nördlich des Malagarasi Deltas könnte *N. schreyeni* sein, den ich nur bei Magara gesehen habe, der jedoch vielleicht viel weiter verbreitet ist. *N. schreyeni* sieht wie der schwarze Morph von *N. leleupi* aus, ist jedoch viel scheuer als sein auffälliger gelber Vetter. Normalerweise kommt er unterhalb von 20 m vor.

Südlich von Karema ist *N. cylindricus* das Gegenstück des *N. leleupi*. Er ist sehr nahe mit *N. leleupi* verwandt und kommt von Karema bis nach Isanga in Sambia vor. Jedoch fehlt er bei Chituta; hier ist er wieder durch *N. mustax* "ersetzt". *N. cylindricus* scheint den seichteren Felsbiotop zu bevorzugen und wird normalerweise in den oberen 10 m dieses Biotops gefunden. *N. leleupi* lebt an einigen Stellen viel tiefer: z. B. bei Cape Tembwe oder bei Bulu Point sieht man ihn gewöhnlich in Tiefen von mehr als 20 m. *N. mustax* bevorzugt ebenfalls die tieferen Regionen des Felsbiotops. An Inseln scheint die Tiefenverbreitung sowohl von *N. leleupi* (Insel Karilani) als auch von *N. mustax* (Insel Sumbu) viel weiter zu reichen.

N. cylindricus zeigt keinen Polychromatismus, jedoch tauchte kurz nach der Entdeckung dieser Art ein sog. "Golden Cylindricus" auf dem Markt auf. Die ausgewachsenen Tiere dieses Morphs haben eine gelbliche Farbe zwischen den dunkelbraunen Bändern, jedoch unterscheiden sich die Jungfische deutlich vom "regulären" Morph: ein leuchtendgelber Fleck auf dem Nacken, der bis auf den Körper reicht, ziert die Jungen. Leider verschwindet dieser farbintensive Fleck beim Heranwachsen der Fische. Zur Zeit ist nicht bekannt, wo diese Form gefangen wurde, jedoch lebt die Population mit den am stärksten gelb gefärbten, adulten Tieren bei Isanga,

Sambia, am äußersten Rande des Verbreitungsgebietes der Art.

Es besteht auch eine enge Verwandtschaft zwischen *N. leleupi* und *N. mustax*. *N. leleupi* bei M'toto (siehe Foto) ist relativ hochrückig und hat ein bemerkenswert weißes Kinn, ein Merkmal, das als typisch für *N. mustax* galt. Der nördlichste Ausbreitungspunkt von *N. mustax* befindet sich bei Kiku, das etwa 100 km südlich von M'toto liegt. *N. mustax* zeigt ebenfalls Polychromatismus, und an den meisten Stellen findet man graubraune und gelb- bis orangegefärbte Tiere. Im Aquarium scheint *N. mustax* die am schwierigsten zu pflegende und zu züchtende Art dieser Gruppe zu sein. Es ist nicht bekannt, ob *N. mustax* größere Nahrungsreviere benötigt als die anderen Arten, jedoch scheint die Populationsdichte an den verschiedenen Stellen ähnlich der von *N. leleupi* zu sein. *N. cylindricus* ist die am häufigsten vorkommende Art dieser Gruppe, jedoch ist auch diese Art nirgends stark vertreten.

Komprimierte Cichliden

Altolamprologus compressiceps, *A. calvus* und *A. fasciatus* sind hochspezialisierte Cichliden (bezüglich der Diskussion des Namens *Altolamprologus* siehe S. 22). Die beiden erstgenannten Arten haben einen hochrückigen und seitlich stark komprimierten Körper, der es ihnen ermöglicht, in schmale Spalten und niedrige Höhlen einzudringen (wenn sie ihren Körper um 90 Grad drehen und in eine horizontale Lage bringen). *A. compressiceps* und *A. calvus* fressen hauptsächlich Garnelen und andere Krebstierchen. Ich konnte auch *A. calvus* bei der Jagd auf junge Cichliden beobachten. *A. fasciatus* hat einen viel länglicheren Körper und frißt vorwiegend junge Cichliden. Alle drei Arten sind Schleichjäger, die in einem Abstand von etwa 30 bis 100 cm vom Substrat durch den Felsbiotop ziehen. *A. fasciatus* hält den größten Abstand und kann manchmal etwa 1 m über dem Substrat gesehen werden. Auch schwimmt er schneller als die beiden anderen Arten — aber auch seine Beute schwimmt schneller! Alle drei Arten haben eine typische Jagdhaltung, wenn sie ein Beuteobjekt ausgemacht haben. Sie halten inne, drehen ihren Körper mit dem Kopf nach unten, um eine fast senkrechte Haltung einzunehmen, und sind zum Zustoßen bereit. *A. compressiceps* und *A. calvus* packen aus nächster Entfernung zu, normalerweise aus weniger als 10 cm. *A. fasciatus* kann seine Beute sogar aus 1 m Entfernung ergreifen. Manchmal läßt er sich langsam an der Seite eines großen Felses zum Höhlenboden "hinabgleitet", wo er hofft, einige junge Cichliden erwischen zu können. Ein solches Verhalten findet man auch bei dem viel größeren Malawicichliden *Tyrannochromis macrostoma*.

Ein besonderes Merkmal von *A. calvus* und *A. compressiceps* ist die Struktur ihrer Schuppen, die sehr dick und stark sind. Dank ihrer besonderen Körperform können diese Fische in extrem enge Felsrisse vordringen, und eine Mißkalkulation könnte dazu führen, daß sie in einem solchen Spalt eingeklemmt verenden. Normalerweise können Fische sich aber freischütteln, jedoch nicht ohne den Verlust einiger Schuppen an den Flanken. Die harten, dicken Schuppen dieser beiden Räuber sind wahrscheinlich eine Anpassung an solche Situationen. Ein weiterer möglicher Nutzen dieser Schuppen ist eine bessere Wehrhaftigkeit dieser beiden Arten gegen aggressive Attacken ähnlich großer Fische. Sie bieten dem Angreifer ihre "wehrhafte" Flanke dar, indem sie ihren Körper vom Angreifer wegbiegen und ihren Kopf hochhalten. Es scheint ihnen nicht zu schaden, wenn ein wütender Fisch ihnen in die Flanke beißt. Ein solches Verhalten kann man häufig im Aquarium beobachten, wo Fische wegen des begrenzten Raumes häufig in fremde Reviere eindringen. Die meisten Substratbrüter erkennen *A. calvus* und *A. compressiceps* als Räuber und reagieren bei einer Begegnung heftig. Im Aquarium können sie sogar zu fähigen Eiräubern werden; selbst von Maulbrütern können sie stehlen, was sie im See selten tun würden. Sie warten geduldig, wenn ein Weibchen einer

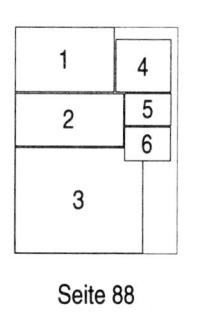

1	4
2	5
	6
3	

Seite 88

Altolamprologus calvus an verschiedenen Stellen: 1. Katete; 2. Chisanse (Nkamba Bay); 3. Kapemba. Alle drei Stellen liegen in Sambia. 4. *Altolamprologus compressiceps* an der Insel Nkondwe, Tansania. Beachte die bemerkenswerte Ähnlichkeit mit *A. calvus* auf Foto 1. 5. Ein junger *A. compressiceps* an der Insel Nkondwe. 6. Ein junger *A. calvus* bei Chisanse.

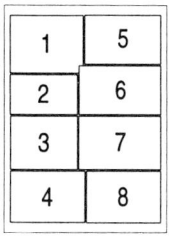

1	5
2	6
3	7
4	8

Seite 89

Altolamprologus compressiceps:
1. An der Insel Kavala, Kongo.
2. Bei Kanoni, Kongo.
3. Von Cape Chaitika, Sambia (hier im Aquarium fotografiert).
4. Bei Katoto, Sambia.
5. Von Magara, Burundi (hier im Aquarium abgebildet).
6. Bei Kekese, Tansania.
7. Bei Kantalamba, Tansania.
8. Bei Chituta, Sambia.

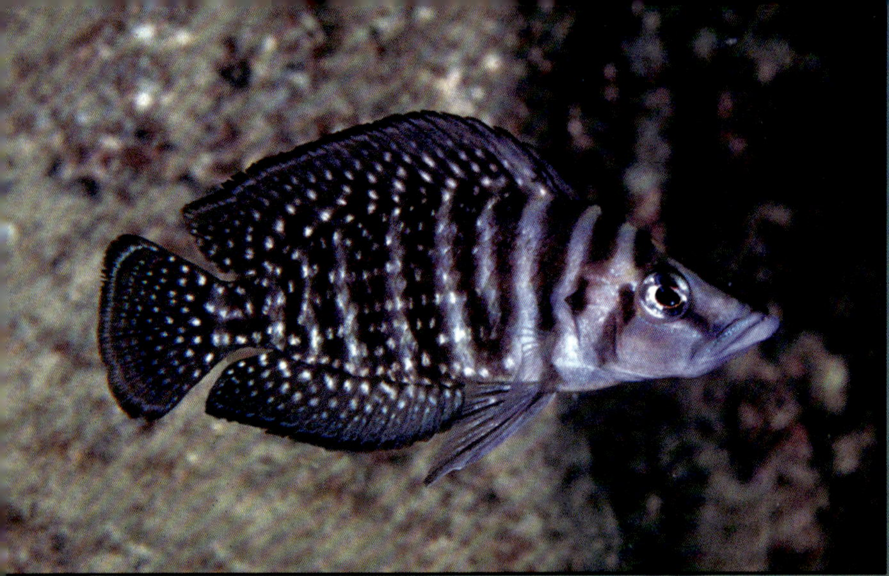
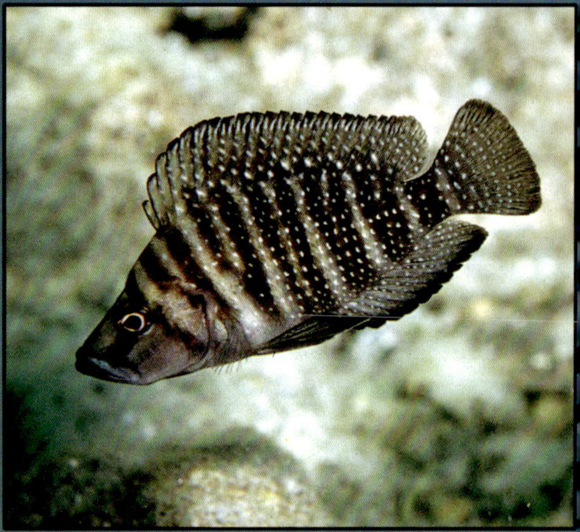
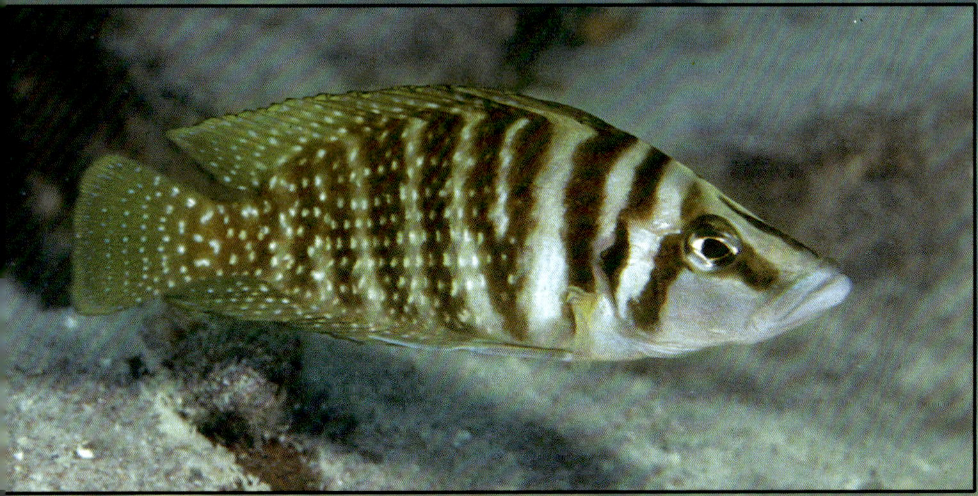
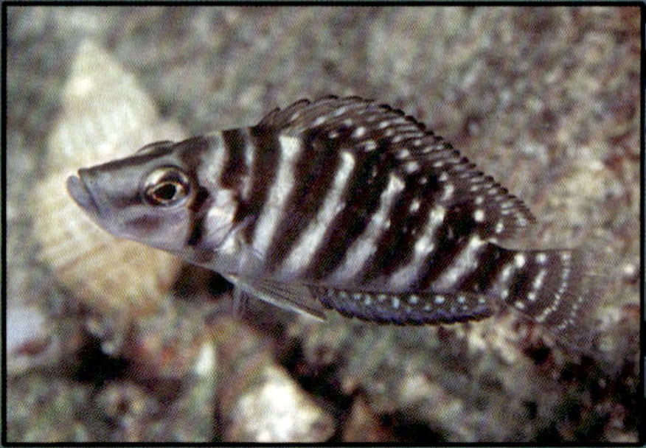
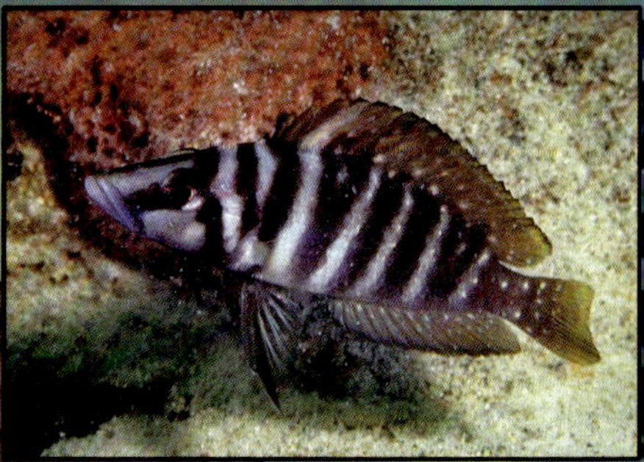
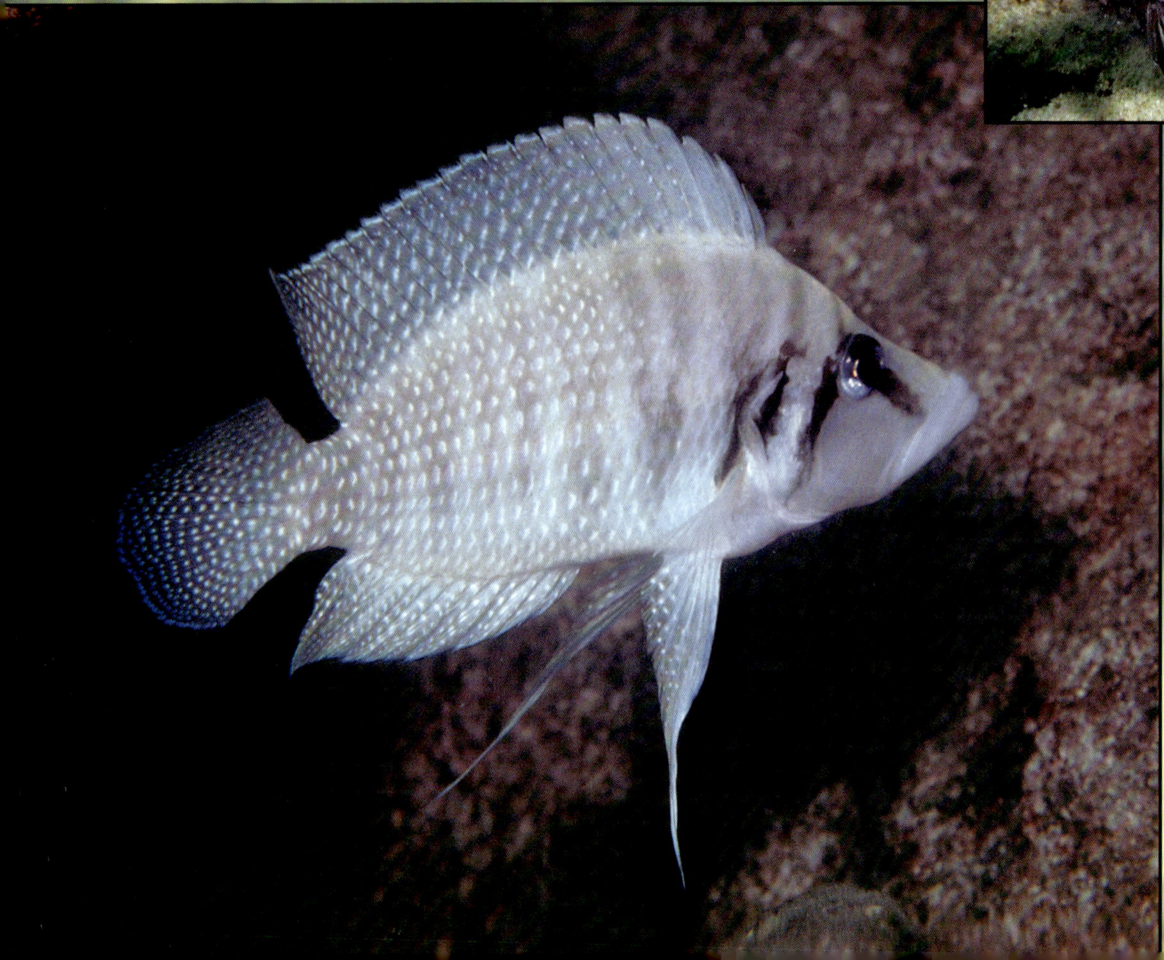

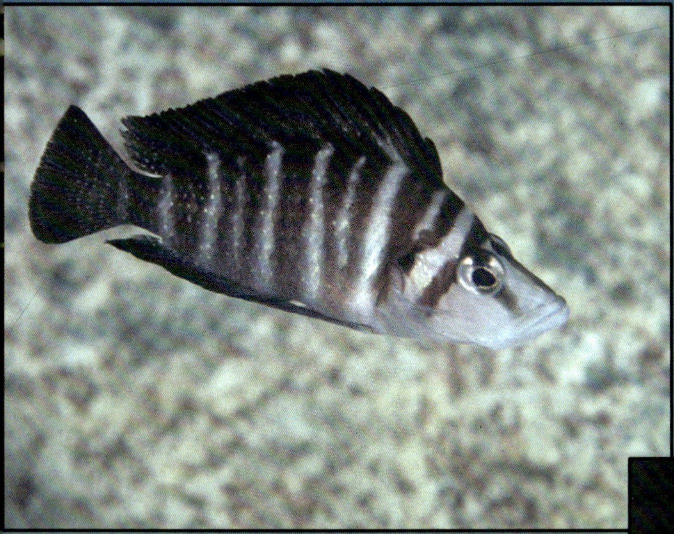
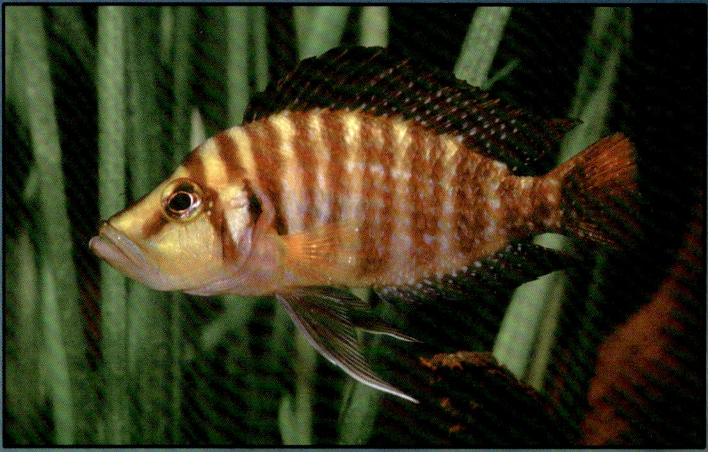
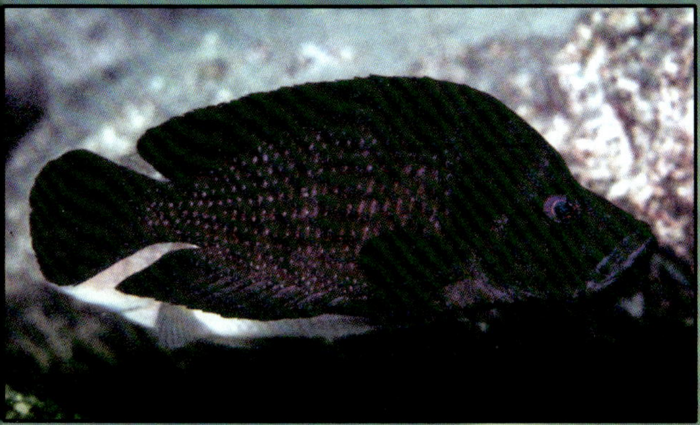
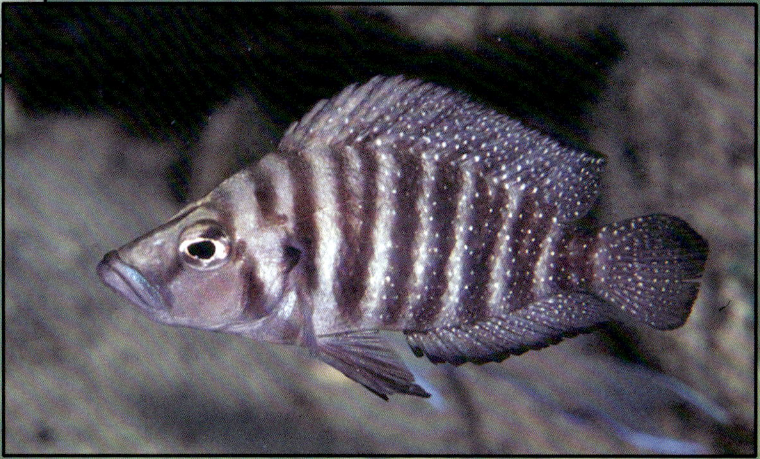
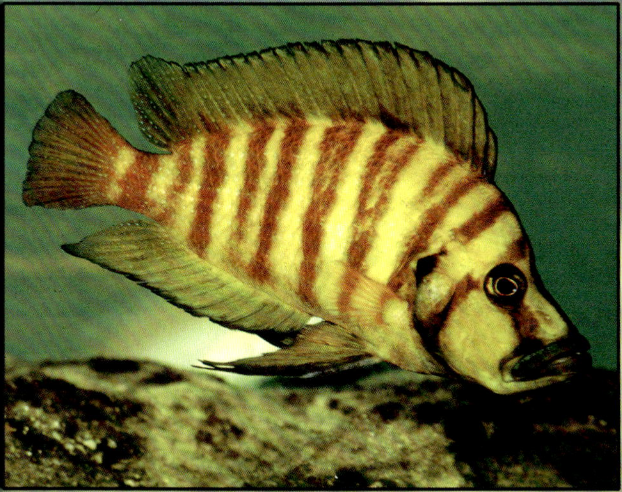
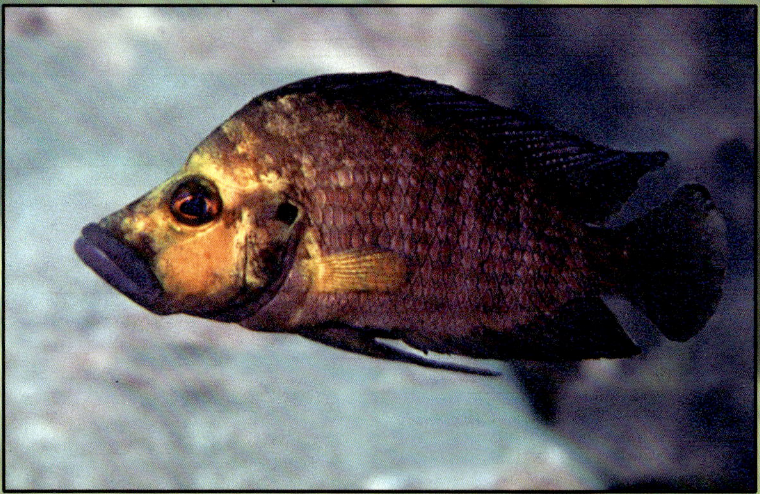
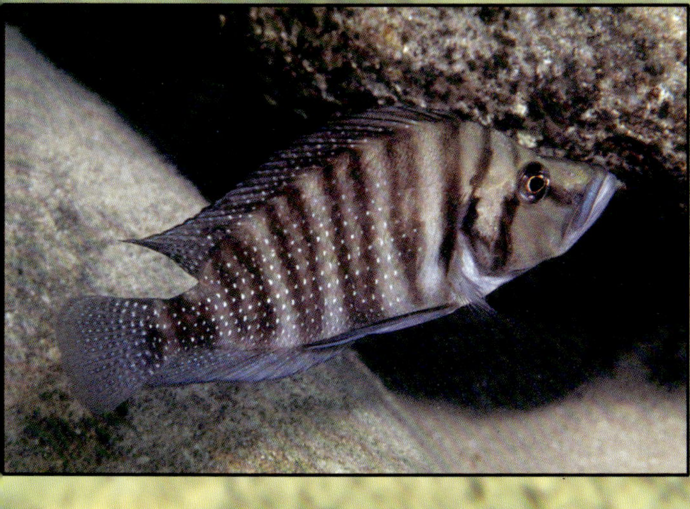
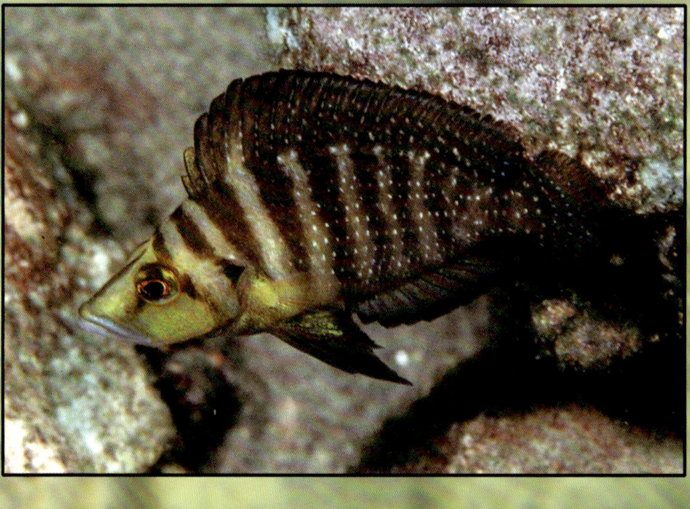

Maulbrüterart seine Eier ablaicht, und bevor dieses sie aufpicken kann, werden die nahrreichen Eier durch einen schnellen Zustoß weggeschnappt.

Die Männchen dieser drei spezialisierten Räuber werden viel größer — etwa 15 cm — als die Weibchen, die eine Gesamtlänge von etwa 9 cm erreichen können. Einen ähnlichen Größenunterschied findet man zwischen den Geschlechtern anderer Arten, bei denen hauptsächlich das Weibchen sich um die Nachkommen kümmert und die Männchen oft Harems haben. Keine der drei Arten ist territorial, mit Ausnahme während der Brutperiode. Das Weibchen sucht immer wieder eine Höhle aus, die gerade groß genug für es selbst ist, jedoch zu klein für das Männchen. Sehr häufig sind solche Höhlen in der dicken Mineralkruste, die sich auf fast jedem Objekt im See bildet, zu finden (siehe Foto S. 92), aber auch winzige Spalten zwischen Felsen und leere Schneckenhäuser werden als Brutbehälter verwendet. In der vom Männchen häufig besuchten Gegend, seinem Revier, kann man oft mehrere brütende Weibchen finden. Wenn die Weibchen ablaichbereit sind, signalisieren sie dies dem Männchen. Obwohl das Männchen nicht in die Laichhöhle des Weibchens eindringen kann, ist es in der Lage, die Eier in der Höhle zu befruchten. Das Männchen stößt seine Milch über dem Höhleneingang aus, und die Samenflüssigkeit kommt durch Fächeln mit den Flossen und die Bewegungen des Weibchens mit den Eiern in Kontakt. Nach Vollendung des Laichvorgangs schützt das Weibchen die Eier, indem es den Eingang zur Höhle mit dem eigenen Körper blockiert. Das Männchen bewacht die unmittelbare Umgebung für einige Tage, wird jedoch das Weibchen zur Zeit des Auftauchens der Jungfische in der Höhlenöffnung, nach etwa 10 Tagen Inkubation, wieder verlassen haben. Die Jungen werden nicht direkt versorgt — nur die Bruthöhle wird vor Eindringlingen, einschließlich dem Männchen, beschützt. Einige Tage nachdem die Jungen in der Öffnung erstmals zu sehen waren, beginnen sie sich vom Nest wegzubewegen. Sie haben eine gute Tarnfärbung und bewegen sich nur durch kleine Schwimmstöße fort, wodurch sie es vermeiden, Aufmerksamkeit auf sich zu lenken. Im Aquarium wachsen die Jungen dieser drei Arten außergewöhnlich langsam, und es kann drei Jahre dauern, bis sie geschlechtsreif sind.

Geographische Variation

Wegen ihrer spezialisierten Freßmethode kommen diese Arten nicht in großer Zahl vor, jedoch kann man ihnen regelmäßig begegnen, vor allem *A. fasciatus*. Zur Zeit sind keine geographischen Varianten von *A. fasciatus* bekannt, obwohl er nur im Felsbiotop vorkommt. *A. compressiceps* und *A. fasciatus* sind seeweit verbreitet, *A. calvus* wird jedoch nur im Südwestteil des Sees, zwischen Tembwe (Kongo) und Kapemba (Sambia), gefunden.

Es sind drei verschiedene Varianten von *A. calvus* bekannt. Der Holotypus wurde bei Cape Kipimbi an der Grenze zwischen Sambia und dem Kongo gefangen. Die dort gefundene Form gehört zum sog. "Schwarzen Calvus". Sein Körper ist pechschwarz mit vielen silbrigweißen Punkten. Die schwarze Form findet man zwischen Tembwe und Cape Kachese. In Nkamba Bay gibt es die gelbe Form von *A. calvus*, und der Felsbiotop bei Cape Chaitika und Kapemba wird von der weißen Form bewohnt. In seinem gesamten Verbreitungsgebiet lebt *A. calvus* sympatrisch mit *A. compressiceps* und *A. fasciatus*. Die anatomischen Unterschiede zwischen *A. calvus* und *A. compressiceps* sind der hochrückige Körper und eine kürzere Schnauze bei der letztgenannten Art.

Eine geographische Variante des *A. compressiceps*, die an der Ostküste zwischen Kipili und Cape Mpimbwe (Msalaba) vorkommt, gleicht der schwarzen *A. calvus* Form in fast jeder Hinsicht (siehe Foto S. 88). Jedoch ist sie hochrückiger und daher eine Variante von *A. compressiceps*. Obwohl man mehrere geographische Varianten unterscheiden kann, ist *A. compressiceps* in freier Natur gewöhnlich sehr dunkel. Sogar die gelborange Form bei Cape Chaitika und der "Rote Compressiceps" an der nördlichen, tansanischen Küste sehen unter Wasser dunkel aus. Nur auf sehr geringem Abstand enthüllen sie ihre spezifische Färbung.

Die ersten *Compressiceps*, die lebend aus Afrika exportiert wurden, stammten aus Burundi und wurden später "Redfin Compressiceps" genannt. Rotgefärbte Flossen und gelbgefärbte Körper findet man häufig in den nördlichen und südlichen Populationen, während die zentralen Populationen hauptsächlich schwarzgefärbte Tiere enthalten, manchmal mit Perlpunkten. Eine der hervorstechendsten Formen findet man in der Nähe der Grenze zwischen Sambia und Tansania: den sog. "Goldkopf Compressiceps". Einige (jedoch nicht alle) Tiere haben einen dunklen Körper und einen goldfarbenen Kopf. Diese Form lebt zwischen der sambischen Grenze und Kala in Tansania. In Chituta Bay und um die Inseln in der Nähe von Mpulungu zeigt ein goldener *Compressiceps* auch weiße Punkte auf dem Körper, ähnlich denen des *A. calvus*. Brichard (1989) berichtete über eine weitere Variante entlang der kongolesischen Küste: der "Orange Compressiceps". Leider wurden niemals genügend Tiere dieser Form exportiert, daß sie sich hätte in der Aquaristik etablieren können.

Wie bereits erwähnt, wählen die Weibchen dieser drei Arten kleine Höhlen als Nester aus und verwenden dazu bisweilen auch leere Schneckengehäuse. Dieckhoff (pers. Mittl.) entdeckte eine Kolonie von in Schneckenhäusern brütenden *A. compressiceps* in Sumbu Bay (Sambia), und diese Form wurde später "Schnecken-Compressiceps" oder *Altolamprologus* sp. "sumbu" genannt. Der Unterschied zwischen der in Schneckenhäusern brütenden Form und dem regulären *A. compressiceps* ist, daß die erwachsenen Männchen ebenfalls klein sind und in leere Schneckengehäuse passen. Gashagaza *et al.* (1995) fanden heraus, daß mindestens drei Arten felsbewohnender Cichliden leere Schneckengehäuse als Heimstätte adoptiert haben, und sie glauben, daß diese Zwergformen keine unterschiedlichen Arten sind, sondern Miniaturformen ihrer größeren Gegenspieler im benachbarten Felsbiotop. *A. compressiceps* ist eine der drei Arten, während die beiden anderen: «*Lamprologus*» *callipterus* und *Neolamprologus mondabu* sind. Ein kleiner, in Schneckenhäusern brütender *A. compressiceps* wurde offensichtlich auch in der Nähe von Cape Mpimbwe gefunden. Die lokale *A. compressiceps* Variante dort ist schwarz und gleicht *A. calvus*, was vielleicht die Entdecker der Schneckenhausbrütenden Miniaturform verwirrte, da sie bei den Aquarianern auch als "Schnecken-Calvus" bekannt ist (Max Bjørneskov, pers. Mittl.).

Variabilichromis moorii

Der Gattungsname *Variabilichromis* wurde von Colombé & Allgayer (1985) für diese Art vorgeschlagen, später aber von Poll (1986) und verschiedenen anderen Autoren zurückgewiesen. Vor kurzem veröffentlichte Stiassny (1997) eine bereits klassische Revision der Lamprologinen, die auf morphologischen Merkmalen basiert, und sie zog die Schlußfolgerung, daß *V. moorii* nicht mit *Neolamprologus* oder *Lamprologus* zusammen in eine Gruppe gestellt werden sollte, u. z. wegen der "primitiven" Struktur einiger Schädelknochen. Sie schlug vor, den Namen *Variabilichromis* wieder für *moorii* aufzunehmen, ein Vorschlag, dem hier Folge geleistet wird.

V. moorii setzt sich auch durch andere Merkmale vom Rest der Lamprologinen ab. Laut Poll (1956) hat *V. moorii* zwei funktionsfähige Eierstöcke, was bei Lamprologinen selten ist, und laut Yamaoka (1997) ist *V. moorii* der einzige Lamprologine, der Fadenalgen frißt. *V. moorii* ist in der Tat sehr häufig in sehr üppigen Algengärten im oberen Bereich des Felsbiotops zu sehen. Ein weiteres interessantes Merkmal von *V. moorii* ist die nicht ungewöhnliche Tatsache, daß das Weibchen der größere Partner im Paar ist. Es ist nicht sicher, jedoch scheint es, daß die Weibchen eine etwas größere Gesamtlänge als die Männchen erreichen können: 10 cm gegenüber 9 cm bei den Männchen. Paare sieht man häufig, jedoch Harems — nicht ungewöhnlich bei Lamprologinen — wurden noch keine gefunden. Beide, Männchen und Weibchen, verteidigen die Nachkommen. Die Eier werden oft an der senkrechten Fläche eines Felses im Revier abgesetzt. Ein Gelege kann bis zu 500 Eier enthalten. Die winzigen Larven schweben über dem Nest und fressen Plankton, aber auch Mikroorganismen vom Aufwuchs.

V. moorii kommt in der Südhälfte des Sees zwischen Kalemie, Kongo, und Cape Mpimbwe (Msalaba) in Tansania vor. Entlang der sambischen Küste ist er einer der am häufigsten vorkommenden Cichliden im seichten Felsbiotop. Mit Ausnahme der Populationen im Kongo haben alle Jungfische in den ersten Monate ihres Lebens eine schmutziggelbe bis leuchtendorange Farbe, werden jedoch schwarz wenn sie heranreifen. Bei den kongolesischen Populationen sind sie von Anfang an schwarz. In den Populationen um Kipili in Tansania sind die Jungfische am tiefsten

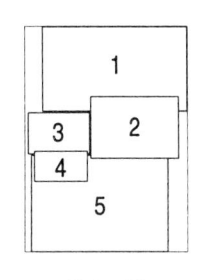

Seite 92

1. *Altolamprologus fasciatus* bei Kantalamba, Tansania.
2. Ein *A. fasciatus* Weibchen bewacht seinen Laich (im Loch) bei Mkinga, Tansania.
3. Ein *Altolamprologus compressiceps* Weibchen beim Abschließen der kleinen Tasche in der Kalkkruste, in die es seine Eier gelegt hat (Insel Ulwile, Tansania).
4. Ein winziger *A. compressiceps* bewegt sich vorsichtig im Biotop (Magara, Burundi).
5. Ein *A. compressiceps* Weibchen bewacht die frischgeschlüpften Larven, die am Boden des Lochs zu erkennen sind (Kantalamba, Tansania).

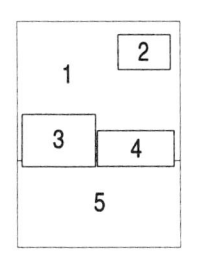

Seite 93

1. Ein *Variabilichromis moorii* Paar bewacht seine Jungen in der Isanga Bay, Sambia.
2. Junge *V. moorii* einiger Populationen haben eine schöne, orangegelbe Farbe (Insel Ulwile, Tansania).
3. *V. moorii* bei Katili, Tansania. *Neolamprologus furcifer* bei Magara, Burundi (4), und bei Msalaba, Tansania (5).

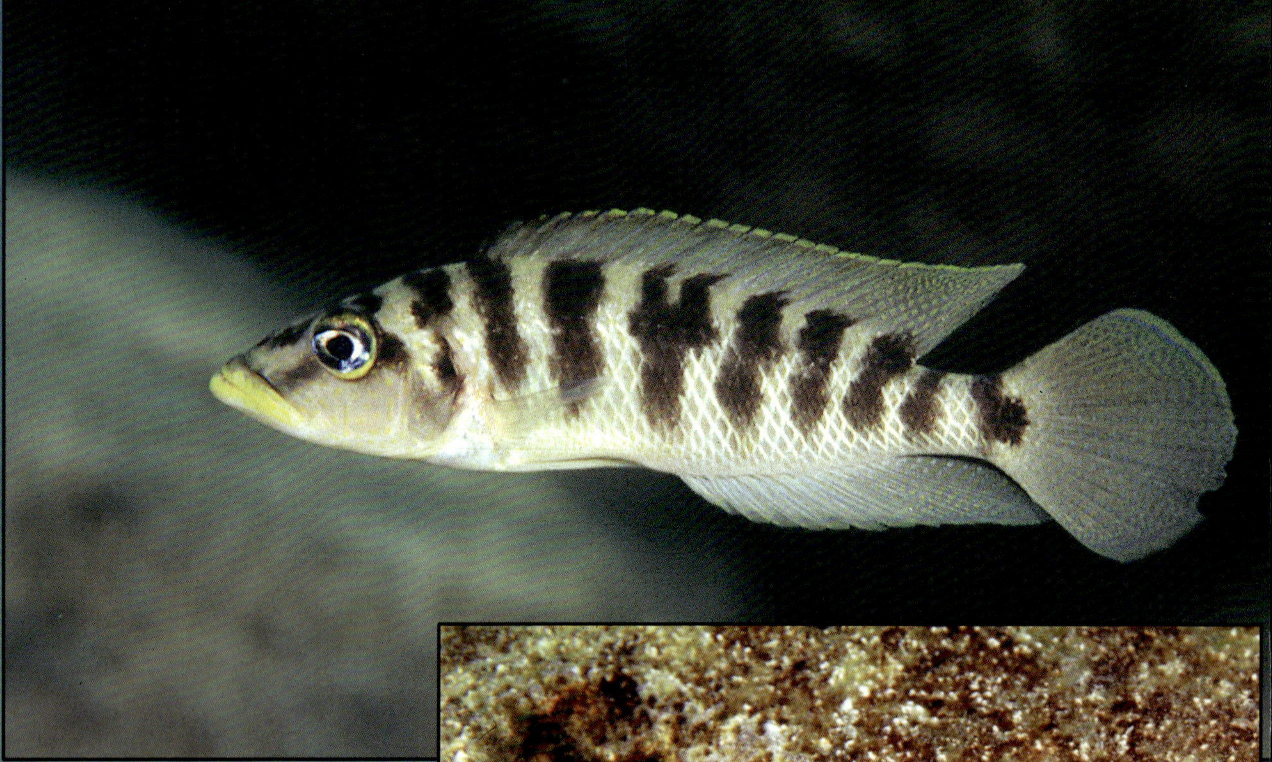
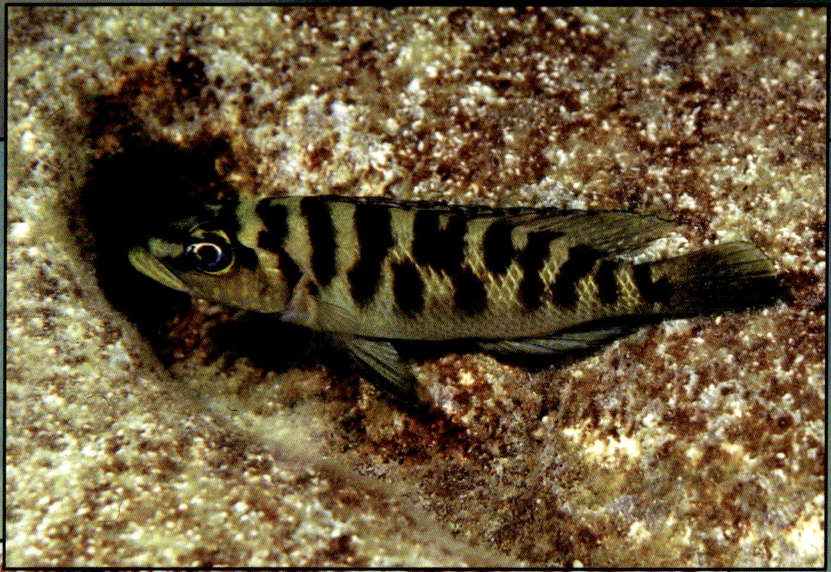
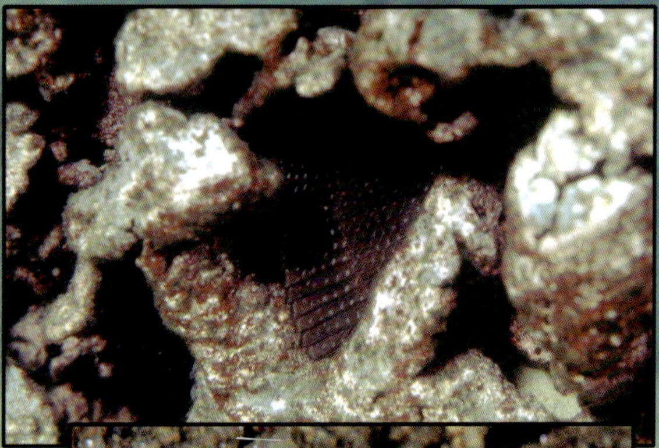
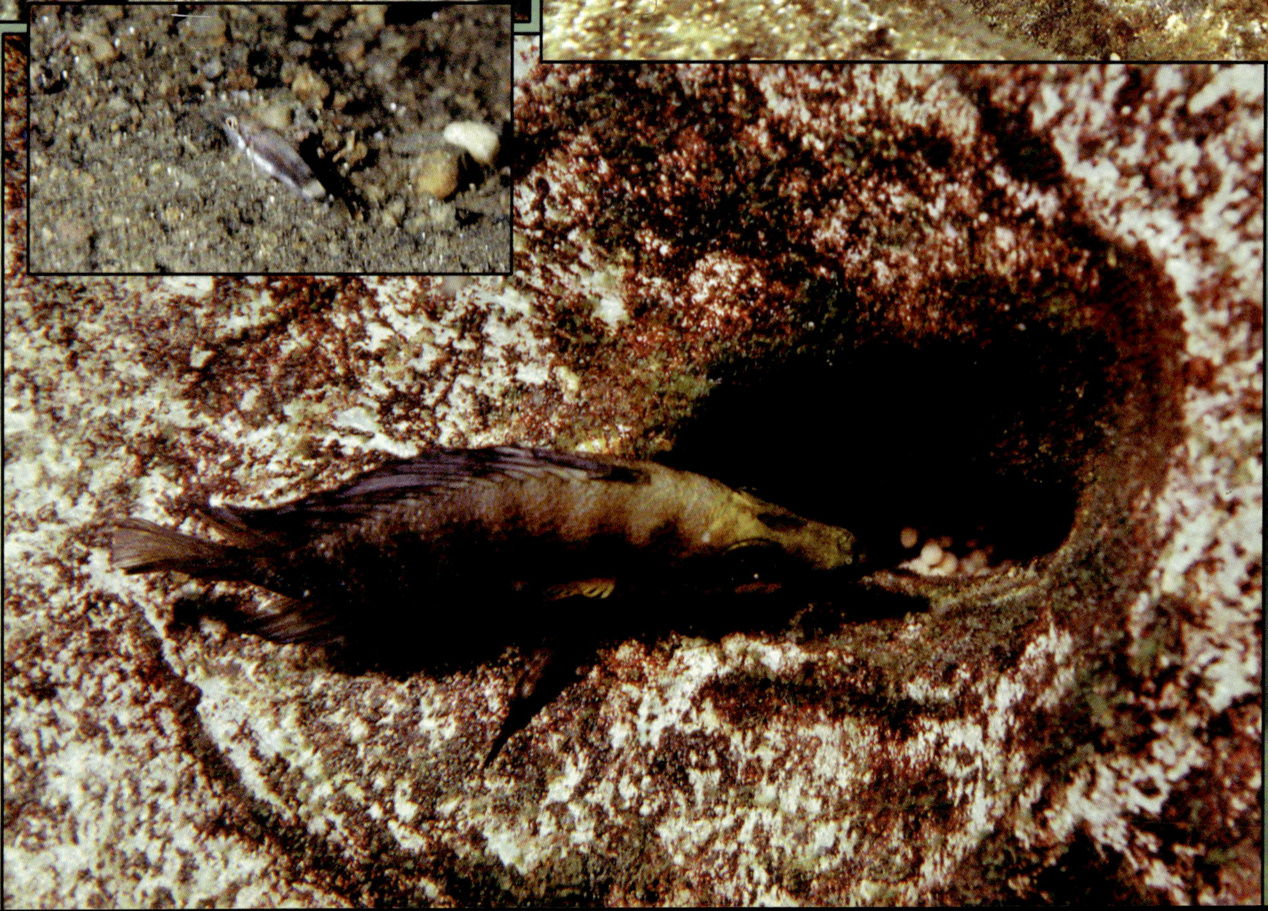

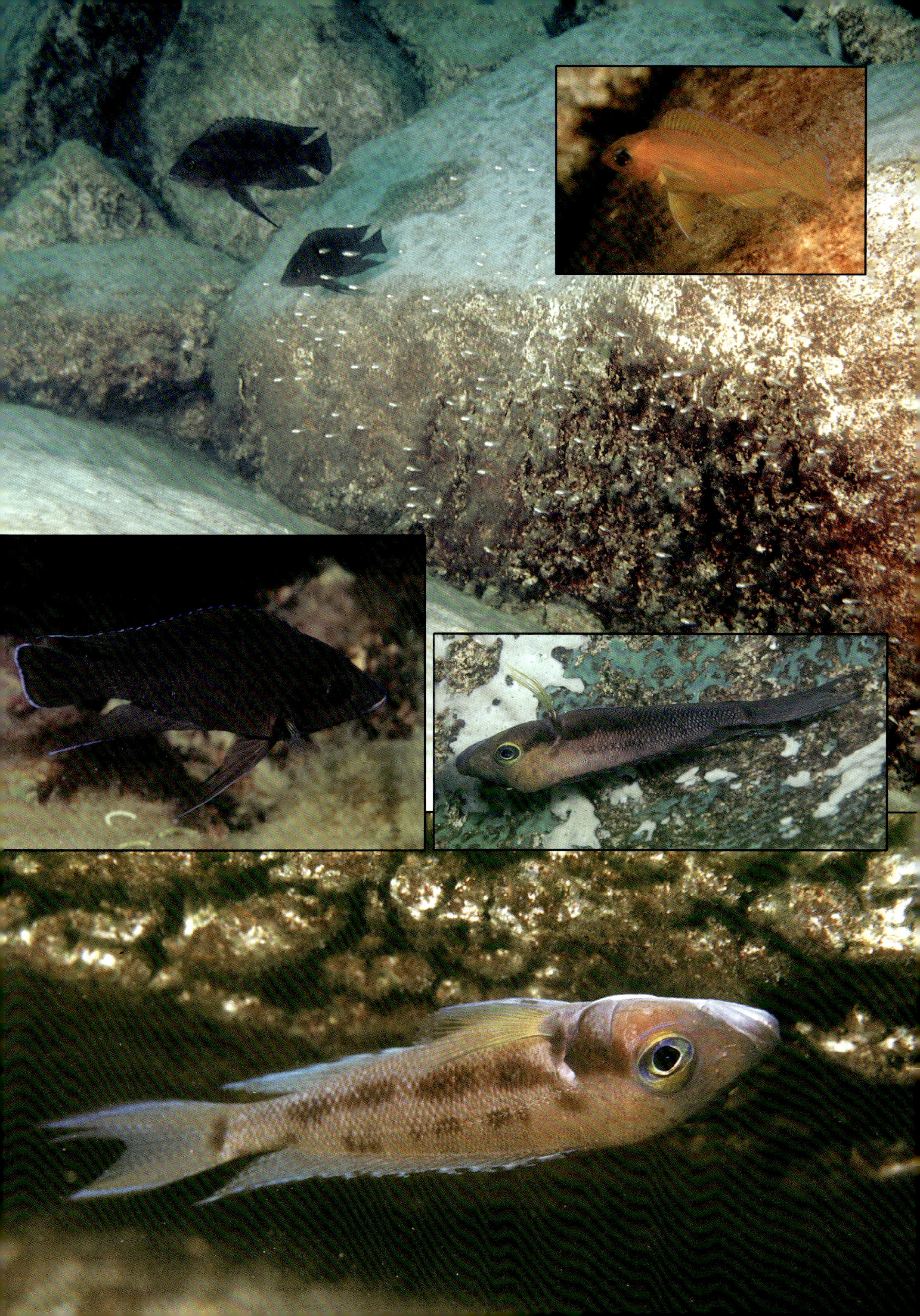

gelborange gefärbt. Die Färbung der adulten Tiere scheint in den verschiedenen geographischen Populationen gleich zu sein.

Zwei leierschwänzige Lamprologine

Neolamprologus furcifer kann eine Gesamtlänge von 15 cm erreichen und lebt in dunklen Winkeln des Felsbiotops. Häufig ist er an senkrechten Flächen großer Felsen oder der Unterseite überhängender Felsen zu finden. *N. furcifer* sieht man oft kopfüber hängend oder schwimmend, jedoch befindet sich sein Körper immer dicht am Substrat. Es sieht fast so aus, als ob sich der Fisch auf Schienen um den Fels bewegen würde, wobei er nur mit den großen Brustflossen paddelt. Das Weibchen ist um ein Drittel kleiner als das Männchen und der einzige Elter, der sich um die Jungen kümmert. Die Männchen haben Harems und manchmal über 10 Weibchen "unter ihrer Kontrolle".

Nur während des Ablaichens darf das Männchen in das Revier des Weibchens kommen. Nachdem die sonderbar grüngefärbten Eier befruchtet wurden, verläßt das Männchen das Weibchen wieder, und überläßt ihm die Bürde der Aufzucht der Jungen. Die winzigen Larven verteilen sich über der Felsoberfläche im Revier des Weibchens, schweben jedoch nicht über dem Nest, wie es die Jungen mehrerer anderer Lamprologine tun — normalerweise wenn beide Eltern die Nachkommen verteidigen. Die Jungfische bleiben jedoch nicht lange beim Weibchen und verteilen sich allmählich zwischen benachbarten Felsen.

Die Nahrung des *N. furcifer* besteht aus Makrowirbellosen, wie z. B. Krebstieren und Insektenlarven, die in Spalten, Höhlen oder Schlitzen ihres Biotops vorkommen. Der Darmtrakt mißt etwa 50% der Gesamtlänge des Fischs (Poll, 1956) und die Pharyngealzähne sind schlank und scharf, was auf eine Raubfischnahrung schließen läßt. Wahrscheinlich erleichtert die Art und Weise, wie *N. furcifer* dicht über dem Substrat umherschleicht die Lokalisierung der Beute. Andererseits würde eine Beute wahrscheinlich ein sich frei bewegendes Objekt eher für gefährlich halten als einen beweglichen "Buckel" am Fels. *N. furcifer* kann seine Schwimmblase genauestens kontrollieren, was er wahrscheinlich für die Kontrolle seiner präzisen Bewegungen bei seiner speziellen Fortbewegungsmethode benötigt. Erfahrungen beim Hantieren dieser Art im Aquarium lassen darauf schließen, daß die Schwimmblase verletzlicher ist als bei anderen Lamprologinen. Selbst die geringste Art von Druckveränderungen kann dem Fisch einen Schaden zufügen. Fast alle Wildfang *N. furcifer* fühlen sich anfänglich im Becken schlecht und leiden an Problemen mit ihrer Schwimmblase. Sie liegen bewegungslos am Boden und sind nicht in der Lage sich im Wasser aufrechtzuhalten. Nach einigen Wochen im Aquarium scheint sich diese Disfunktion meistens auszuheilen, da die Fische wieder gesund aussehen und sich in jeder Position im Wasser bewegen können. Dieses Problem kann sogar auftreten, wenn man einen Fisch aus einem Becken in ein anderes versetzt.

Bei *N. furcifer* scheint nur eine geringe geographische Variation zu bestehen, obwohl er an fast jedem Felsbiotop des Sees vorkommt. Die Tiere der südlichen Populationen haben einige dunkle, unregelmäßige, längliche Flecke auf dem Körper, die bei Burundi scheinen gleichmäßiger gefärbte Körper zu haben, jedoch sind noch schwach markierte Flecke sichtbar.

Neolamprologus longicaudatus ist in der Aquaristik als "Ubwari Buescheri" bekannt, weil dies der Fundort der Aquariumtiere ist (Brichard, 1989). Er wurde von Cape Banza, der Spitze der Halbinsel Ubwari, beschrieben, ich habe jedoch die Art auch um die Inseln Kavala gesehen (Konings & Dieckhoff, 1992). Es ist nichts dagegen einzuwenden, anzunehmen, daß sie auch in Felsbiotopen zwischen diesen beiden Orten, die immerhin 200 km auseinanderliegen, vorkommt.

N. longicaudatus ist durch zwei horizontale Linien auf einem hellgefärbten Körper gekennzeichnet und gleicht in mancherlei Hinsicht *N. bifasciatus*, jedoch hat Letzterer keinen leierförmigen Schwanz. Der Handelsname könnte unterstellen, daß er mit *N. buescheri* nahe verwandt ist, jedoch kann man ihn von dieser Art durch das Fehlen des breiten, submarinalen Bandes auf der Rückenflosse unterscheiden.

N. longicaudatus kann eine Gesamtlänge von etwa 15 cm erreichen, was beträchtlich länger ist als bei *N. buescheri*, und er lebt meistens solitär. Er frißt, wie die meisten anderen Lamprologinen, Wirbellose und wird häufiger als *N. buescheri*, der nur im Südteil des Sees gefunden wird, außerhalb der Felshöhlen des Substrats gesehen. Die Form an den Kavala Inseln trägt auf der unteren Körper- und Kopfhälfte ein dunkles Band, abgesehen von der Kehle, die sich weiß abhebt. Die Form um die Halbinsel Ubwari ist heller gefärbt.

Perlfarbene Fischfresser

Lepidiolamprologus elongatus

Lepidiolamprologus elongatus, der überall im See häufig vorkommt, ist ein Fischfresser und erbeutet hauptsächlich Junge anderer Cichliden, wie z. B. von *Neolamprologus brichardi* und anderen Substratbrütern. Auch Krebstiere und Insektenlarven werden gefressen. Der Darm mißt nur 40% der Gesamtlänge des Fischs, was auf eine Fleischnahrung schließen läßt. Die Männchen können auf respektable 20 cm heranwachsen und große, ausgewachsene Tiere sind recht häufig zu sehen.

Obwohl sich das Brüten in der geschützten Umgebung der Felsen ereignet, sind die Eier nicht völlig versteckt und die Jungfische werden außerhalb der Höhle bewacht. Junge *L. elongatus* verzehren hauptsächlich Plankton und schweben über ihrem Nest. Sie werden über einen recht langen Zeitraum von beiden Eltern bewacht, jedoch kann ein Männchen manchmal zwei brütenden Weibchen "dienen". Die Jungen können schon über 3 cm groß sein, bevor der Brutpflegeeifer der Eltern nachläßt, und diese sich auf eine neue Brut vorbereiten. Die Jungfische aus dem vorhergehenden Gelege werden im Nest toleriert. Dies wird von heranwachsenden *Telmatochromis bifrenatus* ausgenutzt, die sich ins Nest einschleichen, sich unter die größeren Jungfische mischen und von den Eiern fressen (siehe Foto S. 97). Die Eiräuber werden nicht als solche erkannt (sie sehen wie junge *L. elongatus* aus) und können eine beträchtliche Menge des Geleges verzehren.

Trotzdem ist *L. elongatus* eine sehr erfolgreiche Art, was nicht nur an ihrer seeweiten Verbreitung zu erkennen ist, aber auch in den großen Gruppen (oftmals über 50 Tiere), die durch den Biotop ziehen. Die Mitglieder solcher Gruppen haben dieselbe Größe — zwischen 10 und 15 cm. Wie ein Rudel hungriger Wölfe ziehen sie durch den Biotop, ein Spur von Verwüstung hinter sich lassend. Sie verschlingen alles, was ihnen in den Weg kommt. Ein solches Verhalten ist noch häufiger bei «*Lamprologus*» *callipterus* zu sehen, dem *L. elongatus* zu folgen scheint (im wahrste Sinne des Wortes).

Eine andere Tatsache bezüglich *L. elongatus* ist der Fang einiger Exemplare in der unglaublichen Tiefe von fast 200 m (Poll, 1956). Geographische Variation, abgesehen von leichten Unterschieden im gelben Pigment, ist, soweit bekannt, nicht vorhanden; *L. elongatus* scheint eine sehr homogene Art zu sein.

Lepidiolamprologus kendalli

Lepidiolamprologus kendalli (*L. nkambae* ist ein Juniorsynonym) gleicht *L. elongatus* in Form und Färbung, und ist wie *L. elongatus* ein Fischfresser. *L. kendalli* wurde von der Insel Mutondwe (Crocodile Island) vor der Küste von Mpulungu beschrieben — der Holotypus von *L. elongatus* wurde ebenfalls in dieser Gegend gefangen — hat jedoch ein viel kleineres Verbreitungsgebiet, zwischen Nkamba Bay in Sambia und Kala in Tansania. Es ist ein viel seltener Fisch als *L. elongatus*, kommt aber sowohl in Niedrigwasser als auch in über 40 m Tiefe vor. *L. kendalli* ist fast immer allein und legt bei seinen Streifzügen durch den Biotop auf der Suche nach Beute weite Abstände zurück. Nur einmal, bei Samazi in Tansania, fand ich Brutpaare. Dort befanden sich mehrere Paare in etwa 45 m Tiefe. In dieser Tiefe ist die Felsküste von einer dicken Sedimentschicht bedeckt, und die Felsen sind nur als kleine Haufen im Schlammboden erkennbar. Es schien, als ob fast jede Felsgruppe ein brütendes *L. kendalli* Paar beherbergte. Die Weibchen sind um etwa 25% kleiner als die Männchen, die eine Länge von fast 22 cm erreichen können. Es ist nicht bekannt, ob *L. kendalli* dämmriges Licht zum Brüten benötigt oder ob die Jungfische die Mikroorganismen auf dem Schlammboden fressen. Andere Berichte über brütende *L. kendalli* in freier Natur sind zur Zeit nicht bekannt.

Obwohl beim Export für den Aquariumhandel geographischen Varianten viel Aufmerksamkeit gewidmet wurde, scheint es doch, daß der sog. "Schwarzen Nkambae" und heller gefärbte Tiere an ein- und derselben Stelle gefunden werden. Geographische Variation gibt es nur wenig, wenn überhaupt. *L. kendalli* ist leicht von *L. elongatus* anhand des komplizierten Musters auf dem Kopf zu erkennen, das bei *L. elongatus* fehlt.

In Gefangenschaft sind *L. kendalli* nur schwer zu verpaaren, und nicht selten wird das Weibchen — buchstäblich — aus dem Becken vertrieben! Selbst sehr kleine Löcher in der Aquariumabdeckung

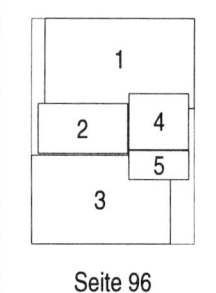

Seite 96

1. *Neolamprologus longicaudatus* an der Insel Milima, Kongo.
2. *N. longicaudatus* von Ubwari, Kongo, im Aquarium.
3. *Lepidiolamprologus elongatus* bei Kekese, Tansania.
4. Ein Klumpen Eier des *L. elongatus*, an der senkrechten Fläche eines Felses befestigt (Kapampa, Kongo).
5. Ein brutpflegender *L. elongatus* an der Insel Ulwile, Tansania.

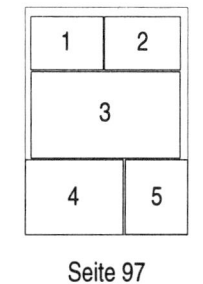

Seite 97

1. *Lepidiolamprologus kendalli* aus der Nkamba Bay, Sambia, im Aquarium.
2. *L. kendalli* bei Kambwimba, Tansania.
3. *L. kendalli* bei Kala, Tansania.
4. und 5. Junge *Telmatochromis vittatus* fressen von *Lepidiolamprologus elongatus* Eiern.

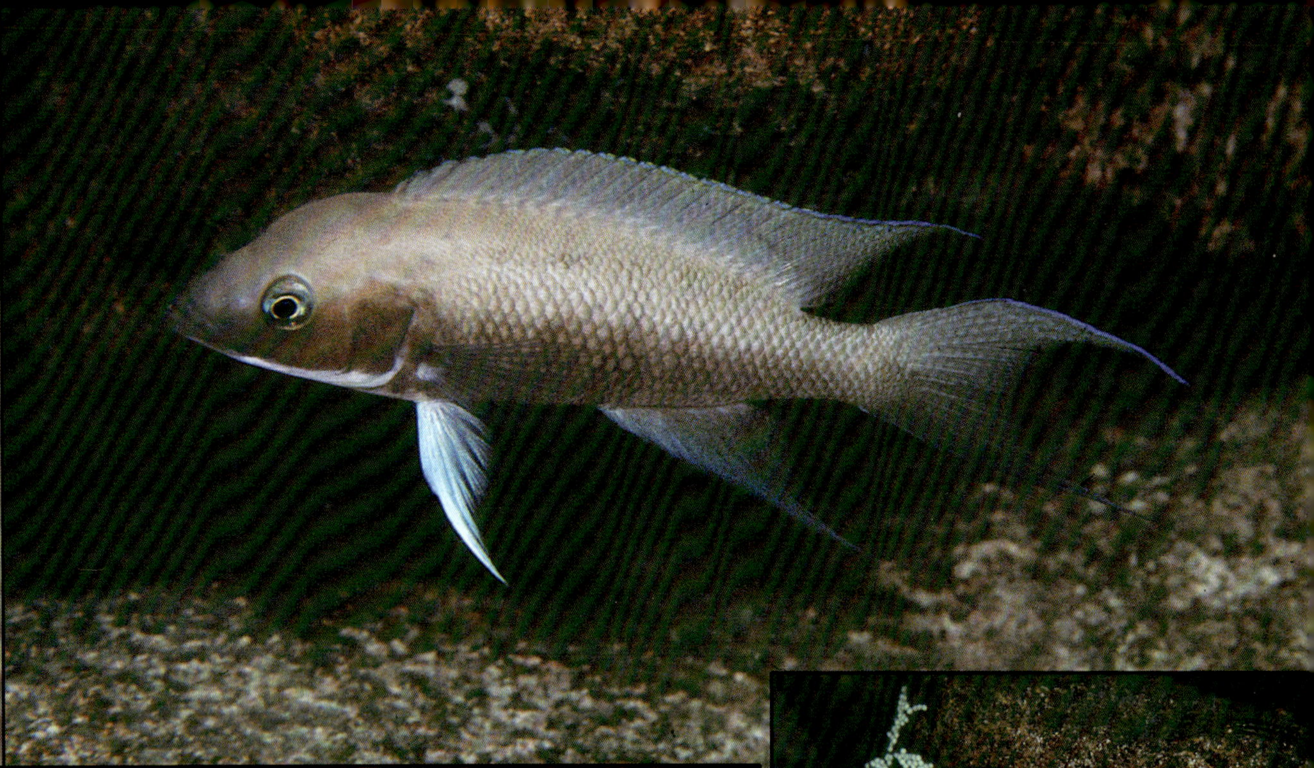
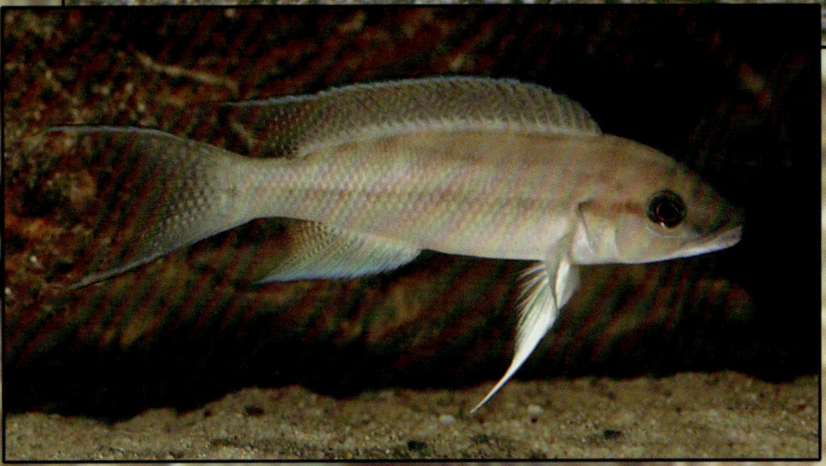
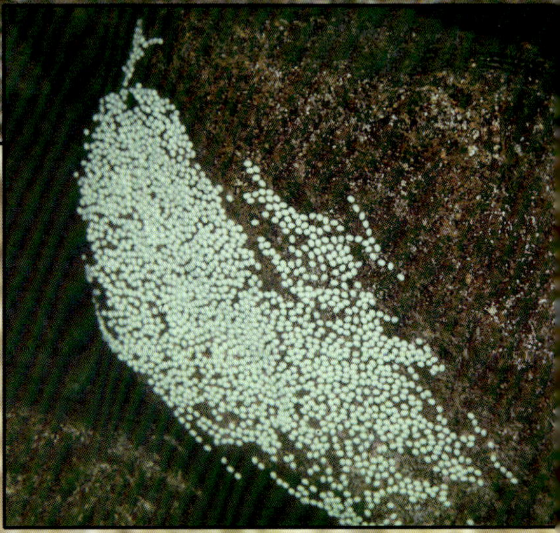
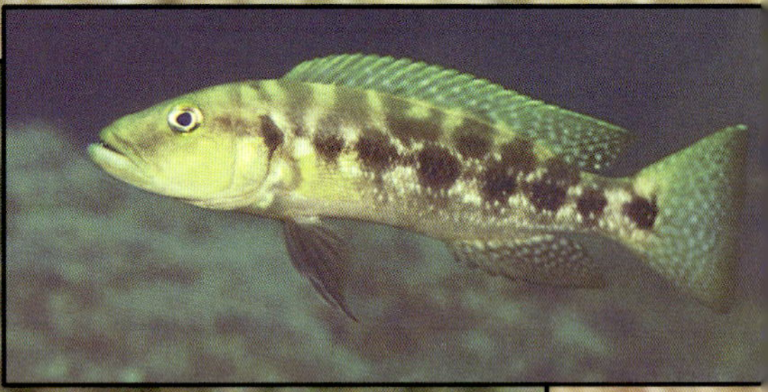
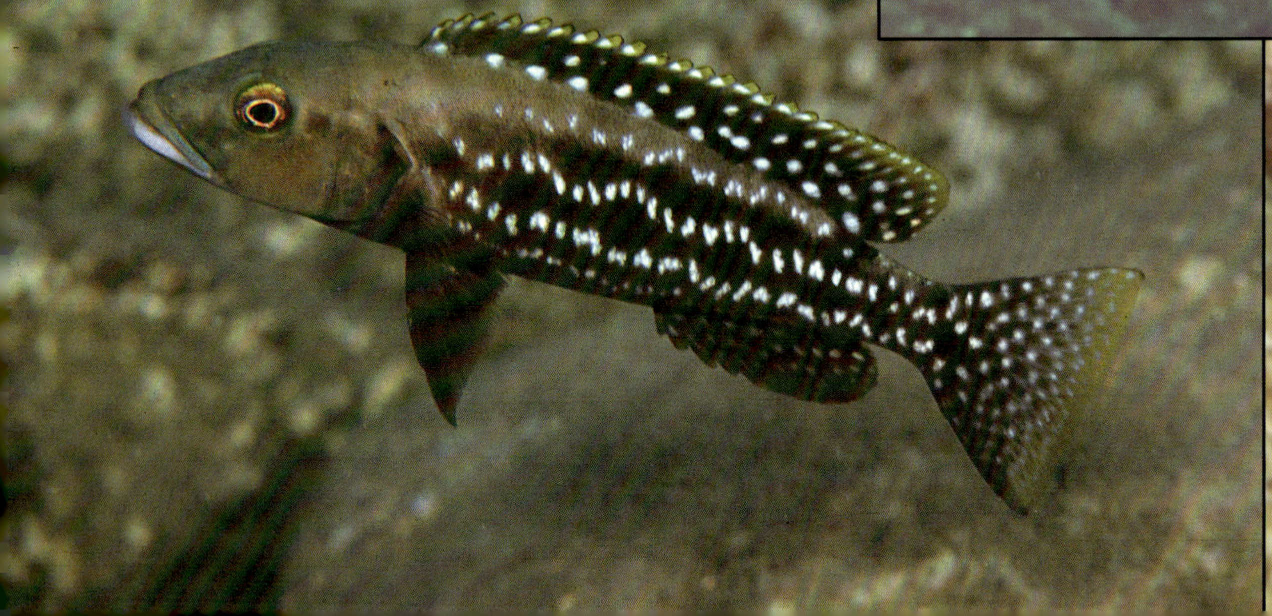

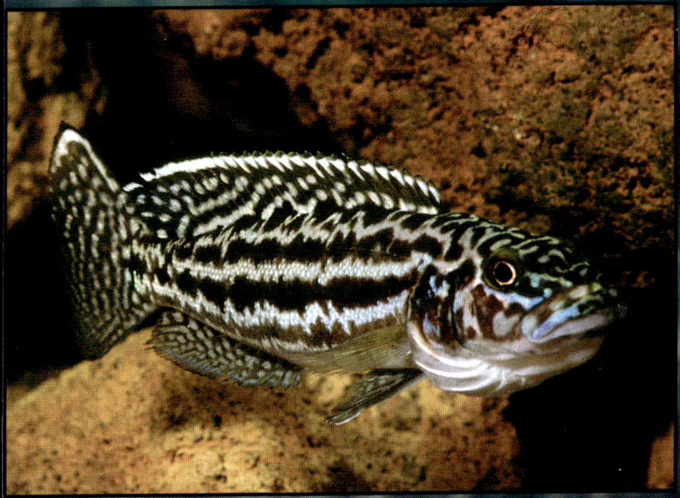
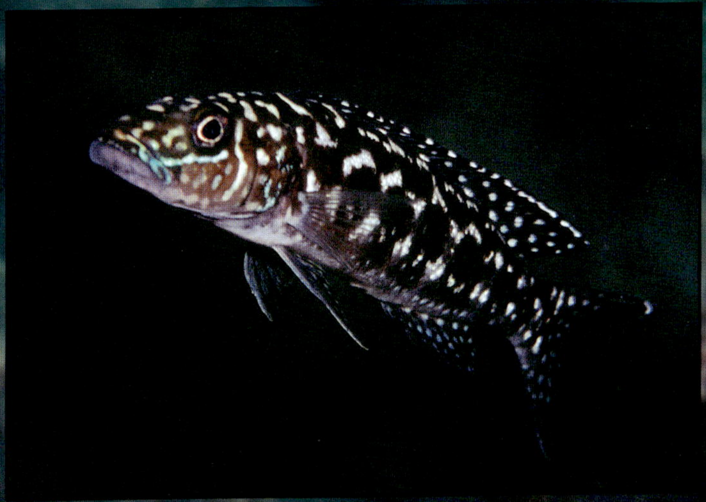
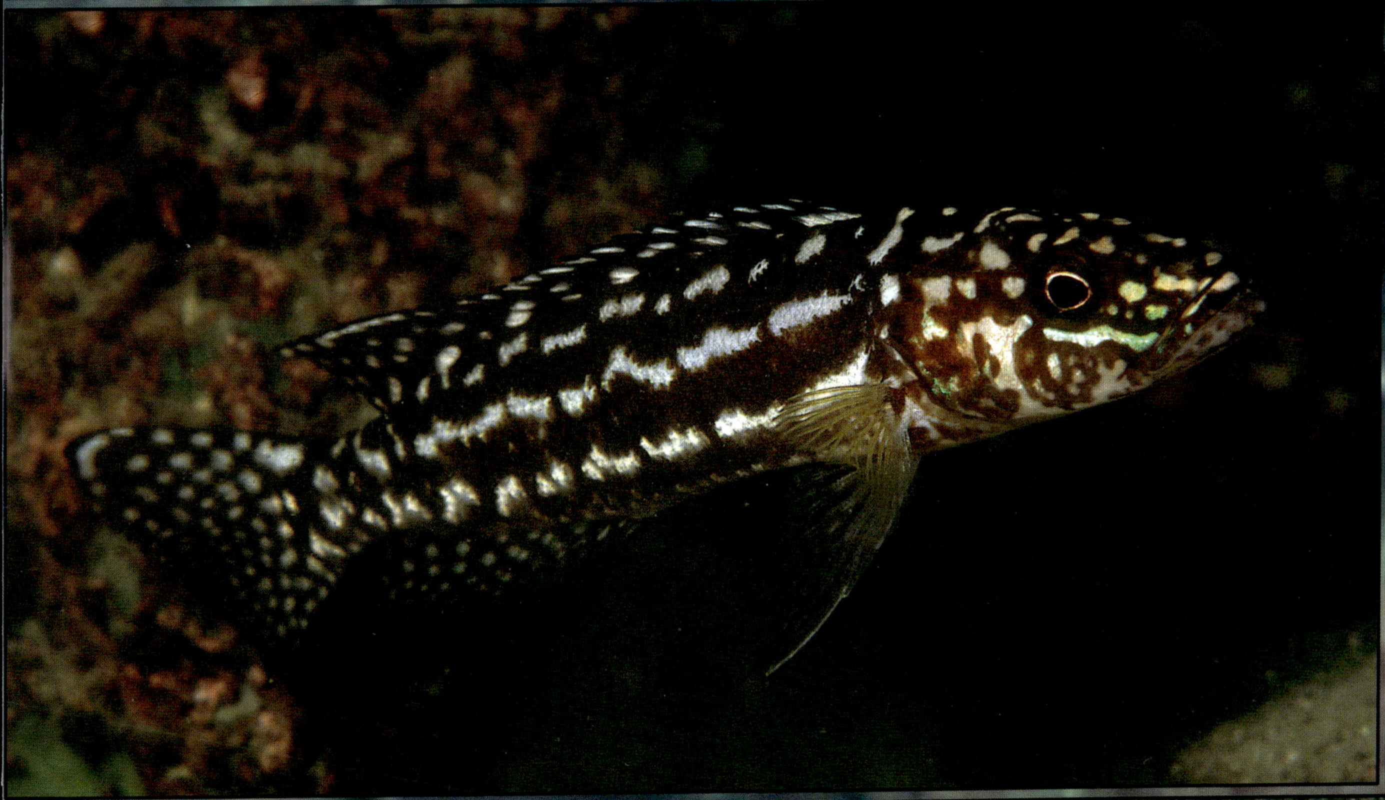
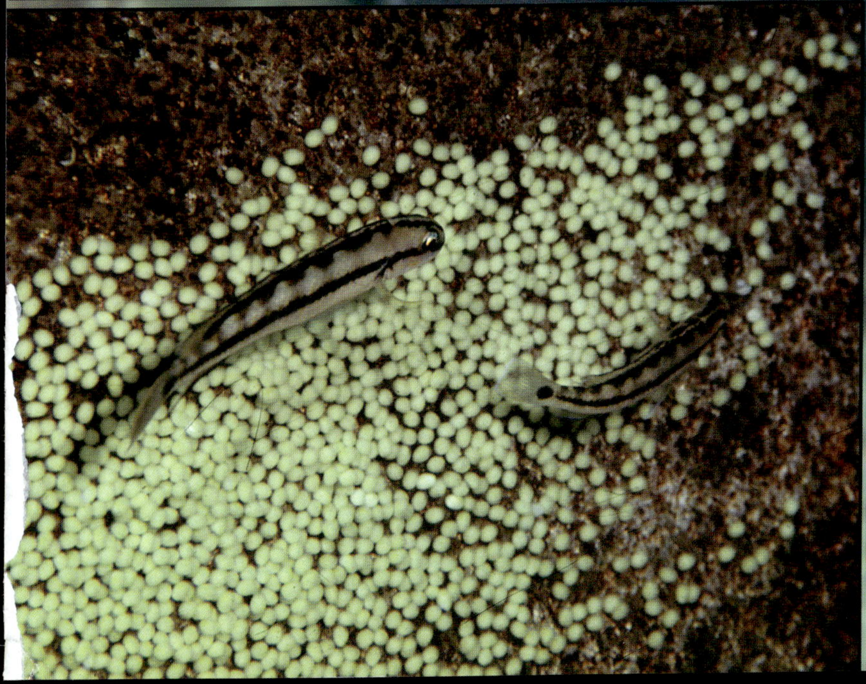
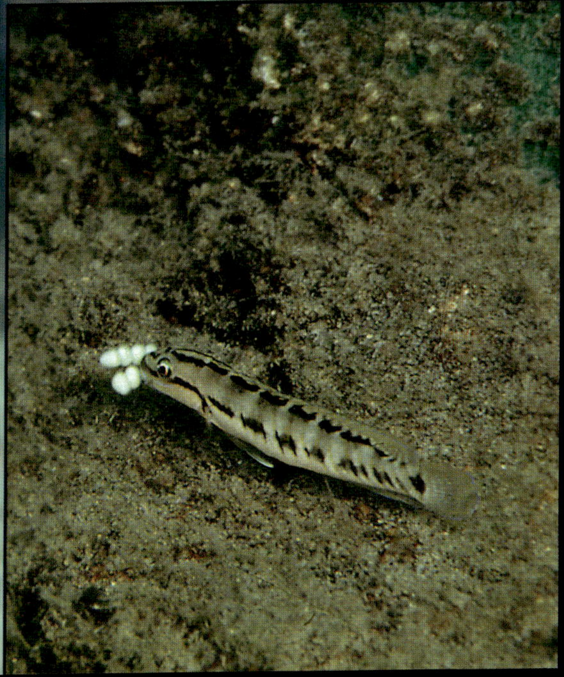

werden von springenden Kendallis gefunden. Hat sich aber einmal ein Paar gebildet, scheint das Ablaichen zur Regel zu werden. Sowohl *L. elongatus* als auch *L. kendalli* können Gelege mit über 500 Eiern produzieren. Die Gelegegröße bei *L. elongatus* scheint jedoch größer zu sein.

Schlanke *Telmatochromis*

Die Gattung *Telmatochromis* ist im Felsbiotop gut vertreten, und die meisten ihrer Mitglieder werden regelmäßig gesehen. An jeder Felsküste sind zwei Arten zugegen: *T. temporalis* oder *T.* sp. "temporalis tanzania" und entweder *T. brichardi*, *T. bifrenatus* oder *T. vittatus*. Die ersten beiden Arten haben eine beigebraune Farbe und bei einigen Tieren (wahrscheinlich mit Schreckmuster) ist eine Zeichnung bestehend aus zwei horizontalen Linien sichtbar. Die drei anderen Arten haben cremeweiße Körper und sehr deutliche, horizontale Linien. *T. brichardi* und *T. vittatus* tragen beide ein deutliches, mittlaterales Band und ein weiteres an der Basis der Rückenflosse. Der Unterschied zwischen diesen beiden Cichliden liegt in dem kleineren Auge und der größeren adulten Länge bei *T. vittatus* (10 cm für *T. brichardi* gegenüber 6 cm für *T. bifrenatus*). *T. bifrenatus* zeigt eine zusätzliche schwarze Linie zwischen dem mittlateralen und dem dorsalen Band. Alle fünf Arten fressen gelegentlich oder vorwiegend Algen. *T. temporalis* und *T. vittatus* scheinen sich hauptsächlich von Fadenalgen zu ernähren, obwohl *T. temporalis* auch Killifischeier verspeist. *T. temporalis* beißt die Algen vom Substrat ab, während die anderen vier Arten diese "abreißen", indem sie ein kleines Bündel Algenfäden ergreifen, ihren Körper S-förmig krümmen und ihn plötzlich wieder strecken, wodurch sie vorwärtsschießen. Dieser Ruck reicht aus, die Algenstränge vom Fels zu reißen. Dieses Verhalten gleicht dem junger Fische, die lebende *Artemia* fressen; auch sie verbiegen ihre Körper, um dem Schwanz, wenn sie zupacken, einen maximalen Ruck zu verleihen. Der Unterschied zwischen *T. temporalis* und den schlanken Algenpflückern ist das viel schmalere Maul der letztgenannten Art, wodurch diese viel tiefer in kleine Taschen im Substrat eindringen kann als *T. temporalis*. Neben Algen fressen die schlanken Arten auch Wirbellose und Eier der großen Substratbrüter, z. B. von *Lepidiolamprologus elongatus* und *L. profundicola*. Diese großen Lamprologinen produzieren enorm große Gelege, die an der senkrechten Fläche eines Felses abgesetzt werden, wo sie für die Fischwelt draußen gut sichtbar sind. Jedoch sind diese Arten groß genug, um ihre Gelege vor Räubern zu verteidigen — oder zumindest nehmen sie das an. Da sie immer wieder an derselben Stelle laichen (im Revier des Weibchens), sind die Jungen aus vorherigen Gelegen manchmal noch in der Nähe wenn erneut gelaicht wird. Diese Jungen werden nicht vom Nest vertrieben. Junge *T. bifrenatus*, *T. brichardi* und *T. vittatus* sehen wie junge *Lepidiolamprologus* aus und werden deshalb ebenfalls nicht vom Nest vertrieben. Während das große *Lepidiolamprologus* Paar alle großen Eindringlinge verjagt, fressen diese winzigen *Telmatochromis* bei völlig freier Sicht von den Eiern und bleiben vom Paar unberührt.

All diese *Telmatochromis* Arten sind Höhlenbrüter, die winzige Löcher im Substrat als Neststellen auswählen. Abgesehen von *T.* sp. "temporalis tanzania", bei dem das Verhalten noch nicht beobachtet wurde, benutzen sie auch leere Schneckengehäuse als Brutbehälter. In der Tat scheint *Telmatochromis* in und um Felder mit leeren Schneckengehäusen häufiger vorzukommen als im reinen Felsbiotop. *T. temporalis* und *T. vittatus* haben sich an vielen Stellen zu Miniaturkopien ihrer größeren Gegenspieler im Felsbiotop entwickelt, so daß sie in leere Schneckengehäuse passen (siehe S. 216).

Die nördliche Form von *T. temporalis* wurde formal als *T. burgeoni* beschrieben — der Holotypus stammt von Nyanza Lac. Es ist aber noch nicht klar, ob *T. burgeoni* als separate Art angesehen werden soll oder nur als Variante von *T. temporalis*, dessen Holotypus aus dem Südteil des Sees stammt (Tetsumi Takahashi, pers. Mittl.). Bis zur Revision dieser Arten, soll *T. burgeoni* hier als Synonym von *T. temporalis* behandelt werden. Vergleichsweise wird die Form, die in leeren Schneckengehäusen lebt, als Zwergform von *T. temporalis* angesehen (siehe S. 216). Die Art, die entlang der südlichen tansanischen Küste vorkommt und die ich früher *T. burgeoni* genannt habe (Konings, 1996), ist eine andere, und wird hier als *T.* sp. "temporalis tanzania" bezeichnet.

T. temporalis ist am weitesten verbreitet, wird jedoch nicht an jeder Felsküste gesehen. Zwischen Wampembe im südöstlichen Teil des Sees und dem Mahali Gebirge im Zentralteil scheint sein Platz von *T.* sp. "temporalis tanzania" eingenommen zu werden. Der Cichlide, den die Aquarianer *T. bifrenatus* zu nennen pflegten, wurde als *T. brichardi* beschrieben, während der echte *T. bifrenatus* nur selten als Aquariumfisch exportiert wurde. *T. brichardi* findet man in Burundi in der Nähe von Magara; entlang der Südhälfte der kongolesischen Küste bis hinauf nach Kapampa; entlang des Südteils der tansanischen Küste, südlich von Sibwesa; und nach Sambia hinein entlang der Ostseite der Chituta Bay. Der restliche Bereich im Süden (zwischen Kapampa und Chituta) wird von *T. vittatus* bewohnt. *T. bifrenatus* kommt bei Sibwesa und weiter nördlich bis zur Grenze zwischen Tansania und Burundi vor, aber auch entlang der nördlichen, kongolesischen Küste zwischen Kavala und Luhanga.

Dicklippige Höhlenbewohner

Die Mitglieder der Gattungen *Julidochromis* und *Chalinochromis* sind miteinander nahe verwandt. Das Vorhandensein von "Warzen" auf den Lippen der *Chalinochromis* Arten ist das Hauptmerkmal, das diese von *Julidochromis* trennt. Die Mitglieder beider Gattungen benutzen ihre Lippen zum Aufbrechen von Schwämmen und Wirbellosen, die im Aufwuchs leben. Kohda & Hori (1993) fanden heraus, daß die Nahrung von *J. marlieri* zu über 80% aus Schwämmen besteht, und Hori (1987) berichtet, daß auch *J. regani* und *Chalinochromis brichardi* Schwämme fressen. Schwämme findet man an manchen Stellen recht häufig, sie werden jedoch von nur wenigen Arten gefressen. Neben den erwähnten Arten fressen auch *Telmatochromis dhonti* und ein *Synodontis* Wels diese gummiartigen Tiere, die normalerweise an im Schatten liegenden Felsflächen wachsen. Da Schwämme nur von einer Handvoll Arten gefressen werden, haben *Julidochromis* und *Chalinochromis* eine Nische in fast jedem Felsbiotop gefunden. Die winzigen Warzen auf den Lippen der *Chalinochromis* Arten könnten eine Anpassung daran sein, und ihnen einen besseren Halt auf den glatten Oberflächen der Schwämme verleihen. *C. brichardi* scheint jedoch nicht auf Schwammfressen spezialisiert zu sein, da er auch andere Wirbellose und sogar Algen frißt (Hori, 1987).

Abgesehen von den Warzen auf den Lippen unterscheidet sich *Chalinochromis* auch noch in anderer Hinsicht von *Julidochromis*: er hat ein etwas anderes Brutverhalten. *Chalinochromis* und *Julidochromis* Arten sind Substratbrüter, die ihren Laich in einer dunklen Felshöhle verstecken. Das Männchen bewacht das kleine Revier um das Nest, während sich das Weibchen drinnen aufhält. Wenn die Jungen auf eine Größe von etwa 1 cm herangewachsen sind, werden sie bei *Chalinochromis* Arten ins Freie geführt. Bei *Julidochromis* Arten bleiben sie jedoch weiterhin im Nest. Die schwebenden *Chalinochromis* Jungen fressen Plankton und werden von beiden Eltern beschützt. Berichten von Brichard zufolge (1978), werden junge *Chalinochromis*, wenn sie zweimal diese Größe erreicht haben, von ihren Eltern verlassen, die sich dann wahrscheinlich auch trennen. Junge *Julidochromis* werden niemals verlassen und sogar noch im Nest toleriert, wenn ein neuer Laich vorhanden ist. Sie schweben niemals über dem Nest, sondern bleiben in engem Kontakt zum Substrat.

Chalinochromis

Chalinochromis enthält zwei beschriebene Arten, *C. brichardi* und *C. popelini*, und eine (vielleicht aber auch zwei) unbeschriebene Formen. *C. brichardi* wurde anhand von Tieren beschrieben, die in Burundi gefangen wurden, jedoch ist die Art viel weiter verbreitet. Sie kommt in der gesamten Nordhälfte des Sees vor, nördlich von Kalemie im Kongo und bei Halembe in Tansania. Interessanterweise wird er auch im südlichsten Teil des Sees, zwischen Cape Kachese und der Mündung des Flusses Kalambo, in Sambia gefunden. *C. brichardi* scheint eine ältere Art mit einer seeweiten, jedoch unterbrochenen Verbreitung und mit einem bemerkenswert konstanten Farbmuster zu sein. Einige Tiere haben einen dunklen Fleck im weichstrahligen Teil der Rückenflosse, und dies bei allen bekannten Populationen. Es scheint, daß dieser Fleck mit dem Heranreifen des Fischs verschwindet, obwohl er auch bei einigen größeren Exemplaren gesehen wurde.

Der Felsbiotop im zentralen Teil des Sees wird von anderen *Chalinochromis* Formen bevölkert. Die Farbzeichnung dieser Formen reflektiert die beiden Stadien des Jugendmusters von *C. brichardi*. Junge *C. brichardi* haben zwei horizontale, schwarze Linien auf den Flanken. Während des Heranreifens verschwinden diese Linien, aber gerade bevor die Linien sich ganz auflösen, bestehen sie noch als zwei horizontale Reihen dunkler Punkte. Dieses letztere Muster ist bei

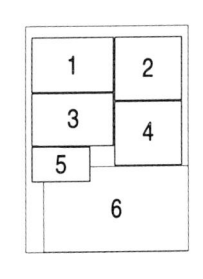

Seite 100

1. *Telmatochromis brichardi* bei Magara, Burundi.
2. *Telmatochromis bifrenatus* bei Sibwesa, Tansania.
3. *Telmatochromis vittatus* bei Chituta, Sambia.
4. *T. brichardi* bei Mkinga, Tansania.
5. *Telmatochromis* cf. *temporalis* bei Sibwesa.
6. *Telmatochromis* sp. "temporalis tanzania" bei Mtosi, Tansania.

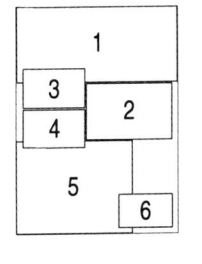

Seite 101

1. Zwei sich streitende *Telmatochromis vittatus* bei Cape Kachese.
2. *Telmatochromis temporalis* bei M'toto, Kongo.
Chalinochromis brichardi bei Isanga, Sambia (3), von Magara, Burundi (4) (im Aquarium), bei Cape Kachese, Sambia (5) und bei Halembe, Tansania (6).

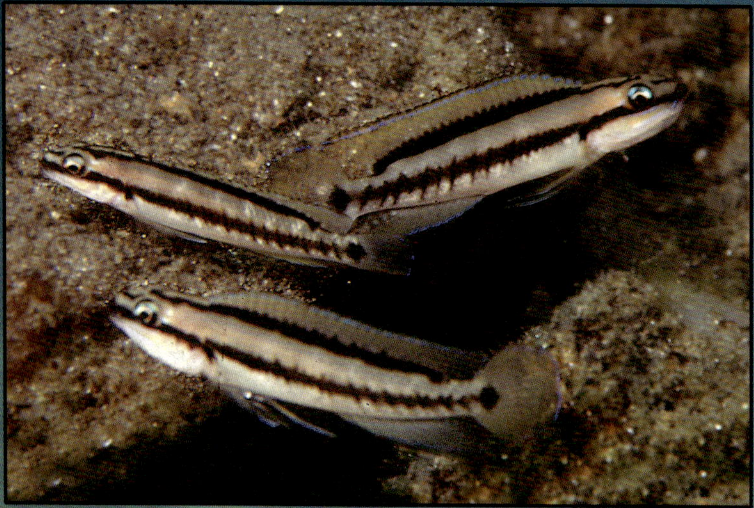
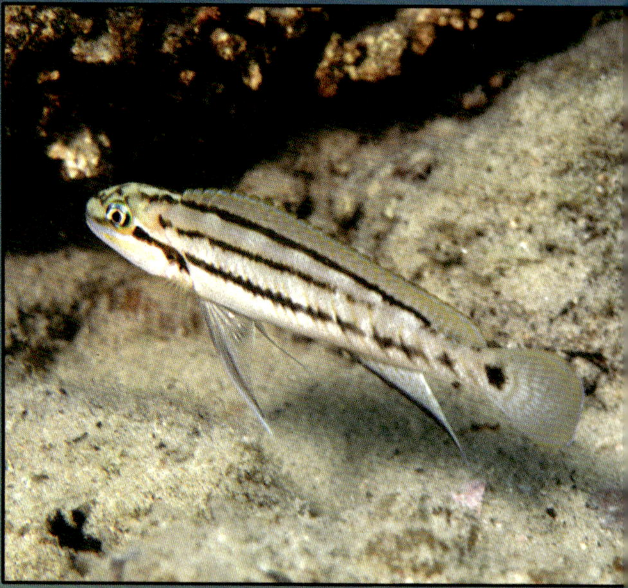
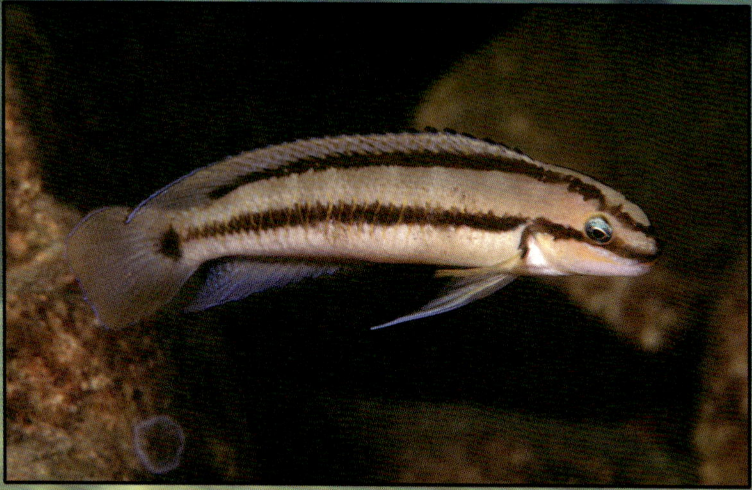
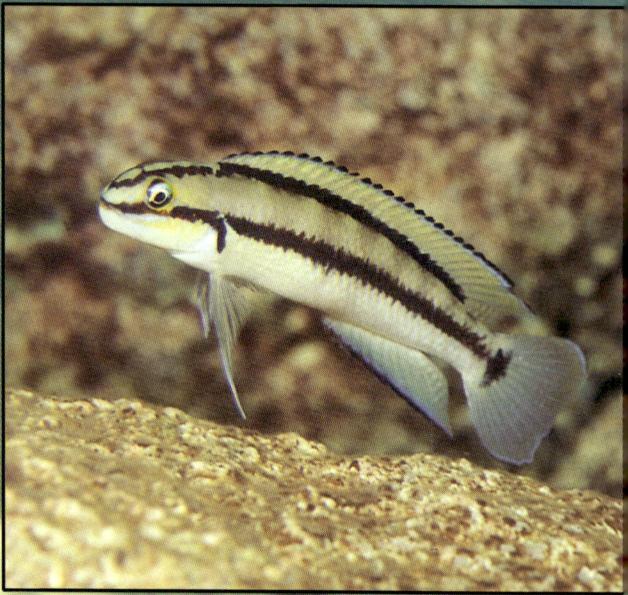
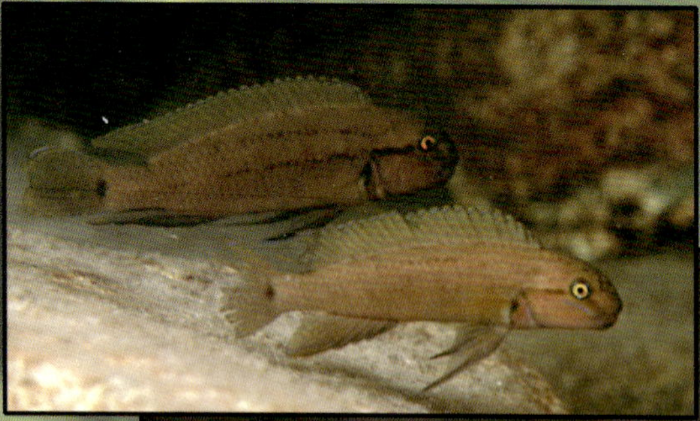
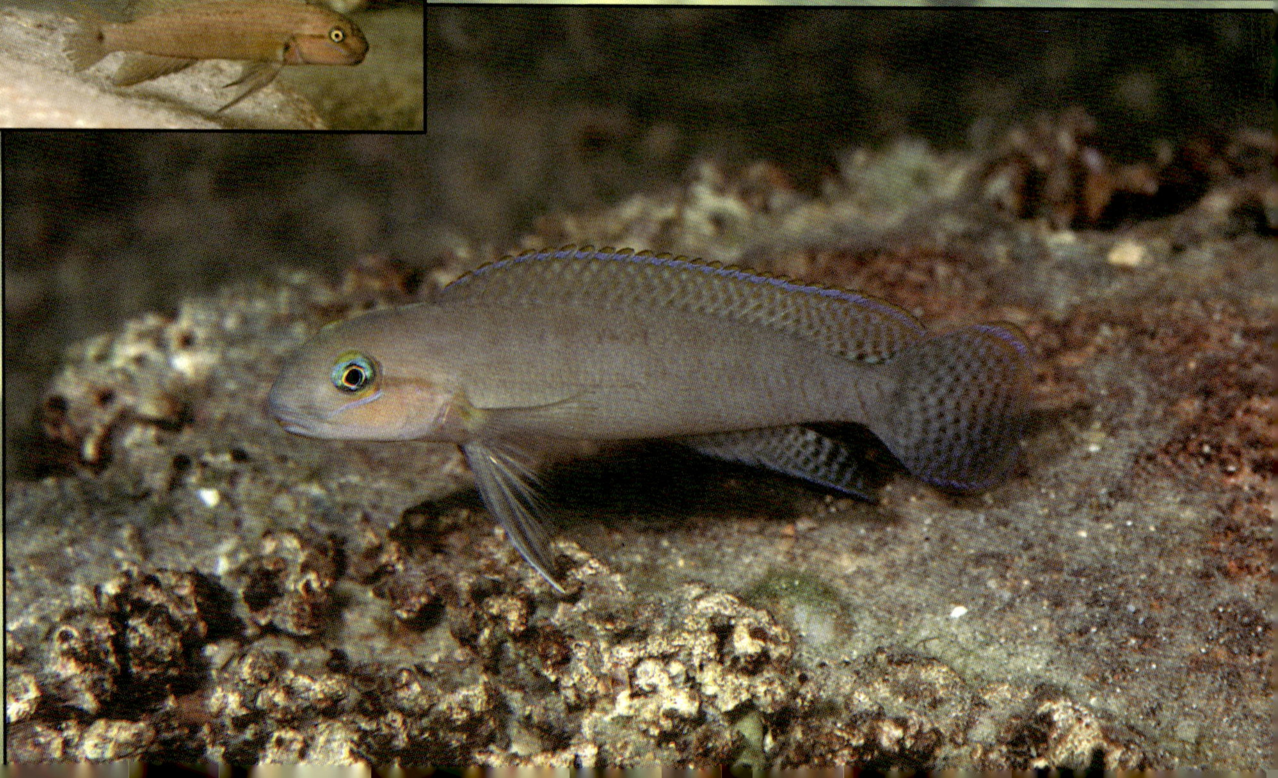

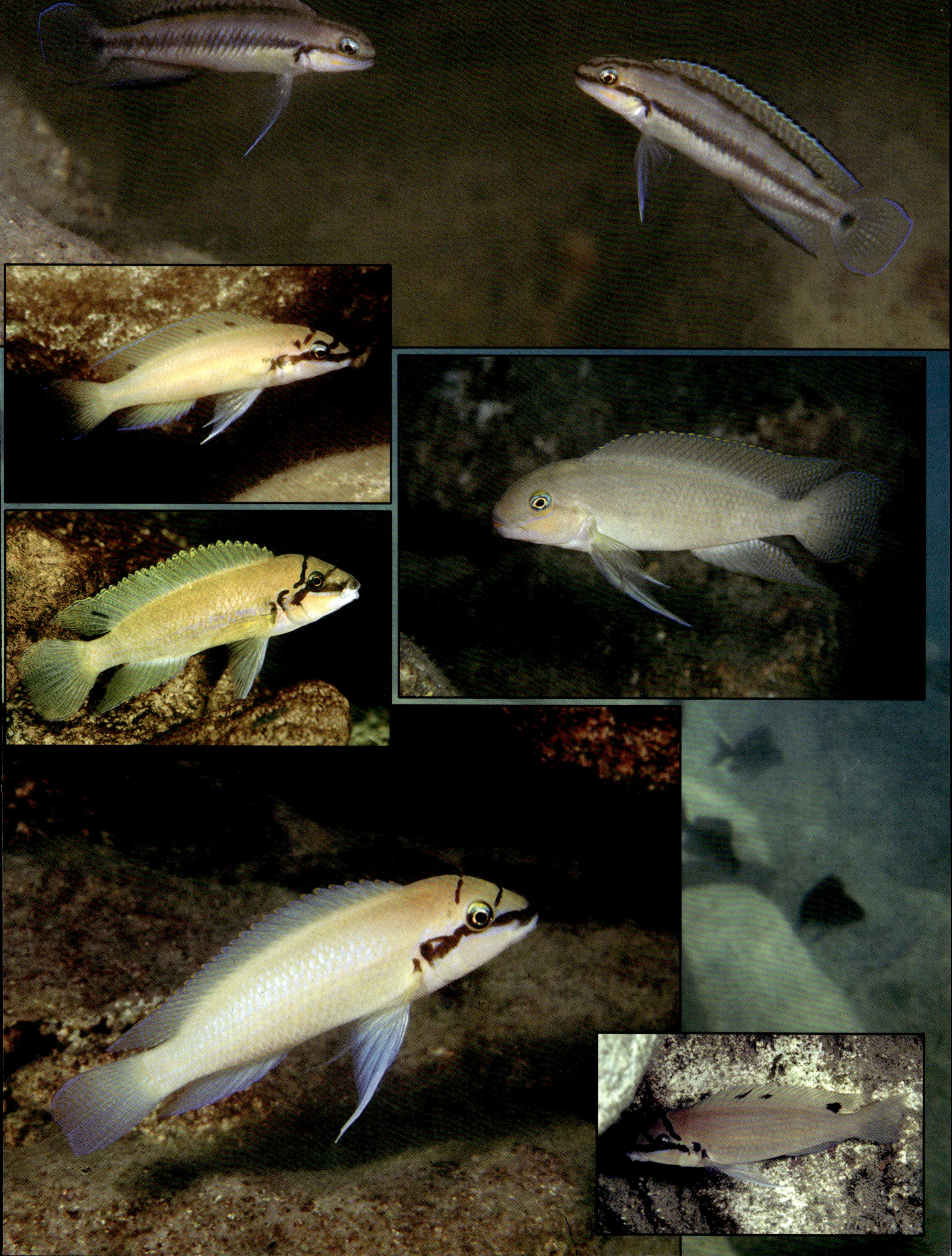

völlig ausgewachsen C. sp. "ndobhoi" "erhalten geblieben", während das zwei-Linien-Muster bei adulten C. popelini (auch bekannt als "Chalinochromis Bifrenatus") vorherrscht.

C. popelini wurde von Brichard (1989) anhand einer Population in der Nähe von Moba entlang der kongolesischen Küste des Sees beschrieben. Die Art, die den Aquarianern als "Bifrenatus" bekannt ist, stammt von der zentralen, tansanischen Küste. Ich denke, daß beide Formen artgleich sind und C. popelini genannt werden sollten. An der Westseite des Sees kommt diese Art zwischen Kalemie und Lunangwa vor, und an der Ostküste wird sie zwischen Katili und Kasoje (am Fuße des Mahali Gebirges) gefunden. Innerhalb des östlichen Verbreitungsgebietes gibt es Populationen, die unterschiedlich aussehen und vielleicht überhaupt zu einer anderen Art gehören. Zwischen Fulwe Rocks bei Wampembe und der Insel Nkondwe in der Nähe von Kipili lebt eine Chalinochromis Form, die C. popelini gleicht, jedoch keine horizontalen Streifen auf dem Körper zeigt und eine viel dunklere Grundfärbung hat, aber auch viel größer als andere Chalinochromis Varianten wird (siehe Foto S. 104). Vorläufig soll diese als Variante von C. popelini gelten, da sich die subadulten Tiere nicht von dieser Art unterscheiden.

In einigen tansanischen Populationen von C. popelini gibt es Tiere mit orangen oder gelben Flecken auf dem Körper. Jedoch wurde ein solches Muster nicht einheitlich bei allen (adulten) Mitgliedern der Population gefunden. Chalinochromis sp. "ndobhoi" ist durch gepunktete Linien auf dem Körper gekennzeichnet und kommt an der Ostküste zwischen Kasoje und Bulu Point vor, wird aber auch um die Insel Karilani gefunden.

Julidochromis

Drei *Julidochromis* Arten werden im Felsbiotop gefunden: *J. marlieri*, *J. transcriptus* und *J. dickfeldi*. Die letztgenannte Art ist auf die südwestliche Ecke des Sees beschränkt, wo sie zwischen Cape Kachese (Sambia) und Moliro (Kongo) vorkommt. In ihrer Biotoppräferenz und ihrem Freßverhalten gleicht sie C. popelini, und auch ihr Farbmuster ist dieser letztgenannten Art sehr ähnlich. Bei Cape Kachese findet man drei Arten der dicklippigen, schlanken Cichlidengruppe: *C. brichardi*, *J. dickfeldi* und *J. regani*. Nur selten kann man mehr als einen einzigen *Julidochromis* oder *Chalinochromis* an einer spezifischen Stelle finden. Würde *J. dickfeldi* als ein *Chalinochromis* angesehen, da er sich von C. popelini abgeleitet zu haben scheint, dann wäre Cape Kachese die einzige bekannte Stelle, an der zwei Mitglieder dieser Gattung vorkommen. Zwei unterschiedliche Mitglieder von *Julidochromis* an ein und derselben Stelle ist ein sehr seltenes Ereignis (abgesehen vom Ausbreitungsgebiet des *J. dickfeldi*), und wird nur von der Küste bei Isanga (Sambia) und Kantalamba (Tansania) (an beiden Seiten der Mündung des Flusses Kalambo), und von Uvira berichtet (Brichard, 1978). An diesen drei Stellen leben *J. ornatus* und *J. marlieri* Seite an Seite im selben Biotop.

J. marlieri hat in der Nordhälfte des Sees ein unterbrochenes Verbreitungsgebiet und wird bei Magara in Burundi, bei Luhanga (Poll, 1956), und bei den Kavala Inseln im Kongo gefunden, kommt aber vielleicht auch entlang der kongolesischen Küste zwischen den beiden letztgenannten Stellen vor. *J. marlieri* zeigt auch in die Südhälfte des Sees eine nicht durchgehende Verbreitung. Obwohl er bei Cape Tembwe vorkommt, wurde er weiter südlich entlang der kongolesischen Küste nicht gefunden. Im südöstlichen Teil ist er häufiger zu sehen und wird zwischen Isanga (Sambia) und Kala (Tansania) gefunden. Interessanterweise gibt es *J. marlieri* Populationen bei Samazi und bei Halembe (eine schöne Form mit orangen Punkten auf einem schwarzen Körper), die aus kleinen Tieren mit einem ähnlichen Farbmuster wie *J. Transcriptus* bestehen. Jedoch schließt dieses Muster ein schwarzes Band unter dem Auge ein, ein Merkmal des *J. marlieri*, weshalb diese Populationen als Zwergformen des *J. marlieri* angesehen werden. Dasselbe gilt für die Form bei Katoto und bei Kaku, die besser als "Gombe Transcriptus" bekannt ist.

Julidochromis Arten sind sehr schwer zu definieren, und ich glaube, daß in vielen Fällen das Farbmuster eines bestimmten Tieres vom Biotoptyp, in dem es vorkommt, abhängt. *J. marlieri* und *J. regani* haben überlappende Farbmusterung, was es erschwert, ein Tier der einen oder der anderen Art zuzuordnen, wenn man außer Acht läßt, daß die senkrechte Bänderung auf *J. marlieri* beschränkt ist. Im sedimentfreien Felsbiotop findet man normalerweise dunkelgefärbte *J. marlieri* oder *J. transcriptus*, wenn aber die Felsen mit Sediment bedeckt sind, trifft man eher auf hellergefärbte *J. regani* oder *J. ornatus*. Dringen wir an den Felsen entlang in tiefere Regionen vor, wird uns auffallen, daß es in der Intensität des schwarzen Pigmentes einen vertikalen Verlauf gibt: in den oberen Regionen finden wir hellgefärbte *Julidochromis* und in den tieferen Regionen die dunklen.

J. transcriptus wurde anhand einer Population beschrieben, die am Nordwestende des Sees zwischen Luhanga und Pemba (Bemba) gefunden wird (Matthes, 1959b). Brichard (1978) berichtet, daß es hellgefärbte und dunkelgefärbte Formen gibt, und auch daß eine hellgefärbte Variante ohne senkrechte Bänderung in unmittelbarer Nähe vorkommt, die als *J. ornatus* in den sechziger und frühen siebziger

Jahren exportiert wurde (Brichard, 1978). Matthes (1962) verfaßte eine Neubeschreibung des *J. ornatus* (dessen Holotypus aus dem extremen Süden des Sees, in der Nähe von Mpulungu stammte), wobei er Tiere aus dem extremen Norden verwendete (siehe S. 178 bezüglich der weiteren Diskussion). Wenn wir *J. transcriptus* vom Typusfundort mit den kleinen *J. marlieri* Formen, die in anderen Gegenden vorkommen (Halembe, Samazi, Katoto und Kaku) vergleichen, bemerken wir einen Unterschied im Farbmuster des Kopfes. Das Typusexemplar zeigt keine schwarze Markierung unter dem Auge, außer einem dunklen Streifen, der durch die untere Hälfte des Auges verläuft. Mitglieder der vier genannten Populationen, die bisher als *J. transcriptus* galten, tragen jedoch Zeichnungen auf den Wangen, die denen des *J. marlieri* gleichen.

Ich möchte vorschlagen, alle *Julidochromis* Formen mit senkrechten Bändern und mit Zeichnungen auf den Wangen *J. marlieri* zu nennen und die ohne Wangenmarkierungen *J. transcriptus*. Dies würde bedeuten, daß der sog. "Gombe Transcriptus" eine Variante von *J. marlieri* ist, sowie auch eine helle Form, die bei Katoto vorkommt. Die Zwergform, die ich bei Halembe und Samazi fand, wäre, wenn sie für die Aquarianer erhältlich gewesen wäre, "Transcriptus" genannt worden, soll sie hier jedoch *J. marlieri* heißen. Die einzige Stelle neben dem Typusfundort, die bekanntlich von *J. transcriptus* bewohnt ist, ist Kapampa im Kongo. Im Jahre 1993 schlug ich vor, diese Form *J. ornatus* zuzuordnen, aber da ich mittlerweile mehr *Julidochromis* Formen an den Küsten des Sees gesehen habe, muß ich zugeben, daß sie *J. transcriptus* mehr gleicht als irgendeiner anderen Art dieser Gattung.

Bei Kapampa fand ich eine ähnliche Situation wie die von Brichard (1978) für *J. transcriptus* bei Luhanga beschriebene. Bei Kapampa lebt *J. transcriptus* in der Übergangszone und in Felsbiotopen und zeigt beträchtliche vertikale Ausbreitung. Interessanterweise werden dunkle Tiere zusammen mit viel heller gefärbten gefunden. Die Tiere in größerer Tiefe sind in der Regel dunkler als die in flachem Wasser, jedoch ist dies keine absolute Regel: dunkle Tiere kommen auch in untiefem Wasser vor. Einige Kilometer weiter, zu beiden Seiten dieser Stelle, fand ich Formen mit einem Farbmuster aus drei horizontalen Streifen (siehe Foto S. 177), die deshalb *J. ornatus* zugeordnet wurden.

Brichard (1978) berichtet, daß *J. transcriptus* im Norden in unterschiedlichen Populationen vorkommt, die nur durch einige Kilometer Sandstrand getrennt sind und sich mit *J. ornatus* Populationen abwechseln. Nimmt man die große Variabilität, die *Julidochromis* in einer einzigen Population zeigen kann, in Augenschein, sowie auch ihre seeweite, aber abwechselnde Ausbreitung, hat man es schwer zu beweisen, daß *J. transcriptus* und *J. ornatus* wirklich zwei verschiedene Arten sind. Nur indem man eine Stelle findet, an der beide Arten sympatrisch vorkommen — eine solche Stelle ist uns noch nicht bekannt — kann man beweisen, daß es sich um zwei unterschiedliche Arten handelt. Eine ähnliche Situation besteht für *J. marlieri* und *J. regani*, es gibt noch keine bekannte Stelle, an der beide Arten sympatrisch leben.

Wenn man junge *J. transcriptus* aus einem dekorierten Becken nimmt und in ein helles oder undekoriertes Becken setzt, verändern sie innerhalb weniger Tage ihre Farbe und werden viel heller, wodurch sie kaum noch von jungen *J. ornatus* zu unterscheiden sind.

Das Brutverhalten der verschiedenen *Julidochromis* Arten unterscheidet sich nur geringfügig. Es sind Höhlenbrüter, und die Weibchen befestigen normalerweise die Eier an den Seiten oder der Decke ihrer Laichhöhle. *J. transcriptus* und *J. ornatus* laichen (mit kleinen Gelegegrößen) alle vierzehn Tage ab, während die anderen Arten (*J. marlieri*, *J. regani* und *J. dickfeldi*) alle 4-5 Wochen brüten. *J. marlieri* und *J. regani* lassen sich ferner dadurch unterscheiden, daß die Weibchen normalerweise größer als die Männchen sind (unter Berücksichtigung ihres Alters). Die Eier und Jungfische werden in erster Linie vom Weibchen versorgt. Weibchen der größeren "Julies" befächeln die Eier häufiger und bleiben in engerem Kontakt mit ihrer Brut als die *J. transcriptus* und *J. ornatus* Weibchen.

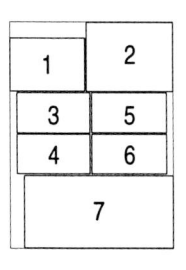

Seite 104	1. *Chalinochromis* sp. "ndobhoi" bei Bulu Point, Tansania. 2. *Julidochromis dickfeldi* bei Katete, Sambia. 3. *Chalinochromis popelini* bei Kambwebwe, Kongo. 4. *C. popelini* (Kekese, Tansania). 5, 6 und 7. Drei verschiedene Formen des *C. popelini* an der Insel Ulwile, Tansania.
Seite 105	Mehrere geographische Varianten von *Julidochromis marlieri* und *J. transcriptus*. Die Karte gibt die Verbreitung der verschiedenen *Julidochromis* Arten wieder: schwarz = *J. marlieri*; blau = *J. transcriptus*; rot = *J. ornatus*; gelb = *J. regani*, lila = *J. dickfeldi*.

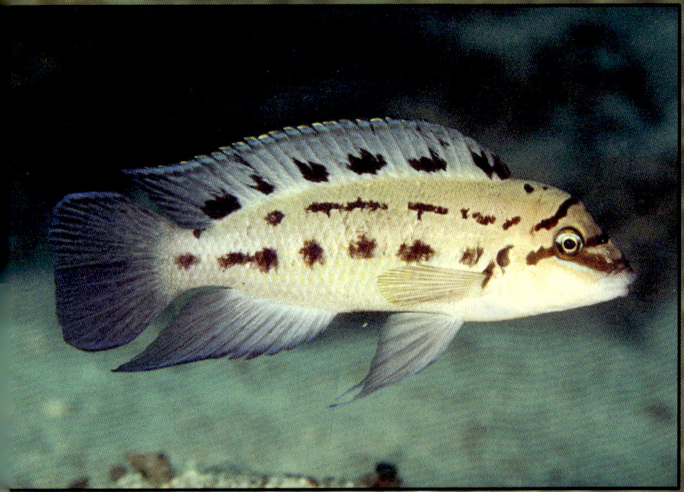
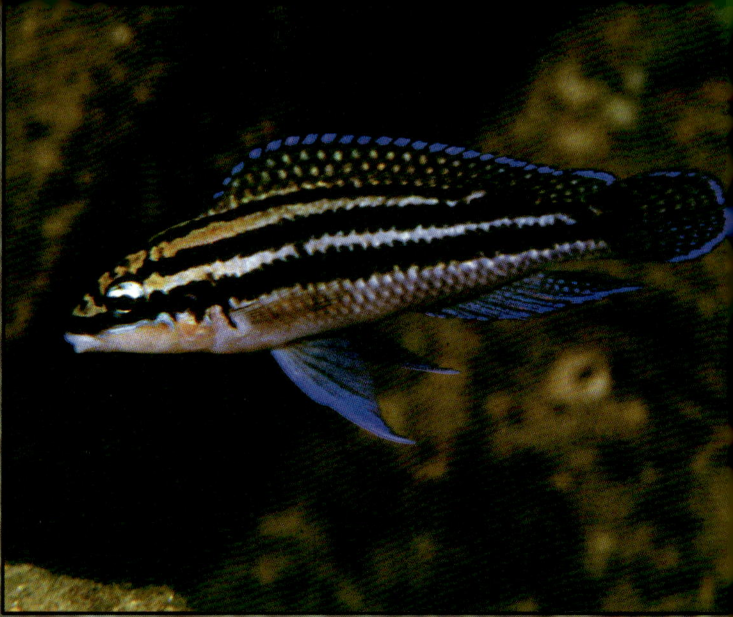
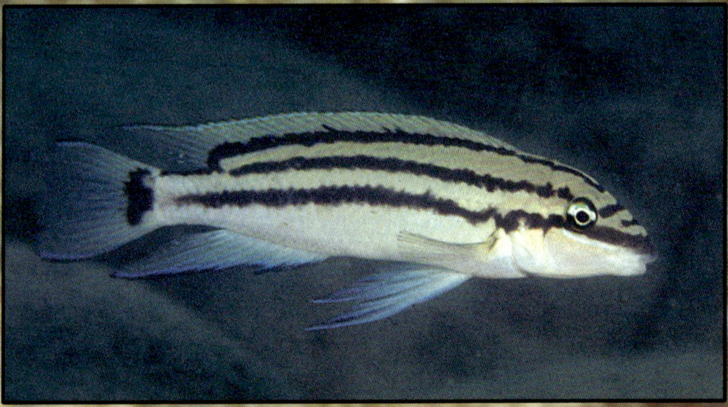
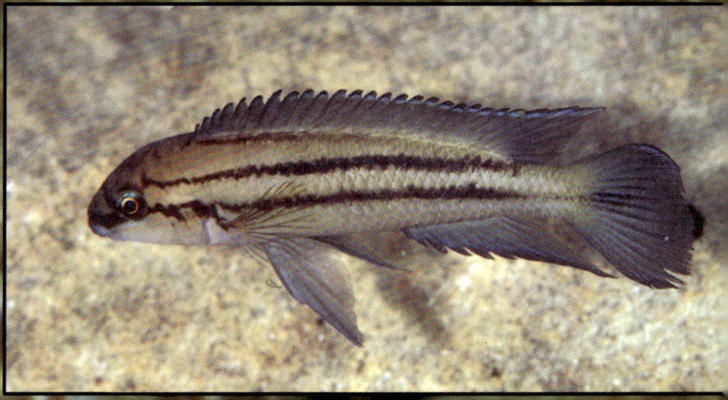
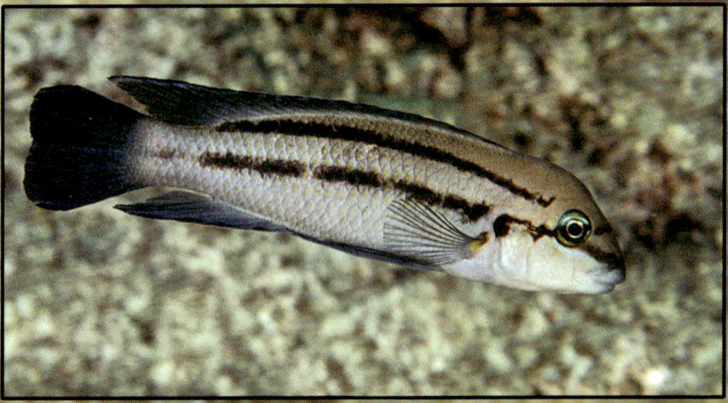
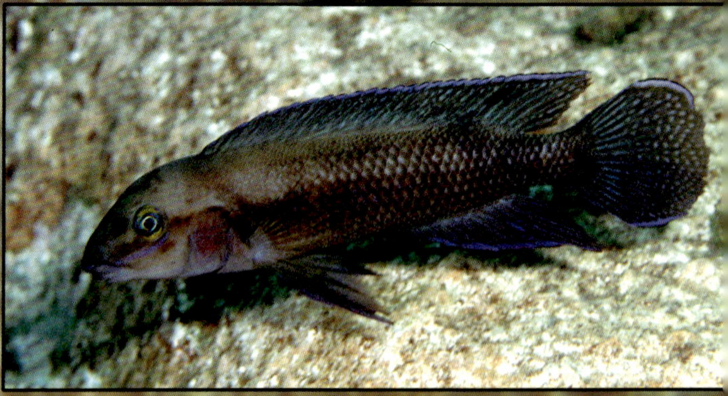
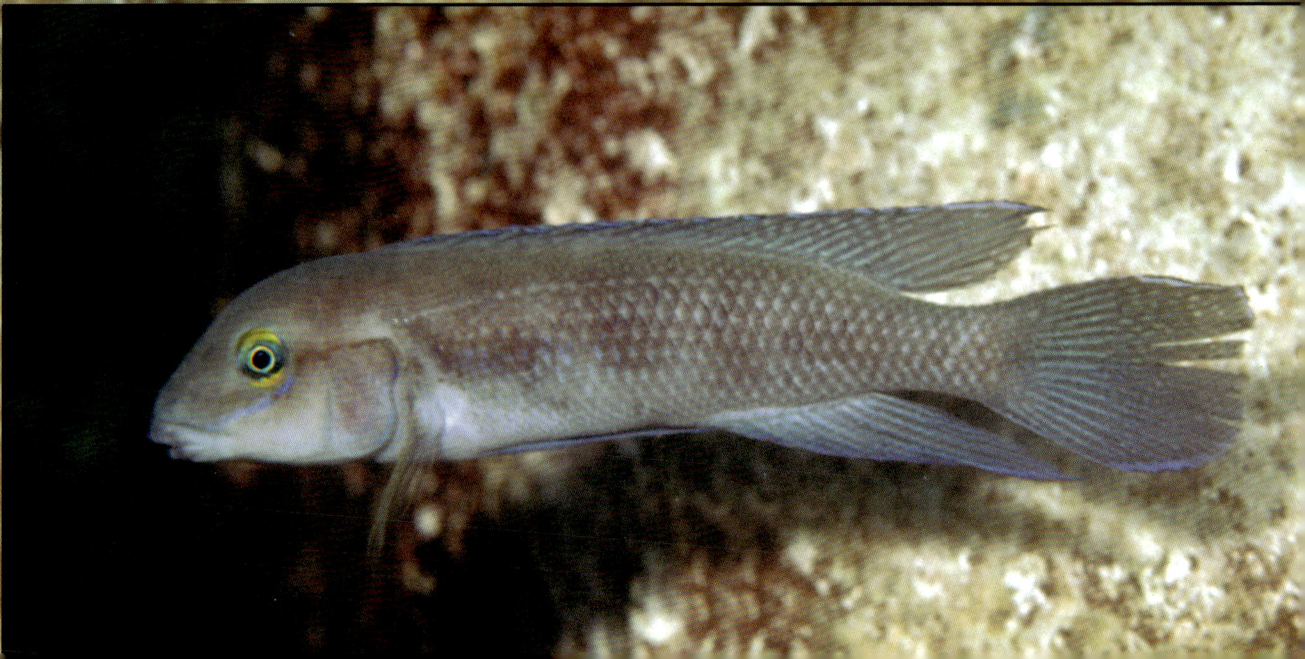

① *J. transcriptus*, Pemba (Aquarium)
② *J. marlieri*, Milima
③ *J. marlieri*, Cape Tembwe
④ *J. transcriptus*, Kapampa
⑧ *J. marlieri*, "Gombe" (Aquarium)
⑫ *J. marlieri*, Katoto
⑤ *J. marlieri*, Magara
⑥ *J. marlieri*, Halembe
⑦ *J. marlieri*, Kala
⑧ *J. marlieri*, Katili
⑨ *J. marlieri*, Samazi
⑩ *J. marlieri*, Kambwimba
⑪ *J. marlieri*, Isanga

Asprotilapia leptura

Asprotilapia leptura sieht man häufig in Schulen auf Nahrungssuche am Aufwuchs großer Felsblöcke. Das Maul des *A. leptura* ist unter Tanganjikacichliden einzigartig und ähnelt dem des *Labeotropheus* im Malawisee. *A. leptura*, der auf eine Gesamtlänge von etwa 10 cm heranwachsen kann, hält seinen Bauch beim Fressen gewöhnlich dicht am Substrat. Er beißt mit seinem unterständigen Maul schnell in den Aufwuchs. Aufgrund seiner Maulstellung — das Maul öffnet sich nach unten — kann er Algen in einer Stellung parallel zum Fels aufpicken. Er preßt seine Lippen nicht gegen das Substrat, sondern stößt fest gegen den Fels und reißt die Algen aus dem Aufwuchs (Yamaoka, 1990). Ist Plankton im Überfluß vorhanden, verläßt *A. leptura* die Felsen und gesellt sich zu einer planktonfressenden Gruppe im offenen Wasser.

A. leptura ist ein beidelterlicher Maulbrüter. Es gibt keinen sexuellen Dichromatismus, jedoch ist das Männchen etwas größer als das Weibchen. Vor dem Brüten verlassen ein Männchen und ein Weibchen die Schule, stecken ein kleines Revier ab und laichen. Im Aquarium benutzt das Männchen kleine Gruben im Sand, falls vorhanden, da es selbst keine anlegen kann. Während des Ablaichens setzt das Weibchen einige Eier gleichzeitig ab, die vom Männchen, während sie noch auf dem Sand liegen, befruchtet werden. Während eines einzigen Ablaichzyklus können manchmal verschiedene Stellen benutzt werden. Werden mehr Eier gelegt als vom Weibchen aufgenommen werden können, wird das Männchen ihm beim Aufsammeln der restlichen Eier behilflich sein. Große Gelege werden von beiden Eltern im Maul ausgebrütet, jedoch ist es gewöhnlich das Weibchen, das die Eier und Larven im Frühstadium bebrütet. Halbwegs durch die dreiwöchige Brutperiode hindurch gibt das Weibchen einen Teil oder die gesamte Brut an das Männchen ab. Während der Inkubationszeit der Eier und Larven bleibt das Paar dicht beieinander, und wenn die Jungen freigesetzt werden, werden sie auch von beiden bewacht. Die Brutpflege nach dem Freisetzen kann sich über mehrere Wochen erstrecken, und Paare mit relativ großen Jungen sind recht häufig zu finden (siehe Foto S. 108).

A. leptura ist seeweit verbreitet und an fast jeder Felsküste, die große Felsblöcke enthält, zu finden. Geographische Variation ist unbekannt. Frühere Berichte über eine gelbe Form in der Chituta Bay (Konings, 1988), beziehen sich auf eine andere Art — *Xenotilapia* sp. "sunflower" (siehe S. 122).

Ophthalmotilapia boops

O. boops gleicht *O. ventralis* in Form, Verhalten und Färbung. Der Hauptunterschied zwischen diesen beiden Arten liegt in den dreispitzigen Zähnen in der äußeren Reihe bei *O. boops*, die bei *O. ventralis* zweispitzig sind. Ein kleiner Unterschied, möchte man sagen, aber beide Arten kommen an der Insel Nkondwe, bei Cape Korongwe und bei Cape Mpimbwe sympatrisch vor. *O. boops* findet man normalerweise im oberen Teil des Felsbiotops, jedoch nicht, wie *O. ventralis*, in der Brandungszone (siehe S. 39). Territoriale *O. boops* Männchen verteidigen einen Laichplatz auf einem großen, flachen Felsblock, während *O. ventralis* beinahe jede Art Felsfläche als Brutrevier akzeptiert. *O. boops* verteidigt sein Gebiet heftig und vertreibt alle Eindringlinge aus dem relativ großen Brutrevier — die Reviere haben gewöhnlich einen Durchmesser von über 1 m. *O. boops* ist im südlichen Teil seines Verbreitungsgebietes, wo er den Biotop nicht mit *O. ventralis* teilt, ganz dunkelbraun bis schwarz gefärbt, zeigt jedoch an der Insel Nkondwe, wo er den Biotop mit einer ganz schwarzen *O. ventralis* Form teilt, einen weißen bis hellblauen Fleck auf Schwanzstiel und Schwanz. Seltsamerweise ist bei Cape Mpimbwe die Situation umgekehrt: hier hat *O. ventralis* weiße Flecken auf einem schwarzen Körper, während *O. boops*, abgesehen von einigen winzigen weiß-blauen Flecken auf dem Schwanz und der Rückenflosse, ganz schwarz ist. An der Insel Nkondwe ist die *O. boops* Population viel größer als die von *O. ventralis*, vielleicht weil *O. boops* aggressiver ist und sein Revier über eine größere Tiefenspanne ausdehnen kann als *O. ventralis*. Es sieht aus, daß sie gegenseitig die Möglichkeit einer Verwirrung der Weibchen bei der Partnerwahl ausschließen müssen, da beide Arten so ähnlich aussehen.

O. boops, wie auch *O. ventralis*, fressen vom Aufwuchs auf den Felsen. Sie schaben die Algen nicht ab oder kämmen sie aus, sondern picken willkürlich lockeres Material vom Substrat auf. Ihre Nahrung besteht vorwiegend aus Algen (Kieselalgen), jedoch werden auch Sandkörner und anderes, verdauliches Material aufgenommen. Die Weibchen und nichtterritorialen Männchen fressen, falls vorhanden, ebenfalls Plankton.

O. boops ist ein Maulbrüter mit ähnlichem Brutverhalten wie *O. ventralis* (S. 42). Alle *Ophthalmotilapia* Arten brüten auf ähnliche Art und Weise, und die Männchen aller Arten tragen gelbe Eiattrappen an den Spitzen ihrer Bauchflossen.

O. boops kommt entlang der Ostküste des Sees zwischen Hinde B, dem südlichsten Punkt seines Verbreitungsgebietes, und der Felsküste südlich von

Karema vor. Die südlichen Populationen zeichnen sich durch dunkelbraune Tiere aus und die nördlichen durch blauschwarze Männchen. Nur an der Insel Nkondwe zeigen die Männchen hellblaue Flecke. Die Weibchen sind in allen bekannten Populationen silbrig gefärbt.

Schuppenfresser

Perissodus microlepis und *P. eccentricus* kommen beide im Felsbiotop vor, jedoch ist Ersterer in allen Biotoptypen zu finden und seeweit verbreitet. Es gibt sechs verschiedene Cichlidenarten im See, die sich fast ausschließlich von den Schuppen anderer Fische ernähren. Schuppen haben genügend Nährwert, um Hauptbestandteil einer gesunden Ernährung sein zu können (Nshombo et al., 1985).

P. eccentricus erhielt seinen Namen wegen seines ungleichmäßigen Mauls, das sich entweder mehr nach links oder mehr nach rechts öffnet. Andere Forscher konnten zeigen, daß offensichtlich alle Schuppenfresser ein asymmetrisches Maul haben (Hori, 1993). Schuppenfresser können beide Seiten der Flanke ihrer Opfer angreifen, jedoch scheint es, daß ein Schuppenfresser mit einer größeren Maulöffnung auf der rechten Seite normalerweise die linke Flanke des Opfers attakiert, und umgekehrt (Hori, 1993). Damit wird uns klar, daß das asymmetrische Maul eine perfekte Anpassung an die "Schlag und Renn" Methode der Schuppendiebe ist. Bei einem erfolgreichen Angriff wird das Opfer von hinten attakiert, und es ist ihm nicht bewußt, was geschieht, bis eine oder mehrere Schuppen aus seiner Flanke gerissen wurden. Bevor er jedoch reagieren kann, ist der Schuppenfresser schon von der Bildfläche verschwunden.

Jedoch sind Fische sich sehr wohl der Möglichkeit eines Angriffs bewußt, und bis die Mehrheit der Schuppenfresser in einer Population ein linksstehende Maul entwickelt haben (womit sie die rechte Seite ihrer Opfer angreifen), haben ihre möglichen Opfer bereits gelernt, nach Räubern, die sich von rechts anschleichen, Ausschau zu halten. Das bedeutet, daß in solchen Situationen Schuppenfresser, die "rechtsmäulig" sind und ihre Opfer von links angreifen, einen Vorteil gegenüber der Mehrzahl ihrer Konkurrenten haben. Wenn sich die Population der Schuppenfresser langsam zur favorisierten "Rechtsmäuligkeit" hin verschoben hat (da sie mehr Futter bekommen), werden die Opfer jedoch daran gewöhnt sein, öfter von links angegriffen zu werden, so daß sich der Vorteil wieder umkehrt. Laut Hori (1993) findet dies wirklich statt, und im Laufe der Zeit scheint bei Räuber und Opfer ein fortdauernder Wechsel zwischen links und rechts zu existieren.

P. microlepis ist der am häufigsten vorkommende Schuppenfresser im See und wird von anderen Fischen auch sofort als solcher erkannt. Jedoch greift *P. microlepis* seine Opfer aus einiger Entfernung an, bevor diese den Räuber ankommen sehen. *P. microlepis* wählt Fische aus, die sich vom Algenaufwuchs ernähren oder oft balzen; oder anders ausgedrückt, sie wählen unaufmerksame Opfer aus. Die Größe der Opfer entspricht in der Regel dem der Räuber. Ein typischer Angriff startet mit einem schnellen Vorstoß, manchmal aus über 1 m Entfernung, gefolgt von einem recht heftigen Zusammenprall. Die Wirkung der Kollision ist in der Regel ein Schauer silbriger Schuppen. Das Opfer scheint nicht zu sehr verletzt zu sein; ich konnte öfters beobachten, daß sie einfach weiter vom Aufwuchs fraßen, selbst wenn sie durch den Zusammenprall weggeschubst wurden. *P. microlepis* zieht aus solchen Situationen gewöhnlich einen Vorteil, indem er wiederholt einige Male zustößt, bis das Opfer schließlich flieht.

P. microlepis ist ein hochspezialisierter Cichlide, der die erbeuteten Schuppen nicht sofort frißt, sondern sie schön aufstapelt, bevor sie durch den Verdauungstrakt wandern. Nach einem Angriff sieht man den Räuber seine Kiefer bewegen. Untersuchungen

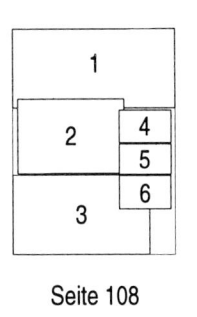

Seite 108

1. Eine *Asprotilapia leptura* Schule bei Samazi, Tansania.
2. *A. leptura* bei der Brutpflege bei Isanga, Sambia.
3. *Ophthalmotilapia boops* an der Insel Nkondwe, Tansania.
4. Ein *O. boops* Männchen bewacht sein Revier auf einem großen Fels (Insel Nkondwe). *O. boops* bei Kisambala, Tansania (5) und bei Msalaba, Tansania (6).

Seite 109

1. *Perissodus eccentricus* an der Insel Ulwile, Tansania. Der asymmetrische Kopf eines *P. eccentricus* Exemplares von rechts (2) und von links (3) betrachtet.
4. Die *Perissodus microlepis* Jungen suchen im Maul des Männchens Schutz (Magara, Burundi).
5. Eine Gruppe *P. microlepis* Jungtiere enthält oft auch welche von anderen Paaren.
6. *P. microlepis* bei der Brutpflege (Kipili, Tansania).

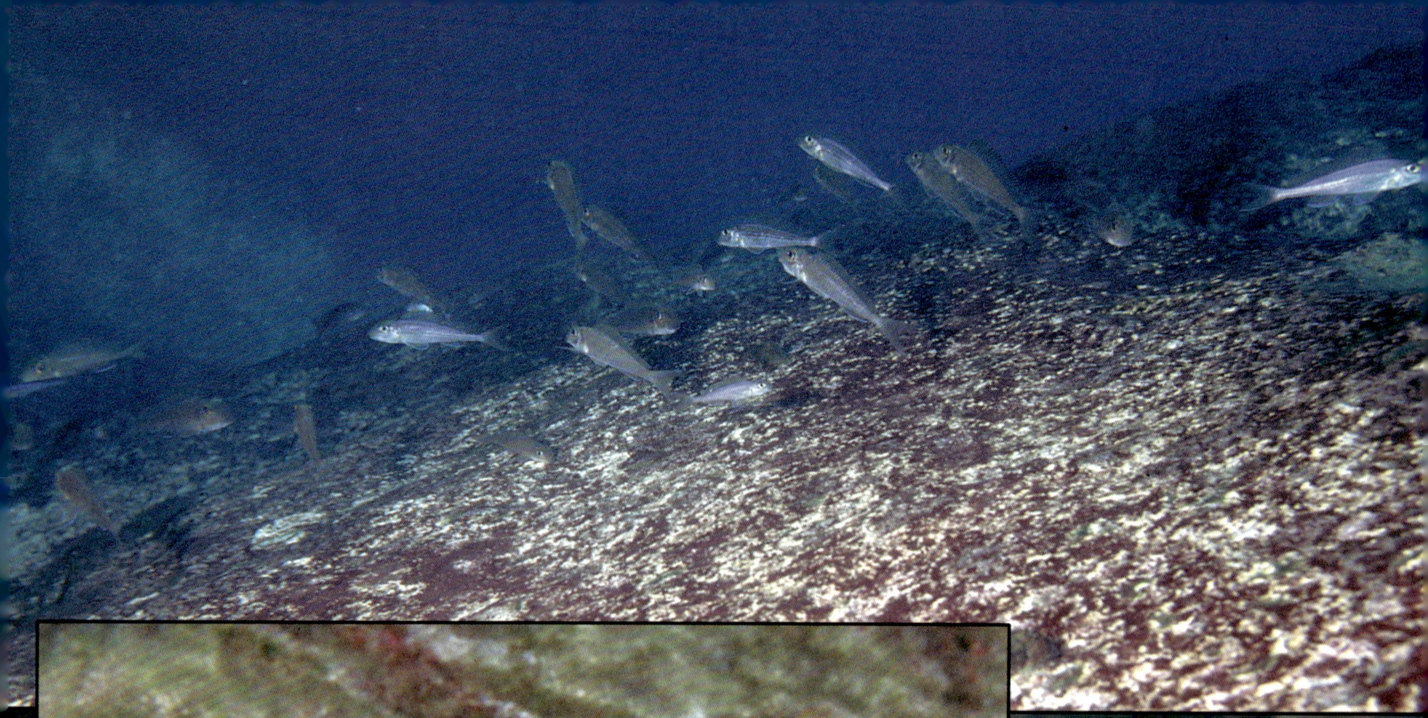
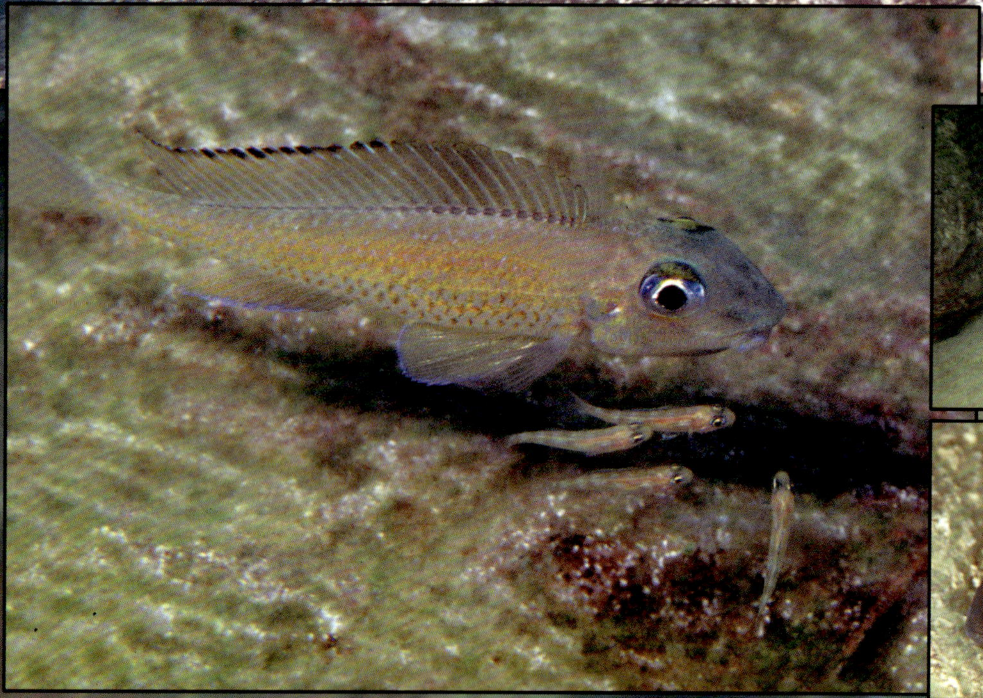
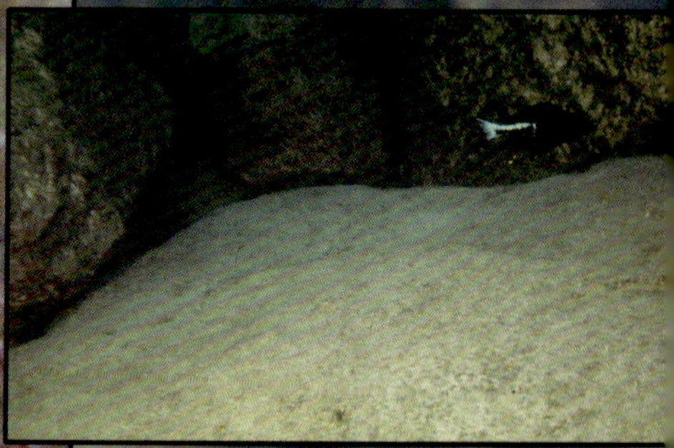
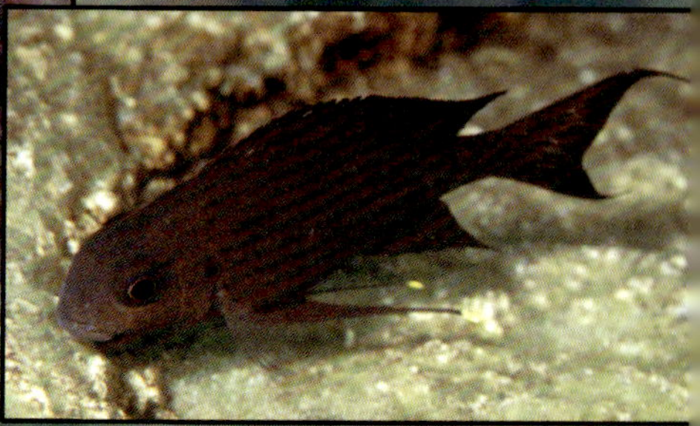
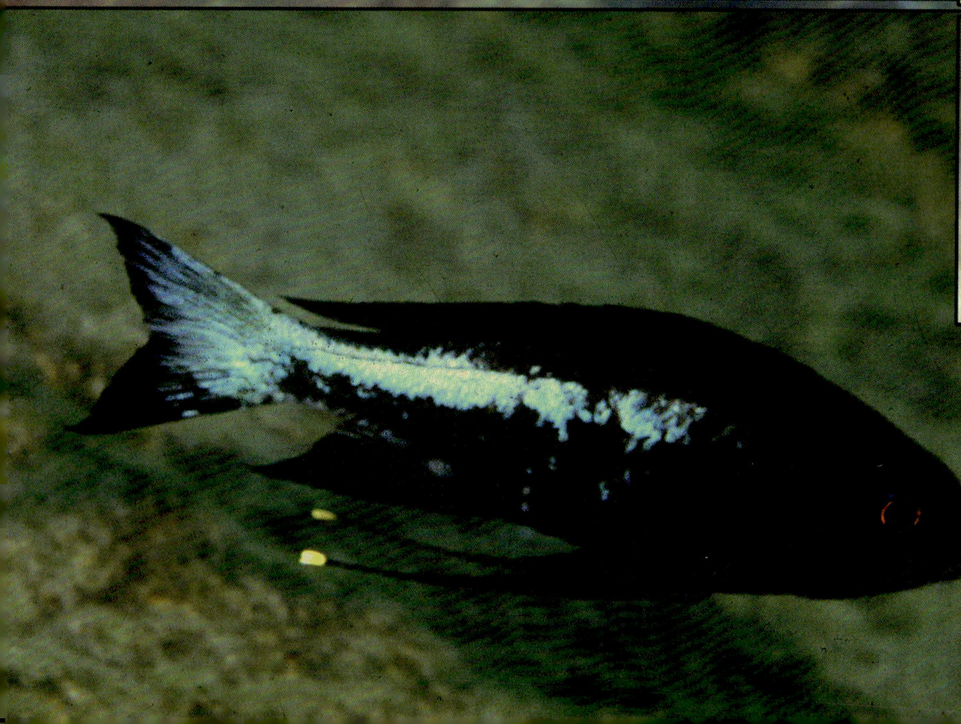
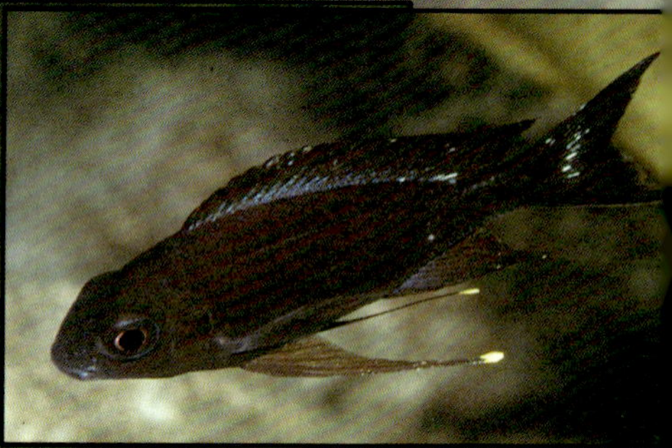
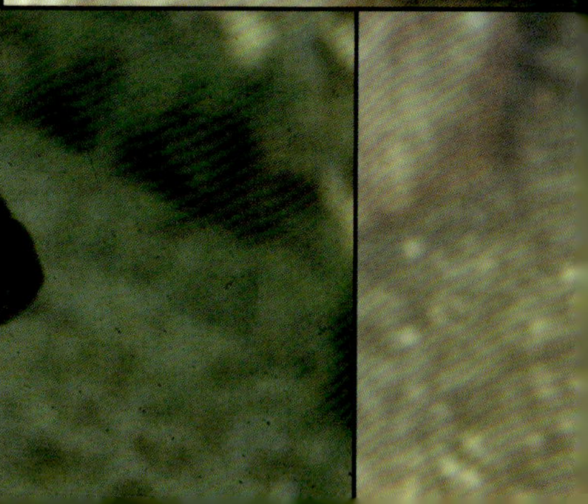

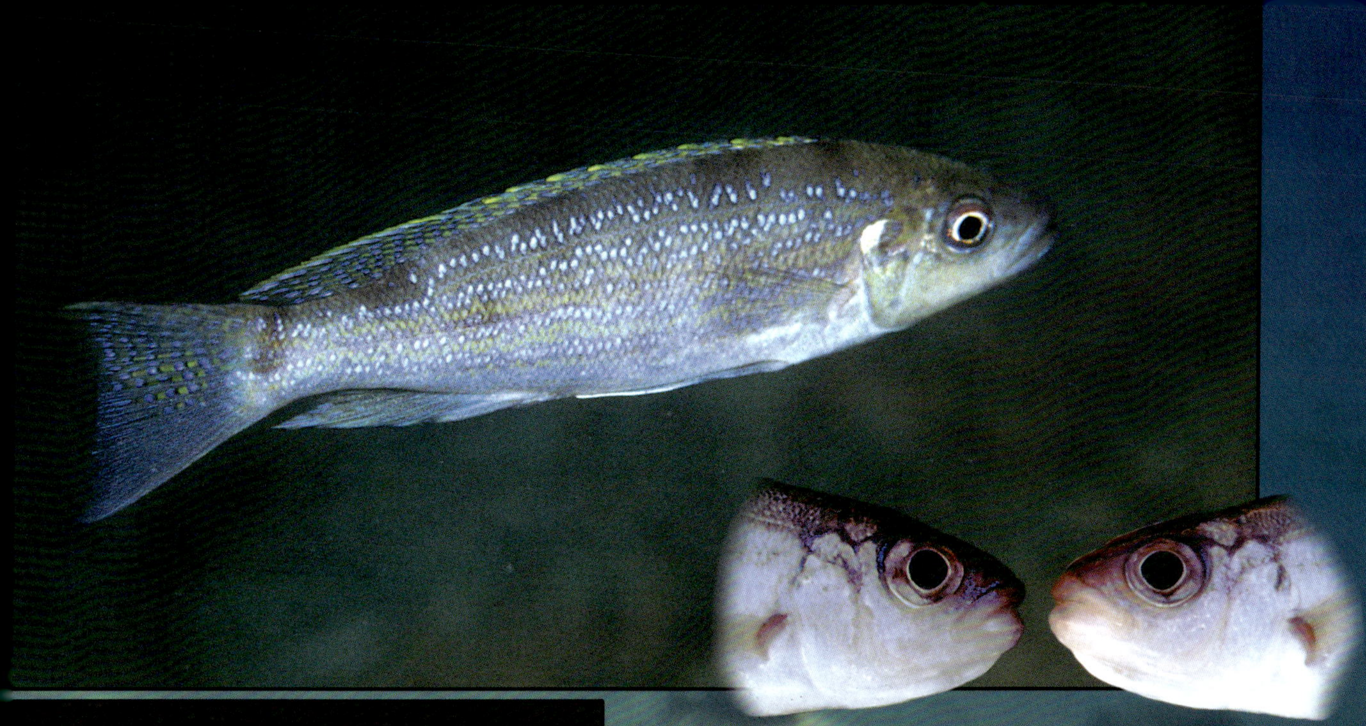
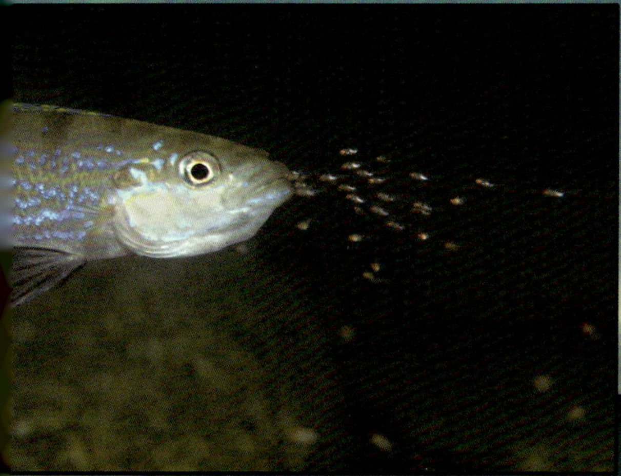
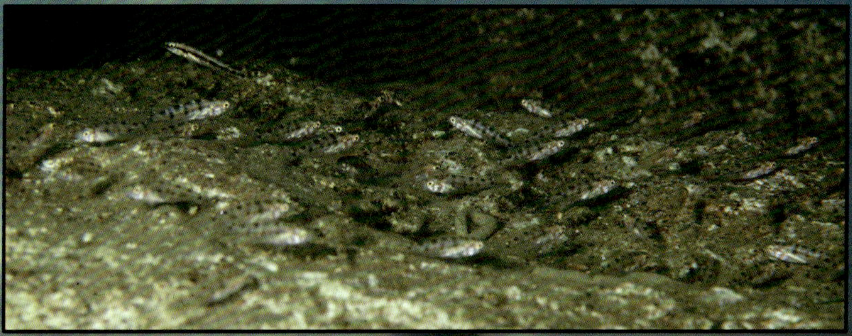
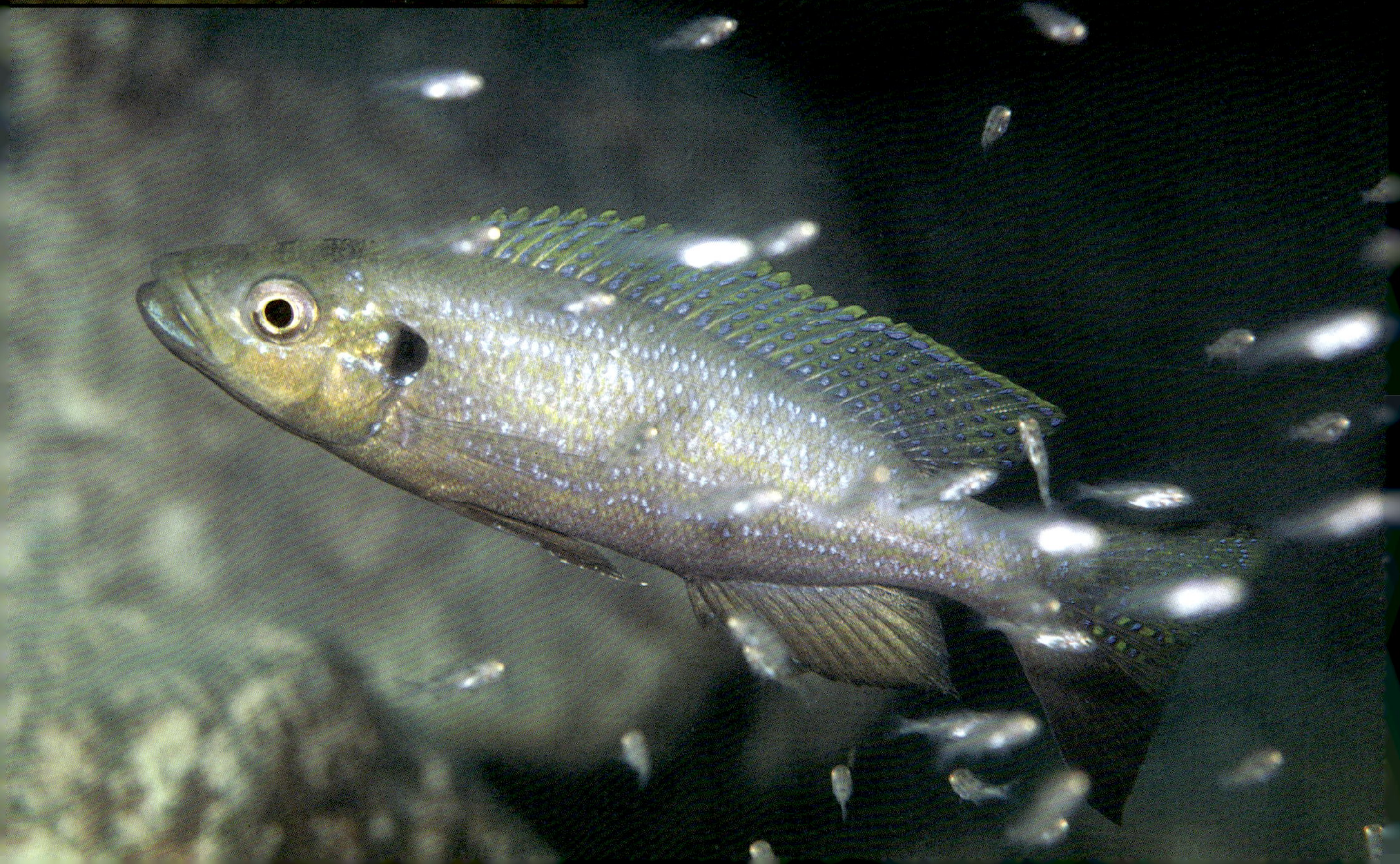

der Darminhalte zeigten perfekt gestapelte Schuppen im Magen (Liem & Stewart, 1976). Der Vorteil des Aufstapelns liegt im wirksameren Auffüllen des Darmkanals. Die Schuppen werden von den Pharyngealzähnen nicht mazeriert, sondern langsam durch die Darmsäfte verdaut. Reduzierte Zähne auf den Pharyngealknochen sind nur am Rande vorhanden. Die seltsamen, spitzhackenförmigen Zähne auf den Kiefern sind, wenn das Maul geschlossen ist nach hinten gebogen, zeigen jedoch nach vorne, wenn das Maul maximal geöffnet wird (was weiter als bei den meisten Cichliden möglich ist). Die Schuppen werden schnell verdaut, weshalb die Schuppenfresser einen kurzen Darmkanal von weniger als der halben Gesamtlänge haben. Der Magen hat die Form einer länglichen Tasche und umfaßt ein Drittel des Trakts.

Die maximale Gesamtlänge des *P. microlepis* liegt bei etwa 12 cm und des *P. eccentricus* bei etwa 16 cm.

Das Brutverhalten der Schuppenfresser ist sehr interessant, da sie ein Paarband bilden, obwohl sie Maulbrüter sind und die Weibchen die Eier ausbrüten. Die Eier werden vom Männchen befruchtet, wenn sie noch auf dem Substrat liegen. Mehrmals wurde beobachtet, daß über 30 Minuten vergingen, bevor das Weibchen die Eier in sein Maul aufnahm (Yanagisawa & Nshombo, 1983). Die Gelege umfassen normalerweise mehr als 200 winzige Eier. Die Jungen schlüpfen nach zwei Tagen und nach einer Woche werden die sie vom Weibchen freigesetzt. Das Männchen hat die Aufgabe, das Revier zu verteidigen und nimmt Anteil an der Aufzucht der Jungen, bis diese eine Länge von etwa 6 cm erreicht haben, was am zehnten oder elften Tag nach dem Ablaichen der Fall ist. Jetzt nimmt das Männchen die Jungen auf, wenn sie bedroht werden. Das ausgewählte Revier befindet sich in der Regel über einem großen Fels und brutpflegende Paare sind recht häufig zu sehen. Die *P. microlepis* und *P. eccentricus* Jungen fressen Plankton, wie die meisten jungen Cichliden, beginnen jedoch ihre Nahrung mit Schuppen anzureichern, wenn sie eine Länge von 4-5 cm erreicht haben.

Yanagisawa (1985) führte einige interessante Experimente mit brütenden *P. microlepis* durch. In einem Experiment entfernte er einen Elternteil während der Brutpflegezeit und fand dabei heraus, daß Zweierlei passieren konnten. Die häufigste Reaktion war ein intensiviertes Herumschwimmen des übriggebliebenen Partners. Mehr Jungfische fielen Räubern zum Opfer als wenn beide Eltern zugegen waren. Das Weibchen stellte sich dabei als besserer Elternteil heraus. Die zweite, mögliche Reaktion war, daß der übriggebliebene Elter begann, die Jungen aufzusammeln und eine kurze Erkundungstour unternahm. Wenn der verzweifelte Elter mit seinem Maulvoll Jungen auf ein anderes *P. microlepis* Paar mit Jungen, die größer als die eigenen waren, stieß, spuckte er schnell seine eigenen Jungen unter die größeren. Der Eindringling wurde schnell vertrieben, die eingebrachten Jungen jedoch von den Pflegeeltern akzeptiert. Der einzelne Elter würde dann zum Nest zurückkehren, um eine zweite Charge Jungfische aufzunehmen und sie einem anderen Brutpaar unterzujubeln.

Das Brutverhalten von *P. microlepis* ist nur eine Stufe vom echten Substratbrüten entfernt. Die Hauptaufgabe des Männchens bei Substratbrütern besteht im Patrouillieren durch´s Revier, während das Weibchen die Jungen versorgt. Später, wenn die Jungen beginnen, zum Fressen ihr Versteck zu verlassen, hilft das Männchen aktiv bei ihrer Verteidigung. Ein Mangel an Schutzplätzen (= Mangel an Brutstätten) könnte bei *Perissodus* und auch anderen Arten zur Entwicklung des Maulbrütens geführt haben. Die größere Anzahl Eier, ihre kleine Größe und das frühe Freisetzen der Jungen lassen darauf schließen, daß die angewendete Bruttechnik dieser Cichliden sehr nahe mit dem der Substratbrüter verwandt ist. Der nächste Schritt in der Evolution der Maulbrüter könnte beidelterliches Maulbrüten sein, wie von *Limnochromis auritus* praktiziert (siehe S. 258). In einem späteren Stadium könnten die Eier größer werden und ihre Zahl geringer und über eine längere Zeitspanne inkubiert werden, wie z. B. bei den Grundelcichliden (siehe S. 27).

P. microlepis kommt in fast jedem Biotop vor, und es ist nicht bekannt, ob sich geographische Varianten entwickelt haben. *P. eccentricus* wurde anhand von Tieren beschrieben, die in einem Kiemennetz in 100 m Tiefe im Südteil des Sees in der Chituta Bay, Sambia, gefangen wurden, jedoch wurde er auch um Kipili im seichten Felsbiotop gesehen. Er gleicht in Färbung und Verhalten *P. microlepis*, ist jedoch hochrückiger.

Der tiefe Felsbiotop

Der tiefe Felsbiotop zeichnet sich durch mit Sediment bedeckte Felsen und dazwischenliegende kleine Stellen aus Schlamm und Sand aus. In der Tiefe dieses Biotops, das hier als Felssubstrat unterhalb von 20 m Tiefe definiert werden soll, hindert das schwache Licht die meisten Grünalgen (jedoch nicht alle) am Wachstum. Die meisten Algen auf den Felsen sind braun oder rötlichbraun. Nicht-Cichliden, wie z. B. Welse der Gattung *Synodontis*, findet man gewöhnlich während des Tages in mehr als 40 m Tiefe. Sie kommen im seichten Felsbiotop häufig vor, sind jedoch Nachttiere, die ihre Verstecke nur im Dunkeln verlassen.

Neolamprologus buescheri

N. buescheri, der nach seinem Entdecker Heinz Büscher benannt wurde, ist ein bei den Aquarianern sehr populärer Cichlide. Noch vor nicht langer Zeit wurden die ersten Tiere bei Cape Kachese, dem Typusfundort, entdeckt. *N. buescheri* wird normalerweise unterhalb von 20 m Tiefe gefunden, obwohl einige Tiere in nur 10 m tiefem Wasser leben können (Isanga, Sambia). Büscher (1992b) berichtet, daß Hauptbestandteil seiner Nahrung Insektenlarven (meistens Zuckmückenlarven) sind, jedoch werden dem Substrat auch andere Wirbellose entnommen.

N. buescheri ist ein Höhlenbrüter und Höhlenbewohner: selten wagt er sich weiter als 30 cm von seiner Höhle weg. Häufig sieht man mehrere Tiere zusammen, und es scheint, daß es sich manchmal um Paare handelt und manchmal um schon relativ große Jungtiere, die noch immer in der elterlichen Höhle "herumhängen". Im Aquarium brütet *N. buescheri* recht häufig, fast alle zwei Wochen, jedoch sind die Gelege klein, manchmal nicht mehr als 5 Eier. Wenn das Weibchen älter wird, produziert es größere Gelege, jedoch zählte der größte Laich, den ich jemals sah, 42 Eier. Im See kann ein Männchen mehrere brütende Weibchen in seinem Revier dulden, normalerweise aber sind es nur zwei. Sein Revier ist nicht sehr groß, und die Weibchen leben in 1 m Entfernung voneinander. Im Aquarium werden die Eier an einer senkrechten Fläche des Felses befestigt, und das Weibchen befächelt die Eier niemals, wahrscheinlich weil es nur wenige gibt. Das Nest wird sowohl vom Männchen als auch vom Weibchen verteidigt, jedoch bleibt, wie gewöhnlich, das Weibchen dichter beim Gelege als das Männchen.

Wie bereits erwähnt, ist der Typusfundort von *N. buescheri* Cape Kachese in Sambia. Noch andere Populationen wurden entdeckt und das gesamte Verbreitungsgebiet des *N. buescheri* umfaßt zur Zeit die Südwestküste des Kongo, südlich von Tembwe II (Büscher, 1992b), die gesamte sambische Küstenlinie des Sees bis in tansanisches Wasser hinein, wo die nördlichste Population bei Samazi gefunden wurde. In den verschiedenen Populationen gibt es etwas geographische Variation. Die nördlichsten Populationen im Kongo haben eine gelbbraune Grundfarbe, und es fehlt ihnen das dunkle, submarginale Band in der Rückenflosse (Büscher, 1992b). Die Variante bei Kamakonde ist durch helle Flecke auf dem Schwanz und dem weichstrahligen Teil der

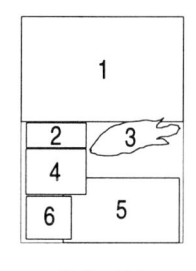

Seite 112

1. Die bunten Felsen bei Mkinga, Tansania.
2. Ein konserviertes *Ctenochromis benthicola* Männchen.
3. Ein orange-blotch (OB) *C. benthicola* Weibchen. Foto Mark Smith.
4. Laif DeMason hält einen getrockneten Kopf von *Lates angustifrons* hoch.
5. *L. angustifrons* sind im tieferen Felsbiotop häufiger anzutreffen (Bulu Point, Tansania).
6. Der Stachelaal *Aethiomastacembelus ellipsifer* schaut aus einem Loch heraus.

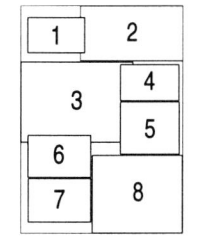

Seite 113

Neolamprologus buescheri an verschiedenen Stellen:
1. Kamakonde, Kongo (Aquariumfoto).
2. Cape Kachese, Sambia; der Typusfundort.
3. Isanga, Sambia.
4. Chituta, Sambia.
5. Cape Chaitika, Sambia.
6. Samazi, Tansania.
7. Moliro, Kongo.
8. Kantalamba, Tansania.

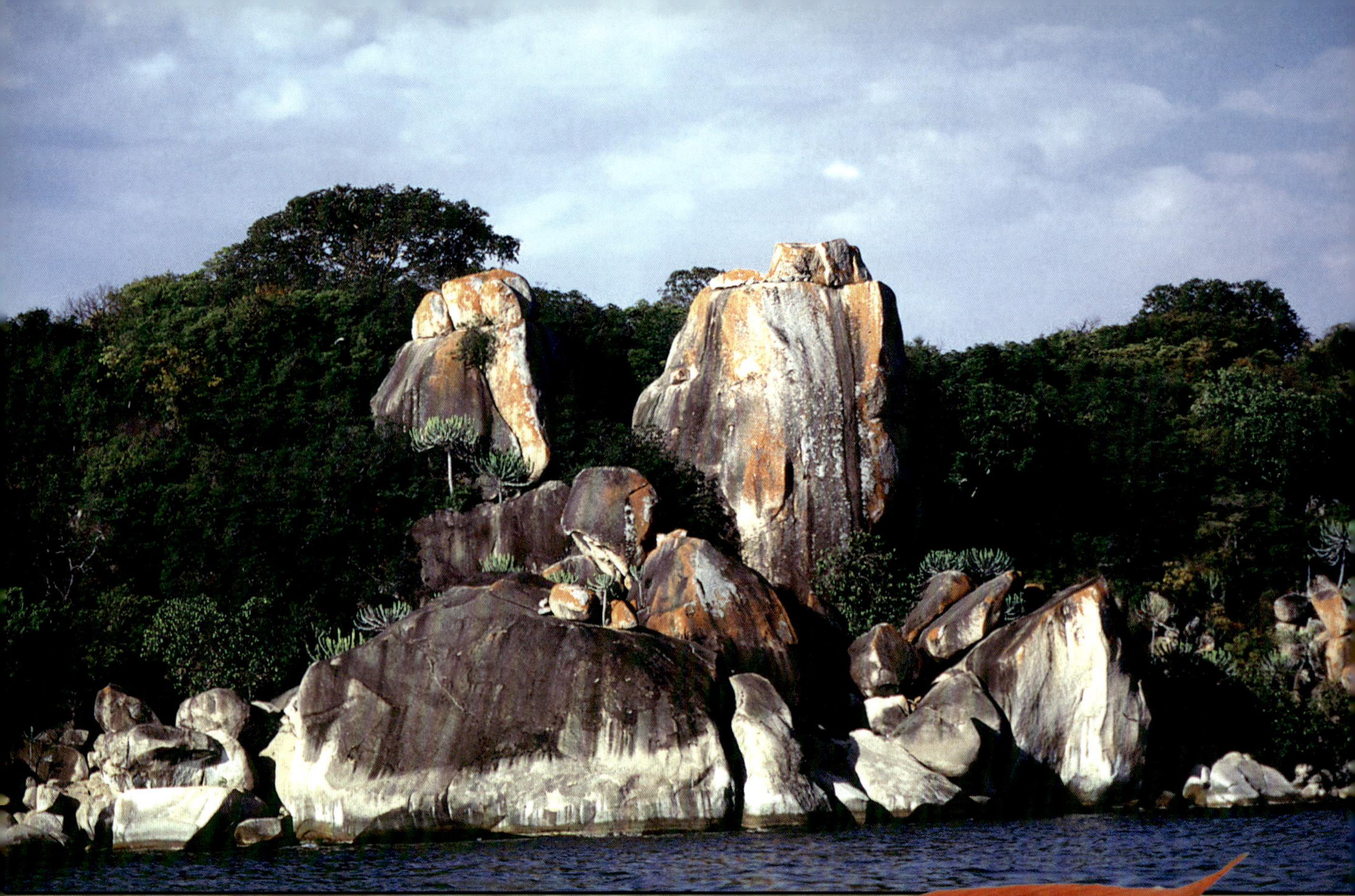

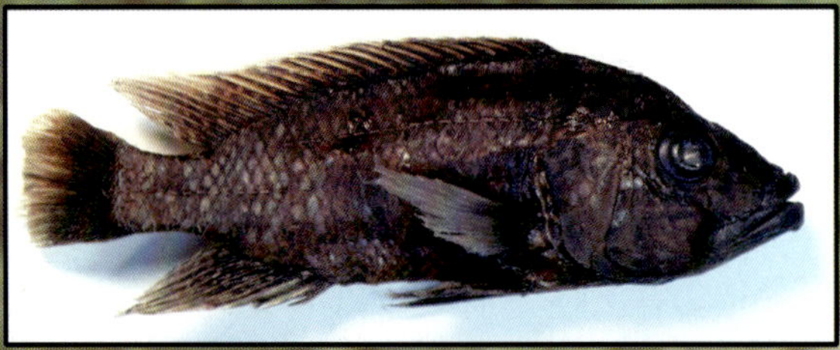

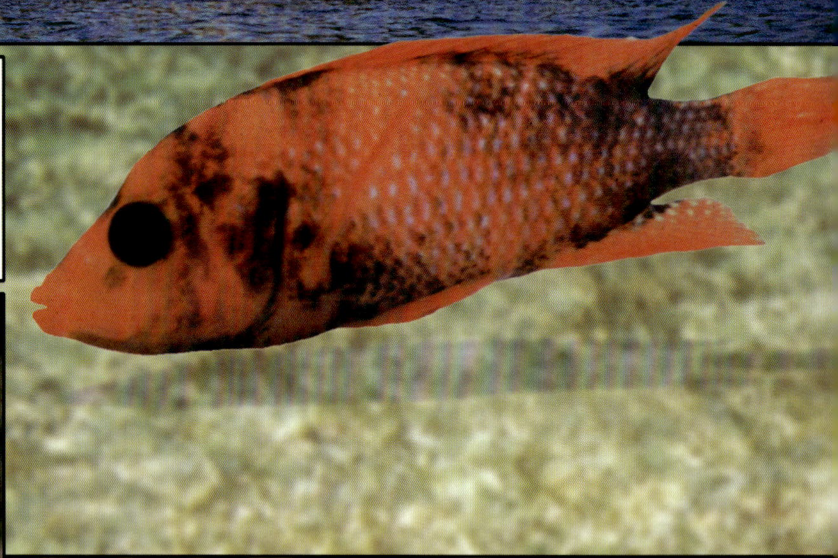

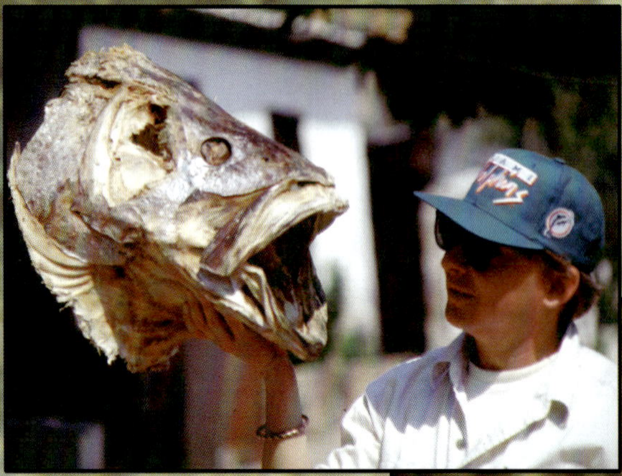

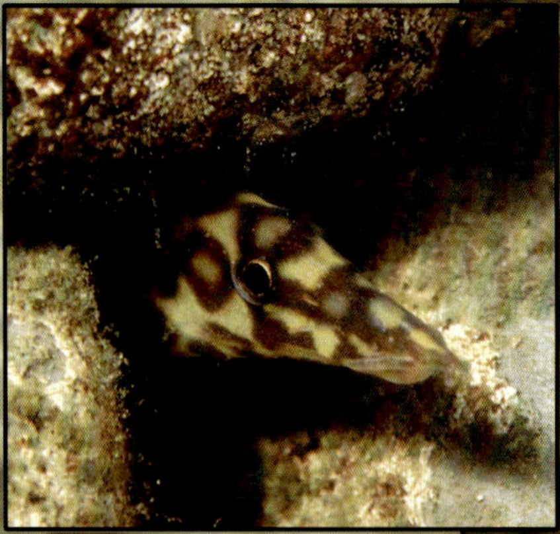

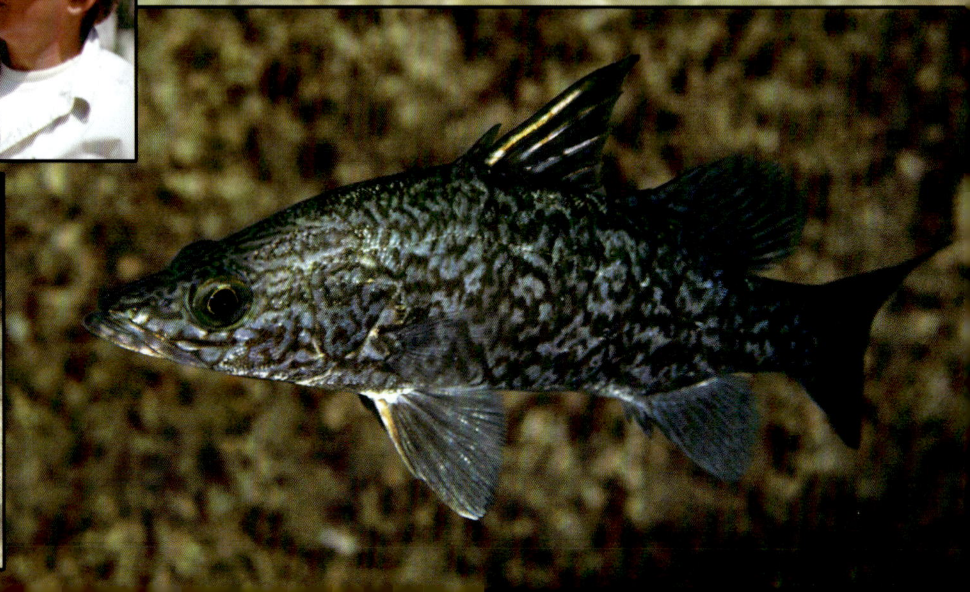

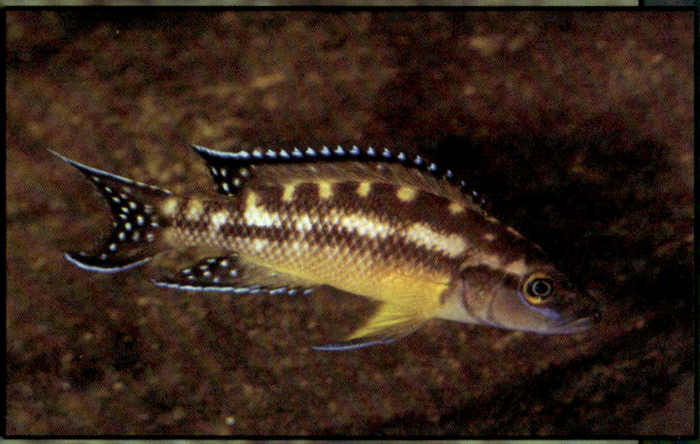
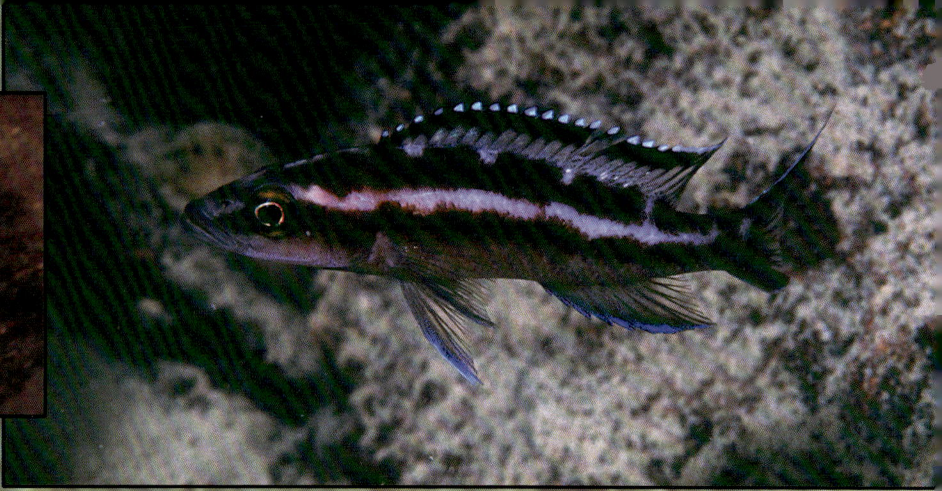
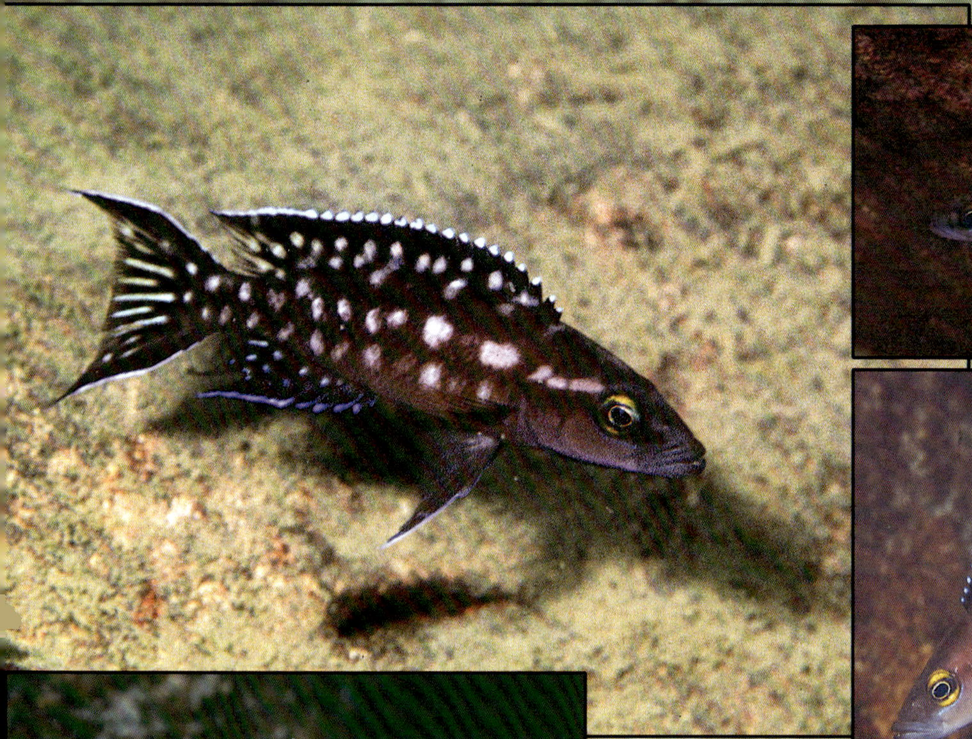
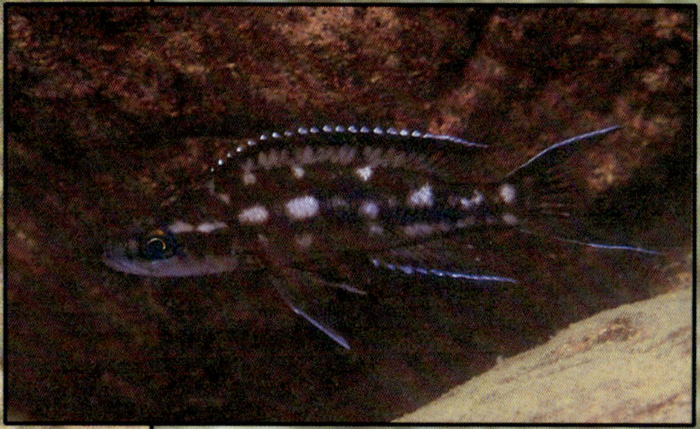
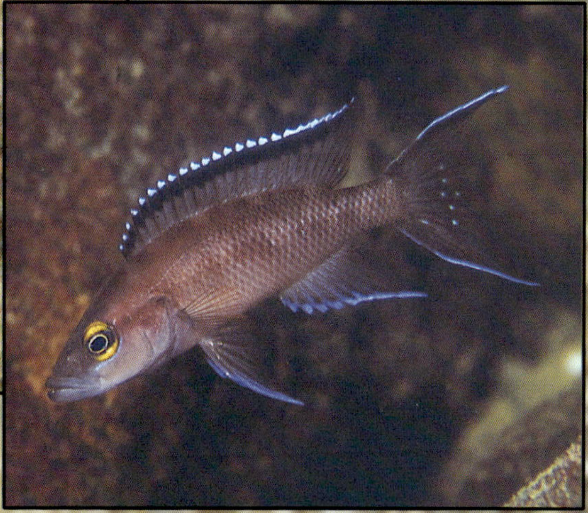
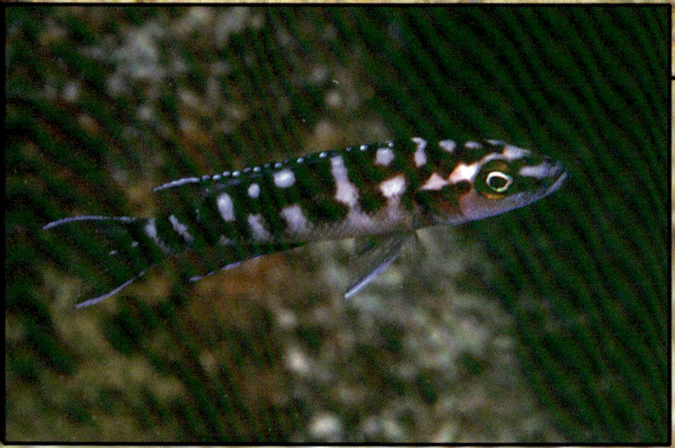
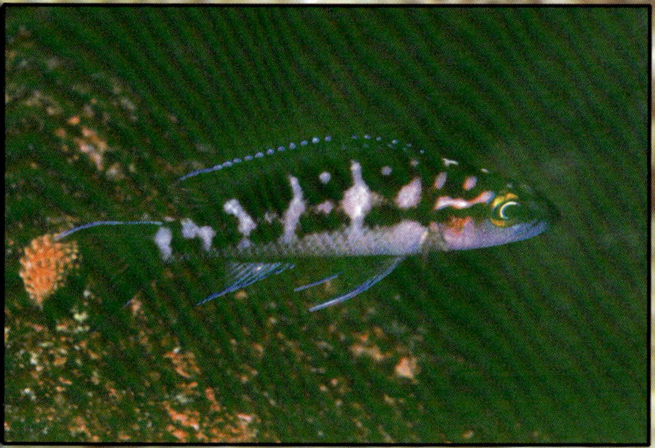
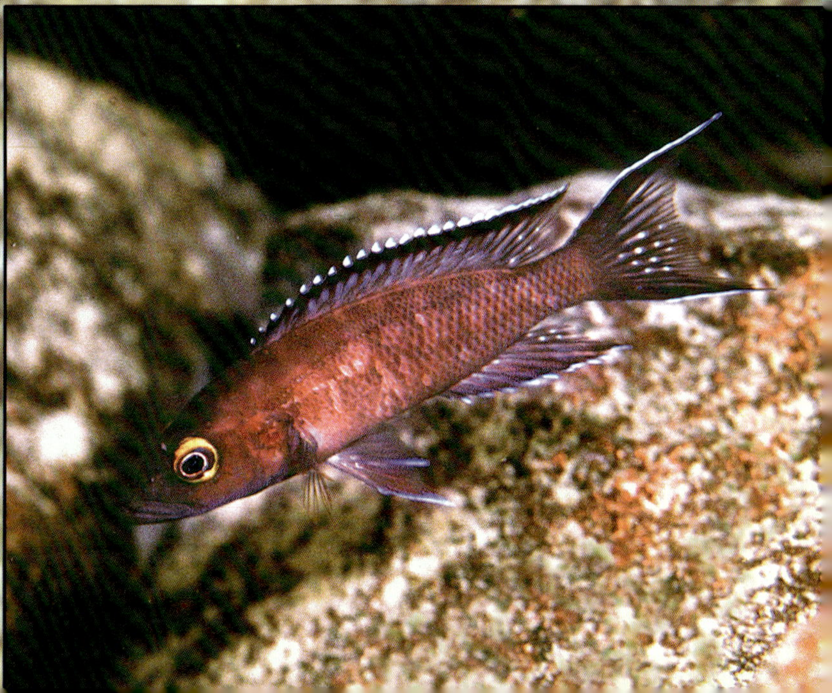

Rücken- und Afterflossen charakterisiert. Bei Moliro zeigt *N. buescheri* ein Muster aus breiten, senkrechten Bändern, die über den beiden horizontalen Linien gelegen sind. Bei Cape Kachese sind die beiden horizontalen Linien und die blaue Farbe auf den Flossen das deutlichste Merkmal. Bei Cape Chaitika ist die Körperfarbe recht dunkel und die Bänder und Linien sind kaum sichtbar. Entlang des Westteils der Hore Bay ("Gombe"; dies ist kein echter Ortsname) zeigt *N. buescheri* eine ähnliche Zeichnung wie die bei Moliro und Samazi gefundene: die senkrechten Bänder sind am prominentesten. Bei Chituta trägt *N. buescheri* ein Netzwerk aus vertikalen und horizontalen Elementen, und bei Isanga sind zusätzlich noch viele hellgefärbte Punkte auf der Rückenflosse vorhanden. Letztgenannte Variante ist am auffälligsten, wenn man sie im natürlichen Lebensraum sieht. An der Nordseite des Flusses Kalambo gleicht die *N. buescheri* Variante der von Cape Chaitika (siehe Fotos S. 113).

Neolamprologus ventralis und N. bifasciatus

N. ventralis und *N. bifasciatus* sind wahrscheinlich seeweit verbreitet, da beide Arten an verschiedenen Stellen am See gesehen wurden. *N. bifasciatus* wurde in sambischem Wasser entdeckt (Dieckhoff, pers. Mittl.) und als "Lamprologus Zambia" bekannt. Büscher (1993) beschrieb diese Art anhand von Tieren, die in der Nähe von Kiku im Kongo gefangen wurden. *N. bifasciatus* wurde aber auch bei Kigoma, Tansania, gesehen (Konings & Dieckhoff, 1992) und entlang der Südwestküste des Kongo. *N. ventralis* wurde in sambischem Wasser noch nicht gefunden, ist jedoch von Kigoma und von Magara in Burundi bekannt (Dieckhoff, pers. Mittl.). Büscher (1995) fing den Holotypus in der Nähe von Tembwe (eine Stelle, die als Tembwe Deux bekannt ist), an der kongolesischen Küste gelegen.

Beide Arten werden selten in seichterem, weniger als 30 m tiefem Wasser gefunden, und am häufigsten kommen sie am Bodenrand des Felsbiotops, wo deses auf Sand/Schlammsubstrat stößt, vor. Meistens sieht man sie als Einzelgänger, und von Beobachtungen im Aquarium ist zu schließen, daß sie in Höhlen ablaichen. Die Gelege sind recht klein, normalerweise weniger als 20 Eier zählend.

Geographische Variation ist nicht zu erkennen, wenn man die wenigen, an verschiedenen Stellen im See beobachteten Exemplare vergleicht. *N. bifasciatus* und *N. ventralis* sind wahrscheinlich beide alte Arten, denen das Durchsetzungsvermögen fehlt, das die anderen Felsbewohner haben, wenn sie ein Revier in seichteren Bereichen des Felsbiotops in Anspruch nehmen möchten.

Neolamprologus prochilus

N. prochilus lebt, wie die beiden vorher erwähnten Arten, im Felsbiotop in 30 m Tiefe und darunter. Sie wurde anhand der Population in der Nähe von Mpulungu in Sambia beschrieben, jedoch berichtet Brichard (1978), daß diese Art auch an der Nordwestküste vorkommt. *N. prochilus* könnte daher, wie *N. bifasciatus* und *N. ventralis*, seeweit verbreitet sein. Ich habe ihn nur einmal in seinem natürlichen Lebensraum an der Insel Mbete, in der Nähe von Mpulungu, gesehen. Obwohl er in mancher Hinsicht *A. compressiceps* ähnelt, ist er viel größer als der durchschnittlich große Compressiceps und lebt viel zurückgezogener in großen Höhlen, immer dicht am Substrat. *N. prochilus* ist leicht an seinem riesigen Maul, dessen Kieferknochen oft deutlich vom Kopf wegstehen, zu erkennen. Das Maul ist sehr eng und kann weit nach vorne ausgestülpt werden, was das Ergreifen von Beute erleichtert. Ihre Nahrung besteht aus Wirbellosen, die in dunklen Verstecken im tiefen Felsbiotop aufgespürt werden. Das Gehör des *N. prochilus* ist sehr ausgeprägt, und große Poren sind am Kopf sichtbar. Dies ist natürlich für die Aufspürung der Beute im Dunkeln in großen Höhlen nötig. Im Gegensatz zu *A. compressiceps* und *A. calvus* sind die Schuppen bei *N. prochilus* nicht dick und hart, und *N. prochilus* kann sich deshalb wahrscheinlich leichter, wenn er gegen Felsen stößt, durch Quetschungen und Schrammen, verletzen.

Brichard (1989) berichtet, daß *N. prochilus* ein Höhlenbrüter ist, der Familien gründet. Er fand ein Paar, das noch Jungfische von 2 bis 3 cm Größe verteidigte. Bei *A. compressiceps* und *A. calvus* überlassen jedoch die Männchen den Weibchen die Brutpflege, und Jungfische von 2 bis 3 cm Größe werden niemals oder äußerst selten beim Weibchen beobachtet. Brichard berichtet ferner, daß die Gelege selten mehr als 50 Eier enthalten, da maximal 20 große Jungfische beim brutversorgenden Paare gefunden wurden.

Neolamprologus variostigma

N. variostigma ist ein kürzlich beschriebener Cichlide (Büscher, 1995), der in 45 m Tiefe an der kongolesischen Küste des Sees, in der Nähe von Tembwe (Tembwe Deux), gefangen wurde. Es scheint sich hier um eine sehr seltene Art zu handeln, da sie nur zweimal bei den vielen Bestandsaufnahmen, die Büscher unternahm, gesehen wurde. Die Art ist durch seine sehr kurze obere Seitenlinie gekennzeichnet, die aus nicht mehr als 4 bis 5 Schuppen mit Poren bestehen und von Schuppen ohne Poren voneinander getrennt sind. Eine andere Besonderheit von *N. variostigma* sind die sehr kurzen Brustflossen (Büscher, 1995). Diese Art wurde von Stiassny (1997) nicht untersucht, weshalb ihre Plazierung in *Neolamprologus* nicht richtige sein muß; sie könnte nach erneuter Untersuchung auch in *Lepidiolamprologus* oder in eine eigene Gattung gestellt werden.

Längliche Räuber

Die Gattung *Lepidiolamprologus* ist im tiefen Felsbiotop durch mehrere Arten vertreten, jedoch ist *L. profundicola* die am häufigsten vorkommende Art. Es ist ein großer Räuber — maximale Gesamtlänge 31 cm — der kleine Fische durch Verfolgungsjagd erlegt. Diese Art ist seeweit verbreitet, jedoch ist keine geographische Variation bekannt. Brutpaare oder brutpflegende Weibchen sind meistens im seichten Felsbiotop und der Übergangszone zu sehen. Die Eier werden an der senkrechten Fläche eines Felses befestigt und von Männchen und Weibchen bewacht. Obwohl die meisten Räuber im Zaum gehalten werden, übersieht das Paar jedoch die winzigen, eiraubenden *Telmatochromis* Arten, die man häufig beim Eierfressen beobachten kann, während das Paar über dem Nest steht. Das Männchen verläßt das Weibchen noch bevor die Jungen frei schwimmen — es hat wahrscheinlich einen Harem, was nicht ungewöhnlich für Lamprologine ist. Das Gelege kann über 1000 Eier enthalten, jedoch werden viele gefressen, bevor die Jungen schlüpfen.

In der Nähe von Kipili (Dieckhoff, pers. Mittl.) und um Fulwe Rocks, in der Nähe von Wampembe an der tansanischen Küste des Sees, wurde eine Art entdeckt, die sowohl *L. profundicola* als auch *L. elongatus* gleicht. Interessanterweise wird diese noch unbeschriebene Art, *L.* sp. "profundicola tanzania", sympatrisch mit *L. profundicola* und *L. elongatus* gefunden. Die beiden letztgenannten Arten unterscheiden sich in der Größe ihrer Augen — bei *L. profundicola* sind sie viel kleiner (relativ gesehen) als bei *L. elongatus*. Die relative Augengröße von "Profundicola Tanzania" ist intermediär zu den beiden anderen, obwohl sie eher bei *L. elongatus* zu liegen kommt. In der Färbung unterscheidet sie sich von den beiden anderen durch die gelbe Afterflosse der heranwachsenden Tiere und durch die senkrechte Bänderung der brütenden Tiere.

Einige brutpflegende Weibchen wurden an der Basis der Felsen in etwa 22 m Tiefe gesehen. *L. elongatus* hat sein Nest fast immer im reinen Felsbiotop, aber *L. profundicola* und die unbeschriebene Art scheinen ihre Nester in Übergangszonen zu haben. Die geschätzte Gesamtlänge von *L.* sp. "profundicola tanzania" liegt bei etwa 18 cm.

Cyphotilapia frontosa und seine Nachahmer

Cyphotilapia frontosa ist im tieferen Felsbiotop eine häufig vorkommende Art und lebt unterhalb von 15 m. Die durchschnittliche Vorkommenstiefe

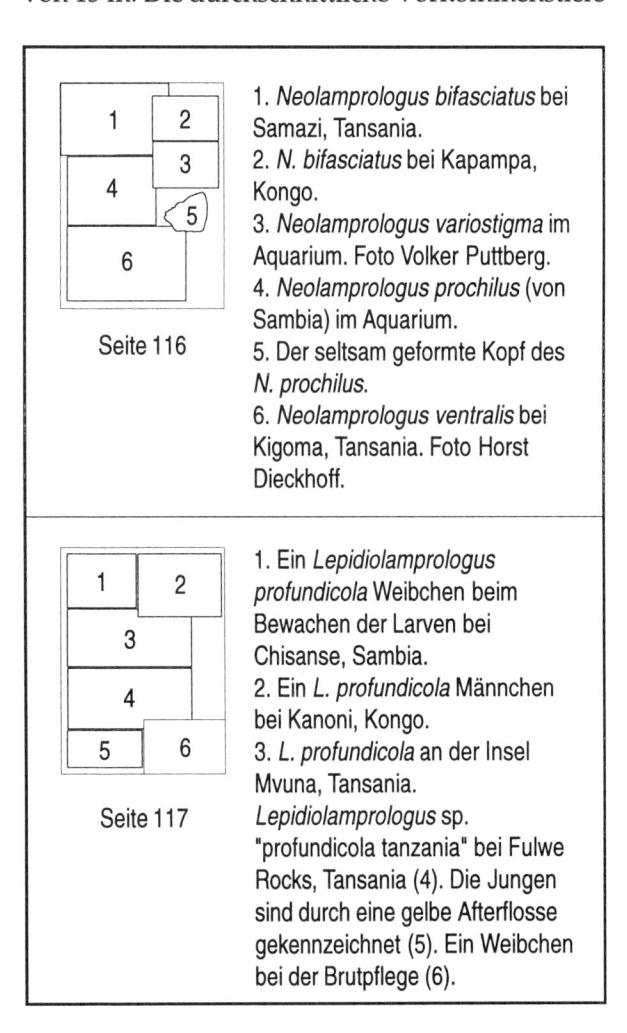

Seite 116

1. *Neolamprologus bifasciatus* bei Samazi, Tansania.
2. *N. bifasciatus* bei Kapampa, Kongo.
3. *Neolamprologus variostigma* im Aquarium. Foto Volker Puttberg.
4. *Neolamprologus prochilus* (von Sambia) im Aquarium.
5. Der seltsam geformte Kopf des *N. prochilus*.
6. *Neolamprologus ventralis* bei Kigoma, Tansania. Foto Horst Dieckhoff.

Seite 117

1. Ein *Lepidiolamprologus profundicola* Weibchen beim Bewachen der Larven bei Chisanse, Sambia.
2. Ein *L. profundicola* Männchen bei Kanoni, Kongo.
3. *L. profundicola* an der Insel Mvuna, Tansania. *Lepidiolamprologus* sp. "profundicola tanzania" bei Fulwe Rocks, Tansania (4). Die Jungen sind durch eine gelbe Afterflosse gekennzeichnet (5). Ein Weibchen bei der Brutpflege (6).

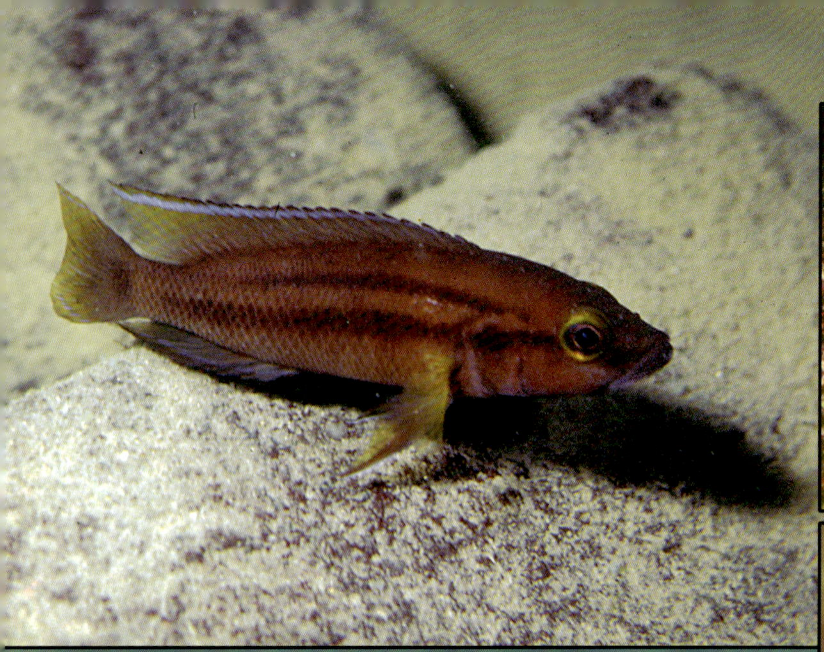
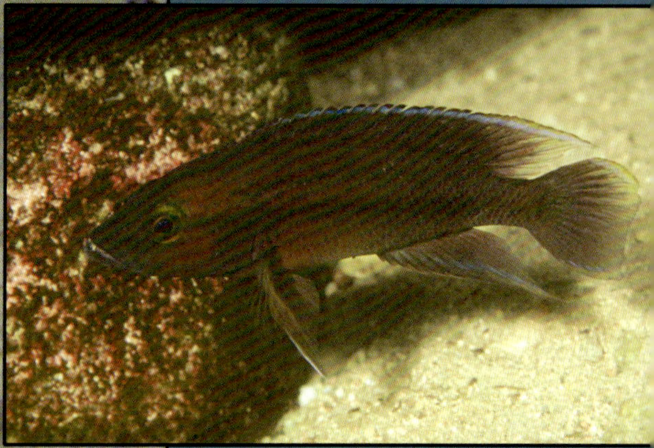
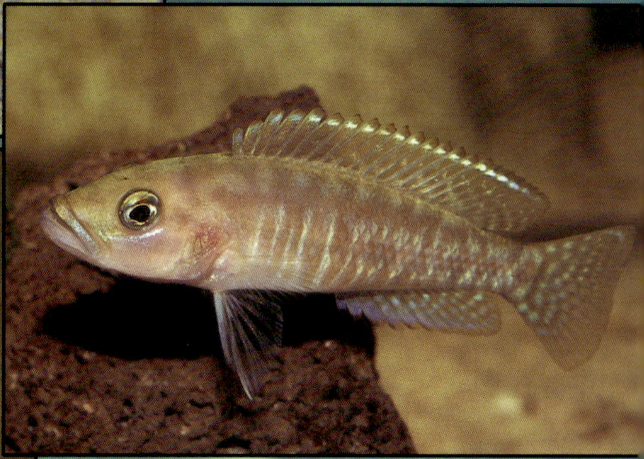
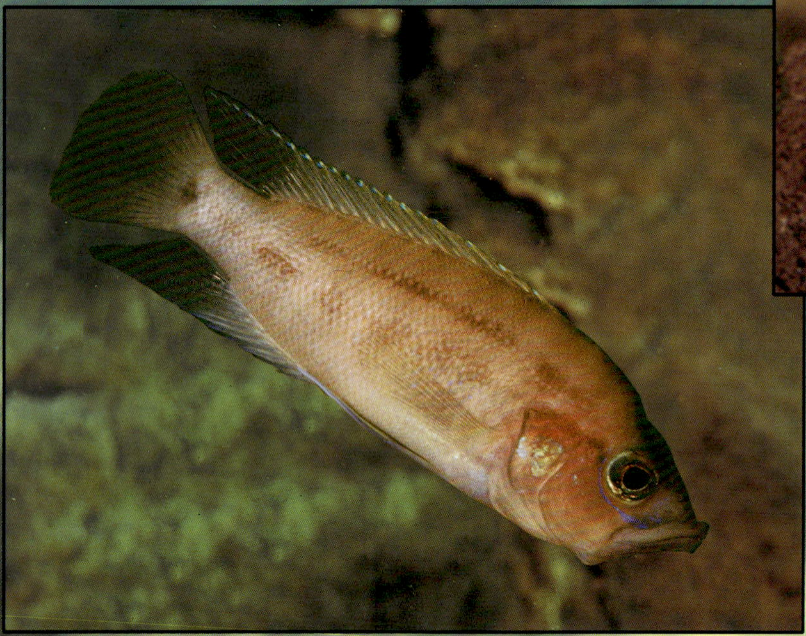
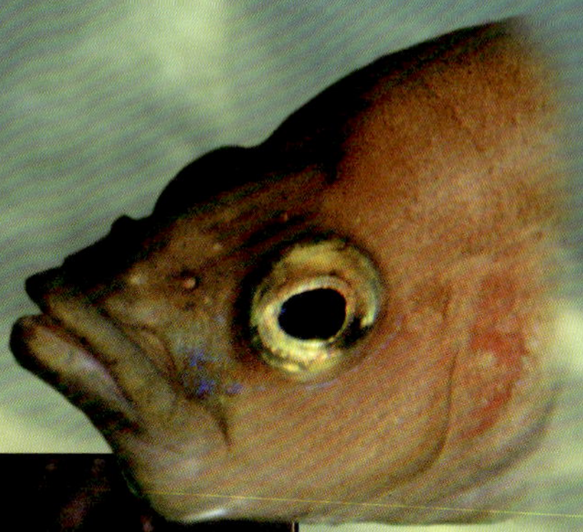
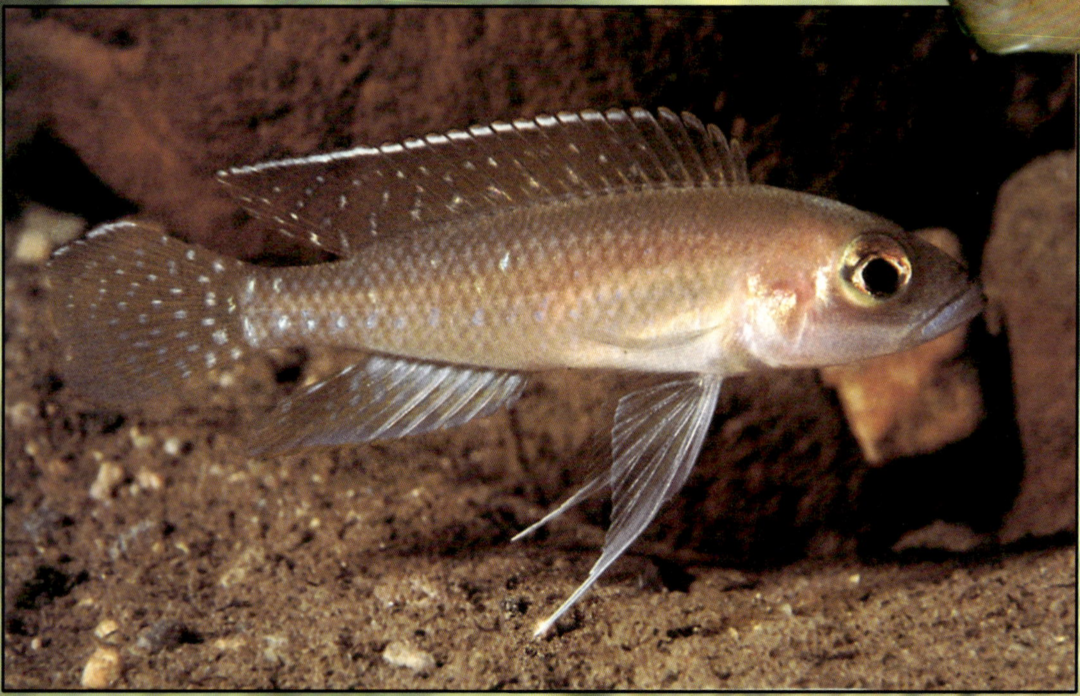

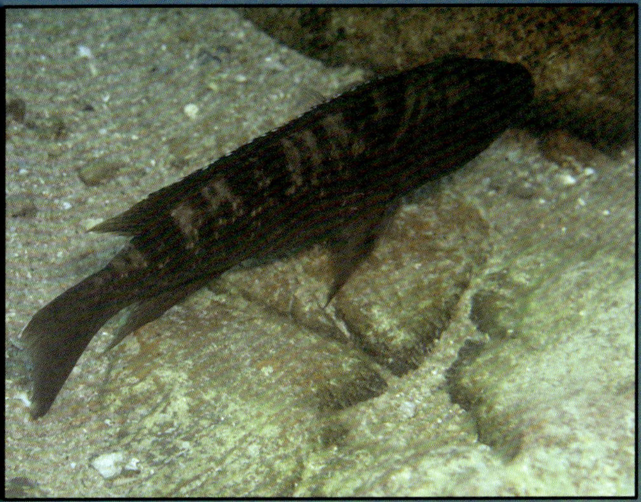
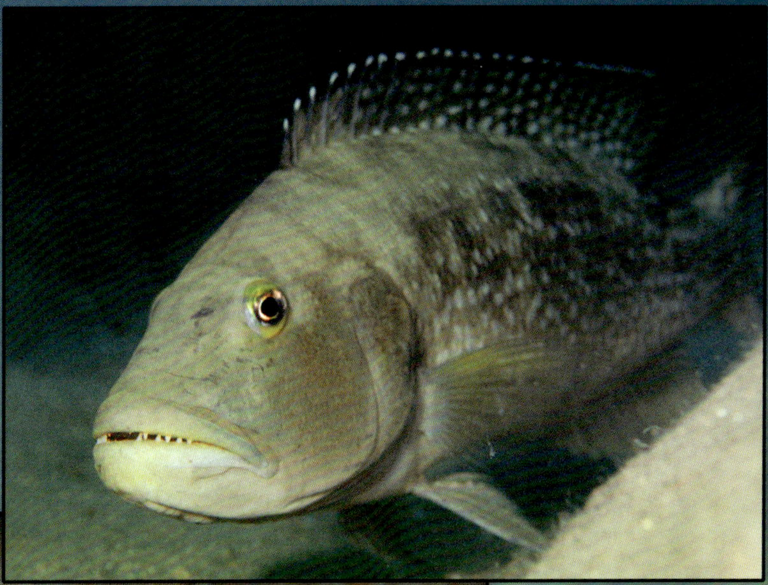
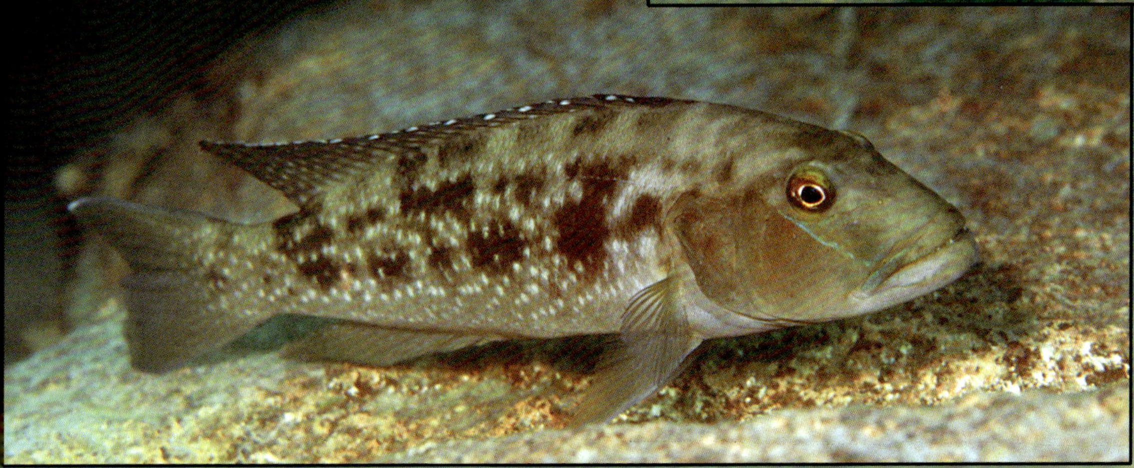
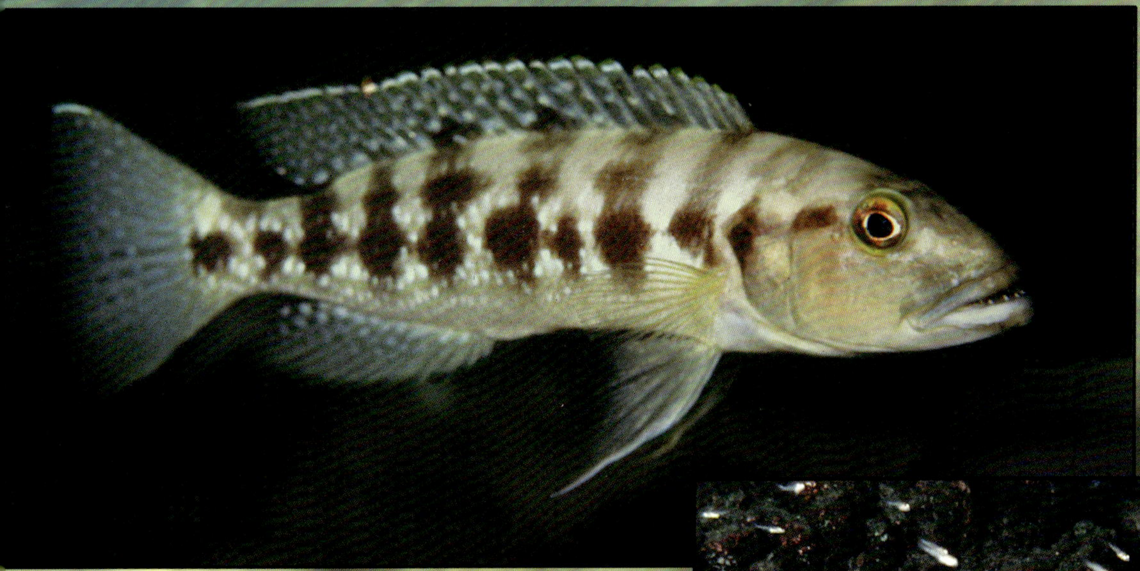
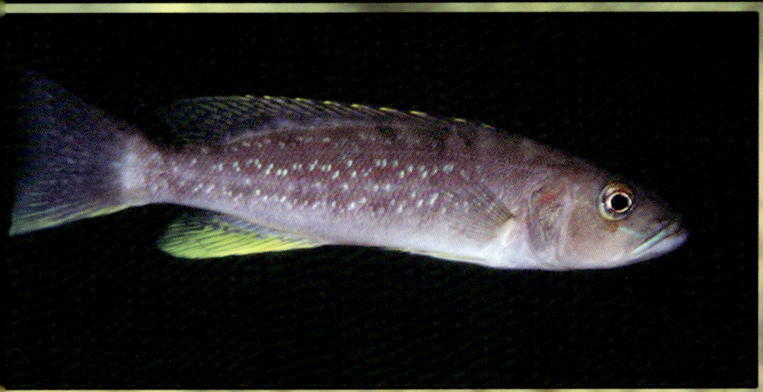
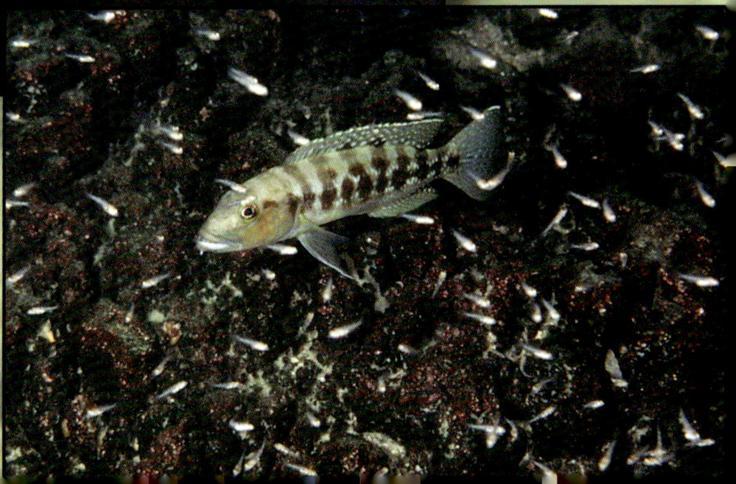

hängt von der Population und dem Biotop ab: an der Insel Milima, einer der Kavala Inseln, wird eine große Anzahl *C. frontosa* in 5 bis 40 m Tiefe gefunden; bei Kapampa befinden sich die seichtesten Stellen, an der man *C. frontosa* begegnen kann, in 25-30 m Tiefe. Diese majestätische Art wird fast in jedem Biotop mit Felsen gefunden. *C. frontosa* lebt in Gruppen und nicht selten sieht man ein großes Männchen, das die Gruppe verwaltet, mehrere Weibchen, manchmal maulbrütend, und ein oder zwei kleinere Männchen zusammen. Jungfische halten sich in etwas höheren Schichten als die erwachsenen Tiere auf, die über 35 cm lang werden können und in der Regel tiefer als 20 m leben.

C. frontosa ist recht lethargisch und scheint niemals in Eile zu sein, es sei denn, er wird von Tauchern verfolgt. Die energiesparende Strategie von *Frontosa* bringt ihn jedoch nicht um seine tägliche Mahlzeit. Junge *C. frontosa* fressen weiche Krebstiere, jedoch sind schon die Halbwüchsigen Fischfresser. Die Zähne auf den Pharyngealknochen sind scharf und schlanke. Mageninhalte von Wildfängen enthielten vorwiegend Fischüberreste (Poll, 1956). Beobachtungen in Gefangenschaft geben der Vorstellung, daß *C. frontosa* ein Fischräuber ist Glaubwürdigkeit: er verschlingt Beckeninsassen von fast seiner halben Größe. Die Hauptfutterquelle für *C. frontosa* schwimmt gewöhnlich direkt über dem Räuber: Cichliden der Gattung *Cyprichromis*. Immense Schulen von über Zehntausend *Cyprichromis* bieten für viele *C. frontosa* eine schöne Mahlzeit. Natürlich muß der *Frontosa* listig vorgehen, um einen zu fangen, da er keine Energie in einer Verfolgungsjagd verschwenden will, die er definitiv auch gegen die agilen *Cyprichromis* Arten verlieren würde. Jedoch gehen in der Zwielichtperiode die meisten Cichliden schlafen; auch *Cyprichromis*, der den Tag im offenen Wasser verbracht hat, ruht nachts auf dem Substrat. Während die anderen Cichliden lethargisch werden oder morgens aufwachen, macht sich *C. frontosa* fertig zur Mahlzeit. Die fast bewußtlosen *Cyprichromis* werden beinahe ohne Widerstand aufgeschaufelt, und viele füllen den Magen dieses hinterlistigen Räubers. Tagsüber befindet sich *C. frontosa* unterhalb der *Cyprichromis* Schule und frißt gelegentlich "ausrangierte" *Cyprichromis* Männchen, die ihr Revier an ein jüngeres, stärkeres Männchen verloren haben.

Der Stirnhöcker ist bei den Männchen am deutlichsten, jedoch fehlt den Weibchen diese Wucherung nicht. Der Buckel wird vom Rückenmuskel geformt, der nach vorne verlängert ist und eine Rolle bei der Partnererkennung zu spielen scheint. *C. frontosa* brütet auf sonderbare Weise, wie noch bei keinem anderen Cichliden beobachtet. Vor dem Ablaichen intensiviert sich die blaue Färbung des Männchens, vor allem auf der Schnauze. Die Männchen graben keine Laichgruben oder verteidigen Reviere. Wenn ein Männchen und ein Weibchen sich zum Ablaichen fertigmachen, verlassen sie die Gruppe nicht, sondern suchen nach einer geeigneten Stelle, die vom Männchen nur schwach verteidigt wird. Das Männchen leitet den Ablaichvorgang ein, indem es seinen Samen ins Zentrum des Nests ausstößt, noch bevor das Weibchen ein einziges Ei gelaicht hat. Das Männchen zittert nicht oder wackelt mit dem Körper, wie es bei den meisten anderen maulbrütenden Arten zu sehen ist, sondern bewegt sich langsam über die Stelle, mit gefalteten Flossen, wodurch es dem Weibchen anzeigt, wohin es laichen soll. Nachdem das Männchen dem Weibchen dies angedeutet hat, bewegt sich das Weibchen auf ähnliche Weise über den Laichplatz. Es schwimmt jedoch nicht im Kreis, wie andere Cichliden, sondern bewegt sich rückwärts(!), um die gerade gelegten Eier aufzupicken. Danach macht es dem Männchen nicht Platz, sondern fährt mit der Eiablage fort. Wenn sie nicht gestört werden, kann das Weibchen fünf- oder sechs Reihen ablaichen, wobei bis zu 20 Eier deponiert werden, bevor das Männchen wieder ins Nest schwimmen darf.

Wahrscheinlich hat die Milch des Männchens ausreichend "Kraft", um die Eier zu befruchten, selbst wenn sie mehrere Minuten bevor sie mit den Eiern in Berührung kommt, ausgestoßen wurde. Das Weibchen wurde niemals beim "Näseln" an der Afterflosse des Männchens beobachtet, eine allgemeine Praxis bei Maulbrütern. Wenn das Weibchen die vom Männchen ausgewählte Stelle verlassen hat, versucht dieses, es wieder zurückzuführen. Das Männchen scheint das Weibchen aber niemals zu jagen. Die Eier werden etwa fünf Wochen lang bebrütet, bis die Jungen freigesetzt werden.

C. frontosa ist seeweit verbreitet und kommt in mehreren unterscheidbaren Rassen vor. Anfangs wurden nur die Populationen in Burundi befischt. Später wurde noch die Kigoma Rasse in der Aquaristik bekannt. Diese Variante zeigt einen vertikalen Streifen mehr auf dem Körper als die Burundi-Rasse und wurde deshalb als "Siebenstreifen Frontosa" bekannt. Unter Berücksichtigung der anderen heute bekannten Varianten sollte er jedoch besser "Kigoma Frontosa" genannt werden. Er wird hauptsächlich durch die dunkelblaue Farbe auf den Wangen und die variable Gelbfärbung in der Rückenflosse gekennzeichnet. Die dritte vom See exportierte Variante stammt aus sambischem Wasser. Sie ist durch eine blauere Färbung (im Vergleich zur nördlichen Rassen) und ein deutliches Band zwischen den Augen gekennzeichnet. In den späten Achtzigern wurde eine sehr dichte *C. frontosa* Population im Kongo, in der Nähe vom Kavala Archipel entdeckt. Diese Variante gleicht der Burundi Rasse, kommt jedoch in recht untiefem Wasser vor (bis 5 m tief).

Im Jahre 1990 wurde eine neue *Frontosa* Variante im Kongo entdeckt. Diese Population wird durch eine intensiv blaue Farbe auf allen Flossen und die perlmuttfarbigen Schuppen auf den Höckern und auf dem oberen Körperabschnitt großer Tiere gekennzeichnet. Auch die Jungtiere zeigen die attraktive Blaufärbung der erwachsenen Tiere. Diese Art kommt jedoch in sehr tiefen Wasserschichten vor. Die seichteste Stelle, an der ich diesen blauen *Frontosa* gesehen habe, war 25 m tief. Die meisten Tiere werden in 40-60 m Tiefe gefangen und benötigen drei Tage zum Dekomprimieren, wenn man sie an die Oberfläche bringen möchte. Die blaue Variante kommt an der kongolesischen Küste an den Felsufern zwischen M'toto und Kapampa vor. Die zuletzt exportierte geographische Variante stammt von Cape Mpimbwe, Tansania, und wird durch große, perlfarbige Schuppen auf dem Buckel der großen Männchen charakterisiert.

Ein interessantes Phänomen ist das Vorkommen eines schuppenfressenden Cichliden, *Plecodus straeleni*, mit einer Färbung, die dem *C. frontosa* identisch ist. Es wurde berichtet (Brichard, 1978, 1989), daß *P. straeleni* seine Färbung als Camouflage benutzt, die es ihm ermöglicht, sich unter eine *C. frontosa* Gruppe zu mischen, um auf diebische Weise einige Schuppen aus der Flanke der überraschten *Frontosa* stehlen zu können. Ich habe *P. straeleni* niemals *C. frontosa* angreifen sehen, obwohl ich sie in deren Schulen entdecken konnte. Jedoch habe ich *P. straeleni* andere Cichliden angreifen sehen, wie *Cyathopharynx furcifer* oder sogar den viel kleineren *Neolamprologus brichardi*.

Es wurde auch berichtet, daß er nicht nur *C. frontosa* imitiert, sondern auch *Neolamprologus sexfasciatus* und *N. tretocephalus*. Es gibt jedoch mehrere Gründe, warum dies jedoch unwahrscheinlich scheint. Erstens gleicht *P. straeleni* dem *C. frontosa* so sehr, daß er leicht mit ihm verwechselt wird, sogar aus der Nähe. Er geht sehr weit in seiner Anstrengung, *C. frontosa* zu imitieren, so sehr, daß die Population bei Kapampa eine viel blauere Färbung hat (entsprechend dem *C. frontosa*) als die bei Rutunga, Burundi (siehe Foto S. 121). Zweitens gibt es in burundischem Wasser keine *N. sexfasciatus* oder *N. tretocephalus*, was natürlich nicht gegen die Theorie spricht, daß *P. straeleni*'s Farbmuster sich in Richtung auf eine Mimikry dieser beiden Arten hin entwickelt haben könnte, jedoch würde es die extreme Ähnlichkeit mit *C. frontosa* an Stellen, an denen diese beiden Arten auch vorkommen, nicht erklären. Drittens könnten wir damit argumentieren, daß andere Schuppenfresser, vor allem die in der Überzahl vorkommenden *Perissodus microlepis*, ihre Beute nicht imitieren. Kombinieren wir diese Tatsachen mit der Beobachtung, daß *P. straeleni* meistens andere Cichliden als *C. frontosa* angreift, scheint es unwahrscheinlich, daß *P. straeleni* seine Färbung dazu benutzen muß, an die Schuppen des *C. frontosa* zu gelangen.

C. frontosa zieht im Felsbiotop umher, wurde jedoch niemals auf Beutejagd beobachtet. Andere Arten, die denselben Biotop bewohnen, kennen wahrscheinlich seine friedliche Art und Weise,

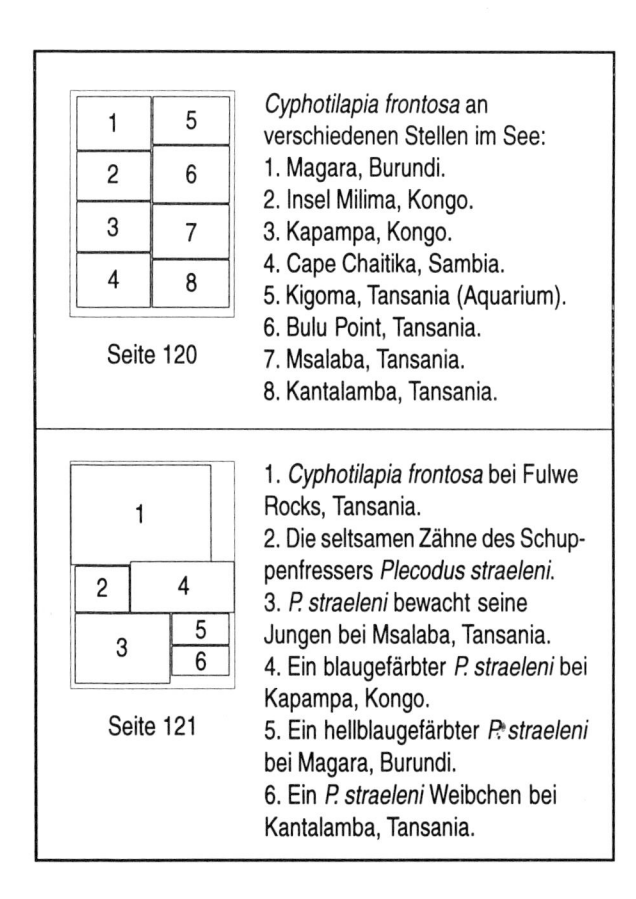

Cyphotilapia frontosa an verschiedenen Stellen im See:
1. Magara, Burundi.
2. Insel Milima, Kongo.
3. Kapampa, Kongo.
4. Cape Chaitika, Sambia.
5. Kigoma, Tansania (Aquarium).
6. Bulu Point, Tansania.
7. Msalaba, Tansania.
8. Kantalamba, Tansania.

Seite 120

1. *Cyphotilapia frontosa* bei Fulwe Rocks, Tansania.
2. Die seltsamen Zähne des Schuppenfressers *Plecodus straeleni*.
3. *P. straeleni* bewacht seine Jungen bei Msalaba, Tansania.
4. Ein blaugefärbter *P. straeleni* bei Kapampa, Kongo.
5. Ein hellblaugefärbter *P. straeleni* bei Magara, Burundi.
6. Ein *P. straeleni* Weibchen bei Kantalamba, Tansania.

Seite 121

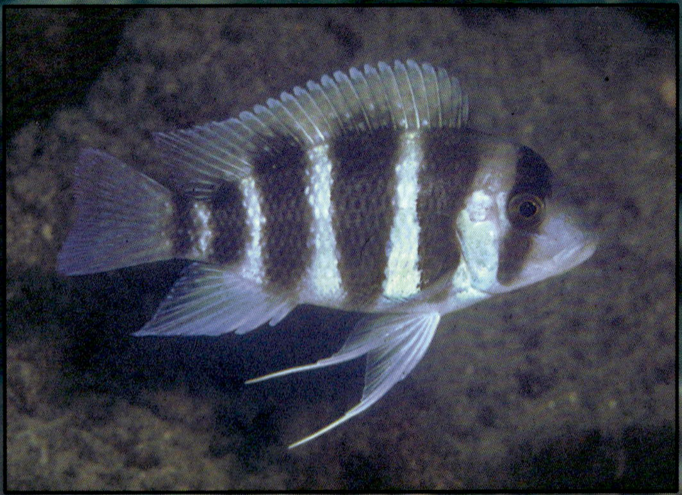
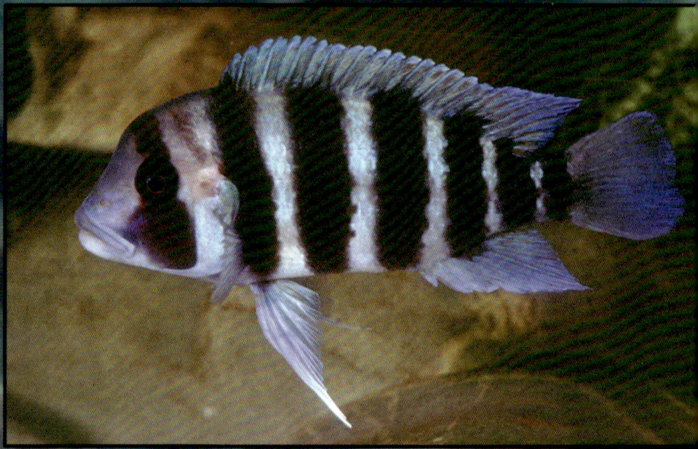
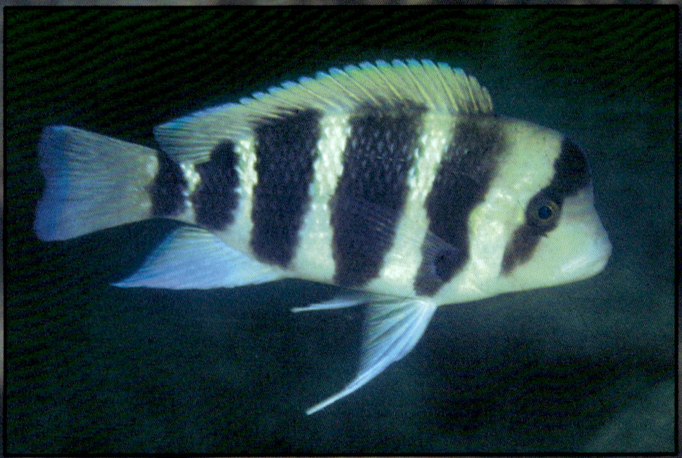
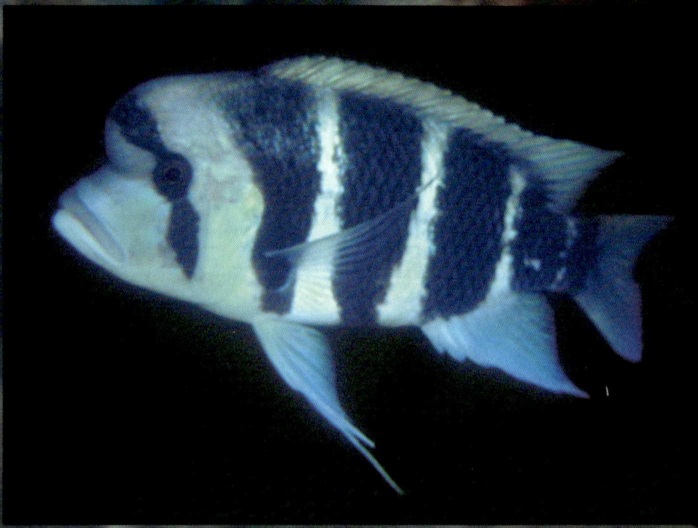
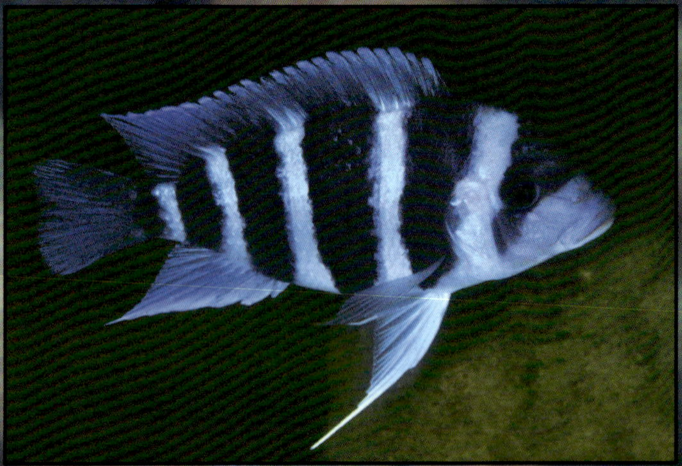
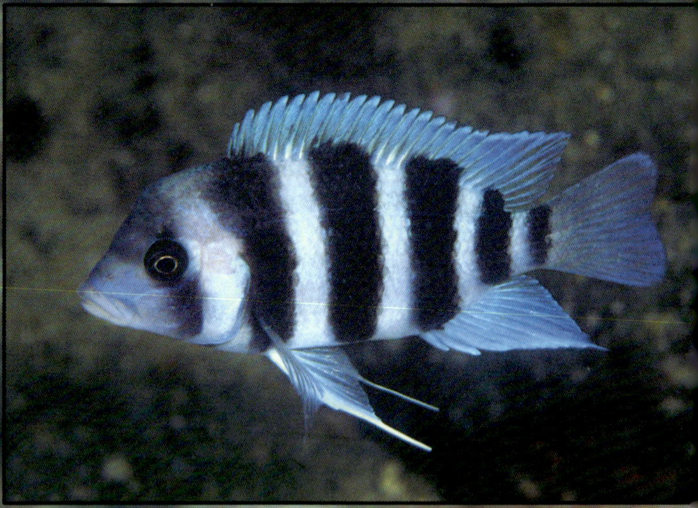
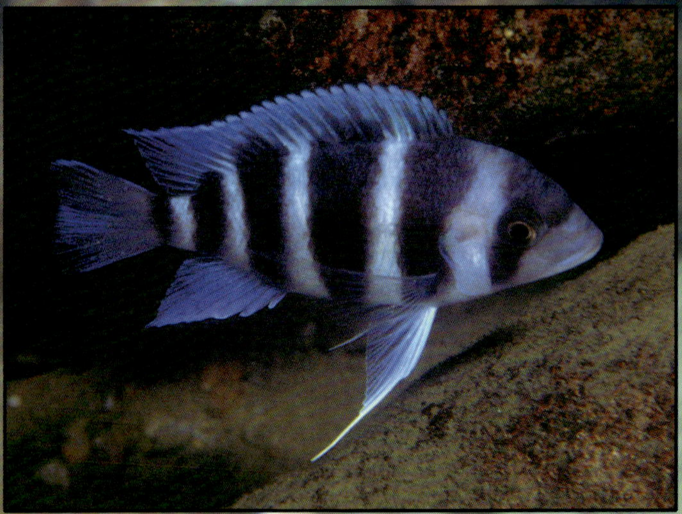
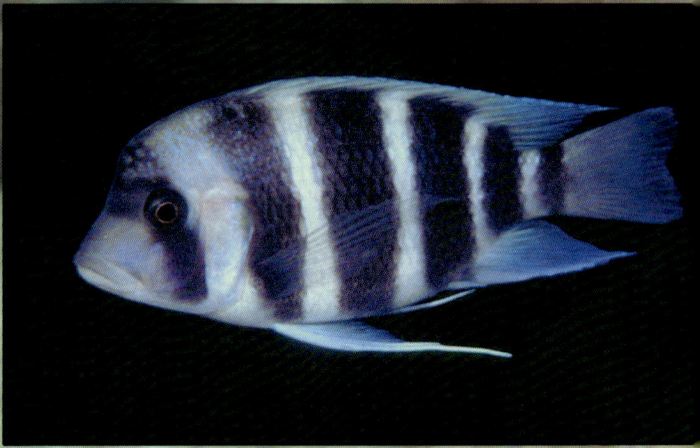

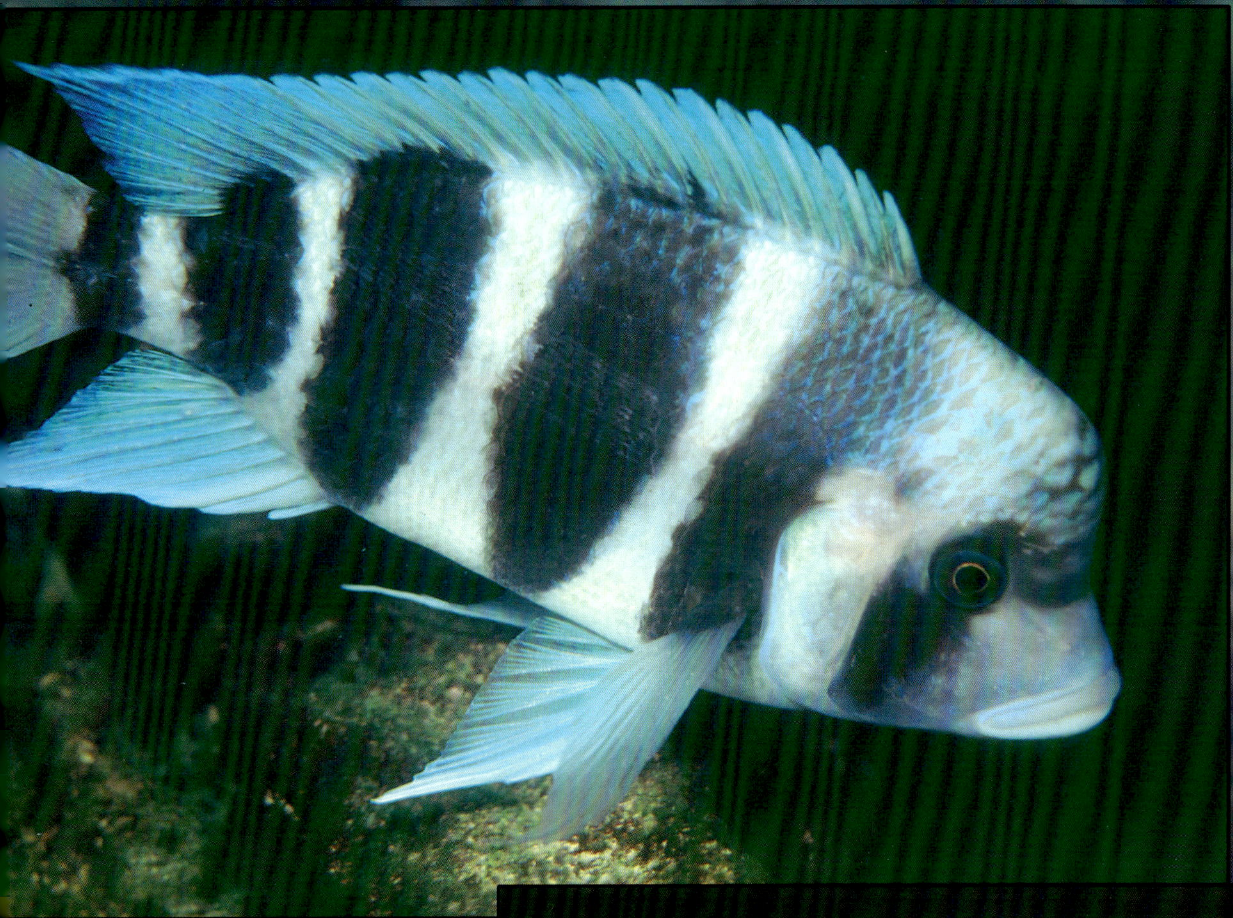
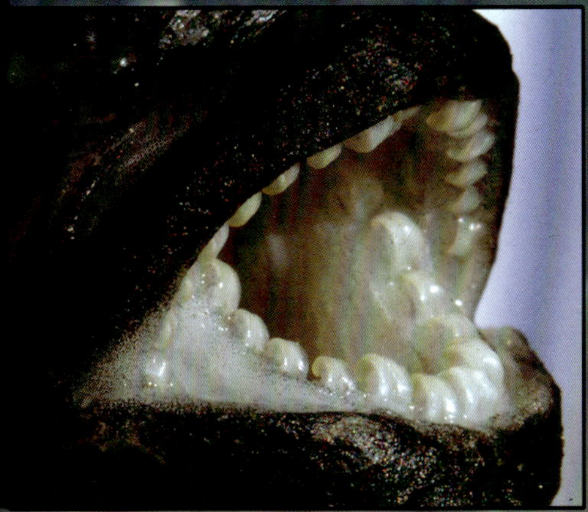
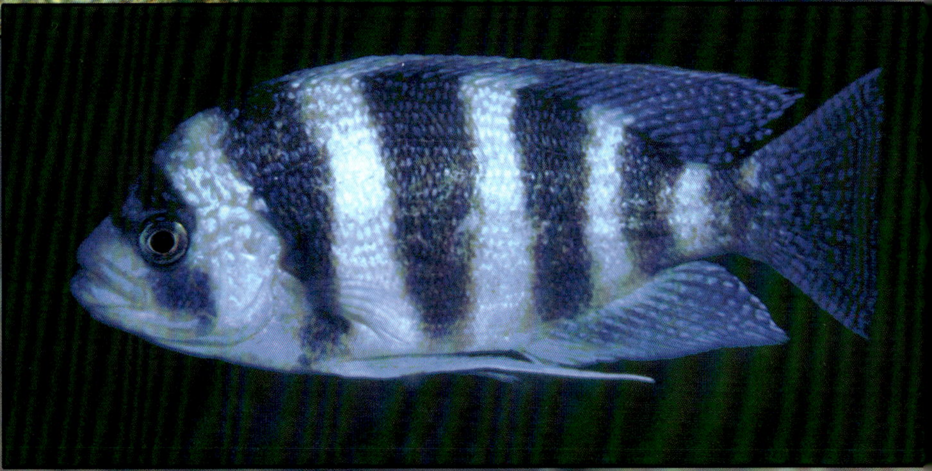
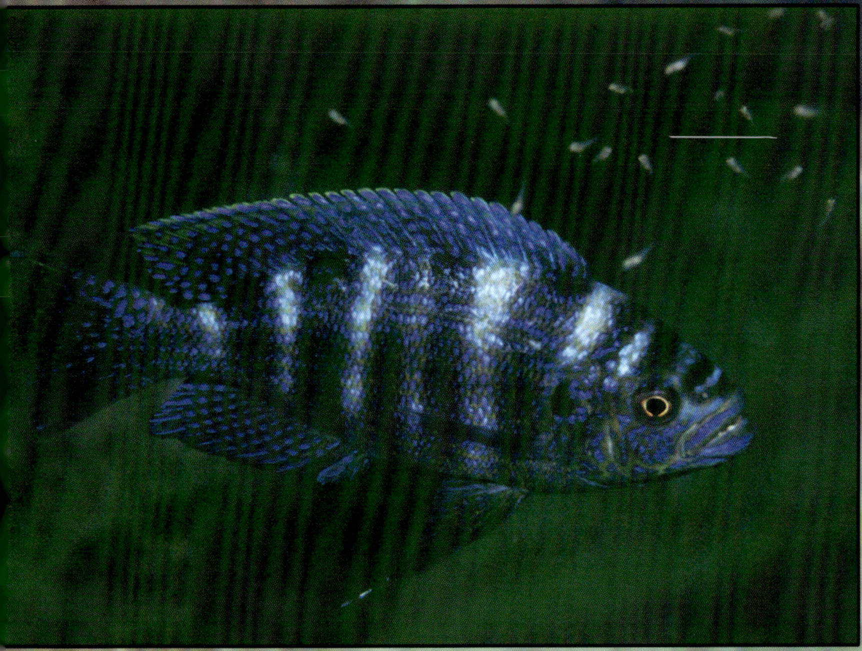
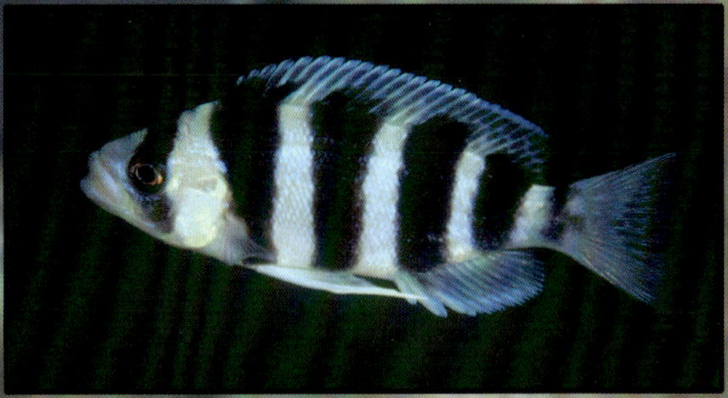
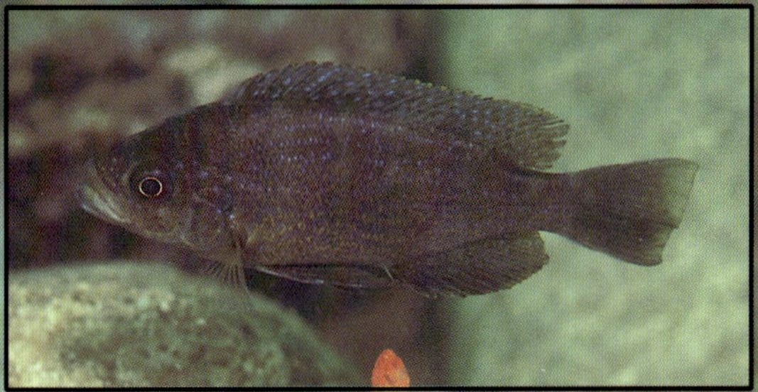

weshalb sie dem *P. straeleni*, der sich in ein "Schafsfell" gehüllt hat, eine gute Gelegenheit bieten. Vortäuschend, ein gutmütiger *C. frontosa* zu sein, kann sich dieser Schuppenfresser bequem an seine Beute heranschleichen, und noch bevor das Opfer den Wolf entdeckt hat, hat es schon Teil seine Schuppen eingebüßt.

Die maximale Gesamtlänge ist bei *P. straeleni* etwa 14 cm. *P. straeleni* kommt normalerweise in etwas niedrigerem Wasser als *C. frontosa* vor und, um die Sache noch komplizierter zu machen, er kann zwei völlig unterschiedliche Farbmuster zeigen. Ihr Bänderungsmuster imitiert die *Frontosa* Färbung. Es gibt jedoch auch Tiere, die eine hellbraune bis schwarze Färbung haben. Die hellgefärbten Tiere sind Weibchen und die dunklen Männchen (Yanagisawa et al., 1990). Nshombo (1991) fand heraus, daß die Weibchen oft frischgelegte Eier von maulbrütenden Cichliden anstatt Schuppen stehlen. Vielleicht stimuliert dies die Produktion ihrer eigenen Eier. Brütende *P. straeleni* sind ganz dunkelbraun, haben jedoch auch Reihen dunkelblauer Schuppen. Wie alle anderen Schuppenfresser sind es beidelterliche Maulbrüter. Die Weibchen brüten die Eier und Larven aus. Nach der Freisetzung werden die Larven jedoch von beiden Eltern versorgt. Diese Brutpflege dauert noch lange an, und die Jungen können noch länger als einen Monat nach ihrer erstmaligen Freisetzung durch das Weibchen im Maul der Eltern Zuflucht suchen.

Tanganjika-Schmetterlinge

Die meisten Mitglieder der Gattung *Xenotilapia* sind sandbewohnende Arten, die bei der Suche nach Freßbarem das Sandsubstrat durch ihre Kiemen filtern. Es gibt jedoch einige *Xenotilapia* Arten im Felsbiotop, die von der Sedimentschicht auf den Felsen fressen. Sie werden niemals wie ihre sandbewohnenden Vettern in großen Gruppen oder in Schulen auf Nahrungssuche gesehen, sondern leben als Paare oder als Jungfische in kleinen Gruppen. Die Arten, die im Felsbiotop leben sind: *X. papilio*, *X.* sp. "papilio katete" und *X.* sp. "papilio sunflower".

X. papilio wurde von Büscher (1990) unter Verwendung eines Tieres, das in der Nähe von Tembwe (Tembwe Deux) im Kongo gefangen wurde, beschrieben. Er fand diese Art in nur 3 m Tiefe. Durch die Entdeckung noch anderer Populationen wurde jedoch offensichtlich, daß *X. papilio* vorwiegend im tieferen Felsbiotop vorkommt, vor allem dort, wo die Felsen mit Sediment bedeckt sind. Ihre Nahrung besteht aus Wirbellosen, die sie durch Filtern des Sediments durch ihre Kiemen erbeuten.

X. papilio und die beiden anderen noch nicht beschriebenen Arten gehören zu den beidelterlichen Maulbrütern im See. Ein Paar verteidigt ein Revier auf der Oberfläche eines großen Felses und scheint gemeinsam an dieser Stelle zu verbleiben, auch wenn es nicht brütet. Im Aquarium findet das Ablaichen an einer ausgewählten, jedoch nicht präparierten Stelle statt. Die Gelege sind recht klein, was von einem derart kleinen Fisch (maximale Gesamtlänge etwa 10 cm) auch zu erwarten ist, und zählen selten mehr als 15 Eier. Zuerst bebrütet das Weibchen die Eier und Larven, und nach etwa 9 bis 13 Tagen werden die Larven vom Männchen ins Maul genommen. Drei Wochen nach dem Ablaichen werden die Jungfische freigesetzt, aber noch immer von beiden Eltern bewacht. Wenn sich die Jungfische bedroht fühlen, suchen sie noch für mindestens zwei weitere Wochen im Maul beider Eltern Schutz. Jedoch finden während der letzten Woche der Brutpflege nicht mehr alle Jungen Platz in beiden Mäulern.

X. sp. "papilio katete" gleicht *X. papilio* in vielerlei Hinsicht und ist nur anhand seiner Morphologie von diesem zu unterscheiden: er ist hochrückiger als *X. papilio* und hat hellblaue bis durchsichtige Bauchflossen, die bei *X. papilio* und *X.* sp. "papilio sunflower" gelb sind. Der "Sunflower" hat einen flacheren Körper als *X. papilio*, jedoch ist dieser Unterschied nur sehr klein. Das auffallendste Merkmal von *X. papilio* sind die schwarzen Punkte auf den gelben Bauchflossen; beim Sunflower fehlen diese völlig.

Obwohl *X. papilio* von allen drei Arten das kleinste Verbreitungsgebiet aufweist, sind zwei deutliche, geographische Varianten bekannt. *X. papilio* kommt an der Küste zwischen Kanoni und Tembwe vor. Bei Kanoni tragen die adulten Tiere gelbe Rückenflossen ohne schwarze Markierung; bei Tembwe ist die Dorsale jedoch lebhaft mit schwarzen und weißen Punkten verziert. *X.* sp. "papilio katete" findet man zwischen Kapampa im Kongo und Katete in Sambia. Geographische Variation ist nicht offensichtlich, wenn Tiere drei verschiedener Stellen miteinander verglichen werden (vgl. Fotos S. 124).

X. sp. "papilio sunflower" ist am weitesten verbreitet und kommt zwischen Chituta in Sambia und Cape Mpimbwe in Tansania vor. Der Form bei Chituta fehlen die großen, schwarzen Flecke auf der Rückenflosse, jedoch hat er statt dessen viele winzigen Punkte. Entlang des gesamten Verbreitungsgebietes an der Ostküste gibt es nur wenig Variation, und obwohl der Fleck auf der Rückenflosse im nördlichen Teil des Verbreitungsgebietes gewöhnlich rund ist und nicht länglich, gibt es dennoch Tiere im Norden, die einen länglichen Fleck haben. Längliche Flecke werden vorwiegend in den südlichen Populationen gefunden.

Greenwoodochromis

Greenwoodochromis christyi gehört zur Gruppe der Tanganjikacichliden, die eine Zeichnung aus einigen horizontalen Reihen iridisierender Schuppen und einigen breiten, senkrechten Bändern haben. Ein sehr bekannter Buntbarsch aus dieser Gruppe ist *Limnochromis auritus* (siehe S. 258). Früher wurden diese Cichliden alle der Gattung *Limnochromis* zugeordnet. Die betreffenden Arten sind *L. auritus*, *L. abeelei*, *L. staneri*, *Greenwoodochromis christyi*, *G. bellcrossi* und *Gnathochromis permaxillaris*. Der Unterschied zwischen den *Greenwoodochromis* Arten und den Arten, die in *Limnochromis* verblieben, sind die Schuppen in einer horizontalen Reihe zwischen dem Kiemendeckel und dem Schwanz, die bei den Erstgenannten über 48 sind. Die Arten in *Limnochromis* haben maximal 40 Schuppen in einer Reihe. Unter Berücksichtigung einiger moderner Revisionen der Cichliden (z. B. Malawicichliden: Eccles & Trewavas, 1989), in denen die Gattungen hauptsächlich aufgrund ihres Grundfarbmusters unterschieden werden, würde es mich nicht überraschen, wenn alle diese Arten wieder in ihre ursprüngliche Gattung zurückgestellt würden.

Die beiden zur Zeit in *Greenwoodochromis* plazierten Arten unterscheiden sich voneinander durch ihre Augengröße und Maulform. *G. christyi* hat, relativ gesehen, ein kleineres Auge als *G. bellcrossi*. Die letztgenannte Art hat auch ein schrägeres Maul, während das von *G. christyi* nur wenig abgeschrägt ist. Das Foto auf S. 241 in Konings (1988) und auf S. 215 in Herrmann (1987, 1990) zeigt ein *Hemibates stenosoma* Weibchen und nicht einen *G. bellcrossi*. *G. bellcrossi* unterscheidet sich von *H. stenosoma* Weibchen durch den etwas abgerundeten Schwanz, während dieser bei *H. stenosoma* gegabelt ist. Es sind auch weniger weiche Strahlen in der Rückenflosse vorhanden: 9-11 gegenüber von 13-15 bei *H. stenosoma*. *H. stenosoma* Männchen (siehe S. 133) sind leicht an der schwarzen Zeichnung auf ihrem Körper zu erkennen.

G. christyi ist im tiefer gelegenen Felsbiotop zu finden und wurde vorwiegend in der Südostecke des Sees angetroffen; er wurde jedoch auch in der Nähe von Uvira im Kongo signaliert (De Vos *et al.*, 1996). Ich selbst bin ihm bei Chituta, Sambia, und in der Nähe von Samazi, Tansania, begegnet. *G. christyi* ist ein beidelterlicher Maulbrüter, denn sowohl das Weibchen als auch das Männchen versorgen die Nachkommen. Auch brüten sowohl das Männchen als auch die Weibchen die Larven aus und führen die freigesetzten Jungfische durch den Biotop, was für *Limnochromis*-ähnliche Arten charakteristisch zu sein scheint, da dieses Verhalten auch bei *L. auritus* und *Gnathochromis permaxillaris* beobachtet wurde. Die Brutgrößen variieren zwischen 50 und 250 Jungfischen.

Der Staubsauger

Einer der bemerkenswertesten Buntbarsche des Tanganjikasees ist *Gnathochromis permaxillaris*. Sein interessantestes Merkmal ist das sehr große Maul, das sich auf besondere Art und Weise öffnet (siehe Foto S. 128) und die Form seiner Oberlippe. Es ist ein recht großer Cichlide und Tiere von über 18 cm Gesamtlänge sind bekannt.

G. permaxillaris lebt in über 30 m Tiefe auf Schlammstellen zwischen den Felsen, aber auch auf Schlammboden am Rande von Felsbiotopen. Obwohl das enorm große Maul etwas anderes vortäuscht, frißt er kleine Organismen, die auf dem Schlammsubstrat vorkommen. Diese winzigen Wirbellosen leben dicht am Boden und schweben nur wenige Millimeter über dem Substrat. Die weite Mundöffnung des *Permaxillaris* vergrößert, wenn die Kiemendeckel nach außen gedrückt

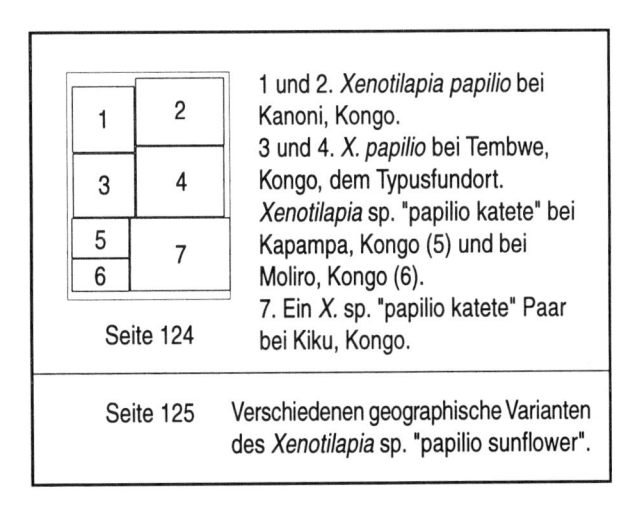

Seite 124	1 und 2. *Xenotilapia papilio* bei Kanoni, Kongo. 3 und 4. *X. papilio* bei Tembwe, Kongo, dem Typusfundort. *Xenotilapia* sp. "papilio katete" bei Kapampa, Kongo (5) und bei Moliro, Kongo (6). 7. Ein *X.* sp. "papilio katete" Paar bei Kiku, Kongo.	
Seite 125	Verschiedenen geographische Varianten des *Xenotilapia* sp. "papilio sunflower".	

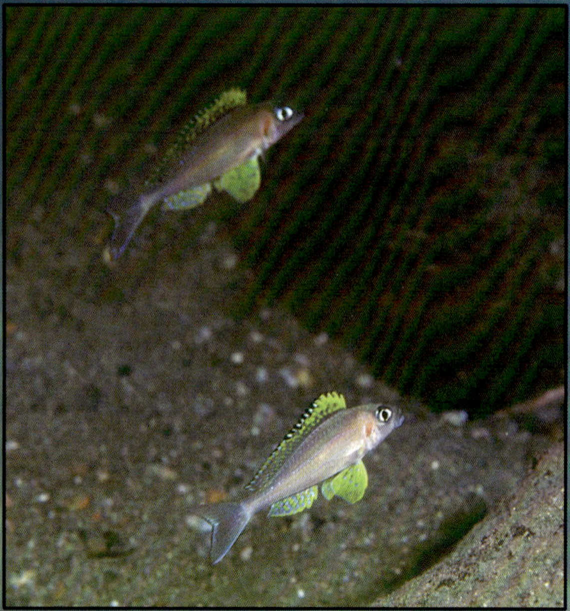
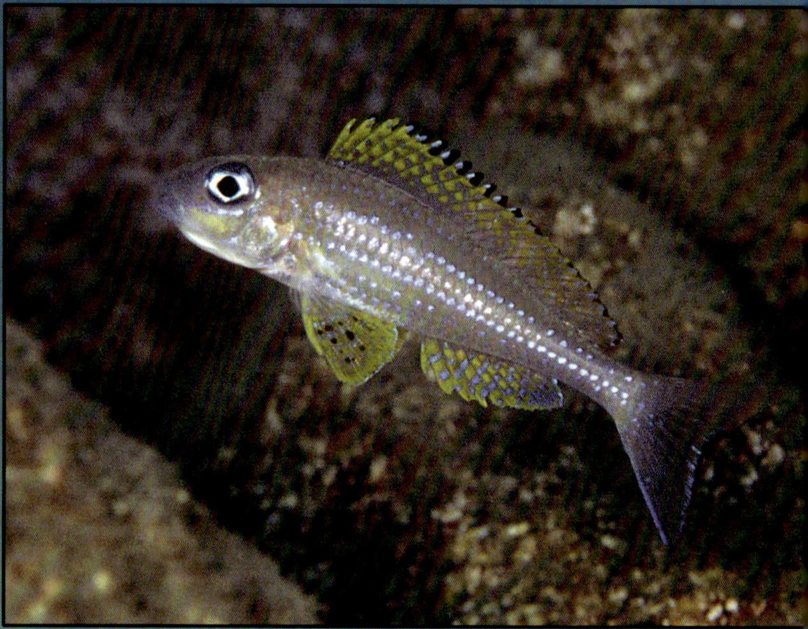
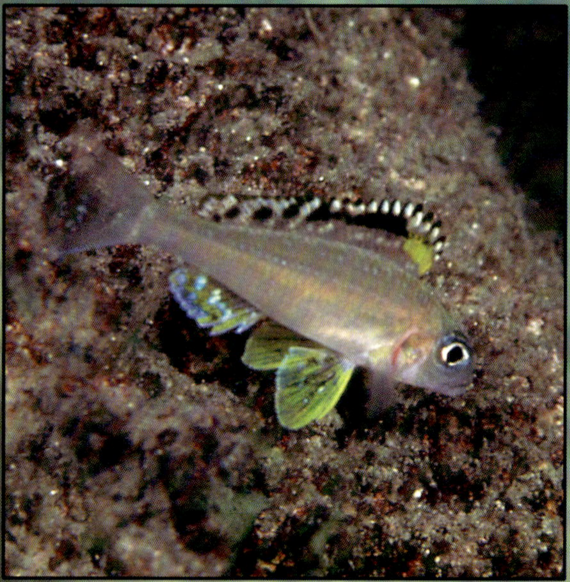
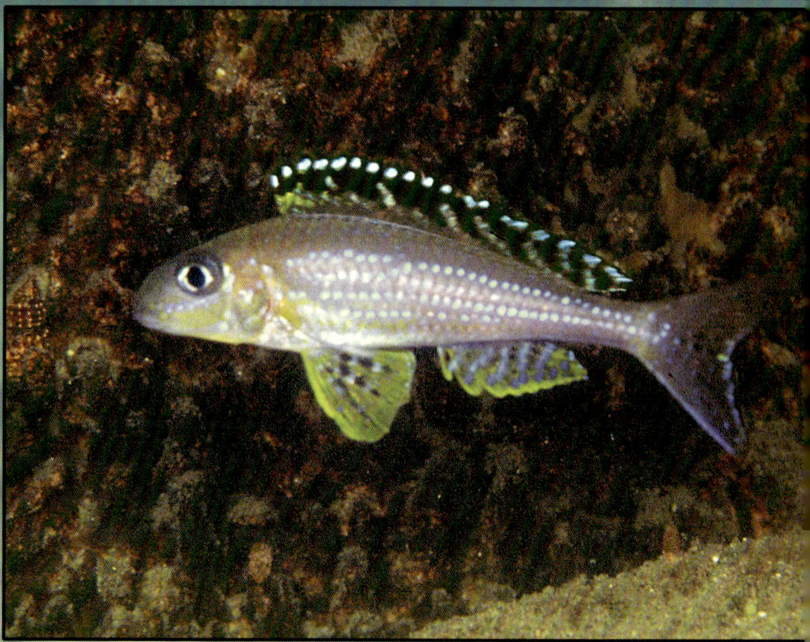
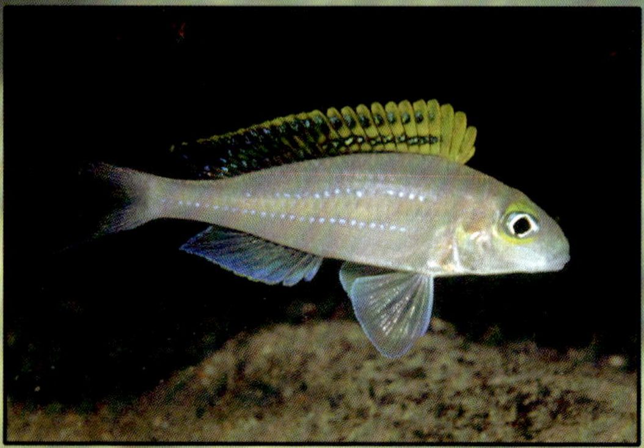
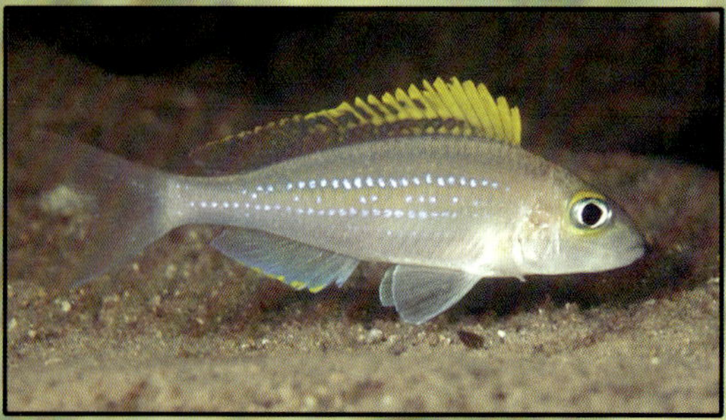
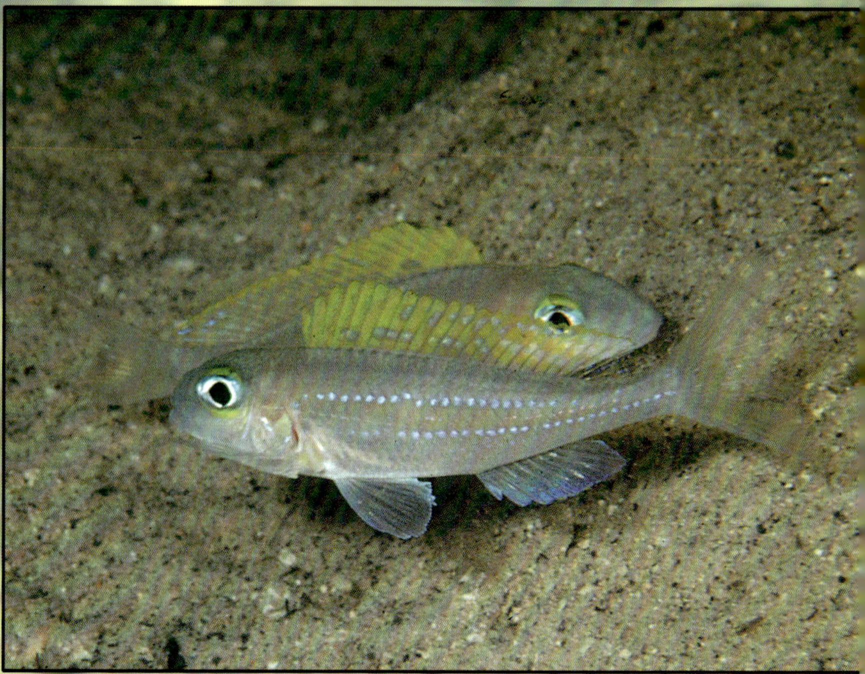

① Msalaba
③ Kisambala
② Mvuna Is.
⑤ Hinde B
④ Mtosi
⑥ Samazi
⑦ Kantalamba
⑨ Chituta
⑧ Isanga

werden, den Wasserstrom ins Maul über einen relativ weiten Bereich. Dadurch wird die Flußgeschwindigkeit verringert, so daß nur kleine und leichte Partikel ins Maul hineingesaugt werden. Auf diese Art und Weise saugt der große Cichlide regelrecht den Schlammboden ab. Er tut dies auch ständig, damit er ausreichend Futter bekommt.

Sein Nahrungsgrund kann sich bis in sauerstoffgeringe Schichten unterhalb von 200 m erstrecken, da einige Tiere in solchen Tiefen gefangen wurden (Poll, 1956). Poll fand, daß die meisten gefangenen Tiere in drei Kategorien einzuordnen waren, was darauf hindeutet, daß *G. permaxillaris* drei Jahre braucht, um heranzureifen und daß sich seine Fortpflanzung in bestimmten Saisonen abspielt. Im ersten Jahr wachsen die Jungfische auf etwa 7 cm heran, im zweiten Jahr auf etwa 11 cm und im dritten Jahr sind sie geschlechtsreif und pflanzen sich fort.

Abgelaicht wird in Löchern, die in den Schlamm oder Sand unter einen Fels gegraben wurden. Sowohl das Männchen als auch das Weibchen bebrüten die Eier, obwohl das Weibchen sie den ersten Tag alleine trägt. Danach werden die Eier und Larven zwischen den Partnern mehrmals am Tag ausgetauscht. Nach 5 Tagen schlüpfen die Jungen aus den Eiern und werden etwa 12 Tage nach dem Ablaichen freigesetzt (Eysel, 1992). Die Laiche enthalten zwischen 30 und 100 Jungfische.

G. permaxillaris kommt überall im See vor, jedoch niemals in großer Zahl. Männchen und Weibchen scheinen eine ähnliche Färbung zu haben, jedoch scheint das Weibchen etwas kleiner zu sein. *G. permaxillaris* zeigt Längsreihen aus gelbgefärbten Schuppen auf den Flanken, die bei der Population in Burundi am stärksten ausgeprägt ist, jedoch haben die Tiere aller Populationen im allgemeinen ein ähnliches Farbmuster.

Ctenochromis benthicola

Einige *Ctenochromis benthicola* wurden am Nordende des Sees gefangen, und diese Art wurde bisher nur selten in ihrer natürlichen Umgebung beobachtet (Brichard, 1979). Alle Tiere wurden in 30 m Tiefe oder tiefer gefangen oder gesehen. Die bisher gefangenen Männchen waren 10-15 cm lang; dagegen betrug die verzeichnete maximale Gesamtlänge der Weibchen ganze 22 cm. Das Männchen hat eine dunkle, blaubraune Farbe, im starken Gegensatz zu einigen Weibchen, die eine leuchtendorange Färbung haben können (siehe Foto S. 112). Aber auch braune Weibchen wurden gefangen (Mireille Schreyen, pers. Mittl.). Bisher sind jedoch nur wenige Weibchen gefangen worden; Männchen findet man dagegen öfter. *C. benthicola* trägt vergrößerte Poren auf dem Kopf, ein Merkmal, das bisweilen auch bei anderen Arten vorkommt, die in dunklen und/oder tiefen Regionen des Sees leben.

Die Tiefen

Eine Beschreibung dieses Biotops ist schwierig, da es noch niemand gesehen hat. Die hier diskutierten Arten werden nur selten in den oberen 50 m der Wassersäule gefangen, und unser Wissen über sie stammt von Fischern, die sie entweder geangelt oder in tiefgesetzten Kiemennetzen gefangen hatten. Wahrscheinlich leben die meisten dieser Arten dicht am Boden, der vorwiegend aus Schlammsubstrat besteht (Poll, 1956). Da selten Licht in diese Region vordringt, gibt es in dieser Tiefe keine Algenfresser (die vom Aufwuchs der Felsen fressen). Wahrscheinlich sind die Felsen hier von einer dicken Schlammschicht bedeckt und Höhlen kaum vorhanden. Um Futter zu finden haben sich hier wahrscheinlich wegen des Lichtmangels andere Sinnesorgane als zum Sehen speziell entwickelt.

Cichliden als Lauschräuber

Die Mitglieder der Gattungen *Trematocara* und *Telotrematocara* sind auf die Nahrungsaufspürung im Dunkeln oder zumindest bei reduzierten Lichtverhältnissen spezialisiert. Poll (1956) berichtet, daß die meisten dieser Arten häufig vorkommen, gesellig und seeweit verbreitet sind. Der erst vor kurzem beschriebene *Tr. zebra* ist aber nur von Luhanga und Pemba im Nordwestteil des Sees bekannt (De Vos et al., 1996). Bei Sonnenuntergang wandern *Trematocara* Arten in seichtere Regionen, und können manchmal in nur einigen Metern Tiefe gefunden werden. Dieselbe Art, vielleicht sogar dasselbe Tier kann sich tagsüber in 200 m Tiefe aufhalten. Diese bemerkenswerte, vertikale Migration ist besonders auffällig, da derselbe Fisch eine enorme Druckveränderung aushalten muß, vor allem da seine Schwimmblase geschlossen ist.

Normalerweise kann sich ein Buntbarsch in den oberen 30 m der Wassersäule frei in einer Schicht von 5 m bewegen, ohne Probleme mit dem Druck zu bekommen. Cichliden haben eine geschlossene Schwimmblase und können deshalb den Druck nicht sofort durch Gasablassen aus der Schwimmblase anpassen. Bei den meisten Buntbarschen nimmt dieser Prozeß Zeit in Anspruch, und wenn ein Fisch in 100 m Tiefe gefangen und sofort an die Oberfläche gebracht wird, hat er nicht genug Zeit, den Gasgehalt in seiner Schwimmblase auf den viel geringeren Druck an der Oberfläche einzustellen. Deshalb bläht sich dann die Schwimmblase auf und zerquetscht die inneren Organe. Oft werden dadurch Teile des Darmkanals aus der Körperhöhle gedrückt, entweder durch den Anus oder das Maul. Dieser Vorgang ist unumkehrbar, und der Fisch stirbt innerhalb weniger Minuten, wenn er nicht schon beim Einholen ins Boot tot ist.

Deshalb wird jede Bewegung außerhalb der tolerierten Druckspanne einen aufgeblähten oder zerquetschten Fisch produzieren, der nicht in der Lage ist, richtig zu schwimmen. Ein Cichlide kann im Durchschnitt den Unterschied im Wasserdruck von 5 m innerhalb von 24 Stunden ausgleichen. Dies steht in krassem Widerspruch zu der Fähigkeit der Arten der Gattung *Trematocara* und einiger anderer Gattungen, die im Folgenden diskutiert werden sollen. Ihre spezialisierte Schwimmblase erlaubt es diesen Fischen, sich schnell an einen sich verändernden Wasserdruck während ihrer täglichen Migration anzupassen. Auf diese Art und Weise können sie in den nahrungsreichen, oberen Schichten des Sees fressen, ohne dort um Brutplatz mit den aggressiveren oder größeren Arten kämpfen zu müssen oder zu riskieren, von tagaktiven Fischräubern gefressen zu werden.

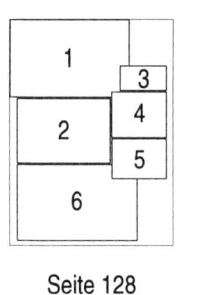

Seite 128

Ein brutpflegendes Männchen (1) und Weibchen (2) des *Greenwoodochromis christyi* bei Chituta, Sambia.
3. *Greenwoodochromis bellcrossi*.
4 und 5. Der Rachen des *Gnathochromis permaxillaris* ist breit und vorzüglich zum "Staubsaugen" auf dem Substrat geeignet.
6. *G. permaxillaris* bei Kantalamba, Tansania.

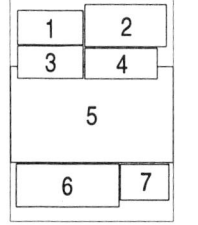

Seite 129

1. *Trematocara marginatum*.
2. *Trematocara unimaculatum* in der Chituta Bay, Sambia.
3. *Trematocara stigmaticum*.
4. *Trematocara variabile*.
5. *Trematocara nigrifrons* im Aquarium.
6. *Telotrematocara macrostoma* in der Chituta Bay.
7. Bei *T. macrostoma* kommen die zahlreichen, äußerst feinen Zähne sogar außen auf den Kiefern vor.

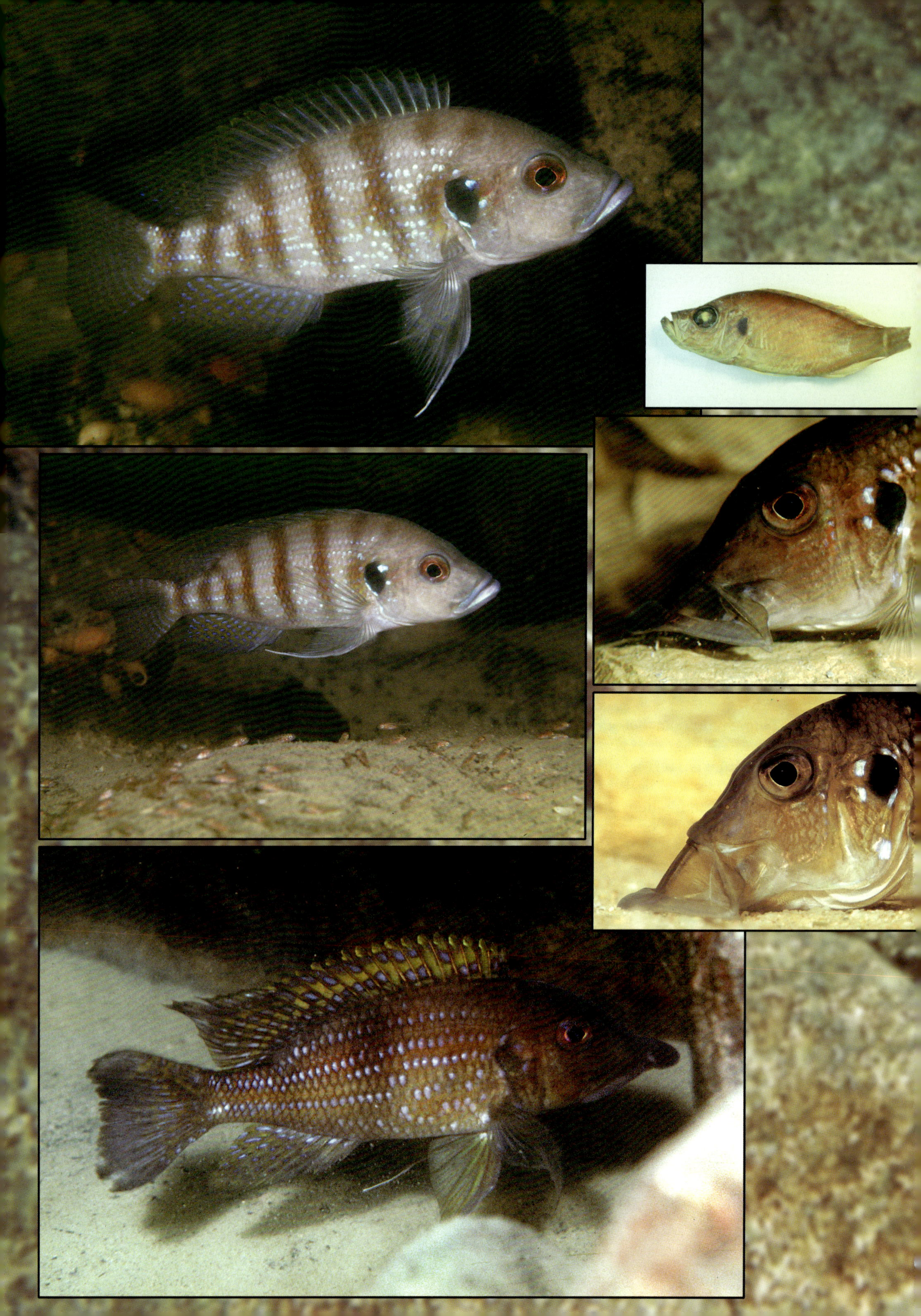

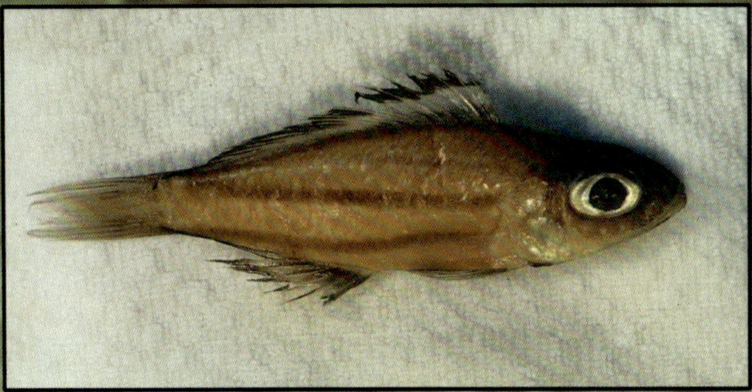
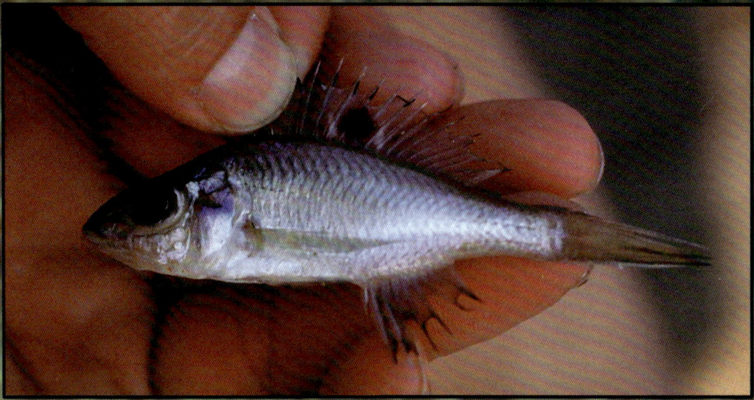
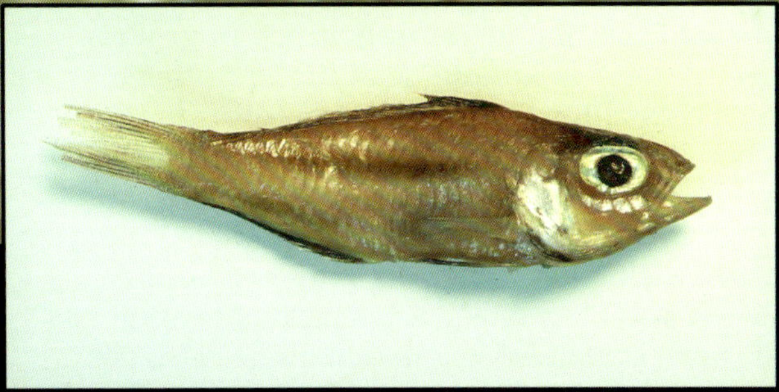
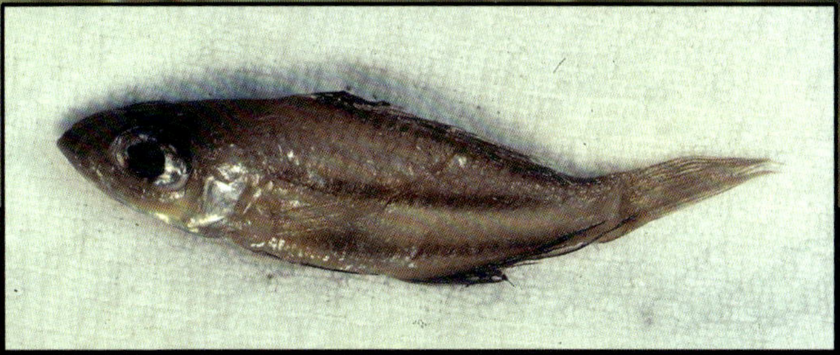
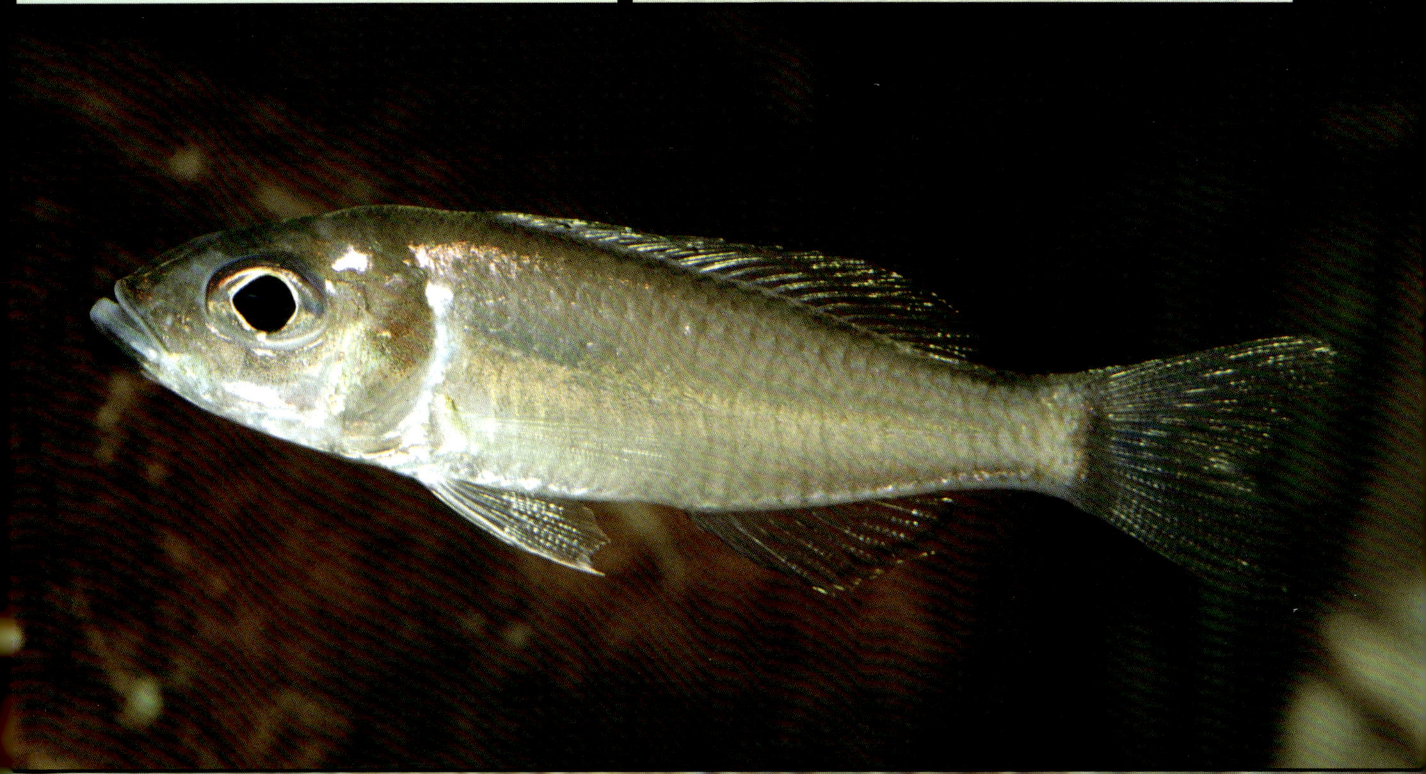
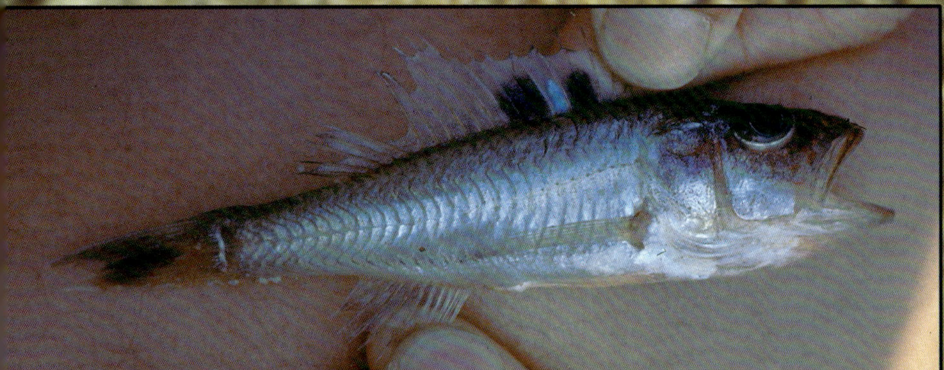
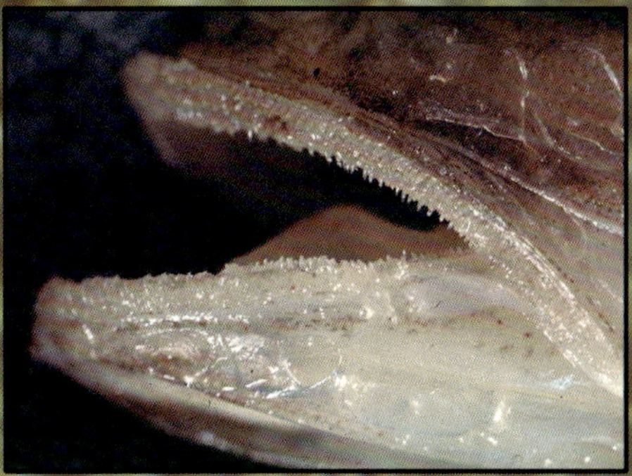

Damit sie ihre Nahrung im Dämmerlicht lokalisieren können, haben die *Trematocara* Arten ein vergrößertes Seitenliniensystem um ihr Maul entwickelt. Dieses Warnehmungssystem hat dieselbe Funktion wie unsere Ohren und mißt die Druckwellen im Wasser, die von sich bewegenden Objekten (schwimmenden oder atmenden Wirbellosen) stammen. Bei vielen Arten hat die Seitenlinie die Funktion eines Warnsystems vor sich nähernden Räubern, bei anderen spielt sie eine Rolle im Schwarmverhalten. Bei *Trematocara* funktioniert das vergrößerte Gehörsystem auf dem Kopf als Beuteaufspürsystem — Beute, die wegen der geringen Lichtverhältnisse zur Fütterungszeit nicht gesehen werden kann. *Trematocara* Arten konkurrieren also effektiv mit anderen Arten um dasselbe Futter ohne dabei in unterschiedliche Territorialkämpfe verwickelt oder gar von diesen anderen Arten gesehen zu werden. Der große Vorteil der *Trematocara*-Arten ist ihre Fähigkeit, sich vom Nahrungsgrund zurückzuziehen, wodurch sie jede physische Konkurrenz mit den Tagbewohnern vermeiden. Das extensive Warnehmungssystem auf dem Kopf hat es *Trematocara* wahrscheinlich ermöglicht, sein Seitenliniensystem auf dem Rest des Körpers zu reduzieren. Bei allen *Trematocara* Arten ist

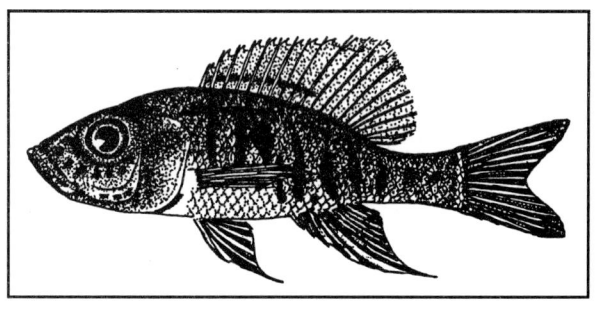

Trematocara zebra (nach De Vos, Nshombo, Thys van den Audenaerde, 1996)

das Seitenliniensystem auf den Flanken beträchtlich unterentwickelt oder fehlt sogar.

Während der Nacht verlassen viele Insektenlarven und Krebstiere ihre Schlupfwinkel, um Plankton zu fressen — sie stellen eine leichte Beute für *Trematocara* dar. Die sechs Arten fressen jedoch unterschiedliche Wirbellose. *T. unimaculatum* frißt neben Insektenlarven und Krebstieren auch kleine Schnecken (Poll, 1956). Es ist möglich, daß solche Schnecken tagsüber gefressen werden, wenn sie sich in tiefem Wasser befinden, da Bewegungen der Schnecken kaum bemerkbar sind. Die Schlundknochenzähne sind im Zentrum des Knochens vergrößert, was auf eine hartschalige Nahrung hindeutet. *T. variabile* ist auf Insektenlarven spezialisiert und frißt vielleicht auch Krebstiere. *T. nigrifrons* und *T. stigmaticum* fressen alles, was sich bewegt und klein genug zum Verschlingen ist. Einige junge Cichliden, die sich auf ihre Tarnfärbung während des Tages verlassen, werden nachts bei jeder Bewegung zu einem möglichen Opfer. Deshalb ist es nicht verwunderlich, hin und wieder einen kleinen Buntbarsch im Magen von *Trematocara* Arten zu finden (Poll, 1956). *T. marginatum* scheint sich auf keine Futterquelle spezialisiert zu haben, frißt aber weiche, kleine Beutetiere. Der kleine *T. zebra* scheint Garnelen zu bevorzugen (De Vos et al., 1996).

Das Ablaichen findet wahrscheinlich in großer Tiefe statt, denn es konnte noch nie in untiefem Wasser beobachtet werden, und maulbrütende Weibchen wurden in tiefem Wasser mit Kiemennetzen gefangen (Poll, 1956). Es ist nicht bekannt, ob diese Arten in Kolonien ablaichen, in denen die Männchen kleine Reviere in der größeren Gruppe verteidigen, was für gesellige Arten nicht ungewöhnlich ist. Auch brüten Schwarmarten oft gemeinsam und setzen auch ihre Jungen gleichzeitig frei. Die Jungfische formen eine neue Schule und bleiben ihr ganzen Leben lang zusammen. Der einzige Bericht über brütende *Trematocara* in Gefangenschaft ist der über *T. nigrifrons* (Krüter, 1991). Der Autor berichtet, daß die Weibchen deutlich größer sind als die Männchen und daß beim Männchen, wenn es brutaktiv ist, die Flossen schwarze und weiße Ränder haben und die Kehle schwarz ist. Der Laichvorgang wurde nicht beobachtet, jedoch trug ein Weibchen etwa 40 Jungen, die bei der Freisetzung etwa 8 mm lang waren, drei Wochen lang im Maul.

Die Männchen unterscheiden sich von den Weibchen durch ihre spezifische schwarze Zeichnung. Jede Art hat ihre eigene, besondere Zeichnung, da überall im See viele der Arten zusammen gefunden werden können. Damit die Weibchen den richtigen Partner wählen können, haben die Männchen die folgende Zeichnung: *T. unimaculatum* Männchen tragen einen großen, schwarzen Fleck auf der Rückenflosse, der bei den Weibchen viel kleiner ist. Interessanterweise scheinen die Weibchen größer als die Männchen zu sein und erreichen eine Länge von etwa 12 cm — die Männchen werden im Durchschnitt etwa 8,5 cm groß. Die maximale Gesamtlänge (Weibchen) liegt bei 15 cm, und diese Art ist die größte ihrer Gattung. Es ist möglich, daß diese Art ein anderes Brutverhalten zeigt als die anderen. Diese Schlußfolgerung rührt nicht nur von den größeren Maßen des Weibchens, sondern auch von der Tatsache, daß ihre beiden Eierstöcke funktionsfähig sind. Ein beidelterliches Maulbrutverhalten findet man bei anderen Maulbrütern mit zwei aktiven Eierstöcken. Eine Vielzahl Eier scheint Vorbedingung für substratbrütende Arten zu sein, um sich in Richtung Maulbrüten entwickeln zu können. Die Zwischenstufe umfaßt gewöhnlich die beidelterliche Sorge, da große Eizahlen nicht vom Weibchen allein für eine längere Zeit bebrütet werden können. Während eines solchen Entwicklungsvorgangs vergrößern sich allmählich die Ausmaße der Eier, aber die Gelegegröße nimmt ab und das Weibchen übernimmt die Brutpflege allein. Die letzte Entwicklungsstufe wäre damit das mütterliche Maulbrüten, bei dem kleine Gelege mit sehr großen Jungen dem Streß durch Räuber nach dem Freisetzen widerstehen können.

T. variabile wird maximal 8,5 cm lang. Die Männchen lassen sich an ihrer großen Rückenflosse und zwei horizontalen Streifen auf den Seiten erkennen, die bei den Weibchen fehlen. T. nigrifrons Männchen haben schwarze Bauchflossen und Kiemendeckelmembranen, die bei den größeren Weibchen durchsichtig sind. Ihre maximale Größe ist 11,5 cm. T. marginatum ist durch ein dunkles, randständiges Band auf den unpaaren Flossen gekennzeichnet, das sowohl beim Männchen als auch beim Weibchen vorkommt. Die Männchen kann man leicht an den beiden horizontalen Streifen auf dem Körper, die den Weibchen fehlen, erkennen. Die Gesamtlänge bei dieser Art liegt maximal bei 10 cm. T. stigmaticum, der in geringeren Wassertiefen als die anderen Arten vorkommen kann (Poll, 1956), zeigt auf der Rückenflosse beim Männchen ein schwarzes, submarginales Band. Die Bauchflossen werden bei erregten Männchen schwarz. T. zebra Männchen (maximale Gesamtlänge etwa 8 cm) tragen eine Zeichnung aus dünnen, senkrechten Bändern und einem schwarzen Streifen im Hartstrahlenbereich der Rückenflosse. Die senkrechten Bänder sind bei den Weibchen auf einige Flecke beschränkt, die durch ein breites, horizontales Band, das sich vom Kiemendeckelrand bis über die vordere Hälfte des Körpers hin erstreckt, überlagert werden. Der weichstrahlige Teil der Rückenflosse ist bei allen Trematocara Arten vergrößert und dient wahrscheinlich dem Gleichgewichtsmechanismus.

Telotrematocara macrostoma wurde anhand von zwei Jungtieren beschrieben und war ursprünglich Trematocara zugeordnet worden. Poll (1986) argumentierte, daß die Zähne des Macrostoma, die sehr klein und zahlreich sind und auf der Außenseite der Kiefer stehen, seine Isolation in einer monotypischen Gattung, Telotrematocara, rechtfertigen würden. De Vos et al. (1996) jedoch befanden, daß äußere Zähne auch bei anderen Trematocara Arten vorkommen und deshalb nicht als Grundlage für eine Abtrennung der Macrostoma von anderen Trematocarini dienen sollten.

T. macrostoma ist ferner durch zwei, mit einem hellen Hof umrandete Punkte auf der Rückenflosse und ein großes Maul charakterisiert. Obwohl mehrere adulte Tiere gefangen wurden, hatte keines davon Überreste von Nahrung im Magen. Auch Bailey und Stewart (1977) berichteten über diese Art und erwähnten, daß die Männchen eine viel höhere Rückenflosse haben als die Weibchen, jedoch wird nichts über ihre mögliche Nahrung erwähnt. Die maximale Gesamtlänge liegt bei etwa 10 cm. Alle Tiere wurden in der Südhälfte des Sees gefangen, zusammen mit einer großen Anzahl Tiere von sechs Arten der Gattung Trematocara. T. macrostoma ist jedoch eine seltene Art.

Schuppenfresser aus der Tiefe

Plecodus multidentatus frißt wahrscheinlich Schuppen von Trematocara Arten. Der Schuppenfresser kann eine maximale Länge von 12 cm erreichen und hat einen silbriggefärbten Körper. Sein leierförmiger Schwanz trägt vier senkrechte Bänder. Die Zahnform ähnelt der der anderen Schuppenfresser und ist die Form einer Spitzhacke. In den Mägen einiger Tiere wurden Unmengen an sorgfältig aufgestapelten Schuppen gefunden. Über ihr Brutverhalten ist nichts bekannt, obwohl die größten der gefangenen Tiere Weibchen waren (Poll, 1956), von denen eines etwa 44 vollentwickelte, 2,5 mm lange Eier in den Eierstöcken hatte. Der Typusfundort von P. multidentatus befindet sich in der Nähe von Moba, Kongo, jedoch wurden Exemplare überall im See gefangen.

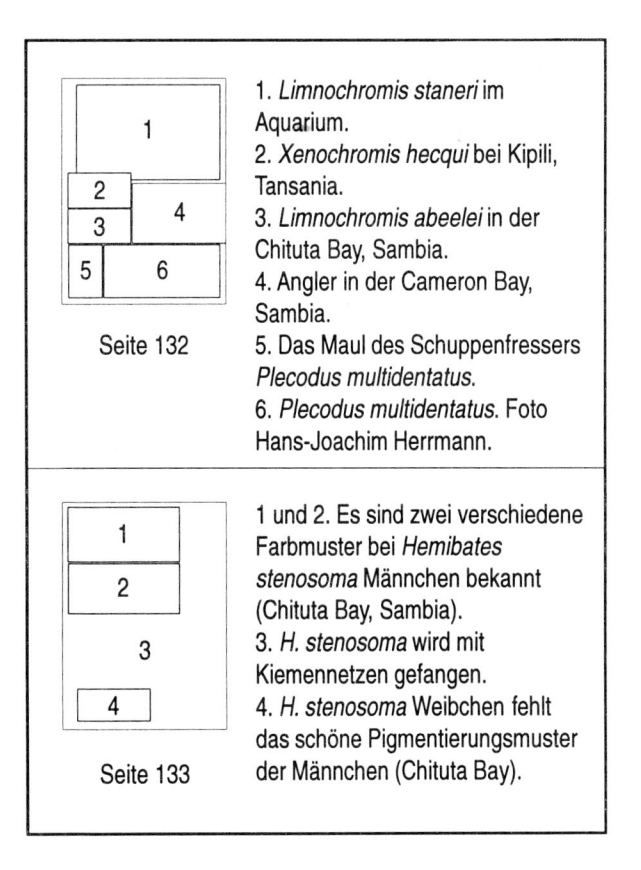

Seite 132

1. Limnochromis staneri im Aquarium.
2. Xenochromis hecqui bei Kipili, Tansania.
3. Limnochromis abeelei in der Chituta Bay, Sambia.
4. Angler in der Cameron Bay, Sambia.
5. Das Maul des Schuppenfressers Plecodus multidentatus.
6. Plecodus multidentatus. Foto Hans-Joachim Herrmann.

Seite 133

1 und 2. Es sind zwei verschiedene Farbmuster bei Hemibates stenosoma Männchen bekannt (Chituta Bay, Sambia).
3. H. stenosoma wird mit Kiemennetzen gefangen.
4. H. stenosoma Weibchen fehlt das schöne Pigmentierungsmuster der Männchen (Chituta Bay).

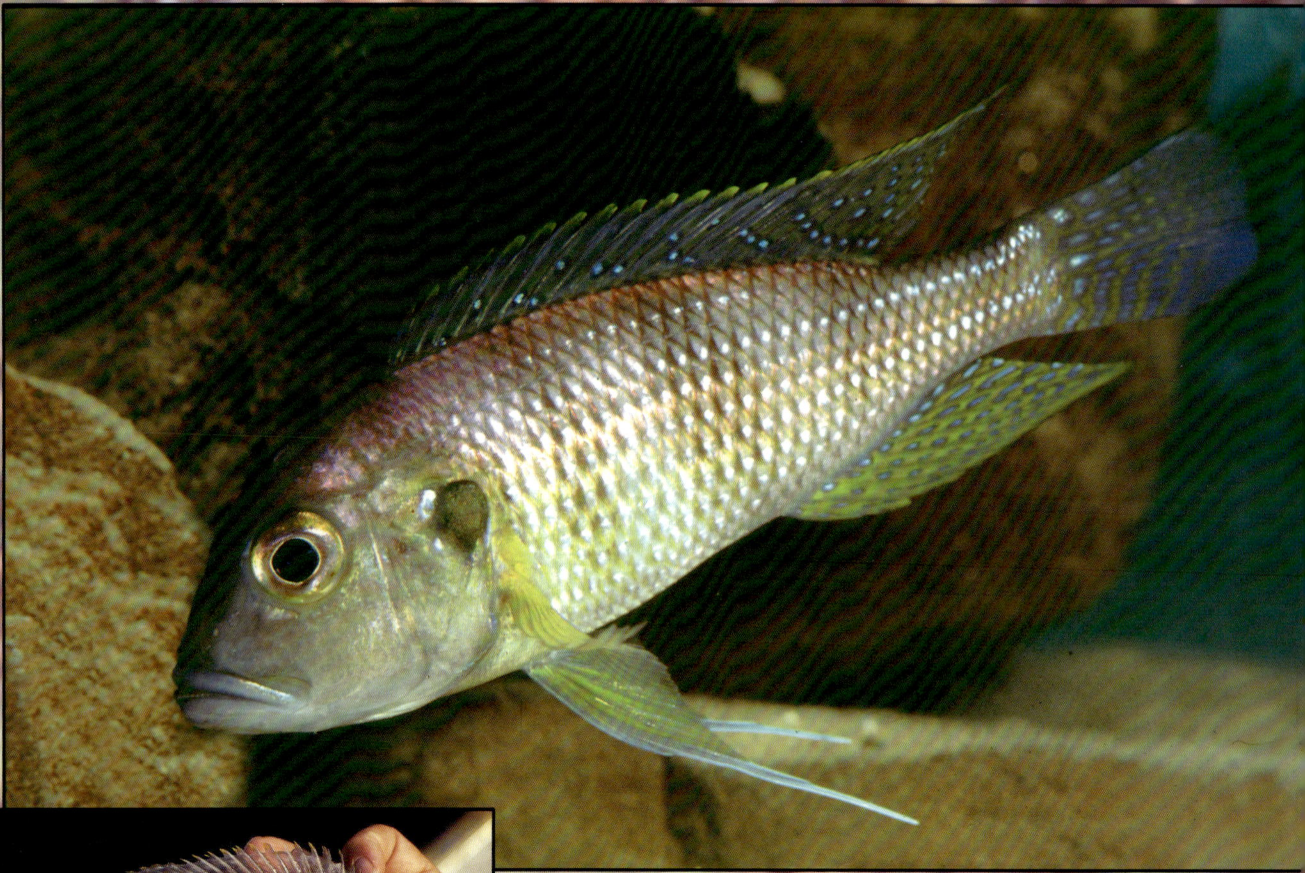
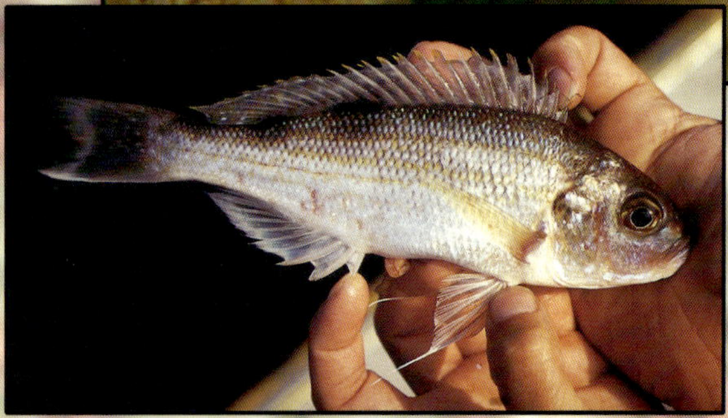
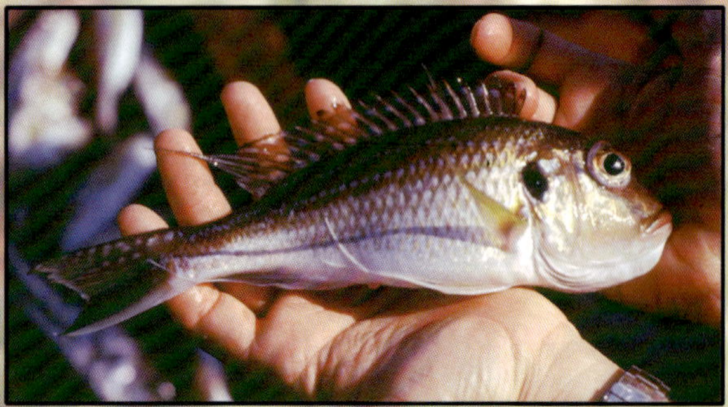
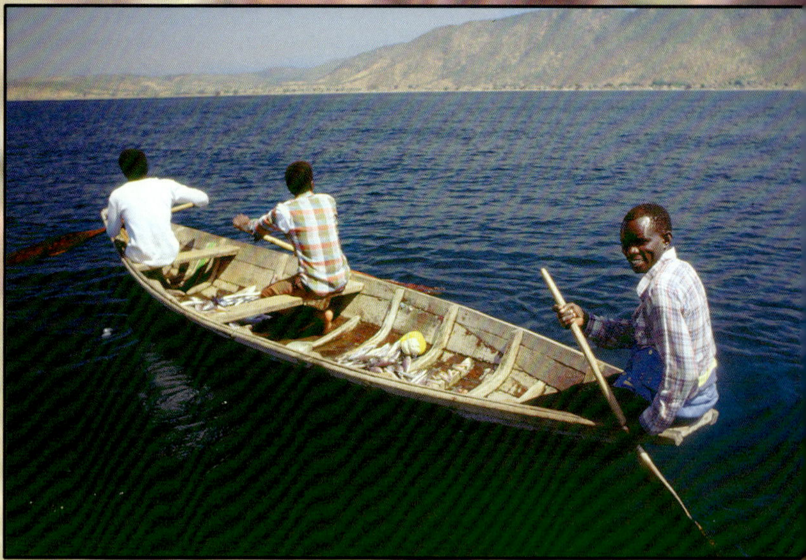
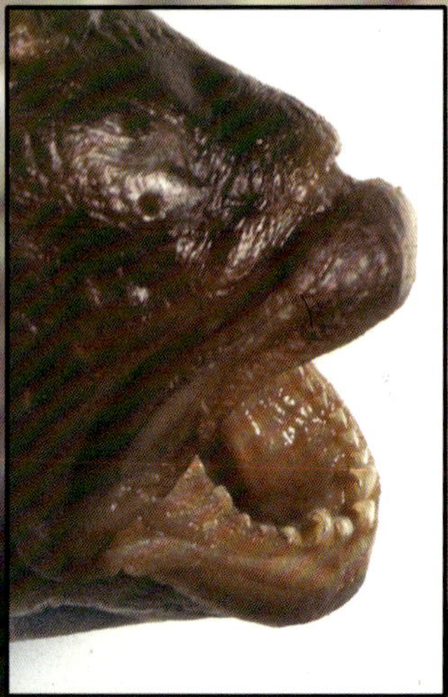
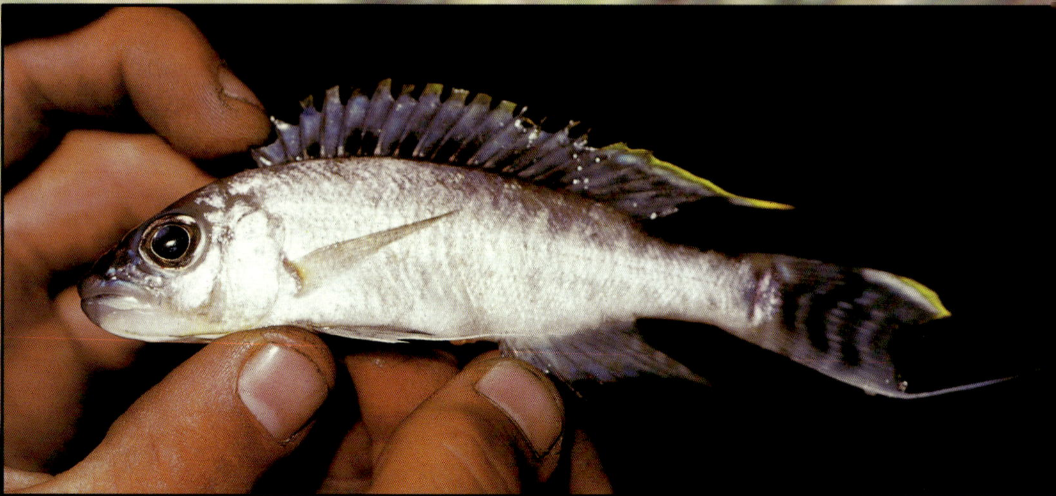

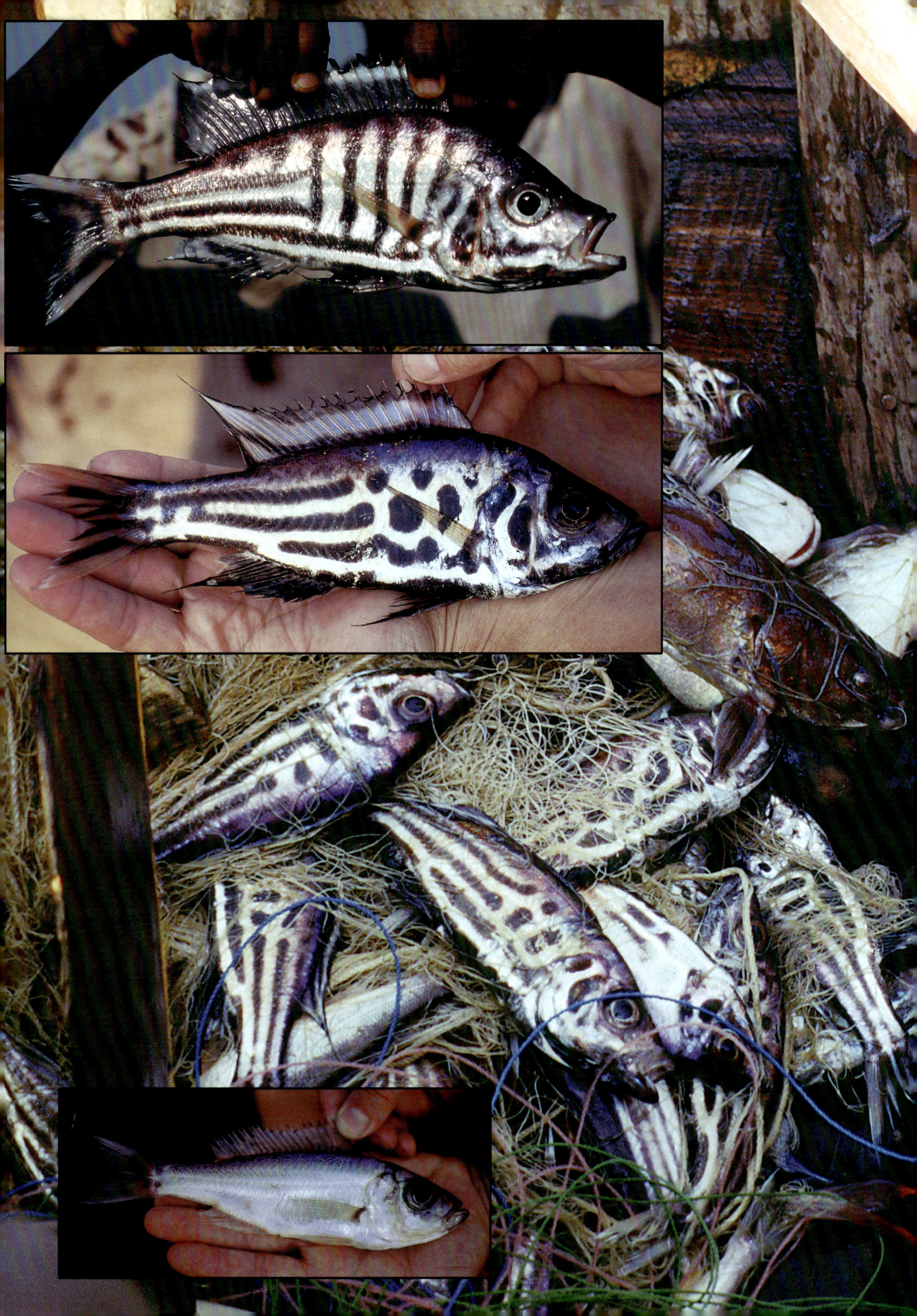

Plecodus elaviae ist ein Schuppenfresser, der in Kiemennetzen aus durchschnittlich etwa 50 m Tiefe gefangen wurde (Poll, 1956). Diese Art ist nur von wenigen Stellen in der Nordhälfte des Sees bekannt. Eine große Gruppe (23 Tiere) wurde in der Nähe von Kalemie aus 70 bis 100 m Tiefe gefangen. Sie ernährt sich wahrscheinlich ausschließlich von Schuppen, da sie angelnden Fischern unbekannt ist. *P. elaviae* erreicht maximal eine Gesamtlänge von 32 cm, und es ist nicht unwahrscheinlich, daß auch seine Beute, wie bei anderen Schuppenfressern, von ähnlicher Größe ist. *Bathybates* Arten und auch andere tieflebende Arten können daher ihr Hauptangriffsziel sein.

Xenochromis hecqui ist ein viel größerer Schuppenfresser — maximale Gesamtlänge etwa 29 cm — der sich vielleicht auf größere Beutetiere wie *Bathybates* Arten spezialisiert hat. Er ist durch zwei dunkle Punkte auf dem oberen Teil der Flanke, oberhalb der Afterflosse, gekennzeichnet; die Flecke erstrecken sich bis in die Rückenflosse hinein. Wie es bei den meisten Buntbarschen aus der Tiefe der Fall ist, ist auch über ihr Brutverhalten nichts bekannt. Poll (1956) erwähnte, daß das größte der gefangenen Tiere ein Weibchen war und daß seine Eierstöcke etwa 600 Eier mit einer durchschnittlichen Länge von etwa 2,5 mm enthielten. *X. hecqui* ist seeweit verbreitet.

Limnochromis

Limnochromis abeelei und *L. staneri* sind seltene Arten, die jedoch wahrscheinlich seeweit verbreitet sind. Die Holotypen beider Arten wurden im Kongo in der Nähe der Inseln Kavala gefangen, jedoch wurden noch andere *L. abeelei* Tiere entlang dem Zentralteil der kongolesischen Küste und in der Nähe von Karema in Tansania (Poll, 1956) gefangen; *L. staneri* ist auch noch von anderen Stellen im Zentralteil des Sees bekannt (Poll, 1956). Beide Arten wurden in sambischem Wasser gefangen (Bailey & Stewart, 1977). *L. staneri* gleicht *L. abeelei* in vielen Details seiner Anatomie, jedoch sind die Hauptunterschiede seine molarförmigen Zähne auf den Schlundknochen und sein höherer Körper (2,8-3mal die Standardlänge gegenüber von 3,3 - 3,5mal bei *L. abeelei*). *L. abeelei* wird auch größer: 24 cm gegenüber von 19 cm bei *L. staneri*. Der Unterschied in der Form der Schlundknochenzähne ist kein sehr überzeugendes Argument für eine Unterscheidung beider sympatrisch lebender Arten. Es sind mehrere verschiedene Cichlidenarten bekannt, bei denen die Form der Schlundknochenzähne bei Tieren derselben Population variiert (z. B. *Aulonocara* Arten im Malawisee oder *Herichthys minckleyi* und *H. labridens* aus Mexiko).

L. abeelei frißt hauptsächlich Fisch und große Krebstiere, während Magenuntersuchungen des *L. staneri* Überreste von Schnecken neben Fisch und Garnelen zum Vorschein brachten (Poll, 1956). Die starken Schlundknochenzähne ermöglichen es *L. staneri* kleine Schneckenschalen zu zerdrücken, während *L. abeelei* auf weichere Beute beschränkt ist.

Nichts ist über ihr Brutverhalten bekannt, obwohl beide Maulbrüter sind, die vielleicht einen ähnlichen Brutmechanismus wie der beidelterliche Maulbrüter *Limnochromis auritus* haben. Poll (1956) berichtet über Geschlechtsunterschiede in der Länge der Filamente der Rücken-, After- und Bauchflossen: sie sind bei den Männchen etwas länger. Er fand 200, maximal 2 mm lange Eier in einem der Eierstöcke eines *L. staneri* Weibchens.

Der seltenste Tanganjikacichlide

Baileychromis centropomoides, dessen Form der des *Reganochromis calliurus* ähnelt (siehe S. 257), wurde an nur zwei Stellen im Süden gefangen: Hore Bay und Sumbu Bay (Bailey & Stewart, 1977). Sein Kopf ist sehr länglich und gleicht dem eines Hechts. Noch auffälliger ist die typische Rückenflosse: die Membrane zwischen den ersten fünf Stacheln ist verlängert und bildet ein spitzes Läppchen, ähnlich dem einiger *Apistogramma* Arten in Südamerika. Leider wurde diese Art nur aus sehr tiefem Wasser gefangen, u. z. zwischen 40 und 100 m, und es sind uns keine Berichte über andere Fänge bekannt.

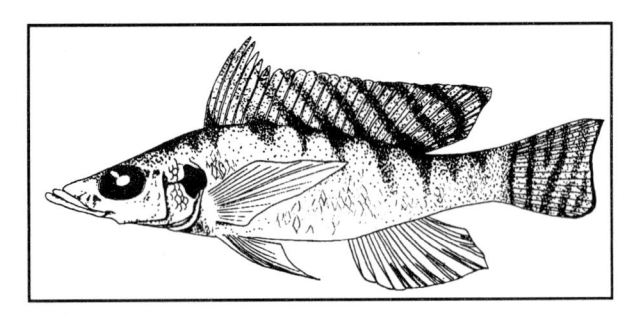

Baileychromis centropomoides (nach Bailey & Stewart, 1977).

Fischfresser der Tiefen

Es ist seit langem bekannt, daß Arten, die zur Gattung *Bathybates* gehören, sehr charakteristisch gefärbte Männchen haben, die sehr attraktiv sind. Abgesehen von einigen vereinzelten Tieren, normalerweise *Bathybates minor*, werden diese Raubfische selten für den Aquariumhandel gefangen, jedoch werden viele durch Angeln an die Oberfläche gebracht, weil sie sehr gut schmecken.

Sehr wenig ist über die Biologie dieser Fische bekannt, weshalb es fast unmöglich ist, eine Stelle zu finden, an der diese Arten in seichtem Wasser gefangen werden könnte (damit man sie lebend bekommen kann). Einige werden jedoch regelmäßig in den Fängen der Capenta oder Ndaga Fischer gesehen, die in erster Linie auf Fang nach den kleinen Seesardinen an der Wasseroberfläche sind. Bisher wurden nur sehr wenige Tiere exportiert und fast alle waren *B. minor* und junge *B. fasciatus*, die beiden Arten, die offensichtlich am häufigsten in den Sardinenschwärmen an der Oberfläche gesehen werden; beide Arten werden auch regelmäßig aus 120-200 m Tiefe gefangen (Coulter, 1991).

B. minor ist, wie sein Name schon andeutet, die kleinste der *Bathybates* Arten und hält sich in den großen Sardinenschwärmen von *Stolothrissa tanganicae* und *Limnothrissa miodon* auf. Er verhält sich nicht wie eine Verfolgungsjäger, sondern macht Überraschungsangriffe auf Beutefische. Färbung und Größe ähneln der seiner Beutetiere, und wahrscheinlich halten die Sardinen sie irrtümlicherweise für ihresgleichen. Auf einem der Fotos ist ein *B. minor* zu sehen, der, obwohl er recht klein ist, ein Beutetier von seiner eigenen Größe im Maul hat (S. 137). Im Aquarium hält er sein Freßverhalten bei. Die Beute wird angepeilt und blitzschnell ergriffen, und große Stücke werden ganz verschluckt. Die Größe der Futterstücke, die er im Maul halten kann, ist bemerkenswert.

Die Gesamtlänge des *B. minor* liegt maximal bei etwa 20 cm, jedoch maßen die meisten Tiere, die ich bisher sah (am See oder im Becken der Importeure) zwischen 8 und 12 cm. Alle *Bathybates* sind Maulbrüter und haben sehr große Eier. Poll (1956) berichtet über ein 17,5 cm langes Weibchen, das 60 große (ungefähr 6 mm lange) Eier trug! *B. minor* hat bereits im Aquarium abgelaicht (Allen, 1996), jedoch sind keine Details über sein Brutverhalten bekannt. Laut Allen sind die Weibchen größer als die Männchen, und die Männchen bereiten keinen Laichplatz vor. Die Farbzeichnung des Männchen, bestehend aus vier horizontalen schwarzen Streifen, ist nur während der Brutzeit zu sehen. Die Weibchen und unreifen Männchen sind sehr silbrig gefärbt und ohne Zeichnung.

Bathybates fasciatus und *B. leo* sind zwei weitere, häufig vorkommende Arten, die ausschließlich Sardinen zu fressen scheinen und sich normalerweise unter ihre Beute mischen. Interessanterweise berichtet Poll (1956), daß *B. fasciatus* nachts geangelt werden kann, wenn man Sardinen als Köder benutzt. Junge *B. fasciatus* scheinen sich unter die Sardinen zu mischen, weshalb sie häufig mit diesen im Oberflächenwasser gefangen werden. Im Aquarium zeigen sie ein Verhalten, das sich von dem des *B. minor* unterscheidet. *B. fasciatus* ist ein echter Verfolgungsjäger, weshalb er ein sehr großes Becken benötigt, in dem er auf seine Beute Jagd machen kann. Es gelang mir, einen *B. fasciatus* mit regulärem Aquariumfutter, sogar Flockenfutter(!), zu halten. Jedoch fand das einzige Exemplar, das ich hatte, seinen Tod festgeklemmt unter einem Fels, wohin er bei der Jagd auf einen kleinen Fisch, der sich darunter versteckt hatte, gelang. *B. fasciatus* jagt normalerweise im offenen Wasser, wo er geschwind hinter seiner Beute herschwimmt. Objekte, wie Steine, kommen ihm dabei kaum in den Weg.

B. leo und adulte *B. fasciatus* findet man gewöhnlich in tiefem bis sehr tiefem Wasser, und beide wurden aus 200 m Tiefe gefangen, unmittelbar über der sauerstoffarmen Schicht des Sees (Poll, 1956). Adulte Tiere werden normalerweise geangelt, und die Männchen beider Arten zeigen ein attraktives Pigmentierungsmuster. *B. fasciatus* ist die einzige der sieben bekannten Arten, die ich unterwasser gesehen habe. Dreimal wurden zwei oder drei Tiere in 35-40 m Tiefe einige Meter über dem Boden gesehen. Ein andermal sah ich ein sehr großes Tier mit männlicher Färbung in nur 10 m Tiefe (Kala Island, Juni 1994). Jedesmal konnte ich gerade nur einen Blick auf die Fische werfen, da sie eine große Fluchtdistanz einhalten.

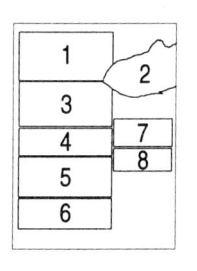

Seite 136

1 und 2. *Bathybates minor* im Aquarium.
3. *Bathybates graueri* im Aquarium.
4. Ein *Bathybates leo* Weibchen bei Chimba, Sambia.
5. *Chrysichthys graueri* (Chituta).
6. *Chrysichthys stappersii* (Chituta).
7. Die beiden häufigsten Heringarten: *Limnothrissa miodon* (oben) und *Stolothrissa tanganicae* (unten); (Bulu Point, Tansania).
8. *Plecodus elaviae*.

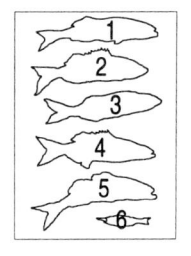

Seite 137

1. *Bathybates fasciatus*.
2. *Bathybates ferox*.
3. *Bathybates horni*.
4. *Bathybates leo*.
5. *Bathybates vittatus*.
6. *Bathybates minor*, noch mit Beute im Maul.

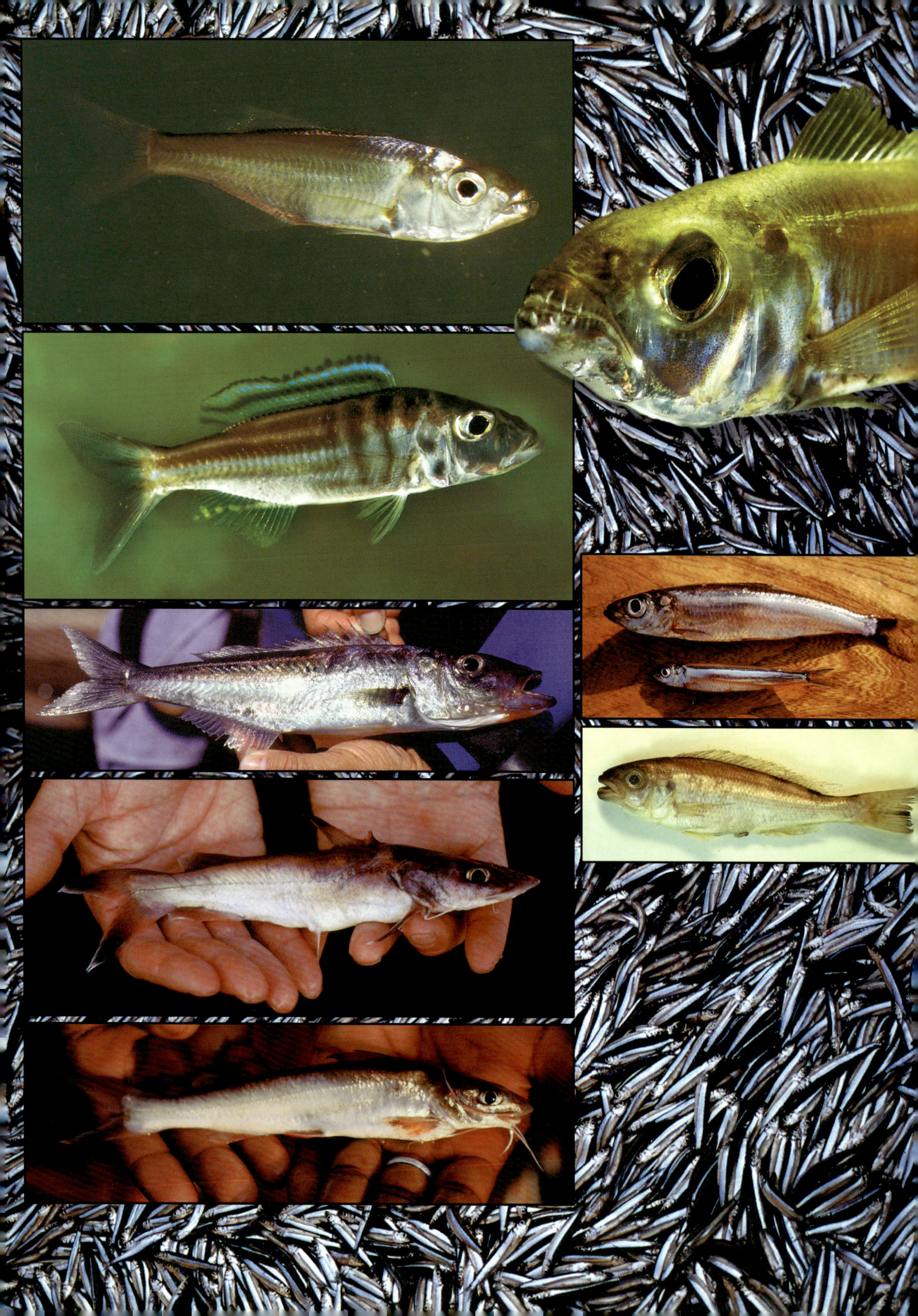

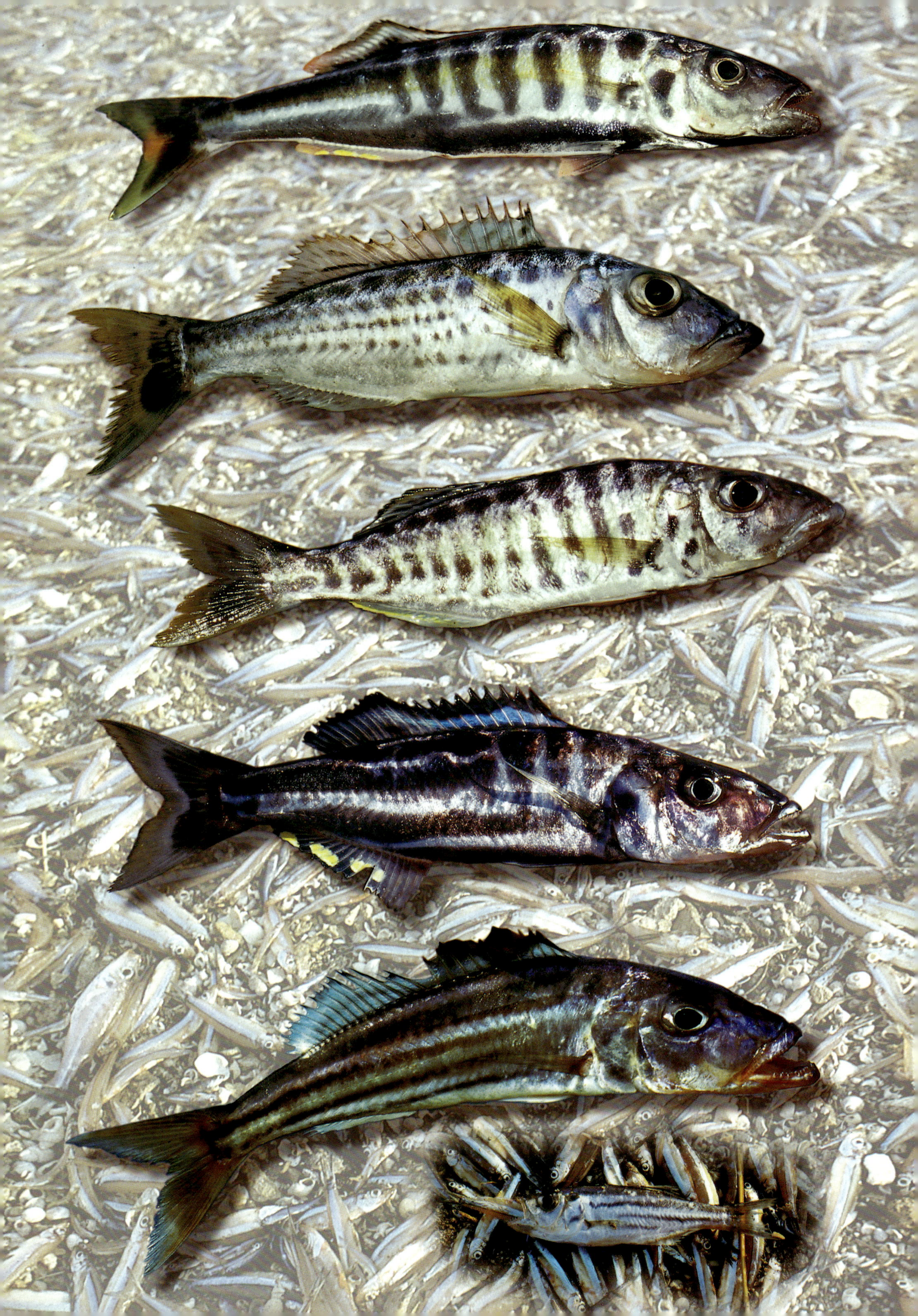

Die maximal gemessene Länge lag für *B. fasciatus* bei 41 cm und für *B. leo* bei 35,5 cm (Coulter, 1991). Ein ausgewachsenes Männchen wäre natürlich ein aufseherregender Bewohner für jedes große Aquarium, jedoch muß noch herausgefunden werden, ob ein Verfolgungsjäger ein angemessenes Leben in Gefangenschaft führen kann. Wie bei allen *Bathybates* sind die Weibchen silbrig mit einer nur schwachen Zeichnung, ähnlich den Markierungen der Männchen. Es scheint, daß *B. leo* und adulte *B. fasciatus* sowie *B. minor*, die einzigen Arten dieser Gattung sind, die im offenen Wasser leben, wobei die beiden erstgenannten Arten normalerweise in größerer Tiefe vorkommen. Es ist deshalb möglich, daß bei diesen Arten auch das Ablaichen im offenen Wasser stattfindet. Junge *B. fasciatus* werden regelmäßig über Sand in seichtem Wasser gefangen; eine Andeutung dafür, daß die Weibchen ihre Nachkommen in solchen Biotopen freisetzen.

Junge *B. ferox* können manchmal in Strandnetzen zusammen mit jungen *B. fasciatus* und *B. minor* gefunden werden. *B. ferox* ist eine andere große Art mit einer belegten Gesamtlänge von 36 cm, jedoch ist er nicht stromlinienförmig gebaut wie die Verfolgungsjäger *B. fasciatus* und *B. leo*. Untersuchungen von Mägen des *B. ferox* brachten hauptsächlich bodenbewohnende Cichliden zutage (z. B. *Xenotilapia* spp.), weshalb er also wahrscheinlich eine andere Futterquelle als die Sardinenjäger im offenen Wasser anpeilt. Adulte Tiere wurden ebenfalls in seichtem Wasser gefunden Es ist jedoch nicht bekannt, ob sie dorthin zum Jagen oder Brüten kamen, oder ob es Weibchen waren, die ihre Jungen freisetzten. Poll (1956) berichtet über ein trächtiges Weibchen mit einem geschwollenen Bauch, der völlig mit 6,5 mm großen Eiern angefüllt war. Die tiefste Stelle, an der *B. ferox* gefangen wurde, war 70 m, während alle anderen Arten, mit Ausnahme des seltenen *B. horni*, aus über 160 m Tiefe gefangen wurden.

B. horni scheint eine seltene Art zu sein (Coulter, 1991) und wird auch selten geangelt. Ich habe einige Exemplare in Kiemennetzen gesehen, die in der Nähe von Kipili zusammen mit *B. ferox* gefangen wurden. *B. horni* hat eine Stromlinienform wie *B. leo* und *B. fasciatus* und ist wahrscheinlich ebenfalls ein Verfolgungsjäger, wenn auch in einer anderen Gegend oder einem anderen Biotop. *B. horni* kann eine Gesamtlänge von über 30 cm erreichen.

B. graueri wird ebenfalls maximal etwa 30 cm lang, und adulte Tiere werden bisweilen in seichtem Wasser gefunden. *B. graueri* findet man normalerweise in Bodennähe, wo er auf sandbewohnende Cichliden, z. B. *Xenotilapia* spp. Jagd macht (Coulter, 1991). Im Aquarium verhält er sich jedoch eher wie eine Art aus dem offenen Wasser und schwimmt selten in Bodennähe. Es ist daher möglich, daß *B. graueri* auf Beutesuche in einiger Entfernung vom Boden kreuzt.

Die siebte Art, *B. vittatus*, erbeutet ebenfalls eher Cichliden als Sardinen. Einige Tiere wurden aus über 200 m Tiefe gefangen, andere dagegen in seichten Regionen über Schlammboden. Die maximal gemessene Länge für *B. vittatus* war 42 cm, womit er das größte Mitglied der Gattung darstellt. *B. vittatus* hat ein bemerkenswertes Schuppenmuster, wobei "normalgroße" Schuppen zwischen zahlreiche winzige Schuppen gebettet sind. Die Funktion dieser Schuppenzusammenstellung sowie vieler anderer Merkmale des *Bathybates* ist nicht bekannt.

Es ist möglich, daß das Brutverhalten der *Bathybates* Arten nur von aufopferungswilligen Aquarianern erforscht werden kann, da wahrscheinlich alle Arten in tiefen Wasserschichten brüten, zu tief für eine direkte Beobachtung durch Taucher.

Das Farbmuster von *Hemibates stenosoma* ähnelt dem des *Bathybates*, jedoch ist er hochrückiger und hat viel kleinere Zähne. Die maximale Gesamtlänge liegt bei 27 cm, was ihn zu einem respektvollen Räuber macht. *H. stenosoma* ist seeweit verbreitet und wird manchmal in großer Zahl in Kiemennetzen gefangen. Wie die *Trematocara* Arten wandert er nachts in seichteres Wasser, und da er oft zusammen mit *Trematocara* gefunden wird, erbeutet er wahrscheinlich diese kleinen Wirbellosenfresser.

H. stenosoma ist ein mütterlicher Maulbrüter und produziert eines der größten Eier: 7 mm (Poll, 1956). Die Männchen haben ein schönes Farbmuster aus schwarzen Flecken und Streifen; die Weibchen sind dagegen völlig silbrig gefärbt. Interessanterweise scheint es etwas Variation im männlichen Farbmuster zu geben. Einige Tiere, die in der Chituta Bay, Sambia, gefangen wurden, zeigten deutliche senkrechte Bänder auf dem Vorderteil der Flanken, während andere Männchen vom selben Fang irreguläre Flecken hatten. Die Exemplare mit den senkrechten Bändern schienen größer zu sein. Die einheimischen Fischer nannten beide Varianten "Mphandi" und wußten auch, daß die Weibchen die einfarbigen Tiere waren. Es ist möglich, daß sich das Farbmuster der Männchen mit dem Alter verändert, jedoch könnten wir es hier auch, in Analogie zu den deutlichen Unterschieden im Farbmuster der sieben *Bathybates* Arten, mit zwei verschiedenen *Hemibates* Arten zu tun haben — wobei der Holotypus ein Muster aus irregulär geformten Flecken zeigt.

Das offene Wasser

Der Freiwasserbiotop ist kein gut definierter Biotop. Es handelt sich dabei um die Wassersäule über dem Felssubstrat, und die hier vorkommenden Cichliden sind Planktonfresser und deren Räuber. Das Freiwasser hätte leicht auch in die zuvor diskutierten Biotope einbezogen werden können, jedoch wurden die Planktonfresser traditionsgemäß getrennt behandelt. Interessanterweise besitzen mehrere Arten dieser Gruppe auch Brutreviere im offenen Wasser, obwohl sie immer noch vom Felssubstrat abhängig zu sein scheinen.

Microdontochromis

Microdontochromis Arten findet man normalerweise in den oberen 5 m des offenen Wassers, und obwohl sie im Felsbiotop vorkommen, werden sie doch oft über der Übergangszone gesehen, wo der Boden vorwiegend aus Sand und nur vereinzelten Felsen besteht. Es sind zwei Arten bekannt, und der Hauptunterschied zwischen beiden ist die horizontale Mittlaterallinie aus schwarzen Flecken des *M. tenuidentatus*. Es bestehen auch einige anatomische Unterschiede: *M. rotundiventralis* hat zwei bis drei Zahnreihen, während *M. tenuidentatus* nur eine einzige Reihe besitzt. Und wie der Name bereits andeutet, ist die Bauchflosse bei *M. rotundiventralis* abgerundet, während bei *M. tenuidentatus* die letzten Bauchflossenstrahlen länger als die ersten sind.

Der Holotypus von *M. tenuidentatus* wurde zusammen mit etwa 50 anderen Tieren im Kongo bei Livua (unmittelbar nördlich von Moliro) gefangen. Der Holotypus von *M. rotundiventralis* stammt von der Insel Nkumbula (Insel Mbete), in der Nähe von Mpulungu. Ich fand *Microdontochromis* Arten bei Chimba und Cape Kachese in Sambia; ihnen fehlte der Mittseitenstreifen aus schwarzen Flecken, aber sie hatten abgerundete Bauchflossen, weshalb sie als *M. rotundiventralis* klassifiziert werden können. Chimba liegt jedoch recht nahe bei Livua, und die einzige Barriere für die Ausbreitung einer solchen Art könnte die Livua Bay oder die Moliro Bay sein. *Microdontochromis* wurde auch bei Cape Tembwe, Kongo, gesehen und hatte die horizontale Reihe schwarzer Flecken auf dem Körper, was auch bei Tieren aus Burundi häufig der Fall ist. Wir können aus diesen Daten schließen, daß *M. tenuidentatus* in Burundi und fast im gesamten Kongo vorkommt. Sein Verbreitungsgebiet erstreckt sich bis nach Tansania, und dort mindestens bis nach Miyako, bei Bulu Point (Kuwamura, 1986a); ich habe *M. rotundiventralis* an der Insel Kala in Tansania, gesehen, weshalb sein Verbreitungsgebiet wahrscheinlich sowohl ganz Sambia als auch den Teil der Südostküste in Tansania einschließt. Es ist nur schwer vorstellbar, daß zwei Arten von solch ähnlicher Morphologie und solch naher Verwandtschaft sympatrisch leben können, was allerdings beweisen würde, daß wir es hier mit zwei verschiedenen Arten und nicht mit zwei geographischen Varianten eines Taxons zu tun haben. Es ist nicht bekannt, ob sie sympatrisch vorkommen.

Microdontochromis lebt in großen Schwärmen von manchmal über 1000 Tieren in seichtem Wasser. Er frißt Zooplankton, das er mit dem vorstülpbaren Maul individuell aufpickt. Der Kopf ist seitlich komprimiert, was ein wichtiges Merkmal dieser Art zu sein scheint. Die Zähne auf dem Außenkiefer sind winzig und sehen recht zerbrechlich aus. Die unteren Pharyngealknochen sind sehr dünn und schlank. Auch die Zähne auf diesen Knochen sind winzig und

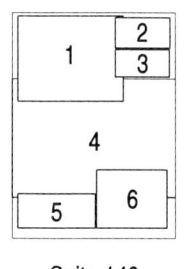

Seite 140

1. Ein maulbrütender *Microdontochromis rotundiventralis* bei Chimba, Sambia.
2. *M. rotundiventralis* bei Kala, Tansania.
3. *Microdontochromis* cf. *tenuidentatus* bei Cape Tembwe.
4. Ein *M. rotundiventralis* Schwarm bei Cape Kachese, Sambia.
5. *M. rotundiventralis* bei Kapemba, Sambia.
6. *M. tenuidentatus* im Aquarium.
Foto Max Bjørneskov.

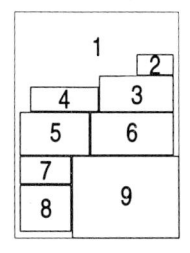

Seite 141

1. *Paracyprichromis brieni* bei Chituta, Sambia.
Ein Jungtier mit einer seltsam hohen Rückenflosse (2) und ein *P. brieni* Männchen von Tansania (3).
Fotos: Max Bjørneskov.
4. Ein maulbrütender *P. brieni* bei Bulu Point, Tansania.
Paracyprichromis nigripinnis bei Kitumba, Kongo (5); Magara, Burundi (6); Mkinga (7), Hinde B (8) und Kantalamba (9), Tansania.

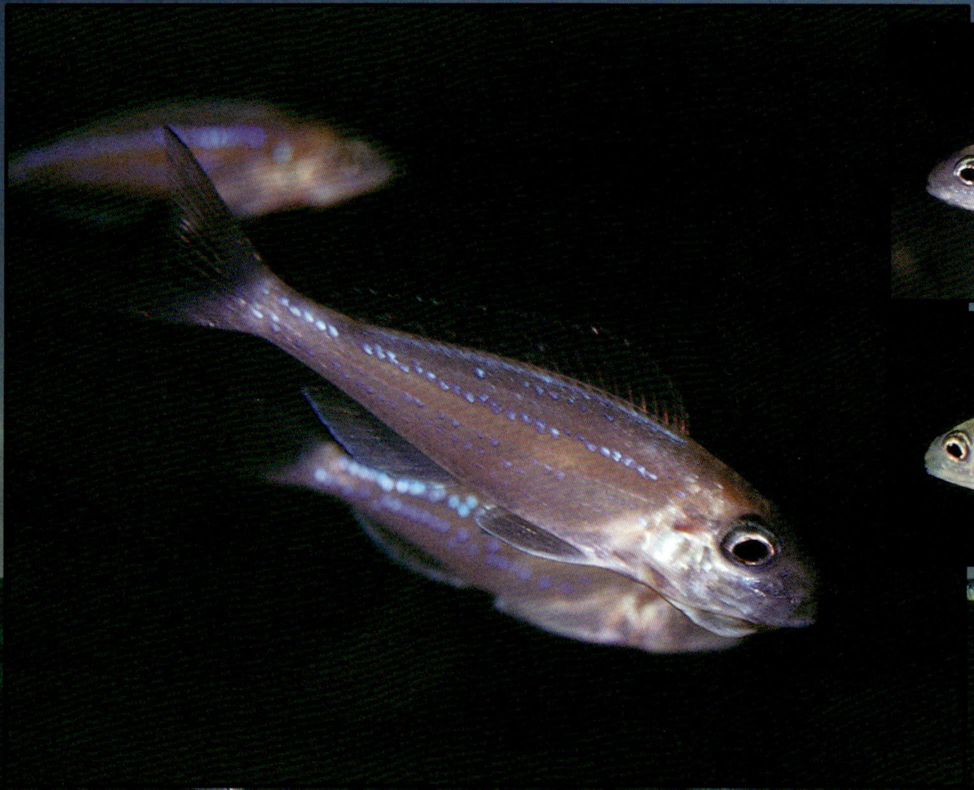
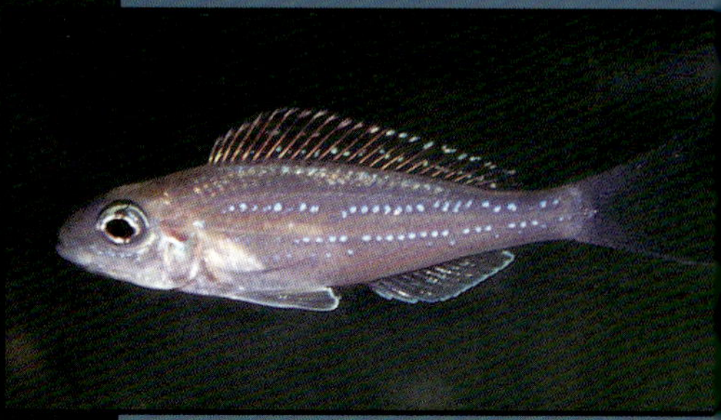
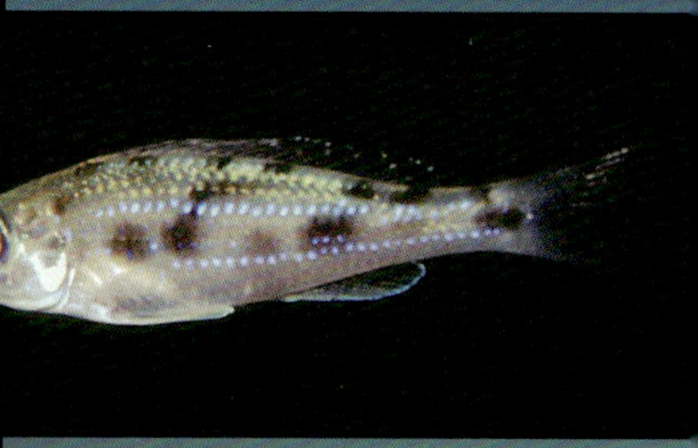
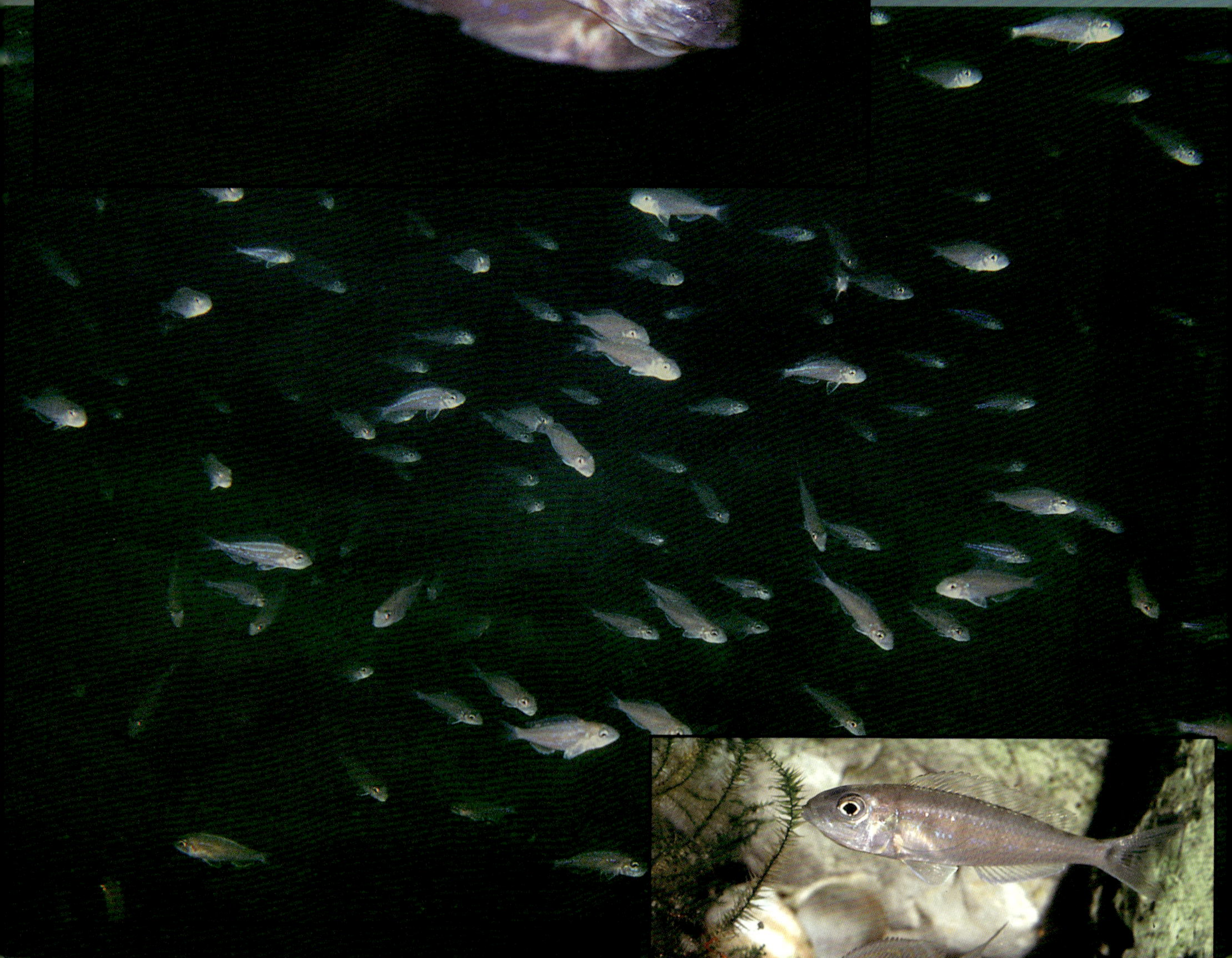
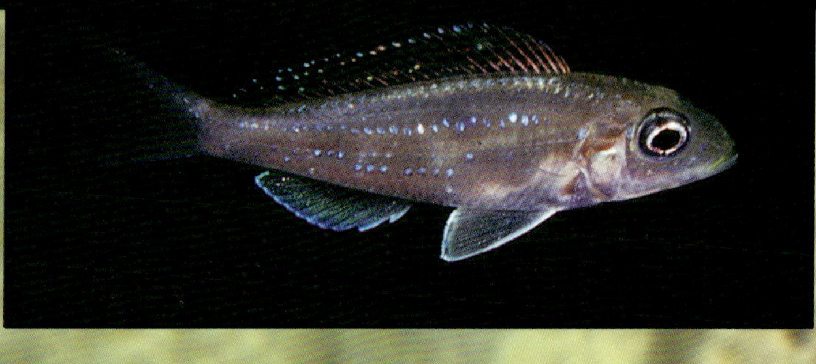
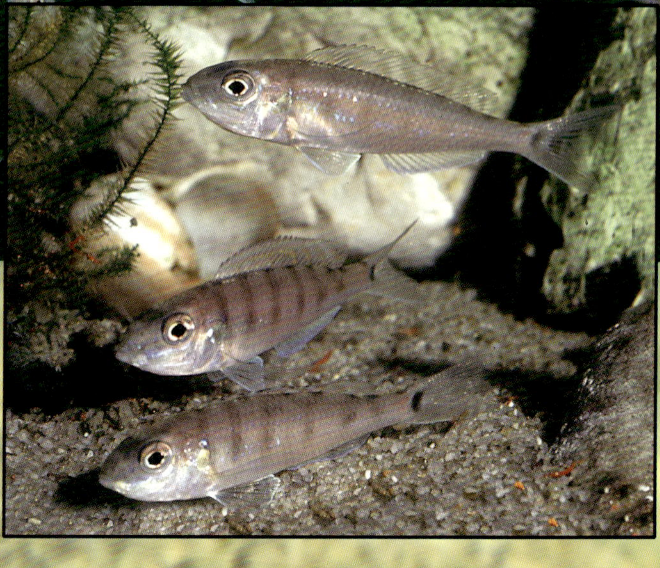

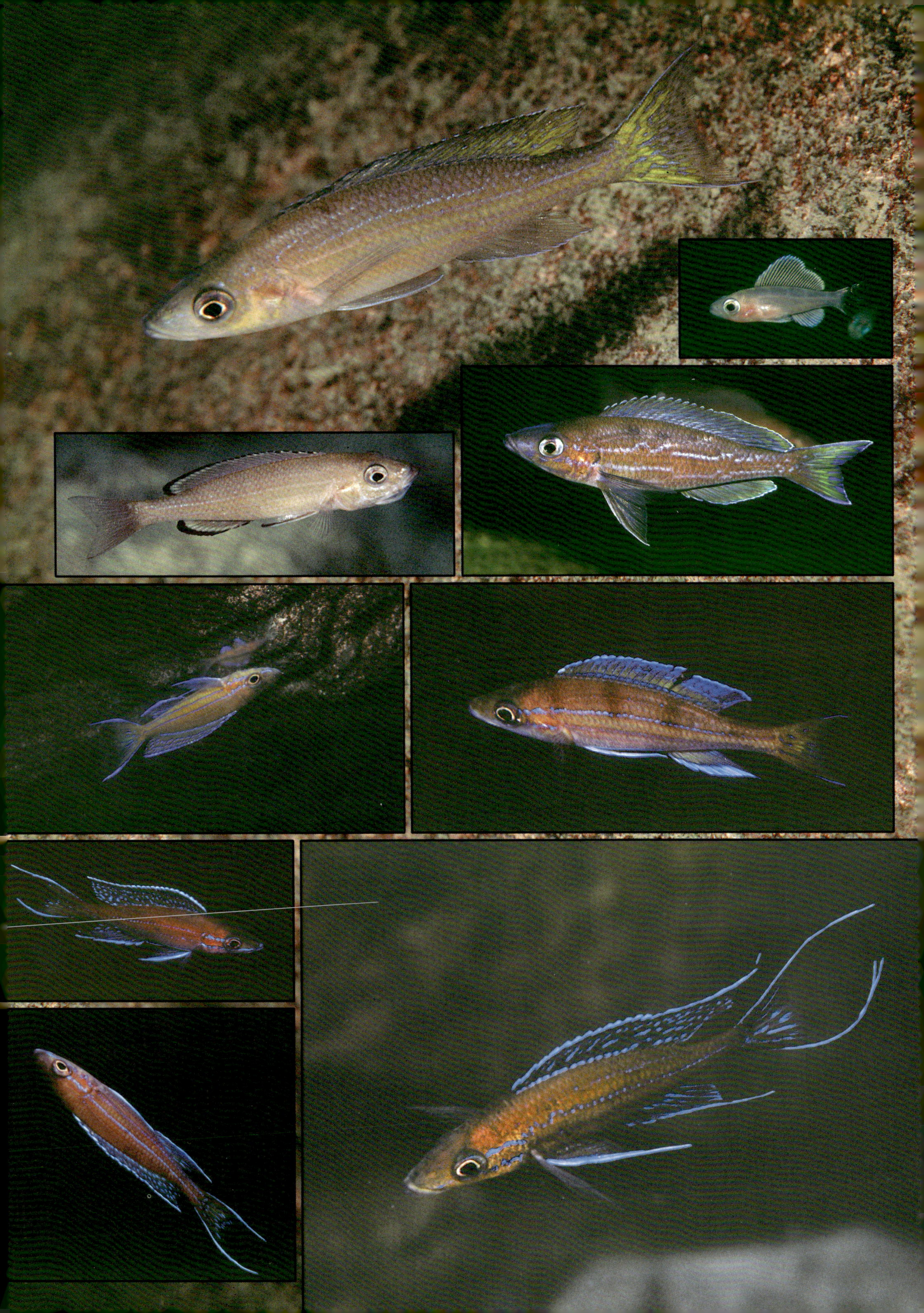

spitz, ein häufiges Merkmal planktonfressender Buntbarsche.

M. tenuidentatus und *M. rotundiventralis* sind Maulbrüter. In den ersten Berichten über ihr Brutverhalten (Puttberg in Konings, 1991b) wurde angedeutet, daß *M. rotundiventralis* ein mütterlicher Maulbrüter ist. Puttberg berichtete, daß die Eier recht groß waren und daß das Weibchen nur einige Eier ausbrütete, obwohl etwa 20 abgelaicht wurden. Das Männchen schien kein Nest zu bauen oder Revier zu verteidigen. Die Eier wurden für etwa 4 Wochen bebrütet bevor die Jungen freigesetzt wurden. Während dieser Zeit fraß das Weibchen normal weiter, so als ob es nichts im Maul hätte, was nicht verschluckt werden sollte. Yanagisawa *et al.* (1996) berichten, daß Jungfische von weniger als 6 mm Länge vom Weibchen bebrütet werden, während die größeren vom Männchen übernommen werden. Beide maulbrütenden Eltern fressen normal weiter, und auch die Jungen in der Mundhöhle von beidem fressen, was ins Maul kommt und zeigten während der Inkubationszeit eine zehnfache Gewichtszunahme. Wir müssen deshalb also annehmen, daß *M. rotundiventralis* unter natürlichen Umständen ein beidelterlicher Maulbrüter ist.

Paracyprichromis

Paracyprichromis nigripinnis und *P. brieni* sind Planktonfresser, obwohl sie sich dicht beim Felssubstrat aufhalten. *P. nigripinnis* Männchen werden oft in Höhlen gefunden. An diesen dunklen Stellen schwimmen sie normalerweise auf dem Rücken, mit dem Rücken zum Licht (das vom Boden reflektiert wird). Die Weibchen und nicht-territorialen *P. nigripinnis* fressen im offenen Wasser Plankton, in etwa 2 m Entfernung vom Substrat. *P. nigripinnis* kommt meistens tiefer als 25 m vor, wo er häufig in Felshöhlen zu finden ist. Bei Hinde B in Tansania habe ich *P. nigripinnis*, oder "Blue Neon", wie er bei den Aquarianern bekannt ist, in nur 6 m Tiefe gesehen, jedoch ist das eine Ausnahme.

P. brieni lebt ebenfalls im Felsbiotop, jedoch verteidigen die Männchen ihre Reviere außerhalb der Felsen. Man kann ihn in seichtem Wasser finden, jedoch reicht seine Tiefenverbreitung von seicht bis 30-40 m Tiefe. Nicht-territoriale Tiere fressen im offenen Wasser, jedoch wagen sie sich ebenfalls niemals weit von den Felsen weg.

Die Gesamtlänge des *Paracyprichromis nigripinnis* mißt maximal etwa 10 cm. Seine Form gleicht sehr der des *P. brieni*, der auch von ähnlicher Größe ist. *P. nigripinnis* und *P. brieni* wurden früher beide der Gattung *Cyprichromis* zugeordnet, jedoch wegen der unterschiedlichen Zahl und Anordnung ihrer Wirbel in eine neue Gattung gestellt (Poll, 1986). Obwohl man über diese Entscheidung unterschiedlicher Meinung sein kann, sind *P. nigripinnis* und *P. brieni* wahrscheinlich nicht mit den Arten, die derzeit zu *Cyprichromis* gehören, verwandt. Meiner Meinung nach demonstrieren sie einen bemerkenswerten Fall von paralleler Evolution, wobei sich zwei Arten von unterschiedlichem Ursprung zu ähnlich aussehenden Arten entwickelt haben.

Der wichtigste Unterschied zwischen diesen beiden Arten liegt in ihrem Brutverhalten. Bei *Cyprichromis* werden die Eier im Maul des Weibchens befruchtet, bei *Paracyprichromis* jedoch nicht. Das Ablaichen findet bei *Paracyprichromis* entlang einer senkrechten Fläche eines großen Felses statt, u. z. fast in direktem Kontakt mit dem Substrat. Bei *Cyprichromis* wird im Mittwasser abgelaicht.

P. nigripinnis Männchen verteidigen Reviere in Höhlen, wo normalerweise an der Decke oder entlang der oberen senkrechten Wände abgelaicht wird. Die Weibchen werden nicht durch Aufstellen der Flossen zum Nest gelockt, wie es normalerweise bei in Gruppen brütenden Cichliden der Fall ist, sondern werden in der Schule angebaltz und zum Nest des Männchens geleitet. Das Revier des *P. brieni* befindet sich an der Außenfläche eines großen Felsblocks, meistens entlang dessen senkrechter Fläche.

Während des Ablaichens steht das *Paracyprichromis* Weibchen mit dem Kopf nach unten am Substrat, wenn es seine Eier ausstößt. Sobald diese am Kopf vorbeigleiten, werden sie vom Weibchen aufgesammelt. Unterdessen bleibt das Männchen über oder neben dem Weibchen, wo es dauernd Samenflüssigkeit ausstößt — gelegentlich kann man Wolken einer milchigen Flüssigkeit erkennen. Das Männchen fächelt die Milch in Richtung der fallenden Eier, die also befruchtet werden, bevor das Weibchen sie aufnimmt.

P. nigripinnis ist seeweit verbreitet, und bei allen bekannten Populationen sind die Tiere ähnlich gefärbt. Beim "Blue Neon" sind bei den Männchen die Streifen deutlich sichtbar, bei den Weibchen jedoch weniger spektakulär. Im Dunkel der Höhle des Männchens zeigen die iridisierenden Streifen auf den Flossen und dem Körper dem hereinschwimmenden Weibchen schön dessen Position an.

Der Holotypus von *Paracyprichromis brieni* wurde an der Halbinsel Ubwari im Kongo gefangen. Diese Art ist jedoch seeweit verbreitet. Geographische Variation ist sehr auffallend, und einige Varianten wurden sogar von Aquarianern für unterschiedliche Arten gehalten. Auf S. 144 sind einige Varianten von verschiedenen Stellen des Sees abgebildet. *P. brieni* und *P. nigripinnis* kommen normalerweise nebeneinander lebend vor. *P. brieni* unterscheidet sich von *P. nigripinnis* durch kleinere Augen (relativ zur Kopflänge). Junge *P. brieni* können an der gelben Afterflosse erkannt werden. Die Weibchen der nördlichen Population tragen ebenfalls gelbe Afterflossen; die der südlichen Populationen haben ein schwarzes, randständiges Band auf Rücken- und Afterflossen.

Cyprichromis

Arten der Gattung *Cyprichromis* bilden bei der Nahrungssuche Schwärme, die über 10.000 Tiere umfassen können. Diese Schwärme können mehr als eine Art enthalten, und nicht selten fressen drei *Cyprichromis* Arten, *C. leptosoma*, *C. pavo* (oder *C. microlepidotus*), und *C.* sp. "leptosoma jumbo", Seite an Seite vom Plankton. Es gibt interessanterweise mehrere verschiedenen Schwarmtypen. Schulen auf Nahrungssuche bestehen vorwiegend aus erwachsenen Weibchen und nicht-territorialen Männchen. Näher beim Felssubstrat scheinen die Schwärme nur aus territorialen Männchen zu bestehen. Reife, ablaichbereite Weibchen findet man ebenfalls in solchen Gruppierungen. Die Männchen halten immer einen gewissen Abstand zu ihren Nachbarn, der von einer der vier *Cyprichromis* Arten sein kann. Der dritte Schwarmtyp besteht aus maulbrütenden Weibchen und setzt sich normalerweise aus einer einzigen Art zusammen, jedoch werden auch gemischte Schulen beobachtet.

Es ist sehr beeindruckend, tausende Männchen bei der Verteidigung ihrer Reviere im offenen Wasser zu beobachten. Sie stecken ihre Reviere etwa 100 cm weit voneinander entfernt ab, und ihre Nachbarn sind oft andere *Cyprichromis* Arten oder artgleiche Männchen mit einer anderen Farbe (siehe später). Die Männchen bleiben im freien Wasser und beziehen die Grenzen ihrer Reviere auf den Abstand zu benachbarten Männchen. Weibchen werden ständig angebalzt und zum Revier der Männchen gelockt, sobald sie in die dreidimensionale Brutkolonie hineinschwimmen. Wenn ein Weibchen auf die Balz eines Männchens reagiert und der Ablaichvorgang eingeleitet wird, biegt das Männchen seinen Körper und alle Flossen, außer den Bauchflossen, vom Weibchen weg. Die Bauchflossen, die eine große, gelbe Spitze haben, werden nach aufgestellt und damit vor dem Weibchen gezittert (siehe Foto S. 145). Das Weibchen antwortet, indem es nach der Bauchflosse des Männchens schnappt. Da das Ablaichen im freien Wasser stattfindet, deutet diese Handlung der Flossen wahrscheinlich dem Weibchen die Stelle an, wo es seine Eier ablaichen soll, d. h. das Zentrum des Reviers des Männchens. Die Farbe der Spitze der Bauchflosse stimmt nicht genau mit der eines Eies überein, und es könnte auch das Vibrieren sein, das das Weibchen dazu verleitet, danach zu schnappen. Ich habe auch beobachtet, wie Männchen nach den Flossen eines dominanteren Männchens schnappten.

Wenn ein Weibchen zum Laichen bereit ist, bleibt es im Revier des Männchens. Anfangs wird es mehrmals nach den Bauchflossen des Männchens schnappen, bevor es mit dem Ablaichen beginnt. Es kann sein, daß das Männchen seinen Samen, noch bevor die Eier abgelaicht werden, ausstößt. Zu einem bestimmten Zeitpunkt positioniert sich das Männchen, mit allen Flossen aufgestellt, über dem Weibchen und stupst dieses freundlich mit weit geöffneten Maul am Kopf (vgl. Foto S. 145). Das Weibchen setzt danach ein Ei (oder einige) frei und schwimmt sofort rückwärts, um es (sie) aufzunehmen. Diese Abfolge von Eiablage und Zurückschwimmen kann sich mehrmals wiederholen, bis das Weibchen an die Grenze des Reviers des Männchens gelangt. Dann wird es wieder von diesem zum Zentrum zurückgeleitet. Daraufhin folgen einige Schnappbewegungen nach der zitternden Bauchflosse, bevor das

1	7
2	8
3	9
4	10
5	11
6	12

Seite 144

Paracyprichromis brieni bei:
1. Insel Milima, Kongo.
2. Kitumba, Kongo; Männchen.
3. Kitumba; Weibchen (Aquarium).
4. Kapampa, Kongo; Männchen.
5. Cape Kachese, Sambia.
6. Kapemba, Sambia.
7. Magara, Burundi; Weibchen.
8. Bulu Point, Tansania.
9. Msalaba, Tansania.
10. Nkondwe Island, Tansania.
11. Isanga, Sambia
12. Chituta, Sambia.

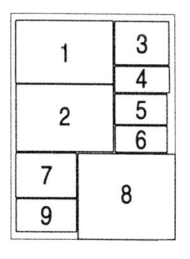

1	3
	4
2	5
	6
7	8
9	

Seite 145

1. *Cyprichromis pavo* bei Samazi, Tansania.
2. *Cyprichromis* sp. "zebra" bei Chituta, Sambia.
3. *C. pavo* bei Kantalamba, Tansania.
4. *C. pavo* bei Chituta.
Ein *C.* sp. "leptosoma jumbo" Jungtier (5) und ein *C. leptosoma* Jungtier (6) bei Kambwimba, Tansania.
7 und 8. Ablaichende *C.* sp. "leptosoma jumbo" bei Kekese, Tansania.
9. *C. leptosoma* bei Kekese.

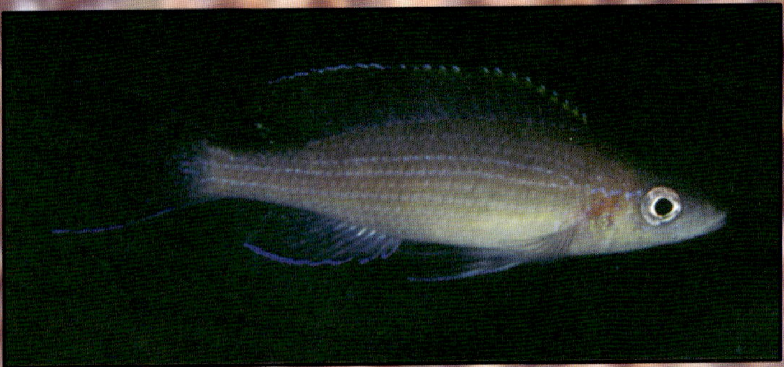
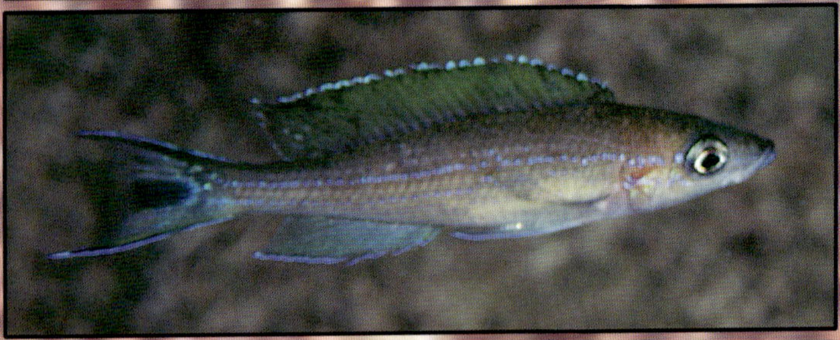
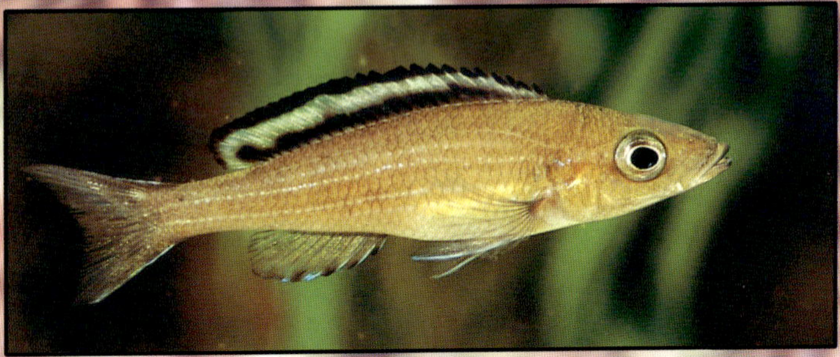
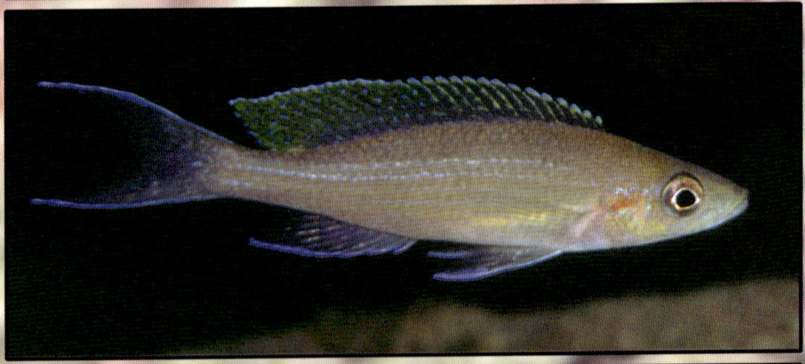
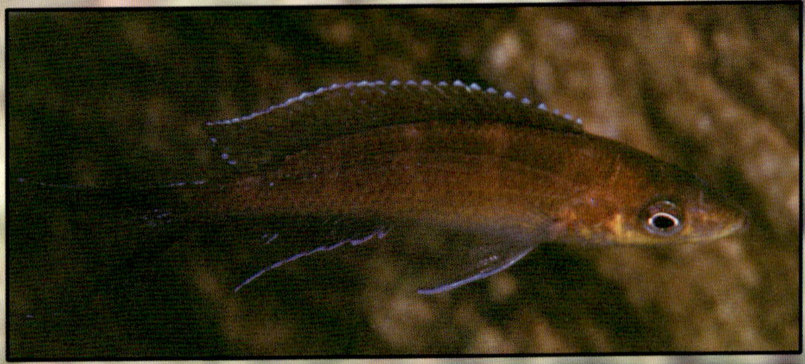
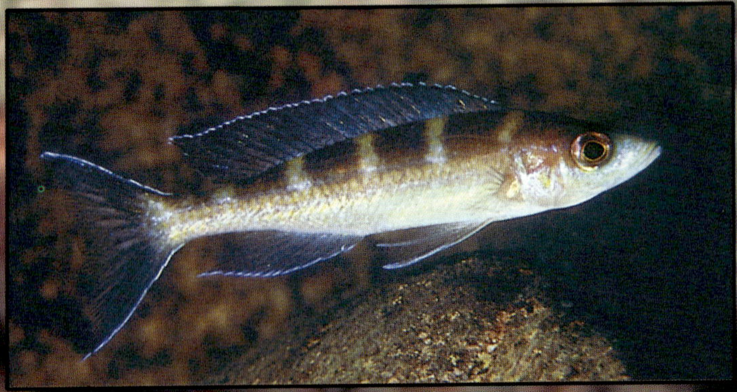
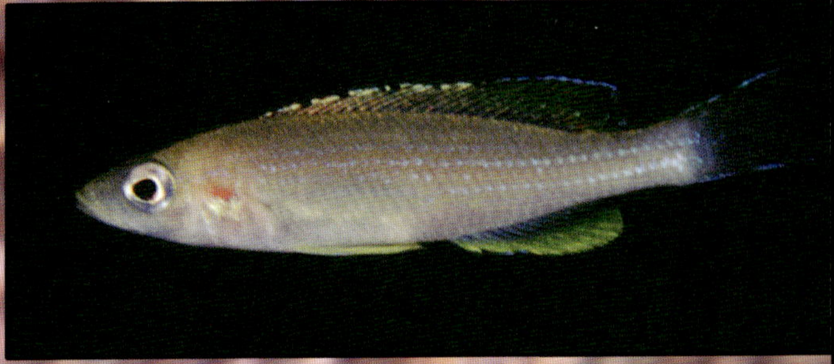
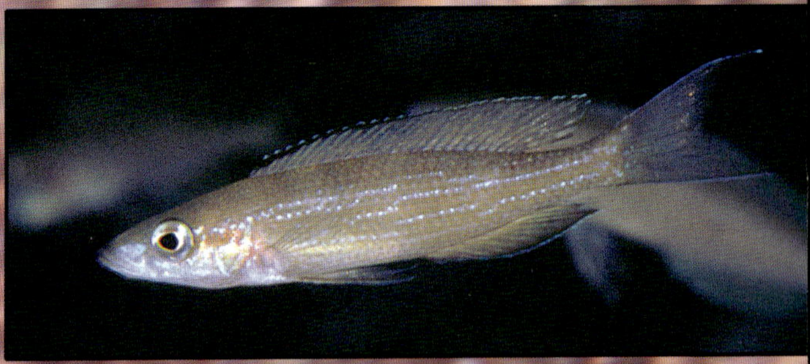
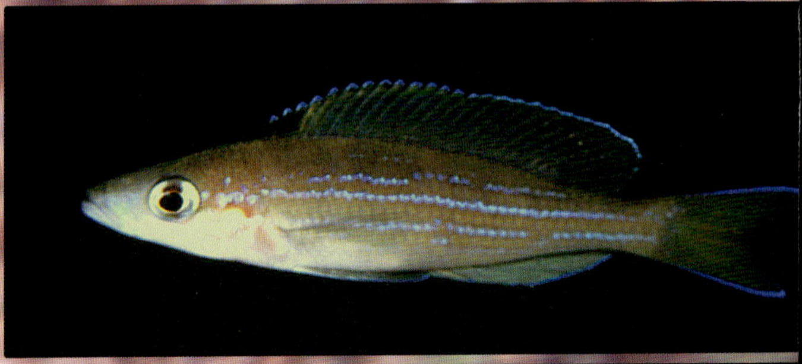
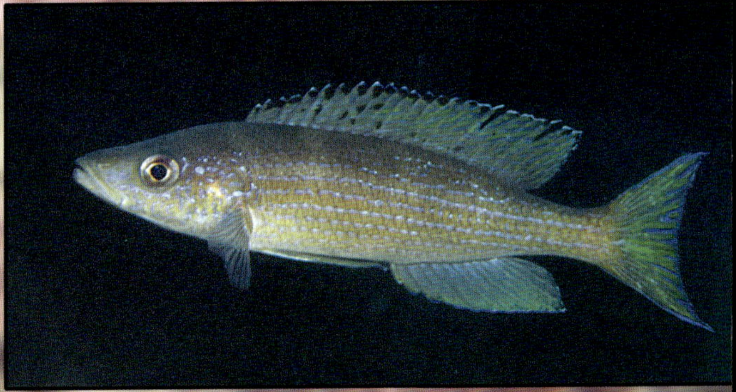
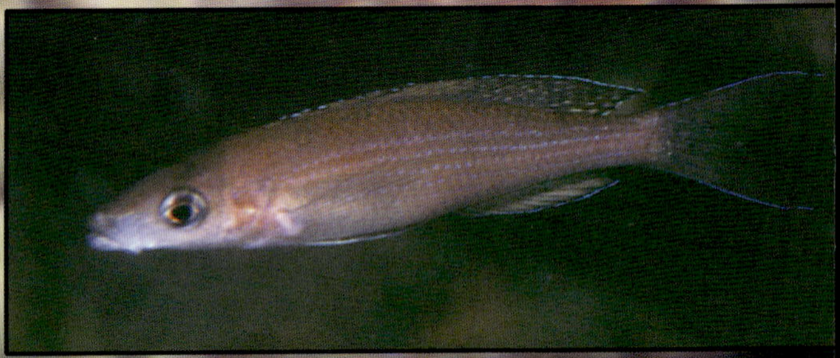
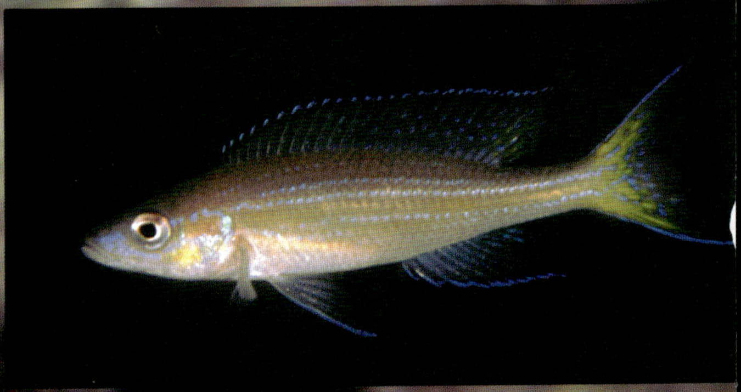

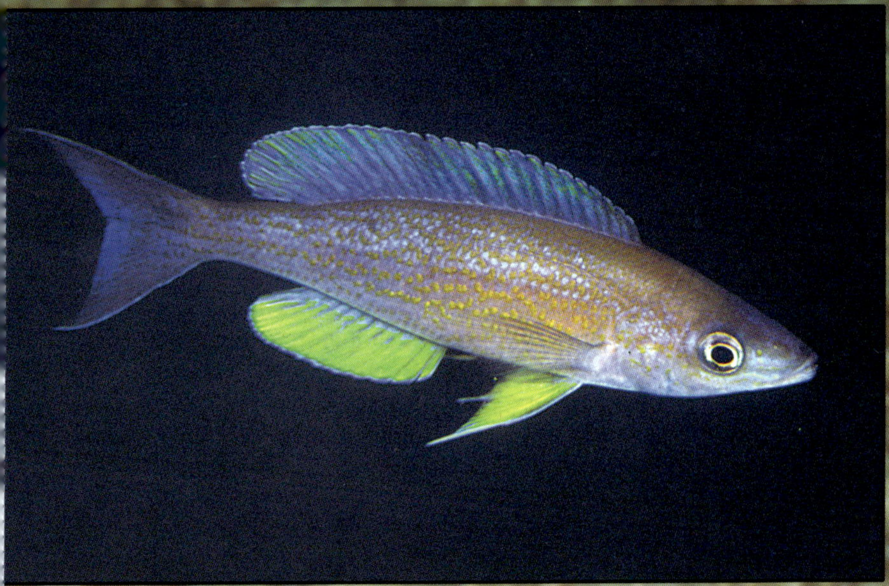
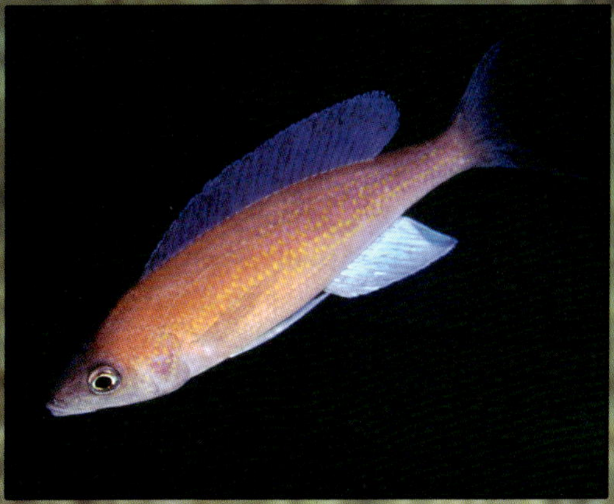
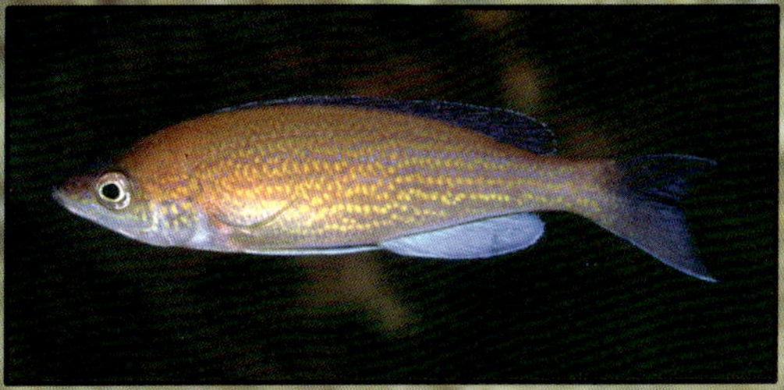
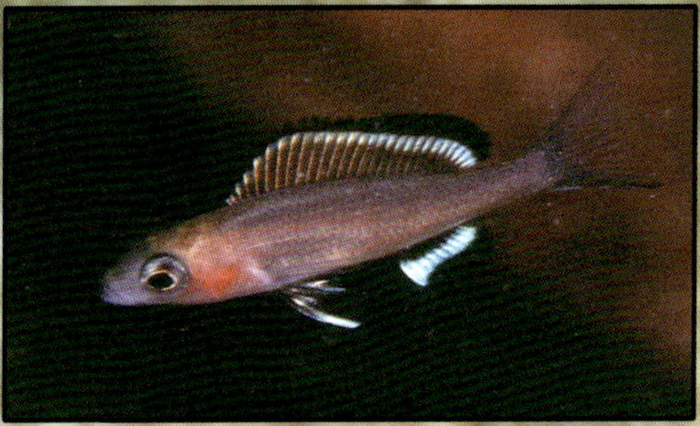
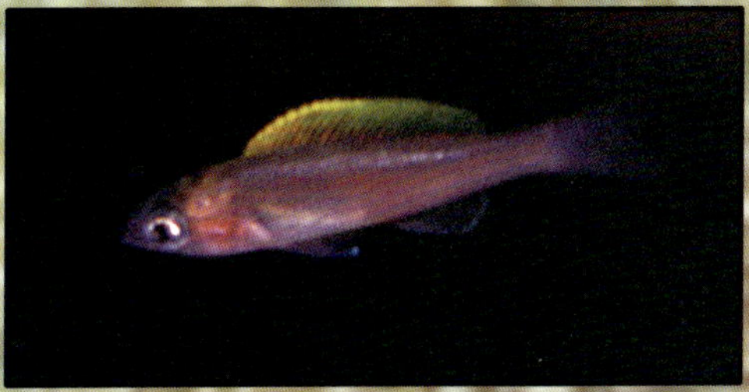
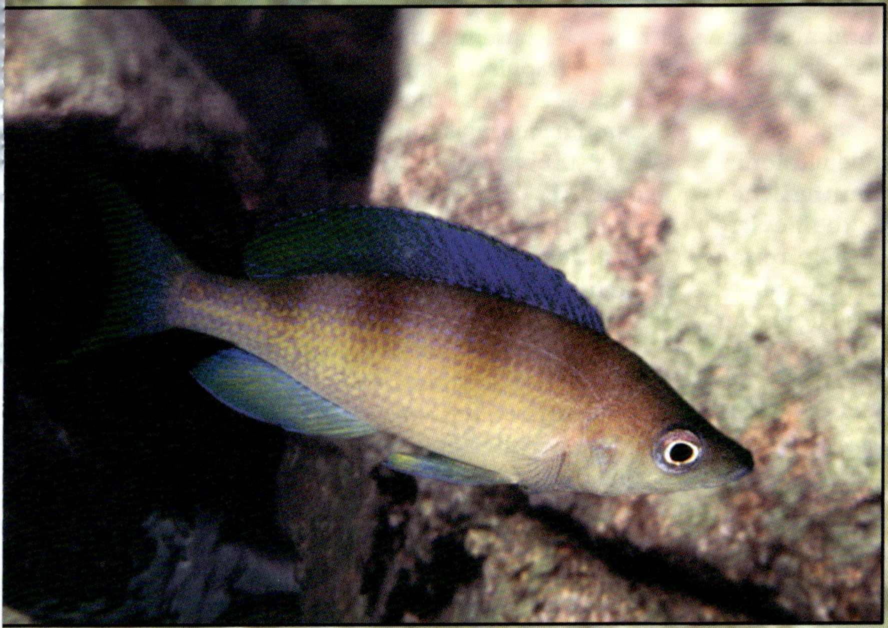
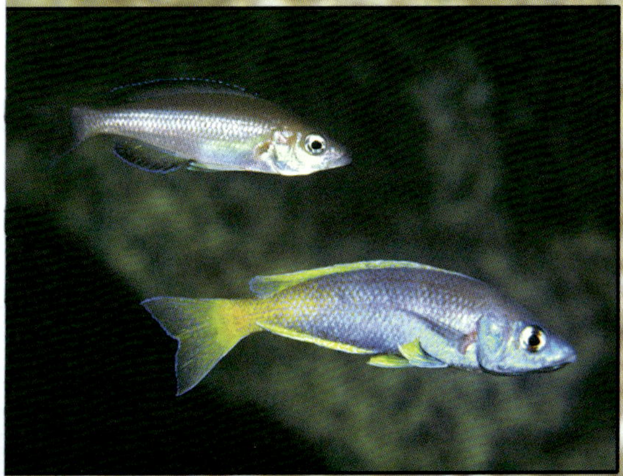
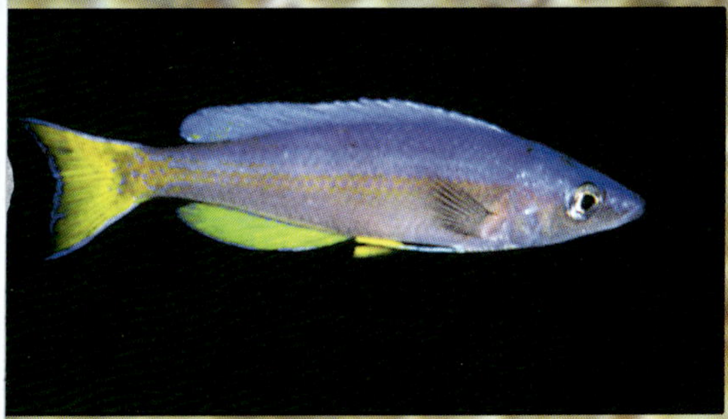
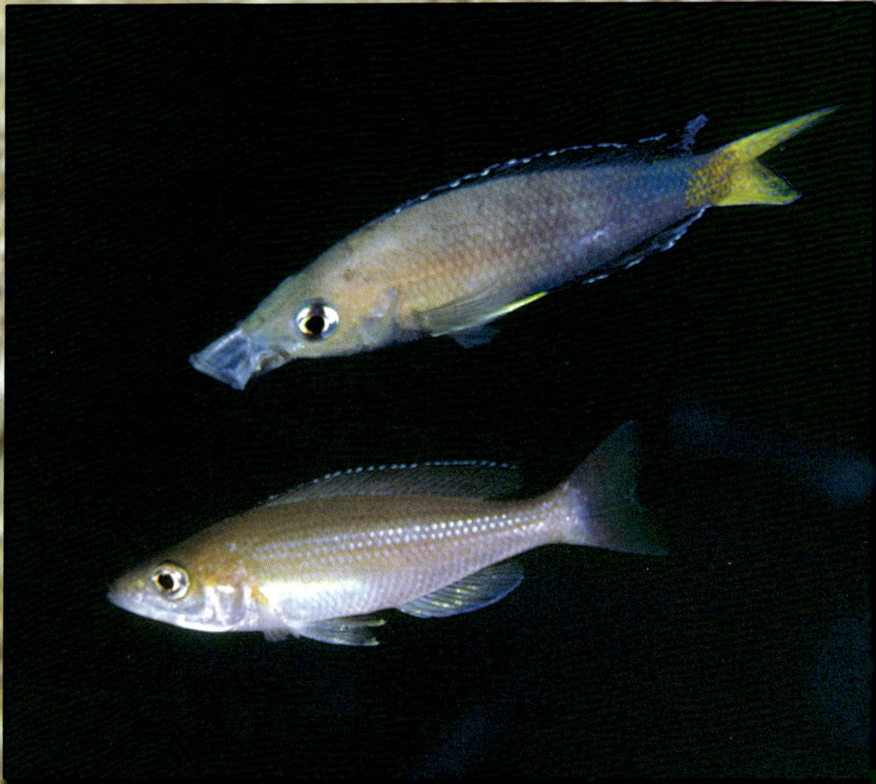

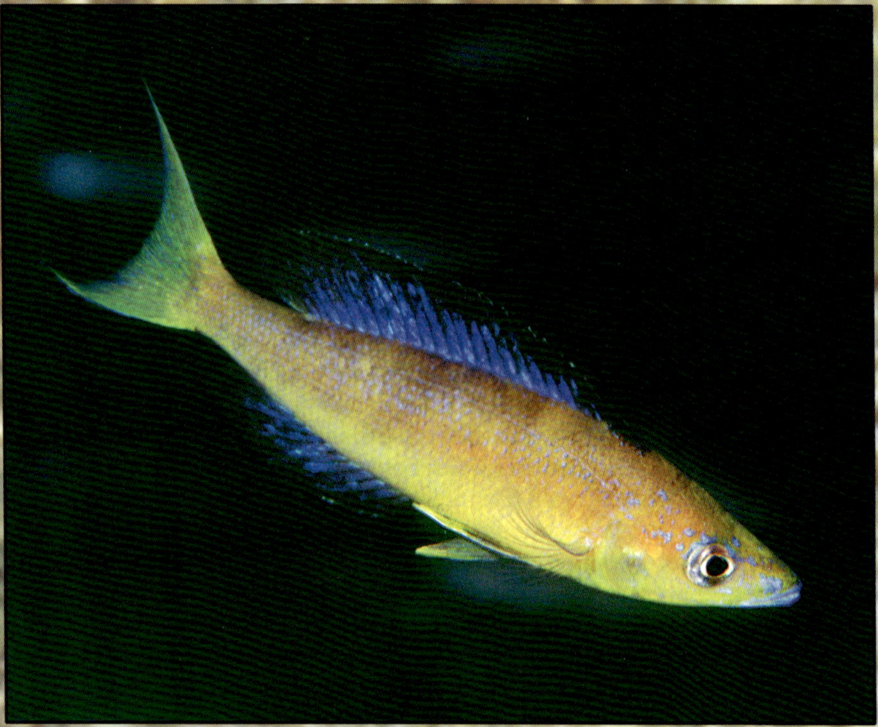
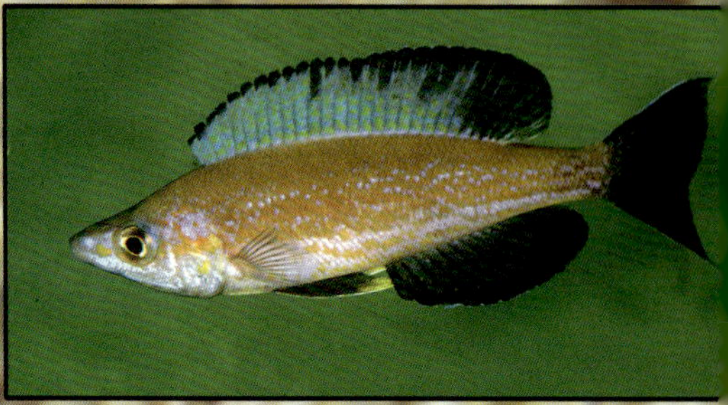
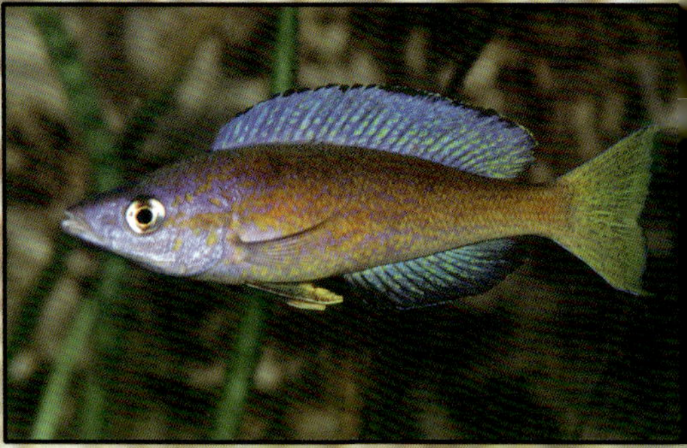
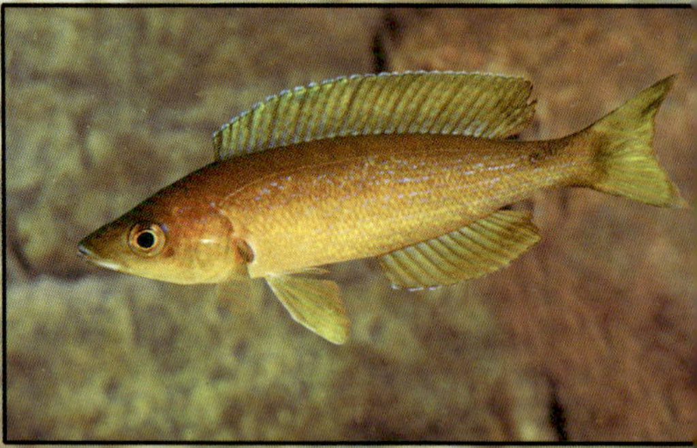
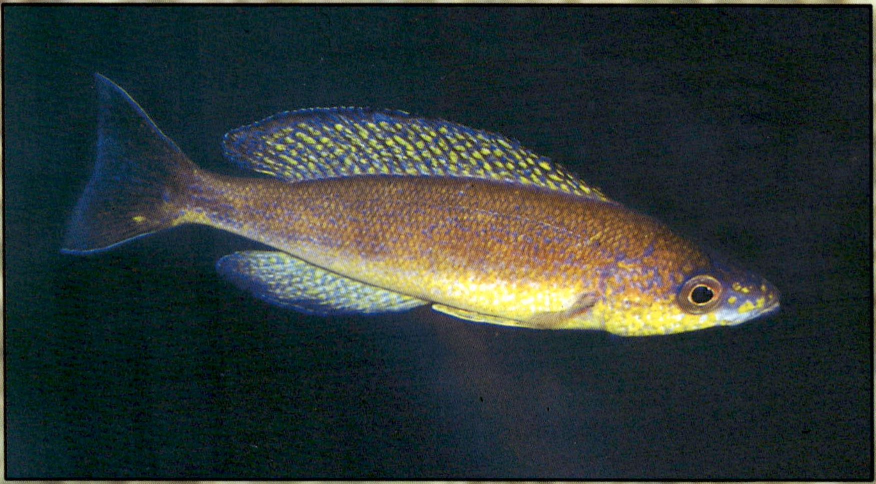
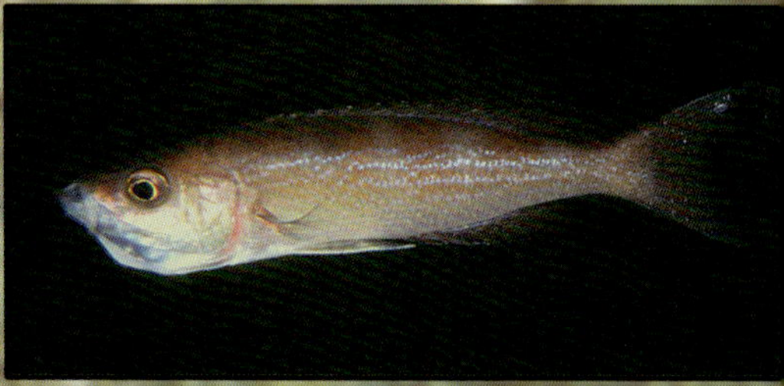
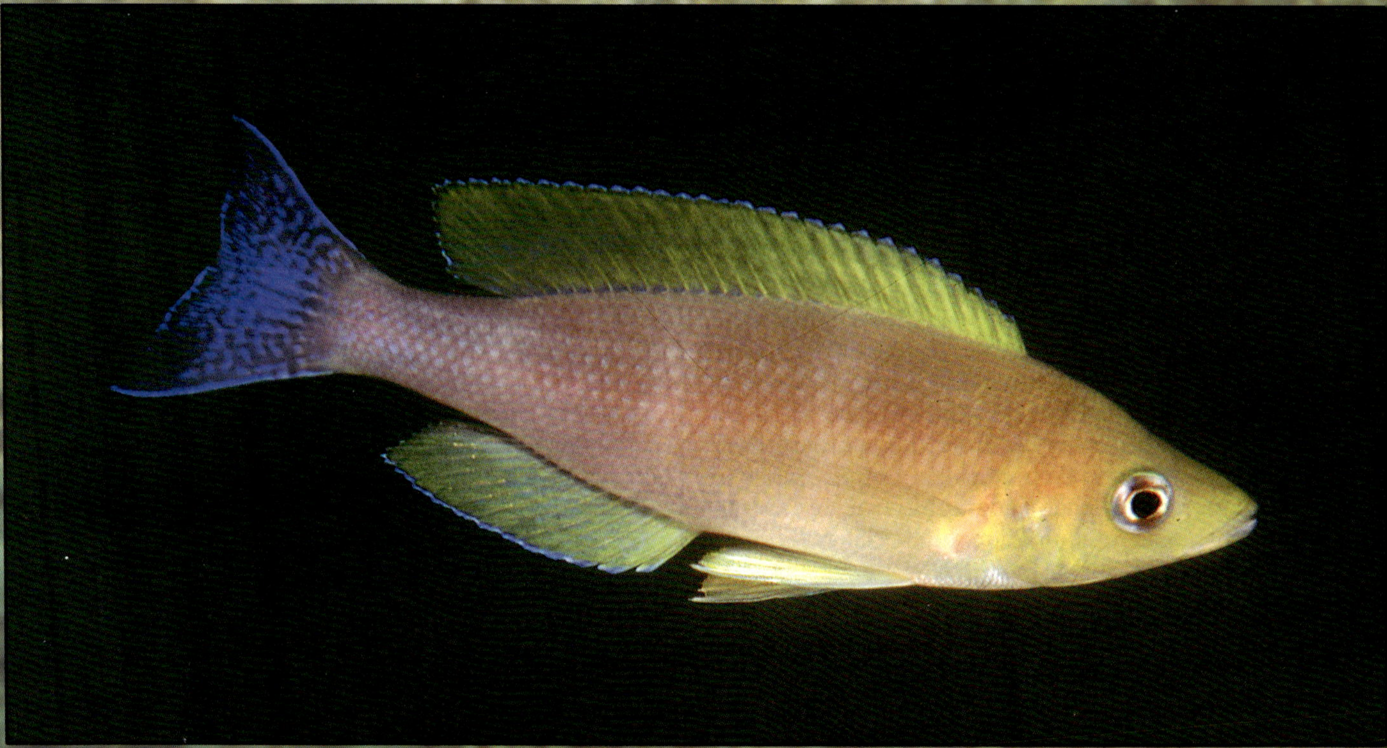

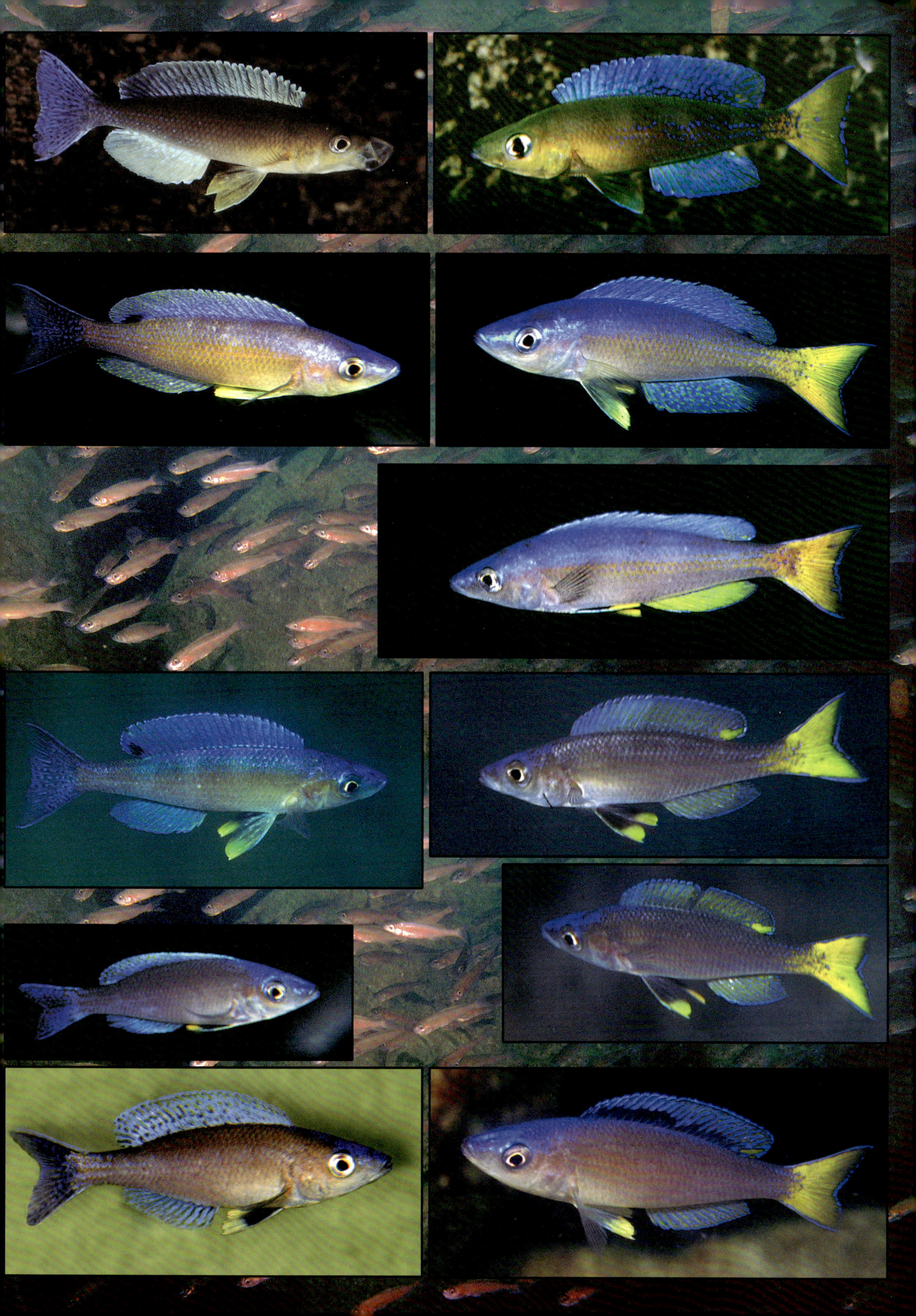

bei Kapemba vorkommen, jedoch fand ich bei Kapemba keine Männchen mit einer gelben Rückenflosse. Bei Isanga haben die Männchen mit der hellgefärbten Rückenflosse blaue Schwänze und gelbe Rückenflossen, eine Umkehrung der Situation nördlich des Flusses Kalambo. Diese Variante fand ich nur entlang der Ostseite der Chituta Bay.

5. Kapemba Variante (Nr. 13 und 14). Diese Form hat, soweit mir bekannt ist, nur zwei Farbmorphe. Die Männchen haben schwarze Rückenflossen und entweder einen gelben oder einen blauen Schwanz. Der hartstrahlige Bereich der Rückenflosse zeigt ein gelbes Band an der Basis, und die Männchen haben eine goldgelbe Farbe auf dem unteren Teil des Kopfes und der Schulter. Die Variante ist nur von Kapemba, Sambia, bekannt.

6. Chaitika Variante. Ich fand nur zwei Morphe: Männchen mit einer hellblauen Rückenflosse, einer schwarzen Afterflosse und entweder einem gelben oder einem blauen Schwanz. Obwohl ich diese Variante nur bei Cape Chaitika gesehen habe, könnte sie westlich auch noch weiter verbreitet sein.

7. Kipimbi Variante. Diese Form ist von einigen Stellen in der Cameron Bay, Sambia, bekannt und besteht aus zwei verschiedenen Morphen: Männchen haben schwarze Rücken- und Afterflossen und entweder einen gelben oder einen blauen Schwanz. Sie ähneln sehr den Männchen mit einer schwarzen Rückenflosse der Malasa Variante, jedoch sind sie weniger gelb auf dem Kopf. Die Kipimbi Variante lieferte einen der erste "Leptosoma Jumbo", der für die Aquaristik exportiert wurde.

8. Moliro Variante (Nr. 7). In der Moliro Bay fand ich keine *Cyprichromis* Männchen mit schwarzen Flossen, jedoch gab es Männchen mit einer hellblauen bis gelblich gefärbten Rückenflosse. Es wurden nur zwei Morphe gefunden: blauschwänzige und gelbschwänzige Männchen. Sehr ähnliche Formen wurden bei Cape Tembwe gesehen, viel weiter nördlich entlang der kongolesischen Küste.

9. Kapampa Variante (Nr. 5). Die Männchen tragen eine gelblichblaue Rückenflosse und entweder einen gelben oder einen blauen Schwanz. Ferner sind sie durch eine orangegelbe Farbe auf dem unteren Teil des Kopfes und Körpers charakterisiert. Das Verbreitungsgebiet dieser Variante erstreckt sich von Lunangwa bis Tembwe (Tembwe Deux).

10. Kitumba Variante (Nr. 3 und 4). Dies ist wahrscheinlich die schönste bisher gefundenen Varianten. Die Männchen sind entweder ganz gelb oder blau. Männchen mit einer Mischung beider Farben werden sehr häufig gefunden (siehe Foto S. 153), und auf dieses Phänomen soll später noch weiter eingegangen werden. Es scheint die am stärksten lokalisierte geographische Variante des "Leptosoma Jumbo" zu sein, da sie nur bei Kitumba gefunden wird.

Cyprichromis sp. "zebra"

Die vierte Art, *C.* sp. "zebra" — sie ist auch als "Wimpel Leptosoma" bekannt — ist an der gelblichen Färbung, dem Fehlen auffälliger Farben und an den breiten, senkrechten Bändern zu erkennen, die nicht immer sichtbar sind. *C.* sp. "zebra" zeigt keinen Polychromatismus und ist nur begrenzt entlang der westlichen Felsufer der Chituta Bay in Sambia verbreitet. *C.* sp. "zebra" wird sympatrisch mit *C. pavo* und *C. leptosoma* gefunden, jedoch gelang es mir nicht, *C.* sp. "leptosoma jumbo" in der Nähe von Chituta zu finden, obwohl sie an der gegenüberliegenden Seite der Chituta Bay häufig vorkommen. *C.* sp. "zebra" könnte deshalb als geographische Variante des "Leptosoma Jumbo" angesehen werden, jedoch kann man ihn leicht von dieser anderen Art unterscheiden.

Cyprichromis leptosoma

C. leptosoma ist ein kleiner, schlank gebauter Buntbarsch, der an geradezu jeder Felsküste mit tiefem, klarem Wasser zwischen Kigoma in Tansania und Mpulungu in Sambia gefunden wird. Abgesehen von der blauen Farbe auf dem Kopf unterscheidet er sich von *C.* sp. "leptosoma jumbo" durch seinen flacheren Körper und die kürzeren Adulttiere. *C.* sp. "leptosoma jumbo" kann auf eine Gesamtlänge, zumindest unter Aquariumbedingungen, von annähernd 12 cm heranwachsen, während *C. leptosoma* selten über 9 cm Länge hinauskommt. *C. leptosoma* kommt in mehreren geographischen Varianten vor, von denen einige auf S. 149 abgebildet sind. Die Weibchen haben an den meisten Stellen eine gelbliche Rückenflosse, während die der Jungfische leuchtendgelb ist.

Von *C. leptosoma* sind fünf verschiedene geographische Varianten bekannt, jede mit blau- und gelbschwänzigen Morphen. Der Holotypus stammt aus der Gegend von Mpulungu. Diese Variante ist durch hellblaue Rückenflossen gekennzeichnet, die bei der blauschwänzigen Morphe mit kleinen schwarzen Punkten besprenkelt und bei der gelbschwänzigen Morphe mit einem schwarzen Band an der Basis verziert sind. Diese Variante kommt bei Mpulungu, Chituta, Isanga und über die Mündung des Kalambo hinweg bis nach Kasanga in Tansania vor (Fotos Nr. 9, 10 und 11 auf S. 149). Nördlich von Kasanga, bei Samazi finden wir den sog. "Malasa Leptosoma". Diese Variante hat eine blaue Rückenflosse und die Männchen mit einem gelben Schwanz zeigen auch zusätzlich noch einen gelben Fleck auf dem weichstrahligen Teil der Rückenflosse. Sie gleichen denen bei Bulu Point, jedoch ist der dunkle Fleck auf der Rückenflosse nicht so deutlich. Die "Malasa" Variante kommt zwischen Samazi und Kipili vor, und wahrscheinlich bis nach Cape Mpimbwe (Fotos Nr. 6, 7 und 8). Die dritte Variante ist von der Felsküste nördlich von Ikola bekannt, wahrscheinlich ist sie jedoch weiter an der Küste entlang in Tansania, nördlich von Sibwesa bis nach Kasoje, verbreitet. Die gelbschwänzigen Männchen sind durch eine leuchtendgelbe Afterflosse gekennzeichnet, und die blauschwänzigen Männchen haben eine gelbe Rückenflosse (Foto Nr. 5). Die vierte Variante, der "Karilani Leptosoma", kommt nördlich von Kasoje, um die Insel Karilani und bei Bulu Point vor. Sie gleicht der "Malasa" Variante, jedoch haben die gelbschwänzigen Männchen keinen gelben Fleck auf der Rückenflosse. Dagegen tragen die blauschwänzigen Männchen einen dunklen Fleck auf dem weichstrahligen Teil der Dorsale und haben einen orangegelben Körper (Fotos Nr. 3 und 4). Die fünfte Variante wird um Kigoma gefunden und wird durch einen gelblichen Kopf charakterisiert. Sie zeigt keine Flecke auf der Rückenflosse (Fotos Nr. 1 und 2).

Schulen der Männchen drei verschiedener *Cyprichromis* Arten scheinen noch mehr als diese drei Arten zu enthalten: jede der drei Arten ist durch mindestens zwei Farbvarianten vertreten. Ich hatte bereits schon einmal erwähnt (Konings, 1988), daß die blauschwänzigen Tiere von z. B. *C. microlepidotus* in Theorie eine genetisch unterschiedliche Art als die gelbschwänzigen Tieren sein könnten. Ihre Vorliebe, Plankton über dem Felssubstrat zu fressen, könnte diese beiden theoretischen Arten zusammengebracht haben, genauso wie *Paracyprichromis*, der ein ähnliches Freßverhalten aber einen unterschiedlichen Ursprung hat, mit *Cyprichromis* auf diese Weise zusammenkam.

Die Beobachtung, daß ein Weibchen in Gefangenschaft sowohl gelb- als auch blauschwänzige Männchen zur Welt bringen kann, ist kein Beweis für die Natürlichkeit dieser Situation. Ein solches Weibchen, z. B. ursprünglich von der gelbschwänzigen "Art", könnte im begrenzten Raum des Aquariums mit einem blauschwänzigen Männchen abgelaicht haben. Wenn aber die Schwanzfarbe das Hauptkriterium für die Partnererkennung ist, würde ein Weibchen so niemals unter natürlichen Umständen wählen. Bis eindeutige Experimente bezüglich der Vererbung der Schwanzfarbe durchgeführt wurden, kann die Möglichkeit von zwei oder mehr sympatrischen Arten nicht ganz ausgeschlossen werden.

Manchmal, wenn solche "Hybridisierungsexperimente" in freier Natur stattgefunden zu haben scheinen, könnten wir falsche Schlußfolgerungen hinsichtlich des Artstatus der verschiedenen sympatrischen Arten treffen. Dies könnte der Fall bei der *Cyprichromis* sp. "leptosoma jumbo" Population bei Kitumba, Kongo, sein. Bei dieser Population ist nicht nur die Schwanzfarbe unterschiedlich, sondern auch die Körperfarbe. In der Tat gibt es drei unterschiedliche Morphe (oder Arten?): es kommen völlig gelbe Männchen und blaue Männchen mit gelben und blauen Schwänzen vor.

Ich konnte diese Schule nur eine Stunde lang beobachten, jedoch gewann ich während dieser kurzen Zeit den Eindruck, daß die völlig gelben und blauen Tiere zwei verschiedene Arten darstellen. Wie gewöhnlich bei *Cyprichromis*, verteidigen die Männchen ihre dreidimensionalen Reviere im offenen Wasser und beziehen ihre Grenzen auf den Abstand zu benachbarten Männchen. Gelbe und blaue Männchen waren in der Schule gemischt und zwischen

Seite 152

Geographische Varianten des *Cyprichromis* sp. "leptosoma jumbo".
1 und 2. Kekese, Tansania.
3 (Foto von Volker Puttberg) und 4. Kitumba, Kongo.
5. Bei Tembwe II, Kongo.
6. "Cyprichromis Kibigi" (von Kavala?) im Aquarium.
7. Moliro, Kongo.
8. Kantalamba, Tansania.
9 und 10. Kambwimba, Tansania.
11 und 12. Isanga, Sambia.
13 (Aquarium) und 14. Kapemba, Sambia.

Seite 153

1. Farbmusterwechsel beim selben *C.* sp. "leptosoma jumbo" Männchen von Kitumba, Kongo, im Verlauf von 18 Monaten. Fotos von Volker Puttberg.
2. Ein *Cyprichromis* spp. Schwarm bei Fulwe Rocks, Tansania.
3. *Tangachromis dhanisi*.
4. *Haplotaxodon microlepis* bei Kisambala, Tansania.
5. *H. microlepis* Junge suchen im Maul des Männchens Schutz (Kisambala, Tansania).
6. Ein *H. microlepis* Weibchen und seine Nachkommen an der Insel Ulwile, Tansania.

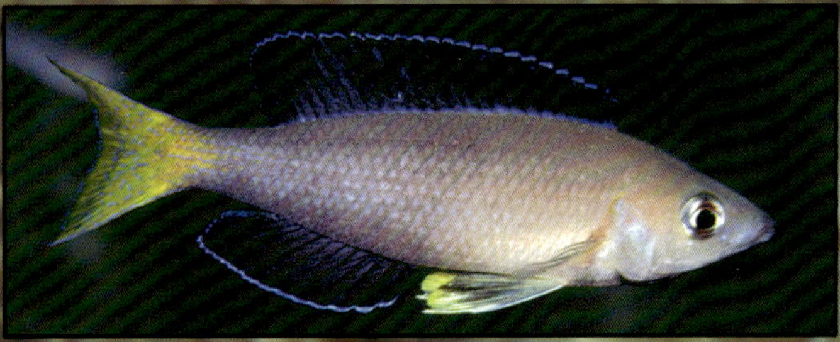
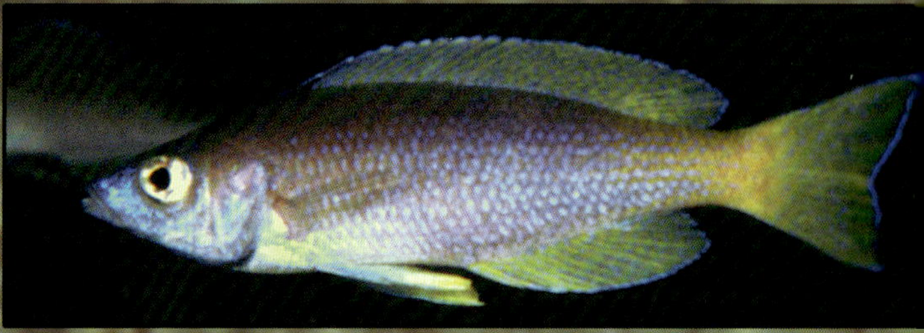
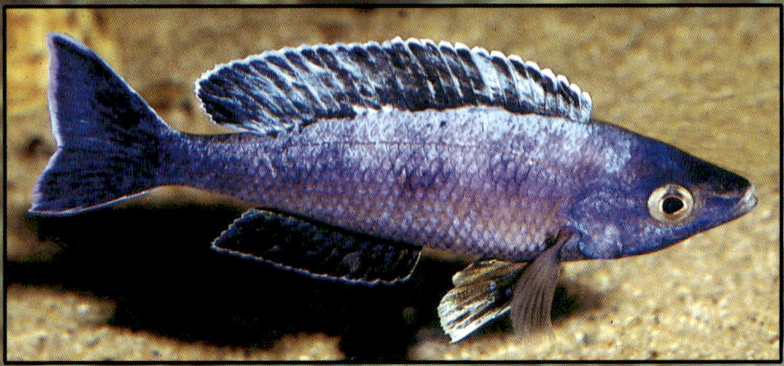
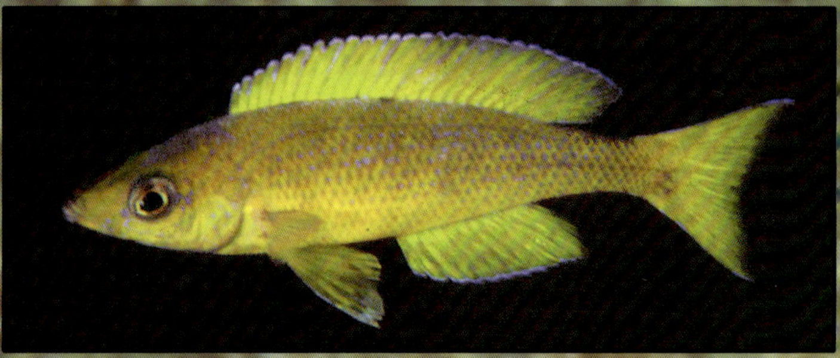
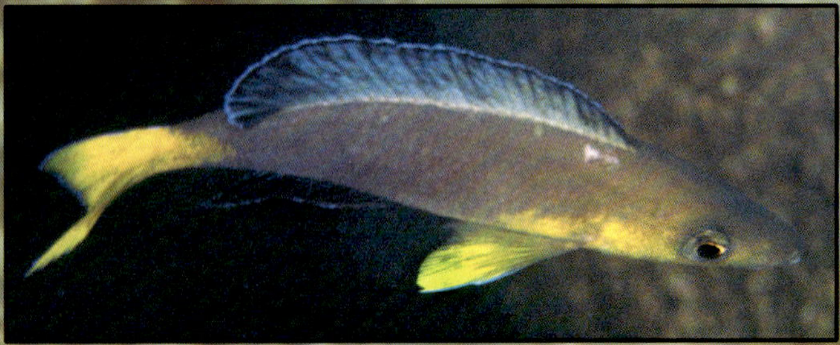
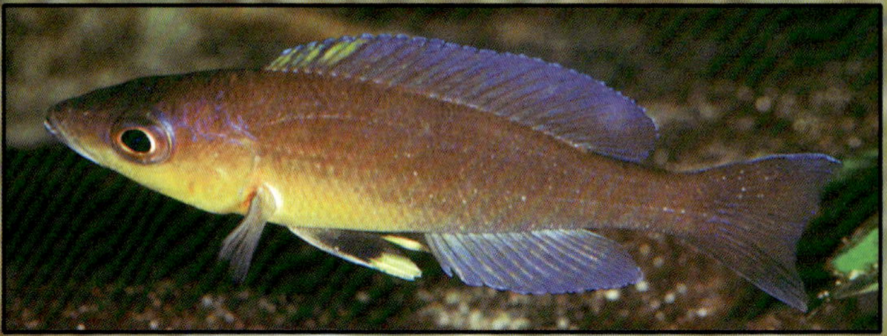
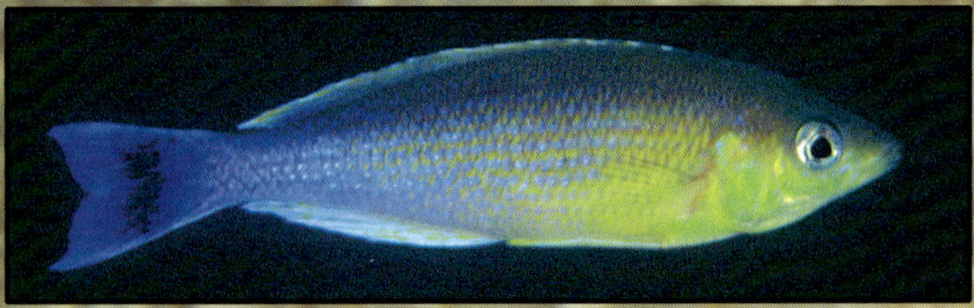
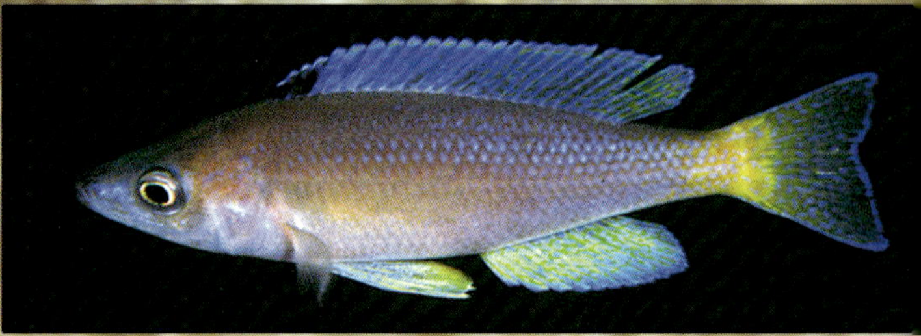
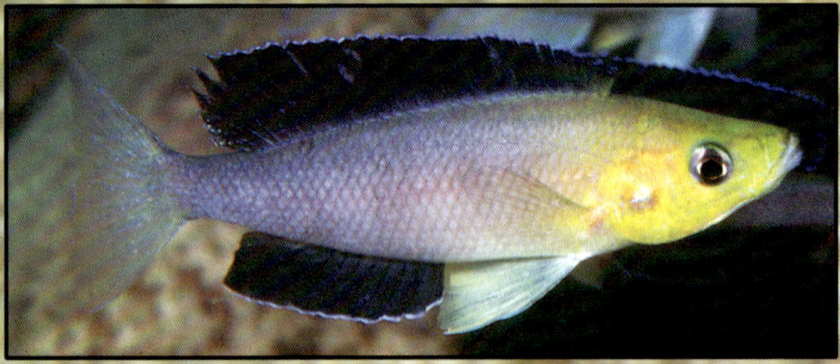
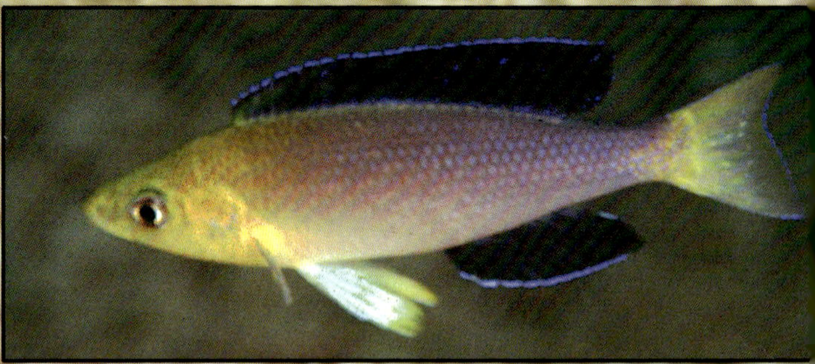
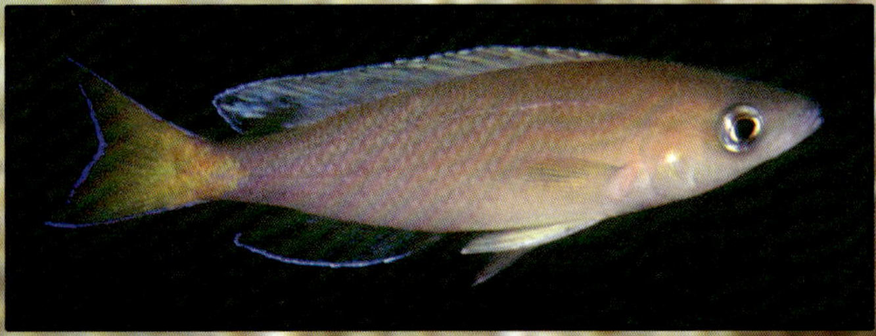
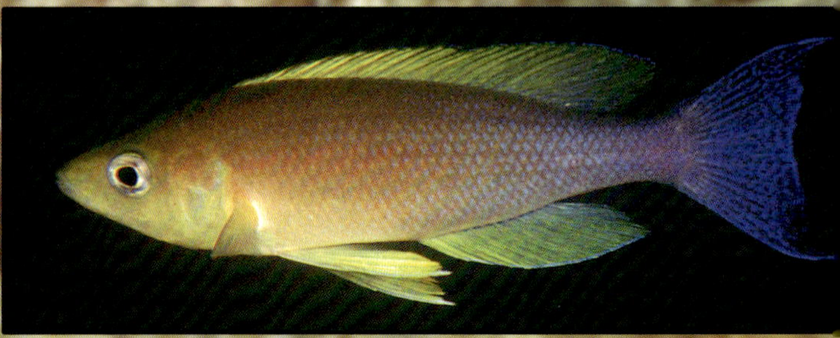
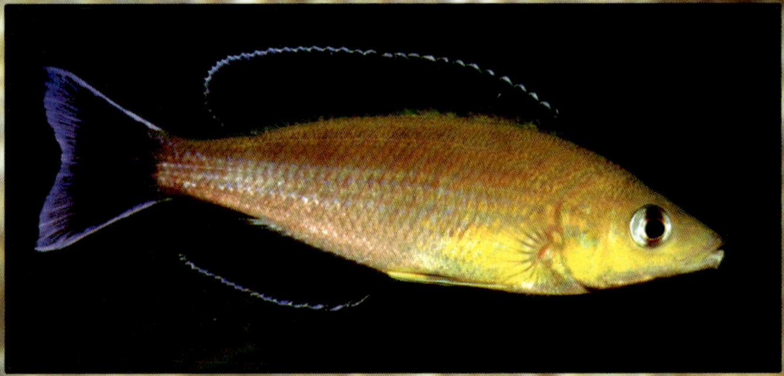
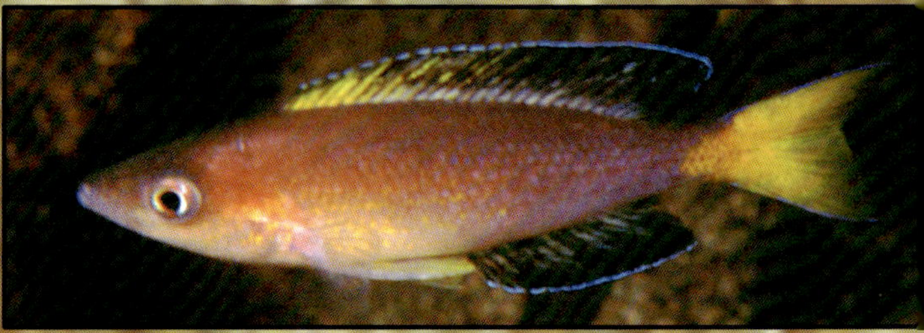

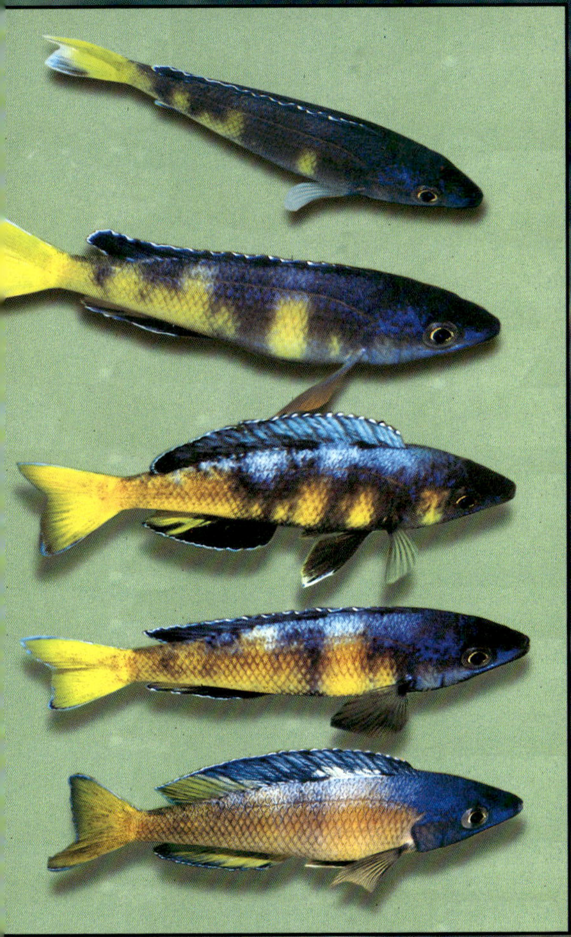
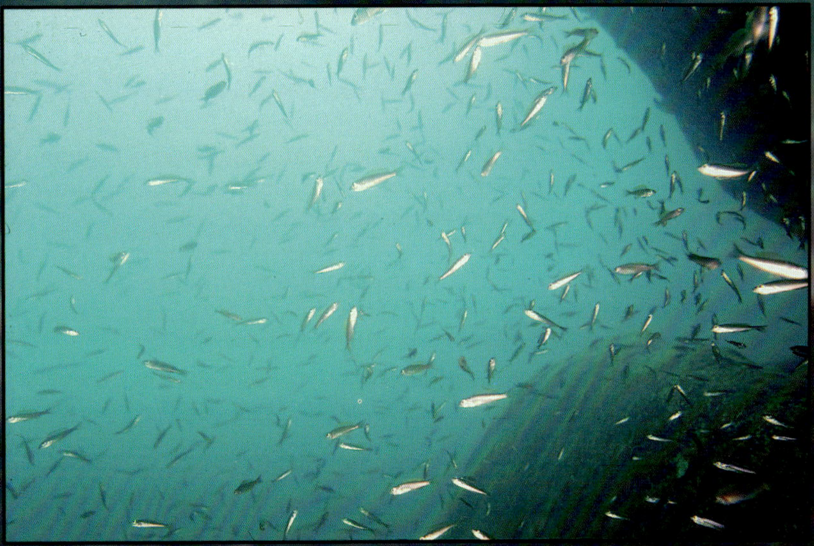
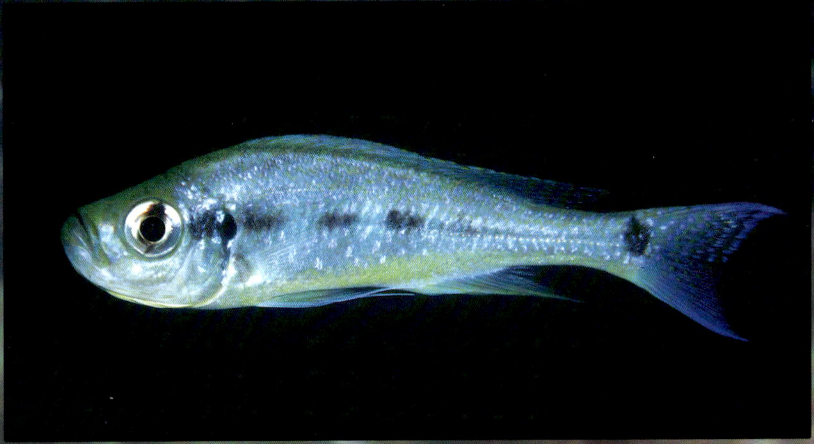
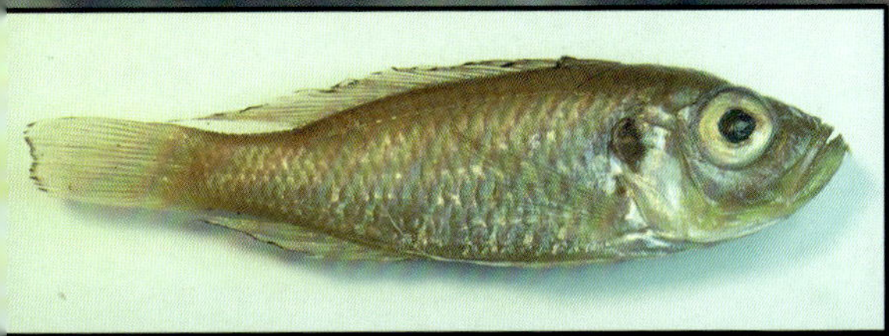
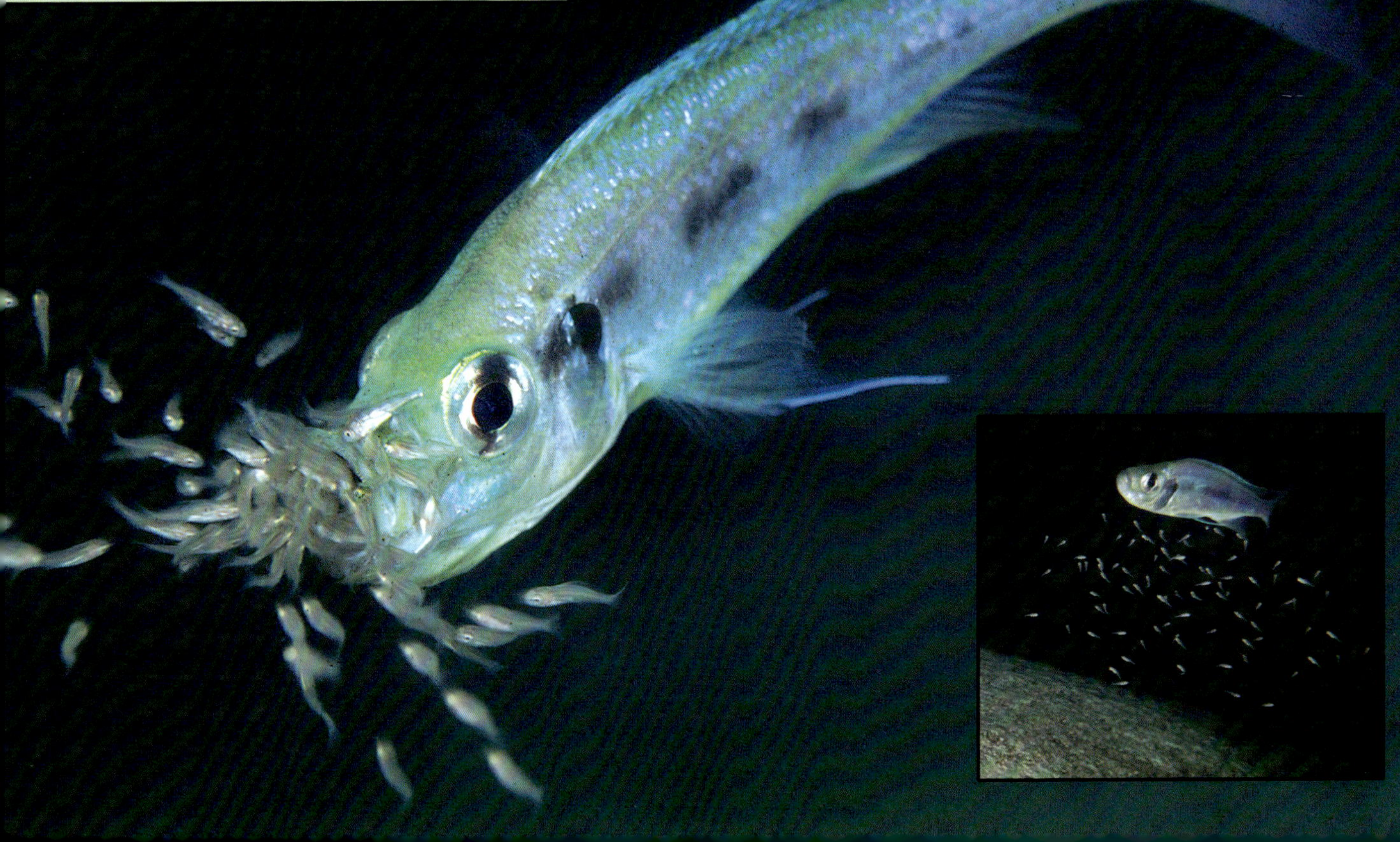

ihnen befand sich eine große Anzahl Weibchen, die alle identisch aussahen und versuchten, einen Partner zum Ablaichen zu finden. Beide Männchentypen balzten manchmal dasselbe Weibchen an, jedoch richtete sich ihre Revieraggression immer gegen ein Männchen derselben Farbe, z. B. ein gelbes Männchen würde nur ein anderes gelbes Männchen vertreiben, während blaue Männchen (mit blauen oder gelben Schwänzen) von anderen blauen Männchen vertrieben wurden. Manchmal zog sich die Vertreibungsstrecke quer durch das Revier eines anders gefärbten Männchens!

Nach einer Weile bemerkte ich ein paar seltene Tiere, die wie eine Kreuzung zwischen den beiden Morphen aussahen. Obwohl ich nicht weiß, wie eine Kreuzung zwischen diesen beiden Morphen aussehen würde, deuteten die von diesen Tieren gezeigte Farbmuster nicht an, daß eine Kreuzung ähnlich aussehende Nachkommen hervorbringen würde. Die von mir festgestellten Farbabweichungen waren vorwiegend graduelle Veränderungen von Blau nach Gelb und nicht ein wiederkehrendes Muster durch Auftrennung der elterlichen Farben. So gab es ein vorwiegend gelbes Tier mit einem blauen Fleck auf dem Körper oder umgekehrt ein blaues Männchen mit einem gelben Fleck. Puttberg (1996) fand, daß halbwüchsige Tiere, die in einem frühen Stadium ihrer Entwicklung gelbes Pigment zeigten, sich später in völlig gelbe Tiere verwandelten. Obwohl man nicht verneinen kann, daß die gelben Männchen deutlich von den blauen (die mit dem blauen Schwanz) verschieden sind, bleibt dennoch unklar, ob auch die Weibchen diesen Unterschied würdigen.

Diese Beobachtungen können auf verschiedene Art und Weise erklärt werden, von denen die Gegenwart zweier sympatrischer, aber unterschiedlicher Arten nur eine ist. Die gelben und blauen Männchen könnten unterschiedliche Morphe einer einzigen Art darstellen, wobei die Weibchen mit allen Farbmorphen ablaichen würden. Die Territorialfärbung der Männchen könnte aber auch durch ein oder sehr wenige Gen(e) reguliert werden, die als Schaltung im Jugendstadium des Männchens wirken könnten: normalerweise würden sie entweder auf blau (Schwanz) oder gelb (Schwanz) schalten. Es könnte aber auch ein phänotypisches Ereignis sein, unabhängig von genetischen Faktoren.

Wenn die Männchen dieser und anderer Populationen als Morphe einer Art angesehen werden sollen, stellen sie sicher einen bemerkenswerten Fall von Polymorphismus dar. Gehören aber derart kontrastierend gefärbte Männchen zu einer Art, wie können wir dann das Vorhandensein von drei *Cyprichromis* Arten an den meisten Stellen in der Südhälfte des Sees erklären? Die Farbunterschiede zwischen den Männchen dieser drei Arten ist viel weniger dramatisch als die innerhalb der Kitumba Population des "Leptosoma Jumbo". Vielleicht kann uns diese letztgenannte Population eine Lektion in Artbildung erteilen. Es könnte sich sogar herausstellen, daß die Färbung nicht das wichtigste Kriterium für die Arterkennung ist, sondern daß statt dessen artspezifische Gerüche zusammen mit Verhaltens- und Formmerkmalen eine wichtige Rolle spielen.

Bei *C. microlepidotus* gibt es blauschwänzige Männchen mit himmelblauen Köpfen und gelbschwänzige Männchen mit unterschiedlichen, schwarzen Flecken auf der Rückenflosse und auf dem Rücken. Im Aquarium betrachten die Männchen der einen Morphe die der anderen als artgleich und vertreiben sie aus ihrem Revier. Wegen der Bedeutung der Färbung der Männchen bei maulbrütenden Cichliden wäre es interessant zu wissen, ob die Weibchen bei dieser Art auch eine Bevorzugung für eines der beiden Männchen zeigen. Das würde dann bedeuten, daß auch hier im Prinzip zwei Arten vorhanden sind, die sich kontinuierlich miteinander vermischen. Unter natürlichen Umständen würde das Weibchen unmißverständlich mit dem richtigen Männchen ablaichen, da die Unterschiede in der Färbung deutlich sind. Ein solches Szenarium ist in anderen afrikanischen Seen ein recht gewöhnliches Ereignis. Im Malawi- und Viktoriasee unterscheiden sich viele Arten nur auf der Grundlage der Färbung der Männchen.

Ein möglicher Vorteil von unterschiedlich gefärbten Männchen, die sich sichtlich nicht erkennen, wäre für *Cyprichromis*, daß ihre Reviere dichter zusammenliegen könnten, ohne in ständige Revierkämpfe mit ähnlich aussehenden, benachbarten Männchen verwickelt zu werden. In der Tat findet man häufig gelbschwänzige und blauschwänzige territoriale Männchen in perfekt alternierender Abfolge — alle drei Arten kombiniert — in der Wassersäule vor.

Haplotaxodon microlepis

Haplotaxodon microlepis ist ein Raubfisch, dem man normalerweise im oberen 10 m Bereich des Wassers begegnet. Er hat sich auf die Jagd nach kleinen Fischen, die in der oberen Schicht leben, spezialisiert. Jungfische einiger Arten, z. B. *Lamprichthys tanganicanus, Limnothrissa miodon, Ophthalmotilapia ventralis* und *Cyathopharynx furcifer* bilden in den oberen Zentimetern der Wassersäule große Schwärme. Obwohl mehrere Arten in solchen Schulen vorkommen, sind die Mitglieder der Schule jedoch alle von derselben Größe (und haben daher auch einer ähnliche Schwimmgeschwindigkeit). *H. microlepis* sieht man oft unterhalb solcher Schulen, wo er Jagd auf sie macht. Sein fast senkrecht nach oben weisendes Maul ermöglicht es ihm, seine Beute von unten zu schnappen. Verfolgungsjäger oder andere Fischfresser können diese kleinen Fische in den oberen Zentimetern der Wassersäule nicht leicht erwischen, weshalb sich vielleicht *H. microlepis* spezifisch in diese Richtung entwickelt hat. In Zeiten, wenn Jungfische selten sind, frißt *H. microlepis* anderes Futter, z. B. Zooplankton. *H. microlepis* ist seeweit verbreitet, jedoch sind keine geographischen Varianten bekannt.

Die maximale Gesamtlänge dieses Raubfischs liegt bei etwa 26 cm, jedoch variiert die Gesamtlänge durchschnittlich um 19 cm für Männchen und 17 cm für Weibchen. Halbwüchsige *H. microlepis*, die sich eher von Plankton als von kleinen Fischen zu ernähren scheinen, findet man häufig in Schulen mit Hunderten Tieren. Beim Heranreifen trennen sich Paaren von der Schule ab, um sich fortzupflanzen. Bei dieser Art scheint die Fortpflanzung das ganze Jahr über stattzufinden. *H. microlepis* ist ein beidelterlicher Maulbrüter, und Männchen und Weibchen bleiben während der Brutperiode, die bis zu zwei Monate lang sein kann, zusammen. Die Eier und Larven werden nur vom Weibchen bebrütet (Kuwamura, 1988), und sobald die Jungfische eine Länge von etwa 9 mm erreicht haben (10 bis 12 Tage nach dem Ablaichen), werden sie erstmals freigesetzt. Nachfolgendes Maulbrüten zum Schutz der Jungen ist vorwiegend Sache des Männchens, jedoch hilft das Weibchen bisweilen dabei, vor allem wenn die Jungen größer werden. Die Jungen werden vom Weibchen in unmittelbarer Nähe bewacht, während das Männchen die Umgebung der Freisetzstelle erkundet. Wenn jedoch Gefahr droht, finden die Jungen schnell im Maul des Männchens Schutz. Die Gelege können zwischen 100 und 200 Eier enthalten (Kuwamura, 1988).

Schuppenfresser

Bezüglich der Gesamtzahl ist *Plecodus paradoxus* wahrscheinlich der am zahlreichst vorkommende Schuppenfresser im Tanganjikasee. Im Nordteil des Sees lebt er manchmal in großen Schulen (Brichard, 1978), und er wurde sogar aus 250 m Tiefe gefangen! *Plecodus paradoxus* kommt über Sandboden recht häufig vor, oft in der Nähe von Felsen. Gewöhnlich halten sie sich diese Fische in Gruppen auf, selten sind sie allein. Gruppen auf Nahrungssuche schwimmen normalerweise in lockerer Formation etwa 1 m hoch über dem Substrat. Obwohl mehrere andere silbrig-gefärbte, längliche Schuppenfresser im See vorkommen können, ist *P. paradoxus* leicht von diesen durch einen schwarzen Fleck auf dem Schwanzstiel zu unterscheiden. Wenn man ihn in seinem natürlichen Biotop beobachtet, zeigt *P. paradoxus* ein schmales Mittlateralband, das vom Rand des Kiemendeckels bis zum Fleck auf dem Schwanzstiel verläuft. Adulte Tiere können eine Länge von insgesamt etwa 25 cm erreichen.

Interessant an dieser Art ist vorwiegend nicht ihr besonderes Freßverhalten, sondern vielmehr die Tatsache, daß *Plecodus* und *Perissodus* ein Brutverhalten zeigen, das zwischen mütterlichem Maulbrüten und Substratbrüten liegt. Ich konnte Brutpflege bei *P. microlepis*, *P. eccentricus*, *P. straeleni* und *P. paradoxus* beobachten und fand, daß ihr Brutverhalten sehr ähnlich ist. Yanagisawa & Nshombo (1983) verfaßten eine sehr detaillierte Studie über *P. microlepis*, und meiner Meinung nach verhalten sich die anderen Arten sehr ähnlich.

Das Brutverhalten dieser Schuppenfresser kann folgendermaßen beschrieben werden: das Ablaichen findet auf einem harten Substrat statt; das Weibchen bebrütet alle Eier, die sehr klein und zahlreich sind; nach etwa 9 Tagen werden die zwar vollentwickelten, jedoch winzigen Jungfische freigesetzt; einige Tage später suchen die Jungfische immer häufiger Zuflucht im Maul des Männchens anstatt dem des Weibchens; beide Eltern bewachen die Jungen für mindestens sechs Wochen.

Ich konnte mehrmals beobachten, wie sich bedrohtfühlende Jungtiere des *P. microlepis* von ihren Eltern aufgenommen wurden. Der ganze Vorgang dauert

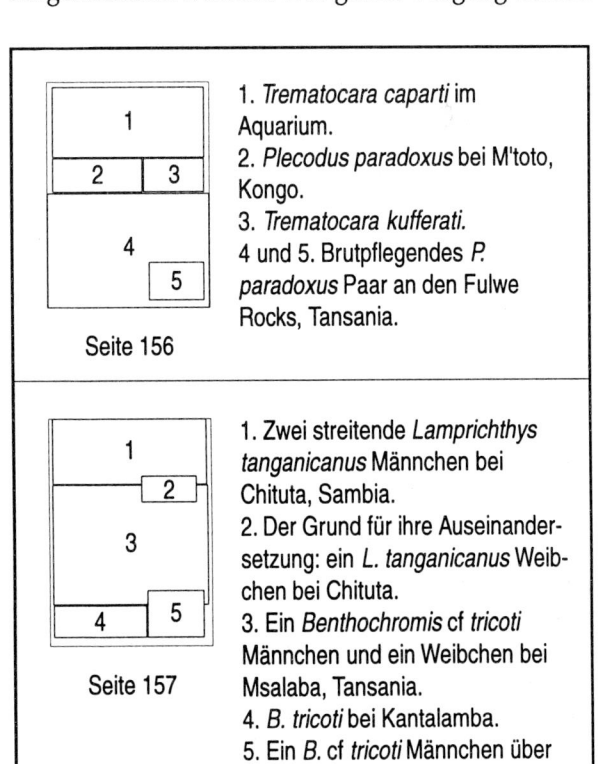

Seite 156

1. *Trematocara caparti* im Aquarium.
2. *Plecodus paradoxus* bei M'toto, Kongo.
3. *Trematocara kufferati*.
4 und 5. Brutpflegendes *P. paradoxus* Paar an den Fulwe Rocks, Tansania.

Seite 157

1. Zwei streitende *Lamprichthys tanganicanus* Männchen bei Chituta, Sambia.
2. Der Grund für ihre Auseinandersetzung: ein *L. tanganicanus* Weibchen bei Chituta.
3. Ein *Benthochromis* cf *tricoti* Männchen und ein Weibchen bei Msalaba, Tansania.
4. *B. tricoti* bei Kantalamba.
5. Ein *B.* cf *tricoti* Männchen über seinem Laichkegel (Msalaba).

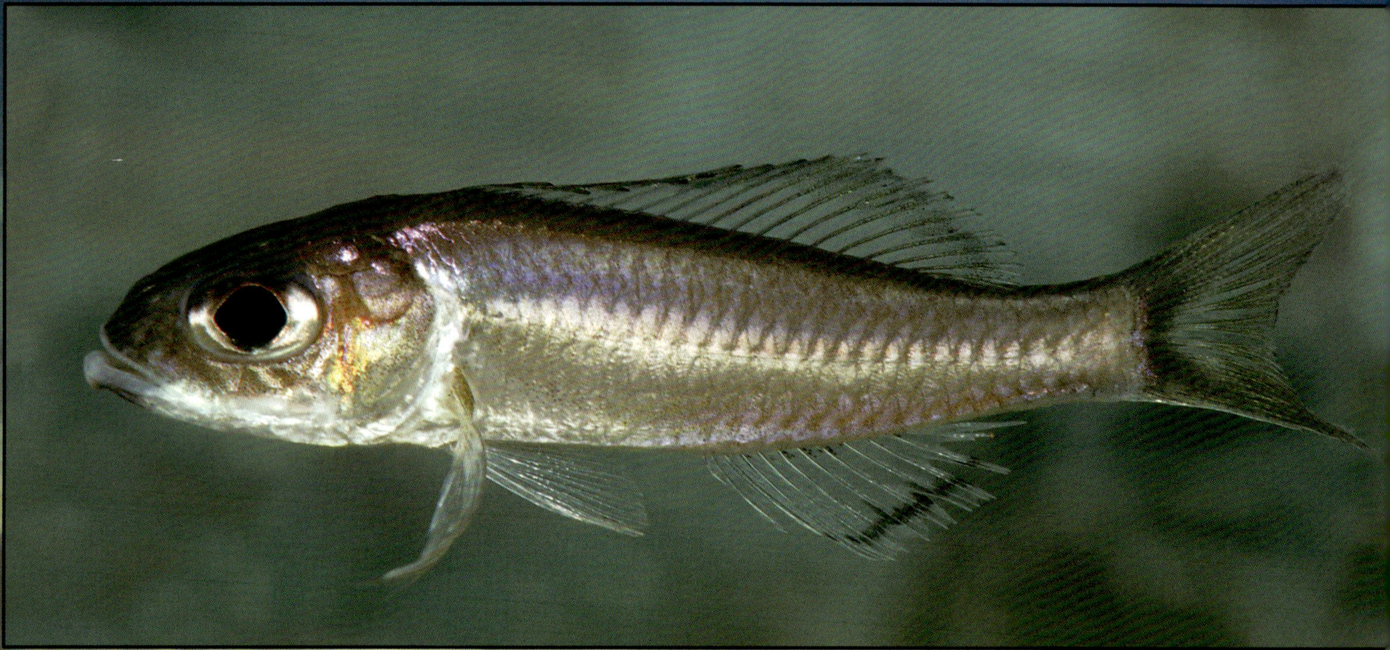
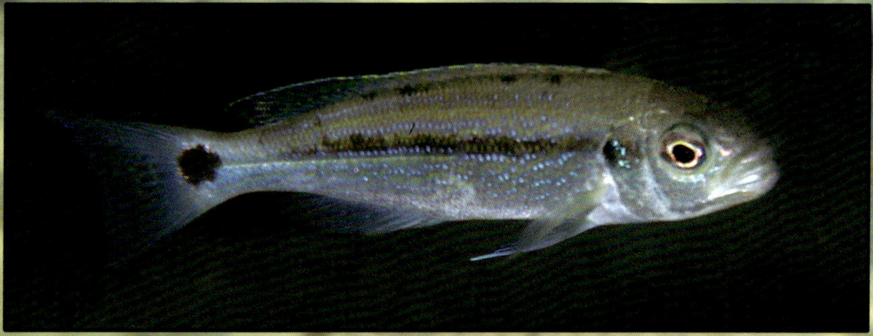
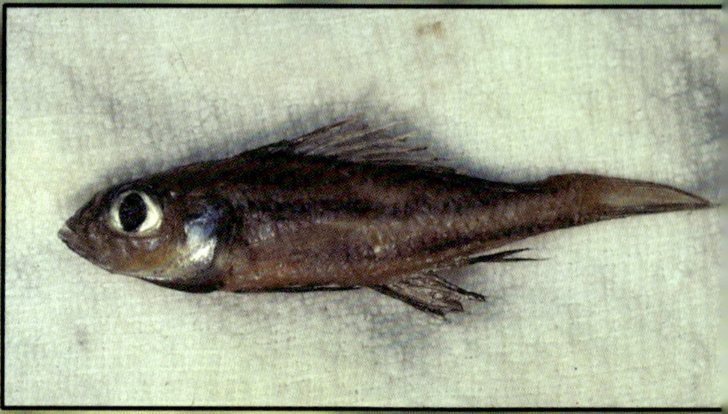
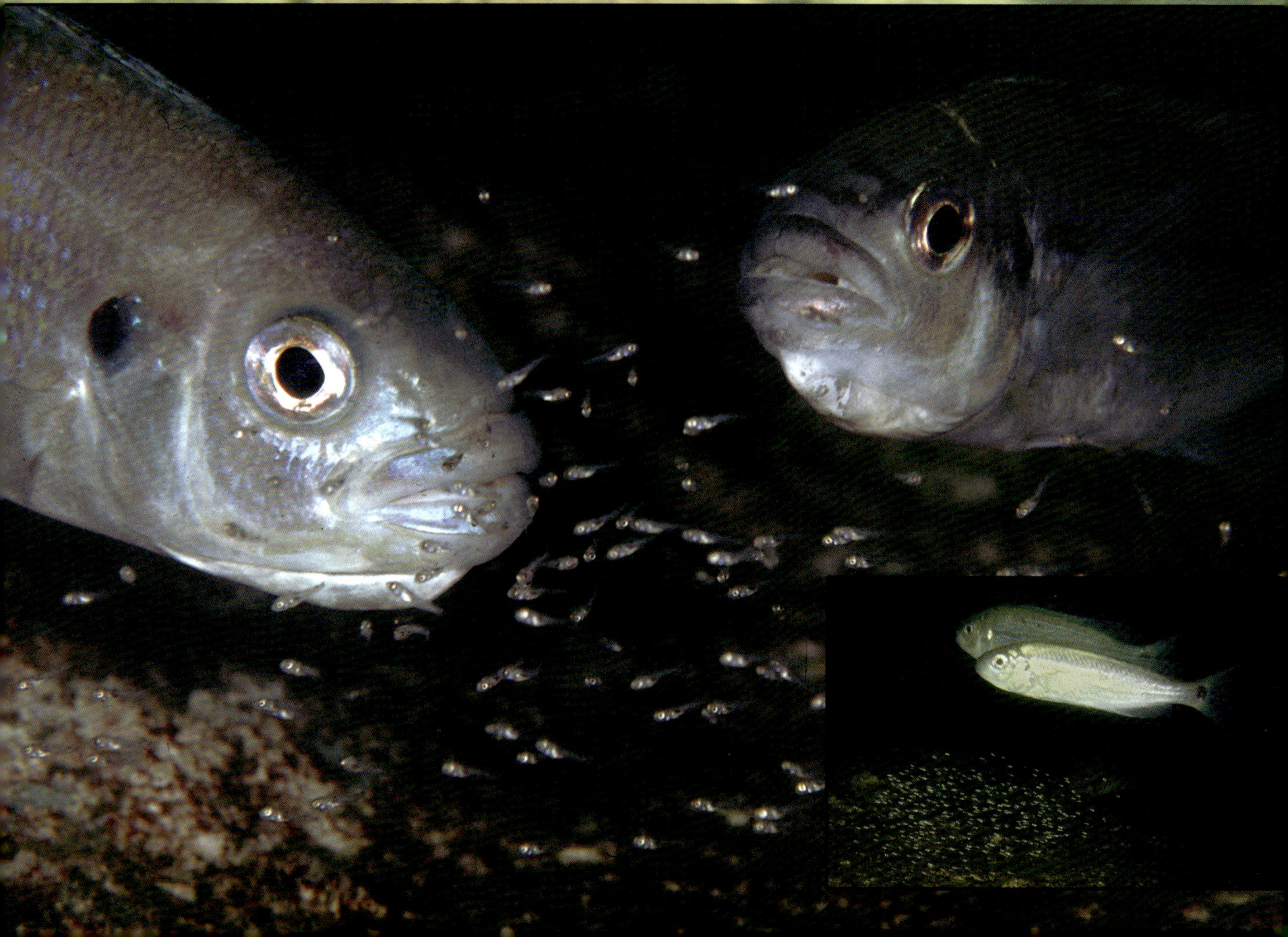

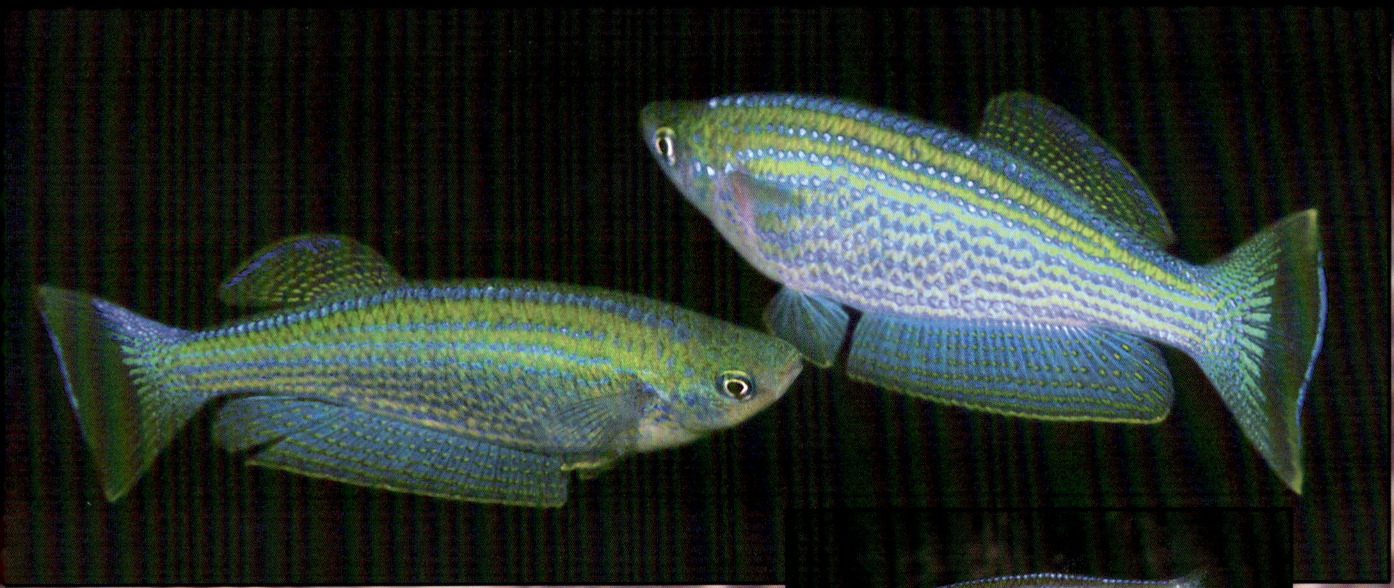
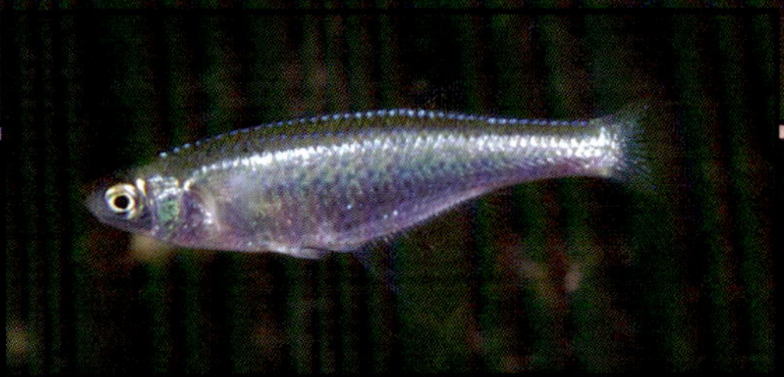
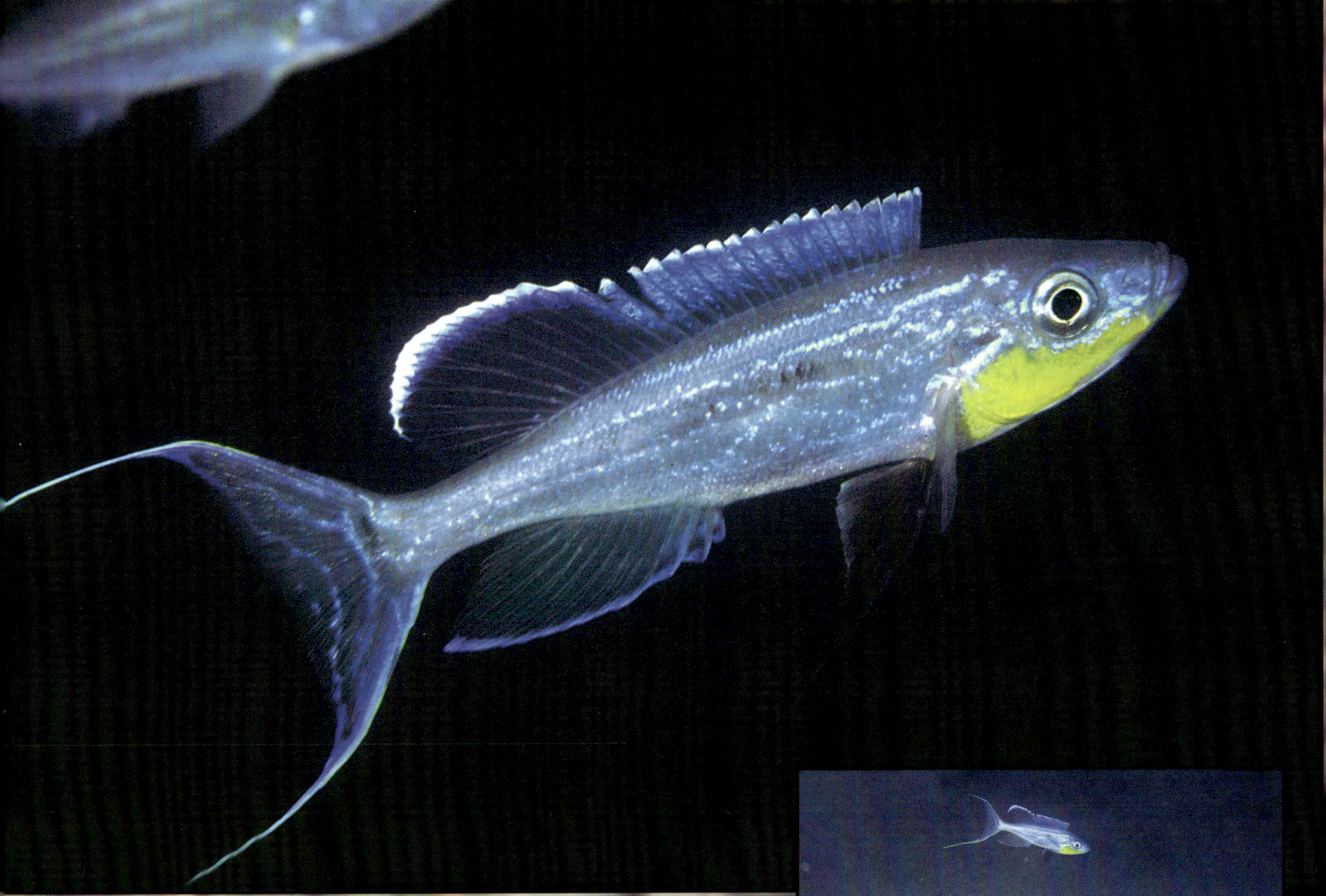
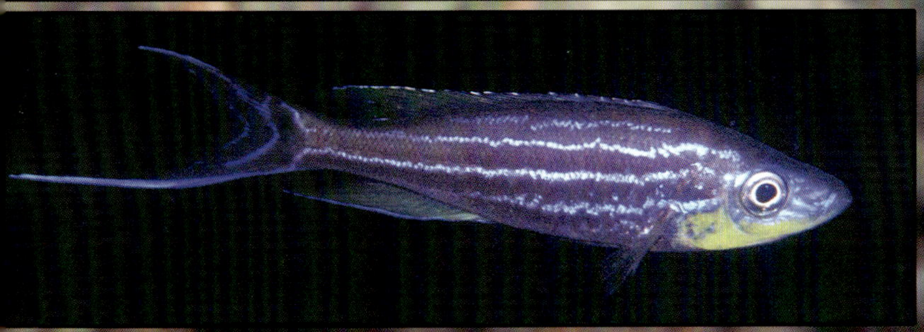
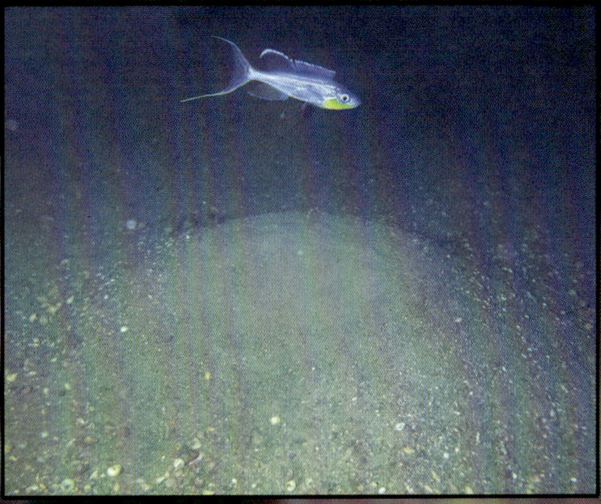

nur einige Sekunden, bis die Jungen im schützenden Maul der Eltern waren. Ich konnte auch zwei brutpflegende *P. paradoxus* Paare beobachten, die ihre Nester oben auf einem großen Felsblock in etwa 15 m Tiefe gewählt hatten (Fulwe Rocks, Tansania). Als ich diese Paare störte, begannen sie ihre Jungen aufzusammeln, indem sie ihr Maul weit geöffnet in die Schule hielten. Jedes Paar brauchte nur zwei Minuten, um alle noch immer sehr kleinen Jungfische sicher im Maul unterzubringen. Fünfzehn Minuten später wurden die Jungen an derselben Stelle wieder freigesetzt. Die beiden Gelege enthielten etwa 200 Jungfische, was bei Schuppenfressern gewöhnlich zu sein scheint.

Die Prinzessin der Tiefe

Einer der spektakulärsten Cichliden des Sees ist *Benthochromis tricoti*. Es ist ein sehr graziöser Buntbarsch, der in 25 m Tiefe oder tiefer vorkommt. Nichtbrütende Tiere sammeln sich in sehr tiefem Wasser (unterhalb von 50 m) in Schulen auf Nahrungssuche und fressen Plankton. Die maximale Länge eines *B. tricoti* Männchens liegt bei etwa 18 cm, die Weibchen bleiben um einige Zentimeter kleiner.

Poll (1948) bemerkte, daß sich in der Sammlung von *B. tricoti* Tiere von recht unterschiedlicher Farbe befanden, die jedoch morphologisch mit dem Holotypus von *B. tricoti* übereinzustimmen scheinen. Später (Poll, 1984) revidierte er seine Meinung und beschrieb die anders gefärbten Tiere als *B. melanoides*. Der Holotypus von *B. tricoti* wurde in der Nähe von Moba gefangen und der Holotypus von *B. melanoides* in der Nähe von Kalemie, beides Stellen im Kongo. *B. melanoides* ist durch einen großen, dunklen Fleck auf dem Nacken und durch das Fehlen des dunklen, horizontalen Streifens auf dem Körper gekennzeichnet.

Fast alle den Aquarianern zugänglichen *B. tricoti* stammen aus dem sambischen Teil des Sees, und viele wurden in der Chituta Bay gefangen. *B. tricoti* hat sich entweder zu geographischen Varianten entwickelt oder es sind mindestens drei verschiedene *Benthochromis* Arten im See bekannt. Obwohl man *B. melanoides* als geographische Variante ansehen könnte, da nichts über ihr Verhalten und ihr Ausbreitungsgebiet bekannt ist, ist die Form, die ich bei Msalaba (Cape Mpimbwe) fand, nicht nur unterschiedlich in der Färbung, sondern auch im Brutverhalten.

B. tricoti im sambischen Teil des Sees gleicht in der Färbung dem Holotypus, und ich habe ähnlich gefärbte Tiere auch im kongolesischen und tansanischen Teil des Sees gesehen. Die Männchen verteidigen ein Brutrevier, bestehend aus einem Laichplatz auf einem großen Felsblock, in einer Teife von mindestens 25 m, aber öfter noch tiefer. Solche Felsblöcke stehen frei zwischen den umgebenden Felsen. Der Abstand zwischen individuellen Revieren beträgt normalerweise über 10 m. Die Männchen bei Msalaba hatten jedoch Sandtürmchen gebaut, auf denen das Ablaichen stattfand (siehe Foto S. 157). In derselben Gegend gab es genügend große Felsblöcke, jedoch hatten mehrere Männchen es vorgezogen, selbst ihre Nester zu bauen. Die Nester lagen nur etwa 5 m weit auseinander, und die Weibchen laichten mit verschiedenen Männchen ab. Ein solches Verhalten ist im Tanganjikasee selten, und nur *Callochromis* Arten bauen ähnliche Sandnester. Es ist bekannt (Salvagiani, 1996), daß *B. tricoti* im Aquarium auf verschieden Ebenen ablaicht: auf horizontal gelegenen, flachen Platten oder entlang der Seitenwand des Aquariums, aber auch auf Sand, der in der Ecke des Aquariums aufgehäuft wurde. Es könnte möglich sein, daß *B. tricoti* normalerweise Sandkegelnester baut, jedoch an steilen Felsküsten seinen Laichplatz auf großen Felsblöcken wählt.

Abgesehen von den unterschiedlichen Laichplätzen unterscheidet sich die Form bei Msalaba von den anderen noch in Färbung und Form der Rückenflosse. Den Männchen fehlt der größte Teil des horizontalen Streifens auf dem Körper und der weichstrahlige Bereich der Rückenflosse ist abgerundet, während er bei *B. tricoti* Männchen im Südteil des Sees spitz ist. Der Msalaba *Benthochromis* könnte eine geographische Variante des *B. melanoides* sein, der ebenfalls keinen horizontalen Streifen hat, jedoch benötigen wir noch mehr Information über diese Form, um herauszufinden, ob es sich wirklich um eine andere Art und nicht um eine geographische Variante von *B. tricoti* handelt.

Der Brutvorgang wurde im Aquarium beobachtet (Salvagiani, 1996), und es scheint, daß das Weibchen den Laichplatz auswählt und von Sandkörnern oder anderen Unregelmäßigkeiten säubert, bevor es Eier ablaicht. Das Männchen führt das Weibchen ins Zentrum des Nests und verläßt dieses wieder, während das Weibchen mit der Eiablage beginnt. Das Weibchen zieht seine deutlich sichtbare Legeröhre über den Stein und laicht ein einziges Ei. Sobald das Ei gelegt ist, schwimmt es rückwärts, hebt das Hinterteil des Körpers an und nimmt das Ei auf. Rückwärtsschwimmen wurde auch bei *Cyphotilapia frontosa* und bei *Cyprichromis* Arten beobachtet; die meisten mütterlichen Maulbrüter schwimmen im Kreis, um ihre gerade gelaichte Eier aufzusammeln.

Die Eier haben einen Durchmesser von etwa 2 mm und es werden maximal etwa ein Dutzend abgelaicht (Salvagiani, 1996). Während das Weibchen Eier ausstößt, schwimmt das Männchen mit weit geöffnetem Maul und allen Flossen aufgestellt in engen Kreisen über dem Weibchen. Nur hin und wieder taucht es zum Nest hinunter und legt sich dem Weibchen in den Weg. Wenn seine Genitalregion dicht ans Maul des Weibchens gelangt, zittert es und stößt dabei Samen aus, der als milchige Wolke sichtbar ist und vom Weibchen aufgesaugt wird, indem es die Kiemendeckel mehrmals öffnet und schließt.

Die Länge der Maulbrutperiode von *B. tricoti* ist nicht bekannt, jedoch haben die Larven ihren Dottersack innerhalb von 10 Tagen Inkubation absorbiert. Zu diesem Zeitpunkt sind sie etwa 8 mm lang und kaum in der Lage, zu schwimmen (Salvagiani, 1996). Deshalb ist es wahrscheinlicher, daß die wenigen Jungen über einen längeren Zeitraum im Maul des Weibchens verbleiben, wo sie auch fressen. Es wurden Weibchen mit einigen 2-3 cm langen Jungfischen gefangen (Toby Veall, pers. Mittl.). Der Grund, warum nur wenige winzige Eier gelaicht werden könnte hierin liegen: es gäbe nicht genug Raum im Maul des Weibchens für viele große Jungen. Offensichtlich hat der Raubfischdruck auf die winzigen *Benthochromis* Jungfische zur Entwicklung dieses Brutmechanismus geführt.

Weitere Planktonfresser aus der Tiefe

Einige Zooplanktonfresser wurden bis aus 80 m Tiefe und manchmal sogar noch viel tiefer gefangen. Sie leben wahrscheinlich in den Schwärmen heringartiger Fische, der *Stolothrissa* und *Limnothrissa*. Diese letztgenannten Arten werden meistens nachts gefangen, wenn sie vom Licht der Fischerboote angelockt werden. *Trematocara caparti*, *T. kufferati* und *Tangachromis dhanisi* gehen jedoch nur selten bei solchen Gelegenheiten ins Netz; wahrscheinlich bleiben sie auch nachts in solch großen Tiefen. Die maximale Gesamtlänge dieser beiden *Trematocara* Arten ist etwa 7 cm. Wie die anderen Mitglieder der Gattung sind es wahrscheinlich Maulbrüter, obwohl sehr wenig über diese tieflebenden Buntbarsche bekannt ist.

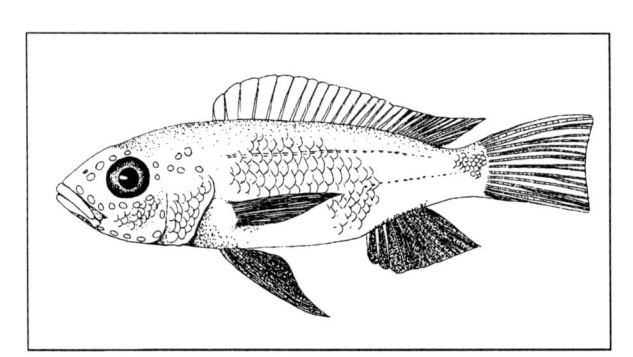

Die maximal gemessene Länge von *T. dhanisi* betrug 8,5 cm, und es ist wahrscheinlich ein Maulbrüter. Das Männchen hat eine gelbgrüne Farbe und einen auffälligen Fleck auf dem Kiemendeckel. Die unpaaren Flossen zeigen ein dünnes, randständiges Band. Die Bauchflossen sind verlängert und reichen bis zum Schwanzstiel. Ein anderes Merkmal sind die großen Augen, die wegen des Dämmerlichts in ihrem natürlichen Lebensraum benötigt werden. Es gibt keine Ausweitung des Sinnesorgans, wie man es etwa bei *Trematocara* Arten findet.

Poll (1987) beschrieb eine Art mit einer großen Ähnlichkeit zu *Trematocara*: *Trematochromis schreyeni*. Im allgemeinen ähnelt dieser kleine Cichliden (etwa 7 cm Gesamtlänge) im Aussehen den *Cyprichromis*-ähnlichen Arten. Das sehr vorstülpbare Maul unterstützt die Vorstellung eines Planktonfressers. Das bemerkenswerteste Merkmal sind die vergrößerten Poren des Wahrnehmungssystems, die den Kopf fast völlig verdecken. Im Gegensatz zu *Trematocara* hat diese Art zwei völlig entwickelte Seitenlinien — bei *Trematocara* fehlen diese oder sind rudimentär.

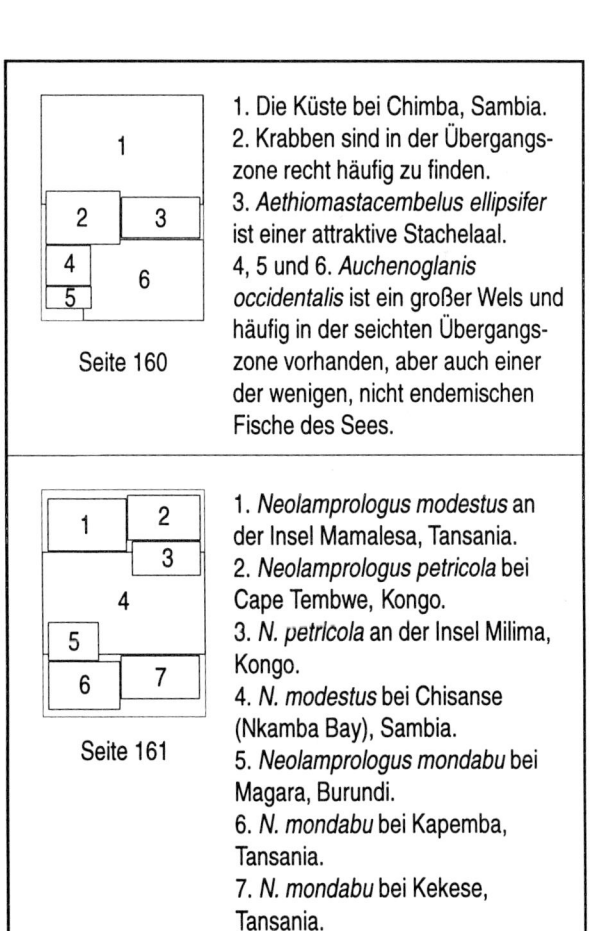

Trematochromis schreyeni (nach Poll, 1987).

Seite 160
1. Die Küste bei Chimba, Sambia.
2. Krabben sind in der Übergangszone recht häufig zu finden.
3. *Aethiomastacembelus ellipsifer* ist einer attraktive Stachelaal.
4, 5 und 6. *Auchenoglanis occidentalis* ist ein großer Wels und häufig in der seichten Übergangszone vorhanden, aber auch einer der wenigen, nicht endemischen Fische des Sees.

Seite 161
1. *Neolamprologus modestus* an der Insel Mamalesa, Tansania.
2. *Neolamprologus petricola* bei Cape Tembwe, Kongo.
3. *N. petricola* an der Insel Milima, Kongo.
4. *N. modestus* bei Chisanse (Nkamba Bay), Sambia.
5. *Neolamprologus mondabu* bei Magara, Burundi.
6. *N. mondabu* bei Kapemba, Tansania.
7. *N. mondabu* bei Kekese, Tansania.

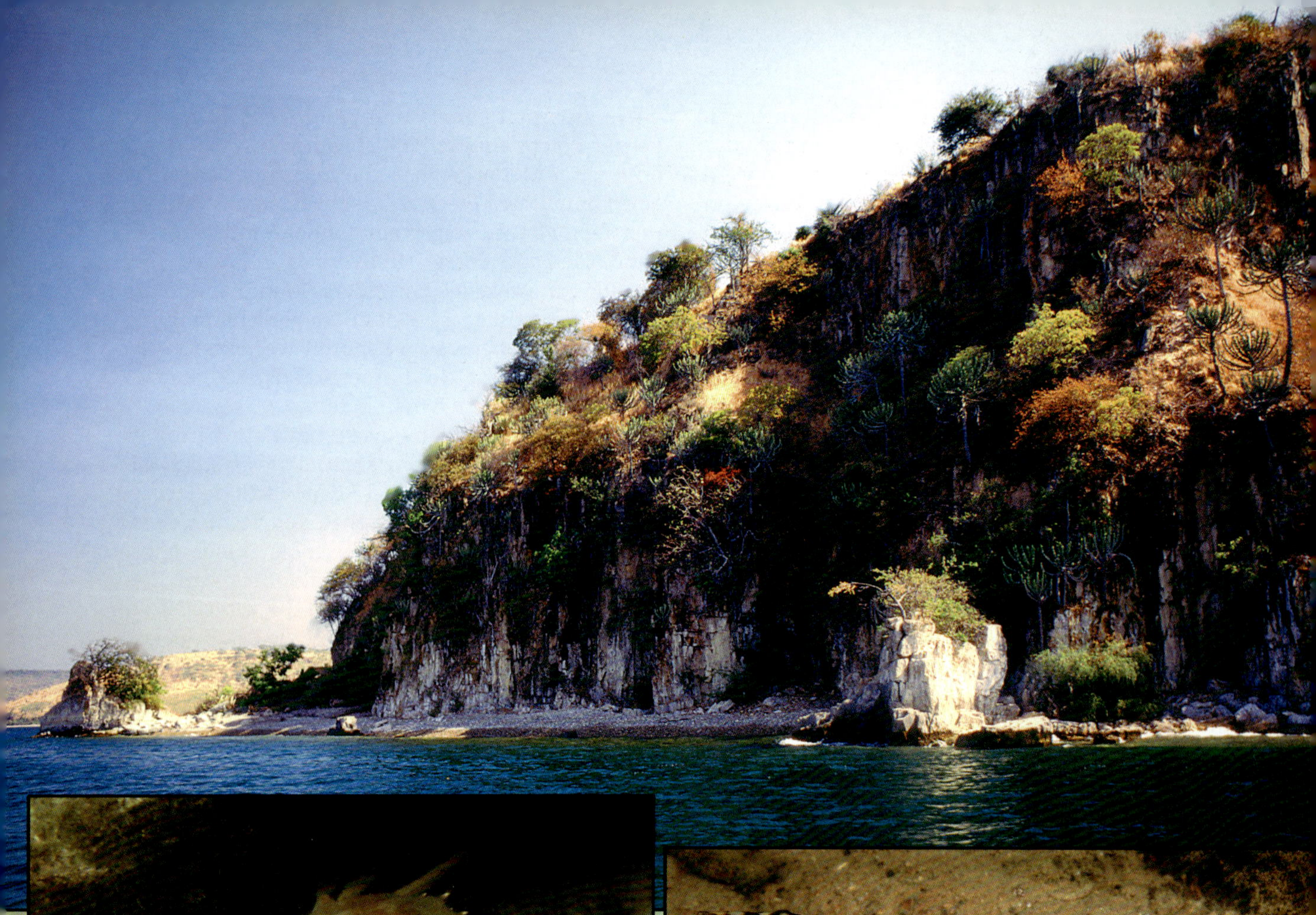

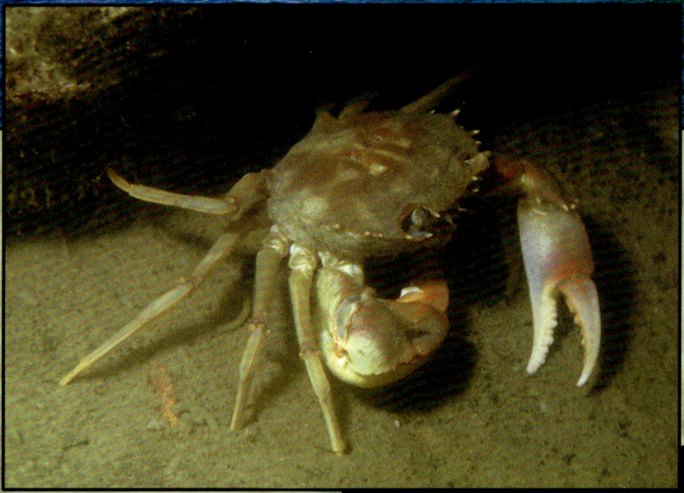

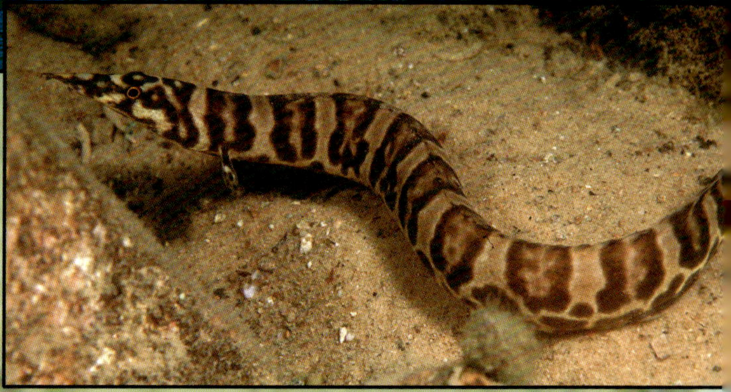

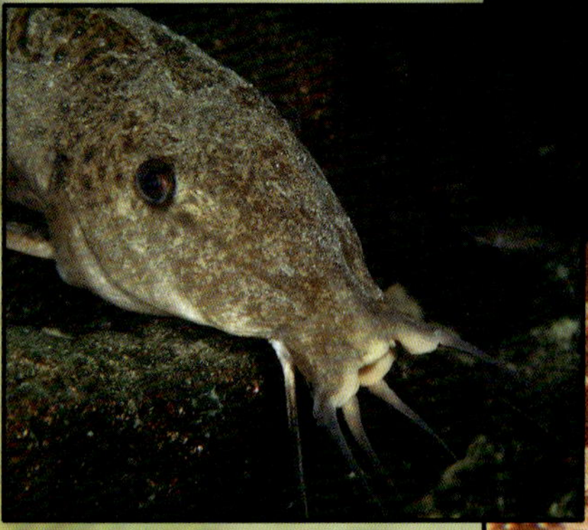

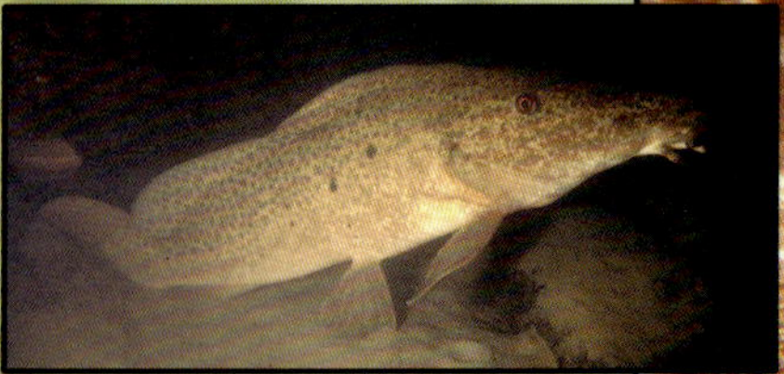

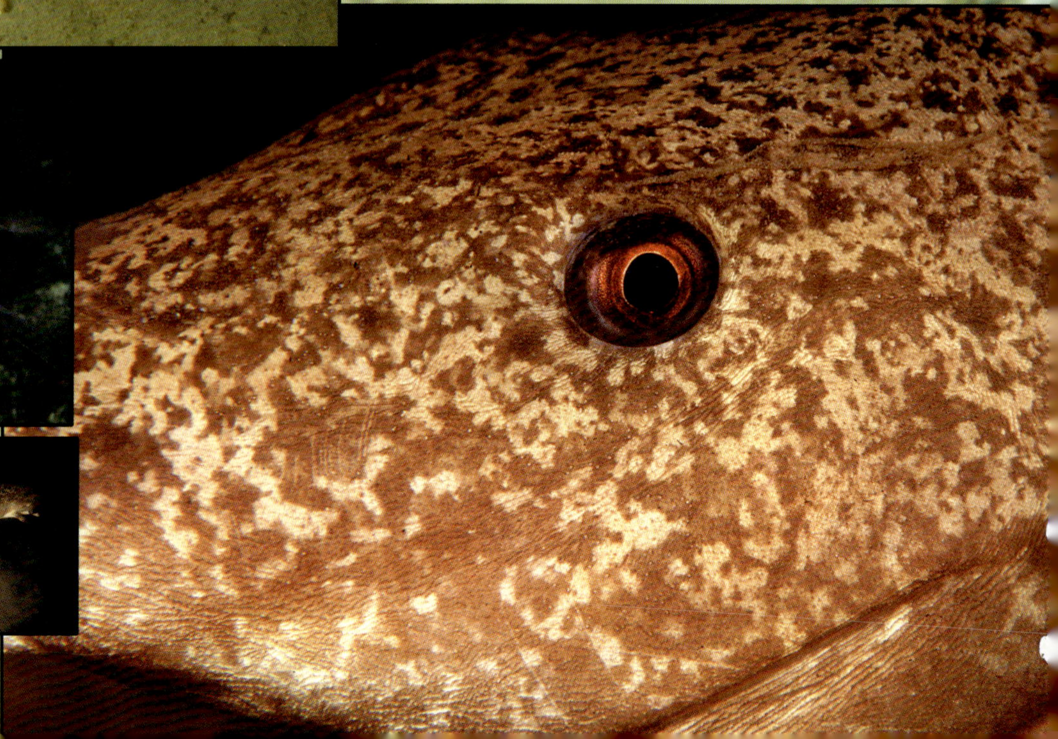

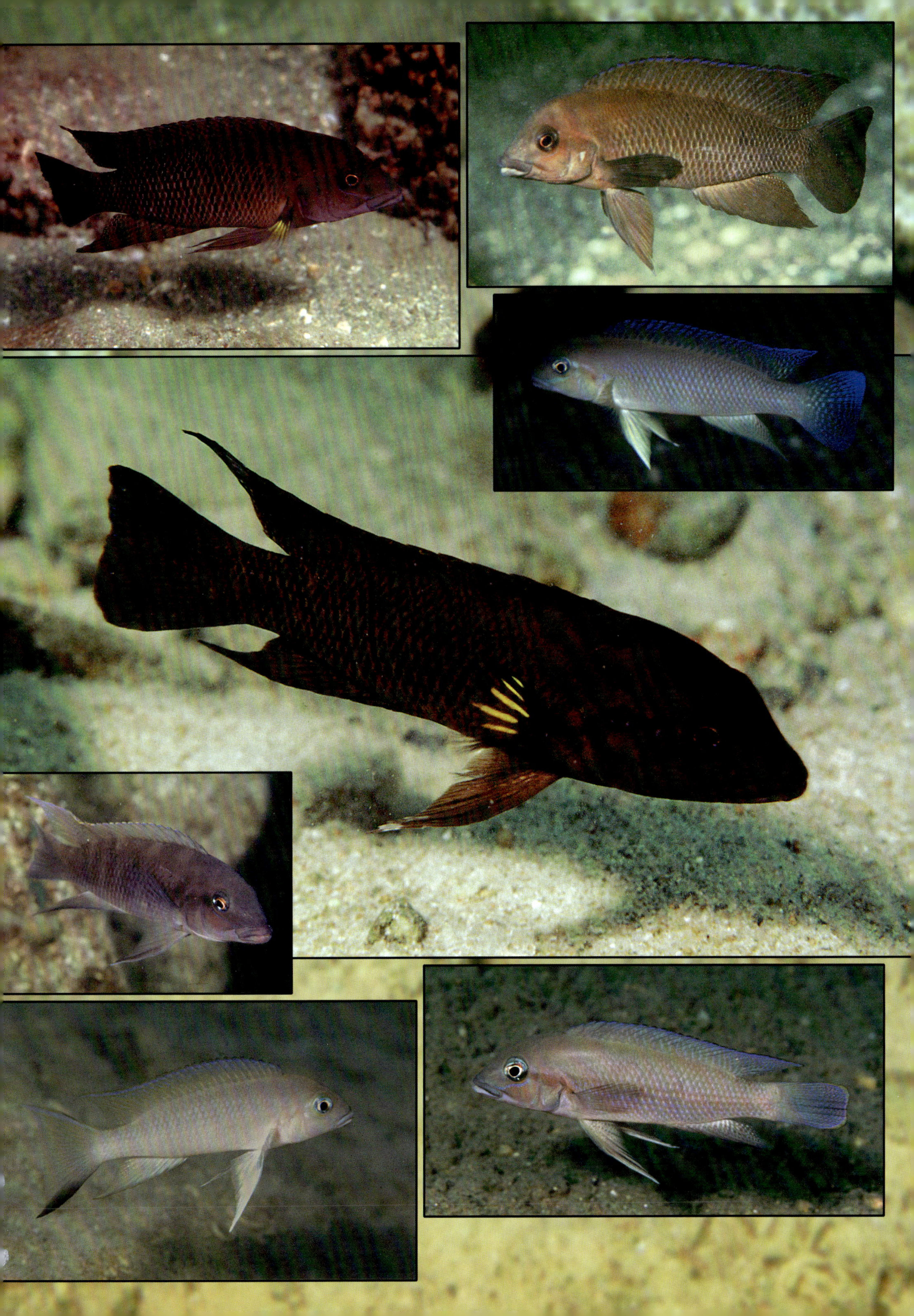

Die Übergangszone

Die Übergangszone besteht aus einem Sandboden mit zahlreichen Felsen, die einer artenreichen Gemeinschaft Schutz bieten. Der Anteil Felsen kann bis zu Dreiviertel des Sandbodens betragen. Das wichtigste Merkmal ist der langsam abfallende Boden. Der Aufwuchs der Felsen ist normalerweise mit einen dünnen Schicht feinem Sand bedeckt. Für diesen Biotop gibt es keine echte Tiefenbegrenzung, jedoch ist er zwischen 5 und 40 m Tiefe am dichtesten bevölkert. Die Übergangszone beherbergt die artenreichste Gemeinschaft des Sees.

Neolamprologus modestus Formen

Neolamprologus modestus und *N. mondabu* haben die Fischkundler in der Vergangenheit irritiert (Poll, 1956), jedoch kann man diese beiden Arten leicht unter Wasser unterscheiden. *N. modestus* ist ein ganz dunkelbraungefärbter Cichlide, während *N. mondabu* normalerweise sehr hellgefärbt ist. Morphologisch sind sie vielleicht schwer zu unterscheiden, jedoch ist es noch schwieriger *N. modestus* und *N. petricola* auseinanderzuhalten. Die letztgenannten beiden Arten sehen unter Wasser fast identisch aus, sowohl in der Färbung als auch im Verhalten, und es besteht Ungewißheit darüber, ob *N. petricola* wirklich eine andere Art als *N. modestus* ist.

Sowohl *N. petricola* als auch *N. modestus* haben eine längliche Form, jedoch ist *N. modestus* etwas schlanker gebaut. Beide Arten sind dunkelbraun gefärbt, zeigen jedoch unter suboptimalen Bedingungen beide ein viel helleres Muster. *N. modestus* hat unter solchen Bedingungen einen viel gelberen Teint als der beigegraugefärbte *N. petricola*. Die Färbung unterdrückter Exemplare dieser letztgenannten Art enthält graue, breite, senkrechte Bänder auf einem fast weißen Hintergrund. *N. modestus* ist durch leuchtendgelbe Brustflossen gekennzeichnet; bei *N. petricola* sind die Brustflossen farblos bis grau, jedoch niemals gelb. Große Exemplare von *N. petricola* zeigen Kopfhöcker, die bei *N. modestus* aber niemals gesehen wurden.

Wie zu erwarten, ist das Verbreitungsgebiet dieser beiden Arten nicht überlappend. *N. modestus* kommt zwischen der Moliro Bay, Kongo, und Kala, Tansania, vor und ist in sambischem Wasser häufig zu finden. *N. petricola* wird im Kongo nördlich des Flusses Lunangwa gefunden, mindestens bis zu den Inseln Kavala, kommt vielleicht aber sogar noch weiter nördlich vor. *N. mondabu* ist seeweit verbreitet, jedoch selten in Gegenden, in denen eine der beiden anderen Arten vorkommt. Eine einzige geographische Variante von *N. mondabu* wurde in Tansania bei Cape Korongwe gefunden. Sowohl das Männchen als auch das Weibchen haben einen schwarzen Streifen auf dem unteren Schwanzrand. Der Schwanz hat auch spitze Enden, ein Merkmal, das normalerweise nur bei sehr großen adulten Tieren gesehen wird. Alle drei Arten können maximal eine Länge von etwa 12 cm erreichen.

N. mondabu wird häufiger im Nordteil des Sees gefunden als *N. modestus* oder *N. petricola* in ihren jeweiligen Verbreitungsgebieten. Alle drei Arten sind Wirbellosenfresser, die vorwiegend vom Sandsubstrat in Regionen, die durch sehr kleine Steine und Kies gekennzeichnet sind, leben. Einen Teil ihrer Nahrung stellen kleine Schnecken — auf den Pharyngealknochen aller drei Arten befinden sich einige molarähnliche Zähne — jedoch dienen ihnen als Hauptnahrung Insektenlarven, die sie im Sand finden, indem sie hineintauchen oder den Sand durch ihre Kiemen sieben oder ihren Körper im Sand wälzen, um so ihre Beute freizulegen (Hori, 1983).

Die Schnecken, die von diesen drei Cichliden gefressen werden, sind Jungtiere, da erwachsene Schnecken bei den meisten Arten einen Durchmesser von etwa 1,5 cm haben. Mollusken sind leicht verdaulich, und der Darmtrakt dieser Fische hat eine Länge von etwa 70% der Standardlänge des Tieres. Die Schnecken werden ganz aufgenommen, jedoch zwischen den Pharyngealknochen zerquetscht, deren Ränder vollgepackt mit langen, schlanken Zähnen sind, die den weichen Inhalt der Schnecke in den Schlund hineinrechen. Entscheidend für Schneckenknacker ist die Ausscheidung der aufgenommenen Gehäusefragmente. Manchmal gelingt es ihnen, die Fragmente vom Fleisch zu säubern und dann auszuspucken, jedoch werden meistens kleine Schnecken ganz aufgefressen.

Eine andere Futterquelle liefert *Lamprichthys tanganicanus*, der hübsche Killifisch des Sees. Er laicht seine Eier in kleinen Felsspalten ab. Die Männchen sind territorial und verteidigen einen Felsspalt vor artgleichen Männchen. Ein reifes Weibchen wird zum Spalt geführt, wo es einige Eier hinein-"schießt". Das Männchen befindet sich längs neben ihm und stößt gleichzeitig seinen Samen aus. *N. mondabu* sieht man oft solchen Brutpaaren folgen oder beim Versuch, die Eier aus dem Spalt zu pflücken. Der Killi scheint diese Grausamkeit des Cichliden als Lauf der Dinge anzusehen, da die Männchen selten Cichliden aus ihren Revieren vertreiben.

Die Männchen aller drei Arten haben kleine Harems mit 2-5 Weibchen, die in ihren Revieren leben. Das Weibchen beginnt mit dem Ausgraben des Nests unter einem Fels und versucht, das Männchen zu seinem Nest zu locken. Nicht selten sind die *N. petricola* und *N. modestus* Weibchen größer als die Männchen. Die Eier werden im Nest an der Decke oder gegen die Höhlenwand abgesetzt und vom Weibchen sorgsam bewacht. Die Laichgröße reicht von 200-500 Eier. Die freischwimmenden Jungfische bleiben bei *N. mondabu* und *N. modestus* dicht am Substrat. Im Aquarium formen *N. petricola* Jungfische Schulen und schweben über dem Nest.

«*Lamprologus*» *caudopunctatus* und ähnliche Arten

«*Lamprologus*» *caudopunctatus* ist einer der am häufigsten vorkommenden Buntbarsche der Übergangszone und an vielen Stellen, vor allem in sambischem Wasser, kann man große Schulen beim Planktonfressen beobachten. Er kommt sowohl in Flachwasser als auch in mehr als 25 m Tiefe vor. In freier Natur wird er nicht größer als 6 cm. Anatomisch ist er fast nicht von «*L.*» *leloupi* zu unterscheiden, mit dem er den Biotop entlang der kongolesischen Küste zwischen Lunangwa und Kapampa teilt. Wo beide Arten zusammen vorkommen, trägt «*L.*» *caudopunctatus* eine orange Rückenflossen; in anderen Bereichen seines Verbreitungsgebietes ist die Rückenflosse des «*L.*» *caudopunctatus* entweder gelbgefärbt oder farblos. Büscher (1992a) verglich beide Arten und fand, daß «*L.*» *leloupi* etwas hochrückiger ist und ein Muster aus großen, schachbrettartigen Flecken auf der vorderen Körperhälfte zeigt. Das Grundmelaninmuster besteht bei «*L.*» *caudopunctatus* aus senkrechten Bändern auf der vorderen Körperhälfte. Diese Muster kann man nur bei verschreckten Tieren oder nachts, wenn die Fische ruhen, sehen.

«*L.*» *caudopunctatus* kommt zwischen Kapampa im Kongo und Kala in Tansania vor, wird also in sambischem Wasser gefunden. Die Verbreitung des «*L.*» *leloupi* verteilt sich über zwei Regionen, die sich an gegenüberliegenden Ufern des Sees befinden. Er kommt zwischen Cape Tembwe und dem Fluß Lunangwa im Kongo vor, sowie entlang der zentralen, tansanischen Küste zwischen Kasoje und Sibwesa. Zwischen Sibwesa und Kala gibt es eine dritte, sehr ähnliche Art: «*L.*» sp. "caudopunctatus kipili". Sie kommt in der Übergangszone zwischen Wampembe (Fulwe Rocks) und Kipili vor und hat einen flacheren Körper und eine längere Schnauze als die beiden anderen, sowohl «*L.*» *caudopunctatus* als auch «*L.*» *leloupi*. Es sind keine geographischen Varianten bekannt, und sie scheint weniger häufig zu sein als die anderen beiden Buntbarsche.

Die Nahrung dieser drei Arten besteht aus allen möglichen Wirbellosen, die vom Substrat oder aus dem offenen Wasser aufgepickt werden.

Seite 164	1, 2 und 4. Der Killifisch *Lamprichthys tanganicanus* brütet im Felsbiotop. Das Weibchen schießt seine Eier in einen Felsspalt (1 und 4), während das Männchen sie befruchtet, sobald das Weibchen sie verläßt. *Telmatochromis temporalis* und *Neolamprologus mondabu* sind notorische Eiräuber, die den Laichplatz der Killifische untersuchen, sobald das Paar ihn verschwunden ist (2). 3. «*Lamprologus*» sp. "caudopunctatus kipili" (Kisambala, Tansania). 5. Ein Schwarm «*L.*» *caudopunctatus* bei der Nahrungssuche (Cape Chaitika, Sambia).
Seite 165	Geographische Varianten der «*L.*» *leloupi*-ähnlichen Cichliden und ihre Verbreitungsgebiete. Beachte, daß «*L.*» *leloupi* an beiden Seiten des Sees vorkommt. Karte: schwarz = «*L.*» *leloupi*, rot = «*L.*» *caudopunctatus*; blau = «*L.*» sp. "caudopunctatus kipili".

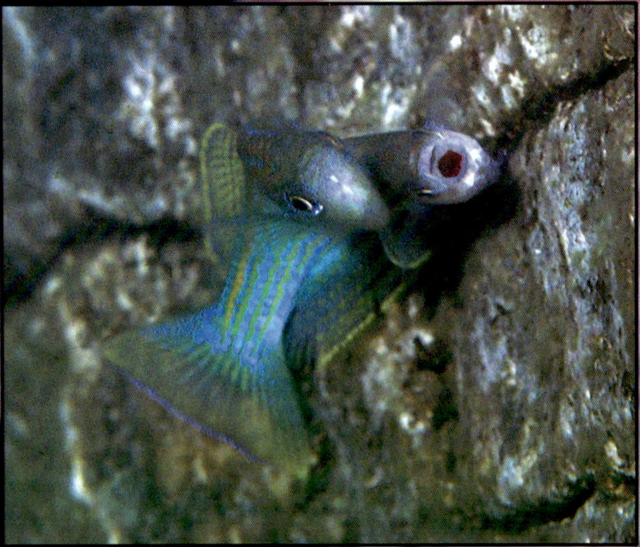
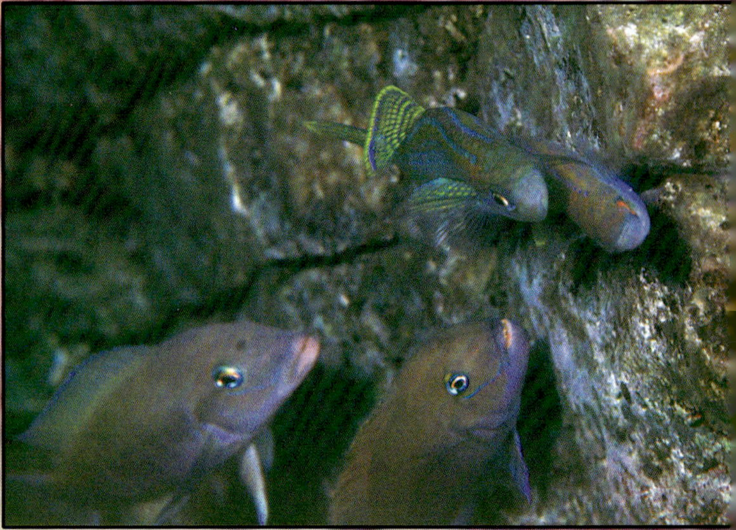
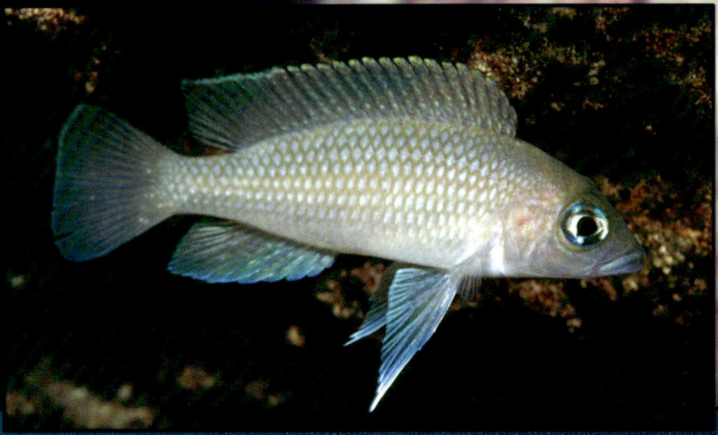
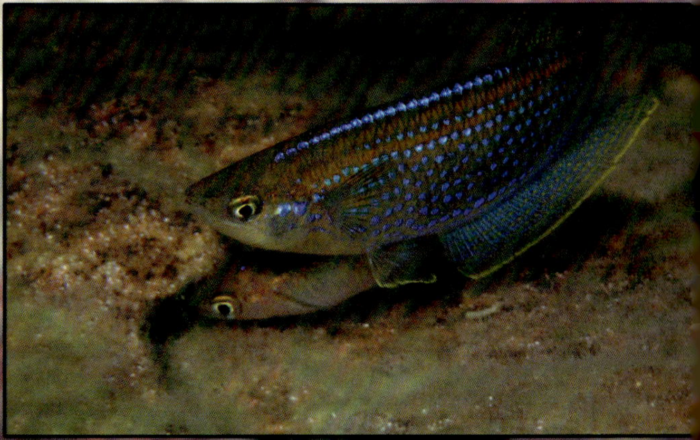
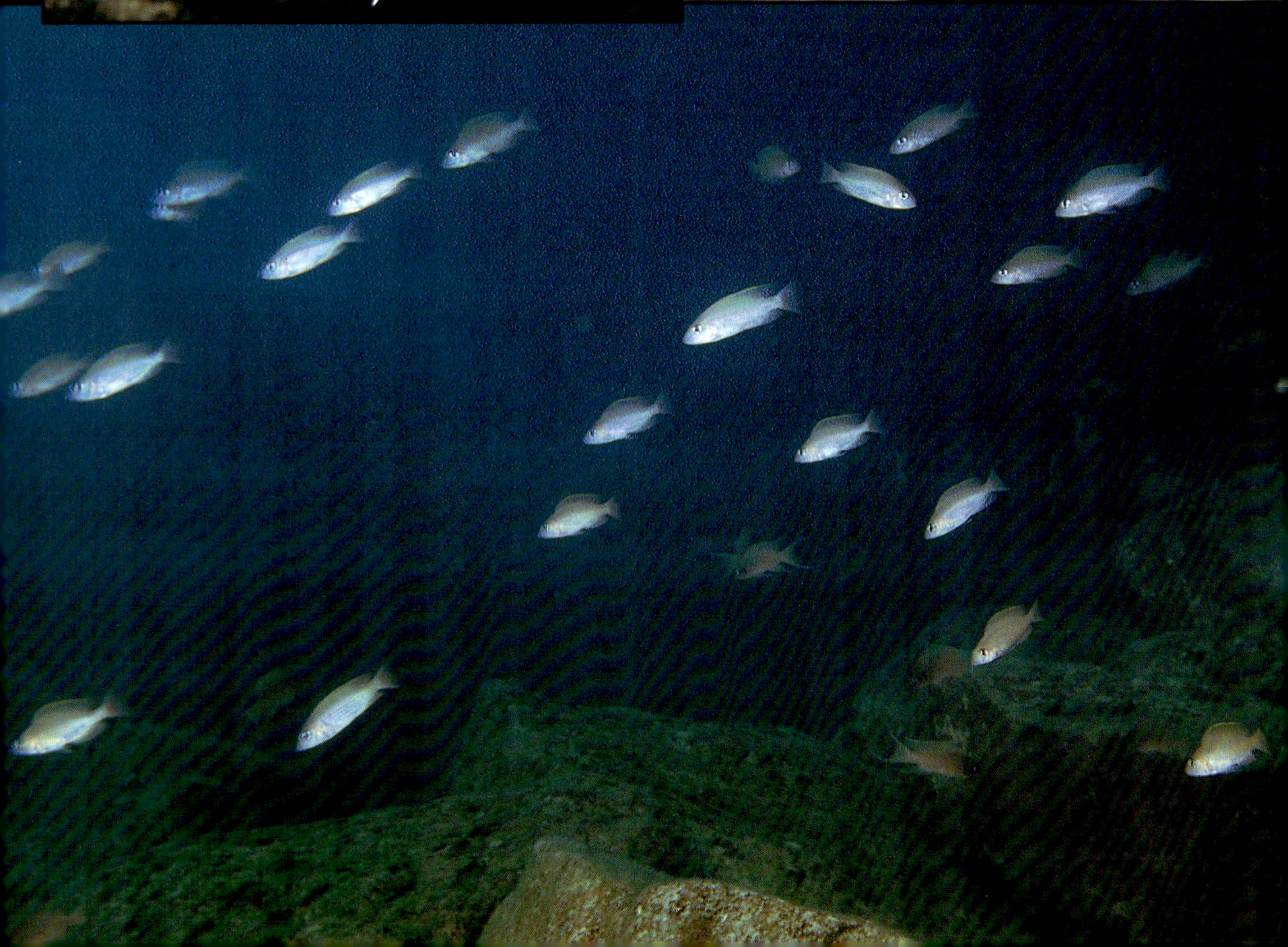

① *«L.» leloupi*, Cape Tembwe
② *«L.» leloupi*, Kanoni
③ *«L.» leloupi*, Kapampa
③ *«L.» caudopunctatus*, Kapampa
④ *«L.» caudopunctatus*, Moliro
⑤ *«L.» caudopunctatus*, Chituta
⑥ *«L.» caudopunctatus*, Kasanga
⑦ *«L.» caudopunctatus*, Mamalesa Is.
⑧ *«L.» leloupi*, Sibwesa
⑨ *«L.» leloupi*, Lumbye

Das Brüten findet bei allen drei Arten in Gruben statt, die in den Sand unter Felsen oder zwischen kleine Steine gegraben werden. An vielen Stellen liegen kleine Steine einige Zentimeter tief im Sand vergraben, und solche Stellen sind für viele Höhlenbrüter attraktiv. Der Sand wird zwischen gegeneinanderliegenden Steinen ausgegraben, wodurch ein Netzwerk aus Spalten und Rissen als Nistplatz verfügbar wird. Sind solche Stellen nicht vorhanden, wird manchmal ein Sandhügelchen gegen einen größeren Fels aufgehäuft und eine Höhle in diesen Haufen am Fels entlang gegraben. In Gefangenschaft nehmen sie manchmal leere Schneckenhäuser als Bruthöhle an, was in freier Natur jedoch selten ist.

Die Laichgröße ist bei «*L.*» *caudopunctatus* und «*L.*» *leloupi* 100-250 Eier. Wenn die Jungfische freischwimmend sind, bilden sie Schulen und schweben über dem Nest, wo sie Plankton fressen. Die Jungen bleiben nicht lange bei ihren Eltern und müssen das Nest verlassen, bevor eine neue Brut produziert wird. Niemals sieht man Junge aus dem vorherigen Gelege um das Nest, wenn das Paar eine neue Brut bewacht. Während der Brutpflege schwimmen die Eltern über den Jungen und vertreiben alle Eindringlinge vom Nest.

«*Lamprologus*» *finalimus* wurde anhand eines einzigen Tieres beschrieben, das dem Bericht zufolge in der Nähe von Uvira im Kongo gefangen wurde. Melanie Stiassny (pers. Mittl.) findet, daß dieses Tier sehr «*L.*» *caudopunctatus* ähnelt, daß man jedoch mit einem einzigen Tier sehr wenig aussagen kann. Die Gegend um Uvira wurde durch Scharen von Wissenschaftler sorgfältig abgesucht, jedoch konnten sie keine Art finden, die «*L.*» *finalimus* glich. Ich habe die nordwestlichen Ufer des Sees noch nicht besucht, und Berichte über diese Region, zwischen der Halbinsel Ubwari und den Inseln Kavala, sind selten. Es ist möglich, daß das Verbreitungsgebiet von «*L.*» *finalimus* in dieser besagten Gegend liegt. Ein einziges Merkmal unterscheidet ihn von allen drei oben erwähnten Arten: die Afterflosse hat einen schwarzen Rand. Ein solches Merkmal wurde in keiner Population des «*L.*» *leloupi* oder des «*L.*» *caudopunctatus* gefunden.

Blaue Bänder

Neolamprologus tretocephalus und *N. sexfasciatus* gleichen sich in der Färbung, im Brut- und Freßverhalten, und an einigen Stellen sind sie auch sympatrisch. Wie der Name bereits sagt, hat *N. sexfasciatus* sechs dunkelblaue Bänder auf einem hellblauen oder gelbgefärbten Körper, während *N. tretocephalus* fünf Bänder trägt — die Bänder zwischen den Augen werden nicht gezählt. *N. sexfasciatus* ist häufiger in Gegenden mit weniger Sand als die von *N. tretocephalus* bewohnten Arealen zu finden. Es gibt auch anatomische Unterschiede: die Schlundknochenzähne sind bei *N. tretocephalus* kräftiger als bei *N. sexfasciatus*. Obwohl beide Arten sich hauptsächlich von Insektenlarven und Krebstieren ernähren, frißt *N. tretocephalus* auch kleine Schnecken, und *N. sexfasciatus* erbeutet hin und wieder auch Fische. Poll (1956) stellte fest, daß die Darmlänge von *N. tretocephalus* fast 30% der Gesamtlänge des Fischs ausmacht, während der von *N. sexfasciatus* etwa 90%.

N. tretocephalus hat sich vielleicht an das Schneckenfressen angepaßt, eine Nahrungsquelle, die die meisten anderen Cichliden verschmähen, jedoch wird er, wie jede andere Art auch, alles fressen was vorhanden ist. Die am leichtesten zugängliche Futterquelle wird immer zuerst erschöpft, und nur während Zeiten von Futtermangel müssen sich alle Arten auf ihre primären Fähigkeiten verlassen, um sich durch schlechte Zeiten zu kämpfen. Die kräftigen Zähne auf den Schlundknochen helfen *N. tretocephalus* nicht nur, kleine Schnecken zu zerquetschen — Schnecken stellen weniger als 10% des aufgenommenen Futters dar (Yuma & Kondo, 1997) — sondern auch die Schalen von Muschelkrebsen, Garnelen und die Außenskelette der Köcherfliegen aufzuknacken. Diese Futterpartikel werden nicht oft von anderen Wirbellosenfressern angenommen. In Gegenden, in denen beide Arten zusammen vorkommen, und sie Seite an Seite zu finden sind, verlassen sie sich wahrscheinlich lieber auf Futter, für das sie spezialisiert sind, als auf eine allgemeine Kost.

Man kann *N. tretocephalus* und *N. sexfasciatus* das ganze Jahr über bei der Fortpflanzung beobachten, und Brutpaare, die ihre Jungen bewachen, sind häufig zu sehen. Beide Arten bilden Paare, die mindestens solange wie Jungfische zu beschützen sind, zusammenbleiben, jedoch halten die Paarbande wahrscheinlich länger über den Brutzyklus hinaus. Beide Arten wurden in Aquarien nachgezüchtet, jedoch scheint es ein Problem mit der südlichen Variante des *N. sexfasciatus* zu geben, da es bisher noch niemandem gelungen ist, sie in Gefangenschaft zum Ablaichen zu bringen. Es könnte sein, daß das Paar ein Band fürs Leben schließt und daß erwachsenen Paare, die für die Aquaristik exportiert wurden, getrennt wurden.

Ein Nest wird in den Sand unter einen Fels oder eine Gruppe Felsen gegraben — im Aquarium vorwiegend vom *N. sexfasciatus* Weibchen — und die Eier werden im Nest, außer Sicht, abgesetzt. *N. tretocephalus*, dessen Männchen eine Gesamtlänge von etwa 13 cm erreichen können und die Weibchen etwas weniger, können bis zu 500 Eier pro Gelege produzieren. *N. sexfasciatus* — maximale Gesamtlänge etwa 16 cm — ist sogar noch fruchtbarer und kann Gelege mit fast 1000 Eiern produzieren. Die Jungfische werden vom Männchen und vom Weibchen bewacht; das Weibchen bleibt die ganze Zeit nahe bei den Jungen, während das Männchen die Umgebung des Reviers, das nicht sehr groß ist, bewacht.

Die Brutfarbe unterscheidet sich beim Männchen und Weibchen von ihrer normaler Zeichnung aus senkrechten Bändern. Bei brütenden *N. sexfasciatus* verwischen die senkrechten Bänder, außer in der mittleren Sektion jedes Bandes, wodurch eine mittlaterale Reihe aus schwarzen Flecken entsteht. Dieses Muster ist bei der goldgelben Variante an der Ostküste am auffälligsten. Im Aquarium sind beide, *N. sexfasciatus* und *N. tretocephalus*, sehr aggressiv gegenüber Artgenossen, weshalb man in den meisten Fällen, selbst in einem sehr großen Becken, nur ein Paar unterbringen kann.

Das Verbreitungsgebiet des *N. sexfasciatus* umfaßt die gesamte Südhälfte des Sees; der nördlichste Punkt an der Westküste ist Cape Tembwe und an der Ostküste Isonga, nördlich von Ikola. Mehrere geographische Varianten sind bekannt. Der Holotypus stammt von M'toto im Kongo, und die Tiere dieser Population sind auf der oberen Körperhälfte und auf dem Kopf gelb gefärbt. Diese Variante kommt zwischen Cape Tembwe und Kapampa an der Westküste vor, jedoch findet man eine ähnliche Variante auch bei Fulwe Rocks an der gegenüberliegenden Seite des Sees. Zwischen Kapampa und Livua ist *N. sexfasciatus* durch einen bläulichen Körper und eine gelbliche Rückenflosse charakterisiert.

Zwischen Moliro, Kongo, und Kala, Tansania — einschließlich der gesamten sambischen Küste — finden wir den sog. "Blauen Sexfasciatus". Die Fische haben kein gelbes Pigment, und die Grenze zwischen dem gelbgefärbten und blaugefärbten *Sexfasciatus* ist auch der nördlichste Punkt im Verbreitungsgebiet von *N. tretocephalus*. Zwischen Cape Tembwe und Livua kommen beide Arten sympatrisch vor, jedoch zeigt *N. sexfasciatus* eine gelbe Schattierung, während *N. tretocephalus*, von dem keine geographischen Varianten bekannt sind, eine blaue Färbung hat.

An der Ostseite des Sees scheint die Situation der an der gegenüberliegenden Küste zu ähneln. Nördlich von Fulwe Rocks kommt ein ganz goldgelber *N. sexfasciatus* zwischen Hinde B und Isonga vor. Bei Cape Mpimbwe fand ich jedoch zwei Brutpaare, bei denen das Weibchen gelb das Männchen jedoch blau gefärbt war. Alle anderen (einzelnen) Tiere waren gelb gefärbt. Es kann sein, daß die Brutfärbung der Männchen in dieser besonderen Population blau anstatt gelb ist. Interessanterweise ist Cape Mpimbwe an der Ostküste auch der südlichste Punkt im Verbreitungsgebiet des *N. tretocephalus*. Die letztgenannte Art kommt über einen großen Bereich des Sees vor: nördlich von Livua im Kongo entlang der Westküste und nördlich von Cape Mpimbwe an der Ostseite. Jedoch wird er in Burundi nicht gefunden, abgesehen vom äußersten Süden an der Grenze zu Tansania.

Neolamprologus toae

Reviere des *Neolamprologus toae* findet man häufig in unmittelbarer Nähe von *N. tretocephalus* Revieren. Obwohl *N. toae* dunkelbraun bis schwarz

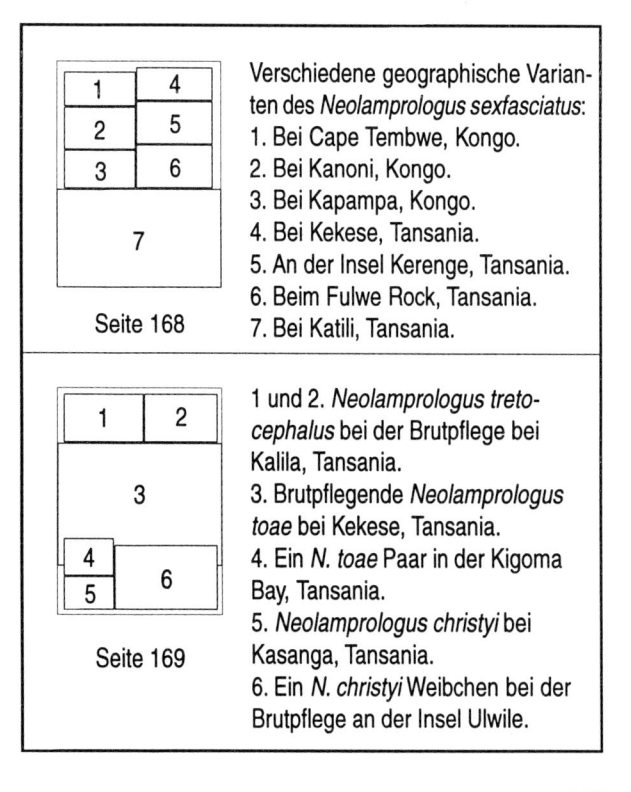

1	4	Verschiedene geographische Varianten des *Neolamprologus sexfasciatus*:
2	5	1. Bei Cape Tembwe, Kongo.
3	6	2. Bei Kanoni, Kongo.
		3. Bei Kapampa, Kongo.
7		4. Bei Kekese, Tansania.
		5. An der Insel Kerenge, Tansania.
Seite 168		6. Beim Fulwe Rock, Tansania.
		7. Bei Katili, Tansania.

1	2	1 und 2. *Neolamprologus tretocephalus* bei der Brutpflege bei Kalila, Tansania.
3		3. Brutpflegende *Neolamprologus toae* bei Kekese, Tansania.
4	6	4. Ein *N. toae* Paar in der Kigoma Bay, Tansania.
5		5. *Neolamprologus christyi* bei Kasanga, Tansania.
Seite 169		6. Ein *N. christyi* Weibchen bei der Brutpflege an der Insel Ulwile.

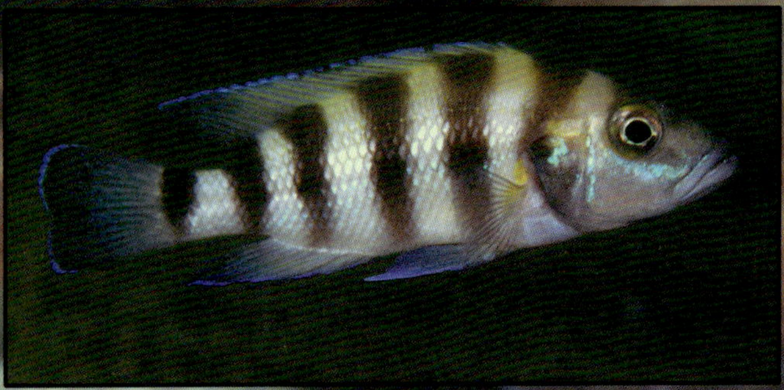
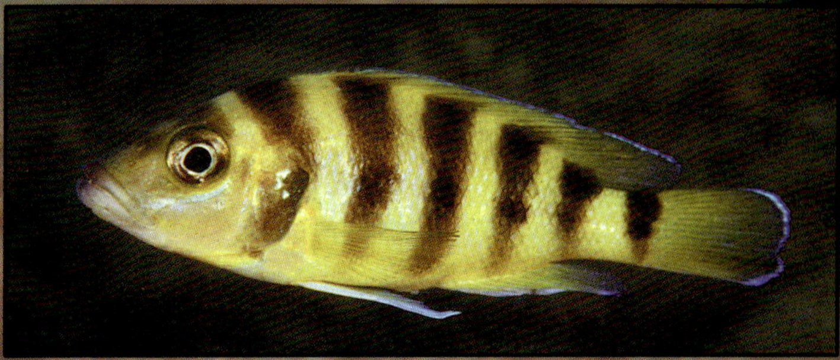
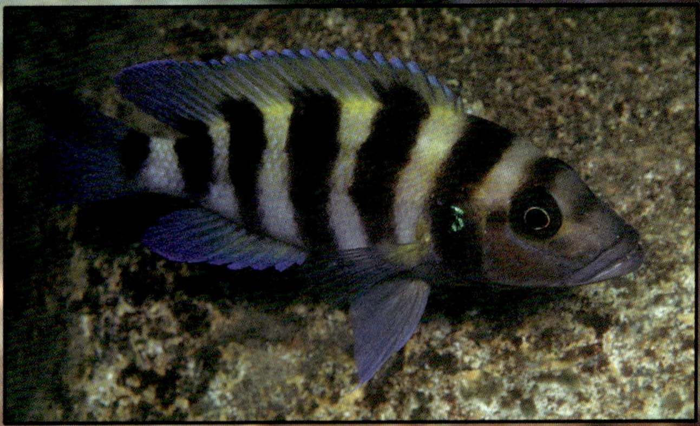
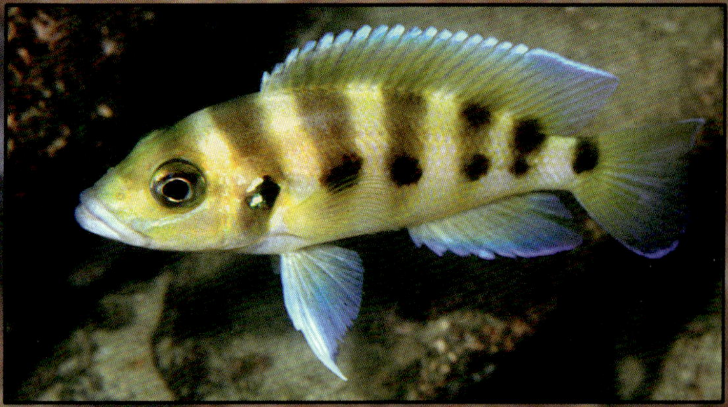
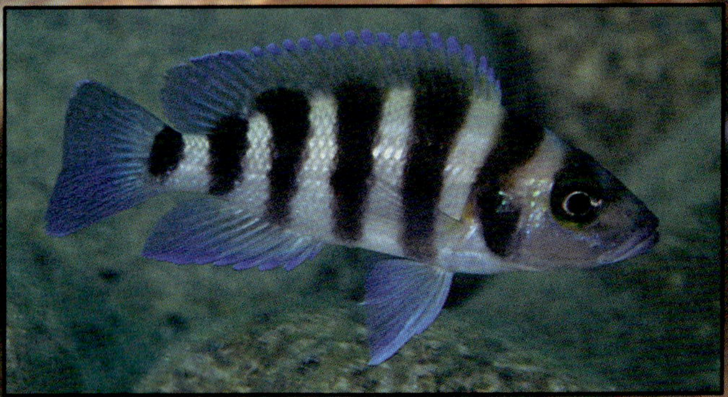
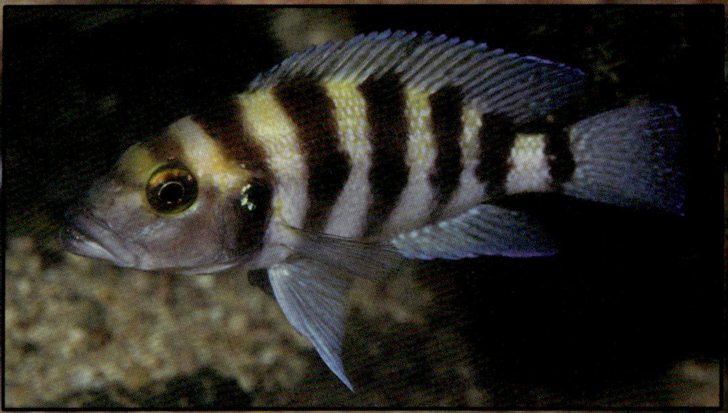
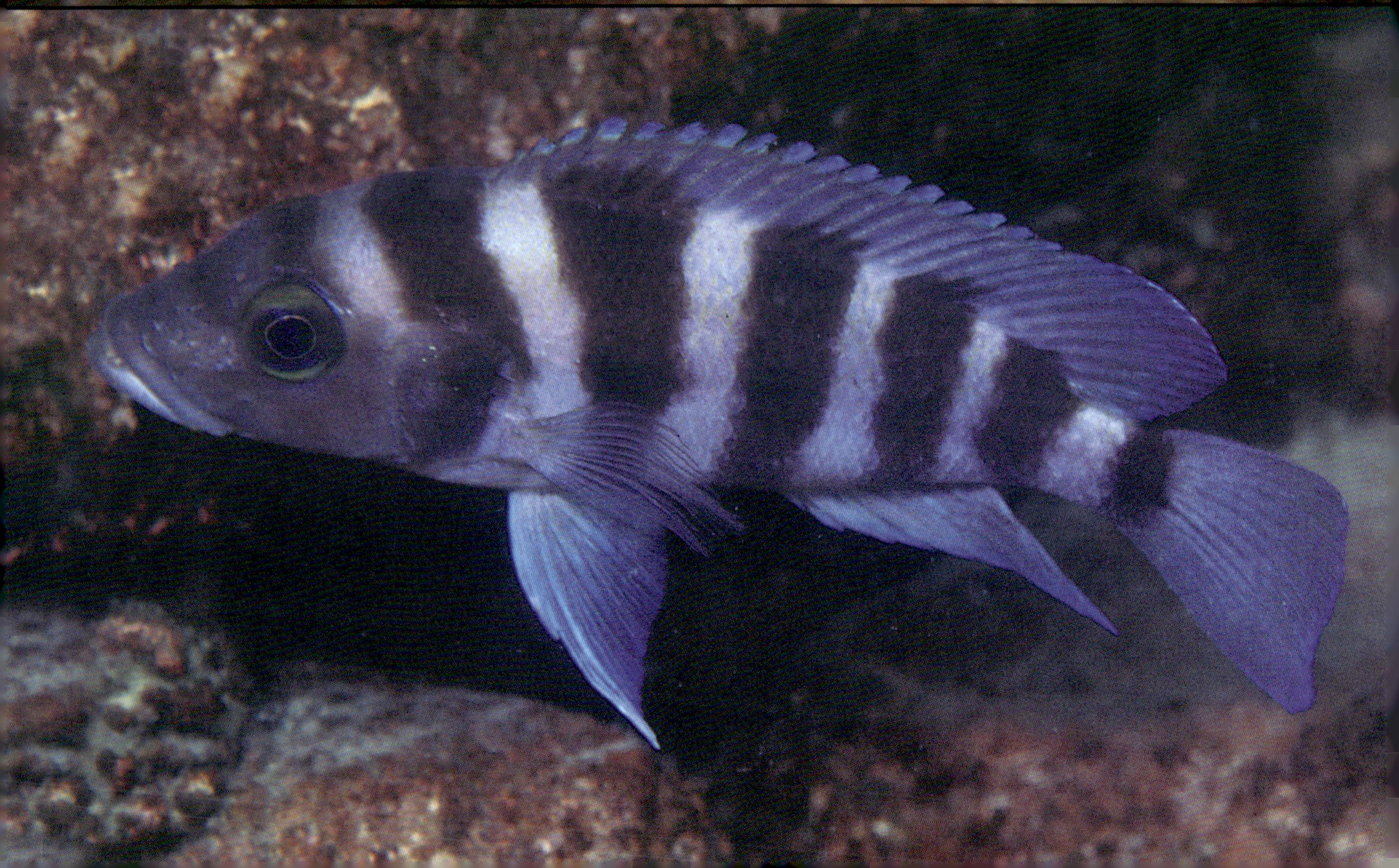

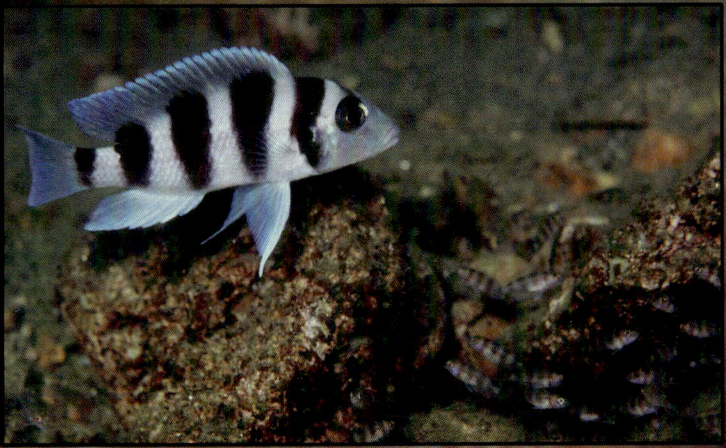
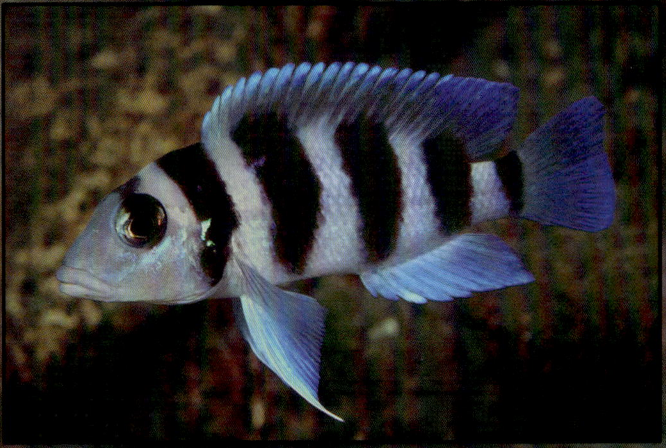
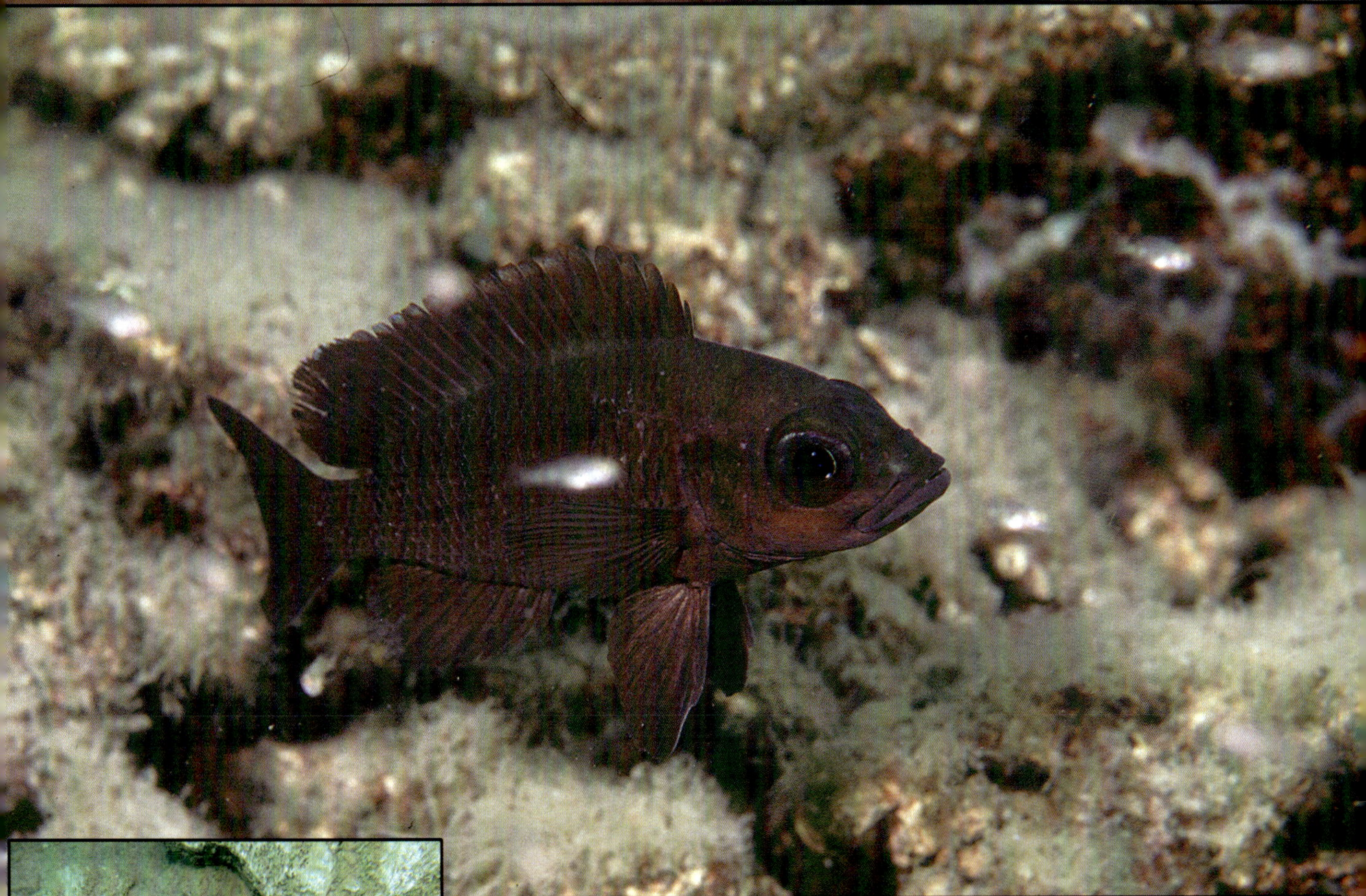
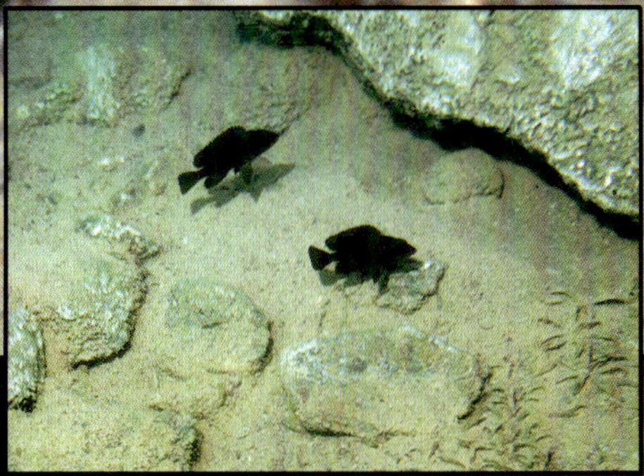
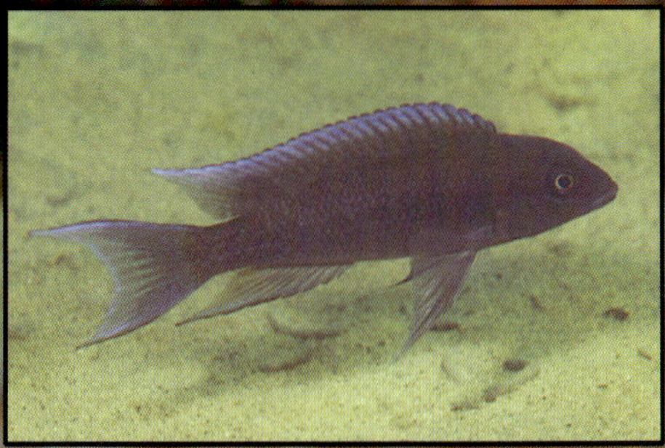
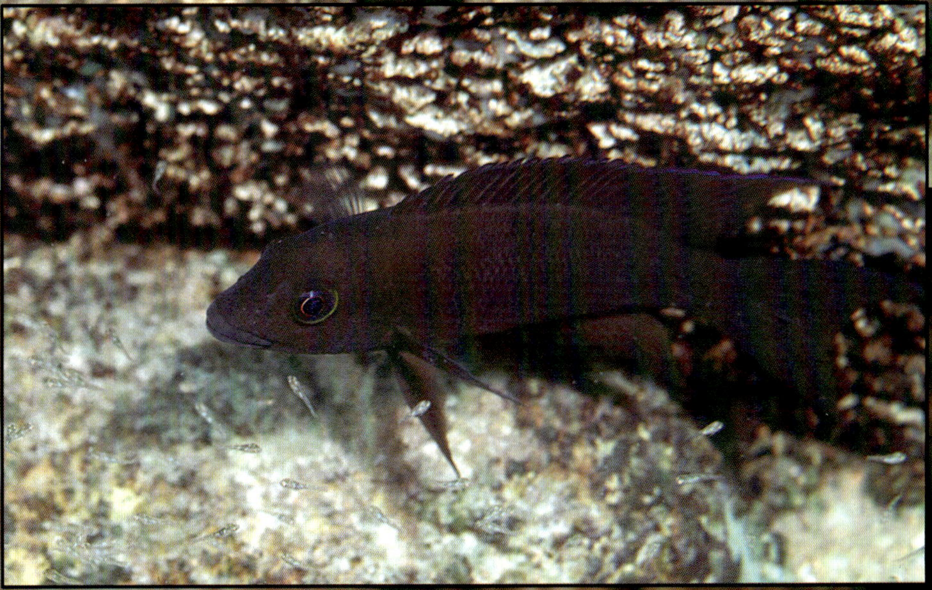

gefärbt ist, ist es dennoch ein recht attraktiver Fisch. *N. toae* frißt nachts oder in der Morgen- oder Abenddämmerung. Seine Nahrung besteht vorwiegend aus Garnelen, aber auch andere Weichtiere, wie z. B. Insektenlarven, werden aufgenommen. Manchmal kann man in der Dämmerung Wolken aus Garnelen im seichten Wasser sehen, und wahrscheinlich dienen diese einer Reihe Cichlidenarten, die zu dieser Tageszeit fressen, als Ernährungsgrundlage. *N. toae* trägt über dem Maul und um die Augen kleine Grübchen, die vergrößerte Sinnesporen darstellen, die bei der Lokalisierung von Beute im Dämmerlicht von Vorteil sind. In der Tat sind die Druckwahrnehmungsorgane von *N. toae* dermaßen vergrößert, daß Colombé und Allgayer (1985) diese Art in eine eigene Gattung, *Paleolamprologus*, plazierten, weil sie annahmen, daß dies den primitiven Zustand solcher Organe bei Lamprologinen darstelle. Stiassny (1997) meinte dagegen, daß das Wahrnehmungssystem von *N. toae* weiter entwickelt ist als das anderer Lamprologine, daß aber sonst keine Merkmale vorhanden sind, die eine Abtrennung dieser Art in eine monotypische Gattung rechtfertigen würden.

Der relativ kurze Darmkanal — 60% der Gesamtlänge des Fischs (Poll, 1956) — deutet auf eine fleischliche Ernährung hin. Da er an den meisten Stellen den Biotop mit *N. tretocephalus* teilt und auch ein Wirbellosenfresser ist, könnte man annehmen, daß diese beiden Arten nicht nur Konkurrenten bei der Suche nach Brutplätzen, sondern auch nach Futter, sind. Untersuchungen von Darminhalten enthüllten jedoch die unterschiedliche Präferenz für bestimmte Beute. Es zeigte sich (Hori, 1983), daß die Nahrung von *N. toae* zu mehr als 80% aus Garnelen besteht, dagegen die von *N. tretocephalus* hauptsächlich aus Insektenlarven. Es gibt viele Garnelenfresser in der Übergangszone, jedoch scheint kaum einer davon so gut für das Fressen bei Nacht ausgerüstet zu sein als *N. toae*. Er ist auch bei der Verteidigung seines Nahrungsreviers viel weniger aggressiv als *N. tretocephalus*.

Die maximale Gesamtlänge von *N. toae* ist ungefähr 10 cm. Brütende *N. toae* werden normalerweise in seichtem Wasser gefunden und beide, Männchen und Weibchen, bewachen die Nachkommen. Nagoshi (1987) fand heraus, daß ein Paar seine Jungen etwa 12 Wochen lang bewacht, bevor eine neue Brut angelegt wird. Zweimal beobachtete er, wie ein einziges Männchen versuchte, zwei Gelege mit zwei verschiedenen Weibchen aufzuziehen. Jedoch war das Männchen damit nicht erfolgreich. Die Aufzucht einer ausreichenden Anzahl Nachkommen beansprucht die Sorge beider Eltern. Die Eier werden an der Oberfläche eines kleinen, flachen Felses befestigt (Nagoshi, 1987) oder an der senkrechten Wand in einer kleinen Felsspalte oder zwischen zwei benachbarten Steinen. Nach etwa 4-5 Tagen werden die Larven in eine Felsspalte überführt oder am Boden einer Laichgrube belassen. Wenige Tage später werden die Jungfische dann frei schwimmen und über dem Nest schweben. Anfangs bewegen sie sich jedoch nicht weiter als 10 cm vom Nest weg und etwa 30 cm, wenn sie einige Wochen älter sind. Die Gelegegröße variiert zwischen 150 und 250 Eiern.

Der Holotypus von *N. toae* wurde an der zentralen, kongolesischen Küste in der Nähe von Toa gefangen, jedoch ist die Art viel weiter verbreitet und wird in der gesamten Nordhälfte des Sees, außer in Burundi, gefunden. Der südlichste Fundort an der Westküste ist Cape Tembwe, und an der Ostküste kommt diese Art südlich bis nach Cape Mpimbwe vor. Es sind keine geographische Varianten bekannt.

Neolamprologus christyi

N. christyi ist ein seltsamer Buntbarsch, der auf den ersten Blick mit *N. mondabu* nahe verwandt zu sein scheint, jedoch viel mehr Schuppen auf dem vorderen Körperabschnitt trägt. Fast alle morphologischen Merkmale dieser beiden Arten liegen in derselben Spannweite, außer dem stärker gegabelten Schwanz von *N. christyi* und die Anzahl Schuppen. Trewavas und Poll (1952) geben in einer horizontalen Reihe bei *N. christyi* 50-60 Schuppen an, während *N. mondabu* im Durchschnitt etwa 35 hat. Die Mehrzahl der Schuppen des *N. christyi* befinden sich auf dem Nacken und den Schultern, wo sie viel kleiner als auf dem übrigen Körper sind. Bei Hinde B habe ich beide, *N. christyi* und *N. mondabu*, in der Übergangszone gefunden. Damit kann man nicht mehr behaupten, daß *N. christyi* eine geographische Variante von *N. mondabu* ist. Es muß aber gesagt werden, daß *N. mondabu* an dieser Stelle ebenfalls einen leicht gegabelten Schwanz hat, die Tiere, die ich sah, jedoch kleiner und viel heller gefärbt waren als *N. christyi*.

N. christyi kommt in Biotopen, in denen Felsen an größere Streifen Sand angrenzen, normalerweise in weniger als 10 m Tiefe, recht häufig vor. Es handelt sich hier um einen Wirbellosenfresser und Magenuntersuchungen brachten Krebstiere, Würmer und sogar kleine Schnecken zum Vorschein. Die maximale Gesamtlänge liegt bei etwa 15 cm. Sein Verbreitungsgebiet beschränkt sich auf den Südostteil des Sees, wo er zwischen Isanga in Sambia (Herrmann, 1990) und Kipili in Tansania gefunden wird. Im Nordteil seines Verbreitungsgebietes kommt er in weniger sedimentreichen Regionen vor als im Süden, wo er manchmal in sehr trübem Wasser in der Nähe von Flußmündungen lebt (z. B. in der Nähe von Samazi).

Junge *N. christyi* haben einen bläulichen Schimmer über dem beige-gefärbten Körper, die erwachsenen Tiere sind jedoch mattschwarz und schwer in den dunklen Höhlen auszumachen. Vor dem Ablaichen gräbt das Paar einen Tunnel in den Sand unter einen Fels, und die Eier werden in dieser Höhle versteckt, wahrscheinlich an der Decke befestigt. Die Brutpflege untersteht vorwiegend dem Weibchen. Die Gelege enthalten über 250 Eier.

Neolamprologus pectoralis und *N. nigriventris*

In seiner Biotopvorliebe, Farbzeichnung und Anatomie gleicht *Neolamprologus pectoralis* in etwa dem *N. christyi*, lebt jedoch an der gegenüberliegenden Küste, im Kongo. Der Holotypus von *N. pectoralis* wurde in der Nähe des Dorfes Tembwe (nicht zu verwechseln mit Cape Tembwe, weshalb es oft auch Tembwe Deux genannt wird) gefangen; weiteres Typusmaterial stammt von Kizike, etwa 20 km südlich von Tembwe. Büscher (1991) berichtet, daß *N. pectoralis* auch südlich von Lunangwa, etwa 80 km südlich von Tembwe, gesehen wurde. Jedoch wurden keine Tiere aus dieser Gegend in die Typusserie mit aufgenommen. Die Strecke dazwischen, etwa 60 km, wird von einer nahe verwandten, aber unterschiedlichen Art bewohnt: *N. nigriventris*.

Der Name *pectoralis* spielt auf die großen Brustflossen an, die ein bemerkenswertes und auffallendes Merkmal dieser Art darstellen. Die Länge der Brustflossen entspricht etwa der Kopflänge, was viel größer als bei anderen bekannten Lamprologinen mit einer abgerundeten Schwanzflosse ist. Ein weiteres, bei anderen Cichliden unbekanntes Merkmal ist die Länge der unteren Seitenlinie, die sich von etwas hinter dem Kiemendeckel bis zur Schwanzwurzel erstreckt. Bei anderen Buntbarschen ist der untere Teil des Systems viel kürzer und beginnt auf der hinteren Körperhälfte. Jedoch ist die untere Seitenlinie bei *N. nigriventris* ebenfalls sehr lang und beginnt etwa 8 Schuppen hinter dem Kiemendeckel. Anhand dieser beiden Merkmale (Länge der Brustflosse und der Seitenlinie) kann man *N. pectoralis* leicht von anderen Lamprologinen unterscheiden. Vielleicht ist diese Art nahe mit *N. furcifer*, einem Cichliden mit einer ähnlicher Körperform und langen Brustflossen — 90% der Kopflänge (Poll, 1956) — verwandt. Jedoch ist er leicht durch die abgerundete Schwanzflosse von dieser Art (und auch von *N. christyi*) zu unterscheiden; bei *N. furcifer* ist diese gegabelt.

In seinem natürlichen Lebensraum kann man *N. pectoralis* an seinen langen Brustflossen, die langsam, aber beständig bewegt werden, erkennen. Vor allem wenn man diese Art von oben betrachtet, hinterläßt sie einen auffallenden Eindruck. Viele Lamprologine haben farblose Brustflossen, jedoch sind sie bei *N. pectoralis* intensiv gefärbt. Es sind zwei Farbmorphe dieser Art bekannt, eine dunkelbraune und gelbe, und die Brustflossen sind entsprechend gefärbt. Büscher merkte an, daß beide Farbmorphe an allen Stellen vorkommen, daß aber die gelbe Morphe selten ist. Die gelbe Farbe findet man bei jungen und adulten Tieren. *N. pectoralis* kann etwa 14 cm lang werden.

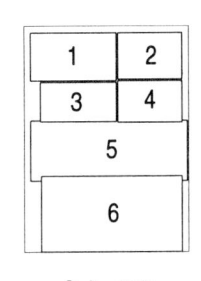

Seite 172

1. *Neolamprologus pectoralis* bei Kanoni, Kongo.
2. *N. pectoralis* (Tembe II, Kongo).
3. *N. nigriventris* bei Kiku, Kongo.
4. Ein gelber Morph des *N. pectoralis*. Foto Hans Herrmann.
5. Die Küstenlinie bei Tembwe II (Tembwe Deux) im Kongo.
6. *N. nigriventris* bei Kiku, Kongo.

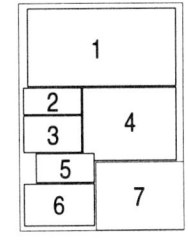

Seite 173

1. Ein *Neolamprologus niger* Männchen im Aquarium.
2. Ein junger *Neolamprologus obscurus* bei Cape Kachese, Sambia.
3. Ein adulter *N. obscurus* bei Cape Kachese.
4. Ein *N. niger* Weibchen bei Sibwesa, Tansania.
5. *N. obscurus* bei Kambwimba, Tansania.
6. *N. obscurus* bei Cape Tembwe, Kongo.
7. *N. obscurus* bei Kiku, Kongo.

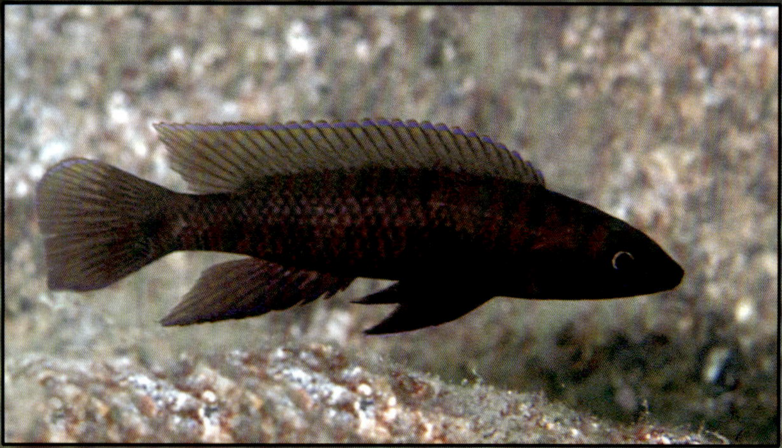
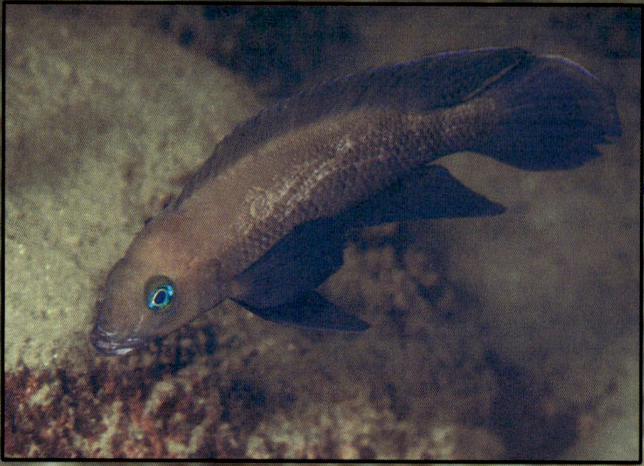
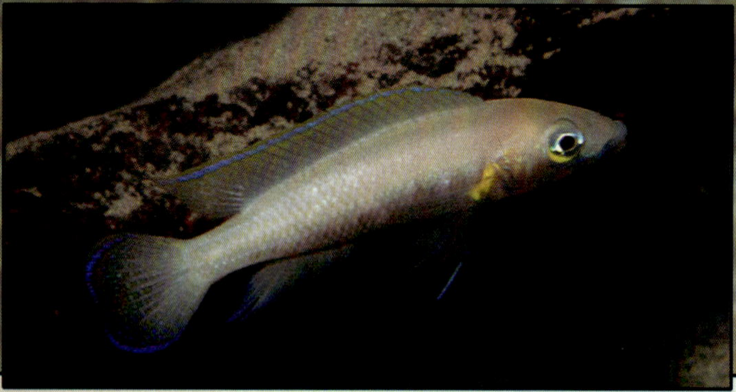
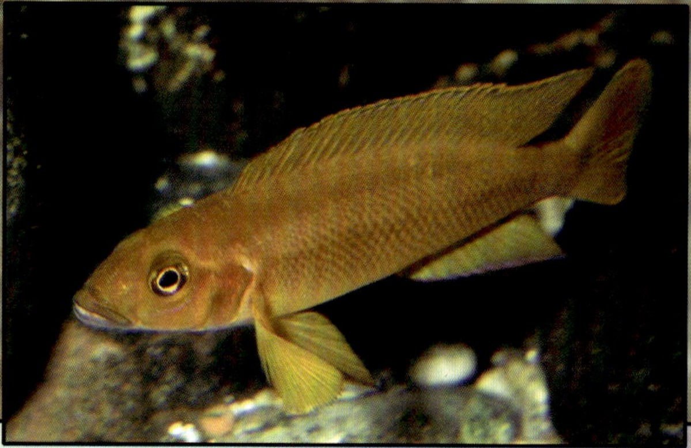
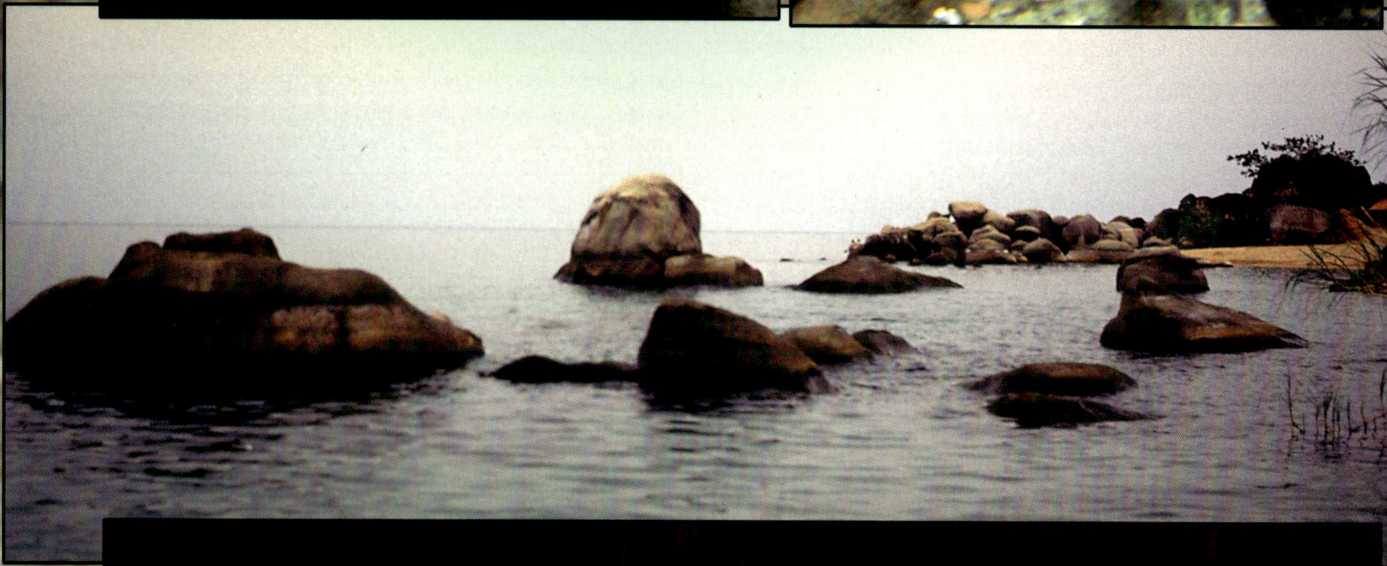
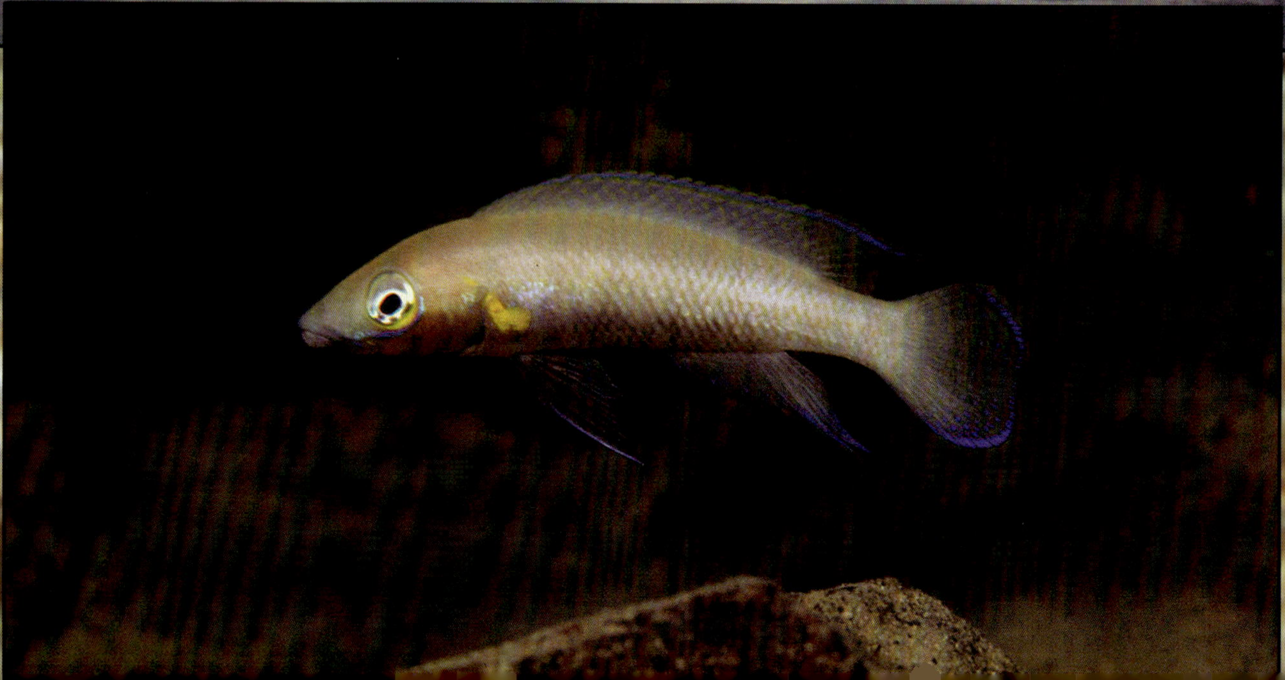

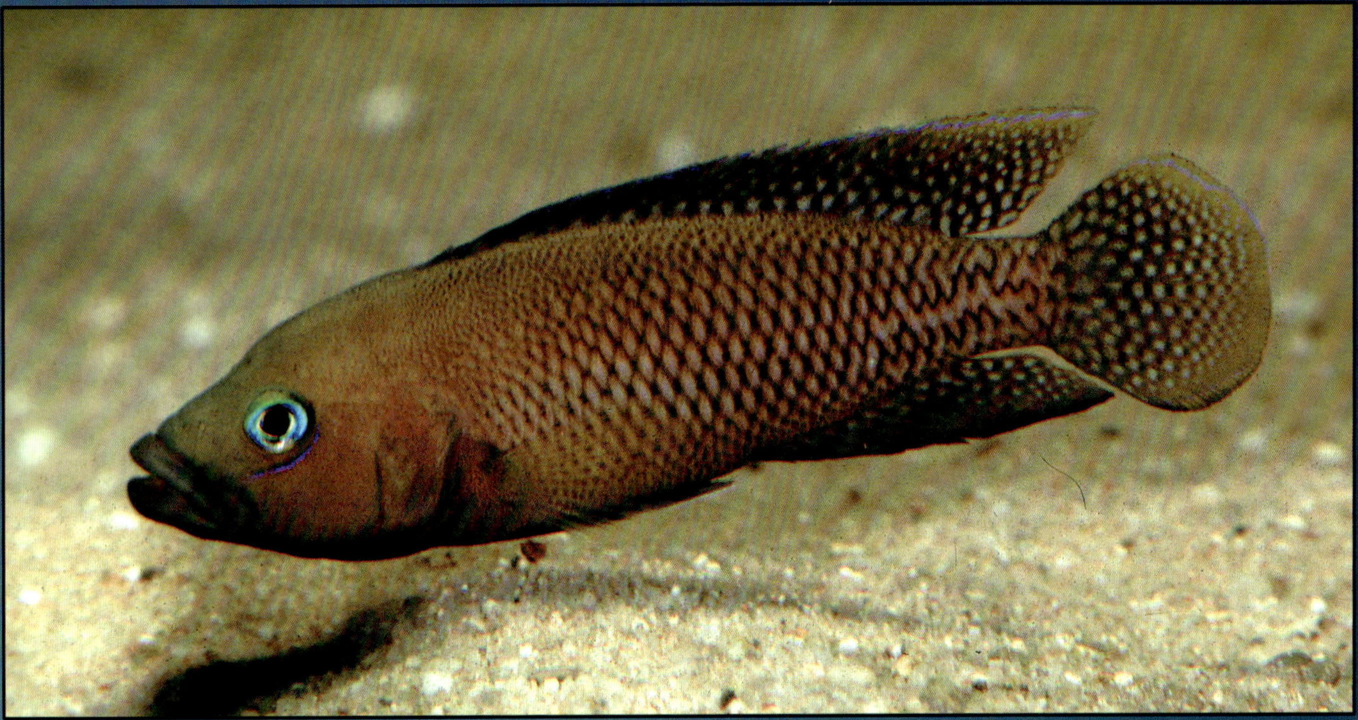
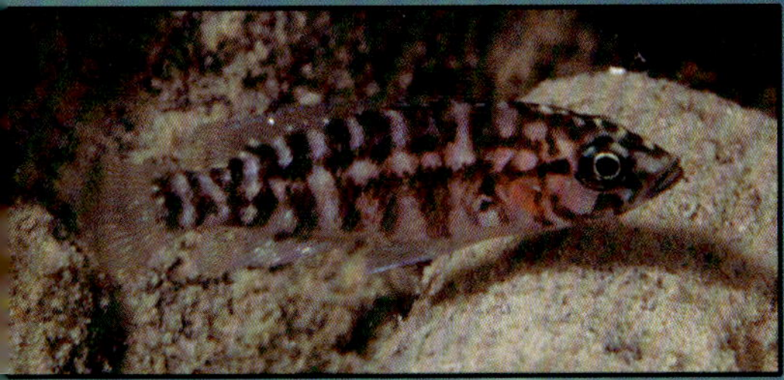
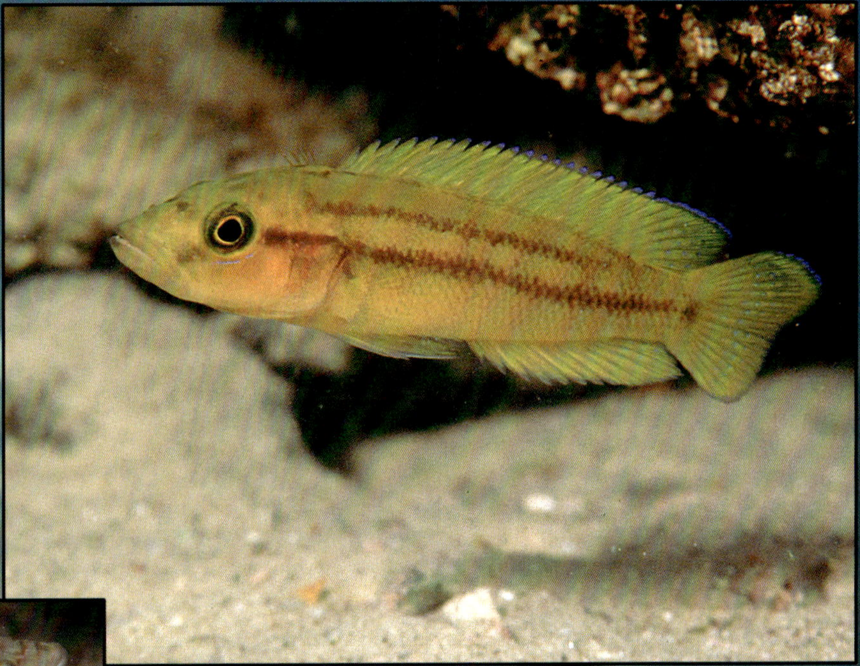
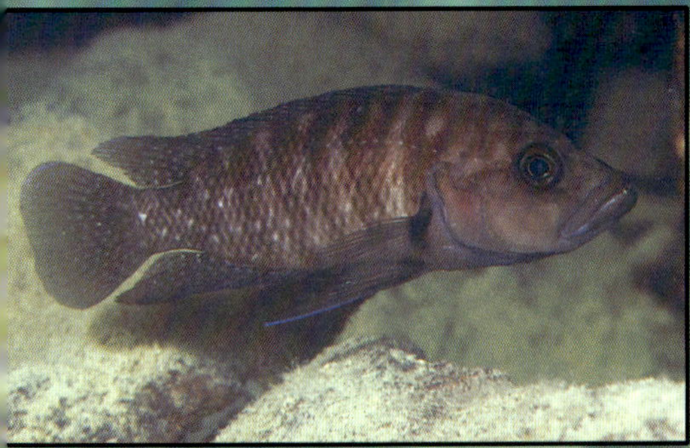
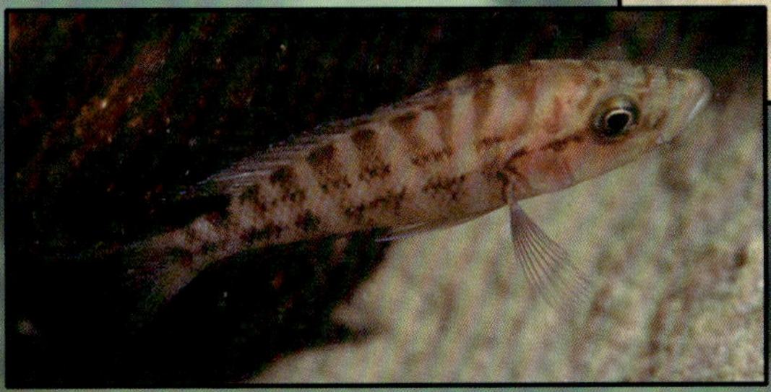
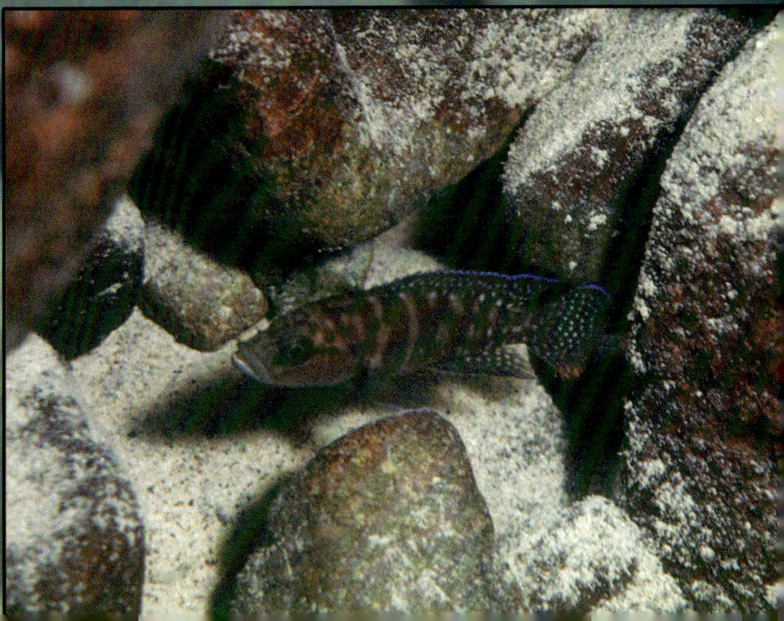
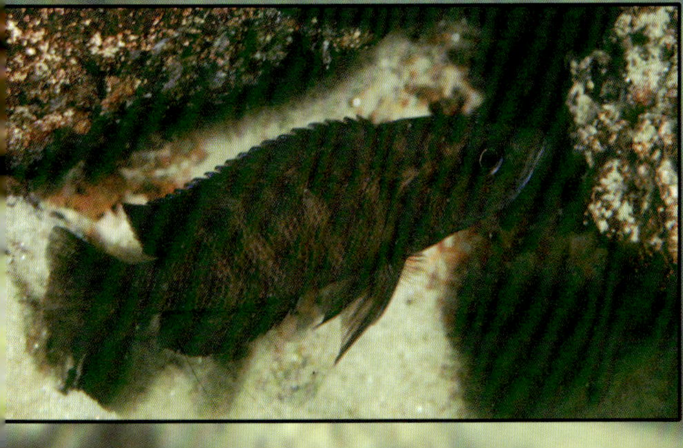

Die Weibchen sind etwas kleiner als die Männchen. Die maximale Gesamtlänge des N. nigriventris liegt bei etwa 10,5 cm und ist damit deutlich kleiner als bei N. pectoralis.

Die Nahrung, die sich in Mägen einiger Exemplare beider Arten befand, bestand aus Krebstieren, Insektenlarven, Kopffüßlern, Schneckenfragmenten, Algensträngen und Sandkörnern (Büscher, 1991, 1992d). Im natürlichen Lebensraum hält N. pectoralis engen Kontakt zum Felssubstrat und bewegt sich wie N. furcifer über die Felsen, d. h. die Bauchseite befindet sich nur wenige Millimeter über dem Substrat, während der Fisch dem Umriß des Felses folgt.

N. pectoralis ist ein recht seltener Buntbarsch, der unterhalb von 15 m Tiefe vorkommt. Manchmal wurde ein Paar beobachtet, wahrscheinlich vor seiner Höhle, jedoch waren die meisten anderen vereinzelte halbwüchsige Tiere. Büscher (1991) fand heraus, daß Paare horizontal angelegte Nester besetzen, die einen sehr niedrigen Eingang haben, sich aber tief in den Fels erstrecken (bis über 60 cm weit).

Büscher lieferte auch einige Spekulationen über die langen Brustflossen des N. pectoralis — nicht so sehr ihre Größe als ihre intensivere Farbe macht die Brustflossen so auffällig. Er argumentierte, daß diese Flossen dem Fisch einerseits vielleicht eine genauere Kontrolle seiner Bewegungen verleihen, aber andererseits vielleicht auch den Fluß von sauerstoffreichem Wasser in der engen Höhle, die sie besetzen, optimieren. N. furcifer hat ebenfalls große Brustflossen (jedoch schwachgefärbte) und verhält sich ähnlich wie N. pectoralis. Deshalb kann es in der Tat so sein, daß diese Flossen eine Rolle bei der charakteristischen Art und Weise spielen, wie sich diese Art über dem Substrat fortbewegt. Die Bewegungen von N. nigriventris schienen mir jedoch weniger typisch zu sein, und seine Brustflossen liegen noch innerhalb der Spannbreite der meisten Lamprologinen.

Ein anderes Merkmal ohne Gleichwertiges bei anderen Tanganjikacichliden ist das hochentwickelte Seitenliniensystem beider Arten. Es könnte dazu dienen, die Empfindlichkeit, Räuber zeitig zu signalisieren, zu vergrößern, vor allem in den dunklen Verstecken des Biotops. Andererseits könnte es aber auch die Beutelokalisierung optimieren. Wenn man N. pectoralis in seiner natürlichen Umgebung beobachtet, bemerkt man, daß sich außer den Brustflossen kaum etwas anderes bewegt. Bewegungen der Wirbellosen (Krebstiere) werden vielleicht durch den Fluß von (sauerstoffreichem) Wasser stimuliert. Das kontinuierliche Paddeln der Flossen kann deshalb vielleicht Wirbellose in der unmittelbaren Umgebung des Fischs aufwecken. Deren Bewegungen werden dann vom Seitenliniensystem des Fischs wahrgenommen, und Dank der Erweiterung nach vorne, auch dicht am Kopf des Cichliden. Andere Cichliden tragen hochentwickelte Wahrnehmungsgruben am Kopf, mit deren Hilfe sie Beutetiere aufspüren können (z. B. Trematocara), weshalb N. pectoralis vielleicht den andern Teil des Wahrnehmungssystems zur Beuteaufspürung präzisiert hat. Die Paddelbewegungen (mit den Brustflossen) wurden bei N. nigriventris nicht beobachtet, obwohl auch sein Seitenliniensystem vergrößert ist.

Der Hauptunterschied zwischen diesen beiden Arten ist die Länge der Brustflossen und die charakteristische Färbung des N. nigriventris.

Dunkle und unauffällige Cichliden

Neolamprologus niger und N. obscurus sind beides scheue und dunkel gefärbte Buntbarsche, die in den Felsspalten der sedimentreichen Übergangszone leben. Normalerweise findet man sie zwischen 6 und 30 m tief. Sie gehören zu den heimlichsten Cichliden des Sees.

Der Holotypus von N. niger wurde bei Luhanga im extremen Norden des Sees gefangen, jedoch erwähnt bereits Poll (1956) in seiner Beschreibung, daß er auch in der Kungwe Bay, Tansania, vorkommt. Das Verbreitungsgebiet des N. niger umfaßt die Region zwischen Sibwesa in Tansania und den Inseln Kavala im Kongo, jedoch fehlt er in Burundi (Brichard, 1989). In seinem bevorzugten Biotop, kleine Felsen und viel Sediment und Sand, ist N. niger recht häufig zu finden.

N. obscurus scheint das Gegenstück von N. niger in der Südhälfte des Sees zu sein, er wurde jedoch an vielen sambischen und tansanischen Küsten (noch) nicht gesehen. Sein Verbreitungsgebiet liegt zwischen Cape Tembwe und Cape Kachese, und ich fand in Tansania noch eine kleine Population unmittelbar nördlich des Flusses Kalambo. Es gibt keine Berichte über N. obscurus in der Region zwischen Cape Kachese und dem Fluß Kalambo.

Die Nahrung dieser beiden kleinen Cichliden — die maximale Gesamtlänge von N. niger ist etwa 9 cm und von N. obscurus ungefähr 8 cm — besteht vorwiegend aus Insektenlarven und Krebstieren, jedoch werden manchmal auch winzige Schnecken gefressen.

Junge *N. obscurus* sind hellbraun und haben eine aus einer Serie Doppelbänder bestehende Zeichnung; die erwachsenen Tiere sind ganz dunkelbraun und die Zeichnung ist nur noch teilweise sichtbar. Junge *N. niger* sind jedoch orange und diese Farbe, normalerweise etwas mehr gelb, ist auch bei sexuell aktiven Weibchen vorhanden. Alte, große Weibchen werden jedoch dunkelbraun wie die erwachsenen Männchen. Der gesamte Lebensstil dieser beiden Cichliden ist geheim und daher auch ihr Laichplatz. Im Aquarium züchtet *N. niger* regelmäßig mit sehr kleinen Gelegen, manchmal mit nicht mehr als drei oder vier Eiern. Die Jungen aus früheren Gelegen werden in der Bruthöhle toleriert. *N. obscurus* produziert größere Gelege, jedoch normalerweise auch nicht mehr als 20 Eier pro Laich. Das Paar bewacht nicht unmittelbar die Nachkommen, sondern eher die Bruthöhle; wenn sich die Jungen zu weit vom Nest wegwagen, sind sie auf sich selbst angewiesen.

Ein seltenes Merkmal bei Lamprologinen sind die vergrößerten Sinnesgruben auf dem Kiemendeckel und den Kiefern des *N. niger*. Solche Poren können bei der Lokalisierung von Wirbellosen in den dunklen Ecken ihres Lebensraum hilfreich sein. Die Vorstellung, daß sich derart vergrößerte Poren für eine verstärkte und frühe Entdeckung von Räubern entwickelt haben könnten, widerspricht irgendwie ihrer Lokalisierung auf dem Fisch. Würde ein emfindlicheres Warnsystem benötigt, hätte der Fisch eine gesonderte Seitenlinie entwickelt. Der gesamte Körper des Fischs agiert besser (aber weniger präzise) als Empfänger als nur der Kopf. Diese wird durch die vielen Cichliden, die den größten Teil ihrer Zeit auf dem offenen Sandboden des Sees verbringen, belegt. Mitglieder der Gattung *Xenotilapia* sind durch drei Seitenlinien auf ihren Flanken (nicht auf dem Kopf) gekennzeichnet. Die Sinnesgruben ermöglichen es ihrem Träger, eine Beute genau zu lokalisieren, auch wenn diese nicht sichtbar ist. Bei *N. niger* könnte die Beute in der Dunkelheit seines Schlupfwinkels versteckt sein; bei anderen Arten, z. B. *Aulonocranus*, ist die Beute im Sand versteckt.

Gelbe *Julidochromis*

Die Gattung *Julidochromis* ist in diesem Biotop durch zwei Arten vertreten: *J. regani* und *J. ornatus*. *J. regani* ist der einzige *Julidochromis* dem man auf reinem Sandboden begegnen kann, jedoch immer in der Nähe von Felsen. Brichard (1978) berichtet, daß er dazu neigt, lieber über Sand zu fliehen als zwischen dem Kies Zuflucht zu suchen. Jedoch bleibt *J. regani* meistens in der Nähe des Felssubstrats, und Brichard hat vielleicht die Population im nördlichsten Teil des Sees, in der Nähe von Bujumbura in Burundi, gemeint, wo in der Übergangszone nur sehr wenige Felsen vorhanden sind.

J. ornatus und *J. regani* haben eine viel gelbere Farbe als *J. marlieri* und *J. dickfeldi*, was vielleicht eine Anpassung an ihre sandige Umgebung, in der sie normalerweise gesehen werden, ist. Normalerweise halten sich alle *Julidochromis* in Felsspalten und Höhlen des Felssubstrats auf, und *J. regani* und *J. ornatus* fühlen sich in Biotopen zu hause, in denen Sand und Sediment einen Teil dieses Substrats bedecken.

Gelaicht wird in engen Felsspalten oder, was häufiger bei den gelben *Julidochromis* vorkommt, in Steinhöhlen, die sich nur wenige Zentimeter über dem Sand befinden. Wie bei *J. marlieri* sind die *J. regani* Weibchen deutlich größer als ihre Männchen. Bei *J. ornatus* sind jedoch die Männchen größer. Die Männchen können sich mit mehreren Weibchen verpaaren, bei *J. regani* entscheidet jedoch das Weibchen, wo abgelaicht wird. Die Nachkommen von *J. ornatus* werden von beiden Eltern bewacht, obwohl ihre Gelege viel kleiner, etwa 25 Eier, sind als bei *J. regani*, dessen Gelege über 150 Eier enthalten können. Die Jungen aus

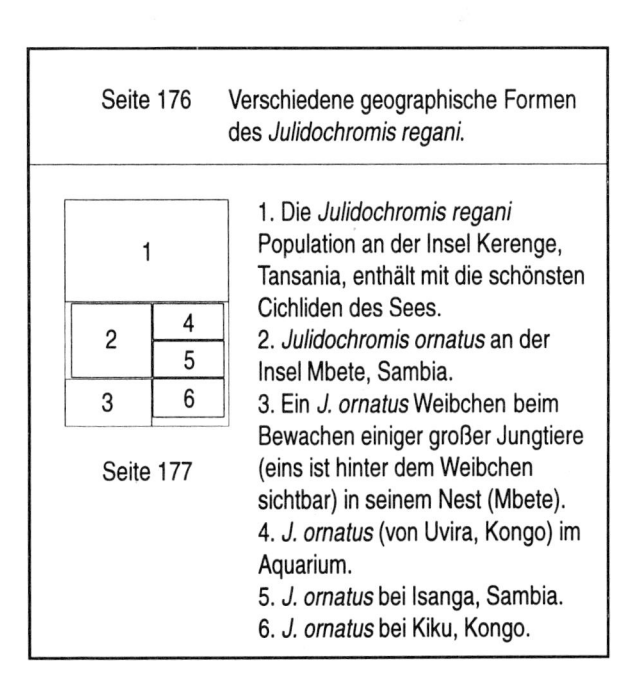

Seite 176   Verschiedene geographische Formen des *Julidochromis regani*.

1. Die *Julidochromis regani* Population an der Insel Kerenge, Tansania, enthält mit die schönsten Cichliden des Sees.
2. *Julidochromis ornatus* an der Insel Mbete, Sambia.
3. Ein *J. ornatus* Weibchen beim Bewachen einiger großer Jungtiere (eins ist hinter dem Weibchen sichtbar) in seinem Nest (Mbete).
4. *J. ornatus* (von Uvira, Kongo) im Aquarium.
5. *J. ornatus* bei Isanga, Sambia.
6. *J. ornatus* bei Kiku, Kongo.

Bujumbura

Karilani Is.

Kigoma

Lyamembe

Chimba

Kekese

Cape Kachese

Msalaba

Sumbu Is.

Mvuna Is.

Ulwile Is.

Chisanse

Fulwe Rocks

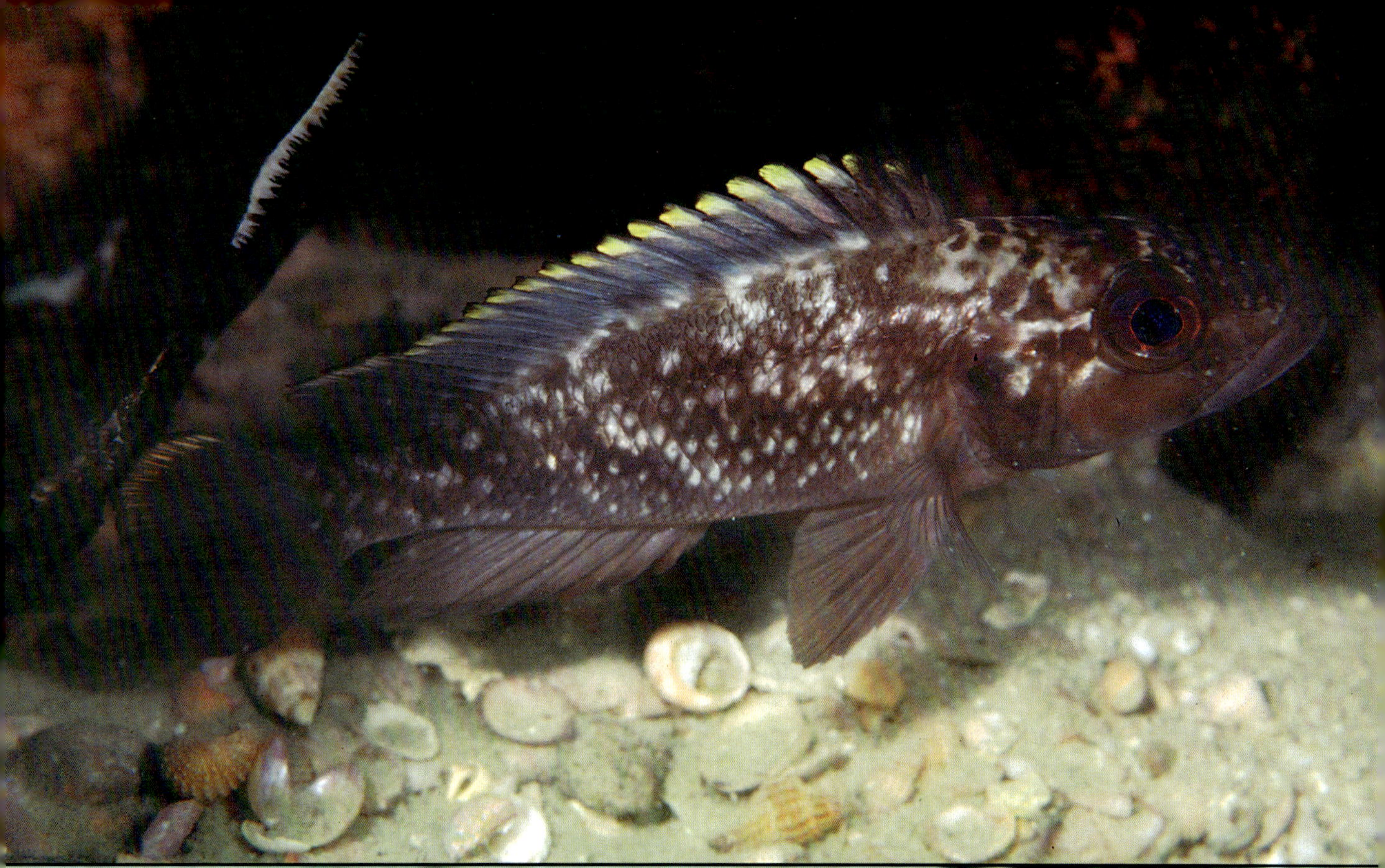
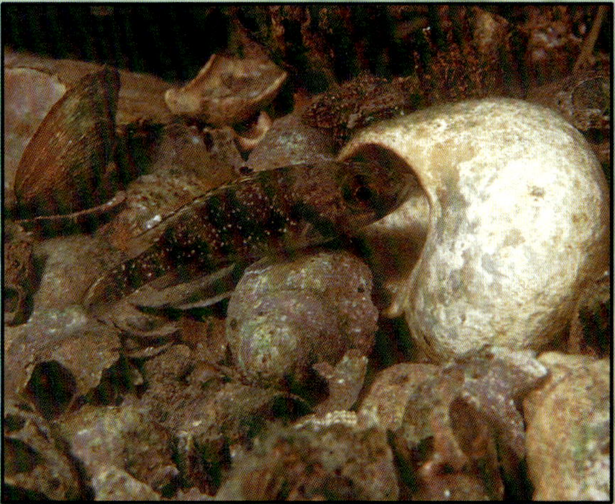
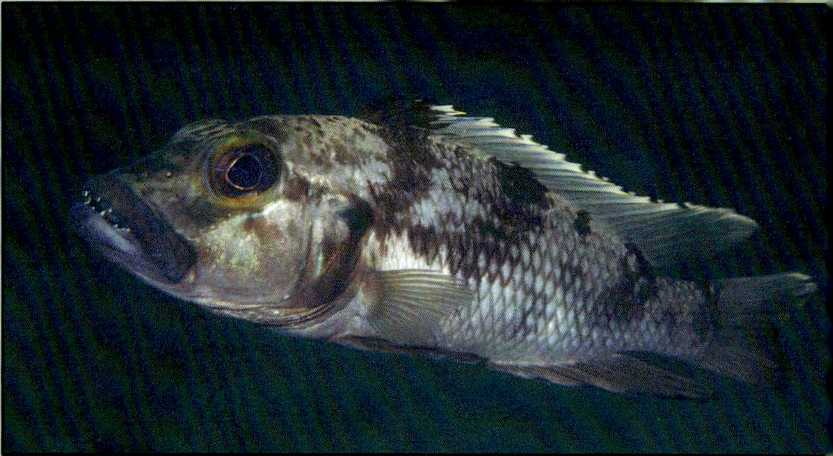
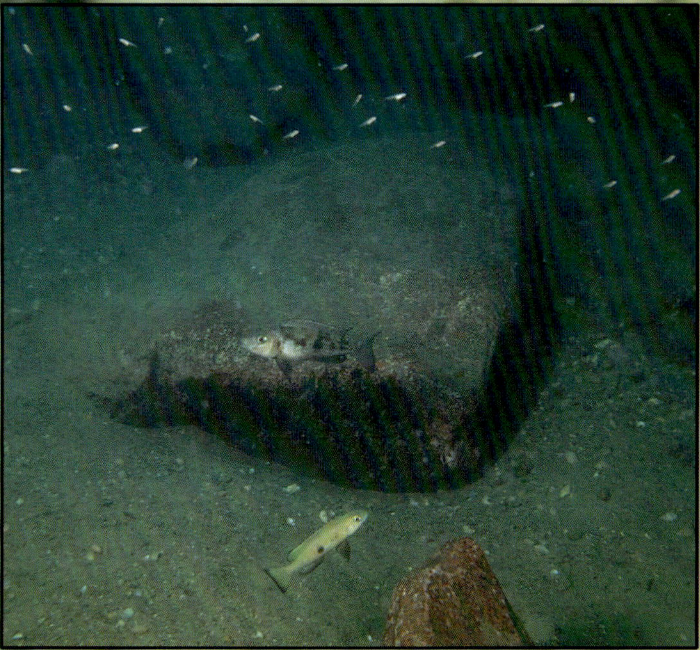
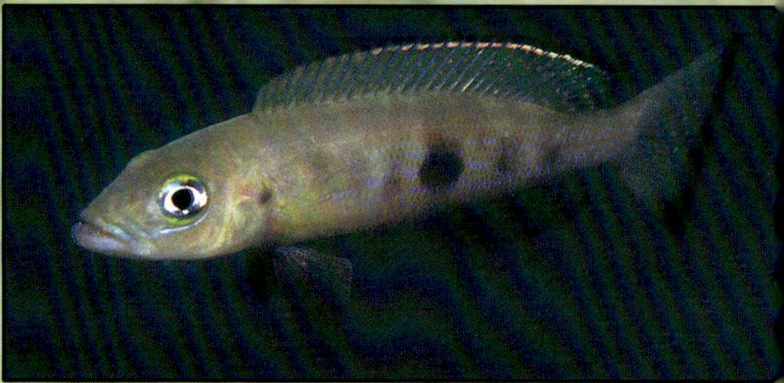
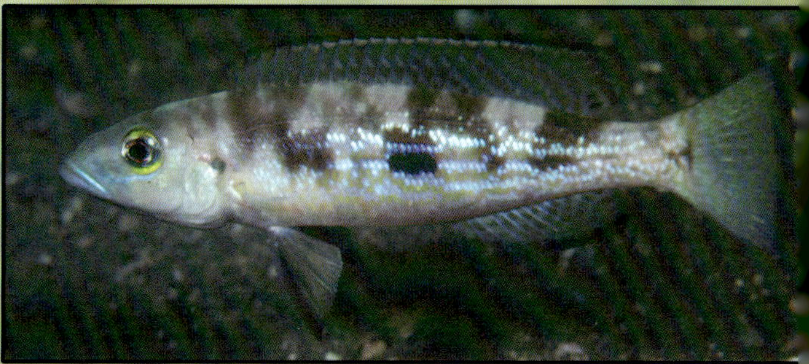

Das uns bekannte Verbreitungsgebiet von *J. ornatus* verteilt sich auf drei geographisch getrennte Sektionen des Sees: die Umgebung von Uvira im äußersten Norden des Sees, zwischen Mpala und der Lunangwa Bay, und zwischen Kasakalawe, einige Kilometer westlich von Mpulungu, und Kantalamba, etwas oberhalb der Mündung des Kalambo bis in tansanisches Wasser. Siehe auch das Verbreitungsmuster aller *Julidochromis*-Arten auf Seite 105.

Lepidiolamprologus lemairii

Durch eine sehr sorgfältigen morphologischen Studie fand Stiassny (1997) heraus, daß *Lamprologus lemairii* zu *Lepidiolamprologus* gestellt werden sollte, ein Vorschlag, dem hier Folge geleistet werden soll.

L. lemairii ist ein häufig vorkommender Raubfisch in der Übergangszone, der sowohl in seichtem, als auch in tiefem Wasser lebt. Die maximale Gesamtlänge dieses Fischfressers liegt bei etwa 25 cm, zumindest für die Männchen; die Weibchen bleiben um etwa ein Drittel kleiner.

L. lemairii frißt kleine Fische, jedoch sind keine Details seines Freßverhaltens bekannt. Hori (1983) nimmt an, daß er nachts frißt, da tagsüber kaum Freßaktivität bei *L. lemairii* festzustellen ist. Er fand heraus, daß morgens ihre Mägen Futter enthielten, diese jedoch leer waren, wenn die Tiere am späten Nachmittag gefangen wurden. Der Räuber verhält sich tagsüber recht lethargisch, was wahrscheinlich Bestandteil seiner Jagdtechnik ist. Seine Farbzeichnung besteht aus einem irregulären Muster aus hellen und dunklen Flecken und gleicht dem mehrerer anderer Cichliden in anderen Teilen der Welt, die ebenfalls ein Lauerjäger-ähnliches Verhalten zeigen. Solche Arten sind *Nimbochromis polystigma* vom Malawisee, *Haplochromis cavifrons* vom Viktoriasee, *Serranochromis longimanus* im Okavango Delta, eine Morphe von *Herichthys minckleyi* in Mexiko und *Crenicichla* sp. aff. *jegui* aus Brasilien. Die Tarnfärbung dieser Raubfische ermöglicht es ihnen, in die Nähe ihrer Beutefische zu gelangen. Indem sie bewegungslos liegenbleiben, verschmelzen diese Räuber geradezu mit der Umgebung und die anderen Fische sind sich ihrer Gegenwart nicht bewußt. Ich konnte mehrmals beobachten, wie *L. lemairii* seinen "Rastplatz" ausgerechnet in unmittelbarer Nähe einer Gruppe junger Cichliden aussuchte. Wenn er bewegungslos auf dem Substrat liegenblieb, konnten neugierige, junge Fische in seine Nähe gelangen, manchmal nahe genug zum Zupacken.

L. lemairii ist ein Höhlenbrüter und die Weibchen suchen sich Höhlen aus, die gerade groß genug sind, um eines von ihnen zu beherbergen, jedoch zu klein für ein Männchen. Die Männchen sieht man unmittelbar vor und nach dem Ablaichen in der Nähe des Nestes, jedoch wird fast die gesamte Brutpflege vom Weibchen übernommen. Die Eier werden am Felssubstrat in der Höhle angebracht, und der Eingang zum Nest wird vom Körper des Weibchens blockiert. Die Jungen sind geschützt, solange sie im Nest verbleiben, werden jedoch nicht vom Weibchen zurückgeholt, wenn sie sich zu weit wegbewegen.

L. lemairii kommt überall im See vor, es ist jedoch bei dieser Art keine geographische Variation bekannt.

Schlanke Räuber

Lepidiolamprologus attenuatus ist ein sehr häufiger Bewohner der seichten Übergangszone. Er frißt kleine Fische und Wirbellose und kommt gewöhnlich in kleinen Gruppen oder Paaren vor. *L. attenuatus* ist durch einen schwarzen Fleck mitten auf dem Körper, der bei brütenden Tieren beson-

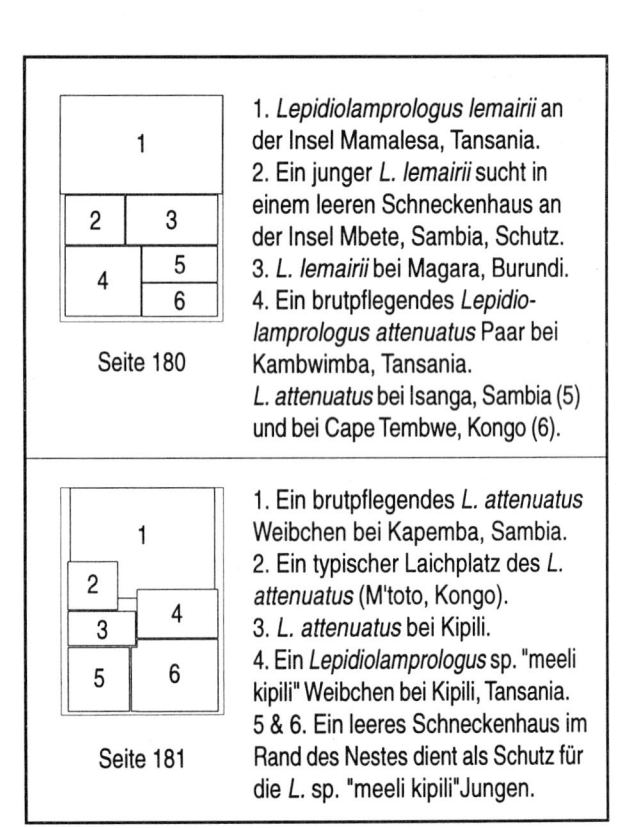

Seite 180

1. *Lepidiolamprologus lemairii* an der Insel Mamalesa, Tansania.
2. Ein junger *L. lemairii* sucht in einem leeren Schneckenhaus an der Insel Mbete, Sambia, Schutz.
3. *L. lemairii* bei Magara, Burundi.
4. Ein brutpflegendes *Lepidiolamprologus attenuatus* Paar bei Kambwimba, Tansania.
L. attenuatus bei Isanga, Sambia (5) und bei Cape Tembwe, Kongo (6).

Seite 181

1. Ein brutpflegendes *L. attenuatus* Weibchen bei Kapemba, Sambia.
2. Ein typischer Laichplatz des *L. attenuatus* (M'toto, Kongo).
3. *L. attenuatus* bei Kipili.
4. Ein *Lepidiolamprologus* sp. "meeli kipili" Weibchen bei Kipili, Tansania.
5 & 6. Ein leeres Schneckenhaus im Rand des Nestes dient als Schutz für die *L.* sp. "meeli kipili"Jungen.

früheren Gelegen werden im Revier toleriert, jedoch von den Eiern einer neuen Brut ferngehalten und aus dem Revier vertrieben, sobald sie etwa 3 cm groß geworden sind.

J. regani ist von allen *Julidochromis* am weitesten verbreitet (siehe Karte S. 105) und kommt vorwiegend entlang der östlichen und südlichen Ufer des Sees vor. Viele geographische Varianten sind bekannt und eine beträchtliche Anzahl davon wird von den Aquarianern gepflegt. Er kommt in der äußersten Nordostecke des Sees, in der Nähe von Bujumbura vor; südlich von Resha, Burundi, über die Grenze hinweg nach Tansania bis zur Mündung des Malagarasi; zwischen Bulu Point und Fulwe Rocks (Wampembe) in Tansania; und zwischen Nkamba Bay und Katete in Sambia. Brichard (1978) vermeldet eine Population um die Halbinsel Ubwari.

Der Holotypus von *J. regani* wurde bei Nyanza-Lac in Burundi gefangen. An verschiedenen Stellen um den See gibt es *J. regani* Populationen, die aus dunkel gefärbten Tieren bestehen und ein Zeichnungsmuster haben, daß von normalen horizontalen Streifen aufgebaut wird, die jedoch zusätzlich noch in bestimmten Abständen verdickt sind. Diese Verdickunge treffen mit der Position der senkrechten Bänder, die bei *J. marlieri* kennzeichnend sind, zusammen. Derartige Populationen kommen zwischen Resha und Rumonge in Burundi vor, zwischen Kigoma und dem Fluß Malagarasi, an der Insel Karilani und bei Ubwari. Brichard (1978) beschrieb diese Form als *J. regani affinis*, eine Unterart von *J. regani*. Es scheint an konstanten Unterscheidungsmerkmalen zwischen *J. regani* und *J. marlieri* zu mangeln, eine Situation, wie wir sie bei *J. ornatus* und *J. transcriptus* finden. Und wie bei den beiden Letztgenannten, trifft man *J. regani affinis* immer zwischen den *J. marlieri* Populationen einerseits und *J. regani regani* Populationen andererseits an. Man könnte damit argumentieren, daß das Vorhandensein von senkrechten Bändern dem Fisch eine bessere Tarnfärbung verleiht, eine Anpassung an ein Leben in einer Felsregion, und daß *J. regani regani*, der in der offenen Übergangszone lebt, eine größere Überlebenschance hat, wenn er nicht dunkel gefärbt ist, und daß deshalb die senkrechten Bänder fehlen. Obwohl dies in den meisten Situationen der Fall zu sein scheint, findet man aber auch dunkelgefärbte *J. regani* (und *J. transcriptus*) in offenen und hellen Regionen. Auch von Ruziba (Burundi) vermeldete Brichard (1978) eine große *J. marlieri* Population in der seichten Übergangszone.

Ich war in der Lage, mit einiger Sicherheit alle *J. regani* und *J. marlieri* Populationen, die ich bisher gesehen habe, zu identifizieren, und es scheint (noch) keine Notwendigkeit für die Aufrechterhaltung eines Unterartstatus für den dunkleren *J. regani* zu bestehen. Alle *Julidochromis* Populationen mit senkrechten Bändern und einem schwarzen Streifen unter dem Auge sind *J. marlieri* und alle ohne durchgehende senkrechte Bänder sind *J. regani*.

Die Populationen, die entlang der zentralen tansanischen Ufer zwischen dem Kasoje Fluß und den Fulwe Rocks vorkommen, sind durch zwei, anstatt drei, horizontale Linien auf dem Körper gekennzeichnet. Ein solches Merkmal ist ausreichend distinkt, um diese Populationen einer gesonderten Art zuzuordnen, wenn man das möchte. Ich möchte sie aber als geographische Variante von *J. regani* behandeln.

Julidochromis ornatus wurde von Boulenger (1898) anhand einer Population, die die Felsküste in der Nähe von Mpulungu bevölkern, beschrieben. Diese Population ist durch Tiere mit einer weißgelben Grundfärbung, zwei schwarzen horizontalen Streifen und einem schwarzen Band im unteren Teil der Rückenflosse gekennzeichnet. Sie wurden unter dem Handelsnamen "Weißer Ornatus" exportiert. Matthes (1962) beschrieb den *J. ornatus* wieder auf der Basis zweier Tiere, die im Nordteil des Sees in der Nähe von Uvira gefunden wurden. Drei Jahre zuvor beschrieb derselbe Autor *J. transcriptus* von einer Stelle in der Nähe (vgl. Diskussion S. 102).

Eine ähnliche Situation, wie sie Brichard (1978, 1989) für *J. transcriptus* und *J. ornatus* im Nordteil des Sees beschrieb, herrscht um die Kapampa-Kileba Region im Kongo. Dieselben beiden Arten leben in der Übergangszone und sind geographisch getrennt: bei Kapampa kommt *J. transcriptus* über eine beträchtliche Tiefenverbreitung hinweg vor und zeigt auch eine breite Farbmusterspanne, und nördlich und südlich von Kapampa finden wir *J. ornatus* — *J. ornatus* ist durch horizontale Streifen und fehlende senkrechte Bänder charakterisiert. Sowohl *J. transcriptus* als auch *J. ornatus* fehlt der schwarze Streifen unter dem Auge. Brichard (1978, 1989) berichtet, daß *J. transcriptus* in verschiedenen Populationen gefunden werden kann, die nur durch wenigen Kilometer Sandstrand voneinander getrennt sind und sich mit *J. ornatus* abwechseln. *J. transcriptus* und *J. ornatus* wurden nicht sympatrisch gefunden, was auch für *J. marlieri* und *J. regani* gilt.

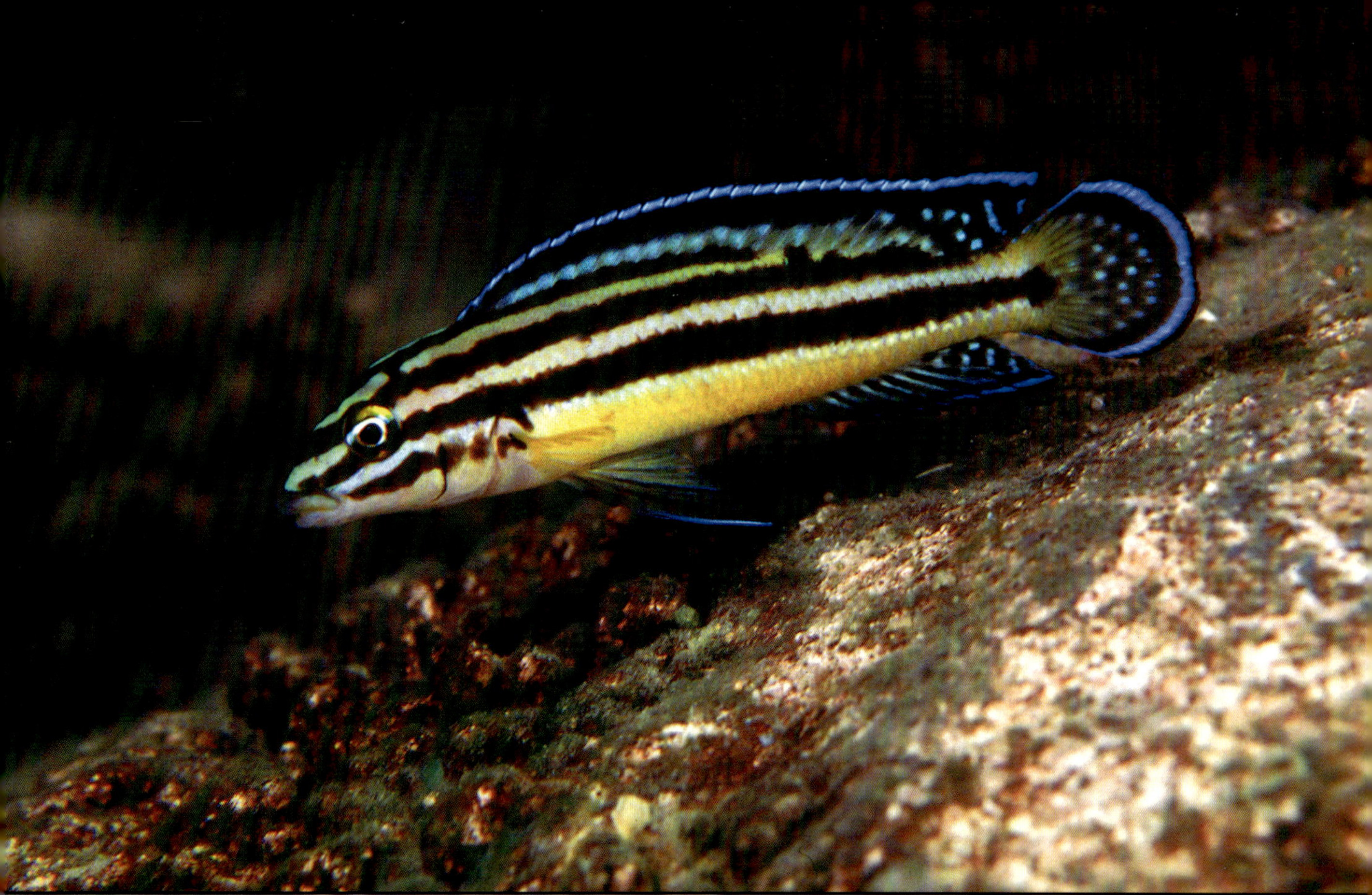
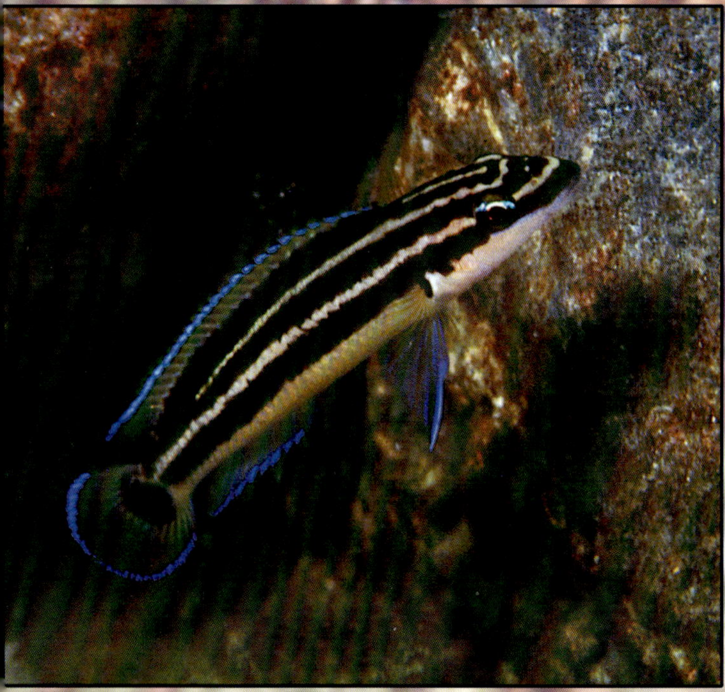
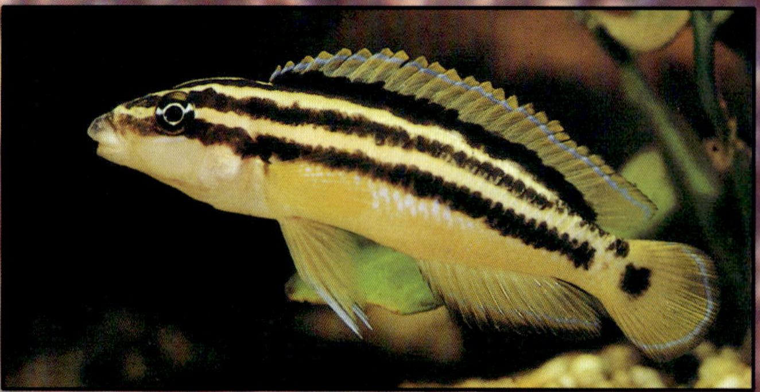
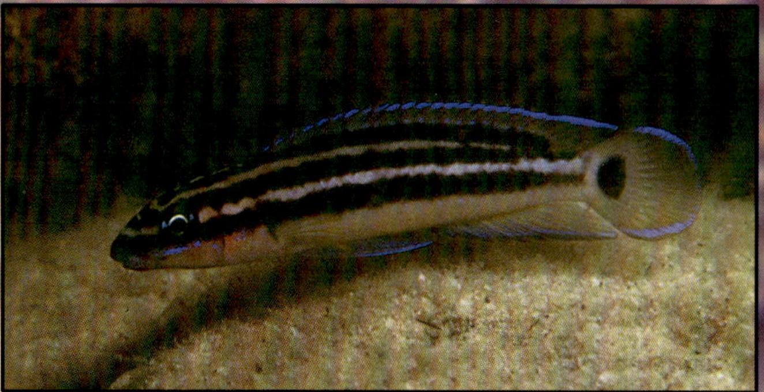
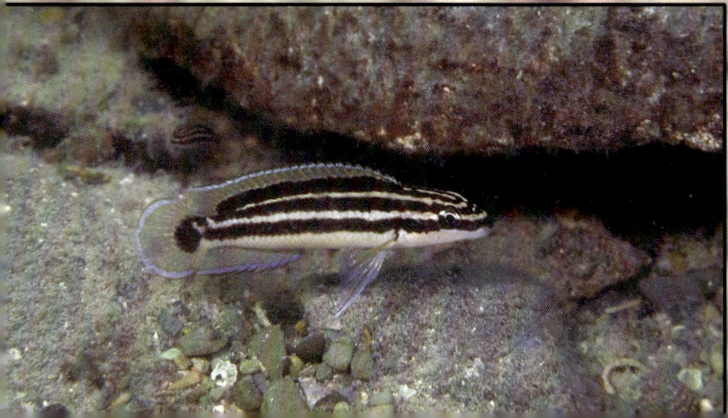
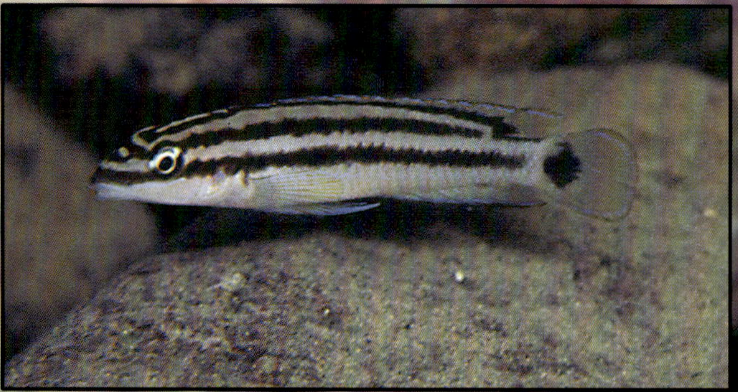

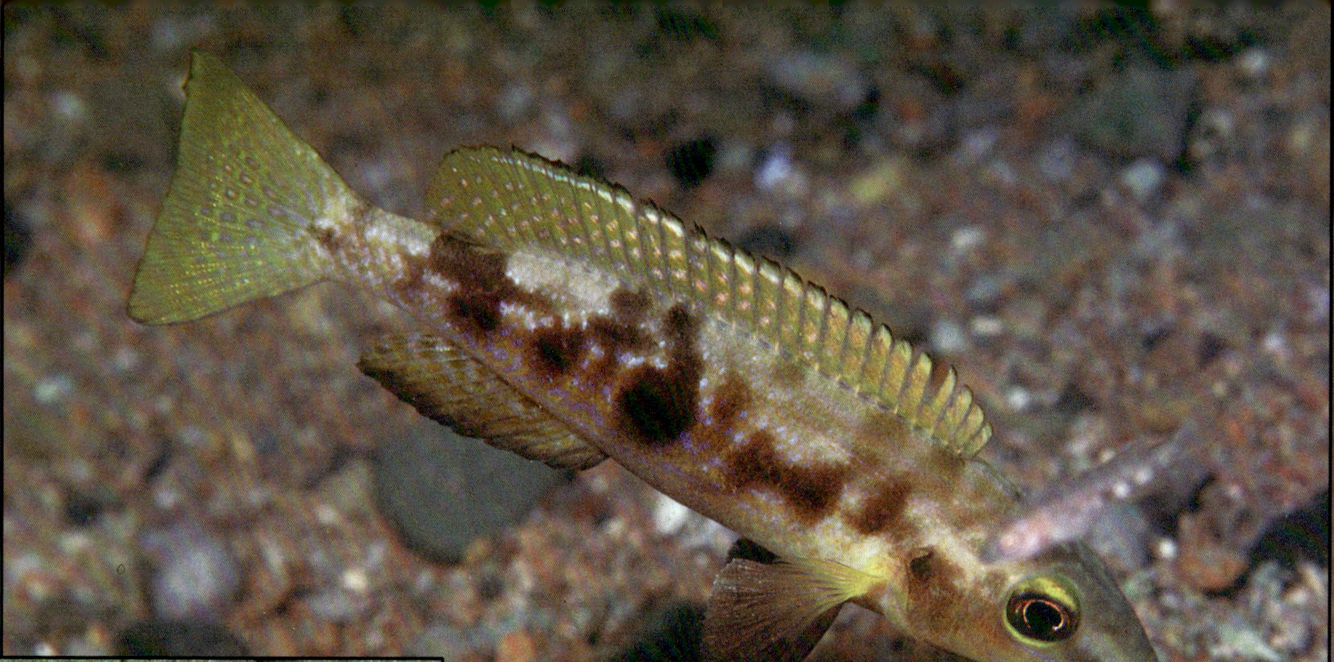
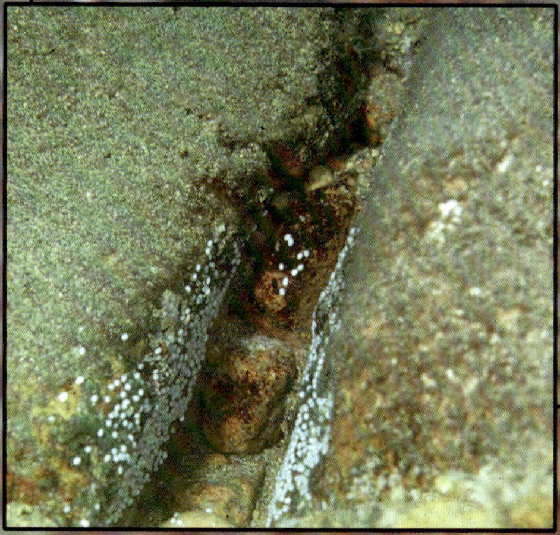
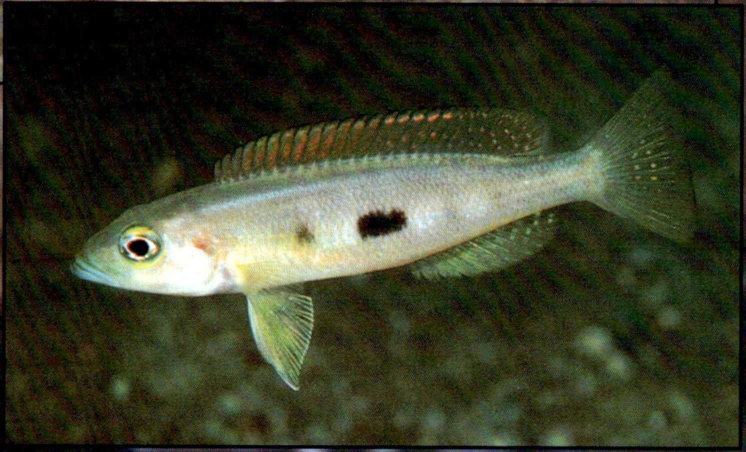
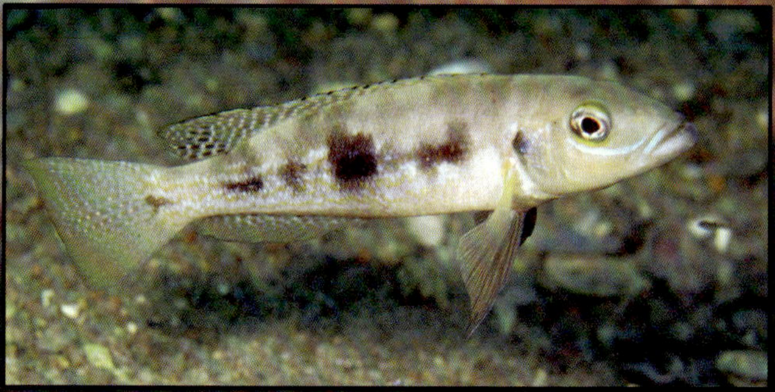
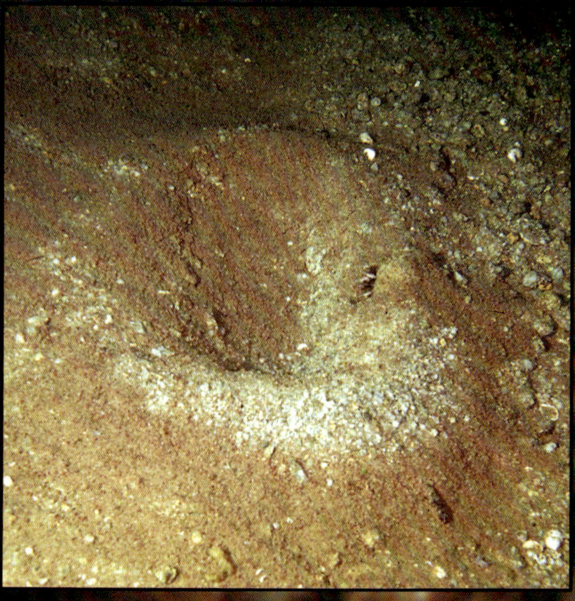
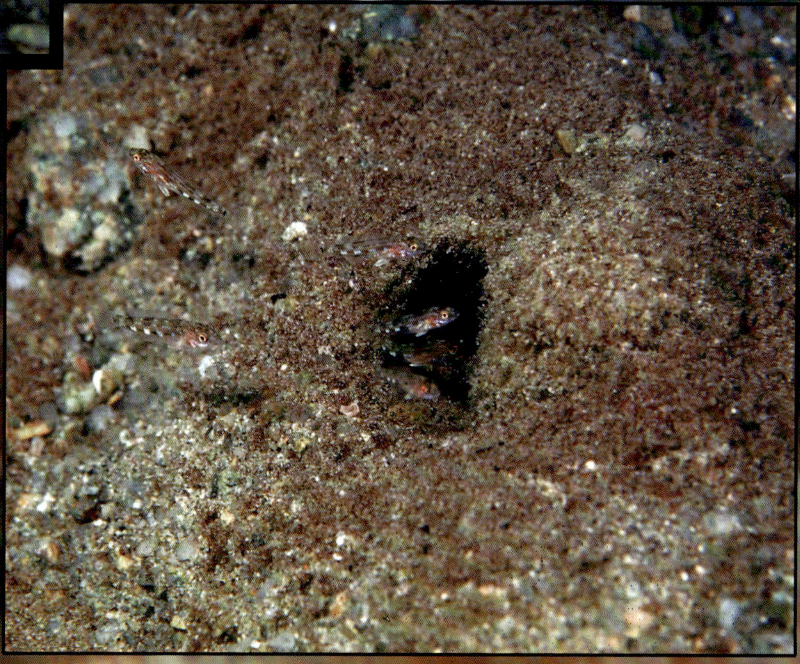

ders deutlich sichtbar ist, gekennzeichnet. Seine maximale Gesamtlänge liegt bei etwa 14 cm.

Vor dem Ablaichen gräbt ein Paar ein kleines Nest zwischen einige Steine am Boden. Die Eier werden an den senkrechten Seiten dieser Steine befestigt und sind von außerhalb der Höhle sichtbar. Nachdem die Jungen geschlüpft und freischwimmend sind (nach etwa 5 Tagen), werden sie von ihren Eltern durch den Biotop geführt. Während der ersten Tage, in denen die Jungen mobil sind, schweben sie über dem Nest und werden von beiden Eltern eifrig bewacht. Häufig werden auch Artgenossen unter den Räubern, die von den wenige Tage alten Jungfischen fressen, gefunden.

Lepidiolamprologus sp. "meeli kipili" wurde erstmals fälschlicherweise als *Neolamprologus meeli* vorgestellt (Konings, 1995), was den vorläufigen Namen dieses schlanken Raubfischs erklärt. Der "Meeli Kipili" kommt im sandigen Teil der Übergangszone vor, und ihr Brüten findet um leere Schneckengehäuse statt. Sowohl das Männchen als auch das Weibchen sind zu groß, um bequem in einem leeren *Neothauma* Gehäuse Platz zu nehmen, deshalb ist diese Art Schutzraum nur verwendbar, wenn die Fische noch jung sind. Ihre maximale Gesamtlänge wird auf etwa 11 cm geschätzt. Das *Neothauma* Gehäuse spielt eine wichtige Rolle während der Brutphase dieser Art. Die Eier werden an der Gehäuseaußenseite abgelegt und von beiden Eltern bewacht. Sobald die Larven geschlüpft sind, werden sie ins Gehäuse überführt. Das leere Schneckenhaus wird versteckt, indem Sand darüber gestreut wird. Neben dem Verbergen des Gehäuses im Sand gräbt *L.* sp. "meeli kipili" noch einen kleinen Krater vor dessen Eingang. Daraus resultiert ein verstecktes Schneckengehäuse, das im Rand eines Kraternestes eingegraben liegt (siehe Foto S. 181).

Die Brutfärbung gleicht der von *L. attenuatus* — in der Tat ist er wahrscheinlich eine geographische Variante von *L. attenuatus* — und es ist recht schwer, diese beiden Arten auseinanderzuhalten. *L. attenuatus* wird größer und hat ein anderes Brutverhalten. Heranwachsende *L. attenuatus* können von erwachsenen Meeli Kipili durch die längere Schnauze und die kürzeren Bauchflossen unterschieden werden. Beide Arten (Formen?) werden über Sandsubstrat in relativ seichtem Wasser gefunden — ihre Tiefenverbreitung reicht von 5 bis 20 m — und beide leben auch Seite an Seite nebeneinander. Wie bereits erwähnt benutzt der Meeli Kipili leeren Schneckenhäuser als Schutzraum für seine Jungen, während *L. attenuatus* seine Eier an der senkrechten Fläche kleiner Felsen deponiert. Die letztgenannte Art kommt deshalb in der Nähe kleiner Felsen vor; der Meeli Kipili, wurde jedoch (in der Nähe von Kipili) auf offenem Sandboden, normalerweise in der Nähe großer (verlassener) Kraternester von *Oreochromis tanganicae* gefunden.

Brutpflegende Meeli Kipili Paare halten sich dicht am Substrat auf, und ihre Nachkommen suchen nach Plankton, das die Wasserströmung vor den Eingang des Schneckenhauses trägt. Brutpflegende *L. attenuatus* Paare stehen über ihrer planktonfressenden Brut und halten sich gewöhnlich 60 bis 100 cm über dem Substrat auf. Ihre Bruten enthalten normalerweise über 150 Jungfische, während die Zahl beim Meeli Kipili bei kaum mehr als 50 liegt.

Der Meeli Kipili wurde nur in der Nähe von Kipili gesehen, und er könnte eine lokale Form des *L. attenuatus* darstellen, wenn auch Tiere mit einer typischen *L. attenuatus* Farbzeichnung in der Nähe gesehen wurden (siehe Foto S. 181). Sein seltsames Brutverhalten könnte eine Anpassung an den offenen Biotop sein, und da kleine Steine, das bevorzugte Laichsubstrat von *L. attenuatus*, fehlen, haben sie vielleicht leere Schneckengehäuse als Bruthöhlen angenommen.

Dicke Lippen

Lobochilotes labiatus verbringt fast sein ganzes Leben damit alleine umherzuziehen und sedimentgefüllte Grübchen mit seinen großen, fleischigen Lippen abzusuchen. Er kann maximal eine Gesamtlänge von etwa 35 cm erreichen und gehört bei den einheimischen Fischern zu den begehrtesten Nahrungsfischen. Das ausgewachsene Männchen gleicht den silbrigen, gestreiften Jungen nicht, die in diesem Biotop recht häufig vorkommen. Adulte *L. labiatus* Männchen haben ein Farbmuster aus unregelmäßigen orangen und grünen Flecken und Streifen; nur Spuren des Bänderungsmusters sind zu sehen. Adulte Tiere sind äußerst scheu und oft in extrem seichtem Wasser zu finden, wo sie sich in Felshöhlen verstecken. *L. labiatus* ist ein mütterlicher Maulbrüter, und die Weibchen tragen die Jungen, wenn nötig, noch Wochen nachdem sie erstmals freigesetzt wurden in ihrem Maul.

Das bemerkenswerteste Merkmal sind die vorstehenden, fleischigen Lippen. Wie bei anderen dicklippigen Cichliden sind diese dazu gedacht, die Mundhöhle beim Zubeißen abzudichten. Die Lippen sind sehr weich und dehnbar, und wenn sie beim Fressen gegen das Substrat aufprallen, passen sie sich den Umrissen des Felses perfekt an und dichten das Maul exakt ab. Dadurch kann der Räuber ohne "Falschluft" die Beute aus ihrem Unterschlupf saugen. Hat das Substrat eine rauhe Oberfläche, benötigt *L. labiatus* dickere und flexiblere Lippen zum Abdichten. Und in der Tat sind in Gegenden mit Felsen, die eine rauhe Oberfläche haben, die Lippen der dort beheimateten *L. labiatus* größer als bei Artgenossen in Regionen mit glattflächigen Felsen. Wahrscheinlich wird das Wachstum der Lippen, wie die Hornbildung auf unserer Hand, durch häufigen Kontakt mit rauhen Oberflächen stimuliert.

Es scheint, daß *L. labiatus* nicht direkt nach Beute sucht, sondern eher nach Stellen, an denen sie sich verstecken könnte (Yamaoka, 1997). Derartige Stellen sind Felslöcher oder Zwischenräume zwischen Felsen, die mit Sediment oder Abfall angefüllt sind. Seine Nahrung besteht vorwiegend aus Krebstieren und Insektenlarven.

«*Gnathochromis*» *pfefferi*

«*Gnathochromis*» *pfefferi*, ein mütterlicher Maulbrüter, kann maximal auf eine Gesamtlänge von etwa 14 cm heranwachsen und ist ein häufig vorkommender Raubfisch in der Übergangszone. Jedoch kann man dieser Art in jedem Biotop begegnen. Die Jungfische findet man manchmal in Schulen zwischen Wasserpflanzen in Flachwasser. «*G.*» *pfefferi* ist auf Garnelen spezialisiert, und seine Nahrung besteht zu über 80% aus diesen Krebstieren (Yuma & Kondo, 1997).

In dichten Populationen stecken die Männchen Reviere ab. Sind aber nur wenige sexuell aktive Männchen an einer Stelle vorhanden, findet das Ablaichen irgendwo statt, und die Männchen scheinen nicht territorial zu sein. Diese Art Revierverteidigung ist bei Haplochrominen des Malawisees häufige Praxis. Einschleichmännchen, Männchen die sich anschleichen und einen Laichgang mit dem Weibchen ergattern, während dieses mit dem dominanten Männchen ablaicht, sind recht häufig zu finden. Ich wurde Zeuge, wie eines den Laich eines nicht-territorialen Männchens stahl. Nur die Weibchen bebrüten die Eier und Larven, und manchmal kann man mehrere maulbrütende Weibchen zusammen sehen.

Die Typusart der Gattung ist *G. permaxillaris*, und es braucht nicht viel Vorstellungsvermögen, wenn man beide Arten (die zur Zeit zu dieser Gattung gehören) in ihrem natürlichen Lebensraum beobachtet hat, um zur Überzeugung zu gelangen, daß beide sehr unterschiedlich sind und wahrscheinlich nicht zu ein und derselben Gattung gehören. *G. permaxillaris* ist ein *Limnochromis*-ähnlicher Buntbarsch mit beidelterlichem Maulbrutverhalten, während «*G.*» *pfefferi* eine eher *Haplochromis*-ähnliche Art ist. Laut Poll (1981) kann «*G.*» *pfefferi* aber keiner Haplochrominen-Gattung zugeordnet werden, weil seine pharyngeale Apophyse nicht mit der der anderen Mitglieder dieser Gruppe übereinstimmt. Deshalb habe ich ihren Namen zwischen Winkelzeichen gestellt.

Petrochromis

P. fasciolatus hebt sich von den anderen Arten der Gattung durch einen vorstehenden Unterkiefer ab. Während andere *Petrochromis* ein endständiges oder leicht nach unten zeigendes Maul haben, öffnet *P. fasciolatus* sein Maul nach oben. Der Name *fasciolatus* spielt auf seine deutliche, senkrechte Bänderung an, die bei Jungfischen und Weibchen auftritt. Die Männchen können maximal eine Gesamtlänge von 15 cm erreichen und zeigen neben dem Bänderungsmuster noch einen grün-grauen oder blaugrauen Schimmer. Eine Population entlang der zentralen, tansanischen Ufer

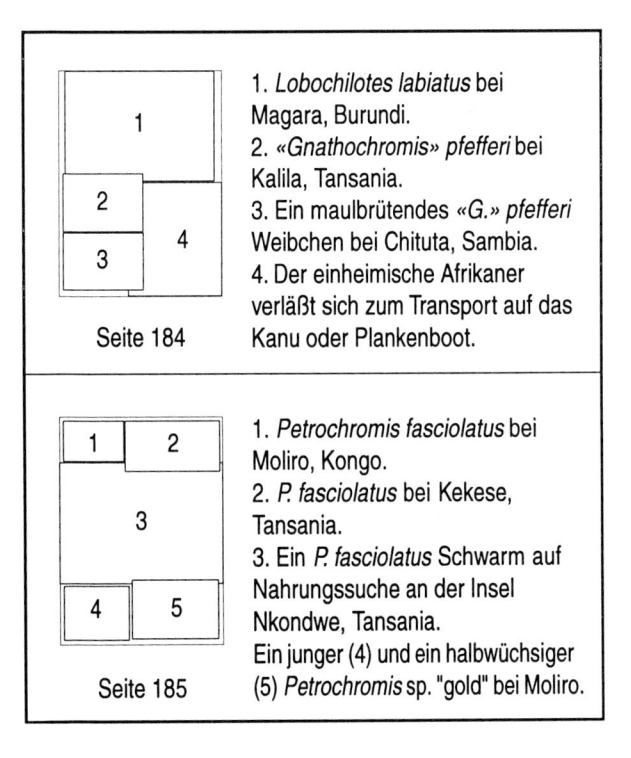

Seite 184

1. *Lobochilotes labiatus* bei Magara, Burundi.
2. «*Gnathochromis*» *pfefferi* bei Kalila, Tansania.
3. Ein maulbrütendes «*G.*» *pfefferi* Weibchen bei Chituta, Sambia.
4. Der einheimische Afrikaner verläßt sich zum Transport auf das Kanu oder Plankenboot.

Seite 185

1. *Petrochromis fasciolatus* bei Moliro, Kongo.
2. *P. fasciolatus* bei Kekese, Tansania.
3. Ein *P. fasciolatus* Schwarm auf Nahrungssuche an der Insel Nkondwe, Tansania.
Ein junger (4) und ein halbwüchsiger (5) *Petrochromis* sp. "gold" bei Moliro.

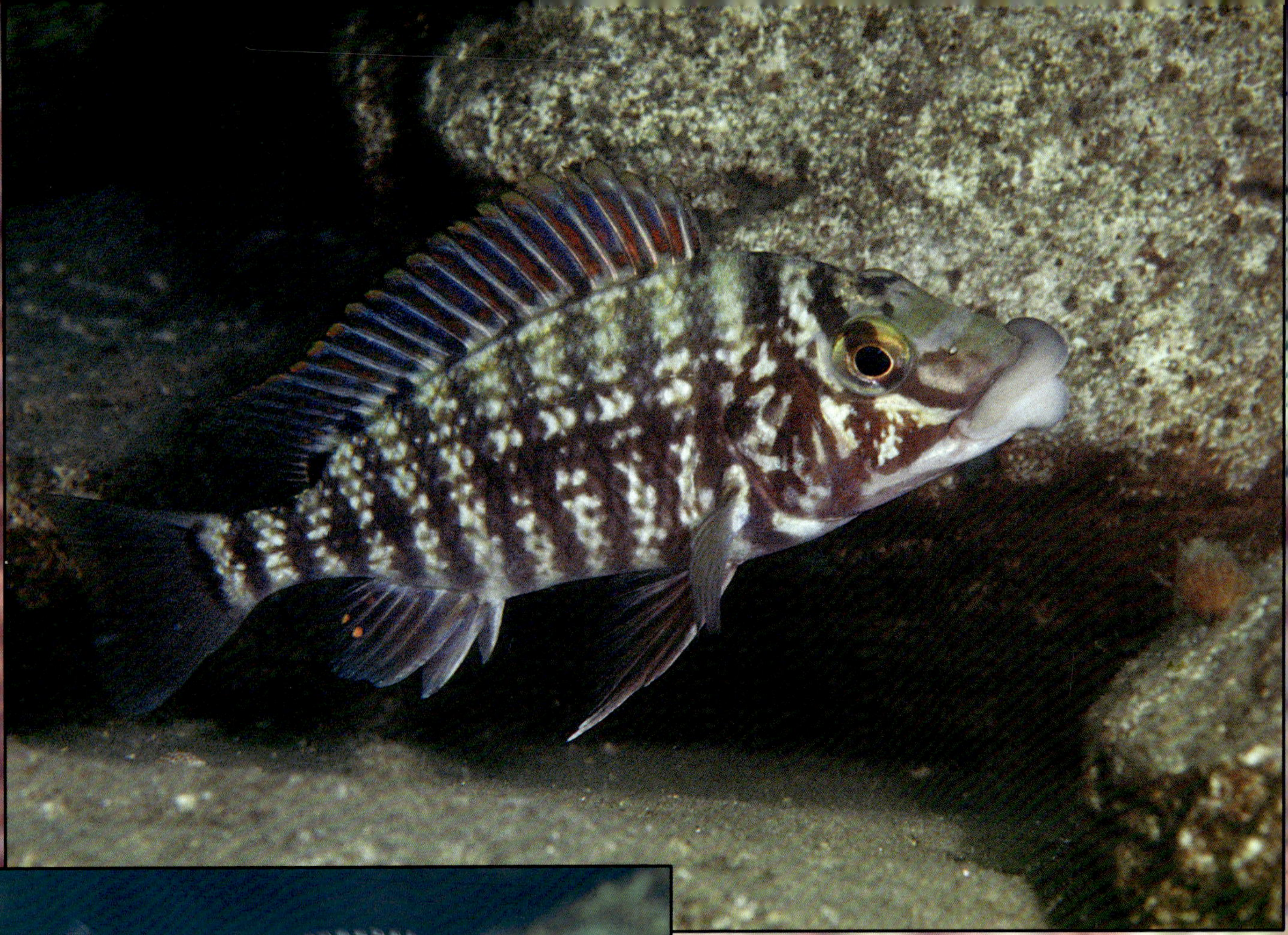
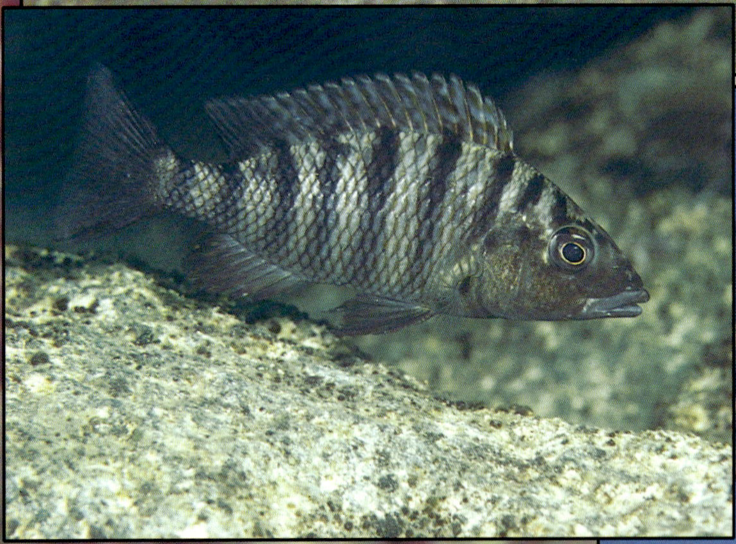
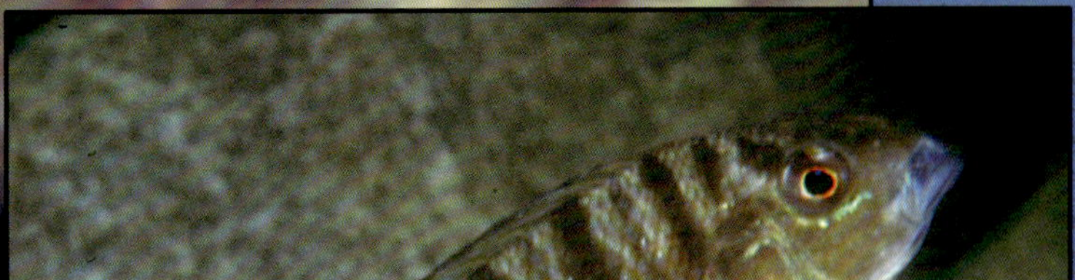
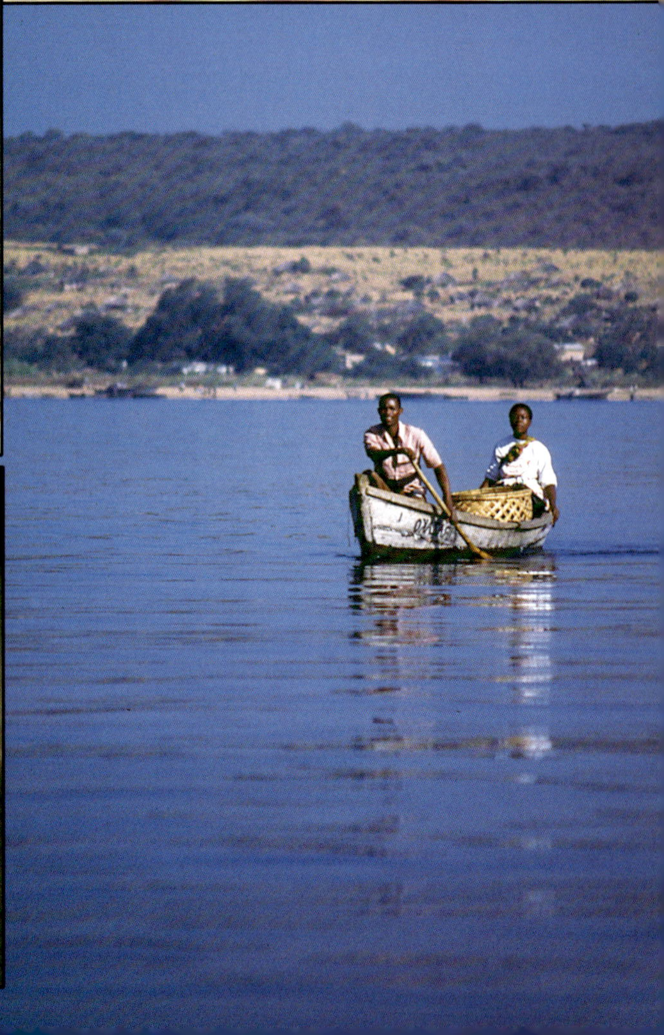

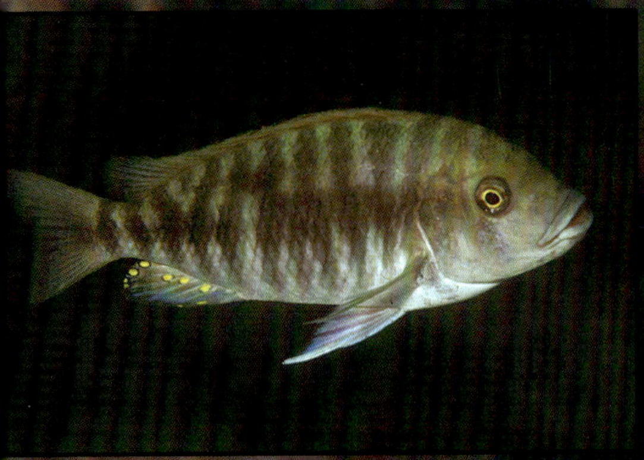
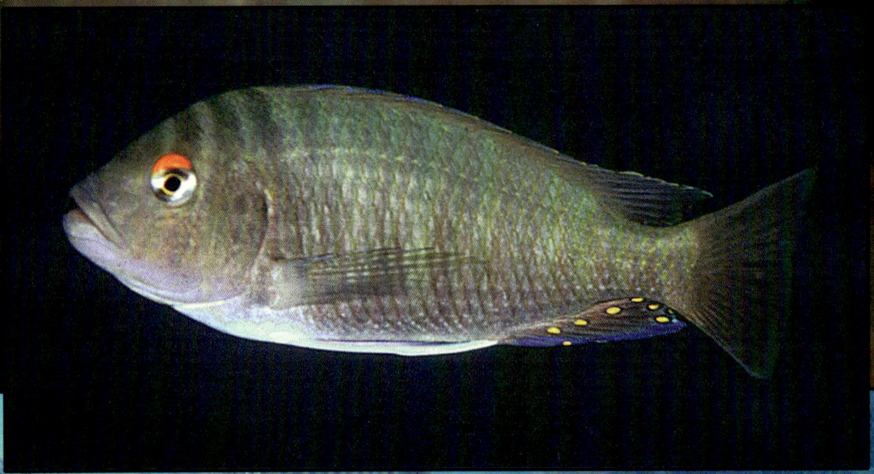
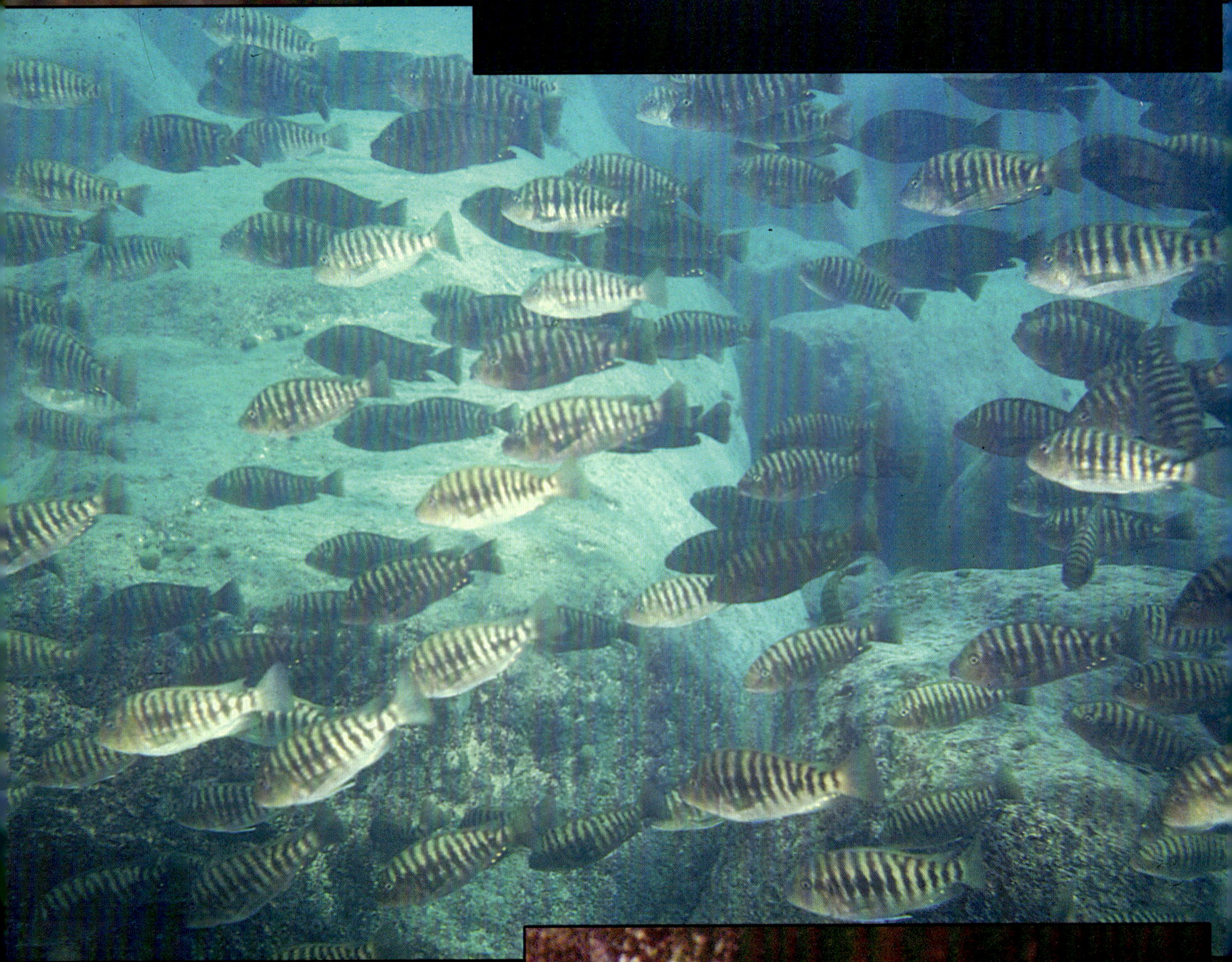
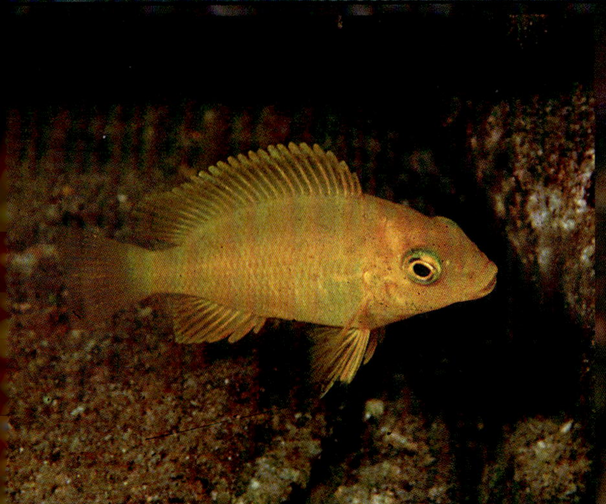
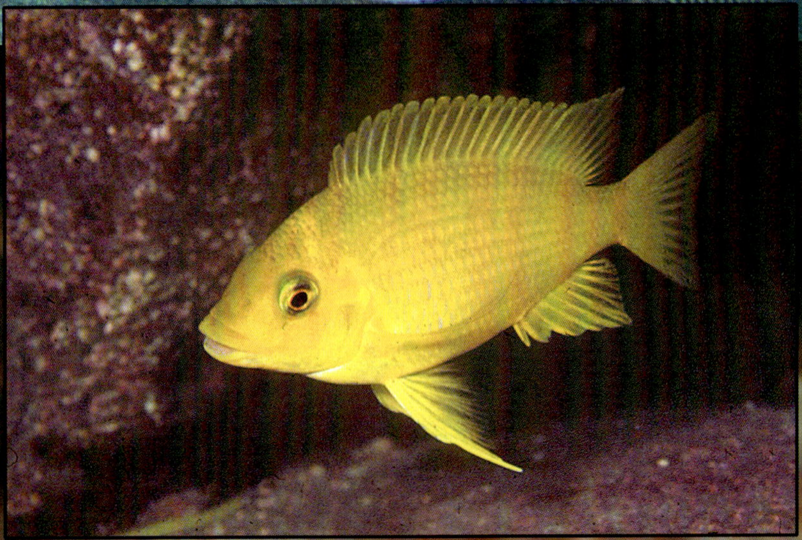

enthält Männchen mit leuchtendorangeroten Augen. Diese geographische Variante wurde hin und wieder unter dem Handelsnamen "Petrochromis Red Eye" exportiert.

Wie alle anderen *Petrochromis* frißt auch *P. fasciolatus* Algen (Kieselalgen), die aus dem Aufwuchs der Felsen herausgekämmt werden. Da *P. fasciolatus* hauptsächlich in der Übergangszone vorkommt, ist der Aufwuchs oft mit Detritus und Sand bedeckt. Von Magenuntersuchungen wissen wir, daß große Mengen Sand mit den Kieselalgen aufgenommen werden (Yamaoka, 1997). *P. fasciolatus* frißt an senkrechten Felsflächen, wodurch er vermeidet, zu viel Sediment aufzunehmen. Yamaoka (1997) stellte fest, daß *P. fasciolatus* die geringste Zahnanzahl aller *Petrochromis* Arten hat, daß er aber, um dies zu kompensierten, die höchste Bißrate per Sekunde aufweist.

In einigen Regionen ist *P. fasciolatus* in sehr großer Zahl zu finden, und man kann regelmäßig große Schwärme auf Nahrungssuche in benachbarten Felsgebieten umherziehen sehen, wo sie in Revieren anderer, größerer und aggressiverer *Petrochromis* Arten vom Aufwuchs fressen. Ein einziges Tier wäre nicht in der Lage, an solchen Stellen zu fressen; ihre Zahl ermöglicht es ihnen jedoch. Derartige, sich auf Nahrungssuche befindenden Schulen gibt es auch bei anderen algenfressenden Arten, z. B. *P. famula* und *Tropheus moorii*.

Territoriale Männchen sind selten. Sie verteidigen Laichplätze oft in etwas tieferen Regionen der Übergangszone, in 10 bis 15 m Tiefe. Die maulbrütenden Weibchen sieht man normalerweise alleine zwischen den Felsen verborgen. Manchmal jedoch gruppieren sie sich zusammen und sind dann in einer etwas offeneren Umgebung zu finden.

Petrochromis sp. "gold" ist regelmäßig in der Übergangszone der Südwestküste zu sehen, jedoch auch in reinen Felsregionen. Ich denke, daß die goldgelbe Farbe der Jungfische und heranwachsenden Tiere eine Anpassung an sandreichere Regionen ist, in denen sie meistens gesehen werden. Es ist möglich, daß sie das gelbliche Pigment durch Fressen eines bestimmten Algentyps, der hauptsächlich in der Übergangszone wächst, annehmen, da sie im Aquarium diese Farbe in der Regel verlieren, auch wenn sie noch jung sind. Mit dem Auswachsen verliert *P.* sp. "gold" die gelbe Färbung (Herrmann, 1994b), jedoch ist es mir nicht gelungen, graue Tiere in freier Natur zu finden.

Der König der Fadenmaulbrüter

Die Fadenmaulbrüter der Gattung *Cyathopharynx* gehören zu den auffälligsten Buntbarschen des Tanganjikasees. Die iridisierenden Farben der revierverteidigenden Männchen, der Bau großer Sandburgnester und daß man diese Arten regelmäßig beim Schnorcheln beobachten kann, machen sie bei jedem Besucher des Sees beliebt. *Cyathopharynx* wurde seit Jahren vom See exportiert, und in den frühen Achtzigern erreichten auch geographische Rassen aus Tansania und Sambia, später auch vom Kongo, die Aquarianer. Obwohl sie sehr zerbrechliche, schwer zu transportierende Fische sind, und obwohl die Männchen ihre lebhafte Färbung schon bald nach dem Fang verlieren, sind sie dennoch bei den Aquarianern sehr beliebt.

Cyathopharynx frißt einzellige Algen und Kieselalgen, die sowohl dem Aufwuchs der Felsen als auch dem Sedimentschicht auf dem Sand entnommen werden. Nicht-brütende *Cyathopharynx* sammeln sich normalerweise, wenn sie auf Nahrungssuche gehen, in Gruppen und saugen — sie können nicht weiden oder grasen — das algenenthaltende Sediment vom Substrat. Ihre Zähne scheinen sich nicht dazu zu eignen, spezifische Futterpartikel aufzusammeln (Yamaoka, 1997), weshalb sie enorme Mengen aufnehmen müssen. Der niedrige Nährwert des aufgenommenen Materials bewirkt einen fast ständigen Ausscheidungsstrom. Der Darm ist fast dreimal so lang wie der Fisch selbst und enthält große Mengen feinen Sandes zusammen mit den verdaulichen Produkten (Poll, 1956).

Die Männchen sind territorial und bauen Sandburgnester auf flache Felsen oder auf den Sand. Sie können eine Gesamtlänge von etwa 22 cm erreichen, die Weibchen sind aber normalerweise nur 12-15 cm lang. Gewöhnlich findet man mehrere territoriale Männchen zusammen in Brutkolonien. Reife Weibchen schwimmen in die Brutarenen der Männchen hinein und können mit mehreren von ihnen ablaichen. Ein Männchen führt ein laichbereites Weibchen ins Zentrum seines Nests und zeigt ihm den Platz, wo die Eier abgelaicht werden sollen, indem es seine Bauchflossen über den Laichplatz zieht. Dabei kann es auch Samenflüssigkeit ausstoßen. Während das Weibchen einige Eier ablaicht, wartet das Männchen in der Nähe, manchmal ein wenig über dem Weibchen stehend. Sobald die Eier zu sehen sind, befruchtet das Männchen sie, indem es über sie hinwegschwimmt, solange sie noch auf dem Sand liegen. Das Weibchen dreht sich dann um und sammelt die befruchteten Eier auf und wiederholt den Laichvorgang. Maulbrütende Weibchen findet man normalerweise in Gruppen und alle setzen ihre Jungen wahrscheinlich gleichzeitig frei.

C. furcifer wurde zuerst von Boulenger 1898 als *Paratilapia furcifer* beschrieben. Ein Jahr später beschrieb er *Tilapia grandoculis*, eine Art, die Jahre später von Poll (1946) synonym mit *C. furcifer* gestellt wurde. Vaillant (1899) beschrieb *Ectodus foae*, der von Boulenger mit *grandoculis* synonym gesetzt wurde, die jedoch eine früheres Veröffentlichungsdatum als *C. grandoculis* hat. Martin Geerts (pers. Mittl.) fand ferner heraus, daß Vaillant später den Namen zu *foai* korrigierte, da der Fisch zu Ehren von Herr Foa benannt wurde.

Obwohl es im späteren offensichtlich wurde, daß mehrere unterschiedliche geographische Rassen von *Cyathopharynx* existieren, wurde niemals vorgeschlagen, daß es sich hierbei um mehr als eine Art handeln könnte. Erst als ich zwei unterschiedliche *Cyathopharynx* Formen Seite an Seite in der Moliro Bay, Kongo, brüten sah, wurde mir klar, daß diese Gattung aus mindestens zwei verschiedenen Arten bestehen muß. Da die Weibchen der beiden Arten fast nicht voneinander zu unterscheiden sind, war es schwer, mit Sicherheit zu sagen, welche der beiden Arten in der Moliro Bay artgleich mit dem Holotypus von *C. furcifer* ist, da die drei Artbeschreibungen alle anhand von subadulten Tieren aufgestellt worden waren.

C. furcifer wurde anhand von halbwüchsigen Tieren beschrieben, die in der Nähe von Mpulungu gefangen wurden. Boulenger gibt die folgende Farbbeschreibung des Holotypus: "Bläulich oben, weiß unten; einige schlechtdefinierte, gelbe Streifen auf dem Körper; einige gelbe Markierungen auf dem postokularen Teil des Kopfes; Flossen weiß, mit einigen gelben Streifen auf den Rücken- und Afterflossen, und zwischen der Bauchflosse und den Schwanzstrahlen." Aus dieser Beschreibung wird klar, daß Boulenger den Goldkopf-*Cyathopharynx* beschreibt und nicht die dunklere Art. Auch haben die in Alkohol konservierten *C. furcifer* durchsichtige Rücken- und Afterflossen; die Männchen der anderen Form, die ich früher *C.* sp. "dark furcifer" genannt habe, tragen dunkelgefärbte Flossen, auch im konservierten Zustand. In seiner Beschreibung von *Tilapia grandoculis* gibt Boulenger folgende Farbbeschreibung: "Braun oben, mit schlecht definierbaren, dunklen Flecken, weißlich unten; Brustflossen gelblich, andere Flossen zum Ende hin schwärzlich." Nach mehreren Beobachtungen gemischter *Cyathopharynx* Gruppen in freier Natur, fand ich heraus, daß *C. furcifer* Weibchen ein verschwommenes Muster aus 3-4 Flecken auf den Flanken tragen. Die Weibchen der dunklen Art haben zusätzlich zu der Farbzeichnung aus undeutlichen Flecken auf der Flanke noch etwas schwarzrandige Flossen.

Nach Untersuchung eines Männchens beider Arten, die ich in Sambia bei Isanga fing, konnte ich keine deutlichen Unterschiede zwischen beiden finden; der Hauptunterschied schien die Farbe der Flossen zu sein und daß die dunklere Art etwas hochrückiger ist. Diese Merkmale decken sich mit denen, die für *C. foai* und *T. grandoculis* angegeben wurden, und der "Dark Furcifer" wird deshalb hier *Cyathopharynx foai* bezeichnet.

Im Gegensatz zu den Weibchen, sind die Männchen beider Arten leicht zu unterscheiden. *C. furcifer* in Sambia hat einen goldenen Fleck auf dem Kopf und hellgefärbte Rücken- und Afterflossen. Die Territorialfärbung ist bei *C. foai* auf dem ganzen Körper grünlich oder bläulich marmoriert, außerdem sind die Rücken- und Afterflossen sehr dunkel. So ist die Situation im südlichen Teil des Sees. Aber wie ist eigentlich die Verbreitung der beiden Arten im restlichen Teil des Sees?

Die Farbzeichnung der *C. furcifer* Männchen zeigt kaum geographische Variation in der Südhälfte des Sees — diese Art wurde zwischen Moliro Bay und Sibwesa gefunden — dagegen fand ich im selben Küstenabschnitt vier verschiedene Farbvarianten von *C. foai*. Auch stellte ich fest, daß in seichten Regionen mit trübem Wasser *C. furcifer* entweder häufiger vorkam oder der einzige *Cyathopharynx* Vertreter war. Andererseits lebten beide Arten in 22 m Tiefe bei Mtosi,

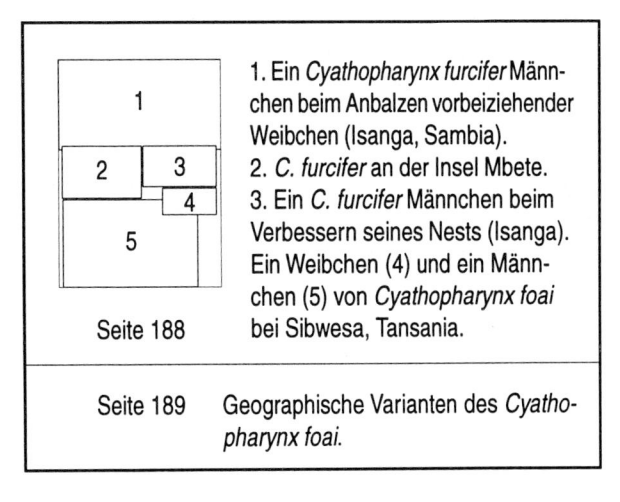

Seite 188	1. Ein *Cyathopharynx furcifer* Männchen beim Anbalzen vorbeiziehender Weibchen (Isanga, Sambia). 2. *C. furcifer* an der Insel Mbete. 3. Ein *C. furcifer* Männchen beim Verbessern seines Nests (Isanga). Ein Weibchen (4) und ein Männchen (5) von *Cyathopharynx foai* bei Sibwesa, Tansania.
Seite 189	Geographische Varianten des *Cyathopharynx foai*.

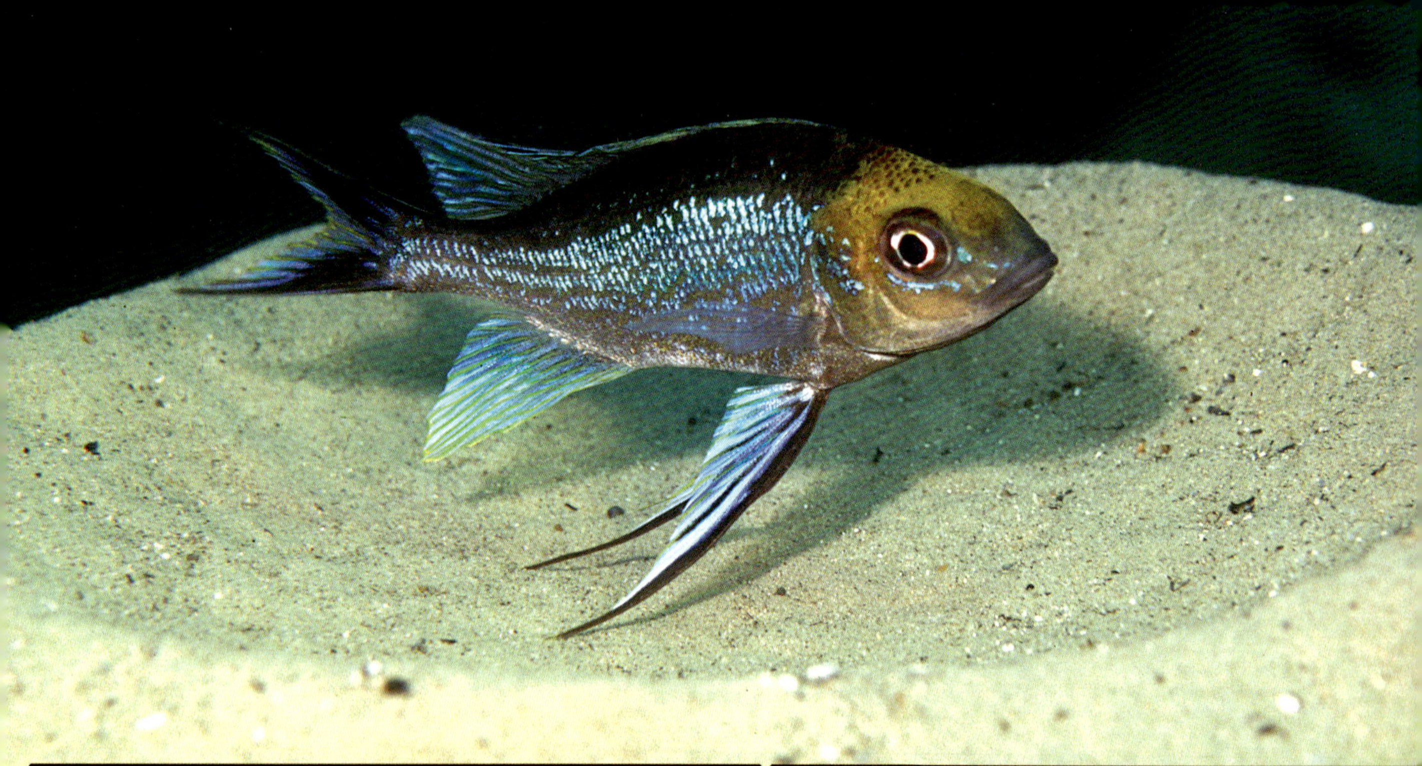
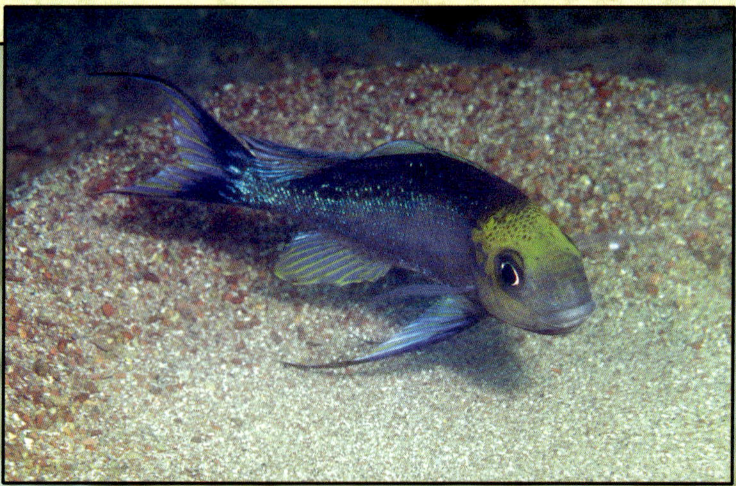
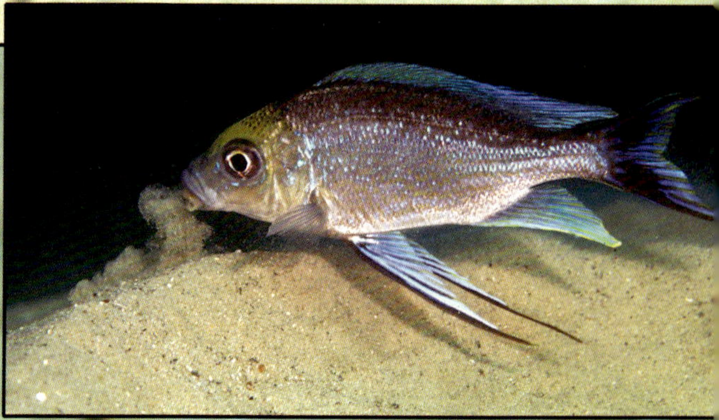
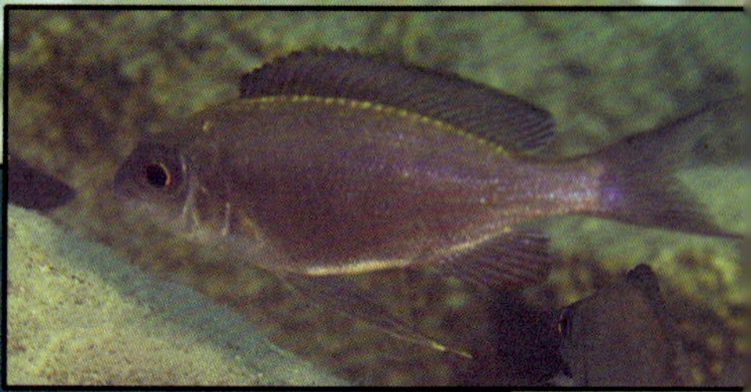
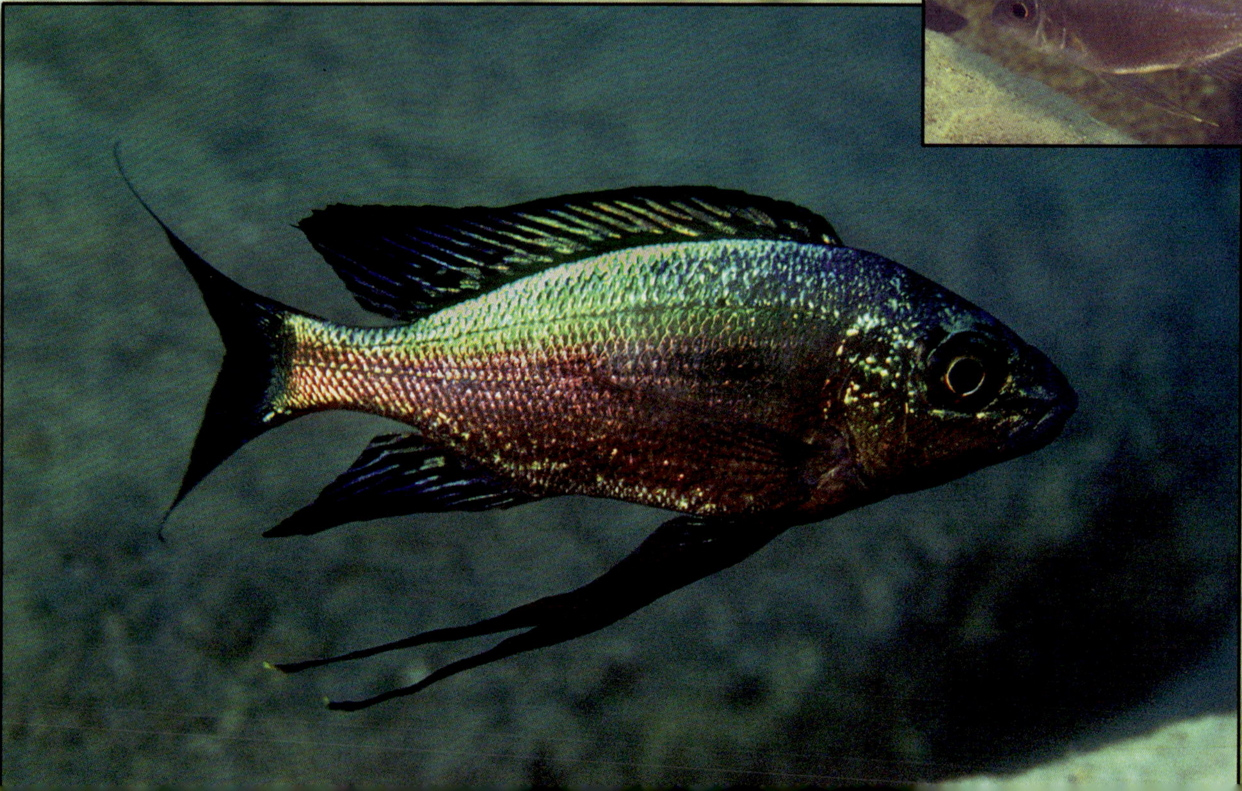

cf *furcifer*, Ruziba | *C. foai*, Magara | *C. foai*, Halembe
foai, Kekese | *C. foai*, Kalila | *C. foai*, Sibwesa
foai, Nkondwe Is. | *C. foai*, Ulwile Is. | *C. foai*, Mtosi
foai, Kanoni | *C. foai*, M'toto | *C. foai*, Kala
C. foai, Cape Kachese | *C. foai*, Moliro | *C. foai*, Chimba
foai, Sumbu Is. | *C. foai*, Mbete Is. | *C. foai*, Kasakalawe

Tansania, nebeneinander. Männchen beider Arten bauen Sandburgnester auf Felsen (siehe Foto). Im Südteil des Sees sah ich jedoch nur *C. furcifer* solche Nester auf Sand bauen (Kasanga und Kipili).

Es scheint also, daß *C. furcifer* eine flexiblere Art ist, die in der Lage ist, sich in verschiedenen Biotopen auszubreiten. Dies würde erklären, warum es keine offensichtlichen, geographischen Unterschiede zwischen den bekannten Populationen gibt. Andererseits scheint *C. foai* auf klareres Wasser beschränkt zu sein, das man in felsiger Umgebung findet; was die geographische Variation bei dieser Art erklären würde.

Die Situation in der Nordhälfte des Sees ist noch unklar. Herrmann (1994a) fand bei Resha, Burundi — einer seichten Übergangszone — zwei verschiedene *Cyathopharynx* Arten: ein dunkelblaues Männchen, offensichtlich identisch mit denen bei Rutunga, und eines mit Marmorierungen auf der Rückenflosse und hellgefärbten Afterflossen. Ferner beobachtete er, daß Männchen beider Arten Sandburgnester auf Sand bauen. Welcher der beiden *C. furcifer* ist (wenn diese Art überhaupt in der Nordhälfte des Sees vorhanden ist) kann nur erraten werden, wenn man annimmt, daß die heller gefärbten Flossen auch ein Merkmal des nördlichen *C. furcifer* ist.

Der *Cyathopharynx*, der als "Ruziba Furcifer" exportiert wurde, ist wahrscheinlich eine andere Art als die von Rutunga stammende; es könnte in der Tat der echte *C. furcifer* sein. Jedoch ist die Identität des goldköpfigen *Cyathopharynx* in der Kigoma Bay, Tansania, bei weitem noch nicht geklärt. Der goldene Fleck auf dem Kopf könnte auf eine Verwandtschaft mit dem goldköpfigen *C. furcifer* aus der südlichen Region des Sees hinweisen, jedoch deuten der dunkle Körper und die dunklen Flossen auf eine mögliche Artgleichheit mit *C. foai* hin. Wir sehen, daß noch mehr Untersuchungen benötigt werden, um diese Fragen eindeutig beantworten zu können.

Noch mehr Fadenmaulbrüter

Der in der seichten Übergangszone am häufigsten vorkommende Fadenmaulbrüter ist *Aulonocranus dewindti*. Er ist seeweit verbreitet und wird vorwiegend in Biotopen mit grobem Sand oder Kies als Substrat gefunden, u. z. in weniger als 5 m Tiefe. *A. dewindti* frißt Insektenlarven und Krebstiere und trägt, wie die *Aulonocara* Arten im Malawisee, vergrößerte Sinnesgruben auf dem Kopf. Die Malawiarten benutzen dieses empfindliche Gehör zum Aufspüren von wirbellosen Beutetieren, die sich im Sand bewegen. Sie lauschen buchstäblich nach dem Sand und stehen bewegungslos einige Millimeter über dem Substrat. Dieses sehr typische Lauschverhalten ist bei *Aulonocranus* nicht deutlich erkennbar, vielleicht weil diese Art nachts oder in der Dämmerung frißt, und ihr empfindliches Sonarsystem zur Aufspürung von Beute unter reduzierten Lichtverhältnissen verwendet.

Territoriale Männchen — die maximale Gesamtlänge liegt bei etwa 13 cm — bilden Brutkolonien, und benachbarte Männchen sind nur 2 - 3 m voneinander entfernt. Sie bauen kleine Nester mit einem Durchmesser von etwa 30 cm, die normalerweise gegen einen kleinen Fels oder zwischen zwei benachbarte Felsen angelegt werden. *A. dewindti* Nester können leicht von denen anderer Nestbauer unterschieden werden, da die Männchen Kies aus der Umgebung herantragen, um ihren Laichplatz zu verbessern — oder zu identifizieren oder zu verstärken? Manchmal kommen *A. dewindti* Nester in seichten, schlammigen Buchten ohne Felsen vor; dort bauen die Männchen Sandburgnester gegen Wasserpflanzen. Tagsüber sammeln sich die Weibchen in Gruppen und stehen etwa 50 cm hoch über dem Substrat.

Die Männchen führen die Weibchen zu ihren Nestern, wo diese ihre Eier ablaichen. Ein Weibchen produziert bis zu 35 Eier pro Gelege, die befruchtet werden, wenn sie noch im Nest liegen. Das Weibchen stößt nicht mit der Schnauze gegen die Bauchregion des Männchens oder schnappt nach dessen After- oder Bauchflossen. Das Männchen steht etwas über dem Weibchen, wenn dieses seine Eier freigibt, und stößt vielleicht dabei seine Samenflüssigkeit aus oder hat es vielleicht schon im Nest getan, bevor das Weibchen mit der Eiablage begann. Die maulbrütenden Weibchen sammeln sich dann wieder in Gruppen und bleiben in seichtem Wasser, wo sie ihre Nachkommen entweder gleichzeitig oder in andere Schulen mit Jungfischen freisetzen.

Ophthalmotilapia heterodonta

Zwischen der Flußmündung des Malagarasi in Tansania und Nyanza Lac in Burundi teilt *Ophthalmotilapia heterodonta* die seichte Übergangszone mit *A. dewindti*. *A. dewindti* wird vorwiegend in sehr niedrigem Wasser gefunden, während *O.*

heterodonta häufig in 3-5 m Tiefe vorkommt. *O. heterodonta* bevorzugt Phytoplankton, schöpft aber auch lockeres Material vom Aufwuchs der Felsen ab. Die Weibchen bilden Schulen im offenen Wasser.

Soweit bekannt, findet man *O. heterodonta* nur im Nordostteil des Sees, da *O. ventralis*, sein nächster Verwandter, Berichten zufolge an der gegenüberliegenden Küste bei Luhanga (Kuwamura, 1986) und in anderen Bereichen des Sees vorkommt. Im Gegensatz zu *O. ventralis*, bauen die *O. heterodonta* Männchen Nester, die im Sand angelegt werden. Die Nestgruben werden hauptsächlich entlang eines Felses oder Steines gegraben und sehen halbkreisförmig aus. Solche Nester ähneln denen des *A. dewindti*, d. h. sie sind gegen einen Fels gebaut, jedoch wird kein Kies zur Verbesserung verwendet. Die Kraterwand wird vom Nestzentrum her erstellt und besteht aus feinem Sand, der der Umgebung entnommen wird. Männchen wurden beim Sandstehlen aus Nestern der anderen beobachtet. Mit einem Maulvoll Sand kehrt das Männchen zu seinem eigenen Nest zurück, deponiert jedoch den Sand nicht direkt auf dem Rand, sondern taucht zuerst ins Zentrum der Grube ein. Vom Zentrum her schaufelt es den deponierten Sand dann wieder auf und arbeitet ihn aus dem Nest heraus, um ihn schließlich auf dem Rand zu deponieren. Es scheint ein ständiger Kampf um feinen Sand zu existieren; sobald ein Männchen sein Nest verläßt, nutzt ein anderes Männchen die Gelegenheit und raubt ein Maulvoll Sand.

O. heterodonta Männchen sind dunkelblau und deutlich von *A. dewindti* Männchen verschieden. Sie können eine maximale Gesamtlänge von etwa 14 cm erreichen. Der Laichvorgang des *O. heterodonta* spielt sich wie bei *O. ventralis* ab (S. 42). Die Weibchen laichen ihre Eier im Nest der Männchens ab und werden von den Eiattrappen an den Bauchflossen der Männchen getäuscht, so daß die Eier in ihrem Maul befruchtet werden können.

Cunningtonia longiventralis

Cunningtonia longiventralis hält eine ähnliche Nische besetzt wie *O. heterodonta* in der Südhälfte des Sees. Das Brutverhalten ist im Detail ähnlich dem des *O. heterodonta*. Die Männchen bauen ausgehobene Nester gegen Felsen oder zwischen zwei benachbarte Felsen in den Sand. Den Männchen fehlen die gelben Läppchen an der Spitze der Bauchflossen, jedoch sind die Spitzen gelb gefärbt.

C. longiventralis trägt dicke, fleischige Lippen mit vielen Zähnen und frißt wie *Petrochromis* Arten. Er schabt den Aufwuchs von Felsen und Steinen und ist deshalb kein Konkurrent von *A. dewindti*, mit dem er den Biotop teilt. Die Weibchen und Jungtiere bilden zusammen Schwärme und können auch im reinen Felsbiotop nach Nahrung suchen. Oft sieht man sie im Felsbiotop mit jungen *Ophthalmotilapia nasuta* zusammen.

Das Verbreitungsgebiet von *C. longiventralis* umfaßt die gesamte Nordhälfte des Sees und wird im Norden entlang der kongolesischen Ufer des Sees bis nach Kabimba gefunden (Poll, 1956). Sein nördlichster Punkt am Ostufer ist Sibwesa (Poll, 1956). Es sind einige geographische Varianten bekannt, die sich wie gewöhnlich in der männlichen Brutfärbung auszeichnen.

Ein Fadenmaulbrüter mit einer Nase für Weibchen

Ophthalmotilapia nasuta ist ein bemerkenswerter Cichlide in der Übergangszone, und es scheint

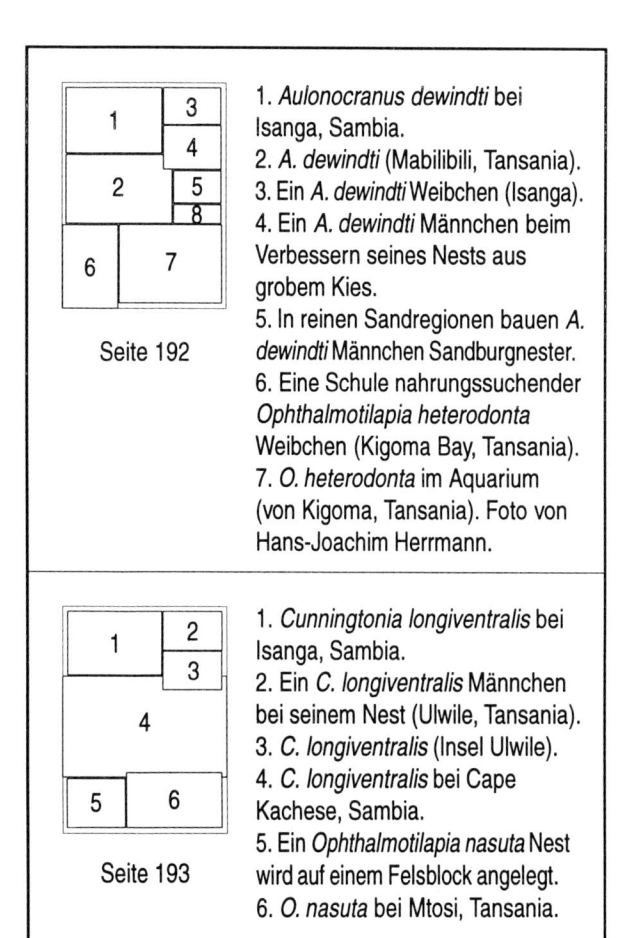

Seite 192
1. *Aulonocranus dewindti* bei Isanga, Sambia.
2. *A. dewindti* (Mabilibili, Tansania).
3. Ein *A. dewindti* Weibchen (Isanga).
4. Ein *A. dewindti* Männchen beim Verbessern seines Nests aus grobem Kies.
5. In reinen Sandregionen bauen *A. dewindti* Männchen Sandburgnester.
6. Eine Schule nahrungssuchender *Ophthalmotilapia heterodonta* Weibchen (Kigoma Bay, Tansania).
7. *O. heterodonta* im Aquarium (von Kigoma, Tansania). Foto von Hans-Joachim Herrmann.

Seite 193
1. *Cunningtonia longiventralis* bei Isanga, Sambia.
2. Ein *C. longiventralis* Männchen bei seinem Nest (Ulwile, Tansania).
3. *C. longiventralis* (Insel Ulwile).
4. *C. longiventralis* bei Cape Kachese, Sambia.
5. Ein *Ophthalmotilapia nasuta* Nest wird auf einem Felsblock angelegt.
6. *O. nasuta* bei Mtosi, Tansania.

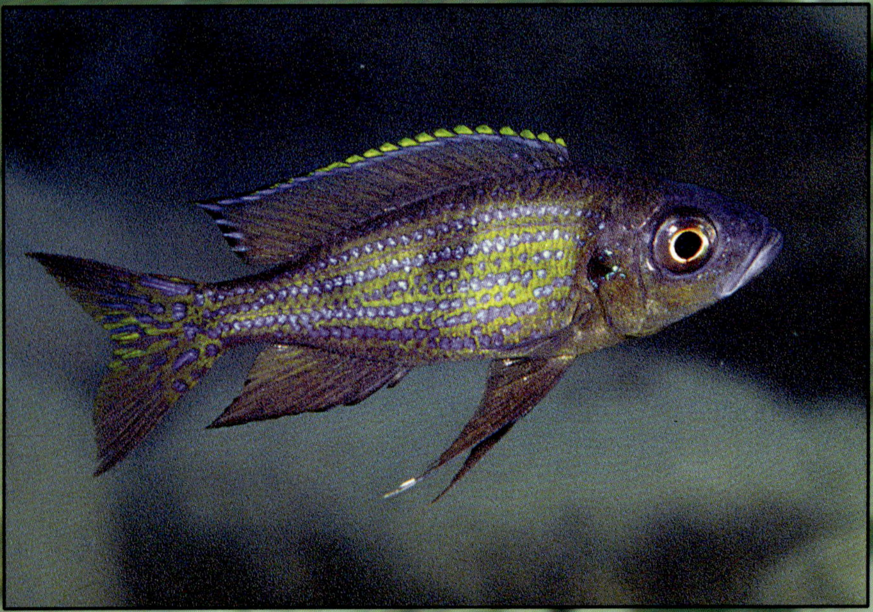
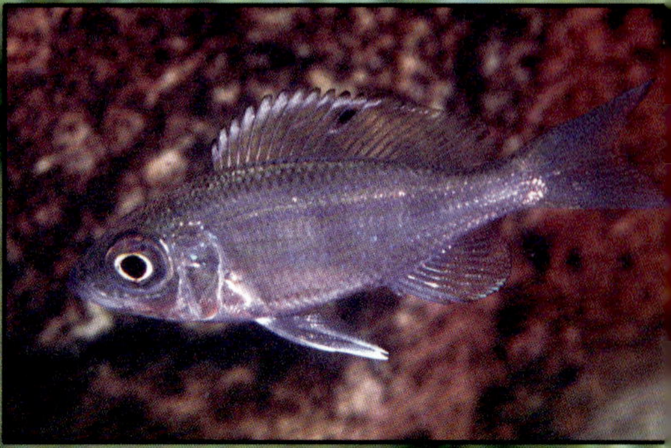
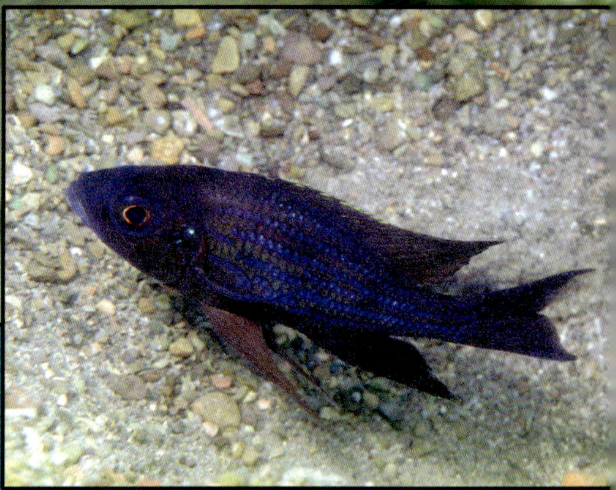
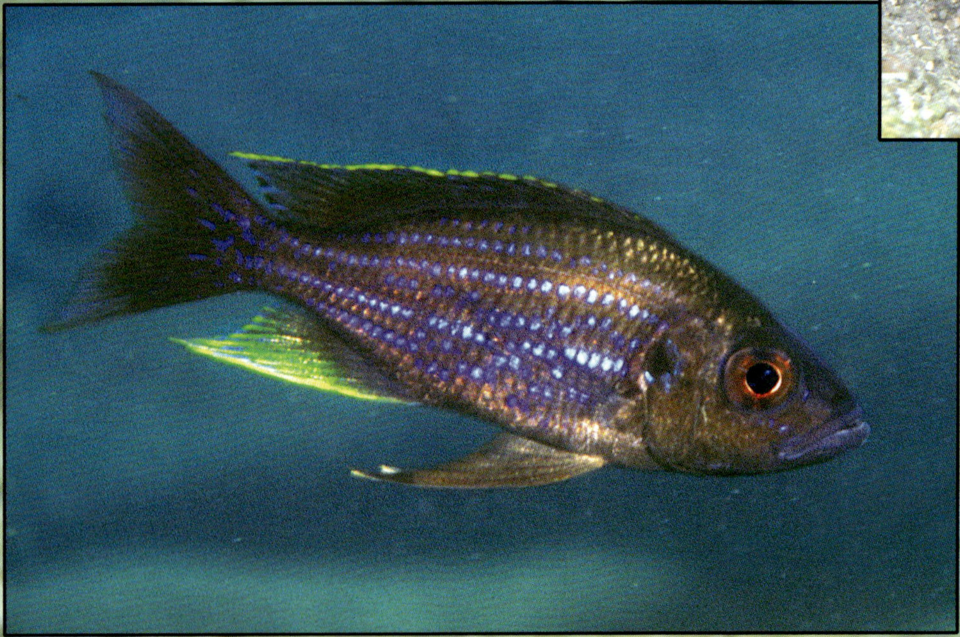
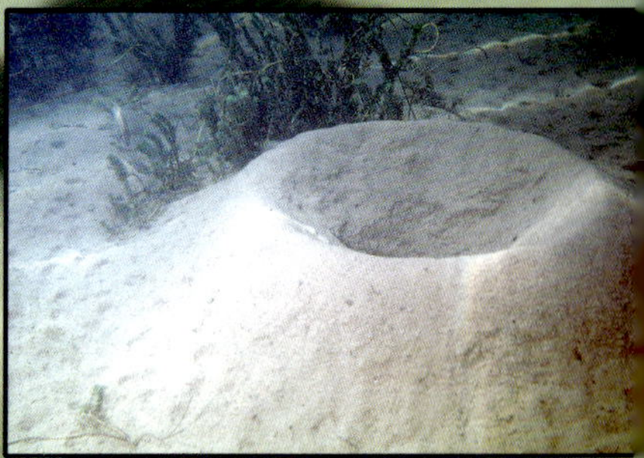
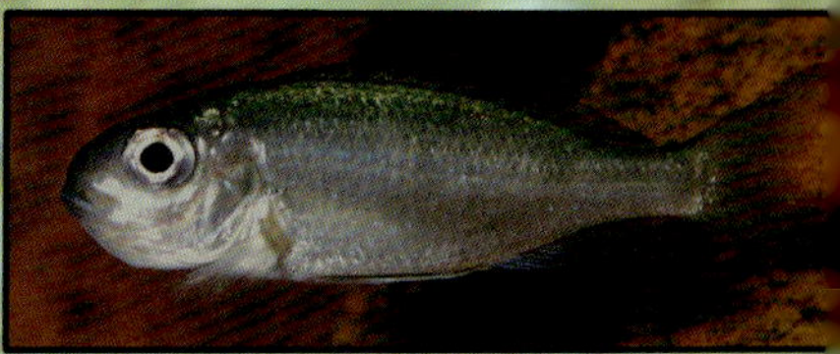
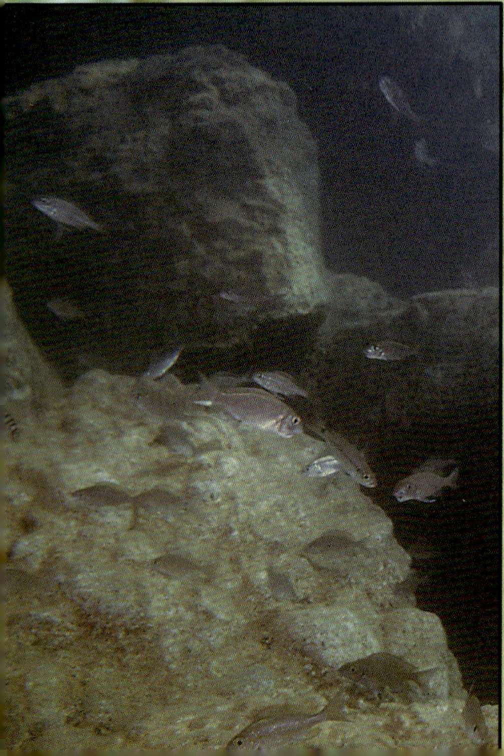
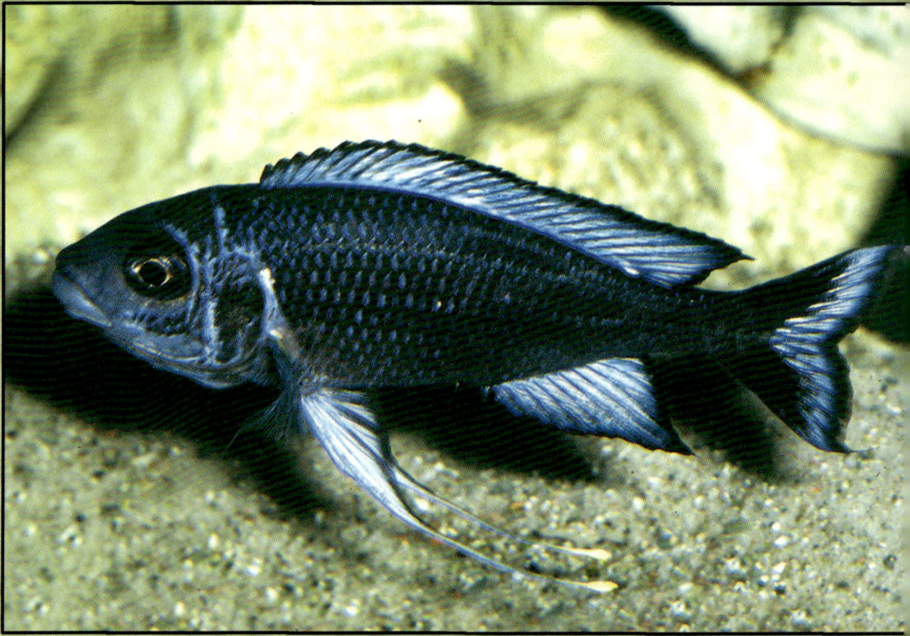

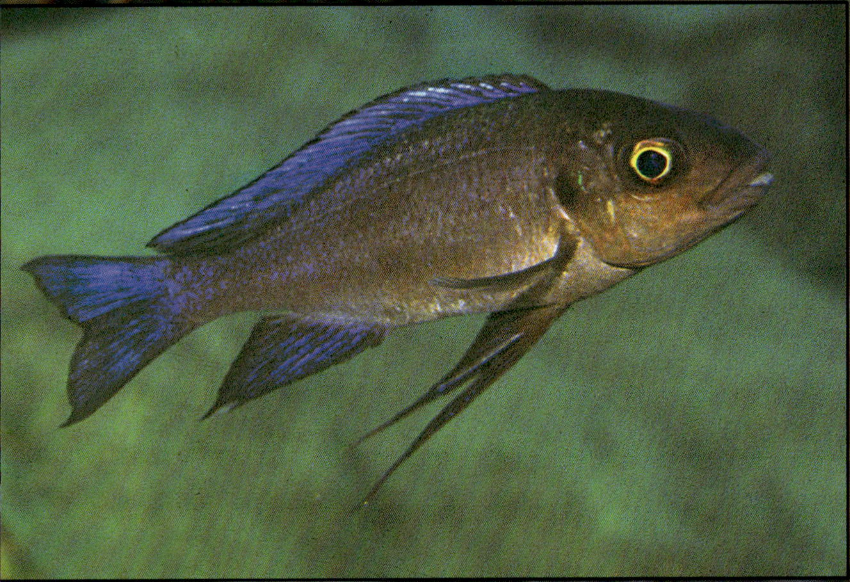
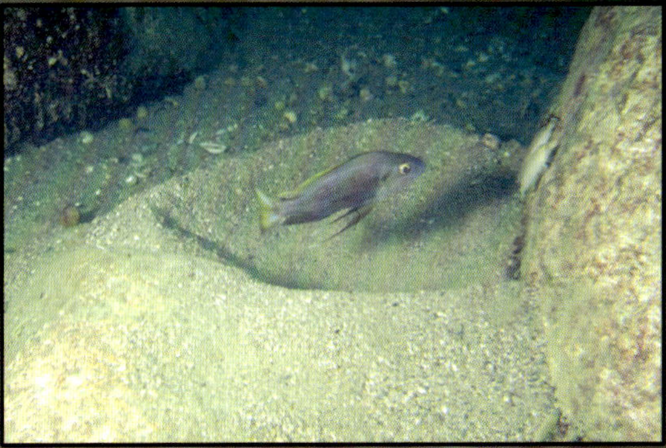
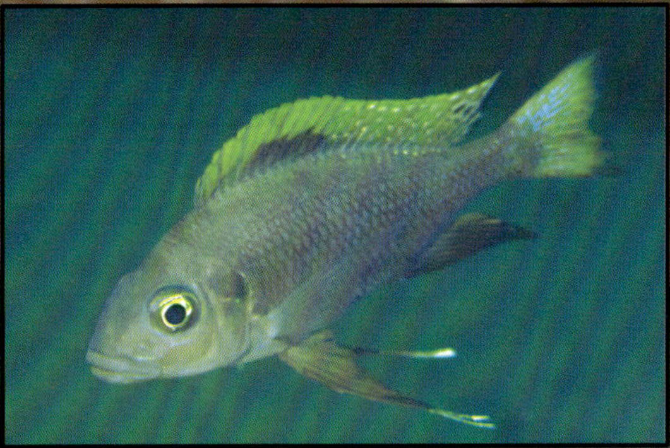
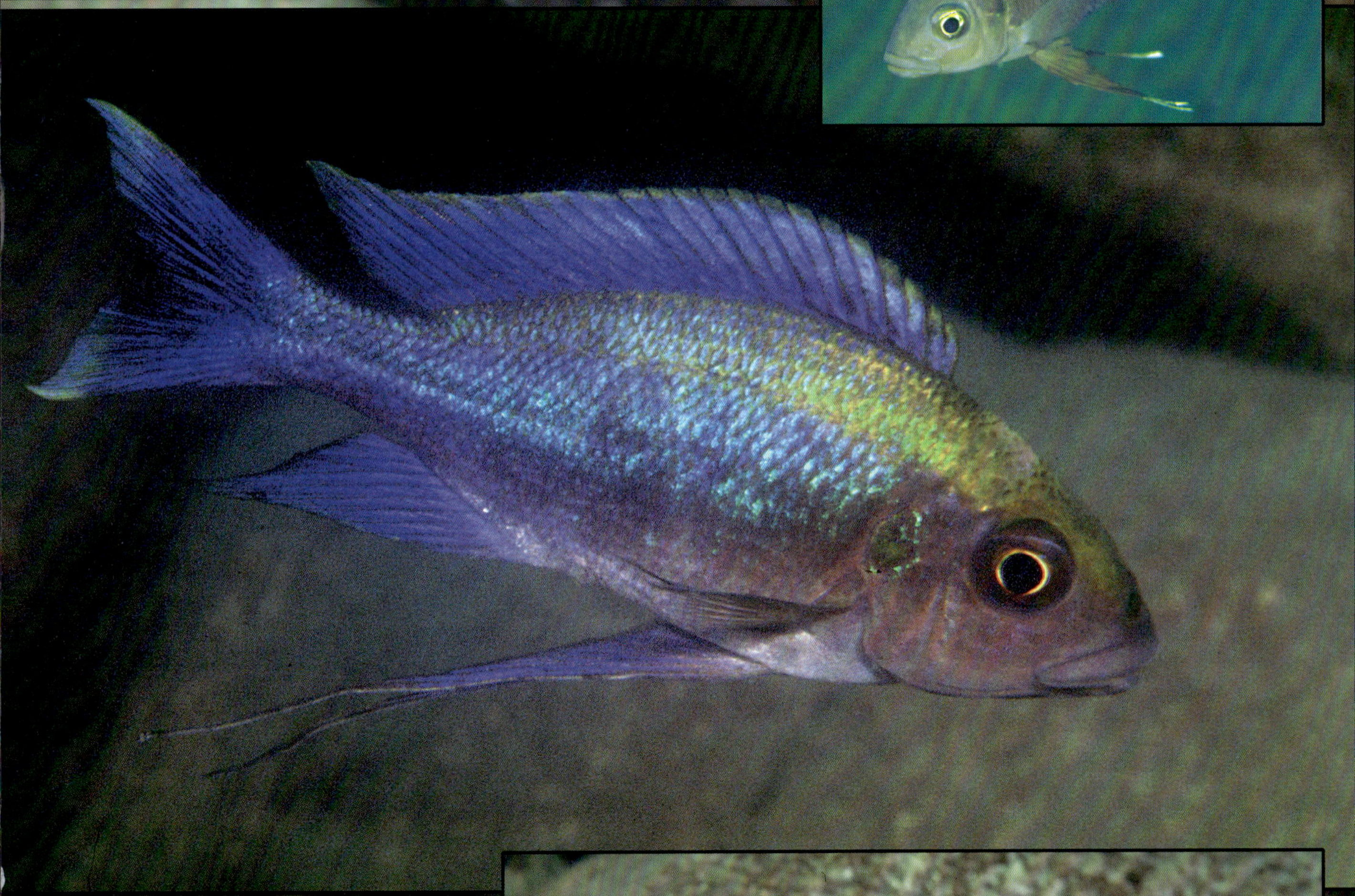
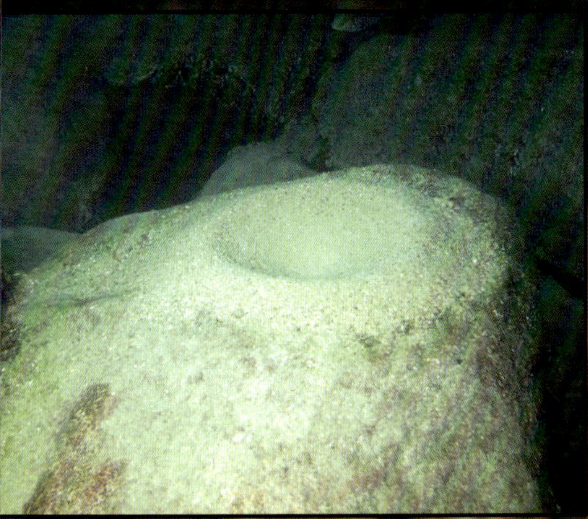
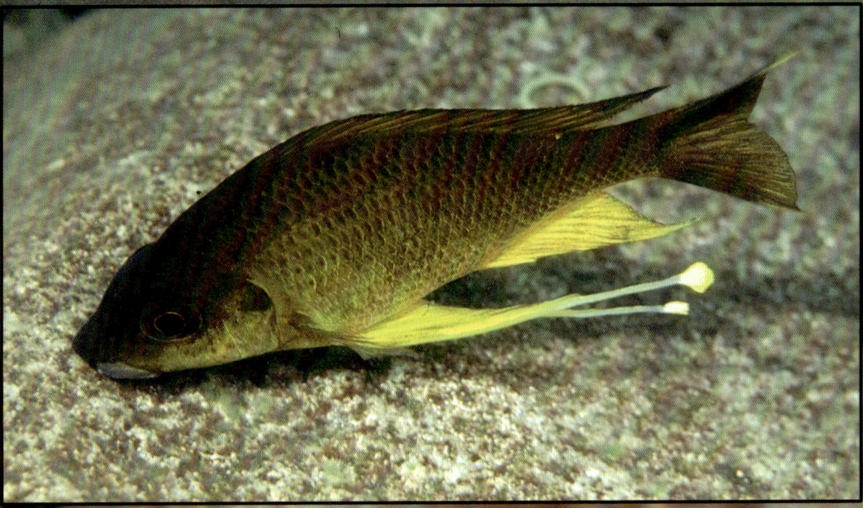

seltsam, daß er bis 1962 noch unbeschrieben war, während Arten wie *Cyathopharynx furcifer* und *O. ventralis* schon zur Jahrhundertwende mit wissenschaftlichen Namen versehen wurden. Die Tatsache, daß sogar die Weibchen, die im See recht häufig vorkommen, die für diese Art charakteristische "Nase" besitzen, unterstreicht die bemerkenswert späte Entdeckung dieser Art.

Wie bereits der wissenschaftliche Name nahelegt, ist die "Nase" das wichtigste Merkmal des *O. nasuta*. Obwohl eine Nase auch bei Weibchen erkennbar ist, ist sie bei den Männchen, vor allem bei sexuell aktiven Männchen viel deutlicher. Die Nase des *O. nasuta* hat nicht dieselbe Funktion wie die der Säugetiere, und dieser Name wurde auch nur verwendet, um die Position der Schwellung auf dem Kopf des Fischs anzudeuten. Die Schwellung ist eine Hautwucherung und nicht durch eine Knochenstruktur unterstützt. Die Funktion dieser Nase ist nicht bekannt; da sie jedoch bei den Männchen am stärksten ausgebildet ist, vor allem bei territorialen Männchen, können wir annehmen, daß sie bei der Fortpflanzung eine Rolle spielt. Die Nase könnte, zum Beispiel, andeuten, daß der Träger einen Laichplatz verteidigt, oder ein Geschlechtsmerkmal darstellen, das die Männchen mit den längsten und dunkelsten Nasen für die Weibchen am attraktivsten macht. Die Nase könnte aber auch eine Funktion beim Nestbau haben.

Die Nahrung des *O. nasuta* besteht aus allem, was im offenen Wasser herumtreibt, sogar Insekten, die ins Wasser gefallen sind. Im Gegensatz zu *C. longiventralis*, einem Algengraser, ist *O. nasuta* ein Planktonfresser, der auch Mikroorganismen, die unmittelbar über dem Schlammsubstrat gefunden werden, frißt. *O. nasuta* findet man häufig in Übergangszonen mit großen Felsblöcken. Die meisten Tiere sammeln sich auf Nahrungssuche im freien Wasser in Schulen, etwa 1-2 m über dem Boden. Weibchen findet man oft in Schulen in 3-10 m Tiefe; die Männchen leben normalerweise tiefer. Poll & Matthes (1962) fanden bei Untersuchungen der Fänge lokaler Fischer, daß drei- bis viermal soviele Weibchen wie Männchen vorkommen. Dies könnte damit erklärt werden, daß die Männchen sich normalerweise dichter bei den Felsen aufhalten und deshalb besser in der Lage sind, den Netzen der Fischer zu entkommen. Zierfischfänger haben in der Regel kein Problem, ausreichend viele Männchen zu fangen und konnten bisher auch noch keine verzerrten Geschlechtsverhältnisse feststellen.

O. nasuta ist ein mütterlicher Maulbrüter. Die Männchen sammeln sich in Brutkolonien und bauen Sandburgnester auf große Felsblöcke. Derartige Felsblöcke heben sich von den umgebenden Felsen ab und müssen für die Weibchen auffällig erkennbar sein. Die Männchen übernehmen die schwere Bürde, enorme Mengen (im Vergleich zur Größe des Fischs) an Sand im Maul vom Boden auf den Felsblock zu tragen. Manchmal kann der Abstand, über den der Sand transportiert werden muß, über 5 m betragen! Interessanterweise kämpfen die Männchen um das Recht auf den höchsten Fels, was automatisch auch eine größere Anstrengung bei der Anlage des Laichplatzes bedeutet. Die Nester haben einen Durchmesser von etwa 25-30 cm und können 10 cm hoch sein. Das Gewicht des Sands wird auf etwa 2 kg geschätzt. Vergleicht man das Gewicht eines Männchens, mit etwa 100 g, mit dem eines Menschen, dann entspricht seine Leistung etwa der eines Menschen, der 1,5-2 t Bücher von der 1. zur 24. Etage tragen müßte! Wir sollten zufrieden sein, daß unser Fortpflanzungsmechanismus etwas anders verläuft.

Territoriale Männchen halten einen Abstand von 2-3 m zueinander, und Kolonien mit über 20 territorialen Männchen sind nicht ungewöhnlich. Der Grund, warum die Männchen ihre Nester oben auf Felsen bauen, ist wahrscheinlich, daß sie damit näher bei den Weibchen sind, oder daß ihre Nester dadurch für diese besser sichtbar sind. Die Weibchen suchen im offenen Wasser über den Revieren der Männchen nach Nahrung, und es ist einfacher für die Männchen, reife Weibchen anzulocken, wenn das Nest derart sichtbar ist. Die Männchen mit Nestern in tieferen Regionen haben eine geringere Chance sich mit Weibchen zu verpaaren als die Männchen, die ihnen näher sind.

Die Laichtechnik ähnelt der von *O. ventralis* (siehe S. 42). Die Eier werden im Maul des Weibchens befruchtet, wenn es die Samenflüssigkeit beim Versuch, die Eiattrappen am Ende der Bauchflossen des Männchens aufzupicken, einsaugt. Ein Weibchen produziert kleine Gelege, ein bis zwei Dutzend Eier, deren Durchmesser etwa 5 mm beträgt. Die maulbrütenden Weibchen bilden Gruppen und fressen während der letzten Inkubationswoche; die Brutperiode dauert insgesamt etwa 3 Wochen. Die Jungen werden in Schulen ähnlich großer Jungfische freigesetzt.

Der Holotypus von *O. nasuta* wurde entlang der Nordwestufer des Sees gefangen. Die Populationen in diesem Teil des Sees sind durch eine sehr dunkle, fast schwarze Körperfarbe der Männchen gekennzeichnet. Die schwarze Form des *O. nasuta* — unter Wasser scheinen sie eine stahlblaue Farbe zu haben — findet man zwischen Kalemie und Uvira. Eine zweite Form, die bei den Aquarianern als "Tiger Nasutus" bekannt ist, kommt südlich von Kalemie entlang der Westufer bis hinauf nach Chimba in Sambia vor. Männchen dieser Form zeichnen sich durch eine schmutziggelbe Grundfarbe und ein Muster aus unregelmäßigen Punkten und Flecken auf dem Kopf und der Körpervorderseite aus. Die dritte Form, der "Gelbe Nasutus", ist von allen am weitesten verbreitet und wird sowohl in sambischem, als auch in tansanischem Wasser zwischen Cape Kachese und Isonga und weiter zwischen Halembe und Kigoma gefunden. Die Männchen der Population bei Cape Kachese und Kipili sind am leuchtendsten gelb gefärbt. Entlang der Mahali Gebirgskette bewohnt ein anders gefärbter *O. nasuta* die Übergangszone. Er hat etwas Ähnlichkeit mit der Form, die unter dem Namen "Nasuta Sela" exportiert wurde, und die angeblich von Moba im Kongo stammt. Die Männchen haben eine dunkelgelb-bronzene Körperfarbe und blaue Flossen. Die fünfte Form kommt in burundischem Wasser vor und zeichnet sich durch senkrechte Bänder auf dem Körper und ein breites, blaues, randständiges Band auf dem Schwanz aus. Die Weibchen aller bekannten Populationen ähneln sich: sie tragen dünne, senkrechte Bänder auf einer zwischen gelblich und silbrig variierenden Grundfarbe.

Xenotilapia spilopterus

Die Gattung *Xenotilapia* kann in zwei Gruppen unterteilt werden; eine Gruppe besteht aus mütterlichen Maulbrütern und die andere aus Arten, die Paare während der Brutzeit ausbilden und eine beidelterliche (biparentale) Maulbruttechnik anwenden. *X. spilopterus* gehört zur Gruppe der beidelterlichen Maulbrüter.

Wenn sie sich nicht fortpflanzen, leben *X. spilopterus* Tiere in Gruppen, manchmal in großen Schulen über dem Sand der Übergangszone. Sie suchen nach Nahrung, indem sie Sandsubstrat oder Sediment aufnehmen und durch ihre Kiemen sieben. Ihr Hauptinteresse scheint sich auf Insektenlarven zu konzentrieren. Ab und zu findet man große Gruppen im freien Wasser, wo sie Zooplankton zu fressen scheinen, jedoch halten sie sich in der Regel in Bodennähe auf.

Beim Herannahen ihrer Brutsaison — zur Zeit ist noch unbekannt, ob es eine regelmäßige Brutsaison gibt oder ob die sexuelle Reifung durch irgendwelche äußerliche Faktoren bei den Mitgliedern der Schwärme ausgelöst wird — trennt sich der Schwarm in Paare auf. Jedes Paar bleibt in einem Revier, mit einem Durchmesser von etwa 2 m, das hauptsächlich vor Artgenossen verteidigt wird.

Das Paarband wird durch wiederholtes Balzen von sowohl dem Männchen als auch dem Weibchen verstärkt. In der unnatürlichen Umgebung des Aquariums scheint das Band zwischen dem Paar durch die ständige Revierverteidigung verstärkt zu werden. Wird nur ein Paar im Becken gepflegt, besteht die Gefahr, daß sich das Männchen und das Weibchen streiten, und daß ein Partner, nicht immer das Weibchen, in einer Ecke des Beckens Schutz suchen muß. Auch wenn das Paar noch nicht brütet, bleiben Männchen und Weibchen in unmittelbarer Nähe zusammen.

Es ist schwer vorauszusagen, ob ein Laichvorgang bevorsteht, jedoch verstärkt sich das gegenseitige Anbalzen deutlich, manchmal bereits Tage vor dem eigentlichen Ablaichen. Eine leichte Veränderung zeigt sich auch in der Farbzeichnung; sowohl das Männchen als auch das Weibchen bekommen schwarze Zeichnungen im oberen und unteren Teil der Iris. Diese bilden zusammen mit dem Augenpigment ein schwarzes, senkrechtes Band durch den Augapfel. Ich weiß nicht, ob dies ein Zeichen für ihre Ablaichbereitschaft ist, jedoch sieht man es vor allem, wenn das Paar am Ablaichen ist, oder unmittelbar davor.

Das Laichen findet im Revier des Paares statt, jedoch gibt es keine bestimmte Stelle oder Nest, wo die Eier abgesetzt werden. Der Laichplatz kann sogar während des Ablaichens wechseln. In der *Xenotilapia* Gruppe der mütterlichen Maulbrüter kreisen Männchen und Weibchen umeinander, bevor Eier abgelaicht werden, bei *X. spilopterus* jedoch beginnt das Ablaichen damit, daß das Weibchen plötzlich einige Eier auf dem Substrat absetzt. Ich konnte niemals ein Signal des

Seite 196	*Ophthalmotilapia nasuta* ist seeweit verbreitet und hat viele verschiedene geographische Varianten.
Seite 197	Einige Varianten des *Xenotilapia spilopterus*.

Mabilbili

Milima Is. **Magara** **Halemb**

Kambwebwe **Sibwesa** **Kekes**

Moliro **Msalaba** **Kali**

Chimba **Cape Kachese** **Ulwil**

apampa	Halembe
oliro	Karilani Is.
ape Kachese	Msalaba
toto	Kisambala
hituta	Kasanga

Männchen an das Weibchen für den Beginn erkennen. Normalerweise wartet das Männchen hinter dem laichenden Weibchen, etwa 3 cm hoch über dem Substrat, bis dieses die Stelle räumt und die Eier dem Männchen zum Befruchten überläßt. Während das Männchen seine Geschlechtsöffnung über den Eiern positioniert und Samenflüssigkeit ausstößt, dreht sich das Weibchen um und wartet, bis das Männchen sich wegbewegt. Dann nimmt es die Eier auf. Das Weibchen wird keine Eier ausstoßen, wenn das Männchen sich nicht hinter ihm befindet. Wenn das Männchen Eindringlinge vertreibt, bleibt das Weibchen an der Stelle warten oder hilft dem Männchen bei der Revierverteidigung. Nach einer kurzen Unterbrechung senkt das Weibchen wieder seinen Körper zum Substrat ab und wartet, damit das Männchen hinter ihm in Position gehen kann, bevor es das Laichen einer neuen Charge Eier fortsetzt.

Die Gelege können bis zu 40 Eier enthalten, jedoch scheint dies sehr von der Mundhöhle des Weibchens abzuhängen. Wenn das Maul des Weibchens voll wird, muß es die Eier umordnen, bevor es neue aufpicken kann. Normalerweise hält das Männchen seinen Kopf neben die Eier, wenn das Weibchen diese aufnimmt und packt hin und wieder selber zu. Einmal beobachtete ich, wie es zwei Eier aufpickte, die das Weibchen offensichtlich nicht schnell genug aufnahm und wegschwamm, wobei er auf ihnen herumkaute. Dann unternahm das Paar einen nächsten Laichvorgang, und als das Weibchen die neue Charge Eier aufsammeln wollte, spuckte das Männchen die beiden Eier in seinem Maul vor dem Weibchen aus, das sie sofort aufnam. Während der nächsten Runde war das Maul des Weibchens wahrscheinlich zu voll, und es dauerte sehr lange, bis es die Eier in seinem Maul umsortiert hatte, so daß das Männchen wieder einige aufnahm, diese jedoch auffraß. Danach produzierte das Weibchen keine Eier mehr.

Unmittelbar nach dem Ablaichen verkleinert das Paar die Reviergröße, jedoch wird dieses heftiger als gewöhnlich verteidigt. Während der ersten 9-12 Tage bebrütet das Weibchen die Embryos und fastet. Danach werden die Larven dem Männchen übergeben. Ich konnte niemals die ganze Prozedur beobachten, jedoch spuckt das Weibchen wahrscheinlich nach einem bestimmten Ritual alle Larven vor dem Männchen aus. Das Männchen bergt sie schnell auf und setzt das Bebrüten für weitere 6-10 Tage fort, während das Weibchen an seiner Seite verweilt.

Nach dem Maulbrüten setzt das Männchen die Jungen im Revier frei, wo sie von beiden Eltern bewacht werden. Während der ersten Tage suchen die Jungen im Maul des Männchens Zuflucht, jedoch sitzen sie meistens auf dem Substrat. Manchmal wandern sie in benachbarte Reviere ab, wo sie von dem bewohnenden Paar beschützt werden. Die Jungen sind zum Zeitpunkt ihrer Freisetzung etwa 15 mm groß und benötigen etwa zwei Jahre, um die adulte Größe von etwa 10 cm zu erreichen.

Die beidelterliche Maulbruttechnik ist nicht weiter entwickelt als die mütterliche Maulbruttechnik. Während maulbrütende Paare 3-4 Wochen der Brutpflege opfern müssen, können Männchen von mütterlichen Maulbrütern die Eier vieler Weibchen während derselben Periode befruchten. Theoretisch sollte das keinen Unterschied machen, solange es genausoviele Weibchen wie Männchen gibt. Der Nachteil des beidelterlichen Maulbrütens liegt jedoch darin, daß ein Revier vom Paar aufrecht erhalten werden muß. Bei mütterlichen Maulbrütern hält nur das stärkste Männchen ein Revier besetzt und die maulbrütenden Weibchen sammeln sich in Gruppen. Wo die Populationsdichte groß ist, wie z. B. im Tanganjikasee, bietet dies einen deutlichen Vorteil. Anstatt viele Reviere über einen großen Raum hinweg verteidigen zu müssen, kann sich eine Art auf einem relativ kleinen Raum des Biotops fortpflanzen. Nur die Männchen müssen um das Revier kämpfen, und da weniger Reviere benötigt werden, verstärkt wahrscheinlich ein Verlust während des Selektionsvorganges die Überlebensfähigkeit der Art. Der Vorteil von beidelterlichem Maulbrüten ist der Schutz der Nachkommen durch beide Eltern, was im Felsbiotop vielleicht nötig ist, da sich Raubfische ganz in der Nähe der Jungen verbergen können.

Wahrscheinlich ist Hunger der Anstoß für das Weibchen von beidelterlichen Maulbrütern für den Transfer der Larven zum Maul des Männchens. Während der 9-12 Tage Inkubationszeit frißt es nicht. Weibchen von mütterlichen Maulbrütern ertragen eine noch längere Fastenperiode, jedoch fressen sie bei vielen Arten während der zweiten Hälfte der Inkubationszeit kleine Bissen. Solche maulbrütenden Weibchen verbrauchen weniger Energie als die beidelterlicher Maulbrüter, die auch noch ein Revier verteidigen müssen.

Der Holotypus von *X. spilopterus* wurde an der Insel Nkumbula (Crocodile Island), in der Nähe von Mpulungu in Sambia, gefangen, jedoch ist ihr

Verbreitungsgebiet noch viel größer. Im Kongo fand ich diese Art südlich von Kapampa, jedoch kann sie im Nordteil noch weiter verbreitet sein. Ferner kommt sie in sambischem und tansanischem Wasser vor, wurde jedoch nicht in Burundi gefunden.

Mehrere geographische Varianten sind von *X. spilopterus* bekannt, und einige wurden als Aquariumfische exportiert. Die meisten Varianten haben eine farblose Rückenflosse mit etwas schwarzer Zeichnung am Rand. Die Variante, die zwischen Kigoma und Kasoje vorkommt, hat winzige Farbpunkte auf der Rückenflosse, jedoch fehlen ihr die fleckigen Zeichnungen der anderen bekannten Populationen; sie ist als "Pearly Spot Spilopterus" bekannt. Die Variante, die die Felsufer zwischen Mabilibili und Kasoje in Tansania bewohnt, hat zusätzlich zu den schwarzen Zeichnungen auf der Rückenflosse noch eine attraktive gelbe Färbung.

Kuwamura (1986a) berichtet über einen beidelterlich maulbrütenden *X. longispinis* an der Nordwestküste des Sees. Die gelieferten Daten und ein Foto, das 1997 (S. 66) veröffentlicht wurden, legen nahe, daß es sich wahrscheinlich um eine Fehlidentifizierung handelt. *X. longispinis* erreicht eine adulte Größe von etwa 16 cm, während 9 Weibchen, die von Kuwamura untersucht wurden, eine durchschnittliche Gesamtlänge von etwa 8,5 cm hatten. Nach dem Foto zu urteilen scheint es, daß *X. spilopterus* oder eine Art von einer großen Ähnlichkeit auch in diesem Teil des Sees vorkommt. Derselbe Autor berichtete 1987 über *X. longispinis* von Miyako an der zentralen Ostküste von Tansania. Die hier lebende *X. spilopterus* Variante, der "Pearly Spot", wurde von Axelrod (in Brichard, 1989: 432 und 433) auch fälschlicherweise als *X. longispinis* identifiziert. Der Pearly Spot könnte aber überhaupt eine noch unbeschriebene Art sein, jedoch ähneln ihr Verhalten und ihre Morphologie denen von *X. spilopterus*, so daß eine Artunterscheidung nicht notwendig erscheint.

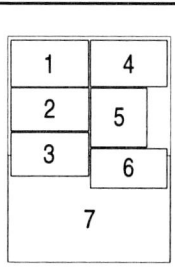

Seite 200

1. *Xenotilapia spilopterus* bei Mabilibili, Tansania.
2. *X. spilopterus* bei Lyamembe, Tansania.
3. *X. spilopterus* bei Sibwesa, Tansania.
4 und 5. *X. spilopterus*, im Aquarium ablaichend.
6. *X. spilopterus* bei Kekese, Tansania.
7. Eine planktonfressende Schule des *X. spilopterus* bei Mabilibili.

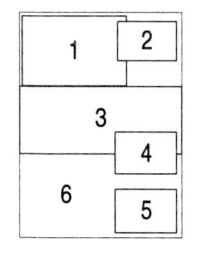

Seite 201

1. Ein «*Lamprologus*» *callipterus* Männchen bei seiner Schneckengehäuseansammlung (Mkinga, Tans.).
2. *Lepidiolamprologus hecqui* an der Insel Mbete, Sambia.
3. Ein leeres Schneckengehäuse mit einem «*Lamprologus*» *brevis* Paar bei Chimba, Sambia.
4. «*L.*» *brevis* (links) und *Neolamprologus ocellatus* (rechts) bei Katete, Sambia.
5. Ein «*L.*» *ocellatus* Weibchen mit Jungen bei Isanga, Sambia.
6. Eine Schneckenhausansammlung mit *Telmatochromis brichardi* an der Insel Kerenge, Tansania.

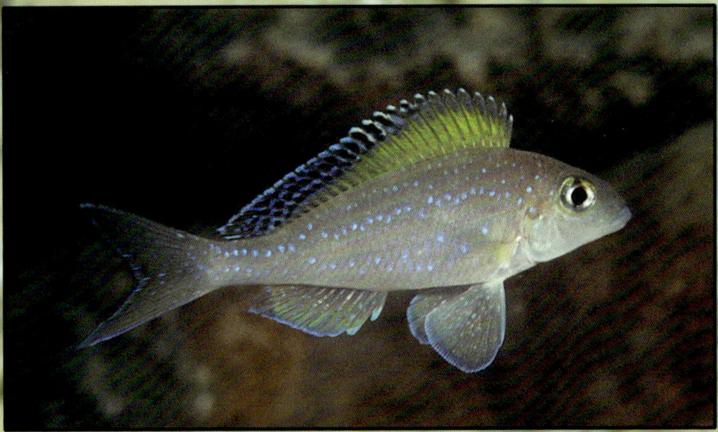
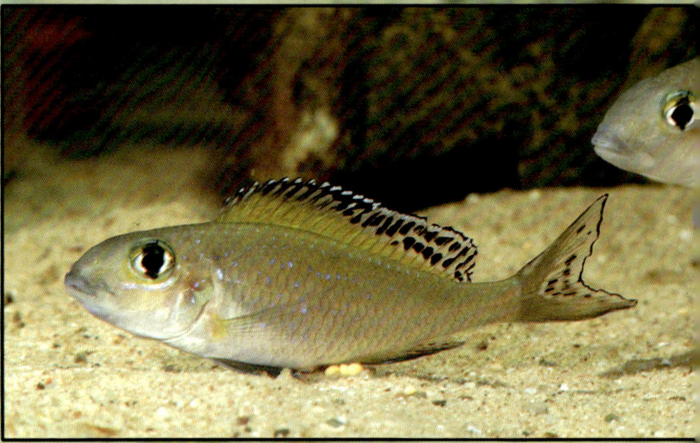
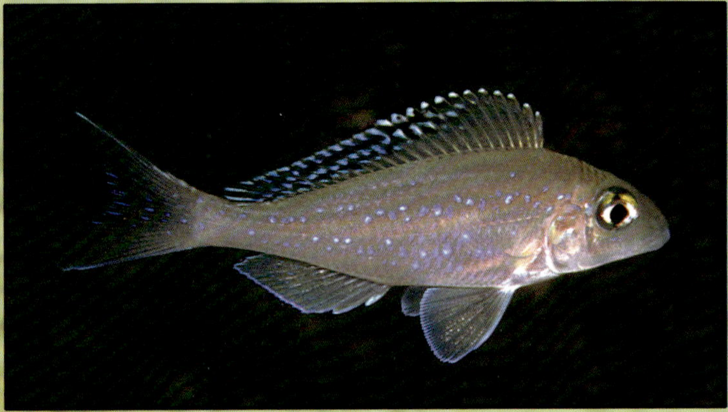
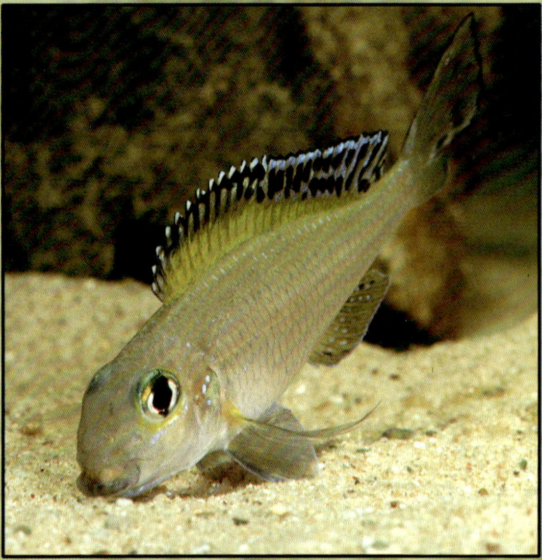
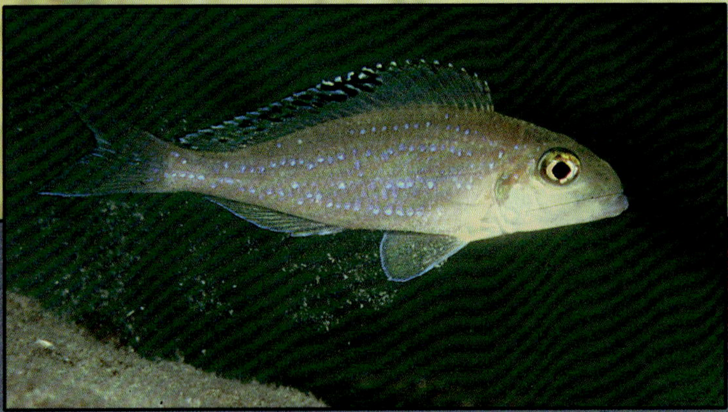
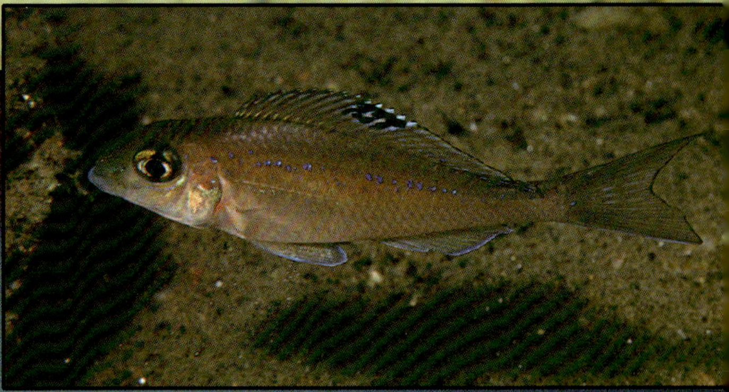
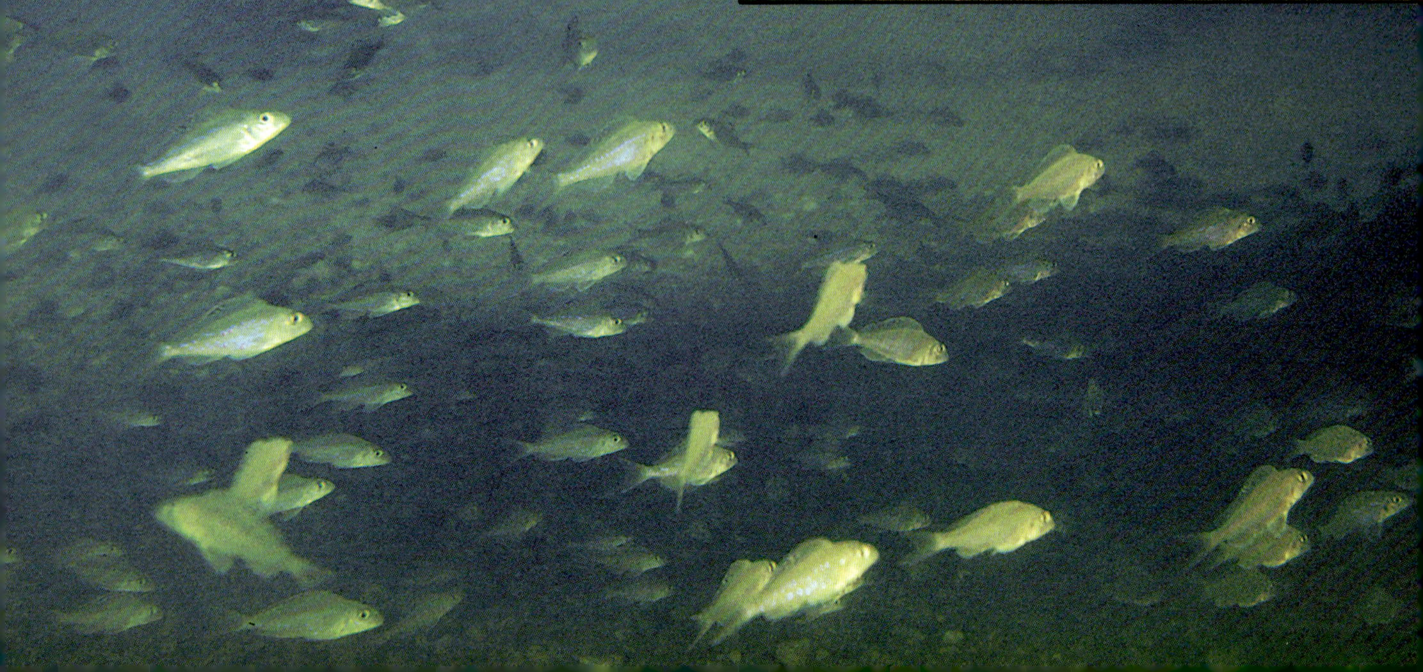

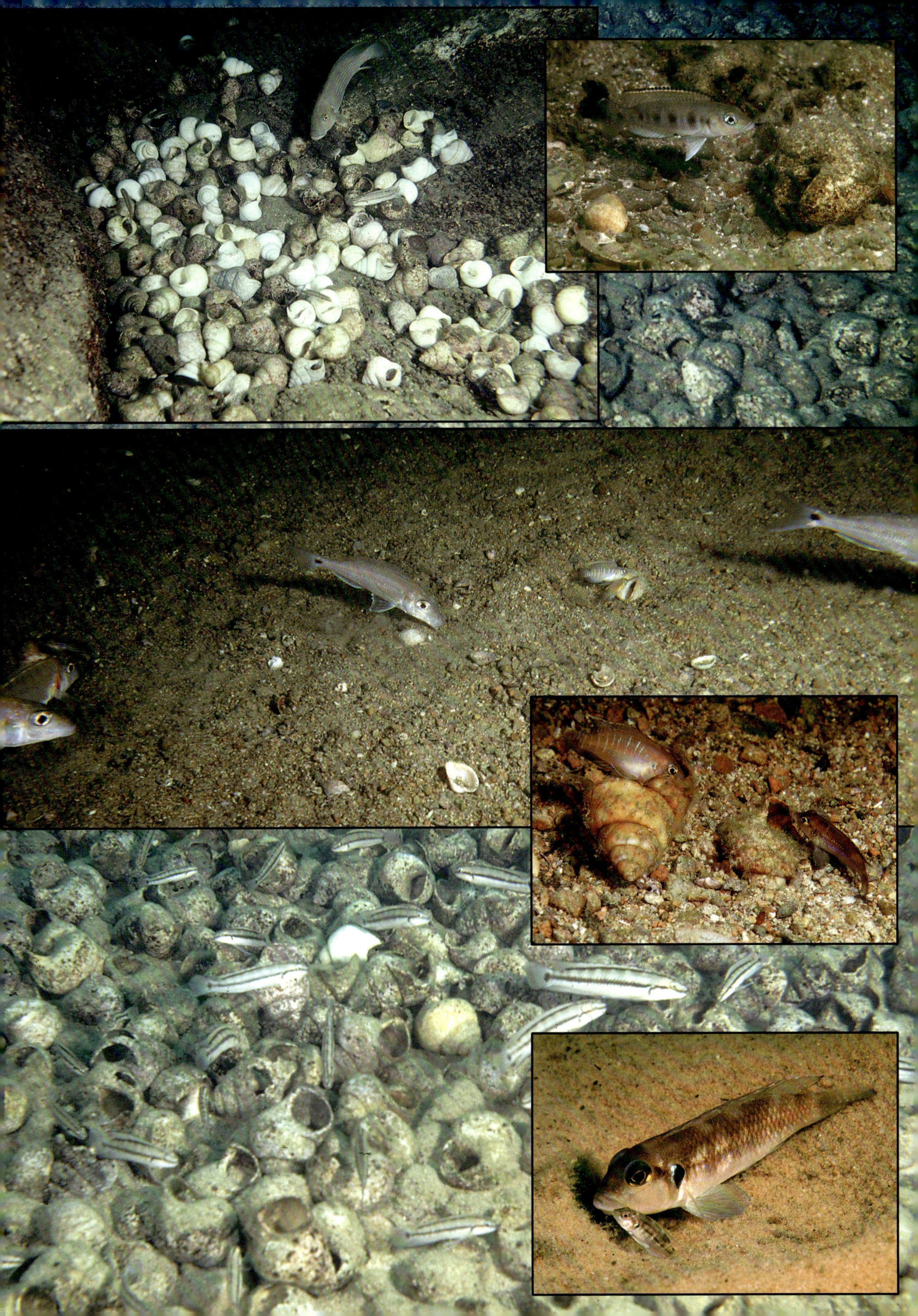

Leere Schneckengehäuse

Seit Millionen Jahren entwickelt sich die Fauna des Tanganjikasees, unabhängig von anderen Flußsystemen, zu den reichen und verschiedenartigen aquatischen Gemeinschaften wie wir sie heute kennen. Man weiß heute, daß etwa 200 Cichlidenarten den See bewohnen, von denen sich die meisten auf einen bestimmten Biotop spezialisiert haben. Die große Zahl unterschiedlicher Arten an vielen Stellen läßt darauf schließen, daß sie sich viele verschiedene Nischen erschlossen haben. Eine Nische kann als Vorbedingung einer Umgebung an eine Art oder die Übereinstimmbarkeit einer Art auf eine Umgebung verstanden werden; darunter fallen Eigenschaften wie die Struktur des Biotops, die Futtersorte, die Tiefe und Art der Laichplätze, usw.

Hinsichtlich ihres Brutverhaltens können die Cichliden des Tanganjikasees in zwei Hauptgruppen unterteilt werden: die Substratbrüter und die Maulbrüter. Fast alle Substratbrüter befestigen ihre Eier auf einem harten Substrat, weshalb sie vorwiegend im Felsbiotop vorkommen. Die meisten Substratbrüter sind kleine Arten, die in Löchern und Höhlen des Felsbiotops Schutz suchen. Mit Ausnahme einiger weniger fischfressender Arten sind alle Substratbrüter Höhlenbrüter. Nicht nur zu Brutzwecken, sondern auch zum eigenen Schutz und dem ihrer Nachkommen, benötigen diese Buntbarsche den Schutz von Höhlen und Spalten, die ihre Umgebung ihnen liefert.

Unter normalen Umständen zersetzt sich die Schale der Schneckenartigen recht schnell, wenn das Tier verendet ist (sie löst sich auf). Jedoch verhindert im Tanganjikasee der hohe pH-Wert (Alkalität) des Wassers den schnellen Zerfall leerer Schneckengehäuse. Im Gegenteil, es wird, solange sie dem Seewasser ausgesetzt sind, immer mehr Kalk auf dem Gehäuse abgelagert, was sie dick und hart macht. Von Sand überlagerte Schneckengehäuse bleiben über eine lange Zeitperiode hinweg geradezu unverändert — selbst Tausende von Jahren (Cohen *et al.* 1993)! Nur ein mechanischer Zerfall der Kalkschalen kann geschehen. Deshalb können diese leeren Gehäuse jedem Fisch, der hineinpassen kann, eine Höhle bieten. Obwohl es viele verschiedene Schnecken- und Muschelarten im See gibt (die meisten davon sind endemisch), sind nur die Schalen einiger Arten groß genug, um Cichliden Schutz zu bieten, oder umgekehrt ausgedrückt: nur eine kleine Zahl Cichlidenarten ist klein genug, um in einem vorhandenen Gehäuse Schutz zu finden.

Für kleine Cichliden sind deshalb leeren Schneckengehäuse vergleichbar mit Höhlen zwischen den Felsen, und die in Gehäusen brütenden Cichliden sind Höhlenbrüter, ähnlich den meisten anderen Substratbrütern. Große, leere Gehäuse, vor allem von der Schnecke *Neothauma tanganyicense*, findet man jedoch in der Regel auf Sand- und Schlammboden und selten zwischen Felsen. Recht häufig, vor allem in Tiefen unterhalb von 10 m, liefern Ansammlungen leerer und teilweise zerbrochener Schalen einen "Felsbiotop aus Kalk" für eine Gruppe kleiner, höhlenbrütender Cichliden.

Drei unterschiedliche Schalen-Biotope können unterschieden werden. Die großen Ansammlungen liefern natürlich den größten Lebensraum, jedoch dominieren normalerweise nur wenige Arten die Gemeinschaften solcher Biotope. In diesen Gehäusebeeten, die mehrere Meter dick und mehrere Kilometer lang sein können, sind die meisten oberen Gehäuse durch Kalkablagerungen zusammengeklebt und diese Ablagerungen können das Gehäuse völlig umgeben, wodurch sie es abschließen und zur Cichlidenwohnung unbrauchbar machen.

Ein zweites Gehäusebiotop besteht aus locker angeordneten Gehäusen, die sich im seichten Biotop, normalerweise in der Nähe von Felsen angesammelt haben. Solche Gruppen fand ich vorwiegend in den oberen Wasserbereichen, bis 15 m Tiefe. Es ist möglich, daß derartige Gehäuseanordnungen von Cichliden geschaffen werden (siehe später). Der dritte Typ besteht aus einzelnen, leeren Gehäusen, die auf dem Sand- oder Schlammboden des Sees verstreut herumliegen. Eine solche Anordnung findet man recht häufig an vielen Sandküsten, sowohl in seichtem, als auch in sehr tiefem Wasser.

Maßgeschneiderte Cichliden

Die wichtigste Voraussetzung an einen Cichliden, den Schutz eines leeren Schneckengehäuses ausnutzen zu können, ist eine genügend kleine Körpergröße, damit er hineinpaßt. Wie bereits erwähnt, werden leeren Schneckengehäuse auf offenem Sand gefunden, einer Gegend, die kleine Buntbarsche zu einer sehr verletzliche Beute machen würde. Es gibt Arten, bei denen nur die Weibchen klein genug sind, um in Gehäuse zu passen, während die Männchen, die beträchtlich größer als die Weibchen sind, woanders Schutz suchen müssen.

Eine Anzahl Arten haben die Schneckengehäuse zum Brutplatz für ihre Jungen ausgewählt, sie selbst sind jedoch zu groß, um hineinzupassen. Meistens findet man solche Arten am Rande des Felsbiotops, wo die Eltern Zuflucht zwischen den Felsen finden können, der Felsbiotop jedoch nicht ausreichend geeignete Nistplätze liefert oder wo die Populationsdichte der Höhlenbrüter zu groß ist (so daß einige Tiere nach alternativen Brutstätten suchen müssen). Arten, von denen man weiß, daß sie leere Schneckenhäuser als Brutplatz verwenden, sind: Lepidiolamprologus attenuatus, L. pleuromaculatus, «Lamprologus» caudopunctatus, N. mondabu, N. cunningtoni, Altolamprologus fasciatus, A. compressiceps und Telmatochromis temporalis (Sato & Gashagaza, 1997).

Die meisten dieser Arten werden auf großen Gehäuseansammlungen gefunden, wo ihnen jedoch der Schutz nahegelegener Felsen fehlt. Einige haben Miniaturformen ausgebildet, die dadurch in der Lage sind, in die leeren Gehäuse zu passen. Eine gut bekannte Aquariumart ist der sog. "Schnecken Compressiceps", der in und um leere Neothauma Gehäuse lebt. Dies scheint keine andere Art, sondern eine Miniaturform von A. compressiceps zu sein, die sich an verschiedenen Stellen im See ausgebildet hat. Die ersten in Schneckengehäusen brütenden A. compressiceps wurden in der Nähe der Insel Sumbu in Sambia gefangen, jedoch werden ähnliche Formen auch in der Nähe von Utinta in Tansania, Rumonge in Burundi (Gashagaza et al., 1995) und Katibili (als Altolamprologus cf. calvus) im Kongo (Büscher, 1998) gefunden. Werden jedoch solche in Schneckengehäusen brütende A. compressiceps im Aquarium gehalten, scheint es, daß sie ihren Gehäusen langsam entwachsen und eine Größe erreichen, die für A. compressiceps gewöhnlich ist. Gashagaza et al. (1995) berichteten über zwei weitere Arten, die Miniaturformen auf Gehäuseansammlungen ausgebildet haben: Neolamprologus mondabu und «L.» callipterus. Letztgenannte Art ist ein in Gehäusen brütender Cichlide, bei dem normalerweise nur das Weibchen in das Schneckenhaus paßt. Bei Rumonge fanden die Autoren eine Form, bei der auch das Männchen in Gehäuse paßt.

Von großem Interesse war die Entdeckung einer Miniaturform von «Lamprologus» speciosus durch Büscher (1998), bei dem die normale Form die in Gehäusen brütende Form ist. An den meisten Stellen bewohnt diese Art leere Neothauma Gehäuse, bei Kasenga, Kongo, jedoch benutzte die gesamte Population die deutlich kleineren Lavigeria Gehäuse. Ich habe Miniaturformen einer anderen in Gehäuse brütenden Art, «L.» brevis, an der Insel Karilani, Tansania, gesehen, jedoch war der interessanteste Teil der Entdeckung Büschers, daß, wenn er den Miniatur-«L.» speciosus in ein Aquarium mit großen Schneckengehäusen setzte, diese auf dieselbe Länge heranwuchsen wie Artgenossen, die normalerweise in solchen Gehäusen leben.

Es scheint also, daß die Größe einiger Arten von ihrer Umgebung und nicht durch ihre Gene bestimmt wird. Die Zwergformen sind jedoch

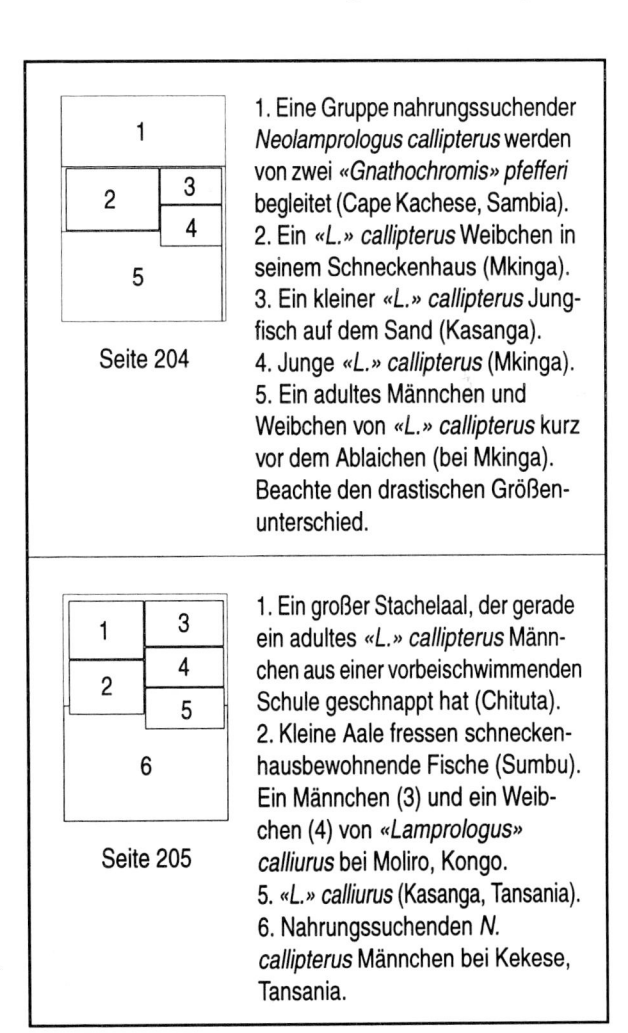

Seite 204

1. Eine Gruppe nahrungssuchender Neolamprologus callipterus werden von zwei «Gnathochromis» pfefferi begleitet (Cape Kachese, Sambia).
2. Ein «L.» callipterus Weibchen in seinem Schneckenhaus (Mkinga).
3. Ein kleiner «L.» callipterus Jungfisch auf dem Sand (Kasanga).
4. Junge «L.» callipterus (Mkinga).
5. Ein adultes Männchen und Weibchen von «L.» callipterus kurz vor dem Ablaichen (bei Mkinga). Beachte den drastischen Größenunterschied.

Seite 205

1. Ein großer Stachelaal, der gerade ein adultes «L.» callipterus Männchen aus einer vorbeischwimmenden Schule geschnappt hat (Chituta).
2. Kleine Aale fressen schneckenhausbewohnende Fische (Sumbu). Ein Männchen (3) und ein Weibchen (4) von «Lamprologus» calliurus bei Moliro, Kongo.
5. «L.» calliurus (Kasanga, Tansania).
6. Nahrungssuchenden N. callipterus Männchen bei Kekese, Tansania.

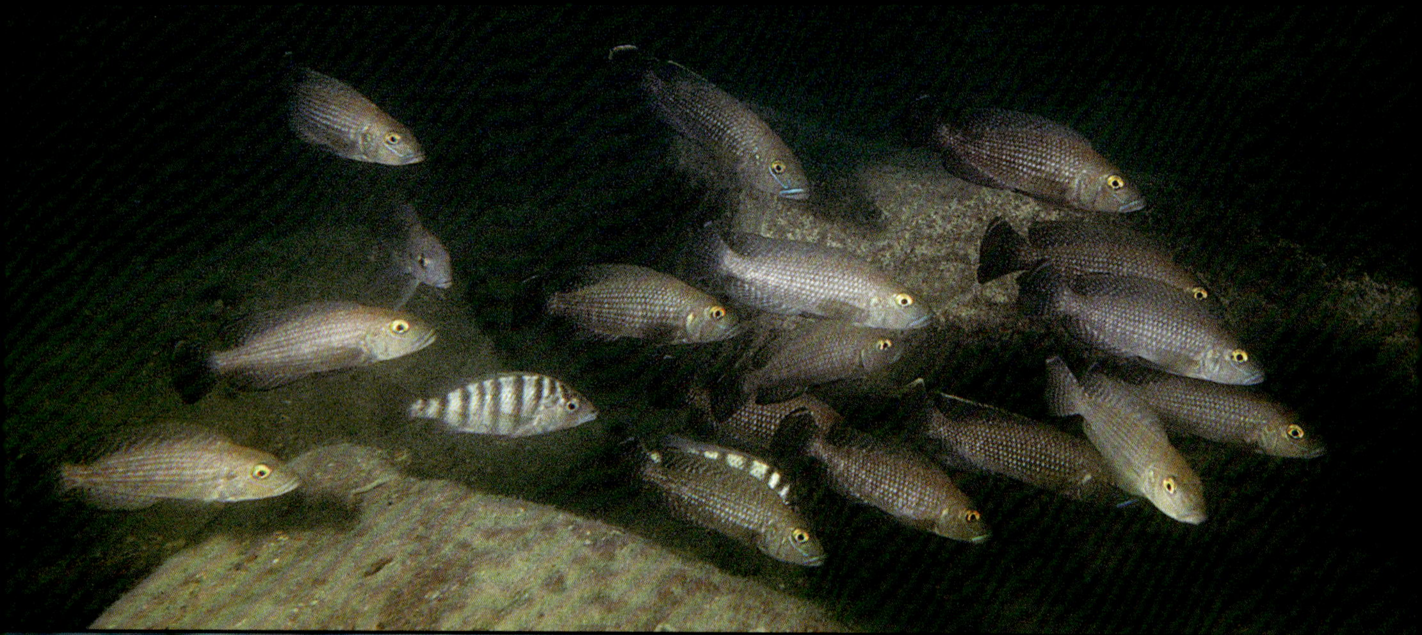
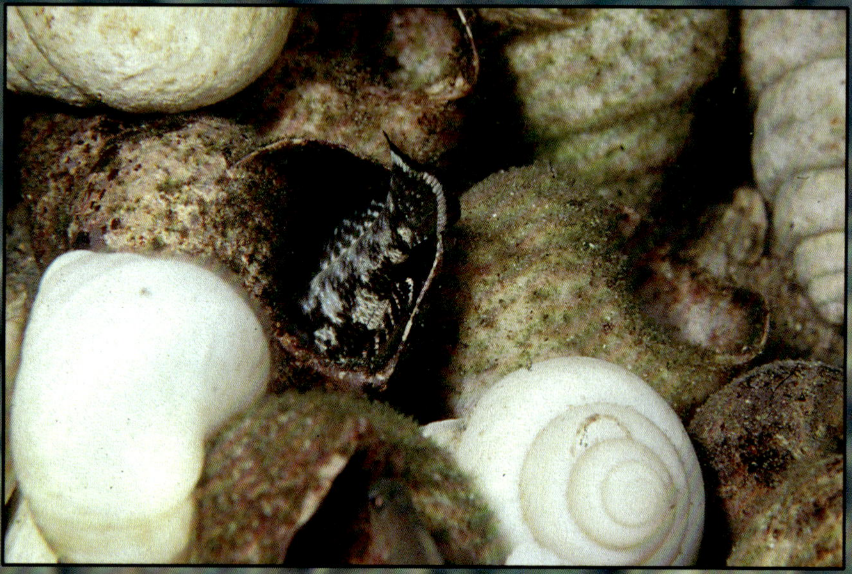
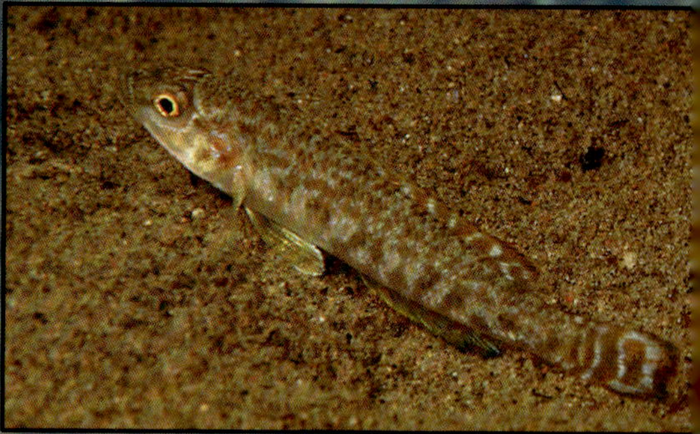
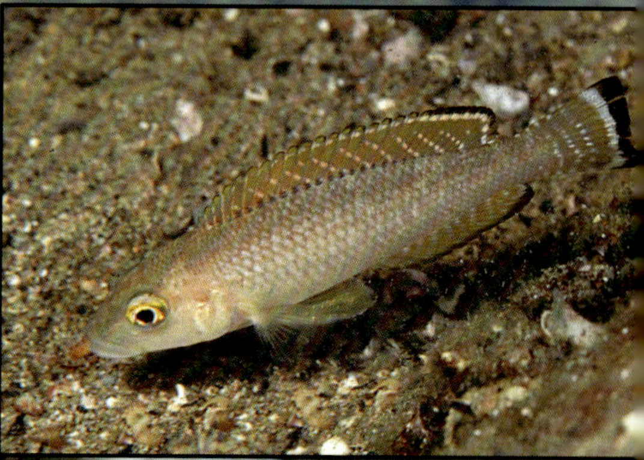
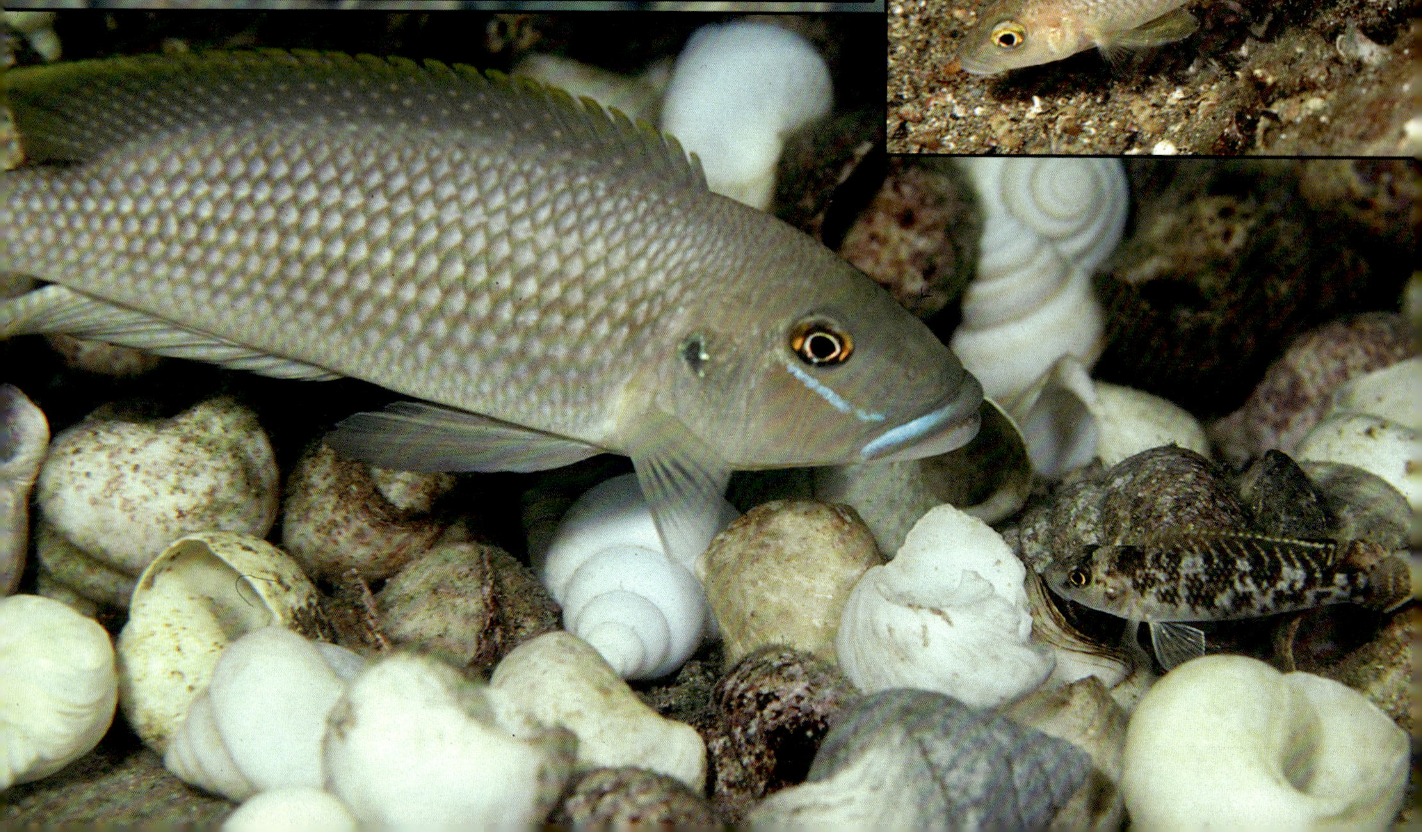

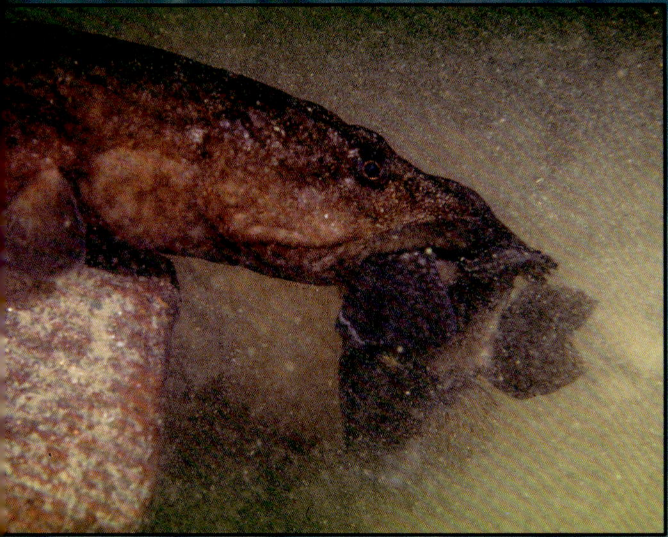
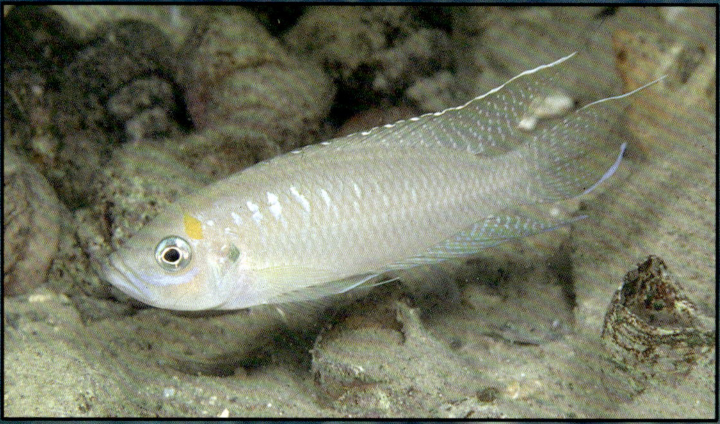
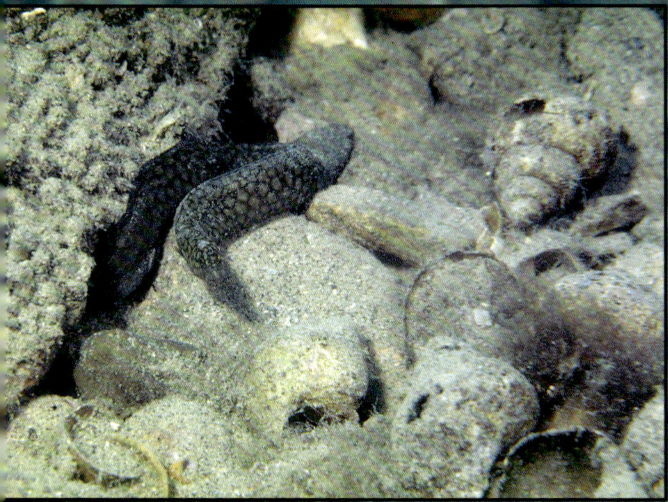
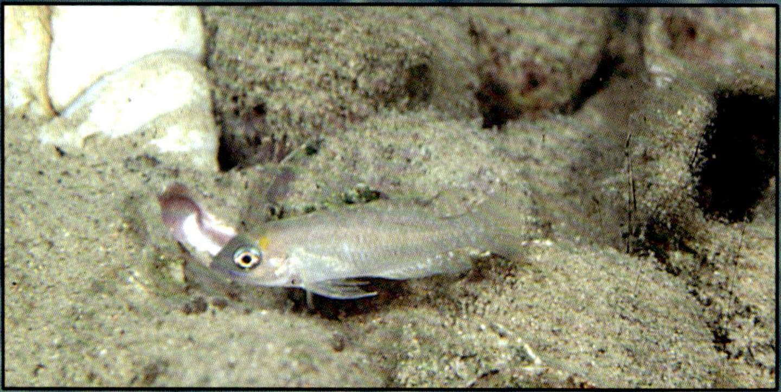
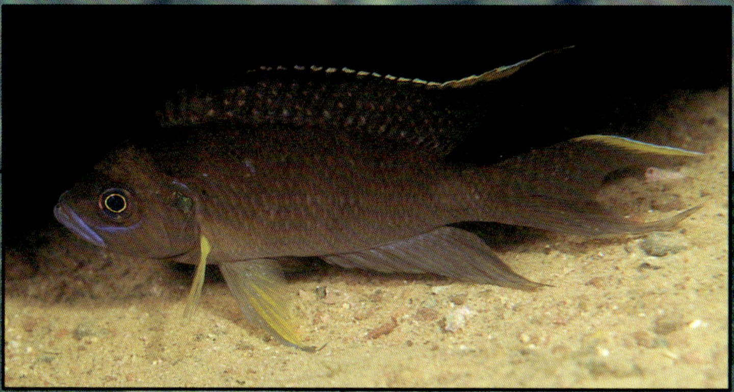
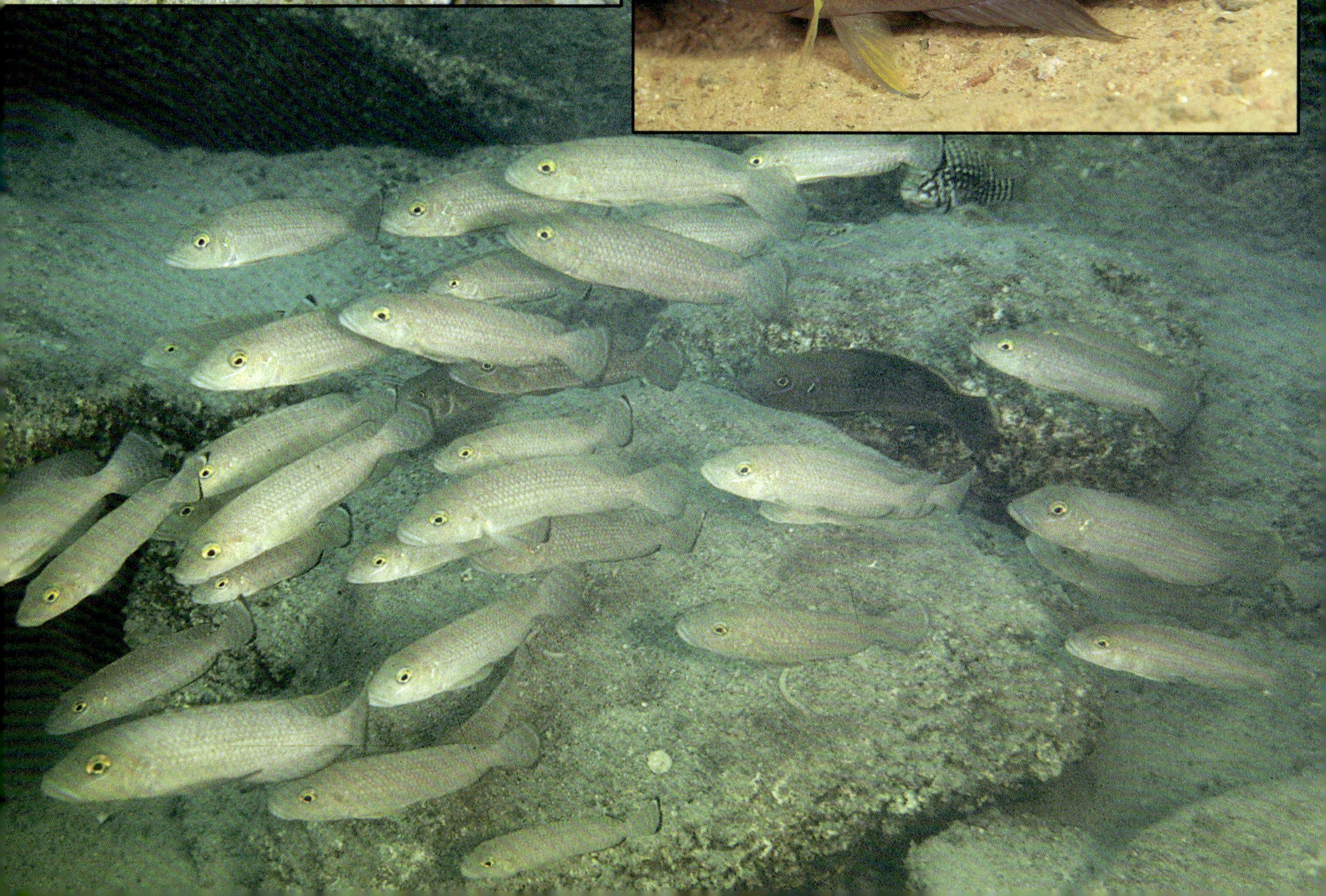

völlig ausgereift und pflanzen sich in den Gehäusen fort. Sie sind vielleicht einer großen Gruppe Raubfische ausgesetzt, die die Population der Gehäusebrüter ständig dezimieren und nur diejenigen übriglassen, die sich in den Gehäusen verstecken können. Zwergformen haben normalerweise eine hellere Farbe als ihre Artgenossen im Felsbiotop und sind dadurch besser im hellen Hintergrund, den die Gehäuse und der Sand bilden, getarnt.

Von zwei in Gehäusen brütenden Arten ist bekannt, daß nur die Weibchen im Gehäuse leben, während die Männchen durch die Übergangszone ziehen, wo sie normalerweise, um Schutz zu finden, in großen Gruppen leben. Einzelne Männchen benötigen auch den Schutz von Höhlen zwischen den Felsen. Dies könnte der Grund sein, warum Weibchen dieser beiden Arten, «*Lamprologus*» *callipterus* und «*L.*» *calliurus*, in Gehäusen leben, die sich in der Nähe von Felsen oder in der Übergangszone befinden.

Schneckengehäuse und Harems

«*L.*» *callipterus* Männchen können eine Gesamtlänge von etwa 15 cm erreichen und sind stark genug, leere Gehäuse in ihrem Maul zu tragen. Während viele maulbrütenden Cichliden im See Nester oder Laichplätze anlegen, tragen die höhlenbrütenden «*L.*» *callipterus* leere Gehäuse aus ihrer Umgebung zum Nistplatz. Alles, was die Männchen den Weibchen anzubieten haben, ist eine Ansammlung leerer Gehäuse in der Nähe eines Felsbiotops. Um eine solche Stelle kontrollieren zu können, werden die Gehäuse — einige Reviere enthalten über 100 Gehäuse — dicht nebeneinander auf einem Fleck von etwa 40 cm Durchmesser plaziert. Benachbarte Männchen sind immer auf Ausschau mit der Absicht, einige Gehäuse aus anderen Revieren zu stehlen, und es ist nicht ungewöhnlich, Männchen beim Tragen von Gehäusen von einem Nistplatz zum anderen zu beobachten. Weibchen, die maximal eine Gesamtlänge von etwa 6 cm erreichen können, verstecken sich normalerweise in den Gehäusen, und wenn ein Weibchen laichbereit ist, hält es nach einem attraktiven Nest Ausschau. Die Harems der Männchen können aus mehr als 20 Weibchen bestehen.

Die Weibchen legen ihre Eier in den Schneckengehäuse ab, jedoch hat das Männchen keine Chance, hineinzugelangen oder gar zu sehen, was vor sich geht. Deshalb muß das Weichen dem Männchen andeuten, daß es laichbereit ist, und daß es von ihm erwartet, seine Eier zu befruchten. Wenn man dies erst einmal in freier Natur beobachtet hat, kann man den enormen Größenunterschied zwischen Männchen und Weichen (siehe Foto S. 204) erst richtig erfassen, sowie die Art und Weise, wie das Weibchen das Männchen anlockt, indem es aufgeregt um dessen Kopf schwimmt. Sobald das Weibchen die Aufmerksamkeit des Männchens erregt hat, verschwindet es im Gehäuse und beginnt zu laichen. Das Männchen nun plaziert sich mit der Geschlechtsöffnung über die Öffnung des Gehäuses und stößt seinen Samen aus. Dieser wird nun vom Männchen ins Gehäuse gefächelt, aber auch durch das Weibchen ins Gehäuse gesaugt, wenn es herausschwimmt. Die Eier werden im Gehäuse befruchtet, und das Weibchen betreibt die Brutpflege. Wenn die Jungen freischwimmend sind, bleiben sie eine Weile in der Nähe des Nestes, jedoch verläßt das Weibchen sie bald und sucht, um sich zu erholen, nach einem neuen Gehäuse außerhalb des Reviers des Männchens.

Wenn Männchen Gehäuse aus dem Nest ihrer Konkurrenten stehlen und diese enthalten Jungfische, wird es diese auffressen, bevor das Gehäuse ins Nest eingebracht wird (Gashagaza et al., 1995). Diese instinkthafte Maßnahme verhindert, daß das Männchen Nachkommen bewacht, die nicht seine Gene tragen. Dies ist einfach erklärt, jedoch eigentlich ein unglaublicher Akt, der sich im Laufe der Evolution des Sees herausgebildet hat, vor allem wenn wir die Tatsache berücksichtigen, daß eine Reihe anderer Arten im Revier des Männchens geduldet oder völlig ignoriert werden.

Wenn die «*L.*» *callipterus* Jungen eine Gesamtlänge von etwa 3 cm erreichen, verlassen sie die Gehäusegegend und finden, normalerweise in kleinen Gruppen, Schutz zwischen Felsen oder in der Übergangszone, aber auch im reinen Felsbiotop. Bei einer Gesamtlänge von etwa 7 cm gesellen sie sich zu einer anderen Gruppe ähnlich großer «*L.*» *callipterus* und bilden auf Nahrungssuche Schwärme, die über 100 Tiere enthalten können. Sie fressen hauptsächlich Garnelen, und da diese Art Beute im Biotop schwierige aufzutreiben ist — Garnelen können nur entdeckt werden, wenn sie gestört werden und flüchten — erweist sich ihre geballte Kraft für jedes einzelne Tier zum Vorteil (Yuma & Kondo, 1997). «*L.*» *callipterus* legt Garnelen frei, indem er den Schlick und das Sediment vom Substrat wegbläst (indem er einen Wasserstrahl aus dem Maul stößt). Große Schwärme auf Nahrungssuche sind häufig zu sehen, und neben Garnelen fressen sie auch noch Jungfische substratbrütender Cichliden, wenn sie auf solche stoßen. Auch legen die großen Schwärme große Mengen an Beutetieren frei, und andere Arten, wie z. B. «*Gnathochromis*» *pfefferi* und halbwüchsige *Lepidiolamprologus elongatus*, können sich zu *Callipterus*-Schulen gesellen, um von deren Aktivität zu profitieren.

«*L.*» *callipterus* ist seeweit verbreitet und an den meisten Stellen sehr häufig zu finden, wodurch er anderen Cichliden zusätzliches Brutsubstrat in der Nähe von Felsgegenden bietet. Eine zweite, in Gehäusen brütende Art, «*L.*» *calliurus*, besteht aus kleinen Weibchen und großen Männchen. Jedoch sind, im Gegensatz zu «*L.*» *callipterus*, diese Männchen nicht stark genug, um leere Gehäuse zu tragen, weshalb sie von der vorgegebenen Situation abhängig sind.

«*L.*» *calliurus* Männchen, die eine Gesamtlänge von etwa 10 cm erreichen können, werden manchmal beim Planktonfressen in großen Ansammlungen gefunden. Die Männchen verteidigen zeitweilig Gruppen von Schneckengehäusen und erlauben den Weibchen, sich darin einzunisten. Ihre Harems sind gewöhnlich nicht größer als fünf Weibchen, und mehrere Männchen können in großen Gehäuseansammlungen ihre Harems nebeneinander haben. Die erwachsenen Weibchen sind viel kleiner, ihre maximale Gesamtlänge beträgt etwa 4 cm, und leben ihr ganzes Leben lang in Gehäusen. Obwohl ich Männchen bei der Verteidigung einiger Weibchen vor Konkurrenten beobachtet haben, scheinen die Männchen nicht lange Reviere zu halten. Es ist möglich, daß die Männchen einige Laiche befruchten und danach die Weibchen verlassen, die sich dann um die Nachkommen kümmern, da Gruppen von Weibchen häufiger zu sehen sind als territoriale Männchen, die sie verteidigen.

In der Vergangenheit wurde «*L.*» *calliurus* mit «*L.*» *brevis*, einer viel kleineren Art mit einem ganz anderen Brutverhalten (siehe S. 214), verwechselt. Der Unterschied zwischen den Männchen ist einfach: «*L.*» *calliurus* Männchen haben leierförmige Schwänze, während diese bei den «*L.*» *brevis* Männchen abgerundet sind. «*L.*» *calliurus* Weibchen sind viel heller gefärbt und ihre Schwänze sind gerade; kleine Weichen sind jedoch schwer von den «*L.*» *brevis* Weibchen zu unterscheiden. Beide Arten kommen überall im See vor.

«*Lamprologus*» *ocellatus* und ähnliche Arten

Außer «*L.*» *callipterus* sind alle obligatorisch in Gehäusen brütenden Cichliden zu klein, um Schneckengehäuse zu transportieren und müssen sich deshalb mit der vorhandenen Anordnung der Gehäuse begnügen. An vielen Stellen liegen die leeren Schneckenhäuser weit verstreut, und eine Frequenz von ein bis fünf Schneckengehäuse per Quadratmeter scheint normal zu sein. In solchen Regionen wird man «*L.*» *callipterus* oder «*L.*» *calliurus* oder eine Reihe Schneckenhausbrüter, die auf ein Leben in Regionen mit einer viel höheren Gehäusedichte spezialisiert sind, nicht finden. Nur einige Arten kommen an diesen Stellen mit einer geringen Gehäusedichte hauptsächlich vor, und der häufigste davon ist «*Lamprologus*» *ocellatus*. «*L.*» *ocellatus* hat ein sehr großes, fast seeweites Verbreitungsgebiet, fehlt jedoch zwischen Kalemie und Moliro entlang der kongolesischen Küste. Hier scheint seine besondere Nische von zwei anderen Arten besetzt zu sein: «*L.*» *stappersi* (bei den Aquarianern besser als «*L.*» *meleagris* bekannt) und «*L.*» *speciosus*. «*L.*» *stappersi* kommt in seichterem Wasser als «*L.*» *speciosus* vor, jedoch findet man

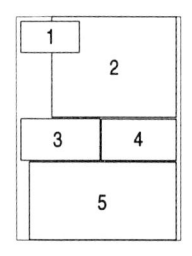

Seite 208

1. Ein «*L.*» *ocellatus* Männchen vor seinem Schneckenhaus (Katete).
2. Ein «*L.*» *ocellatus* Weibchen bei der Brutpflege (Isanga, Sambia).
3. «*L.*» *stappersi* im Aquarium (Foto von Mark Smith).
4. «*L.*» *speciosus* im Aquarium (Foto von Hans Herrmann).
5. Ein «*L.*» *ocellatus* Weibchen beim Bewachen seines Schneckenhauses.

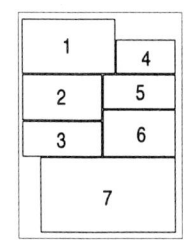

Seite 209

1. Ein Männchen und ein Weibchen (adult!) von «*L.*» *ornatipinnis* vor dem Gehäuse des Weibchens (Kigoma Bay, Tansania).
2. Ein Männchen und 3. ein Weibchen von «*L.*» *ornatipinnis* (Kigoma, Tansania; Fotos von Horst Dieckhoff).
4. Weibchen und 5. Männchen des «*L.*» sp. "ornatipinnis zambia" im Aquarium.
6. Ein «*L.*» sp. "ornatipinnis zambia" Männchen bei seinem Schneckenhaus (Cape Kachese, Sambia).
7. «*L.*» sp. "ornatipinnis zambia" bei Cape Chaitika, Sambia.

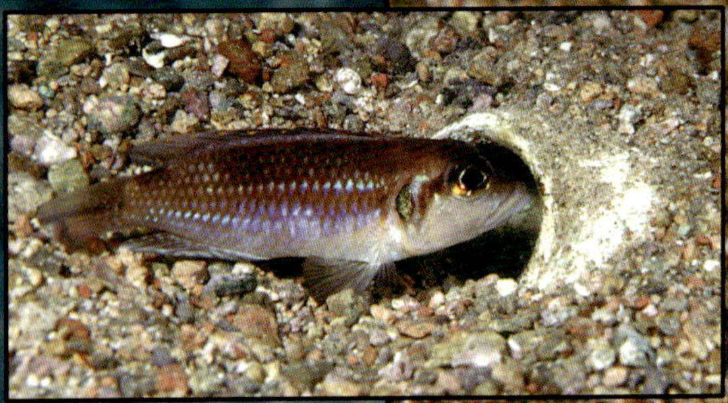
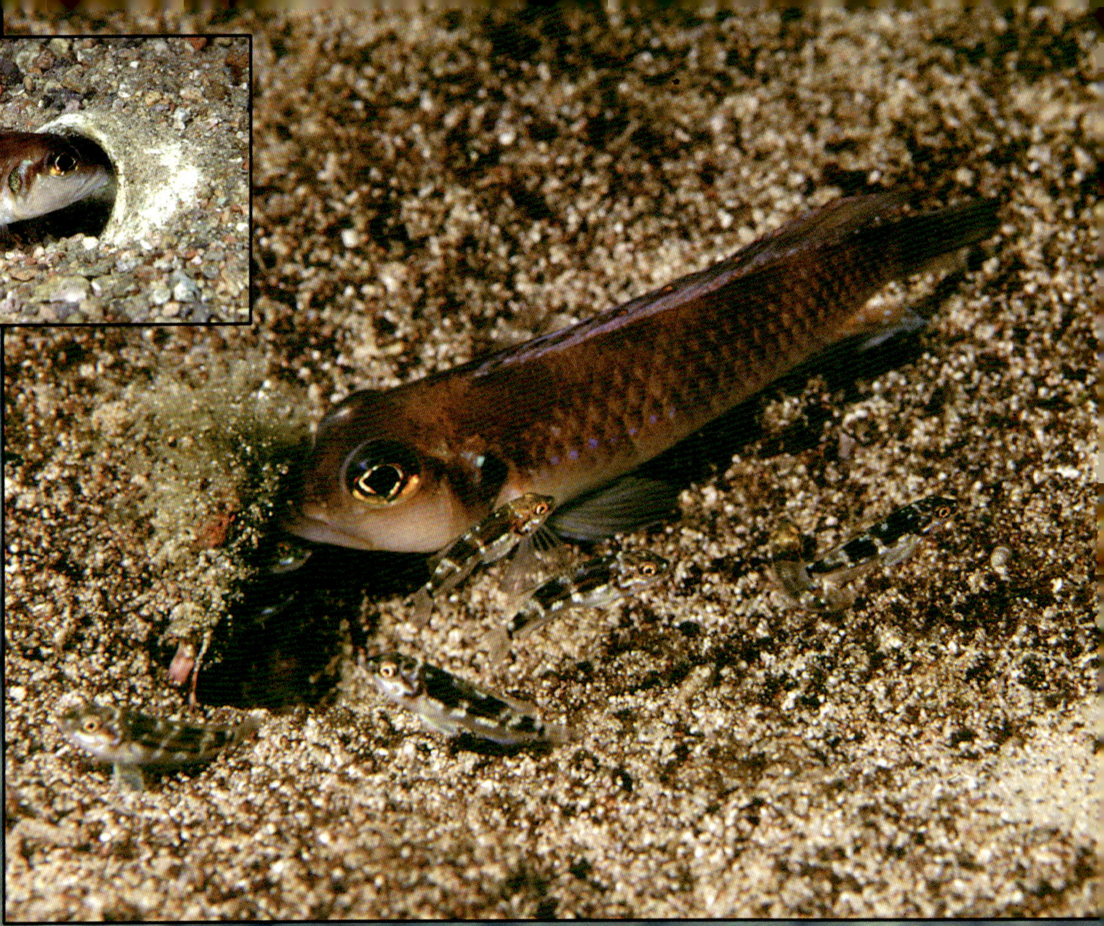
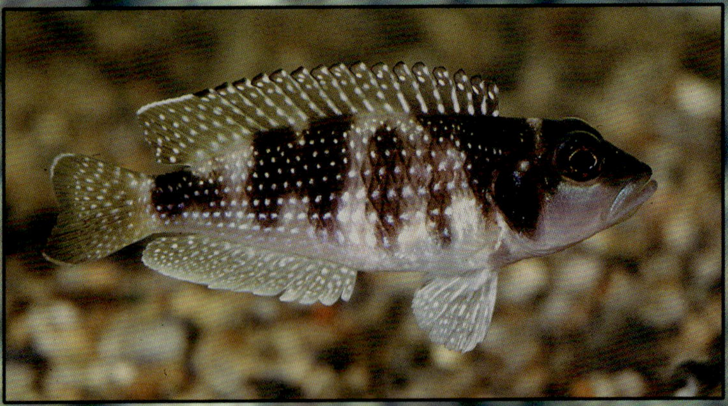
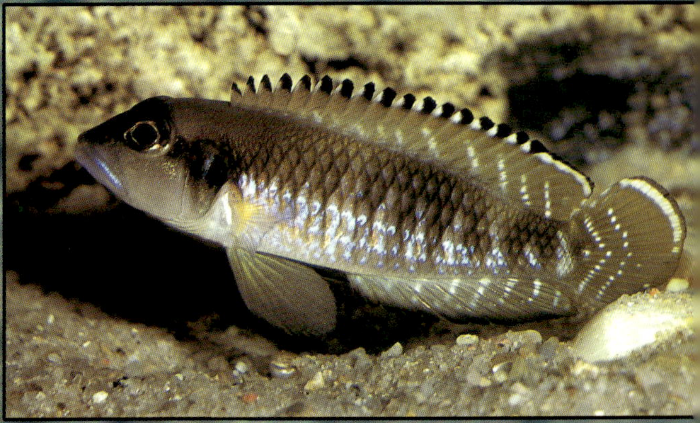
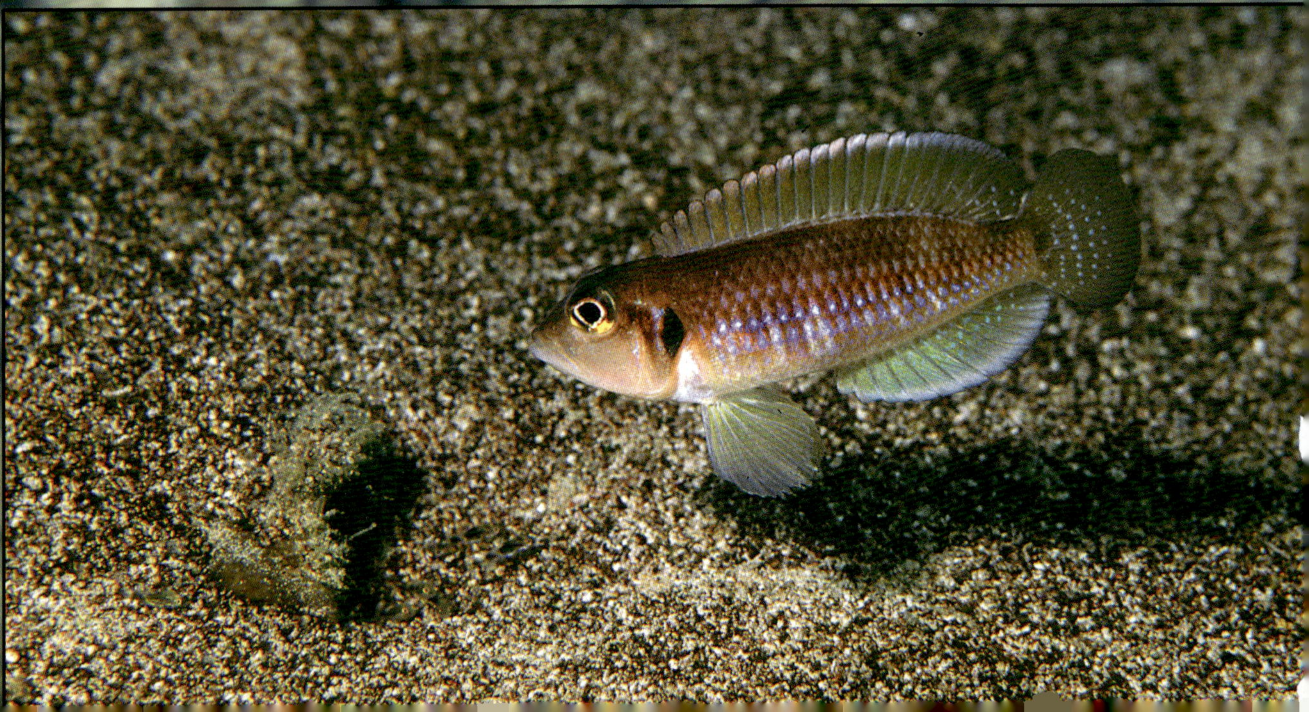

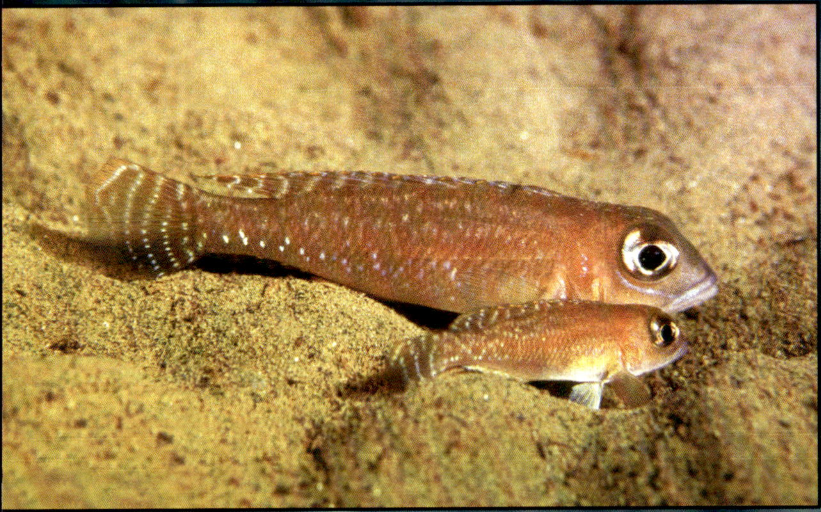
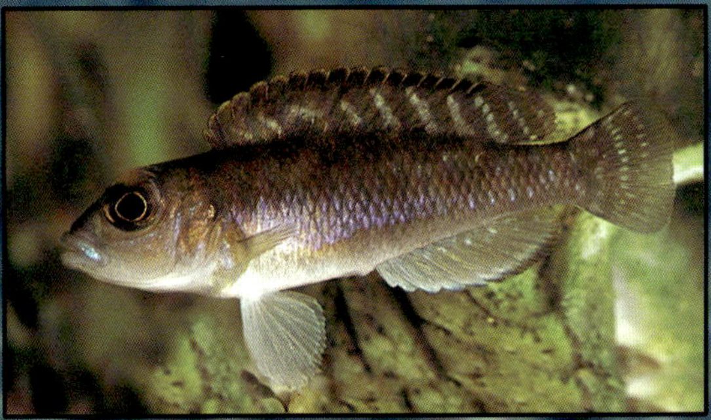
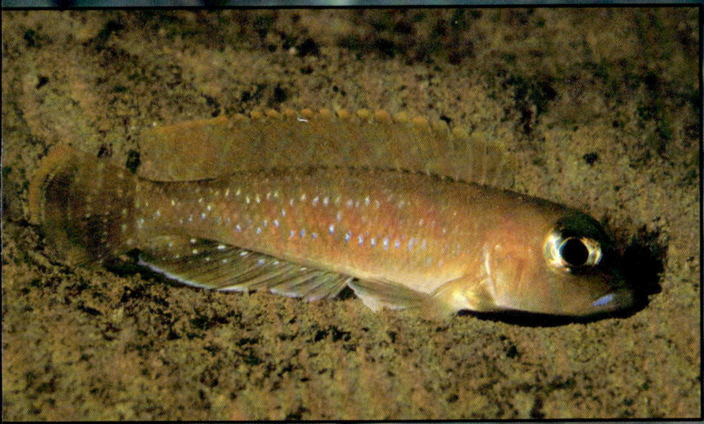
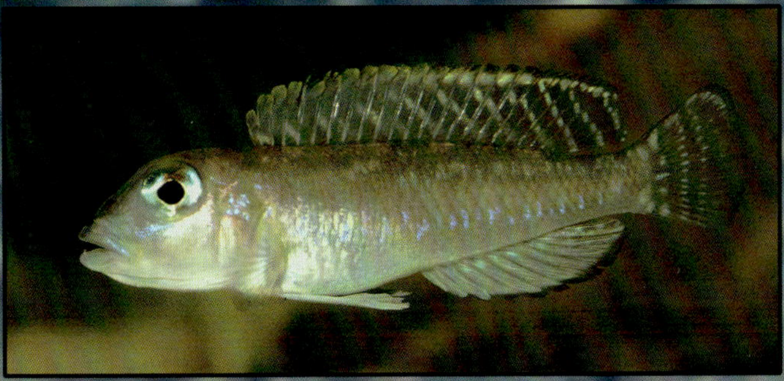
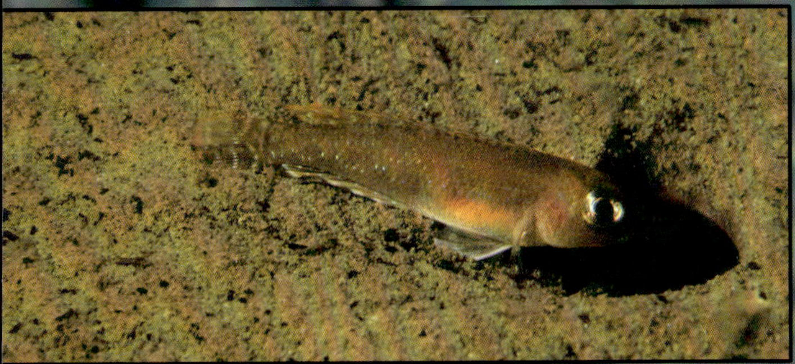
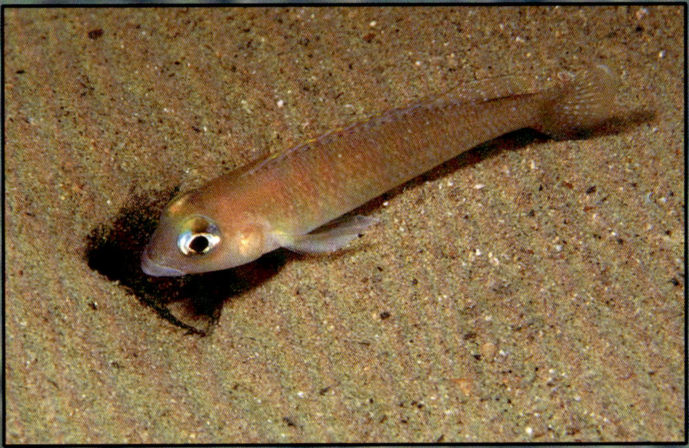
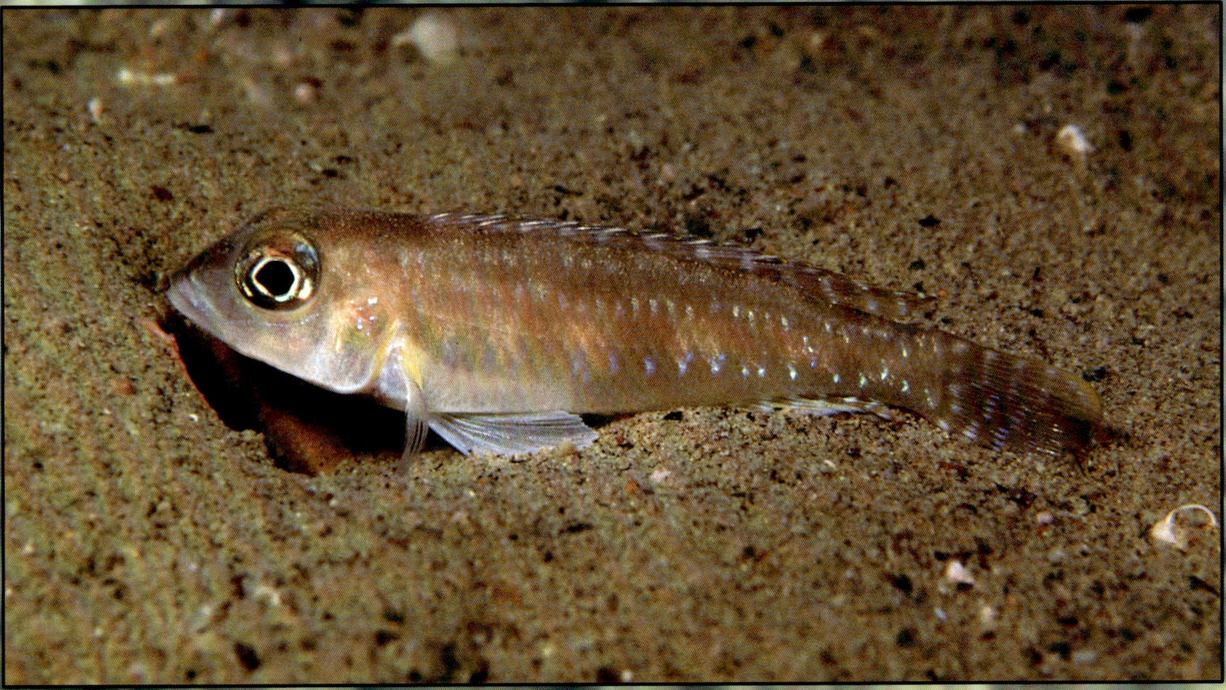

beide Arten auch Seite an Seite (Büscher, 1991a, 1998).

Als Büscher (1991) «*L.*» *meleagris* beschrieb, wies er besonders darauf hin, daß sich dieser wenig von «*L.*» *stappersi* unterschied, daß sich jedoch der Typusfundort der letztgenannten Art etwa 100 km weiter nördlich von dem des «*L.*» *meleagris* befindet, der damals auf die Region um Bwassa (65 km südlich von Moba) beschränkt war. Später fand er «*L.*» *meleagris* auch bei Kalemie, wo er in der Flußmündung vorkommt (Büscher, 1998). Der Holotypus von «*L.*» *stappersi* wurde in der Nähe von Mpala in oder in der Nähe eines Flusses gefangen. Diese Stelle liegt zwischen Moba und Kalemie, und es scheint sehr unwahrscheinlich, daß derart ähnliche Formen, die beide auf Schlammboden in der Nähe von Flußmündungen vorkommen, nicht artgleich sein sollen. Obwohl jeder zugab, daß «*L.*» *stappersi* ursprünglich schlecht beschrieben wurde, beschrieb Büscher die Art wieder, und in dieser Beschreibung besteht, meiner Meinung nach, kein Zweifel mehr, daß «*L.*» *meleagris* synonym mit «*L.*» *stappersi* ist, der 1927 von Pellegrin beschrieben wurde.

Ein ähnliches Schicksal ist vielleicht in Zukunft auch dem «*L.*» *speciosus* vorgesehen. In der Beschreibung von «*L.*» *speciosus* verpaßte Büscher es, ihn mit «*L.*» *wauthioni* zu vergleichen, da diese letztgenannte Art (1991) nicht zu *Lamprologus* gehörte. Jedoch waren der einzige Grund, warum «*L.*» *wauthioni* nicht zu *Lamprologus* gezählt wurde, seine spitzen Bauchflossen; alle Arten in *Lamprologus* haben abgerundete Bauchflossen. Seit der Revision von Stiassny (1997) gibt es keine *Lamprologus* Arten mehr im See (siehe S. 22), jedoch bleibt die Tatsache bestehen, daß «*L.*» *speciosus* keine spitzen Bauchflossen hat, zumindest nicht in den uns bekannten Populationen. In seiner Beschreibung von «*L.*» *wauthioni* erwähnte Poll (1949) das Merkmal: runde, helle Flecke auf dem Schwanz und dem vorderen Teil der After- und Rückenflosse. Diese Flecke waren noch sichtbar, als ich den Holotypus, fast 40 Jahre später, fotografierte. «*L.*» *wauthioni* stammt aus derselben Gegend wie «*L.*» *stappersi* und «*L.*» *speciosus*, und wenn man seine charakteristische Zeichnung mit der des konservierten «*L.*» *speciosus* (Büscher, 1998: 55) vergleicht, beginnt man sich zu wundern, ob spitze Flossen nicht vielleicht Teil einer geographischen Variation bei einer Art sein könnten. Bis jedoch ein «*L.*» *speciosus* mit spitzen Bauchflossen entdeckt wird, sollten wir beide, «*L.*» *speciosus* und «*L.*» *wauthioni*, als getrennte Arten ansehen.

Sowohl die Männchen als auch die Weibchen der eben genannten *Ocellatus*-ähnlichen Arten besetzen leere Schneckengehäuse, und soweit bekannt ist, halten die Männchen Harems von 2-5 Weibchen. Von «*L.*» *ocellatus* ist bekannt, daß die Männchen Reviere verteidigen, in denen sich mehrere leere Schneckengehäuse befinden. Eines dieser Schneckengehäuse wird vom Männchen als Wohnung benutzt, die anderen werden vom Männchen völlig mit Sand bedeckt (Walter & Trillmich, 1994). Auch seine eigenes Gehäuse ist im Sand vergraben, jedoch wurde die Öffnung freigelassen. Es ist leichter, die Gehäuse in feinkörnigem Sand oder Schlamm zu vergraben als auf grobem Sand, und dies ist wahrscheinlich der Grund, warum *Ocellatus*-ähnliche Schneckenhauscichliden vorwiegend auf Sand/Schlammboden in der Nähe von Flußmündungen oder in schlammigen Buchten vorkommen. Eine andere Möglichkeit, Raubfischen zu entgehen, wenn leere Schneckengehäuse nicht unmittelbar vorhanden sind, besteht darin, in den Boden einzutauchen und bewegungslos dort zu verweilen, bis die Gefahr (hoffentlich) vorüber ist. Sogar kleine Jungfische praktizieren eine solche Ausweichtaktik.

Diese kleinen Gehäusebrüter sind gierige Fresser, die sich vorwiegend von Insektenlarven, wie z. B. Mückenlarven und Larven ähnlicher Insekten, ernähren.

Weibchen, die mit einem territorialen Männchen brüten möchten, balzen das Männchen an. Wenn dieses vom Vorhaben des Weibchens überzeugt ist, gräbt es eines der verstecken Gehäuse frei, so daß sich das Weibchen in seinem Revier ansiedeln kann. Es können sich gleichzeitig mehrere Weibchen im Revier des Männchens ansiedeln. Da die Weibchen untereinander jedoch aggressiv sein können, müssen ihre Schneckengehäuse einigen Abstand zueinander haben. Andererseits können die Gehäuse aber auch nicht zu weit auseinanderliegen, da das Männchen sonst die Kontrolle darüber an ein benachbartes Männchen verlieren kann. Indem das Männchen die Schneckengehäuse vergräbt, beschränkt es ihre Verwendung einzig auf Weibchen, mit denen er sich verpaaren möchte und verhindert, daß sie von einem konkurrierenden Männchen oder einer anderen Art besetzt werden. Vielleicht tut er es auch, damit sie nicht von «*L.*» *callipterus* weggetragen werden können, obwohl die letztgenannte Art häufiger in der Nähe von Felsbiotopen vorkommt, während «*L.*» *ocellatus* auf weitem, offenem Sandboden zu Hause ist.

Es besteht ein Art Kompromiß zwischen der Anzahl Weibchen, die ein Männchen sich in seinem Revier leisten kann und dem Abstand zwischen den einzelnen Gehäusen. Liegen sie zu nahe beieinander, bedeutet dies viele Streitereien zwischen den Weibchen und weniger Nachkommen pro Weibchen. Befinden sie sich zu weit auseinander, bedeutet dies, daß das Männchen seine Weibchen nicht kontrollieren und an ein anderes Männchen verlieren kann. Der häufigste Abstand zwischen den Weibchen beträgt etwa 80-100 cm. Vor dem eigentlichen Ablaichen muß das Weibchen die Aufmerksamkeit des Männchens erregen, da die Eier im Gehäuse des Weibchens abgesetzt werden. Das Weibchen schwimmt auf das Männchen zu, verbiegt seinen Körper, mit der verletzlichen Bauchseite zum Männchen hinweisend, und zittert. Nach einigen Sekunden Zittern schwimmt es zum Gehäuse zurück, wo es auf das Männchen wartet, das ihm normalerweise sofort folgt. Noch immer zitternd schwimmt das Weibchen ins Gehäuse und beginnt abzulaichen. Nachdem einige Eier abgesetzt wurden, kommt es rückwärts wieder aus dem Gehäuse heraus, und jetzt schwimmt das Männchen hinein, um die Eier zu befruchten. Im Aquarium beobachte ich einmal, wie zwei Männchen den Laich eines einzigen Weibchens befruchteten (Konings, 1980); ob sich dies jedoch auch in freier Natur ereignen kann, ist zu bezweifeln. Herrmann (1995) berichtet, daß das Männchen bei «L.» stappersi eine unbeholfene und steife Haltung am Eingang zum Schneckengehäuse einnimmt und Samenflüssigkeit in Richtung Weibchen ausstößt, während das Weibchen innen die Eier ablaicht. Aber auch dies gibt vielleicht nicht den normalen Verlauf der Dinge wieder. Vielleicht war das Männchen in diesem Fall zu groß, um in das Gehäuse zu passen, weshalb es dazu überging, die Eier von außen zu befruchten, oder weil dies die normale Prozedur ist, wenn das Gehäuse des Weibchens zu klein für das Männchen ist.

Die Jungen werden nach etwa 10 Tagen freischwimmend und vom Weibchen versorgt. Die Jungen können über zwei Monate lang im Revier des Männchens verbleiben und suchen in allen vorhandenen Gehäusen Schutz, einschließlich dem des Männchens. Andererseits werden Jungfische manchmal vom Männchen oder anderen umherziehenden Artgenossen gefressen. Deshalb verhält sich das Weibchen aggressiv bei der Verteidigung der Jungen, vor allem während der ersten Tage, wenn sie das Gehäuse verlassen.

«Lamprologus» ornatipinnis

Mindestens zwei Arten von «L.» ornatipinnis-ähnlichen Buntbarschen sind im See vorhanden, jedoch ist der Fisch, der normalerweise mit diesem Namen assoziiert wird, nicht die genannte Art. «L.» ornatipinnis wurde von Poll (1949) anhand von Tieren (78 Typusexemplaren und 55 zusätzlichen Tieren), die überall am See gefangen wurden, beschrieben. Der Holotypus wurde südlich von M'toto, in der Nähe des Hafenufers von Moba, gefangen. Bemerkenswerterweise konnte Poll keine Weibchen zwischen den 133 Tieren finden. Diese Art scheint seeweit verbreitet zu sein, obwohl keine Tiere in sambischem Wasser gefunden wurden. Der Grund dafür ist wahrscheinlich, daß «L.» ornatipinnis in Sambia eben nicht vorkommt; hier bewohnt nämlich eine andere, ähnliche Art den Schlammboden. Dies ist diejenige Art, die seit mindestens 15 Jahren in der Aquaristik vorhanden ist und jetzt offenbar ohne Artnamen ist. Deshalb wollen wir sie jetzt «L.» sp. "ornatipinnis zambia" nennen. Die maximale Gesamtlänge dieses Gehäusebrüters ist etwa 6 cm bei den

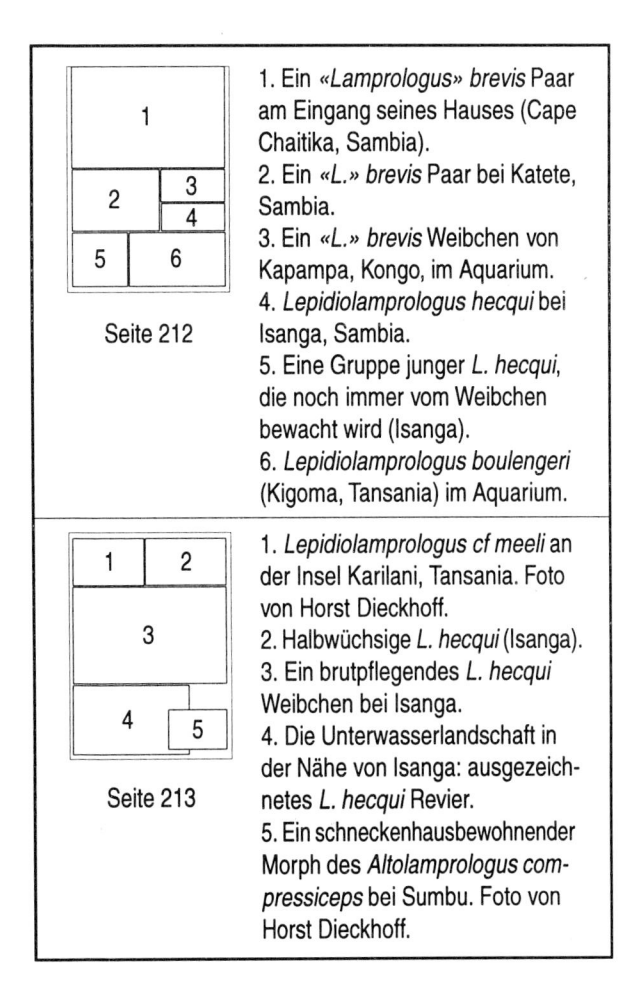

Seite 212

1. Ein «Lamprologus» brevis Paar am Eingang seines Hauses (Cape Chaitika, Sambia).
2. Ein «L.» brevis Paar bei Katete, Sambia.
3. Ein «L.» brevis Weibchen von Kapampa, Kongo, im Aquarium.
4. Lepidiolamprologus hecqui bei Isanga, Sambia.
5. Eine Gruppe junger L. hecqui, die noch immer vom Weibchen bewacht wird (Isanga).
6. Lepidiolamprologus boulengeri (Kigoma, Tansania) im Aquarium.

Seite 213

1. Lepidiolamprologus cf meeli an der Insel Karilani, Tansania. Foto von Horst Dieckhoff.
2. Halbwüchsige L. hecqui (Isanga).
3. Ein brutpflegendes L. hecqui Weibchen bei Isanga.
4. Die Unterwasserlandschaft in der Nähe von Isanga: ausgezeichnetes L. hecqui Revier.
5. Ein schneckenhausbewohnender Morph des Altolamprologus compressiceps bei Sumbu. Foto von Horst Dieckhoff.

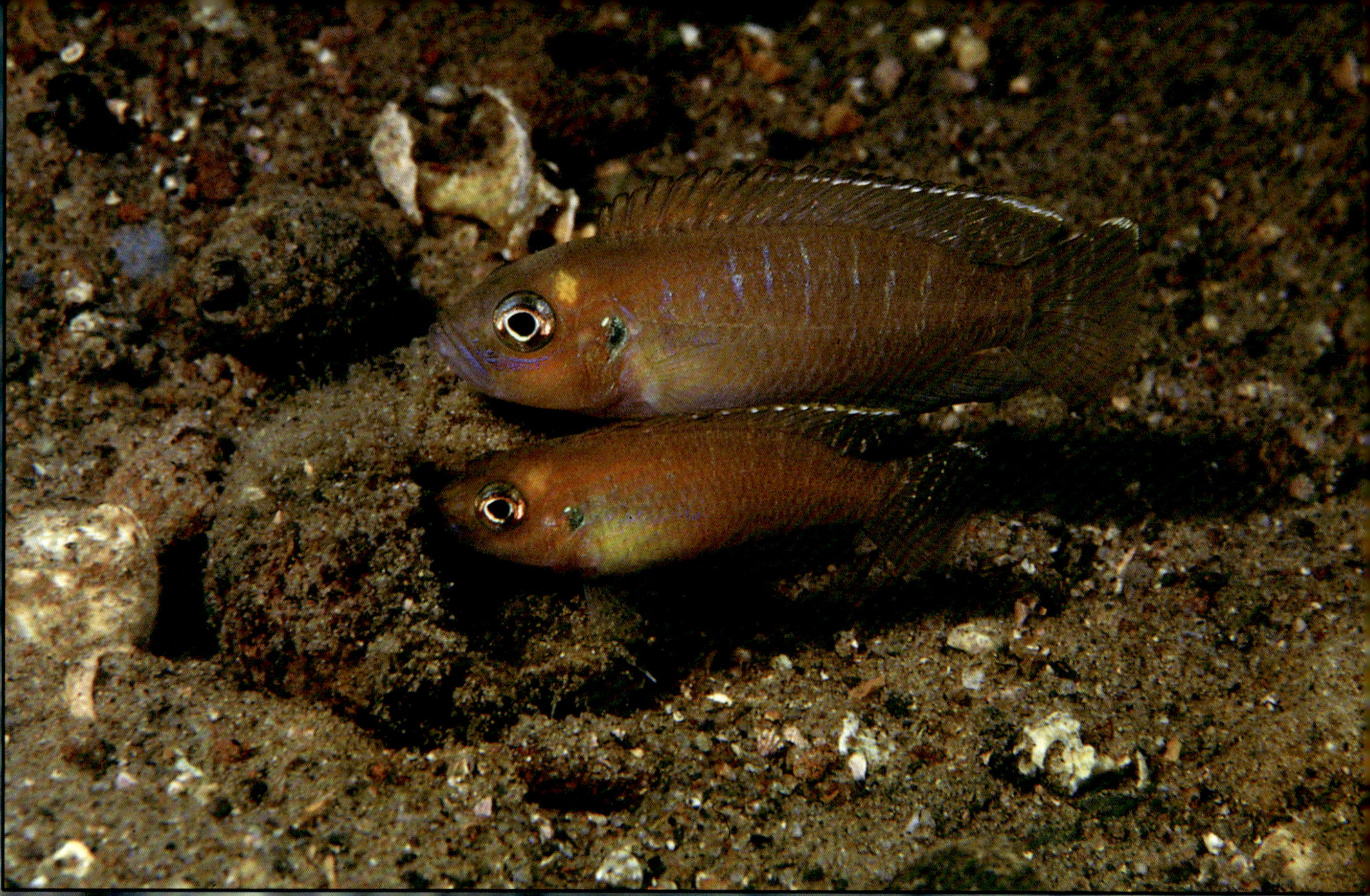
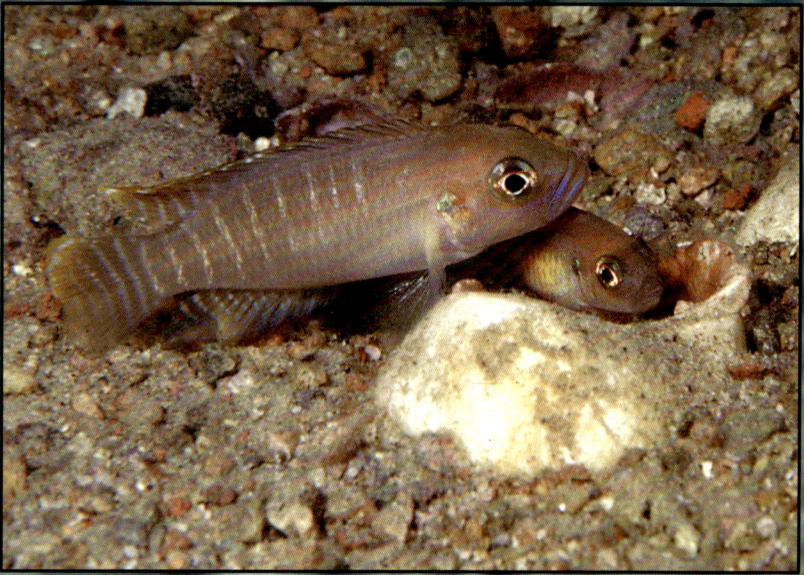
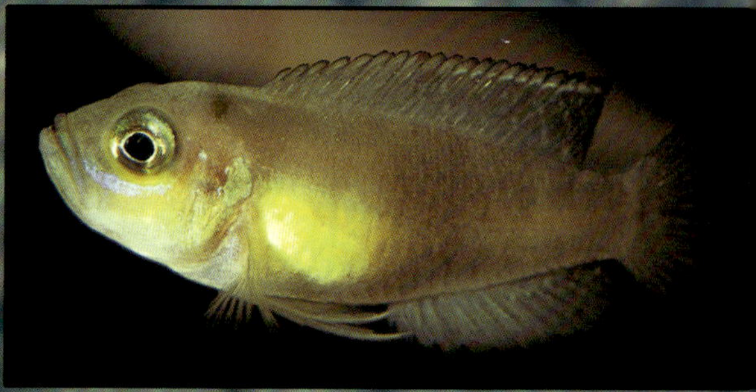
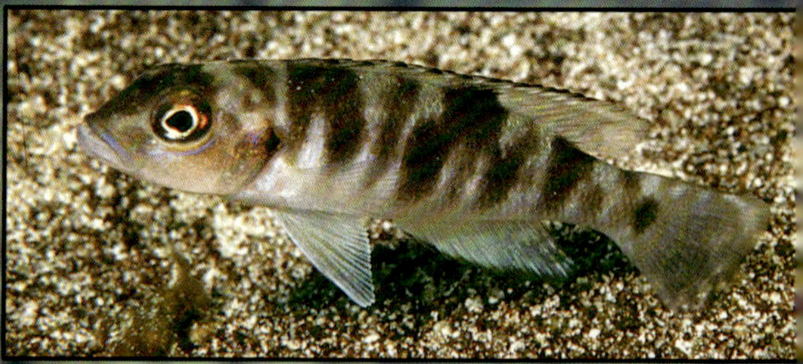
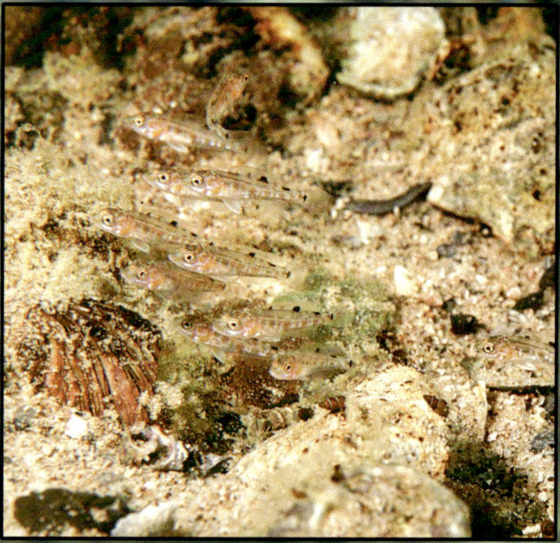
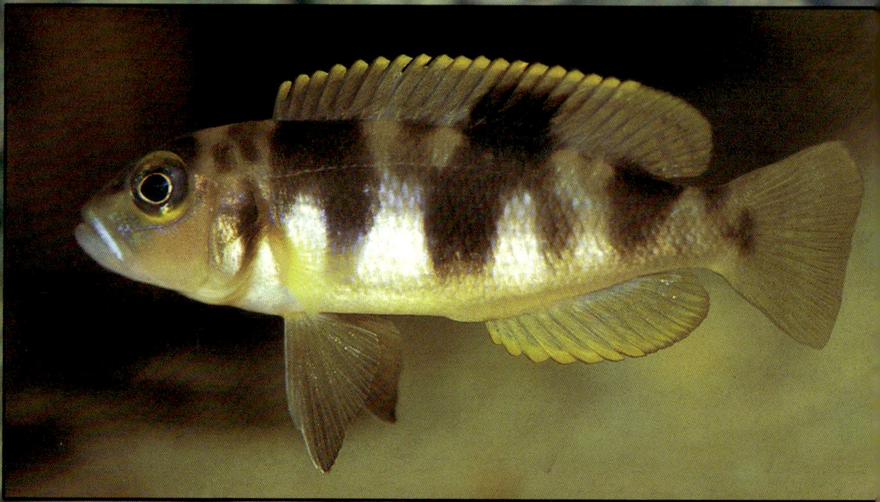

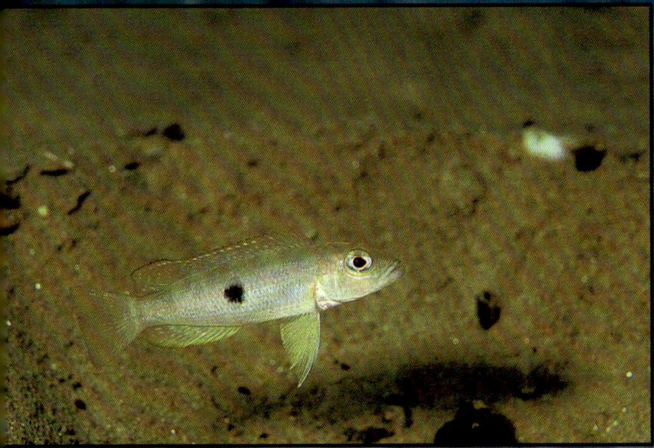
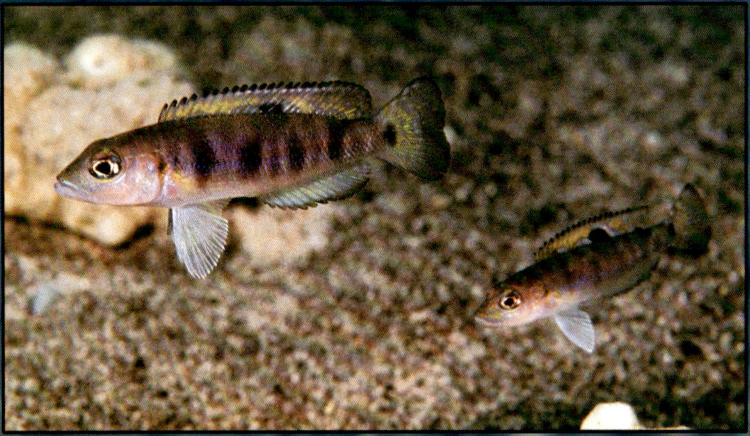
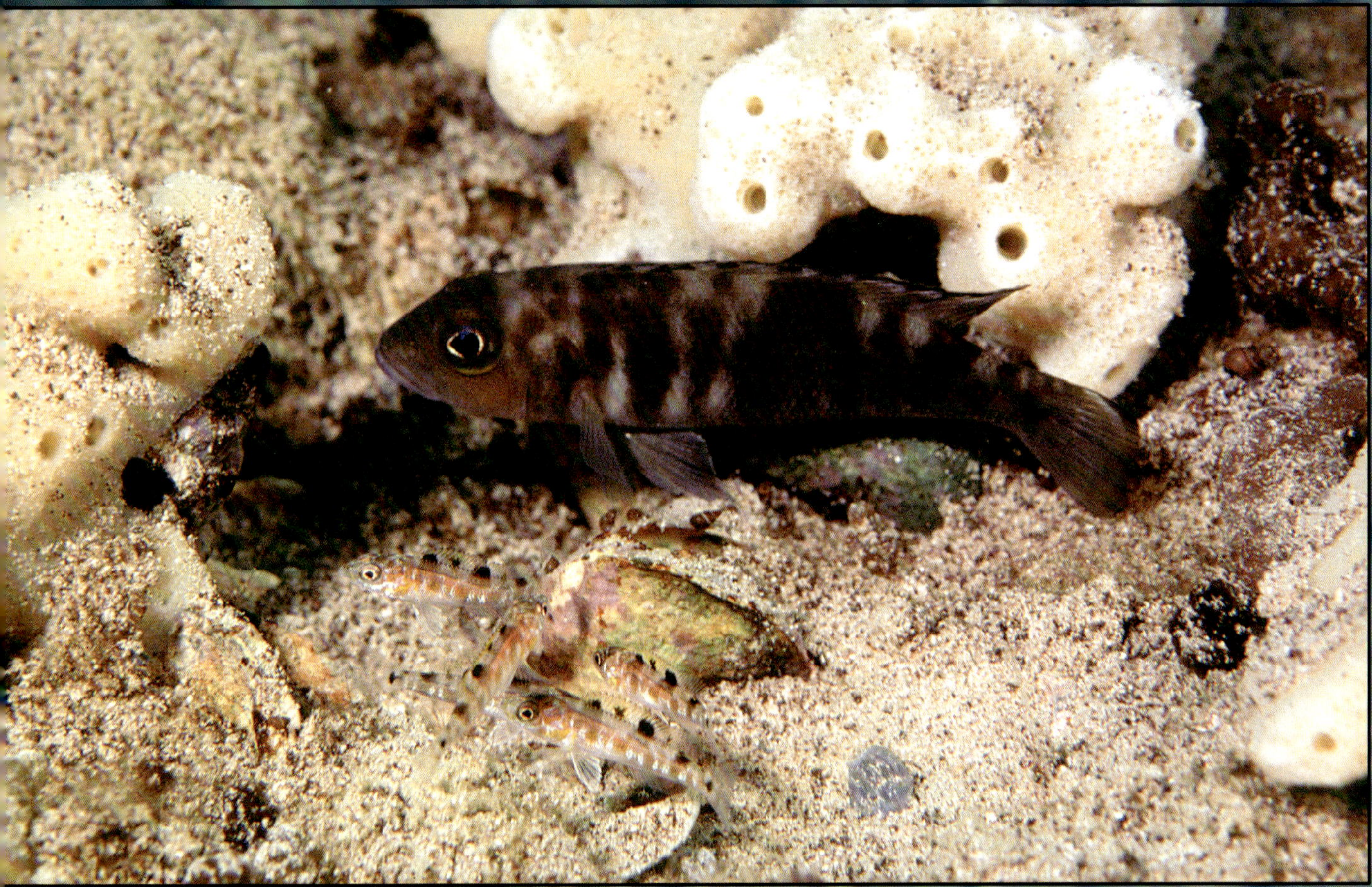

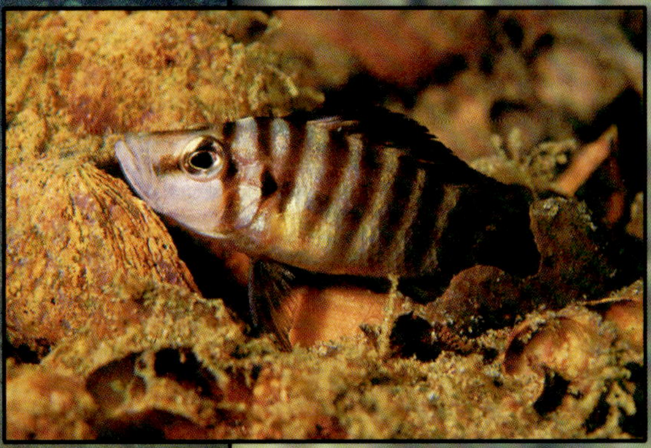

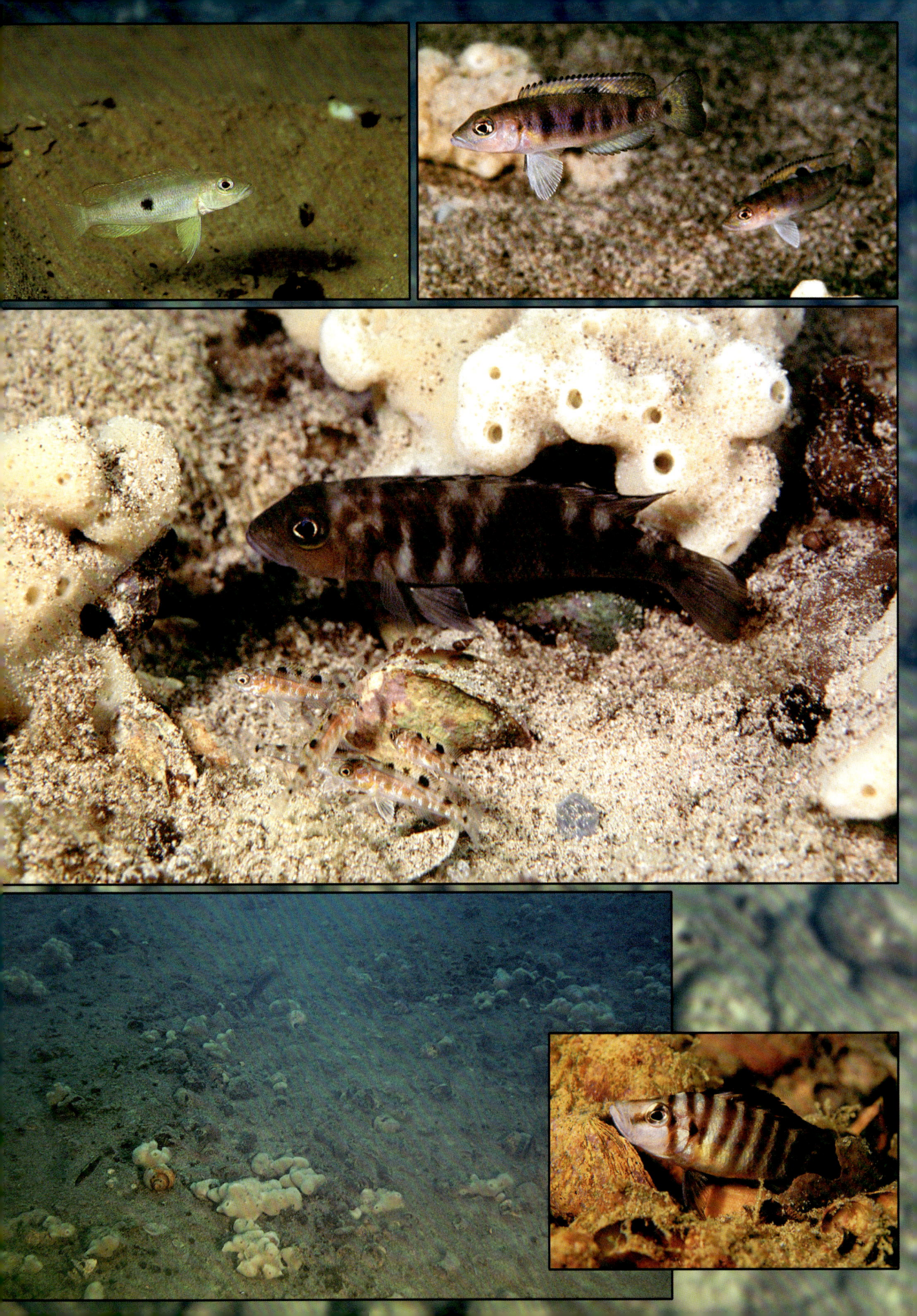

Männchen und 4,5 cm bei den Weibchen.

Ich habe "Ornatipinnis Zambia" bei Cape Kachese, Cape Chaitika, an der Insel Mbete und bei Isanga gesehen (alle Stellen liegen in Sambia), und obwohl er niemals in großer Zahl vorhanden ist, scheint es doch eine häufig vorkommende Art zu sein. Sie verhält sich ähnlich wie «L.» ocellatus, und sowohl das Männchen als auch das Weibchen besitzen ein eigenes Schneckengehäuse, normalerweise von Neothauma. Es ist nicht bekannt, ob die Männchen — sie halten Harems wie Ocellatus-ähnliche Arten — ihre Gehäuse im Sand verstecken, bis sie wieder für interessierte Partner freigelegt werden. Ein interessantes Merkmal ist jedoch, daß «L.» ocellatus seine Gehäuse so vergräbt, daß die Öffnung im rechten Winkel zum Boden steht, während «L.» sp. "ornatipinnis zambia" seine Gehäuse mit der Öffnung auf Bodenebene vergräbt (siehe Fotos S. 208 und 209). «L.» sp. "ornatipinnis zambia" frißt Insektenlarven und andere am Boden lebende Wirbellose, und nicht so sehr Plankton, wie «L.» ornatipinnis.

«L.» ornatipinnis — der früher Lamprologus sp. aff. ornatipinnis (Konings, 1988) genannt wurde — wurde in seinem natürlichen Lebensraum erstmals von Dieckhoff in der Kigoma Bay gesehen. Er bemerkte, daß die Weibchen beträchtlich kleiner als die Männchen waren (3 cm gegenüber 8-9 cm), und daß mehrere Weibchen im Revier des Männchens vorkommen konnten. Die Weibchen besetzten kleine Gehäuse, wahrscheinlich von Paramelania und Lavigeria Schnecken, und unterschieden sich in dieser Hinsicht von der sambischen Art. Die Männchen jedoch waren zu groß, um in ein Gehäuse zu passen, weshalb sie im Revier patrouillierten, jedoch über den Boden flohen, wenn Gefahr drohte.

«L.» ornatipinnis Männchen fressen Cyclops-ähnliche Krebstiere, die einige Zentimeter über dem Schlammsubstrat schweben (Poll, 1956). Weibchen wurden noch nicht untersucht, und da sie einen anderen Lebensstil haben, nämlich in einem Gehäuse versteckt bleiben, fressen sie wahrscheinlich etwas völlig anderes.

Das Ablaichen findet im Gehäuse des Weibchens statt, und die Eier werden durch Zufächeln der Samenflüssigkeit, die das Männchen vor dem Gehäuseeingang ausstößt, befruchtet. Wenn das Weibchen rückwärts aus dem Gehäuse herausschwimmt, entsteht auch noch ein Wassersog (mit Samenflüssigkeit) ins Gehäuse.

Büscher (1998) berichtet über «L.» ornatipinnis oder eine ähnliche Art — von ihm als L. sp. aff. ornatipinnis benannt — von Tembwe (Tembwe Deux) im Kongo, etwa 40 km südlich des Typusfundorts von «L.» ornatipinnis. Auch er fand, wie Poll, viele Männchen aber auch zwei winzige (aber adulte) Weibchen in kleinen Schneckengehäusen. Die Männchen, die er fangen konnte, hatten maximal eine Gesamtlänge von 9 cm, während die maximale Gesamtgröße der Weibchen 3,3 cm betrug.

Der morphologische Unterschied zwischen «L.» ornatipinnis und der noch nicht beschriebenen Art aus Sambia liegt im flacheren und länglicheren Körper des «L.» ornatipinnis. Auch sind die Streifen auf seiner Rückenflosse zahlreicher als bei "Ornatipinnis Zambia".

Der spezialisierteste Schneckenhausbrüter

Wir sahen, daß es mindestens drei Arten Schneckenhausbrüter gibt, «L.» callipterus, «L.» calliurus und «L.» ornatipinnis, bei denen nur das Weibchen sich im Gehäuse versteckt und das Männchen anderswo Schutz suchen muß, wenn Gefahr droht. Eine andere Gruppe von Schneckenhauscichliden, «L.» sp. "ornatipinnis zambia", «L.» ocellatus und verbündete Arten, haben kleine Männchen, die sich ebenfalls in Schneckengehäusen verstecken können — jedes in seinem eigenen. Es gibt jedoch auch eine Art mit seeweiter Verbreitung, bei der sowohl das Männchen als auch das Weibchen sich im selben Gehäuse verstecken: «Lamprologus» brevis. Während die Mitglieder der ersten beiden Gruppen Haremsbrüter sind, ist «L.» brevis normalerweise monogam, wahrscheinlich als logische Konsequenz seines Lebensstils. Ein einziges Schneckenhaus, normalerweise von Neothauma, reicht aus für ein Brutpaar. «L.» brevis ist in der Lage, in Gegenden mit einer extrem geringen Gehäusedichte zu gedeihen, und bewohnt manchmal diese Art Regionen, in denen kein anderer Schneckenhauscichlide zu finden ist.

«Lamprologus» brevis ist der einzige, uns bisher bekannte Cichlide, bei dem sowohl das Männchen als auch das Weibchen im selben Gehäuse wohnen. Wenn sie bedroht werden, flieht zuerst das Weibchen, das kleinste der Beiden (maximale Gesamtlänge etwa 4 cm) ins Gehäuse, gefolgt vom Männchen, das maximal etwa 5 cm groß werden kann. Das Gehäuse wird normalerweise nicht bedeckt oder im Sand versteckt, und auch verlassene Gehäuse anderer Schneckenhauscichliden werden als Zufluchtsort angenommen. «L.» brevis ist ein Planktonfresser, und ein Paar kann häufig über dem Gehäuse stehend gesehen werden, wobei es Zooplankton aufpickt, das an seinem "Haus" vorbeischwebt.

Gelaicht wird im selben Gehäuse, und wenn die Jungen freischwimmen, lebt die ganze Familie im selben Gehäuse. Die Jungfische verlassen das elterliche Gehäuse in einem frühen Stadium, etwa eine Woche nachdem sie mobil wurden, und wandern über den Seeboden auf der Suche nach einem eigenen Schneckenhaus. Die Tarnfärbung der Jungen deckt sich gut mit dem Substrat. Normalerweise sind Jungfische jedoch nicht in der Lage, ein leeres Schneckenhaus zu besetzen; wegen der Revieransprüche der erwachsenen Tiere. Es scheint, daß nur ausgewachsene Tiere in der Lage sind, Schneckengehäuse zu besetzten, und daß die Jungfische sich auf ihre Tarnfärbung und auf vorsichtige Bewegungen zum Überleben verlassen müssen. «L.» brevis ist ein weiteres Beispiel für das Ausmaß der Anpassung der Cichliden an jede mögliche Nische, die der Tanganjikasee bietet.

Andere Schneckenhausbrüter

In Gegenden mit einer geringen Schneckenhausdichte findet man andere Schneckenhausbrüter, die sich von einer anderen Cichlidengruppe herzuleiten scheinen. Von den oben behandelten Schneckenhauscichliden stammt wahrscheinlich nur «L.» callipterus von einem anderen Vorfahr ab, die anderen scheinen miteinander nahe verwandt zu sein. Es gibt mehrere Arten der Gattung Lepidiolamprologus, die leere Schneckenhäuser als Bruthöhlen verwenden, und wir haben bereits gesehen (siehe S. 182), daß L. attenuatus und eine nahe verwandte Art leere Gehäuse als Kinderstube für ihre Nachkommen benutzen.

Lepidiolamprologus boulengeri und L. meeli (der oft mit L. hecqui verwechselt wird) graben eine relativ große Grube, in der ein (manchmal auch mehrere) Schneckengehäuse ihren Nachkommen Schutz bietet. Diese Arten scheinen monogam zu sein und verwenden die leeren Schneckengehäuse vorwiegend als Laichbehälter. L. boulengeri und L. meeli Männchen können eine Gesamtlänge von etwa 7 cm erreichen, während die Weibchen etwa 5 cm lang werden. Wenn sie gestört werden, ist es normalerweise das Weibchen, das im Gehäuse Zuflucht sucht, während das Männchen über den Sand flieht. Die Jungfische leben auf dem Boden und verlassen sich auf ihre Tarnfärbung als Schutz vor Räubern.

L. boulengeri (L. kiritvaithai ist ein Juniorsynonym) kommt im Nordostteil des Sees, zwischen Nyanza Lac in Burundi und der Flußmündung des Malagarasi in Tansania vor. Der Holotypus von L. meeli wurde südlich von Kalemie, in der Nähe von Katibili an der Westseite des Sees, gefangen, jedoch gehört eine Population einer sehr ähnlichen Art an der gegenüberliegenden Seite des Sees, an der Insel Karilani, wahrscheinlich ebenfalls zu dieser Art. Das Verhalten dieser Form gilt hier als das von L. meeli. Es wurden keine Exemplare für eine genaue Untersuchung gesammelt.

Sowohl L. meeli als auch L. boulengeri unterscheiden sich von L. hecqui dadurch, daß die Männchen der letztgenannten Art in Harems brüten und gewöhnlich in Schneckengehäuse passen. L. hecqui gräbt keine Gruben, um im Zentrum des Lochs Gehäuse unterzubringen, wie es die beiden anderen Arten tun, und wird oft in Regionen mit relativ vielen leeren Schneckengehäusen gefunden.

1	2
3	4
5	

Seite 216

1. Eine Zwergform des *Telmatochromis vittatus* auf einer Gehäuseansammlung an der Insel Sumbu.
2. *Telmatochromis bifrenatus* benutzt auch leere Schneckenhäuser als Schutzraum (Sibwesa).
3. Eine Zwergform des *Telmatochromis temporalis* lebt in leeren Gehäusen an der Insel Mbete.
4. Ein Weibchen einer Zwergform des *T. temporalis* (Insel Sumbu).
5. Eine Miniaturform des *T. temporalis* über einem alten Gehäusebeet an der Insel Karilani, Tansania. Beachte, daß die Gehäuse fast völlig von der Mineralkruste verschlossen sind.

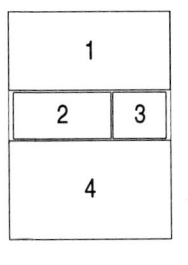

1	
2	3
4	

Seite 217

1. Wahrscheinlich der kleinste Cichlide im See: die Zwergform des *Neolamprologus brevis* (Insel Karilani).
2. «*Lamprologus*» *multifasciatus* auf einer Gehäuseansammlung bei Cape Chaitika, Sambia.
3. «*L.*» *multifasciatus* zwischen kleinen Felsen bei Cape Chaitika.
4. «*Lamprologus*» *similis* auf einem Schneckenhausbeet bei Cape Tembwe, Kongo.

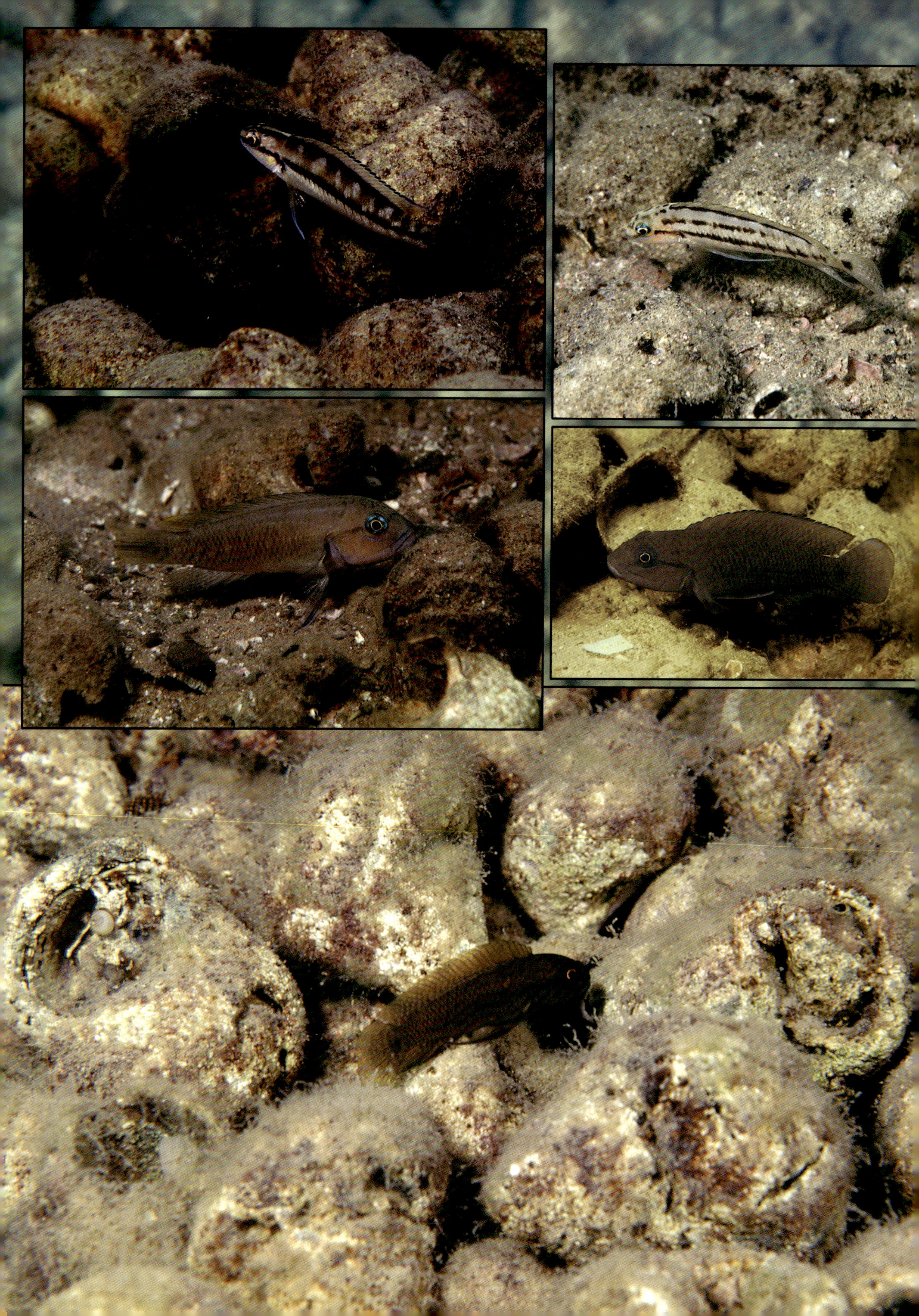

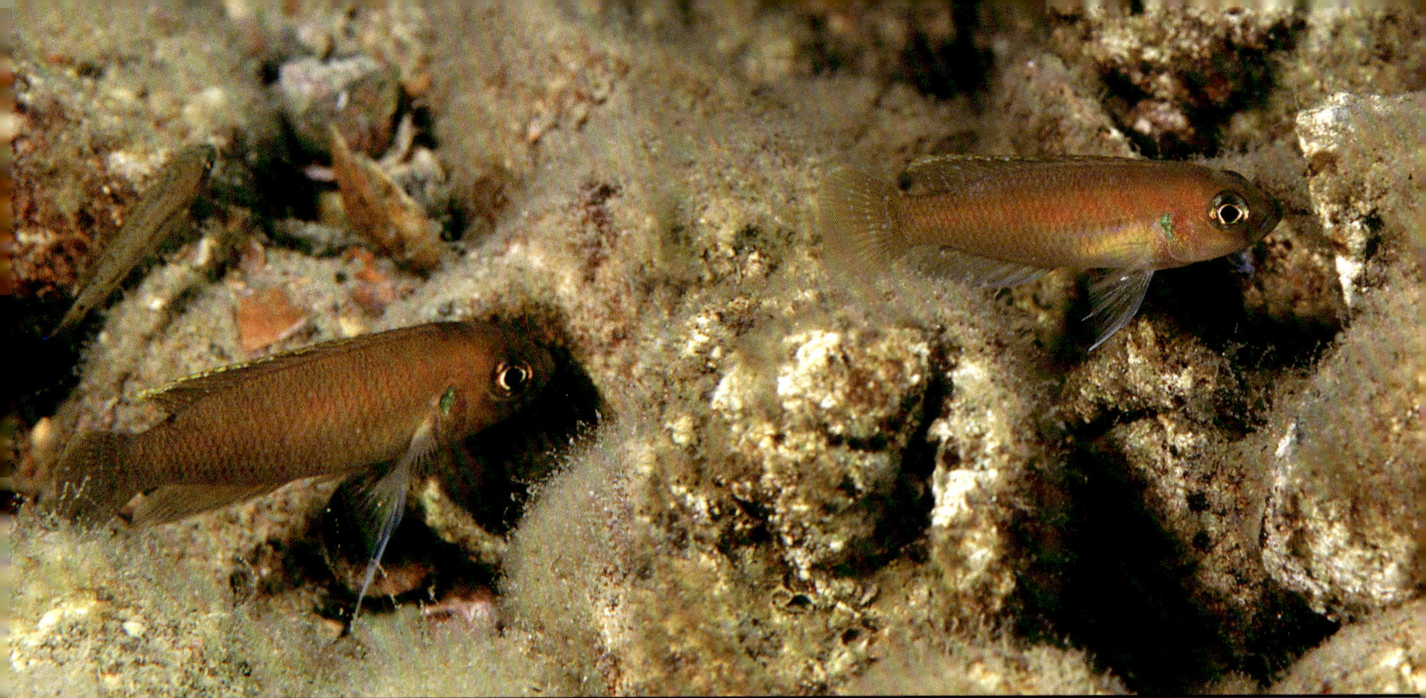

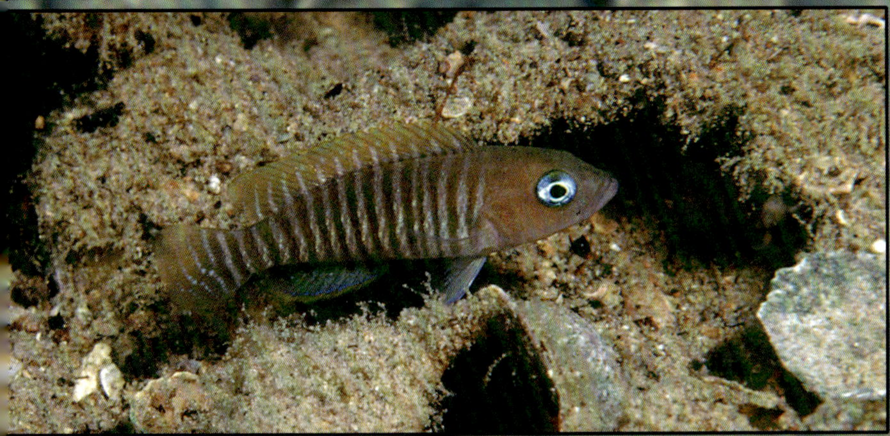

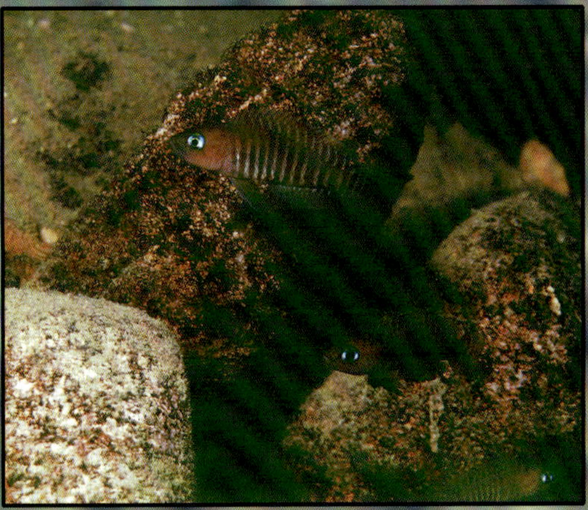

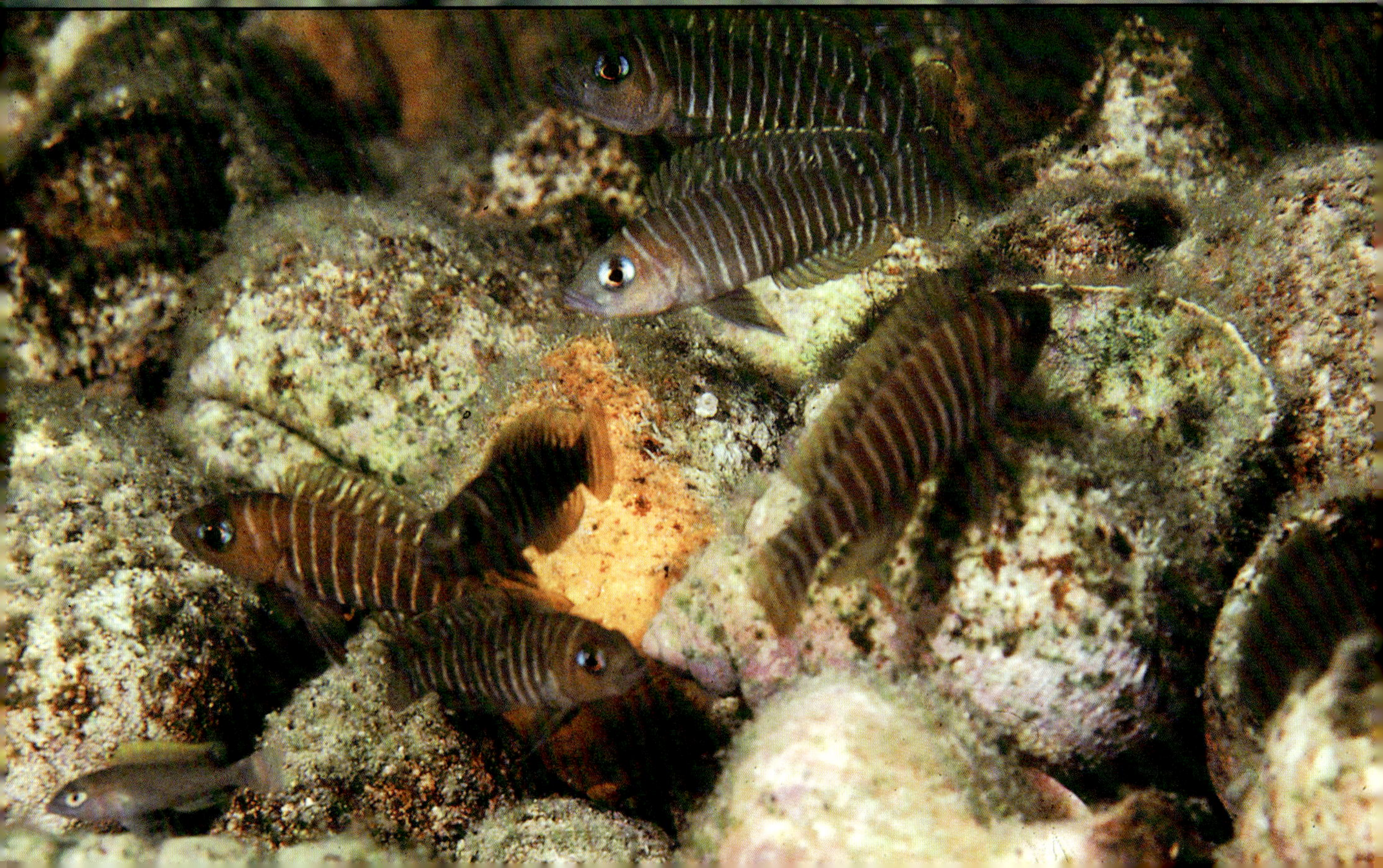

L. hecqui ist sehr weit verbreitet und wird sympatrisch mit *L. meeli* gefunden (Poll, 1956). *L. boulengeri* scheint sein nächster Verwandter zu sein — diese Art wurde früher für synonym mit *L. hecqui* gehalten — und beide haben ein komplementäres Verbreitungsgebiet: *L. boulengeri* nördlich des Malagarasi und *N. hecqui* in der Südhälfte des Sees, südlich des Malagarasi und wahrscheinlich auch südlich von Kalemie. Es ist nicht bekannt, ob *L. boulengeri* entlang der Nordwestufer des Sees vorkommt. Sowohl *L. hecqui* als auch *L. boulengeri* sind, wenn sie erwachsen sind, durch ein Muster aus dunklen, irregulären Flecken auf dem Körper gekennzeichnet, während *L. meeli*, *L. pleuromaculatus* und *L. attenuatus* normalerweise einen einzigen Fleck mitten auf ihrer Flanke tragen. Gestreßte Tiere aller fünf Arten zeigen ein ähnliches Muster aus unregelmäßigen Flecken. *L. hecqui* unterscheidet sich von *L. boulengeri* durch den länglichen Kopf und die länglichere Schnauze. *L. boulengeri* zeigt einen sehr deutlichen, großen Fleck im Zentralbereich der Rückenflosse, der bei *L. hecqui* kleiner ist oder fehlt. *L. meeli* unterscheidet sich von beiden Arten durch eine viel kleinere Brücke zwischen den Augen (interorbital).

Die Brutbiologie von *L. hecqui* (von den Autoren irrtümlicherweise als *N. meeli* identifiziert) wurde nur im Südteil des Sees studiert (Sato & Gashagaza, 1997), und es scheint, daß ein Männchen bis zu vier Weibchen in seinem Revier betreuen kann. Jedes Weibchen entfernt den Sand um eine kleine Gruppe Schneckenhäuser (maximal 10) und verteidigt diese als Brutrevier. Derartige Reviere liegen etwa 50-300 cm weit auseinander und werden von einem einzigen Männchen kontrolliert. Einige Männchen scheinen zu groß zu sein, um in ein Schneckengehäuse zu passen; Poll vermeldet (1956) eine maximale Gesamtlänge von 8,5 cm. Das Ablaichen findet im Gehäuse des Weibchens statt, und das Männchen beteiligt sich nicht an der Brutpflege. Brutpflegende Weibchen kann man leicht an ihrer sehr dunklen Farbe erkennen. Die Jungfische haben eine Tarnfärbung, und anfangs sind nur drei schwarze Punkte auf der Rückenflosse erkennbar (siehe Foto S. 212). Wenn sie älter werden, nehmen sie allmählich die typische Fleckenfärbung an und sind dann mit einem sehr deutlichen, umrandeten Fleck auf der Rückenflosse dekoriert. Man trifft sie immer um leere Schneckengehäuse an.

Daß sich das Brutverhalten von *L. hecqui* von der des *L. meeli* und des *L. boulengeri* unterscheidet, mag vom Vorhandensein leerer Schneckengehäuse abhängen. In Regionen mit wenigen Gehäusen verhält er sich vielleicht ähnlich wie die beiden anderen Arten. Es gibt Schneckenhausbrüter, die sich auch im Felsbiotop fortpflanzen, und sie wechseln dann von ihrem normalen monogamen Verhalten in felsigen Regionen zur polygamen Bruttechnik der Schneckenhaus-Bewohner über (Sato & Gashagaza, 1997).

Große Gehäuseansammlungen

Einzelne Schneckengehäuse und Gegenden mit einer geringen Gehäusedichte werden vorwiegend von spezialisierten Schneckenhauscichliden bewohnt. Diese scheinen fakultativen Schneckenhausbrütern, die Gehäuse für den Schutz ihrer Jungen verwenden, aber selbst zu groß sind, um im Gehäuse Zuflucht zu suchen, wenig zu bieten. Grund dafür könnte sein, daß die meisten vereinzelten Schneckengehäuse schon von besser angepaßten Arten besetzt sind. Große Gehäuseansammlungen sind jedoch Heimat für eine Reihe von Cichliden, obligate und fakultative Schneckenhausbrüter, und diese Regionen haben eine ähnliche Funktion wie die dicken Kalkkrusten auf Felsen (siehe S. 45), die kleinen felsbewohnenden Cichliden Schutz bieten. Nicht alle Gehäuse in einem Gehäusebeet sind bewohnt, und es scheint daher auch für Jungfische einen Überfluß an Versteckmöglichkeiten zu geben.

Es gibt mehrere kleine Arten, die immer in großen Gehäusebeeten vorkommen, jedoch scheint keine davon nur auf Schneckengehäuse beschränkt zu sein. Der am häufigsten in Schneckenhausbeeten vorkommende Cichlide ist *Telmatochromis brichardi*, ein kleiner Cichlide, der auch im Felsbiotop häufig zu finden ist (siehe S. 98). Im Südteil des Sees, in Sambia, hält das südliche Gegenstück von *T. brichardi*, nämlich *T. vittatus*, dieselbe Nische im Gehäusebeet im sambischen Wasser besetzt; und *T. bifrenatus*, im Zentralbereich des Sees, kommt ebenfalls in Gehäusebeeten vor. Alle drei Arten kommen in ihrem jeweiligen Verbreitungsgebiet auch häufig bei Schneckenhausansammlungen, die von «*L.*» *callipterus* Männchen bewacht werden, vor.

Die maximale Gesamtlänge liegt bei *T. brichardi* und *T. bifrenatus* bei etwa 6 cm, und Tiere dieser Größe können noch immer in Schneckengehäusen Schutz finden. *T. vittatus* wird jedoch im Felsbiotop viel größer, bis zu 10 cm lang, in Schneckengehäusen aber niemals größer als 6 cm.

Wir haben bereits gesehen, daß ein Schneckenhausbrüter, «L.» speciosus, seine Größe an die der vorhandenen Gehäuse anpassen kann (S. 207). Im Gehäusebeet haben eine Anzahl normalerweise felsbewohnender Cichliden ihre Größe angepaßt, so daß sie in den Schneckenhäusern Zuflucht suchen können. T. vittatus ist ein Beispiel dafür, und eine andere Art derselben Gattung, T. temporalis, ist ebenfalls ein sehr häufiger Bewohner von Schneckenhausbeeten. Diese letztgenannte Art wurde als T. burgeoni exportiert, jedoch haben derzeitige Untersuchungen von Tetsumi Takahashi (pers. Mittl.) ergeben, daß es kaum einen Unterschied zwischen T. temporalis und T. burgeoni gibt. T. burgeoni wurde anhand von Tieren, die in der Nähe von Nyanza Lac in Burundi gefangen wurden, beschrieben (Poll, 1942). Sie könnten von der schneckenhausbewohnenden Form des T. temporalis abstammen, da die maximale Gesamtlänge mit 7 cm angegeben wurde — die von T. temporalis jedoch 10 cm ist. Die schneckenhausbewohnende Form wird hier als Zwergform von T. temporalis angesehen.

Ein Schneckenhausbeet an der Insel Karilani an der zentralen Ostküste wird von einer Zwergform der schneckenhausbewohnenden Form des T. temporalis bewohnt, d. h. die Telmatochromis Tiere, die dort gefunden werden sind deutlich kleiner als z. B. die in Gehäusebeeten im sambischem Wasser lebenden Tiere. Der Grund für diese Miniaturisierung ist wahrscheinlich, daß die Gehäuse größeren Fischen keinen Platz bieten. Im selben Beet scheint eine andere Art, «L.» brevis, ebenfalls viel kleiner als anderswo zu sein. Ein «L.» brevis Männchen und Weibchen besetzen normalerweise zusammen ein einziges Gehäuse, weshalb es die kleinste Cichlidenart (oder Variante) des Sees sein muß, jedoch bei Karilani haben «L.» brevis Männchen und Weibchen jedes sein eigenes Gehäuse (siehe Foto S. 217). Die Gehäuse sind innen von einer dicken Kruste aus Kalkablagerungen bedeckt, so daß nur sehr kleine Arten sie als Schutz oder Bruthöhle verwenden können (siehe Foto S. 216). Auf dem Beet fand ich neben den beiden oben erwähnten Miniaturformen auch noch T. bifrenatus, wenn auch in geringerer Anzahl. Die lokale Beschaffenheit der Schneckengehäuse hat wahrscheinlich zu einem extremen Fall von Miniaturisierung an der Insel Karilani geführt, eine Entwicklung, die auf allen Schneckenhausbeeten gefunden wird, wenn auch zu einem geringeren Grad.

Die ungewöhnliche Situation an der Insel Karilani könnte auf das Fehlen von Schneckenhausbewohnern, die die Gehäuse freilegen oder bedecken, zurückzuführen sein. In anderen Gehäuseansammlungen graben manchmal große Cichliden Gruben und legen dabei Gehäuse ohne Kalkablagerungen frei. Da sich die Mineralablagerungen sehr langsam vollziehen und nur an Objekten, die sich in direktem Wasserkontakt befinden, bieten unbedeckte Schneckengehäuse nur den kleineren Cichliden über einen langen Zeitraum Schutz. Sato & Gashagaza (1997) fanden, daß Neolamprologus cunningtoni eine der grabenden Arten ist, die manchmal ein Nest in Schneckenhausbeeten anlegen. Die freigelegten, sauberen Gehäuse werden von anderen Arten besetzt; in ihrem Fall fanden sie im Gehäusebeet bei Rumonge, Burundi, eine Zwergform von «L.» callipterus (kleine Männchen), die Zuflucht in Gehäusen in der Nähe von N. cunningtoni Nestern suchten. Unverkalkte Gehäuse bieten einen größeren Innenraum und deshalb passen auch größere Tiere hinein. Besonders Arten, die normalerweise zu groß für Gehäuse sind, z. B. A. compressiceps und A. fasciatus, sind besonders darauf aus, solche sauberen Gehäuse zu finden.

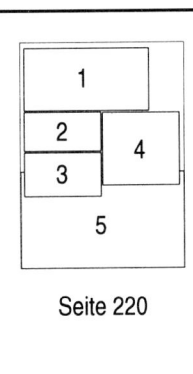

Seite 220

1. Ein unbekannter Schneckenhausbrüter, der von Toby Veall in sambischem Wasser entdeckt wurde.
2. Ein junger Neolamprologus tetracanthus, der in einem leeren Schneckenhaus an der Insel Mbete, Sambia, Zuflucht sucht.
3. N. tetracanthus (Kipili, Tansania). Eine Kinderstube (4) im Brutkrater (5) des N. tetracanthus (Kipili, Tansania).

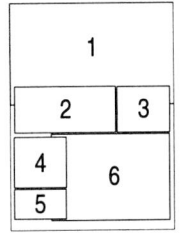

Seite 221

1. Neolamprologus cunningtoni bei Kanoni, Kongo.
2. Ein brutpflegendes N. cunningtoni Weibchen bei Lumbye, Tansania.
3. Ein Nistplatz des N. cunningtoni bei Lumbye.
4. Eier des N. tetracanthus, befestigt an freigelegten Felsen bei Isanga, Sambia.
5. Ein junger N. tetracanthus bei Magara, Burundi.
6. Ein brutpflegender N. tetracanthus bei Kasakalawe, Sambia.

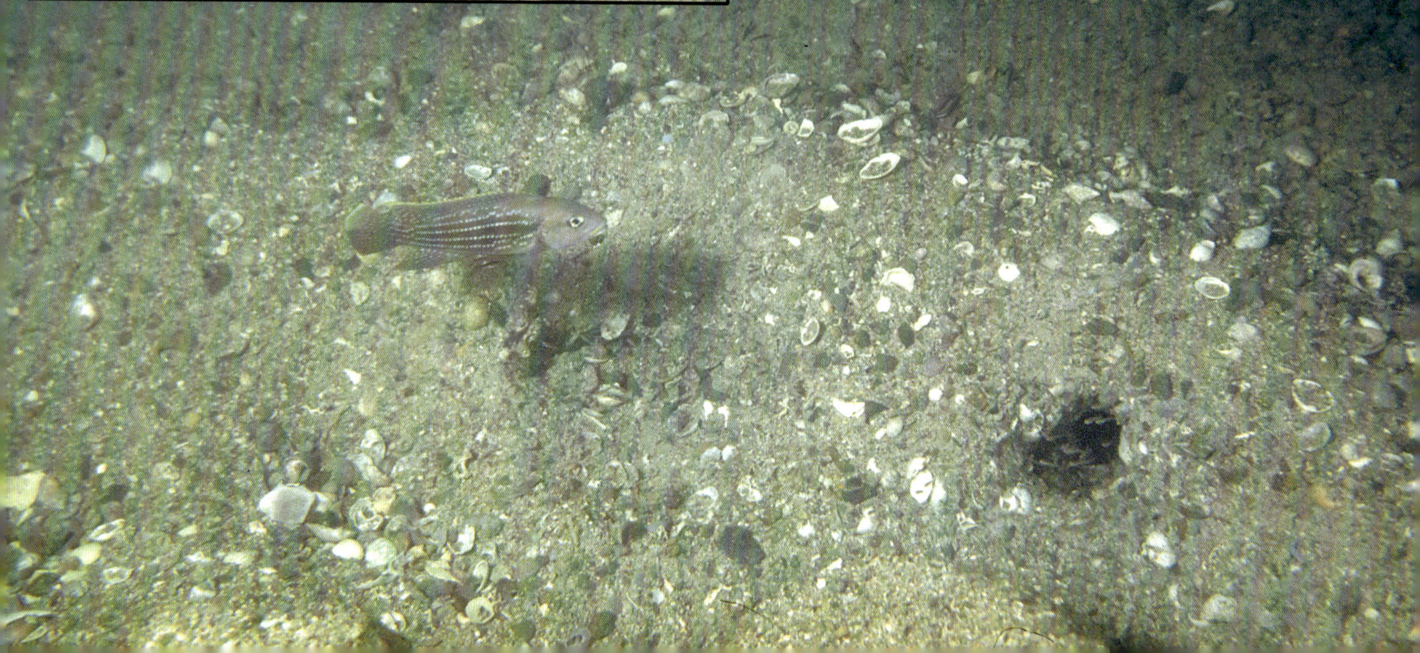
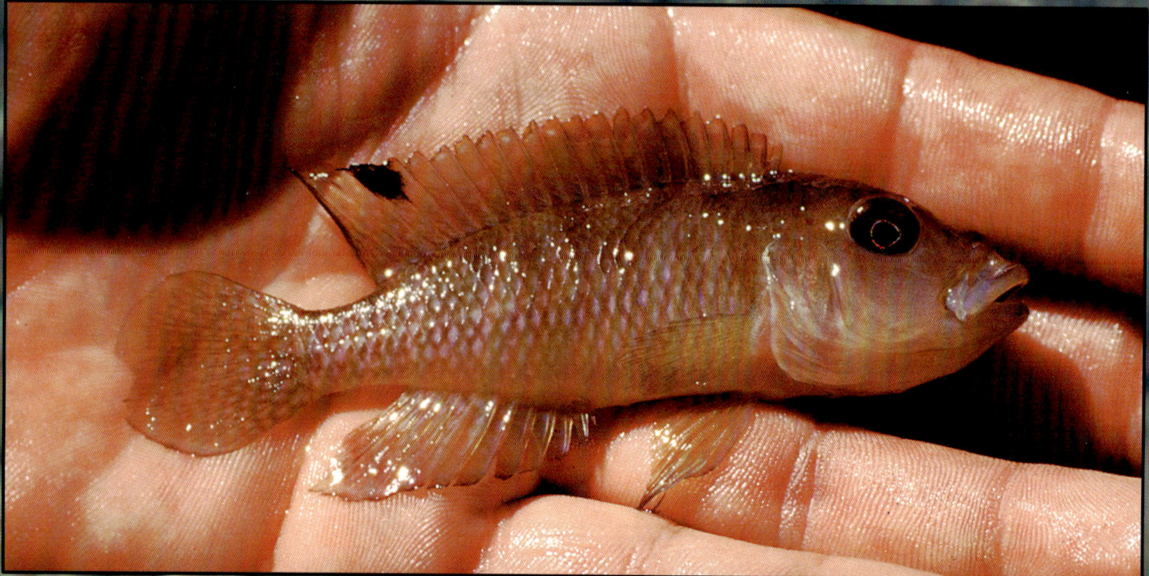
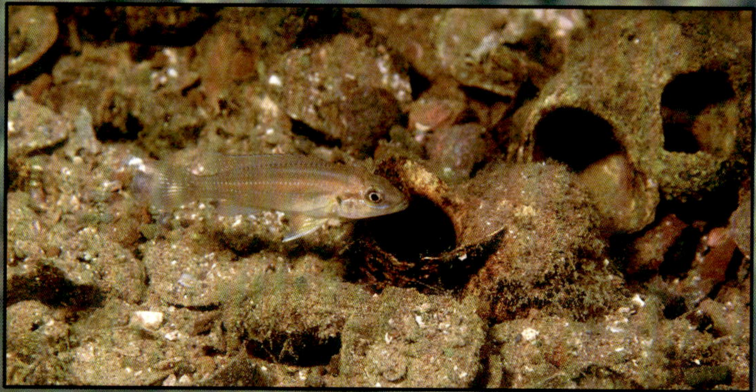
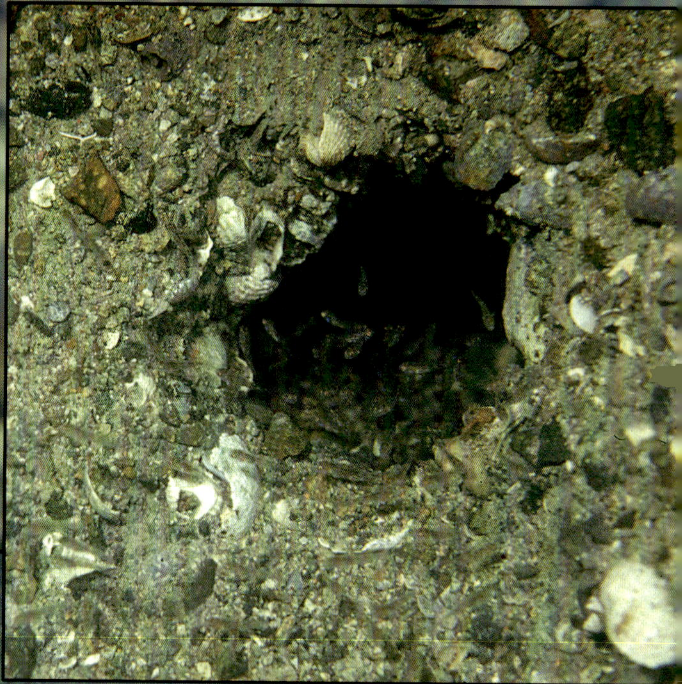
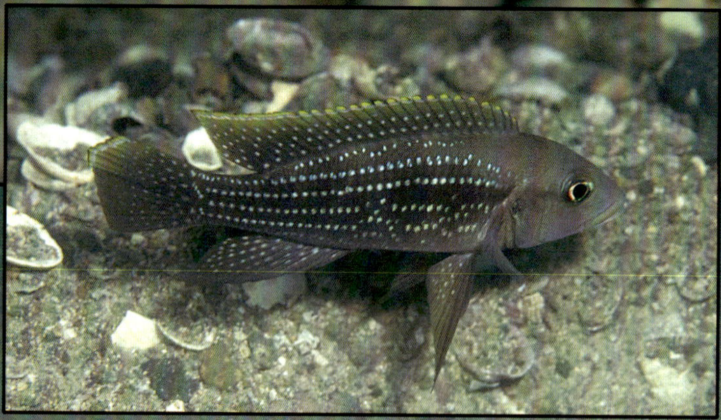

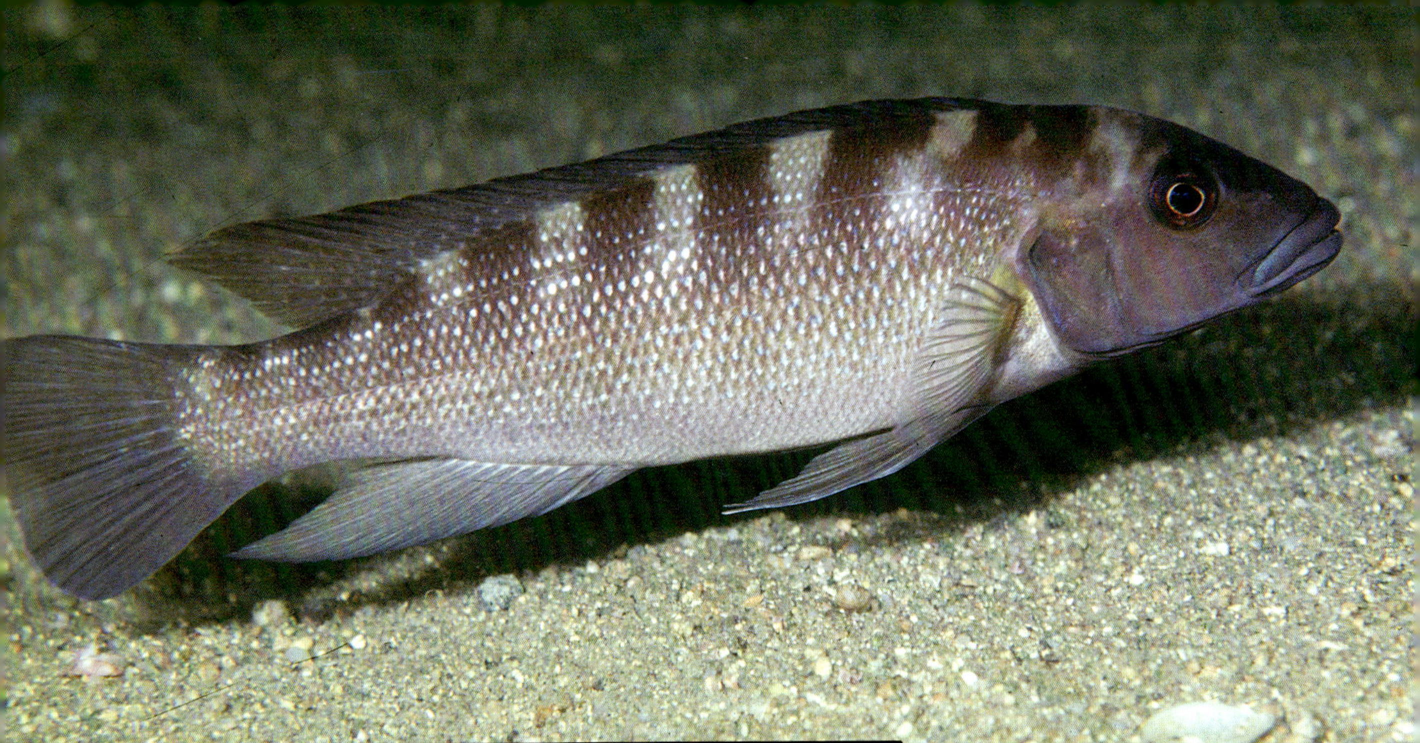

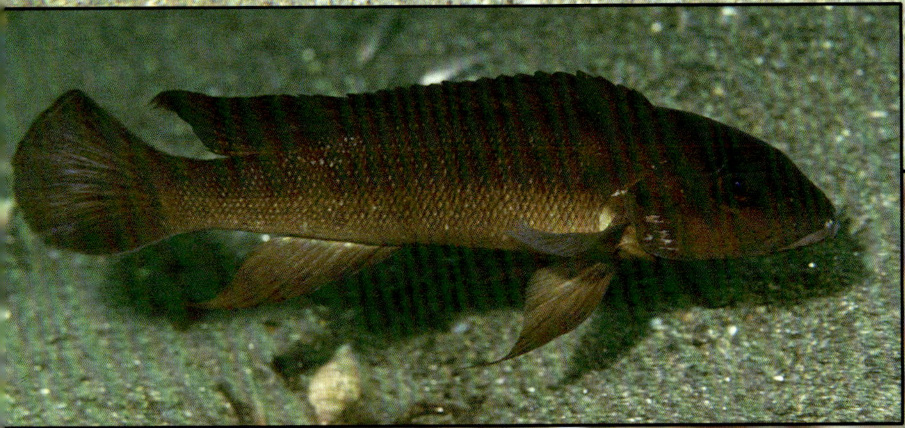

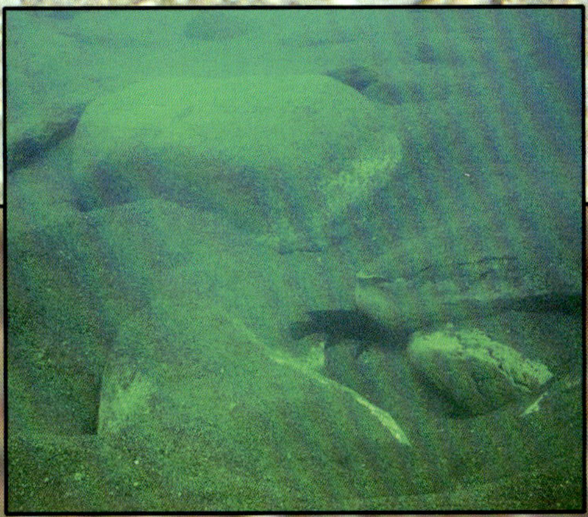

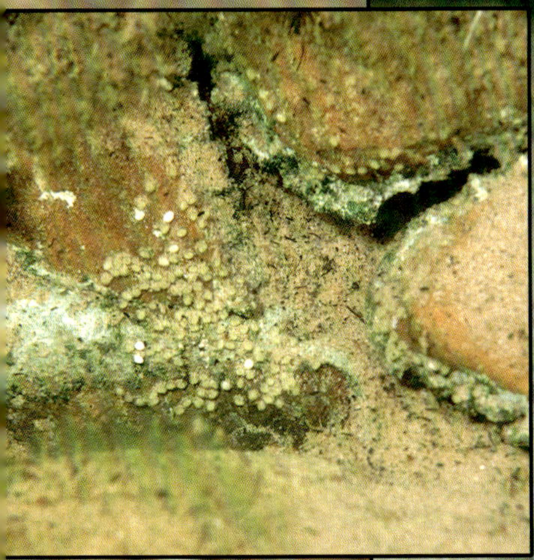

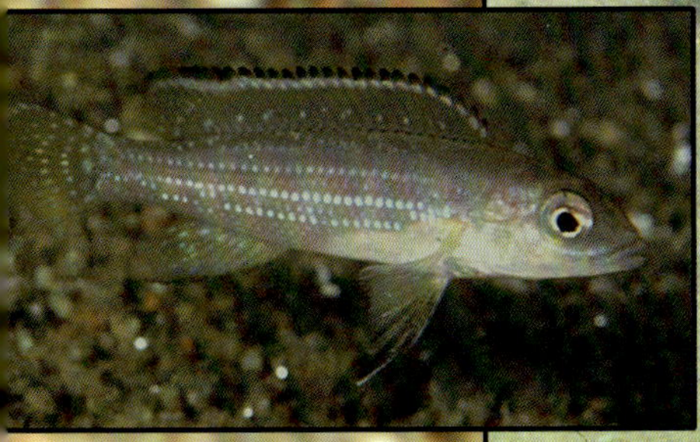

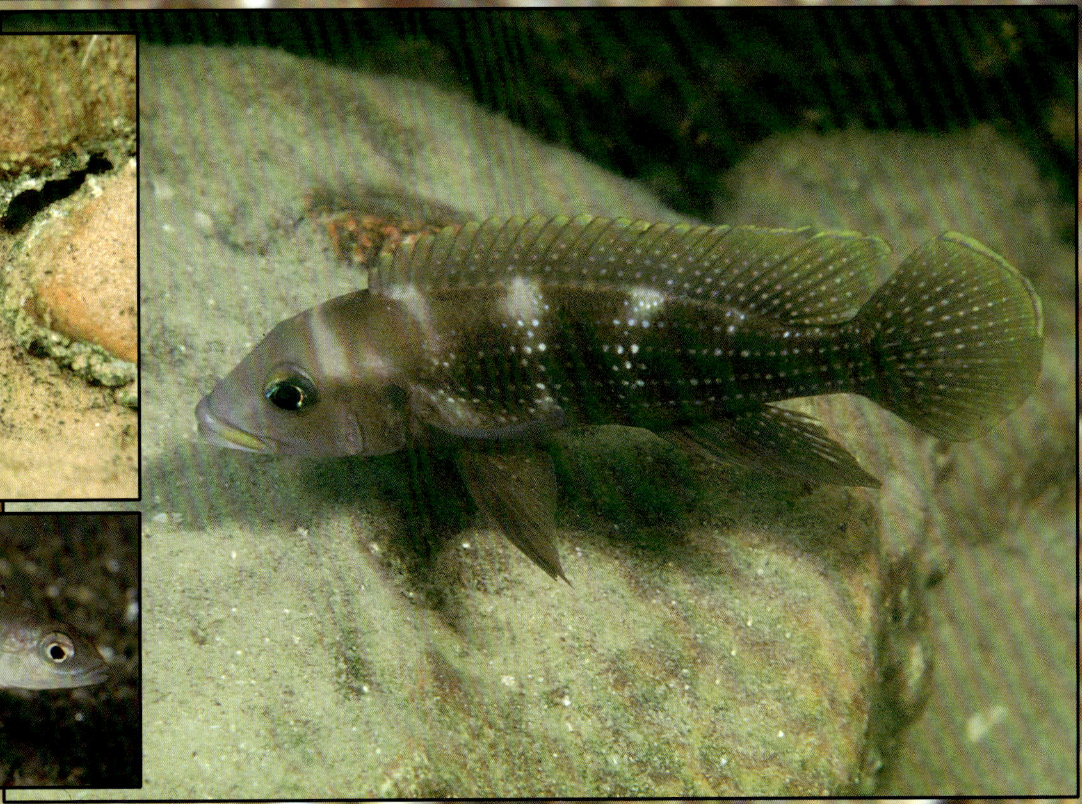

Sato und Gashagaza (1997) fanden auch von *N. mondabu* Zwergformen auf dem Rumonge Schneckenhausbeet. *N. mondabu* brütet normalerweise in der Übergangszone, wo er Höhlen in den Sand unter einen Fels gräbt. Im Schneckenhausbeet gräbt er 6-7 cm tiefe Löcher und benutzt die Außenseite eines Schneckenhauses, um die Eier darauf zu deponieren. Die Larven verbleiben am Boden der Grube oder im Schneckenhaus in der Grubenwand und werden vom Weibchen bewacht. Die mobilen Jungfische bewegen sich über der Grube und werden sowohl vom Männchen als auch vom Weibchen bewacht. Die Männchen kontrollieren normalerweise 2-3 Weibchen.

Die Autoren fanden auch brütende *Lepidiolamprologus pleuromaculatus* und *Telmatochromis dhonti* im Schneckenhausbeet bei Rumonge. Beide Arten werden normalerweise in seichten, schlammigen Biotopen gefunden (siehe S. 243), jedoch vor allem *T. dhonti* zeigte ein interessantes Brutverhalten. Ein territoriales Männchen bewachte eine große Schale der Muschel *Iridina spekei*, die mehrere kleine Schneckengehäuse bedeckte. In der Grube, die durch die Muschelschale abgedeckt war, siedelten sich drei Weibchen in den Schneckenhäusern darunter an. Abgelaicht wurde im Gehäuse des Weibchens. Die Larven wurden vom Weibchen im Gehäuse versorgt, breiteten sich jedoch schon bald, nachdem sie freischwimmend wurden, im Revier des Männchens aus (Sato & Gashagaza, 1997).

Zwei nahe verwandte Arten, «*L.*» *multifasciatus* und «*L.*» *similis*, sind oft mit großen Schneckenhausbeeten assoziiert. «*L.*» *multifasciatus* ist auf sambisches Gewässer beschränkt, während «*L.*» *similis* im restlichen Teil der Südhälfte des Sees vorkommt. «*L.*» *similis* wird bis nach Cape Tembwe an der Westküste und bis Bulu Point an der Ostküste gefunden. Beide Arten können auch zwischen dem Kies im Felsbiotop gesehen werden, jedoch nur in tiefergelegenen Schichten (unterhalb von 25 m Tiefe). Um Schneckenhausbeete kann man beide Arten in Niedrigwasser (10 m Tiefe) finden. Sie haben einen sehr interessanten Lebensstil, da sie fast immer in Kolonien vorkommen. «*L.*» *multifasciatus* und «*L.*» *similis* graben Schneckengehäuse am Rande großer Beete frei und bilden Kolonien mit bis zu 20 Tieren. Wenn die Zahl der Gehäuse begrenzt ist — jedes adulte Tier hat sein eigenes Gehäuse — trennen sich einige von der Gruppe ab und legen eine neue Gehäusegruppe frei. Dieses Verhalten kann man auch im Aquarium beobachten: sie graben Sand um die angebotenen Gehäuseansammlungen frei und bilden damit einen Wall um die Gehäuse.

«*L.*» *multifasciatus* und «*L.*» *similis* gehören zu den kleinsten der bis heute bekannten Cichliden: die Männchen werden nicht größer als 5 cm; die Weibchen sind selten größer als 3,5 cm. Die Tiere, die im Felsbiotop leben, sind größer als die in leeren Schneckengehäusen lebenden (5 vs. 4 cm). In Schneckenhausbeeten formen sie eine Gemeinschaft aus vielen Paaren, wobei jedes Tier sein eigenes Gehäuse besitzt, in das es sich bei Bedrohung zurückziehen kann. Nachdem die Jungen etwa zwei Wochen lang mobil waren, verlassen sie das Gehäuse des Weibchens und wandern durch die Spalten und Löcher im Schneckenhausbeet, wo sie in jedem Gehäuse, das sie auswählen, Schutz finden, sogar wenn es von einem erwachsenen Tier besetzt ist. Sie werden von allen Mitgliedern der Gemeinschaft toleriert, bis sie reif sind. Aus Aquariumbeobachtungen ist zu schließen, daß Paare immer zusammenbleiben, jedoch können sich leicht neue Paarbande ausbilden, wenn die Gehäuse neu angeordnet werden. Obwohl «*L.*» *similis* als ein in Felsbiotopen brütender Cichlide und nicht als Schneckenhausbrüter beschrieben wurde (Büscher, 1992c), sieht man ihn sehr häufig in einem Schneckenhausbeet in der Nähe von Cape Tembwe (Kongo). Andererseits lebt «*L.*» *multifasciatus* auch in Felsbiotopen (siehe Foto S. 217). Aus Aquariumbeobachtungen ergab sich, daß diese beiden Arten Schneckengehäuse den Höhlen zwischen aufgehäuftem Kies und kleinen Steinen vorziehen.

«*L.*» *similis* zeigt zwei Bänder auf dem Kopf und ist dadurch von «*L.*» *multifasciatus* zu unterscheiden, dem diese fehlen. Beide Arten ernähren sich von Plankton, das an ihren Gehäusen vorbeischwimmt, fressen aber auch jedes größenmäßig passende wirbellose Tier, das sie zwischen den Gehäusen ihrer Kolonie finden können. Auch die felsbewohnenden Tiere fressen, neben bodenbewohnenden Wirbellosen, Plankton.

Der Sandbiotop

Reine Sandregionen tragen relativ wenige Buntbarsche, da diese irgendeine Form von Schutz benötigen. Nur Arten, die in großen Schwärmen leben, wagen sich über nackten Sandboden. Da sie in Schwärmen nach Nahrung suchen, begegnet man ihnen selten bei einem Tauchgang in einem solchen Biotop. Wenn aber einige Felsen Schutz bieten können, nimmt die Fischdichte drastisch zu. Ein Sandbiotop wird hier definiert, als ein Biotop mit vorwiegend sandigem Boden mit weniger als einem Zehntel von Felsen bedeckt.

Sandbewohnende Lamprologine

Neolamprologus tetracanthus und *N. cunningtoni* sind sandbewohnende lamprologine Cichliden, die vorwiegend in seichtem Wasser gefunden werden, jedoch findet die Fortpflanzung um Felsen oder Schneckengehäuse statt. Deshalb sieht man Brutpaare häufig am Rand der Übergangszone. Beide Arten kommen überall im See vor, jedoch gibt es kaum geographische Variation, und bekannt ist diese nur bei *N. tetracanthus*.

N. tetracanthus kann maximal eine Gesamtlänge von 20 cm erreichen (Männchen; die Weibchen bleiben um etwa ein Viertel kleiner), und die Populationen im Nordteil des Sees sind durch einen roten Rand auf der Rückenflosse gekennzeichnet. Die Mitglieder der südlichen Populationen haben einen gelben Rand und eine gelbe Oberlippe. Bei den Jungen der nördlichen Variante hat die Rückenflosse einen schwarzen Rand, der beim Auswachsen der Fische rot wird.

N. tetracanthus frißt Schnecken, Insektenlarven und auch Fische (Poll, 1956). Auch im Aquarium kann ein einziger *N. tetracanthus* eine große Schneckenpopulation unter Kontrolle halten oder sie völlig zerstören. Nur winzige Schnecken werden gefressen, und die Schalen werden ausgeschieden, wenn die Verdauungssäfte ihren Inhalt erschlossen haben.

N. tetracanthus ist kein monogamer Substratbrüter, da Männchen beim Betreuen zweier brutpflegender Weibchen gefunden wurden (Kuwamura, 1986a). Ein Weibchen sucht einen Brutplatz in der Nähe eines Felses (oder auf Schneckenhausansammlungen) aus und entfernt typischerweise den Sand zwischen und unter fast völlig vergrabenen Felsen. Solche Felsen sind oft recht flach, und bedecken, wenn das Nest fertig ist, die Bruthöhle. Wenn weniger als drei benachbarte Felsen freigelegt werden, kann eine halbkreisförmige Sandwand die Stelle des fehlenden Felses einnehmen. Die Eier werden auf den Felsen abgesetzt, und nicht selten sind sie deutlich nach außen hin sichtbar. Die Larven werden am Boden der Grube unter dem Felsen beschützt. Manchmal ist der Sand grob oder mit kleinen (Muschel) Schalen vermischt und nicht gut von sandsiebenden Arten durcharbeitet. Wegen der Kalkablagerungen ist der Sand in solchen Regionen mehr oder weniger zusammengebacken und kleine Höhlen, die in den Sand gegraben werden, stürzen nicht so leicht ein, wie auf lockerem Sand. *N. tetracanthus* benutzt manchmal solch betonähnlichen Sand, um eine kleine Kinderstube in die Wand um das Nest zu graben (siehe Foto S. 220). Die Jungen werden von beiden Eltern bewacht, vor allem wenn das Nest an einer Seite offen ist. Brutpflegende *N. tetracanthus* kann man leicht an dem Muster aus breiten, dunklen Bändern auf ihrem Körper erkennen. Die Jungen verlassen das Nest schon in einem frühen Stadium, da selten große Jungfische von *N. tetracanthus* bewacht werden.

N. cunningtoni — diese Art wurde früher *Lepidiolamprologus* zugeordnet, jedoch fand Stiassny (1997) heraus, daß sie zur großen Gruppe von *Neolamprologus* gehört — wird viel länger als

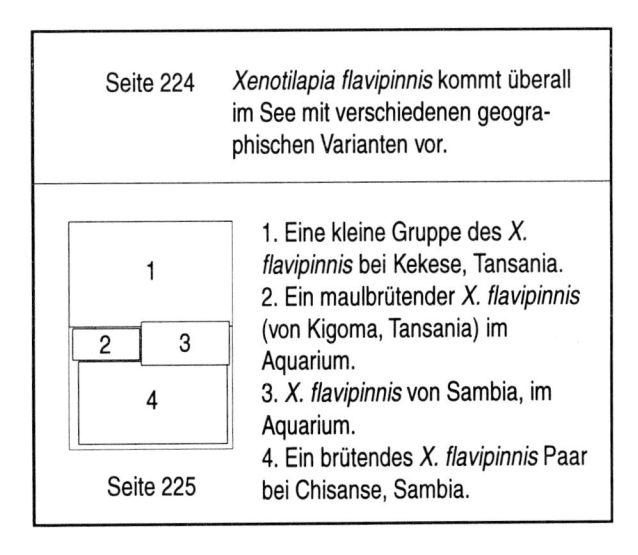

Seite 224 — *Xenotilapia flavipinnis* kommt überall im See mit verschiedenen geographischen Varianten vor.

Seite 225:
1. Eine kleine Gruppe des *X. flavipinnis* bei Kekese, Tansania.
2. Ein maulbrütender *X. flavipinnis* (von Kigoma, Tansania) im Aquarium.
3. *X. flavipinnis* von Sambia, im Aquarium.
4. Ein brütendes *X. flavipinnis* Paar bei Chisanse, Sambia.

Milima Island

Mag[

Nyanza Lac (Aquarium)

Cape Tembwe

Sibw[

M'toto

Kapampa

Kek[

Ulwile Isl[

Moliro

Chisanse

Ka[

Crocodile Isl[

Kapemba

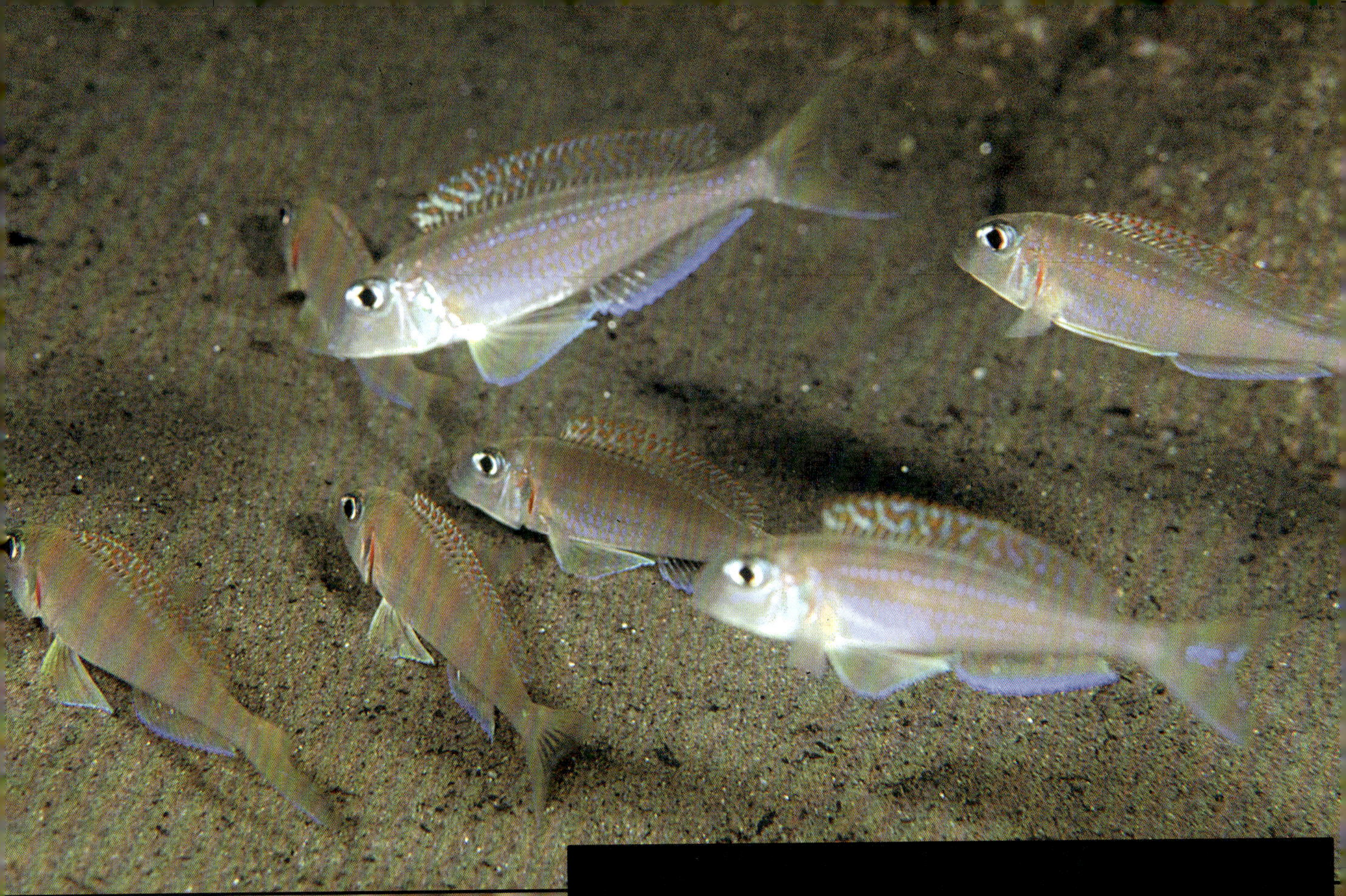
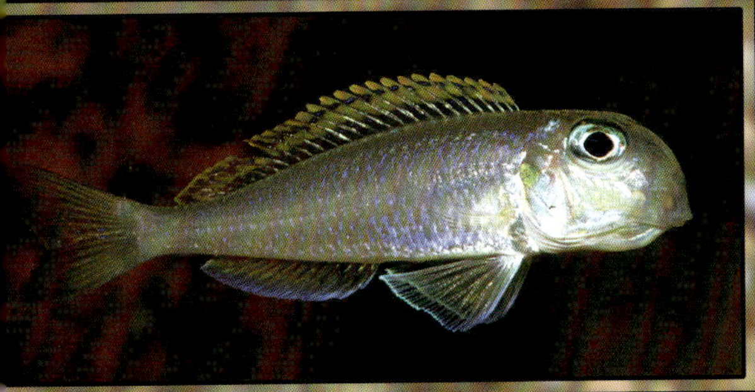
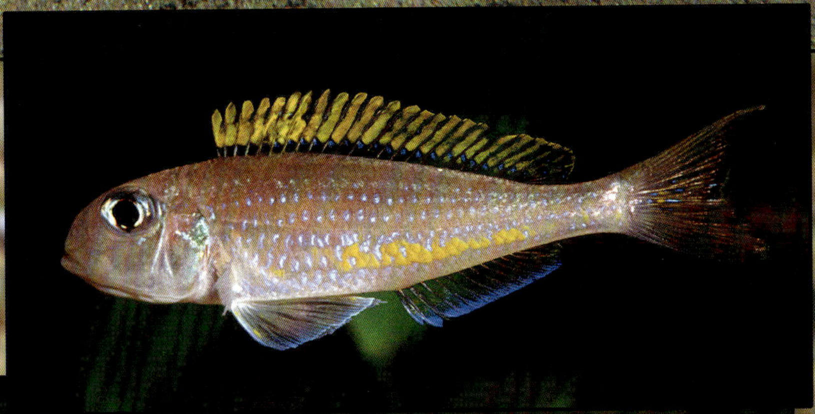
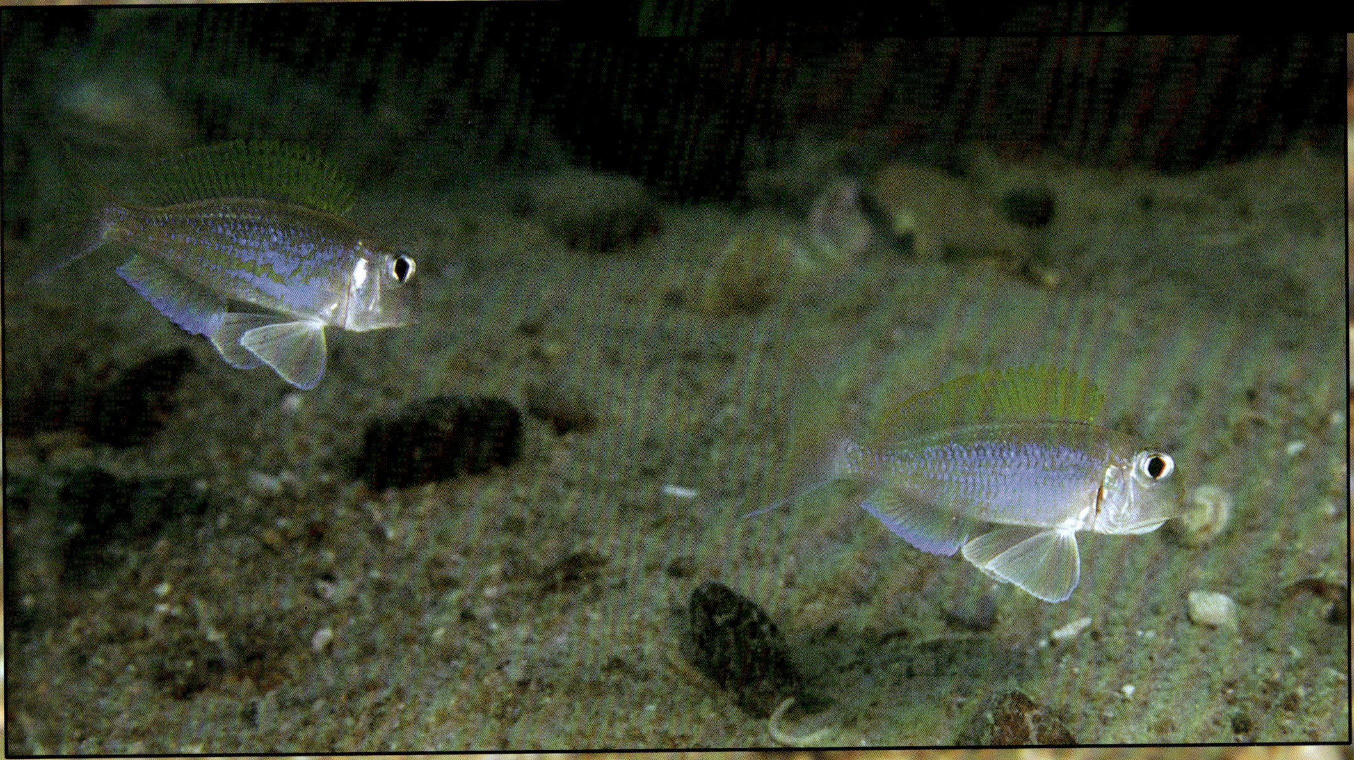

N. tetracanthus: maximal fast 30 cm. *N. cunningtoni* ist grundsätzlich ein Fischfresser, nimmt aber fast alles zu sich, was er in sein Maul kriegen kann. Er kann in Gehäuse von Schneckenhausbrütern eintauchen und deren Bewohner auffressen; auch wurde er beim Jagen nach sandbewohnenden Cichliden der Gattung *Xenotilapia* beobachtet.

Das Ablaichen findet in einer Höhle statt, die in den Sand zwischen Felsen gegraben wurde, ähnlich dem *N. tetracanthus*. Da aber *N. cunningtoni* größer als die letztgenannte Art ist, ist auch das Nest größer und die Felsen liegen weiter auseinander. *N. cunningtoni* Gelege sind ebenfalls größer: etwa 500 Eier gegenüber von 200 bei *N. tetracanthus*. Brütende *N. cunningtoni* sind dunkelbraun bis fast schwarz und leicht von brutinaktiven Tieren zu unterscheiden. Die mobilen Jungfische bewegen sich über dem Nest und fressen Plankton. Manchmal werden sie von den Eltern in einige Meter weit weg vom Nest durch den Biotop geleitet.

Xenotilapia

Die Gattung *Xenotilapia* ist im Sandbiotop stark vertreten. Unter den Arten dieser Gattung finden wir zwei unterschiedliche Maulbrutverhalten. Eins, die mütterlichen Maulbrüter, umfaßt balzende Männchen, die ihre Reviere gemeinsam in Gruppen anlegen, der andere Typ besteht aus beidelterlichen Maulbrütern, bei denen die unbeweglichen Jungen halbwegs während der Inkubationszeit vom Maul des Weibchens zum Männchen übertragen werden. Der Nachteil des letztgenannten Systems ist, daß Männchen und Weibchen zumindest bis zum Zeitpunkt des Austausches zusammenbleiben müssen. Dieses Verhalten wurde bereits früher erwähnt, z. B. bei den Grundelbuntbarschen (siehe S. 27). In den meisten Fällen bleiben Männchen und Weibchen länger als einen einzigen Brutzyklus zusammen.

Xenotilapia flavipinnis

X. flavipinnis ist eine kleine Art — maximale Gesamtlänge etwa 11 cm — die im seichten Sandbiotop lebt. Sie frißt, wie alle Mitglieder von *Xenotilapia*, indem sie ihr Maul in den Sand (oder das Schlammsediment darüber) stößt und etwas davon aufschaufelt und durch die Kiemen filtert — große Partikel werden ausgespuckt und alles Freßbare zurückbehalten. Ein einzigartiges Merkmal dieser Gattung ist das horizontale Vorstehen der äußeren Zähne auf dem Unterkiefer. Diese seltsam gestellten Zähne erleichtern vielleicht das Eindringen ins Substrat (wie die Zähne einer Gabel) mit geöffnetem Maul. Hauptgegenstände, die gefressen werden, sind Krebstiere, vor allem kleine *Cyclops*-ähnliche Wirbellose, die auf dem Boden umherkrabbeln oder unmittelbar darüber schweben, winzige Muschelkrebse, Nematodenwürmer und Insektenlarven (Yanagisawa, 1986). *X. flavipinnis* frißt immer auf Sandsubstrat und auch ihre Brutreviere befinden sich dort.

Manchmal sind Paare nicht in der Lage, sich ein Brutrevier auf dem Sand zu sichern, weshalb man einige in der Übergangszone sieht. Yanagisawa (1986) fand heraus, daß solche Paare aus kleineren Tieren bestanden als die in den benachbarten Brutregionen auf dem Sand. Nahrungssuchende und brutinaktive *X. flavipinnis* bilden große Schwärme und werden oft in seichtem Wasser gesehen. Wenn sie sexuell reif geworden sind, sichern sich ein Männchen und ein Weibchen ein Revier auf dem Sand in der Nachbarschaft des Felsbiotops. Jedes Paar benötigt ein Revier mit einem Durchmesser von etwa 3 m, und alle Reviere in der brütenden Gruppe stoßen aneinander, d. h. es gibt keinen freien Platz zwischen den Revieren. Gefressen wird innerhalb des Reviers, und normalerweise bleiben die Paare für mehrere aufeinanderfolgende Bruten innerhalb seiner Grenzen.

Abgelaicht wird irgendwo im Zentrum des Reviers, eine Laichgrube wird jedoch nicht gegraben. Die Eier — Gelege können bis zu 40 Eier enthalten — werden zuerst vom Weibchen bebrütet. Nachdem die Larven geschlüpft sind, werden sie dem Männchen übertragen. Dies findet 7-12 Tage nach dem Ablaichen statt. Das Weibchen spuckt die Larven vor dem Männchen aus, das dann schnell sein Maul öffnet und die Larven hereinläßt. Das Männchen setzt die Inkubation für weitere 5-6 Tage fort. Weder das Männchen noch das Weibchen fressen während der Maulbrutperiode. Yanagisawa (1986) fand, daß die gesamte Brutperiode etwa 15 Tage dauert und daß die Jungfische noch für zwei weitere Wochen bewacht werden, bevor sie das Revier der Eltern verlassen. Eltern, die ihre Jungen länger als andere bewachen, finden oft zwischen ihren Jungen auch fremde Jungfische von benachbarten Paaren.

X. flavipinnis ist seeweit verbreitet, und es sind viele geographische Varianten bekannt (siehe Fotos S. 224). Der Hauptunterschied in der Farbzeichnung — Männchen und Weibchen haben dieselbe Farbe — besteht in Markierungen auf der Flanke, da fast alle Varianten gelbe oder orange Rückenflossen tragen. Die in der Nordhälfte des Sees vorkommenden Varianten haben eine gelbe Rückenflosse, und bei Nyanza Lac (Burundi) ist die Variante durch eine gelborange Färbung von Schnauze und Kehle gekennzeichnet. Bei Cape Tembwe (Kongo) trägt *X. flavipinnis* perlmuttfarbene Punkte auf der Flanke und die Variante von M'toto hat einen gelben Doppelstreifen auf dem vorderen Flankenteil. Der Form bei Kapampa fehlen die gelben Streifen, jedoch weiter unten an der Küste bei Moliro (Kongo) und Chimba (Sambia) zeigt *X. flavipinnis* ein einziges, gelbes, horizontales Band über dem Bauch. Bei Kapemba liegt der gelbe Streifen jedoch auf dem hinteren Flankenteil. Dieses Muster wird auch bei den Formen des Südostteils des Sees gefunden. Entlang der größten Teil der tansanischen Küste hat *X. flavipinnis* keine weitere Zeichnung, sondern einen bläulichen Körper und eine gelbe Rückenflosse. Zwischen Kekese und Isonga gibt es jedoch eine einzige Population, die durch rote Punkte auf der Rückenflosse charakterisiert ist. Diese Variante wurde fälschlicherweise in einer früheren Veröffentlichung *X. boulengeri* zugeordnet (Konings, 1988), scheint aber eher die distinkteste Variante von *X. flavipinnis* zu sein. Bei Sibwesa und weiter nördlich entlang der Mahali Gebirgskette ist die Rückenflosse orange, und einige Tiere zeigen auch rötliche Punkte auf der Rückenflosse.

Traumcichliden

Eine Gruppe sandbewohnender Arten ist durch herrlich gefärbte Männchen und silbrige Weibchen gekennzeichnet. Während der Brutsaison nehmen die Männchen von mindestens vier dieser Arten eine hübsche, auffällige Brutfärbung an. Zwei davon, *Enantiopus* sp. "kilesa" und *X.* sp. "ochrogenys ndole", sind noch unbeschrieben; die beiden anderen Arten sind *Enantiopus melanogenys* und *Xenotilapia ochrogenys*. Die beiden letztgenannten Arten sind fast seeweit verbreitet, jedoch wurde keine der beiden im Verbreitungsgebiet des *X.* sp. "kilesa" gefunden, der zwischen Kalemie und zumindest den Kavala Inseln entlang der Westküste vorkommt. Der "Kilesa" ist wahrscheinlich im Nordwestteil des Sees noch weiter verbreitet.

X. ochrogenys und *X.* sp. "ochrogenys ndole" sehen sich sehr ähnlich und zeigen keinen auffallenden anatomischen Unterschied, obwohl die letztgenannte Art etwas größer zu werden scheint. Jedoch unterscheidet sich ihre Farbzeichnung und die *X.* sp. "ochrogenys ndole" Männchen tragen 3-5 sehr auffällige schwarze Punkte auf der Flanke. *X. ochrogenys* wurde bei Ndole, der Stelle, an der *X.* sp. "ochrogenys ndole" erstmals unter Wasser gesehen wurde, nicht gefunden. Poll (1956) berichtet über eine südliche Form des *X. ochrogenys*, die durch schwarze Flecke auf der Flanke gekennzeichnet ist, was deutlich auf *X.* sp. "ochrogenys ndole" hindeutet. Das Verbreitungsgebiet des *X.* sp. "ochrogenys ndole" umfaßt die meiste, wenn nicht die gesamte

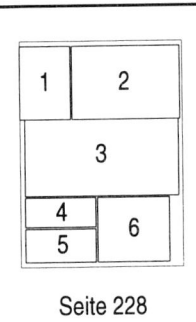

1	2
3	
4	6
5	

Seite 228

1. Ein balzendes *Enantiopus* sp. "kilesa" Männchen im Aquarium.
2. Ein *E.* sp. "kilesa" Männchen und Weibchen im Aquarium.
3. Ein *Enantiopus melanogenys* Männchen im Aquarium.
4. Ein balzendes *E. melanogenys* Männchen mit gefalteten Flossen und schrägem Körper.
5 & 6. Ablaichende *E. melanogenys*: nachdem die Eier gelaicht sind, befruchtet sie das Männchen, noch bevor sie vom Weibchen aufgenommen werden.

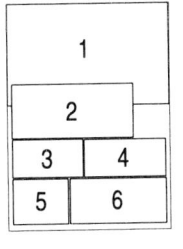

1	
2	
3	4
5	6

Seite 229

1. Eine große Gruppe meist maulbrütender Weibchen des *E. melanogenys* (Hinde B, Tansania).
2. Ein balzendes *Xenotilapia ochrogenys* Männchen im Aquarium.
3. Ablaichende *X. ochrogenys* im Aquarium.
4. Ein *X. ochrogenys* Männchen beim Vervollständigen seiner Sandtürmchen, die um den Laichplatz angeordnet werden.
5. Der elektrische Wels, *Malapterurus electricus*, (Kanoni, Kongo).
6. *Xenotilapia* sp. "ochrogenys ndole" (von Ndole Bay, Sambia) im Aquarium.

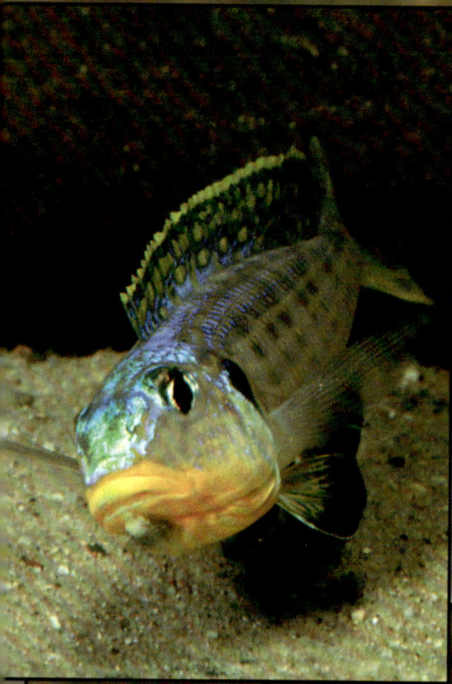
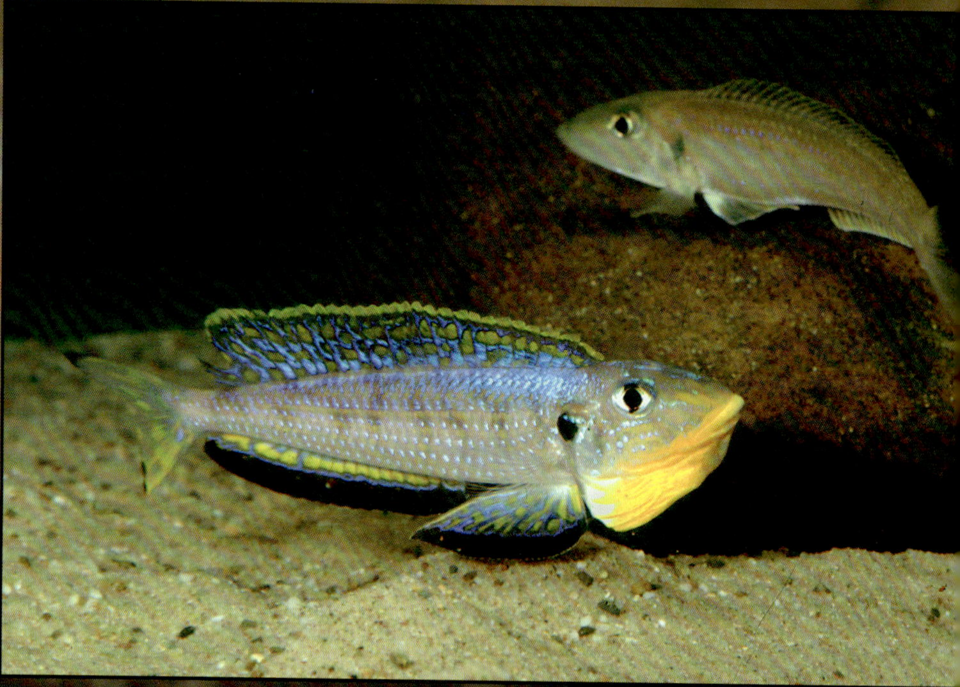
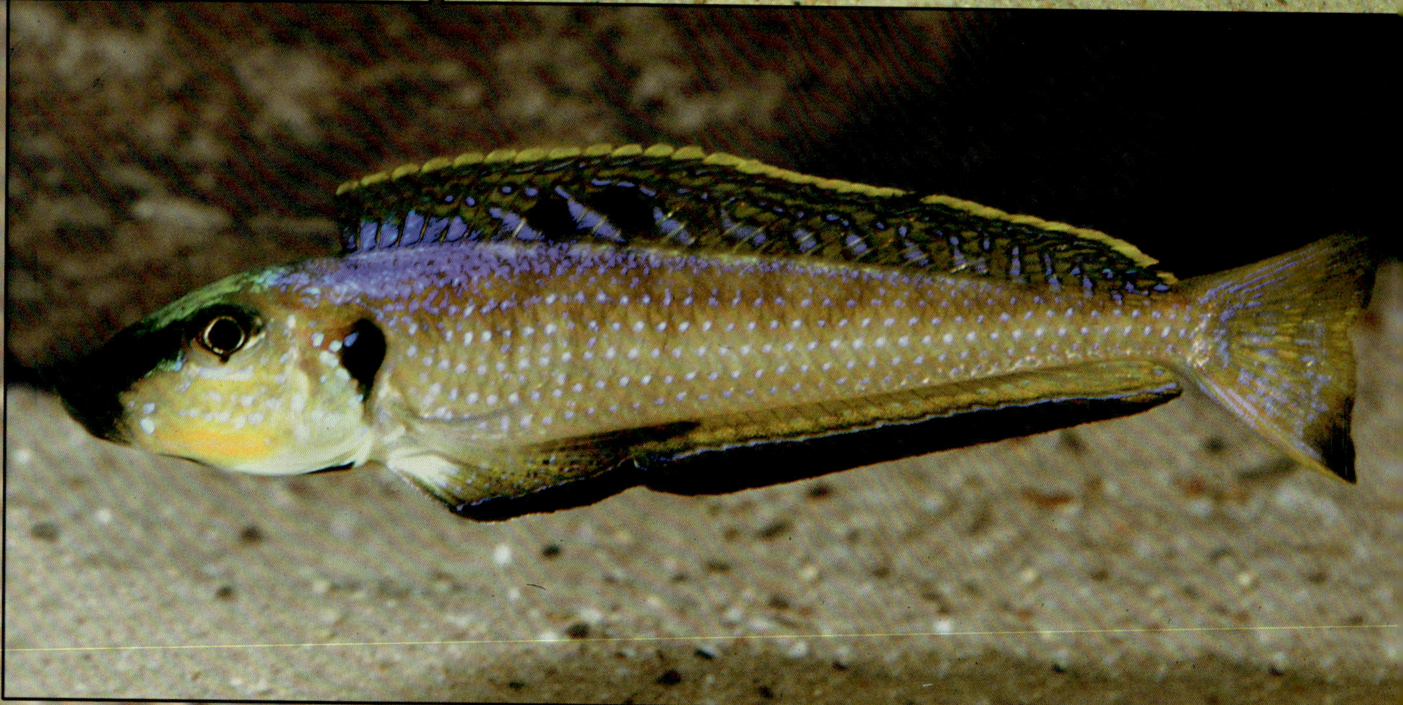
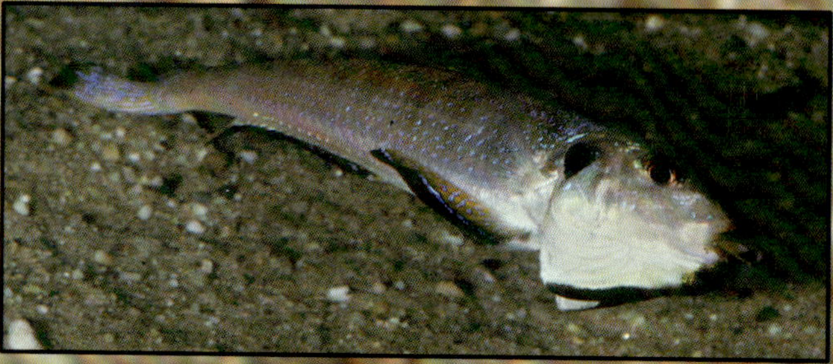
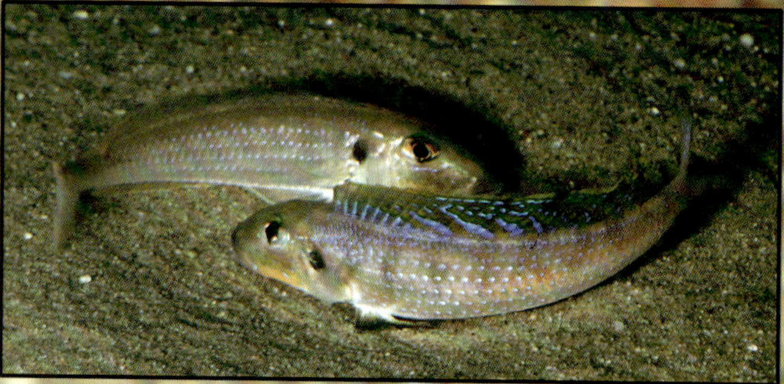
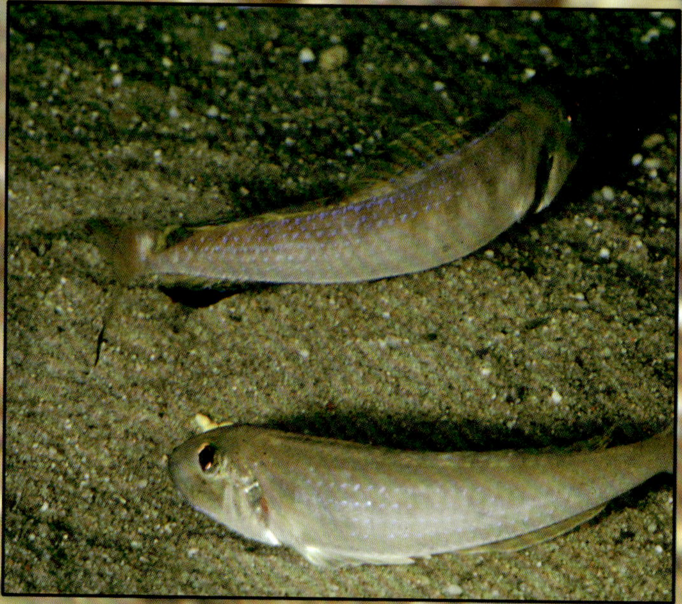

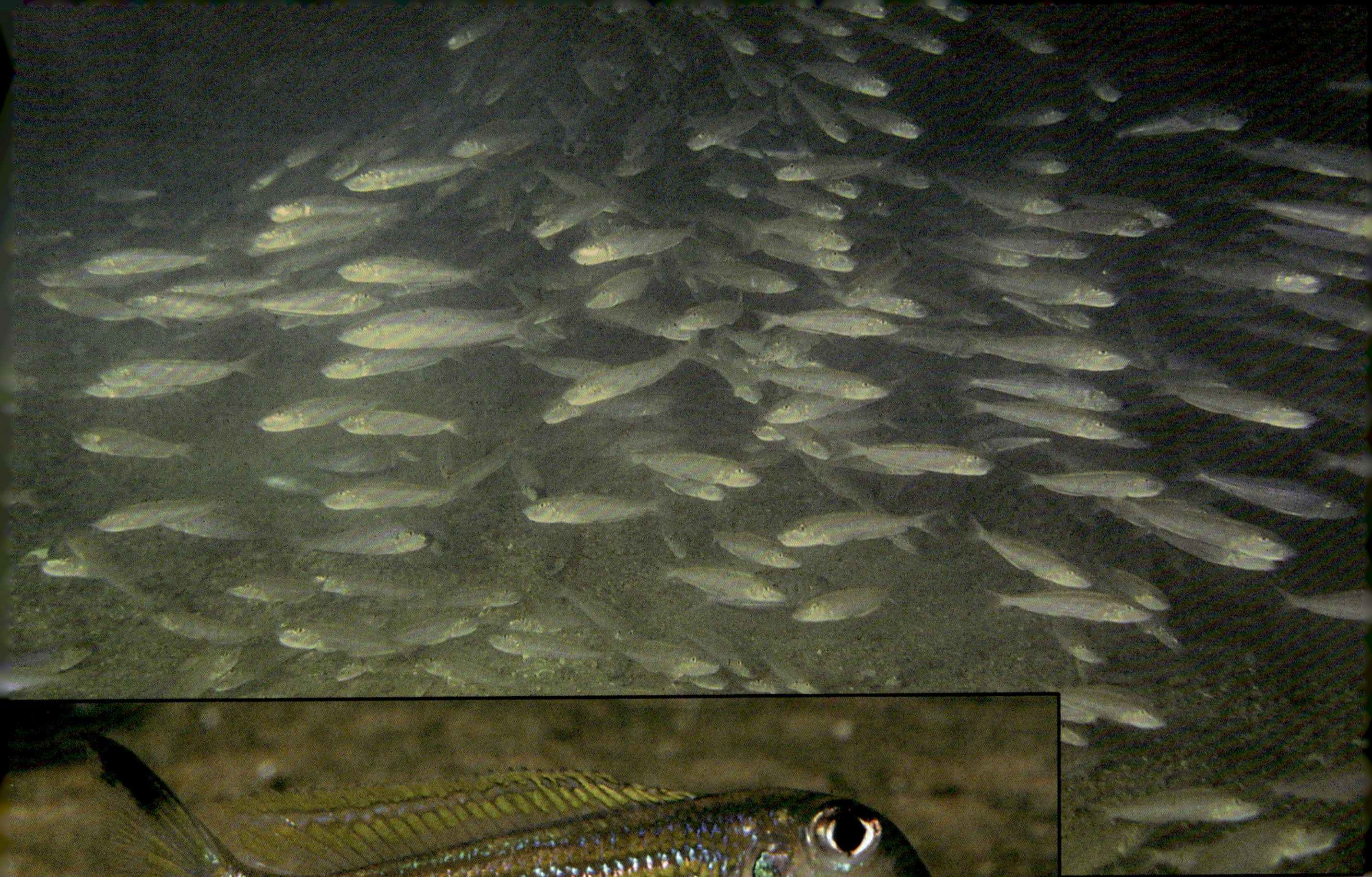
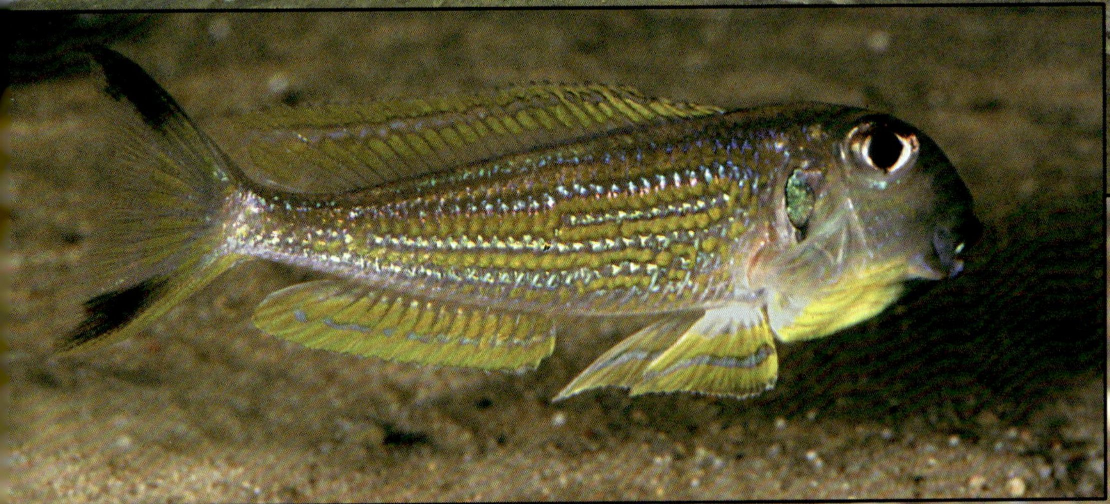
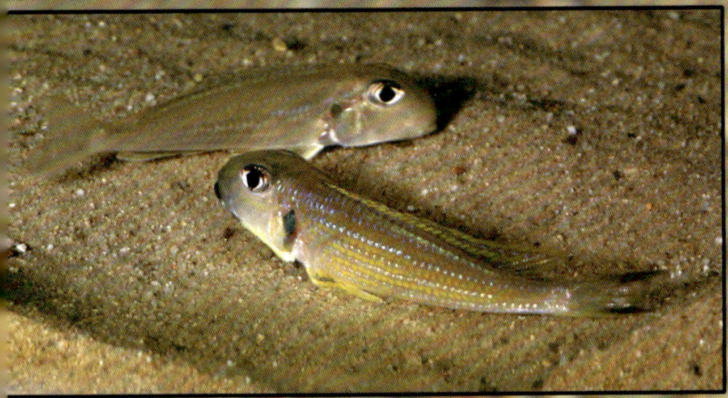
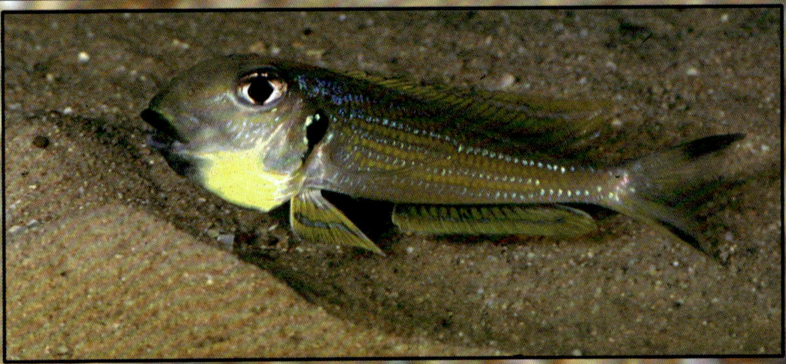
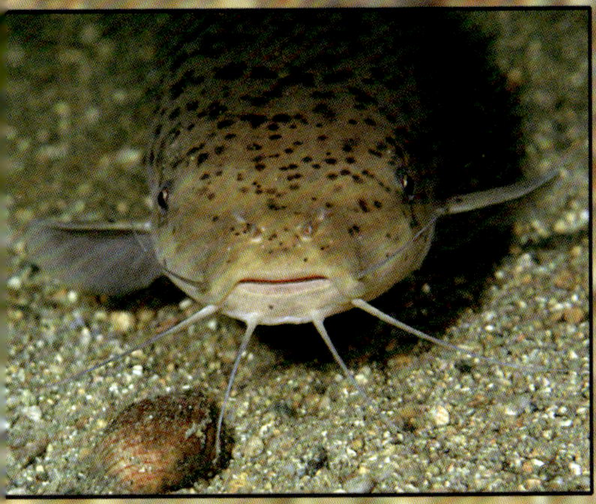
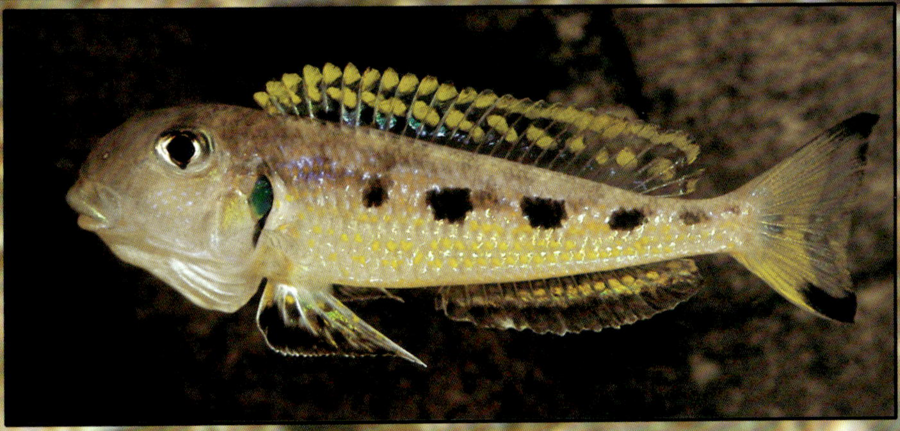

sambische Küstenlinie. Obwohl es sich hierbei auch einfach um eine geographische Variante von *X. ochrogenys* handeln kann, wird sie hier als getrennte Art aufgeführt. Die Art/Form wurde noch nicht wissenschaftlich untersucht und kommt in einer Region vor, in der mehrere "neue" Arten leben, da es sich um einen relativ neuen Teil des Sees handelt (vgl. auch S. 14).

E. melanogenys und *E.* sp. "kilesa" sind sehr schlanke, längliche Buntbarsche mit einer langen Schnauze. *E.* sp. "kilesa" unterscheidet sich von *E. melanogenys* durch den kürzeren Unterkiefer, eine kürzere Schnauze und die gelbe Farbe auf dem Kinn. Alle bekannten Arten der Gattung *Xenotilapia* haben ebenfalls schlanke Körper, jedoch rundliche Köpfe. Ihr Schnauzenprofil ist sehr steil. Die beiden *Enantiopus* Arten erreichen maximal eine Gesamtlänge von etwa 16 cm; die maximale Größe von *X. ochrogenys* liegt bei etwa 12 cm, obwohl Aquariumexemplare von *X.* sp. "ochrogenys ndole" maximal eine Gesamtlänge von 14 cm erreichen können. Es sind keine deutlichen, geographischen Rassen bei diesen vier Arten bekannt.

Diese sandbewohnenden Buntbarsche suchen in großen Schwärmen über dem Sandsubstrat nach Nahrung. Die maximale Tiefe, in der *E. melanogenys* nachgewiesen wurde, war 40 m, jedoch wird diese Art während der Brutperiode in viel niedrigerem Wasser gesehen. *X. ochrogenys* wird zu jeder Jahreszeit in seichtem Wasser gefunden. Wenn sie nicht brutaktiv sind, haben die Männchen dieselbe silbrige Sandfärbung wie die Weibchen. Sie bietet ihnen optimale Deckung auf dem Sandboden. Die meisten Tiere einer einzigen Schule bleiben ihr ganzes Leben lang in dieser Schule zusammen. Wahrscheinlich wird eine Schule in dem Augenblick, in dem die maulbrütendenden Weibchen gleichzeitig ihre Jungen freisetzen, gebildet. Die Jungen wachsen heran und pflanzen sich zusammen fort, bis sie nach etwa drei Jahren sterben.

Diese Arten sind Maulbrüter, bei denen nur die Weibchen die Eier und Larven bebrüten. Wahrscheinlich wird während des ganzen Jahres abgelaicht, die größte Aktivität findet jedoch während der Regenzeit, von Dezember bis Mai, statt. Den Rest des Jahres ziehen die Schulen umher und suchen in unterschiedlichen Regionen nach Nahrung. *X. ochrogenys* lebt normalerweise in kleinen Schulen von bis zu 30 Mitgliedern, jedoch können die *Enantiopus* Schwärme aus Hunderten Tieren bestehen. Weil so viele Fische in einer Schule zusammen leben, müssen sie sich keinen Unterschlupf suchen, wenn sie sich fortpflanzen wollen. Da die meisten Mitglieder der Schule gleichaltrig sind, erreichen sie auch ihre Fortpflanzungsphase zur gleichen Zeit. Es scheint, daß sich *X. ochrogenys* den Brutkolonien des *Enantiopus* anschließt, da man sie gewöhnlich zusammen brüten sieht (Brichard, 1978).

Während der Brutsaison verteidigen die Männchen ihre Reviere und versuchen, die Weibchen zum Ablaichen in ihr Nest zu locken. Das eigentliche Brüten findet in Schüben statt, die weniger als eine Woche dauern können. Während dieser Periode fressen die Fische nicht, sondern konzentrieren sich auf das Ablaichen. Die Saison beginnt, wenn die Männchen anfangen, Reviere im Sand abzustecken. Ein *E. melanogenys* Männchen buddelt ein flaches, schüsselförmiges Revier mit einem Durchmesser von etwa 50 cm. Im Zentrum des Reviers gräbt er eine kleine Grube von etwa 15 cm Durchmesser. Dies wird das Nest sein, in dem das Ablaichen stattfindet. Die Reviere von *X. ochrogenys* und *X.* sp. "ochrogenys ndole" sind recht seltsam; ein Revier besteht aus drei bis acht Türmchen, die durch Aufhäufen von Sand gebaut werden. Sie werden im Kreis um den Laichplatz, eine runde, schüsselförmige Grube von etwa 10 cm Durchmesser, angeordnet.

Das Revier des *E.* sp. "kilesa" ist eine sehr interessante "Mischung" der beiden vorher genannten Typen. Im Aquarium besetzt das Männchen eine große Region, in der es mehrere Laichplätze anlegt! Diese Laichplätze sind flache Gruben von etwa 15 cm im Durchmesser. Um diese Laichplätze häuft das Männchen Sandtürmchen im ganzen Revier an, manchmal über 20. Das Ablaichen findet normalerweise in einem einzigen Nest statt, jedoch beim nächsten Rundgang kann das Paar auch in ein anderes überwechseln. Also nicht nur anatomisch und farbmäßig gleicht *E.* sp. "kilesa" einem "Hybriden" zwischen *X. ochrogenys* und *E. melanogenys*, auch sein Nestbauverhalten scheint eine Mischung des Verhaltens der beiden anderen Arten zu sein. Wenn es irgendwo bei den Cichliden eine Art gibt, die durch Hybridisierung zweier anderer Arten entstanden sein könnte, dann wäre am ehesten an *E.* sp. "kilesa" zu denken.

Die Laichplätze dieser sandbewohnenden Buntbarsche werden peinlichst genau von kleinen Kieskörnern, die größer als die vorherrschenden

Sandkörner sind, gesäubert. Der Grund, warum die Männchen sich die Mühe machen, größere Sandkörner zu entfernen, ist offensichtlich: das Weibchen könnte ein winziges Kieskorn für ein Ei halten, wenn es diese nach dem Laichen aufsammelt. Auf einem gleichmäßig strukturierten Laichplatz sind die Eier auffälliger und können schneller aufgesammelt werden.

Wenn das Revier fertig ist, beginnt das Männchen mit dem Balzen. Hier bemerken wir einige Unterschiede zwischen *Enantiopus* und *Xenotilapia*. Ein *X. ochrogenys* Männchen lockt ein Weibchen mit voll aufgestellten Flossen zum Nest — außer dem vorderen Teil der Rückenflosse, die nur halb aufgestellt wird. Ein *Enantiopus* Männchen lockt die Weibchen auf ganz seltsame Art und Weise an. Rivalen werden mit allen Flossen aufgestellt vertrieben, aber die Weibchen werden mit allen Flossen angelegt ins Nest gelockt! Als einziges wird die Mundhöhle, wie bei *Xenotilapia*, aufgebläht. Außerdem liegt das Männchen fast völlig auf der Seite, wenn es das andere Geschlecht anlockt. Bei vielen anderen Arten wird dem Weibchen der richtige Laichplatz angezeigt, indem das Männchen seine Eiattrappen ins Nestzentrum hält; bei *E. melanogenys* werden die Weibchen vielleicht auf ähnliche Weise zum Ablaichen stimuliert, indem das Männchen seinen Mundboden zitternd ins Nest hält.

Die Männchen sind untereinander nicht aggressiv und die Weibchen werden auch nicht vertrieben, wenn sie die Balz des Männchens ignorieren. Ziehen die Weibchen über die verschiedenen Reviere, die aneinanderstoßen, hinweg, liegen die Männchen, eins nach dem andern, auf der Seite und versuchen sie anzulocken. Die Männchen bleiben jedoch in ihren Revieren.

Wenn ein Weibchen ablaichbereit ist, antwortet es auf die Balz des Männchens. Sobald es ins Nest hineinschwimmt, schwimmt das Männchen im Kreis um das Weibchen, mit allen Flossen aufgestellt — sowohl bei *Enantiopus* als auch bei *Xenotilapia*. Die Männchen sind so aufgeregt, daß sie erst einmal alle anderen Fische vom Nest vertreiben. Unterdessen bleibt das Weibchen bewegungslos im Nest sitzen. Sobald die Stelle von Eindringlingen geräumt ist, schwimmt das Männchen mit allen Flossen aufgestellt und seine Maulhöhle aufgebläht ins Nest. Es stupst das Weibchen von hinten und ermutigt es so, mit dem Kreisen zu beginnen. Während des Kreisens vibriert das Männchen mit der aufgeblähten Maulhöhle. Nach zwei bis drei ununterbrochenen Runden verlangsamt das Weibchen plötzlich sein Tempo und laicht einige Eier. Auch das Männchen hält mit dem Kreisen inne und wartet ungeduldig darauf, daß das Weibchen die Stelle verläßt und die Eier zum Befruchten freigibt. Ein bis acht 2 mm lange Eier werden gleichzeitig abgesetzt. Sobald sich das Weibchen nach vorne bewegt, schießt das Männchen über die Eier und setzt seine Samenflüssigkeit darüber frei. Die Eier werden also außerhalb des Mauls des Weibchens befruchtet. Gegen Ende des Laichzyklus wird das Weibchen keine Eier mehr ausstoßen, jedoch setzt sich das Ritual noch für eine längere Zeit fort. Jedesmal, wenn sich das Weibchen nach vorne bewegt, schießt das Männchen wie ein Pfeil über den Laichplatz. Manchmal ist das Männchen so aufgeregt, daß es über das Weibchen stolpert, wenn dieses sich nicht schnell genug wegbewegt.

Die Gelegegröße variiert bei den beiden *Enantiopus* Arten zwischen 30 und 80 Eiern, und zwischen 10 und 40 bei den beiden anderen Arten. Ein Männchen kann mit verschiedenen Weibchen an einem einzigen Tag ablaichen, und ein Weibchen kann seine Eier von zwei oder drei verschiedenen Männchen befruchten lassen. In

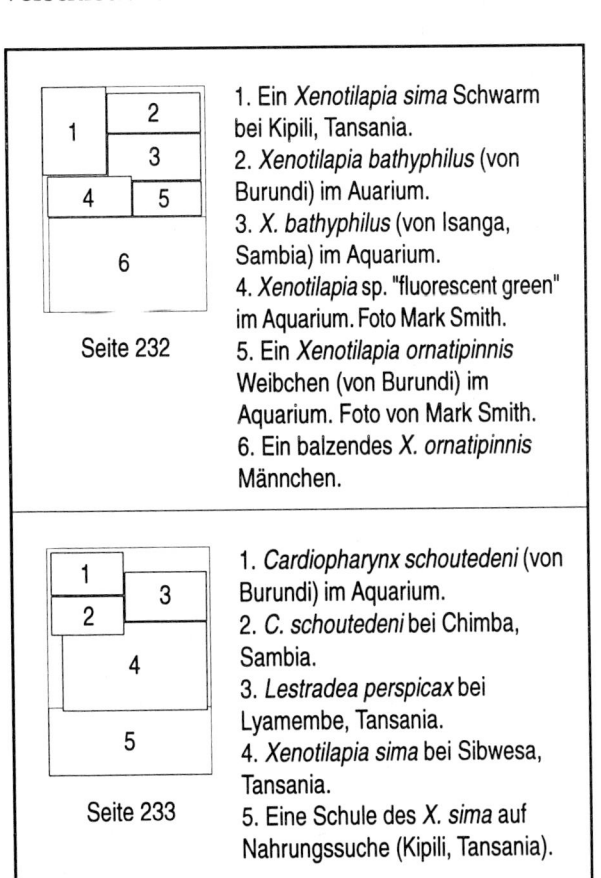

Seite 232
1. Ein *Xenotilapia sima* Schwarm bei Kipili, Tansania.
2. *Xenotilapia bathyphilus* (von Burundi) im Auarium.
3. *X. bathyphilus* (von Isanga, Sambia) im Aquarium.
4. *Xenotilapia* sp. "fluorescent green" im Aquarium. Foto Mark Smith.
5. Ein *Xenotilapia ornatipinnis* Weibchen (von Burundi) im Aquarium. Foto von Mark Smith.
6. Ein balzendes *X. ornatipinnis* Männchen.

Seite 233
1. *Cardiopharynx schoutedeni* (von Burundi) im Aquarium.
2. *C. schoutedeni* bei Chimba, Sambia.
3. *Lestradea perspicax* bei Lyamembe, Tansania.
4. *Xenotilapia sima* bei Sibwesa, Tansania.
5. Eine Schule des *X. sima* auf Nahrungssuche (Kipili, Tansania).

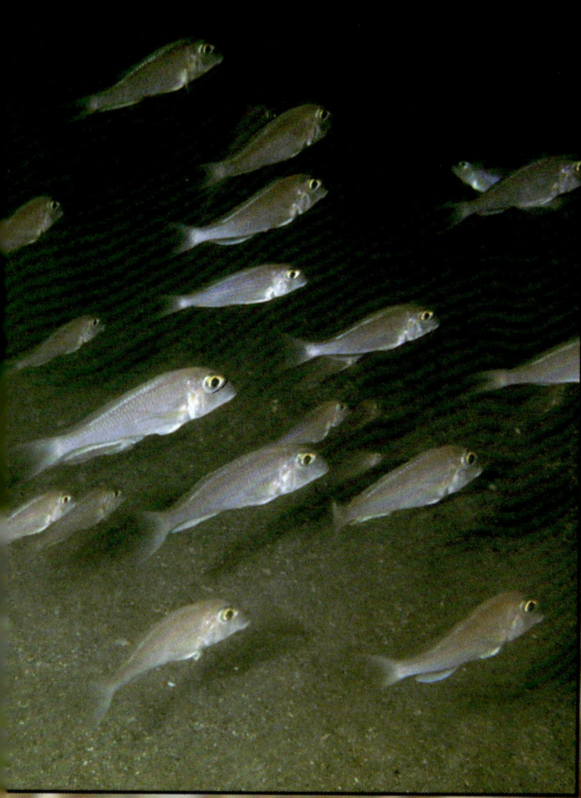
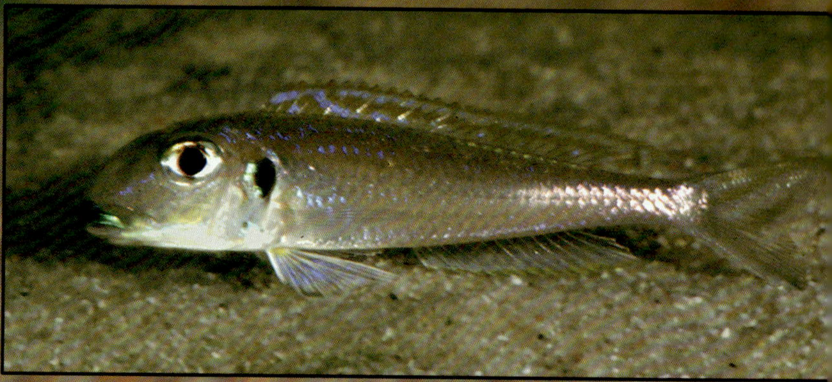
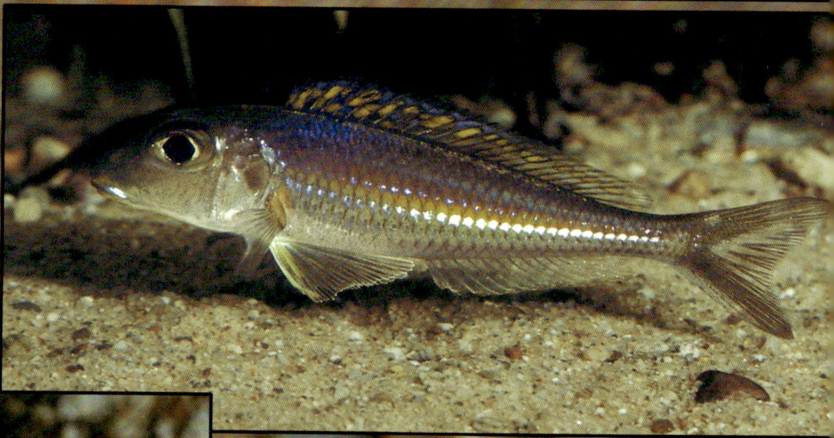
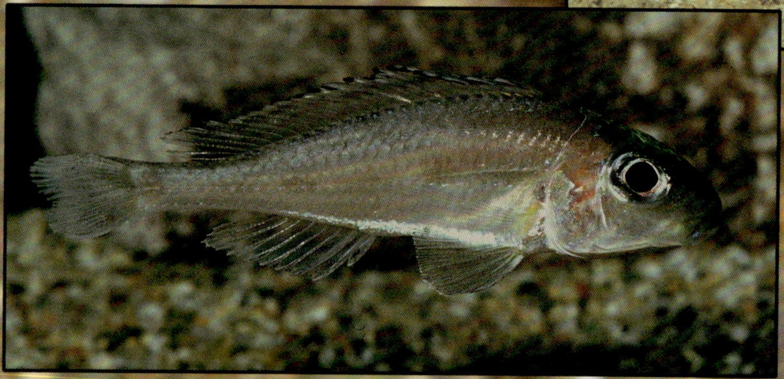
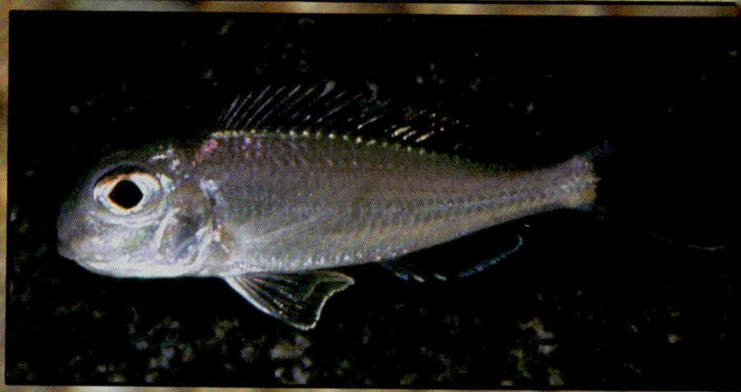
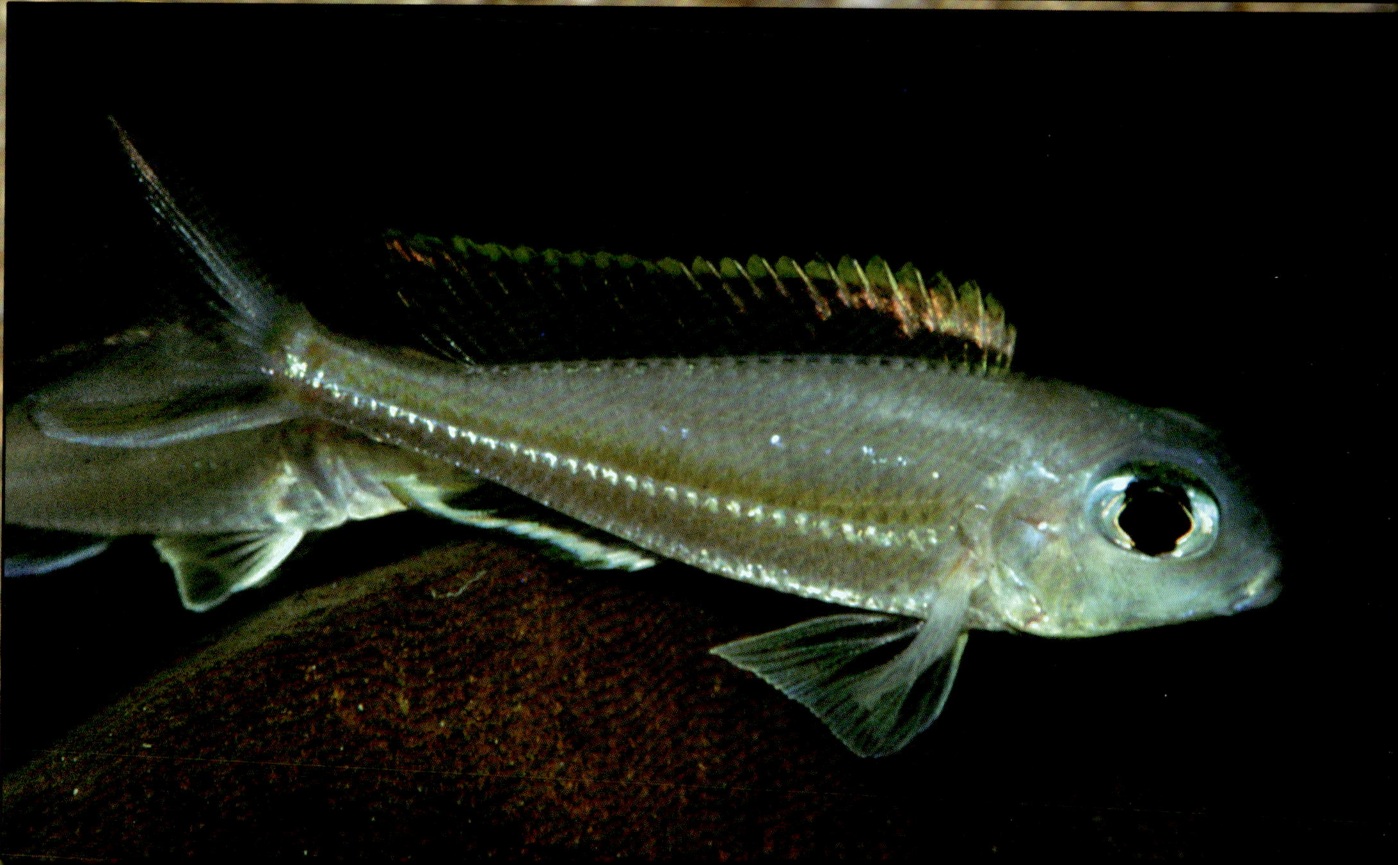

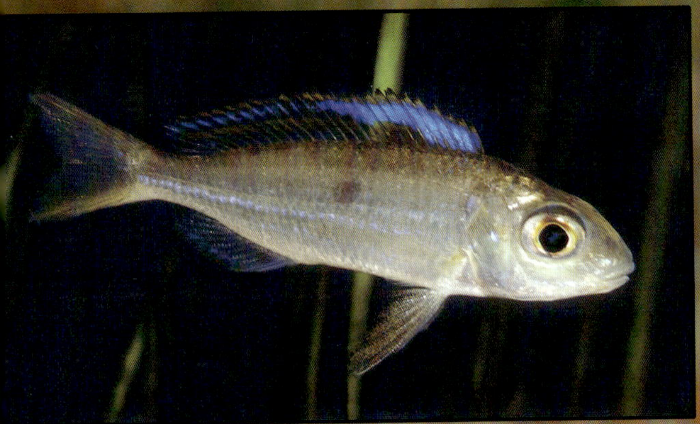

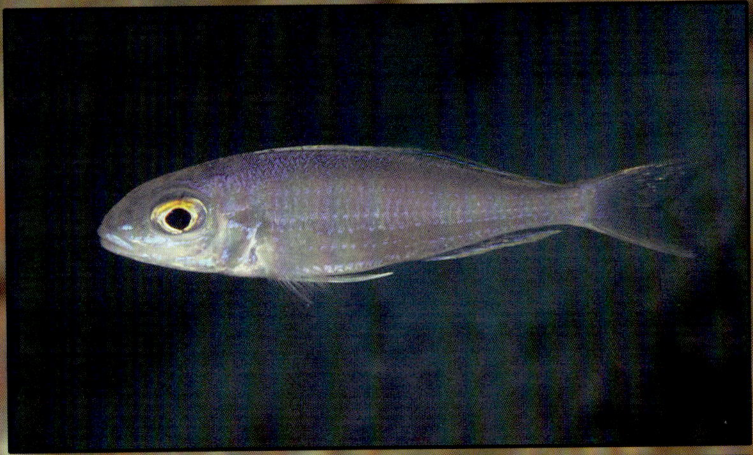

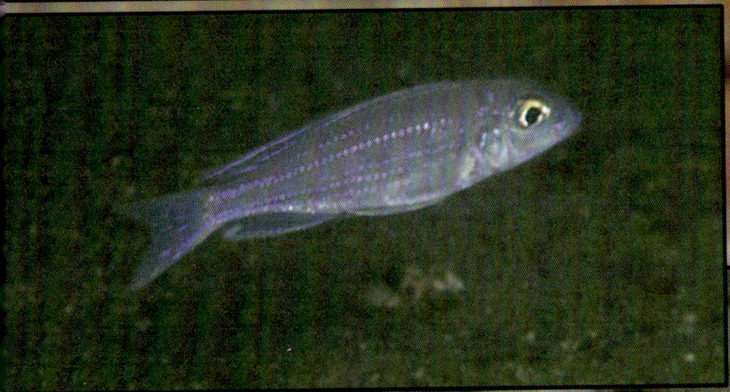

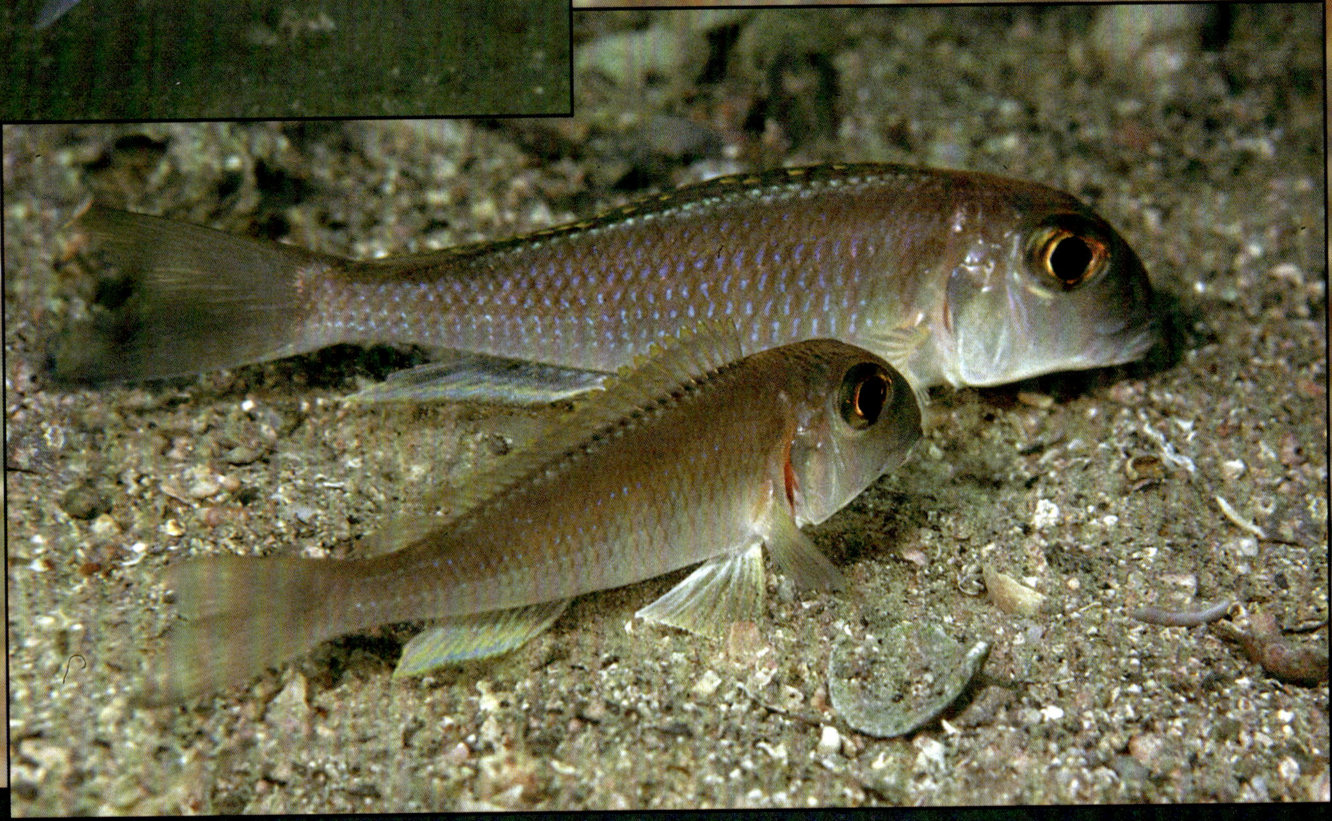

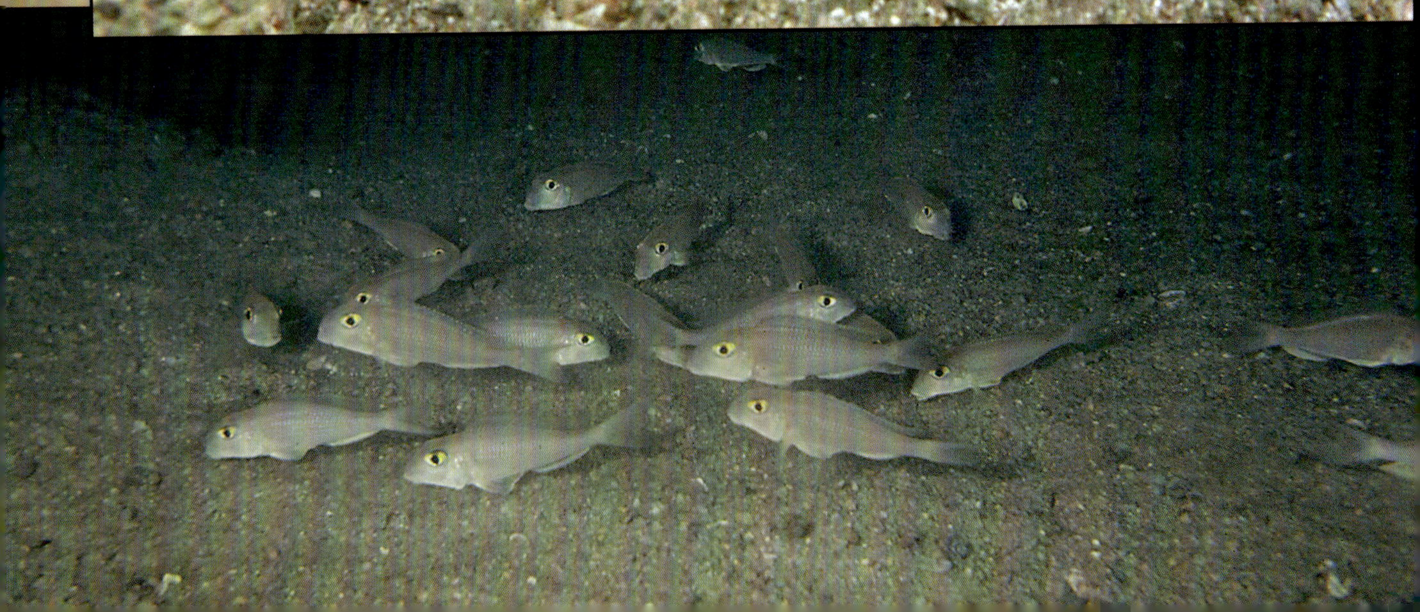

kürzester Zeit sind alle Weibchen maulbrütend. Große Schulen brütender Weibchen werden oft in der Nähe von Brutarenen der Männchen gesehen, und sie bleiben in seichtem Wasser. Nach etwa drei Wochen werden die Jungen gleichzeitig freigesetzt und sind noch recht klein. In einem Jahr sind sie jedoch schon erwachsen und können bereits in der nächsten Brutsaison ablaichen.

Xenotilapia bathyphilus

X. bathyphilus wurde als Unterart des *X. ochrogenys* betrachtet, bevor Poll diese Gattung 1986 revidierte. Beide Arten sind jedoch sympatrisch. Wie man vom Namen *X. bathyphilus* erahnen kann, lebt er in tieferen Regionen des Sees, zwischen 20 und 100 m tief (Poll, 1956). Er gleicht sehr *X. ochrogenys* und ist seeweit verbreitet. *X. bathyphilus*-ähnliche Cichliden wurden bereits in Aquarien gepflegt, und einige wurden auch *X. bathyphilus* genannt, andere aber erhielten Handelsnamen wie "Xenotilapia Isanga". Die Männchen der Form, die in der Nähe von Isanga (Sambia) vorkommt, haben einen stahlblauen Schimmer auf der oberen Flankenhälfte und eine gelbe Rückenflosse.

X. sima oder *X. boulengeri*

Xenotilapia sima und *X. boulengeri* sind nahe miteinander verwandt, und es gibt kein deutliches Merkmal, das diese beiden Arten unzweideutig voneinander absetzen würde. Beide Arten werden in seichtem Wasser gefunden und beide sind seeweit verbreitet. Es ist schon sehr seltsam, daß die eine der beiden bei fast jedem Tauchgang gesehen wird, die andere aber offensichtlich niemals lebend wahrgenommen wurde. Kuwamura (1986a; 1987b) und andere haben *X. boulengeri* als beidelterlichen Maulbrüter beschrieben, jedoch ist sicher, daß sie diese Art mit *X. flavipinnis* verwechselten.

Vor kurzem revidierten Takahashi & Nakaya (1997) *X. sima* und *X. boulengeri* und zogen den Schluß, daß es zwei unterschiedliche Arten gibt, die beide seeweit verbreitet sind. Jedoch überlappen sich die Merkmale, die zur Unterscheidung dieser beiden mutmaßlichen Arten aufgeführt wurden, und sie konnten mich nicht überzeugen, *X. boulengeri* als andere Art als *X. sima* zu akzeptieren. Bis uns weitere Daten über ihr Verhalten vorliegen, die deutlich zeigen, daß es wirklich zwei verschiedene Formen sind, betrachte ich *X. boulengeri* als Juniorsynonym von *X. sima*.

X. sima erreicht maximal eine Gesamtlänge von etwa 16 cm und ist im seichten Sandbiotop recht häufig zu finden. Fast immer findet man ihn auf Nahrungssuche in Gruppen, die zwischen 5 und über 100 Tiere zählen können. Er frißt, indem er die oberen Schicht auf dem Sandsubstrat filtert, und seine Nahrung besteht aus Insektenlarven, kleinen Schnecken und winzigen Muscheln (Poll, 1956). Er brütet auf Sandflecken in der Übergangszone, jedoch werden keine im Sand ausgebuddelte Nester oder andere Formen von Laichplätzen angelegt. Maulbrütende Weibchen bleiben beisammen und setzen ihre Jungen wahrscheinlich gleichzeitig frei.

Xenotilapia ornatipinnis

Das auffälligste Merkmal von *X. ornatipinnis* — maximale Gesamtlänge etwa 13 cm — sind die enorm großen Augen und der silbrige Streifen mitten auf der Flanke des Männchens. Die Augen sind nicht perfekt rund, sondern oval; dadurch paßt "mehr" Auge in den vorhandenen Platz und die Konstruktion des Schädels. Große Augen haben einen besseren Lichtempfang als kleine, und solch enorm große Augen können bei verminderten Lichtverhältnissen, wie sie in tiefen oder schlammigen Biotopen herrschen, von Vorteil sein. Zusätzlich zu den großen Augen, die die Sicht des Tieres verbessern, dient wahrscheinlich auch der silbrige Streifen auf der Flanke des Männchens als Erkennungsmerkmal für die Weibchen, damit sie im tiefen oder trüben Wasser einen Partner finden können. Poll (1956) berichtete, daß die meisten Tiere aus tiefem Wasser gefangen wurden, einige sogar aus 110-160 m Tiefe; jedoch wurden auch Tiere in nur 5 m Tiefe registriert. Ihre Nahrung besteht aus Insektenlarven und kleinen Muschelkrebsen. Poll (1956) fand auch Sandkörner in ihren Därmen.

X. ornatipinnis, der seeweit verbreitet ist, ist ein mütterlicher Maulbrüter; den Weibchen fehlt der silbrige Streifen, und sie haben eine Reihe von 5-7 schlecht definierten schwarzen Punkte auf der Rückenflosse. Im Aquarium legen die Männchen keine Laichplätze an, und die Weibchen werden sowohl über Sand als auch auf Felsen angebalzt.

Xenos mit einer Nase

Vor kurzem wurde eine neue *Xenotilapia* Art, *X. nasus*, aus der nördlichen Sektion des Sees beschrieben (De Vos *et al.*, 1996). *X. nasus* ist durch ein unterständiges Maul und eine Schnauze, die nasenförmig aussieht und der des *Ophthalmotilapia nasuta* ähnlich sieht, charakterisiert. Keine andere beschriebene Art der Gattung *Xenotilapia* besitzt eine solche Schnauze und sehr wenige tragen nur 7-8 weiche Strahlen in der Afterflosse,

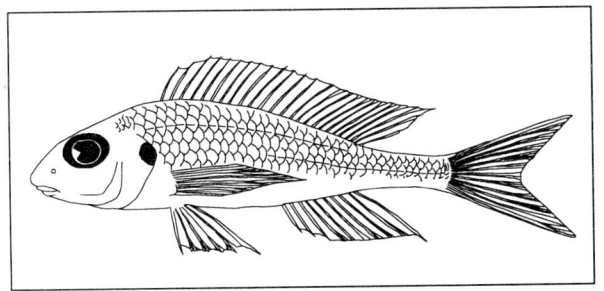

Xenotilapia nasus (nach De Vos, Risch & Thys v. d. Audenaerde, 1996).

ein anderes Merkmal von *X. nasus*.

Vor einigen Jahren wurde ein sandbewohnender Cichlide in sambischem Wasser gefangen und als "Xenotilapia Fluorescent Green" exportiert. Auch diese Form hat eine nasenförmig vorstehende Schnauze und 7-8 weiche Strahlen in der Afterflosse. Im Gegensatz zu *X. nasus*, ist der Schwanz des "Fluorescent Green" nicht stark gegabelt, und sind die Schwanzspitzen abgerundet. Es scheint jedoch, daß diese beiden Formen nahe miteinander verwandt sind. Jedoch ist nur wenig über das natürliche Verhalten des *X. sp. "fluorescent green"* bekannt.

X. nasus wurde nur im extremen Norden des Sees, in Burundi, aber auch im Kongo gefunden. Die meisten Tiere wurden aus 30-68 m Tiefe gefangen. Magenuntersuchungen lassen darauf schließen, daß diese Art pflanzliche Überreste, aber auch Plankton frißt.

Sandbewohnende Ectodini

Diese Gruppe sandbewohnender Cichliden besteht aus mehreren silbriggefärbten Arten, die zwei verschiedenen Gattungen zugeordnet werden: *Cardiopharynx schoutedeni*, *Ectodus descampsi*, *Ectodus* sp. "descampsi ndole" und *Lestradea perspicax*. Die letztgenannte Art wurde früher offiziell in zwei Unterarten unterteilt, *L. p. perspicax* und *L. s. stappersi*; im nachhinein wurde ihnen jedoch der volle Artstatus zuerkannt (Poll, 1986). Die beiden Formen kommen nirgends sympatrisch vor, was beweisen würde, daß es sich in der Tat um zwei Arten handelt. Der einzige Unterschied zwischen ihnen ist die Form der Zähne (kegelförmig oder zweispitzig), was hier jedoch nicht als Hinweis auf zwei verschiedene Arten angesehen wird. Die Zahnform hängt oft von der vorhandenen Futterquelle und anderen Umweltfaktoren ab, und es ist sehr unwahrscheinlich, daß sie, wie die Färbung der Männchen, eine Rolle bei der Partnererkennung spielen können. Deshalb wird *Lestradea stappersi* hier als Juniorsynonym von *L. perspicax* angesehen.

Der Cichlide, der jetzt *Ectodus* sp. "descampsi ndole" genannt wird, wurde früher *E. descampsi*

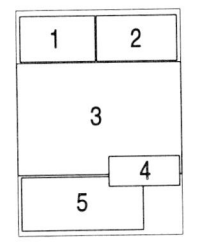

Seite 236

1. *Ectodus* sp. "descampsi ndole" in der Ndole Bay, Sambia. Foto von Horst Dieckhoff.
2. *Ectodus descampsi* (von Burundi) im Aquarium.
3. Ein balzendes *Lestradea perspicax* Männchen im Aquarium. Foto von Mark Smith.
4. Ein *Grammatotria lemairii* Männchen in Brutfärbung.
5. *G. lemairii* bei Katete, Sambia.

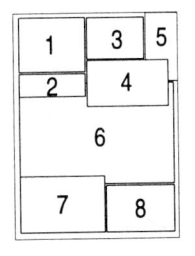

Seite 237

1. Ein Klumpen Eier von *Boulengerochromis microlepis* auf einem Fels bei Cape Kachese, Sambia.
2. *B. microlepis* Eier, die auf dem Sand abgesetzt wurden (Kipili). *B. microlepis* Larven werden in verschiedenen kleinen Gruben gehalten, manchmal im Felsbiotop (3. Kekese, Tansania), oder manchmal auf dem Sand (4. Kipili).
5. Freischwimmende *B. microlepis* Jungen sind sehr stark Raubfischen ausgesetzt.
6. *B. microlepis* schmeckt nicht nur gut, sondern ist auch ein großartiger Cichlide.
7. Die meisten *B. microlepis* Jugen fallen in den ersten Tagen ihres Freischwimmens anderen Fischen zum Opfer.
8. *B. microlepis* Jungen werden solange ihre Eltern leben von diesen bewacht. In diesem Fall sind die "Jungen" fast ein Jahr alt, werden aber immer noch bewacht.

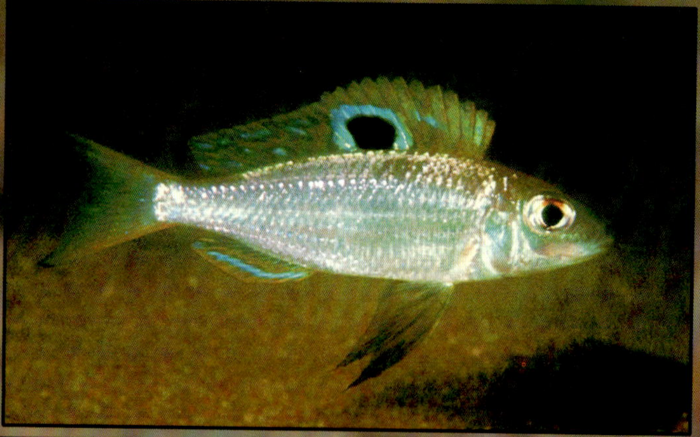
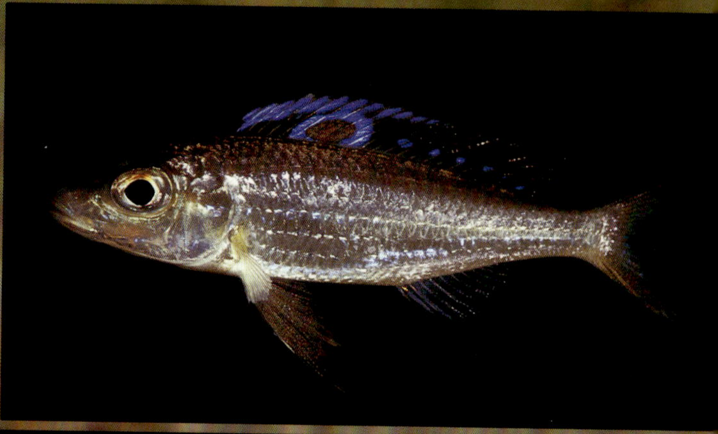
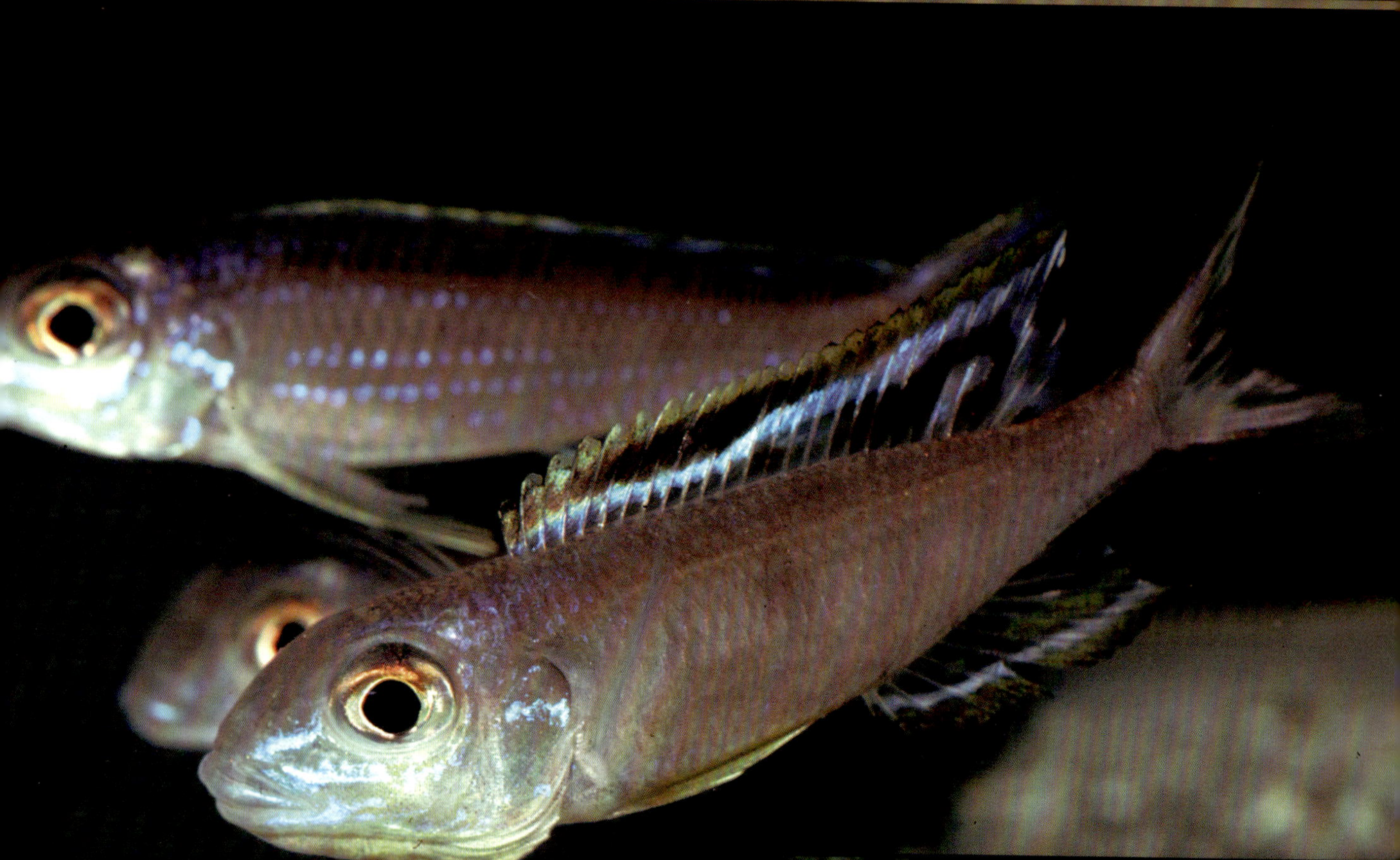
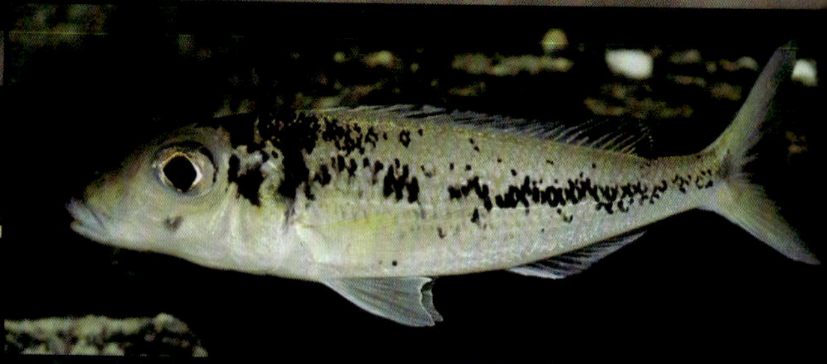
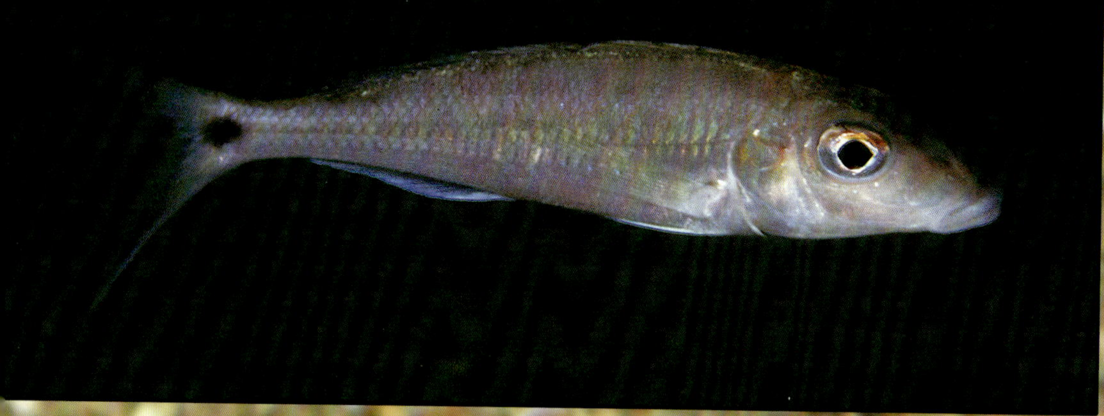
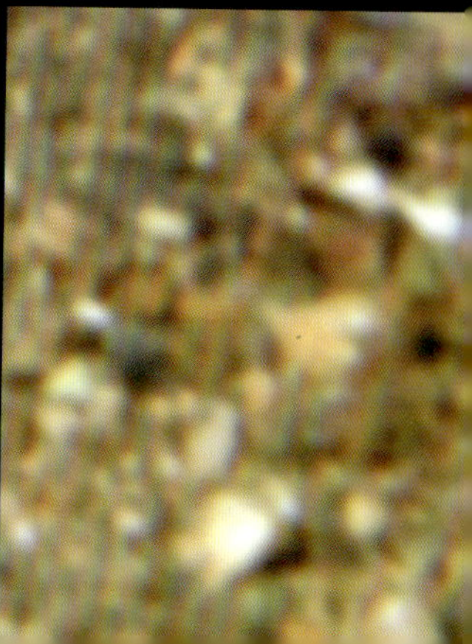

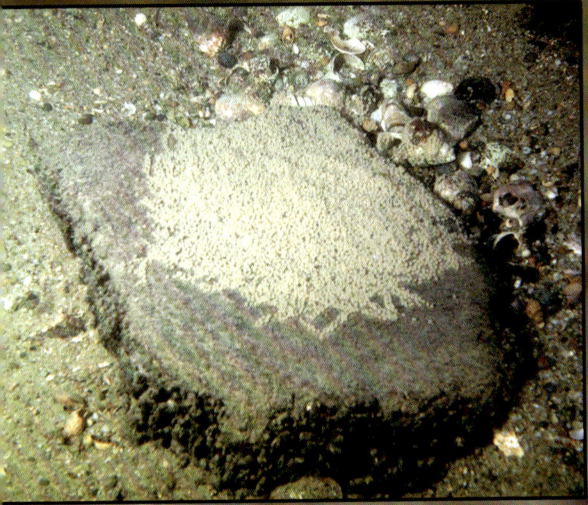
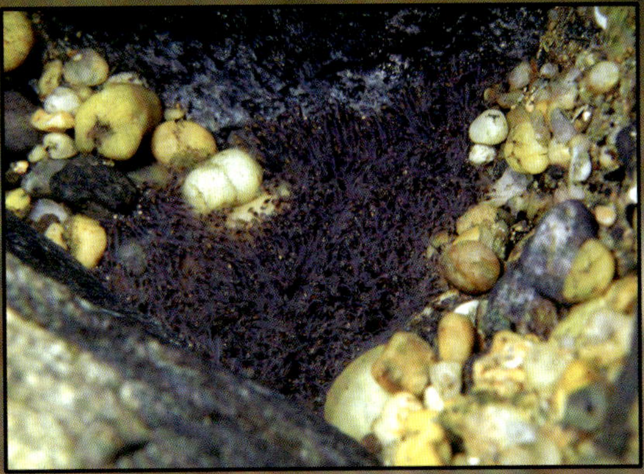
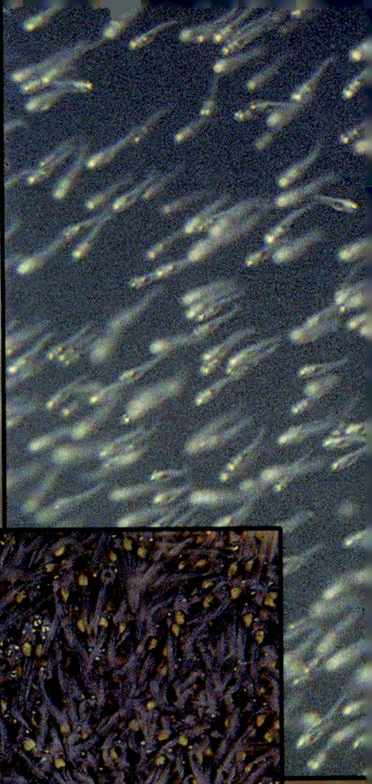
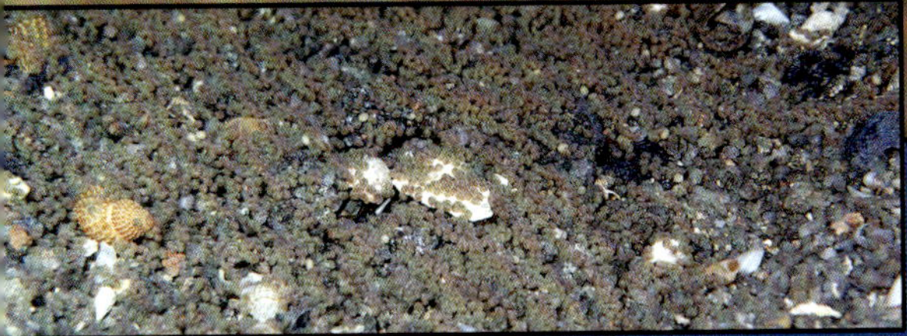
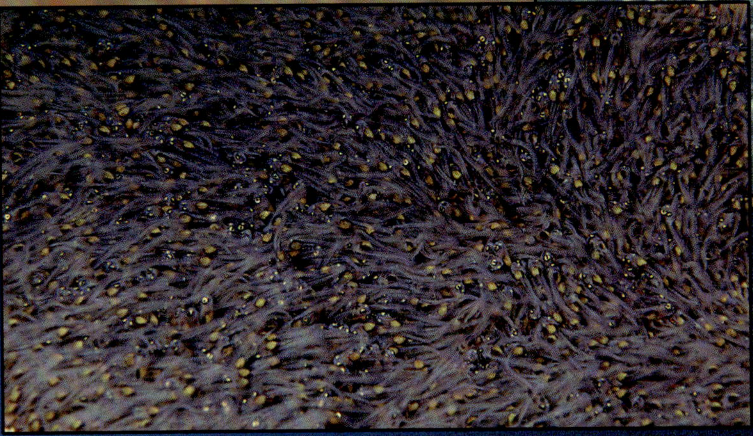
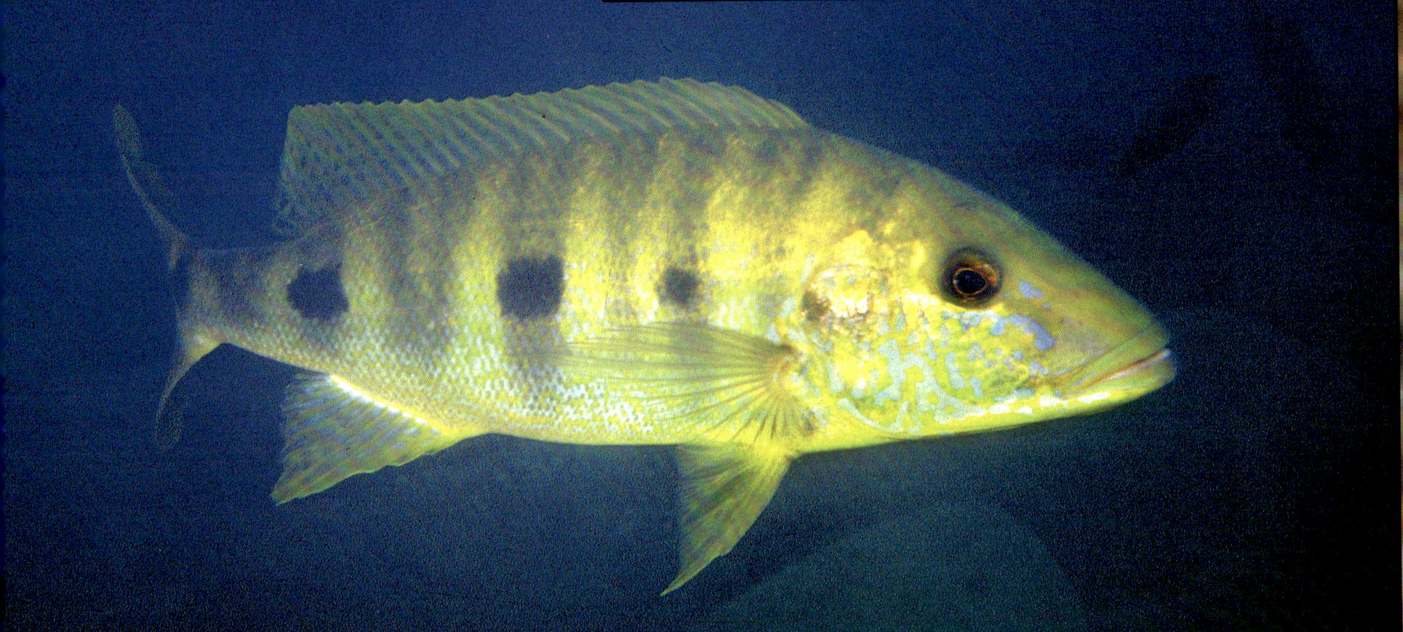
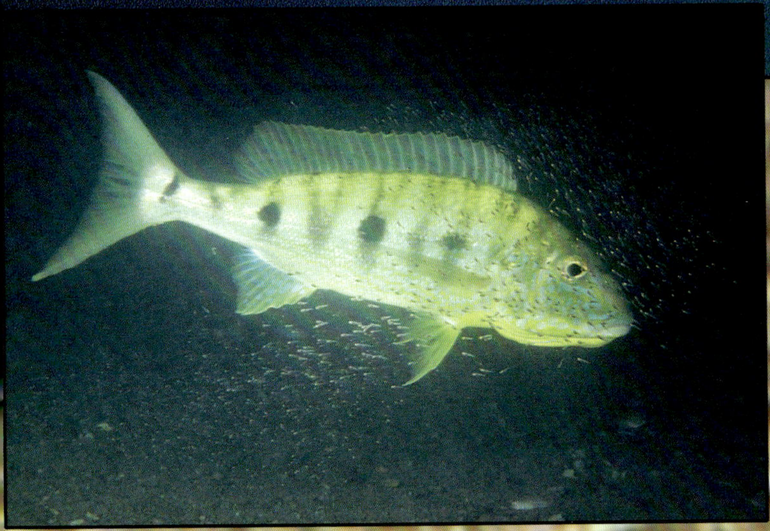
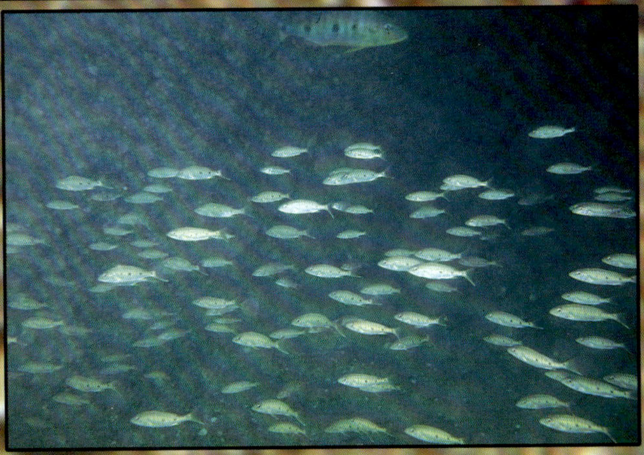

zugeordnet (Konings, 1988). Der Holotypus der letztgenannten Art wurde in der Nähe von Moliro (Kongo), nicht weit von Ndole Bay (Sambia), gefangen; dennoch ist die Morphologie der noch unbeschriebenen Form, die nur aus der Ndole Bay vermeldet wurde, wahrscheinlich aber entlang der sambischen Küste weiter verbreitet ist, ausreichend verschieden vom Holotypus (und anderen in Burundi gefangenen Exemplaren), daß sie als unterschiedliche Art behandelt werden kann. Sie ist hochrückiger (3,5 mal die Standardlänge gegenüber 4-5mal bei *E. descampsi*), und die Hartstrahlen der Rückenflosse sind deutliche länger als die weichen Strahlen, was die Flosse fahnenähnlich erscheinen läßt.

Es soll hier nochmal daran erinnert werden, daß es mindestens zwei andere Arten gibt, die nicht auf das Felssubstrat beschränkt sind und die eine neue Form in derselben Gegend entwickelt haben: *Xenotilapia* sp. "ochrogenys ndole" und *Microdontochromis rotundiventralis*. Wie bei *E. descampsi*, der "Mutterart" der beiden anderen (*X. ochrogenys* und *M. tenuidentatus*) werden auch sie bei Moliro und weiter nördlich gefunden. Dies ist ein sehr interessanter Befund hinsichtlich des Artbildungsmechanismus' in diesem Teil des Sees, bedarf jedoch noch weiterer Nachforschungen.

Die vier oben erwähnten Arten haben alle eine perfekte Tarnfärbung: einen silbrigen Körper, der den Sandboden reflektiert, was es Räubern erschwert, sie zu erkennen. Sie leben normalerweise in großen Schwärmen und fressen auf dem Boden oder in einiger Entfernung vom Boden Plankton. Alle vier Arten sind ausgezeichnete Sandtaucher: um einer unmittelbaren Bedrohung zu entkommen, stürzen sie sich ins Sandsubstrat. Ein anderes wichtiges Merkmal ist der schwarze Punkt auf der Rückenflosse, der schon bei Jungfischen erkennbar ist und bei adulten Tieren verbleibt, außer bei *Lestradea*, bei dem der Punkt wenige Tage nach dem Freisetzen der Jungen, verschwindet (Eysel, 1990).

Cardiopharynx schoutedeni und *Cyathopharynx furcifer* haben einige bemerkenswerte anatomische Merkmale gemeinsam. Wie *C. furcifer* hat auch *C. schoutedeni* einen runden oder herzförmigen unteren Schlundknochen, der dicht mit kleinen Zähnen besetzt ist. Dieses Merkmal verleitete Greenwood (1983) dazu, die Gattung *Cardiopharynx* mit *Cyathopharynx* synonym zu setzen, jedoch wies Poll (1986) darauf hin, daß solche Pharyngealknochen auch bei anderen Cichliden als denen des Tanganjikasees gefunden werden, weshalb es nicht als einzigartiges Merkmal gelten kann, das alle solche Arten in einer einzigen Gattung vereinigen würde.

Untersuchungen von Mageninhalten brachten Mikroorganismen und einzelligen Algen, aber auch beträchtliche Mengen feinen Sandes zum Vorschein — ähnlich dem *C. furcifer*. *C. schoutedeni* wird auf reinem Sandboden gefunden und kommt überall im See vor. Immer, wenn ich diese Art beobachten konnte, schwammen die meisten Tiere der Schule im freien Wasser, etwa 90-100 cm über dem Sand. Sie fraßen Plankton, wahrscheinlich Phytoplankton. Die Sandkörner in ihrem langen Darm (fast 4x die Gesamtlänge des Fischs) wurden wahrscheinlich in Zeiten, wenn kein Plankton vorhanden ist, beim Abschöpfen von Kieselalgen vom Boden aufgenommen. Die Männchen können maximal eine Gesamtlänge von 15 cm erreichen; die Weibchen bleiben um einige Zentimeter kleiner.

Sexuell aktive Männchen haben schwarze Bauchflossen und eine schwarze Kehle. Sie graben einen kleinen Krater mit einem Durchmesser von etwa 15 cm in den Sand und versuchen die Weibchen zum Ablaichen zu bewegen. Ich habe keine Brutarenen entdecken können; die Nester der Männchen liegen mindestens 3 m weit auseinander. Wahrscheinlich findet das Ablaichen am frühen Morgen statt.

Ectodus descampsi ist eine sehr kleine Art, die nicht größer als 10 cm wird und mehr noch ein Sandbewohner ist als *C. schoutedeni*. Er frißt alles, was er im Sandsubstrat finden kann, das gefiltert und durchkaut wird. Er hat einen kurzen Darm (etwa die Länge der Gesamtlänge des Fischs), und seine Hauptnahrung sind Insektenlarven.

Territoriale Männchen graben Krater von einem Durchmesser von etwa 20 cm in den Sand. Wahrscheinlich findet das Ablaichen in der Dämmerung statt, was auch bei Aquariumtieren beobachtet wurde. Der große Punkt auf der Rückenflosse des Männchens ist von einem hellblauen Hof umgeben, was ihn unter schlechten Lichtverhältnissen sehr auffällig erscheinen läßt. Die Gelegegröße variiert zwischen 15 und 35 Eiern, und diese werden vom Weibchen etwa drei Wochen lang bebrütet. Die winzigen Jungfische tragen schon beim Freisetzen den charakteristischen Punkt auf der Rückenflosse.

Lestradea perspicax frißt sehr kleine Nahrungspartikel und ist, wie *C. schoutedeni*, ein Kieselalgenfresser. Beide Arten werden oft zusammen gesehen, vor allem wenn sie über dem Boden Plankton fressen. *L. perspicax* frißt auch die Schlickschicht auf dem Sandsubstrat, und Sand scheint ein gewöhnlicher Bestandteil seines Darminhaltes zu sein (Poll, 1956). Die Männchen bauen große, in den Sand gebuddelte Nester und haben eine bläuliche Farbe und herrlich gezeichnete Rückenflossen. Die maximale Gesamtlänge liegt bei etwa 14 cm.

Grammatotria lemairii

Grammatotria lemairii ist der größte der sandsiebenden Buntbarsche des Sees und kann eine Gesamtlänge von etwa 18 cm erreichen. Er ist im ganzen See sehr häufig über versteckslosem Sandsubstrat zu finden und kann leicht am schwarzen Punkt auf der Schwanzwurzel erkannt werden. *G. lemairii* frißt Wirbellose (Insektenlarven, kleine Schnecken und Muschel, Krebstiere, usw.), die er im Sand findet. Während die meisten anderen sandsiebenden Arten (*Xenotilapia* und *Callochromis*) die obere Schicht des Substrates bearbeiten, taucht *G. lemairii* tiefer ein und sucht einige Zentimeter unterhalb der Oberfläche nach Futter. Damit sie diese Schicht erreichen können, blasen sie zuerst die obere Schicht weg, ähnlich wie es *Xenotilapia* tut, und stoßen dann erst ihren Kopf in den Sand. Der Kopf, der eine lange Schnauze trägt, kann dabei völlig verschwinden.

Von Beobachtungen in Gefangenschaft wissen wir, daß die Männchen nicht territorial sind und keine Laichplätze anlegen. *G. lemairii* ist, wenn er nicht brütet, sandfarben, jedoch haben balzaktive Männchen einen schwarzen Fleck auf Kopf und Nacken. Brütende Männchen tragen auch einen undeutlichen, metallischen Schimmer und einige intensivierte Zeichnungen auf dem Körper. Balzende Männchen locken reife Weibchen aus der Schule und laichen sofort mit ihnen ab. Die maulbrütenden Weibchen gesellen sich wieder zum Schwarm und behalten ihre Eier für mindestens vier Wochen im Maul, bevor sie die Jungen freisetzen.

Der größte Cichlide der Welt

Boulengerochromis microlepis ist der größte, bekannte Cichlide und kann über 3 kg wiegen. Manche Tiere sind über 70 cm lang, und der "Kue" oder "Nkuhe", wie er von den Einheimischen genannt wird, ist wegen seines festen Fleisches und guten Geschmacks geschätzt. *B. microlepis* kommt überall im See vor und ist in der sambischen Sektion des Sees eine der Arten, die die Angler zu fangen versuchen. Sie nennen ihn "Yellow Belly", was auf die gelbe Farbe der Männchen und Weibchen hindeutet.

Erwachsene *B. microlepis* sind Fischfresser; Jungfische bis zu 20 cm Länge fressen auch größere Wirbellose. Am häufigsten scheint er in tieferen Sandbiotopen vorzukommen; adulte Tiere sieht man jedoch, wenn sie brüten wollen, oft in seichtem Wasser. In den tiefer gelegenen Teilen des Sees verfolgen sie die heringähnlichen Fische im offenen Wasser und andere auf dem Sand häufig vorkommende Fische, wie etwa schulbildende *Xenotilapia* Arten.

Das Ablaichen findet in der seichten Übergangszone statt, wo man sie auch meistens antrifft. Häufig sieht man ein Paar, das sich entweder zum Ablaichen vorbereitet oder seine Nachkommen bewacht. *B. microlepis* brütet auf offenem Substrat, auf dem sowohl das Männchen als auch das Weibchen die Jungen bewachen. Die Weibchen sind um etwa ein Viertel bis ein Drittel

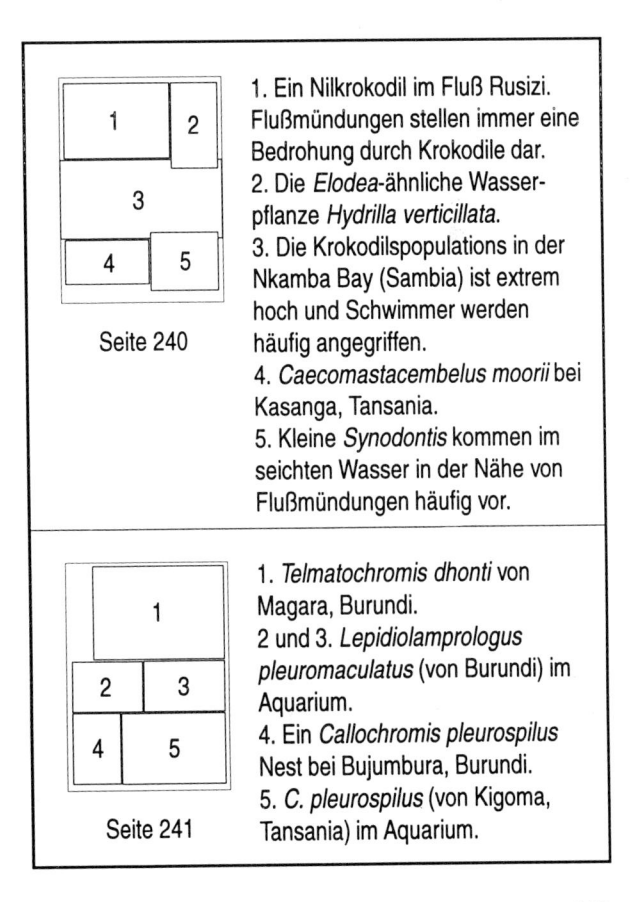

Seite 240

1. Ein Nilkrokodil im Fluß Rusizi. Flußmündungen stellen immer eine Bedrohung durch Krokodile dar.
2. Die *Elodea*-ähnliche Wasserpflanze *Hydrilla verticillata*.
3. Die Krokodilspopulations in der Nkamba Bay (Sambia) ist extrem hoch und Schwimmer werden häufig angegriffen.
4. *Caecomastacembelus moorii* bei Kasanga, Tansania.
5. Kleine *Synodontis* kommen im seichten Wasser in der Nähe von Flußmündungen häufig vor.

Seite 241

1. *Telmatochromis dhonti* von Magara, Burundi.
2 und 3. *Lepidiolamprologus pleuromaculatus* (von Burundi) im Aquarium.
4. Ein *Callochromis pleurospilus* Nest bei Bujumbura, Burundi.
5. *C. pleurospilus* (von Kigoma, Tansania) im Aquarium.

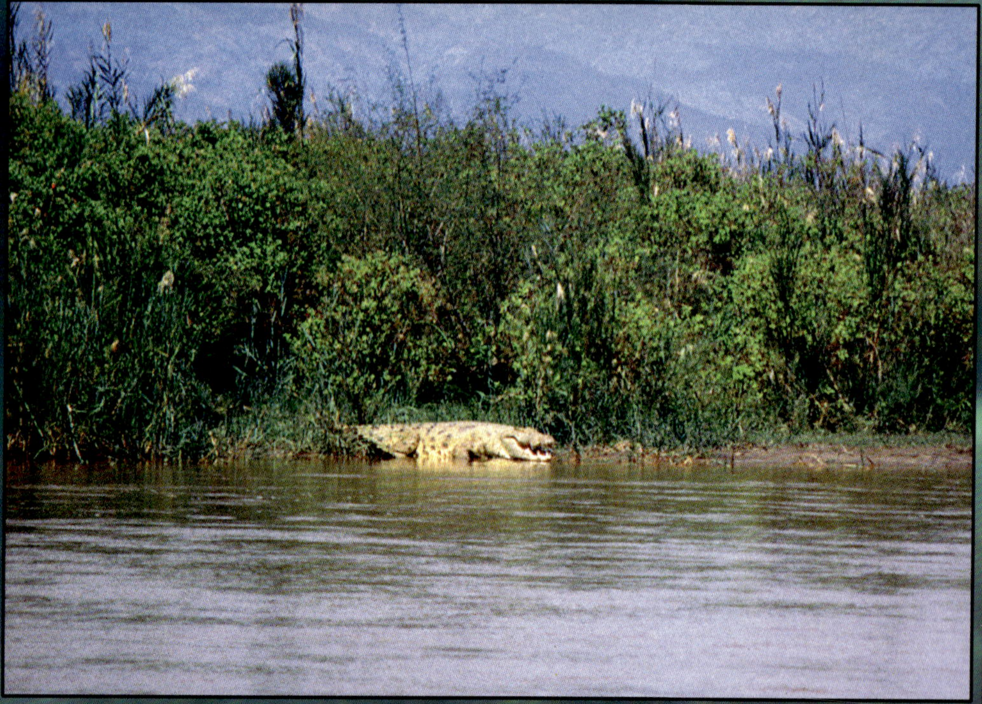
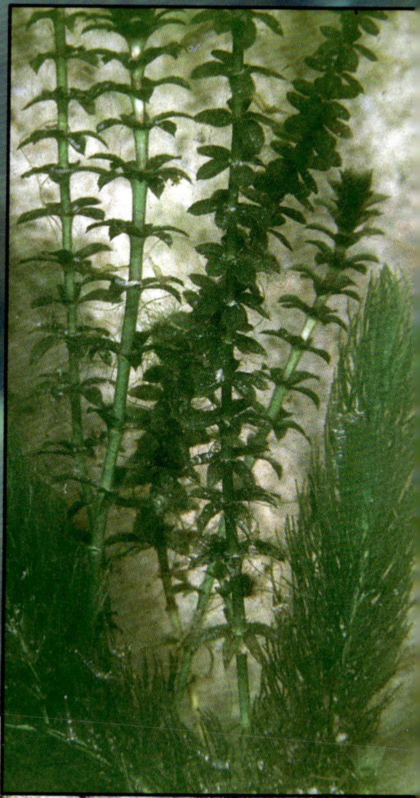
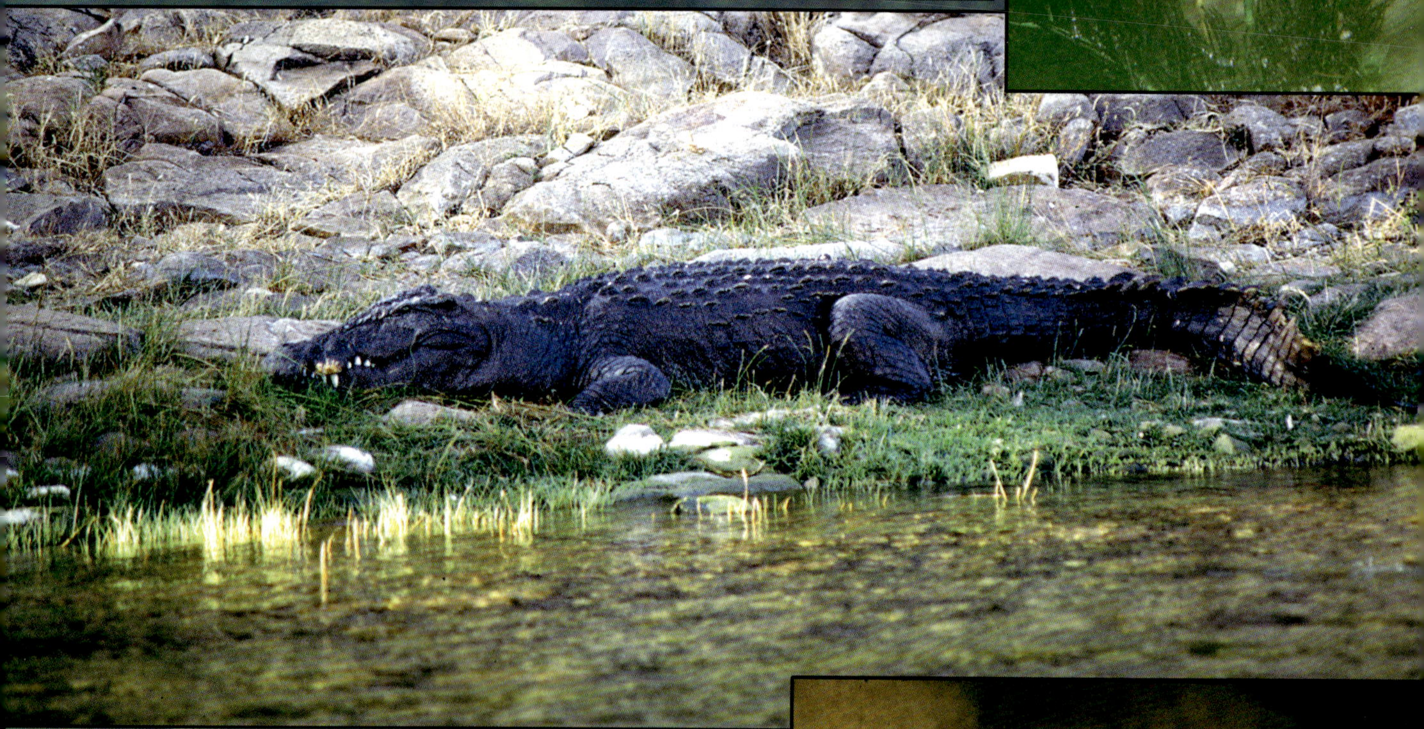
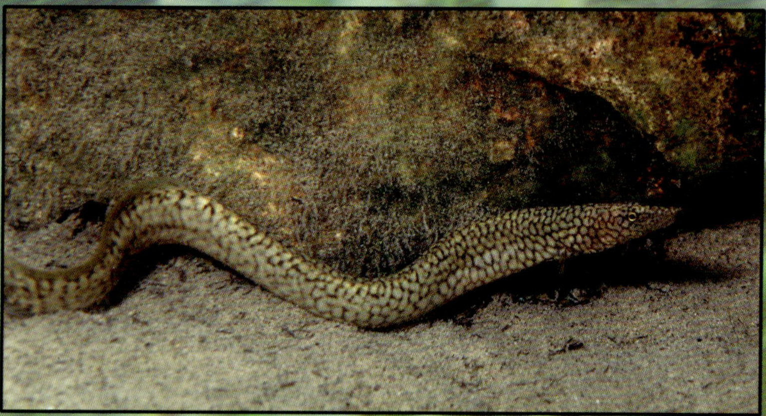
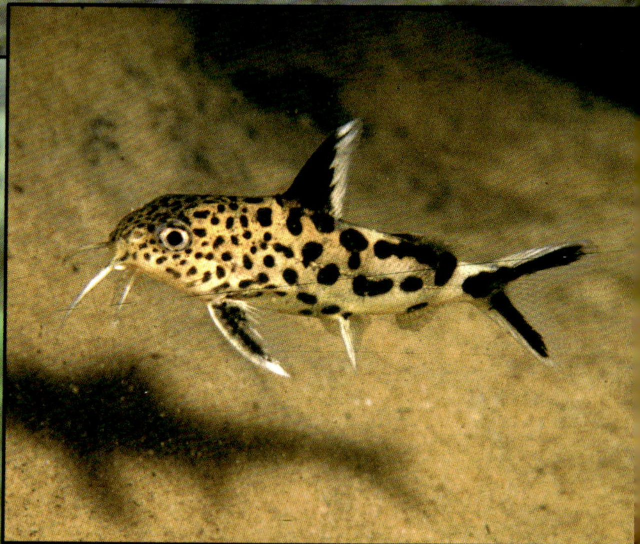

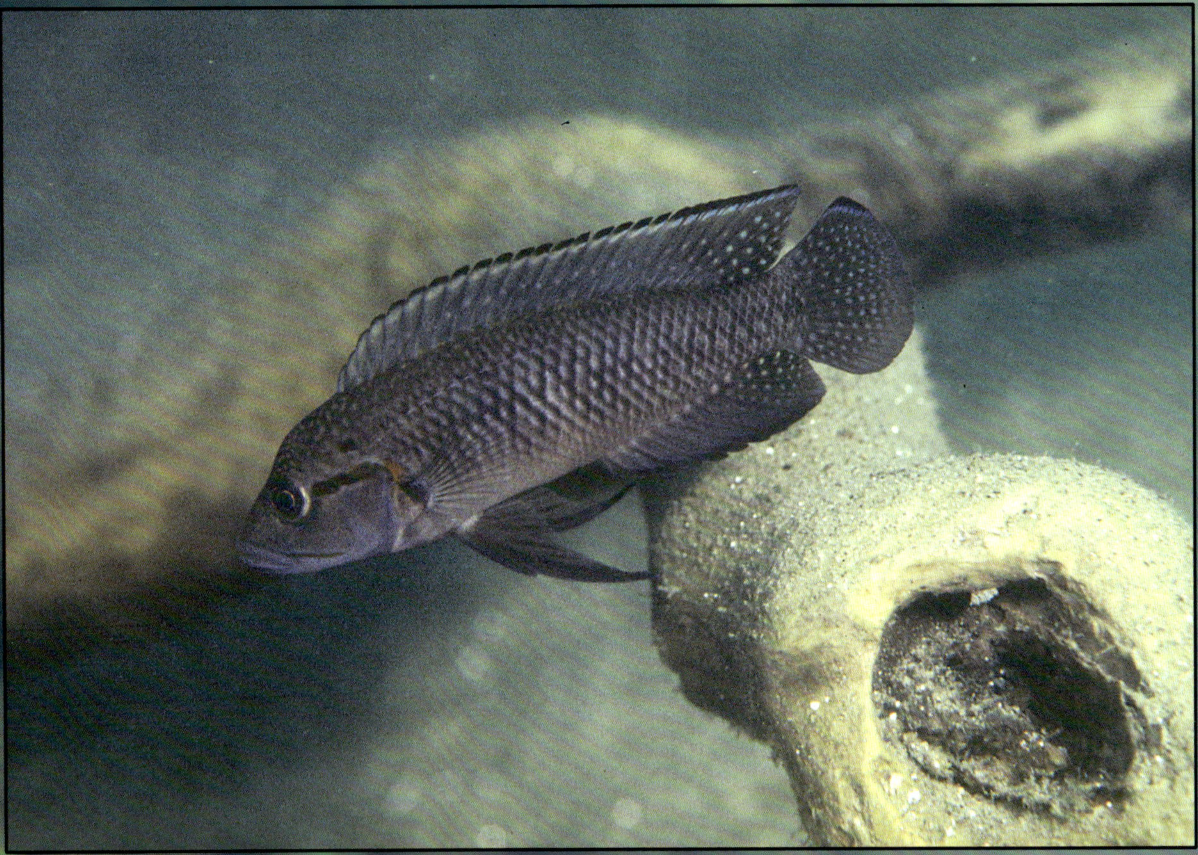

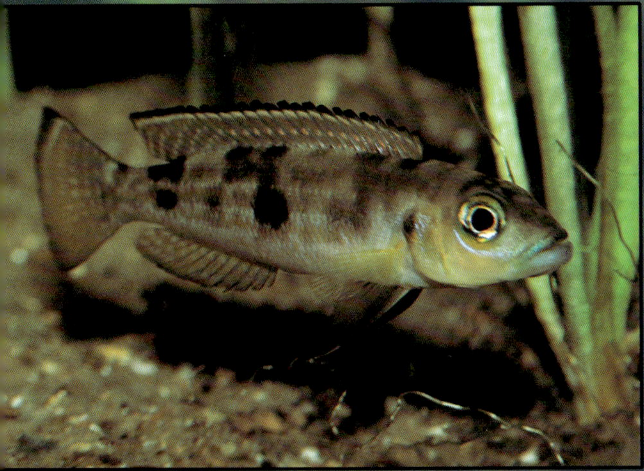

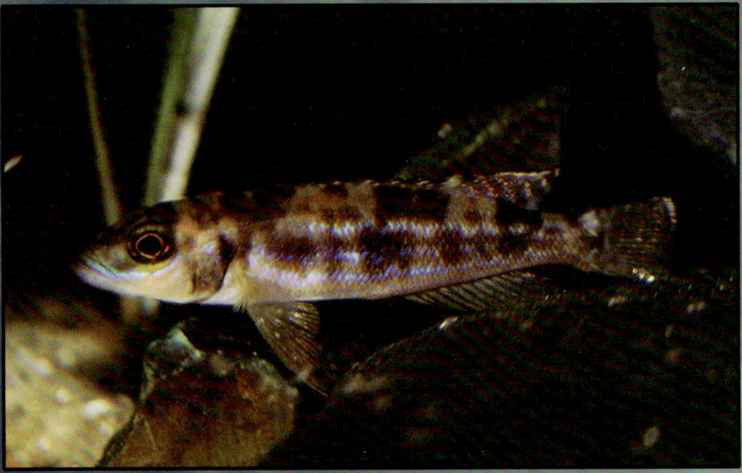

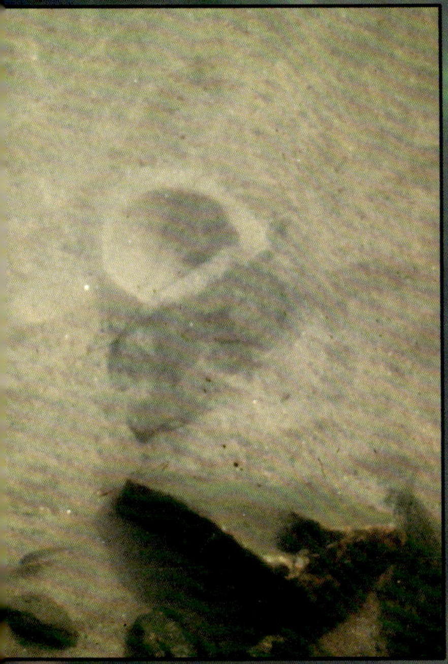

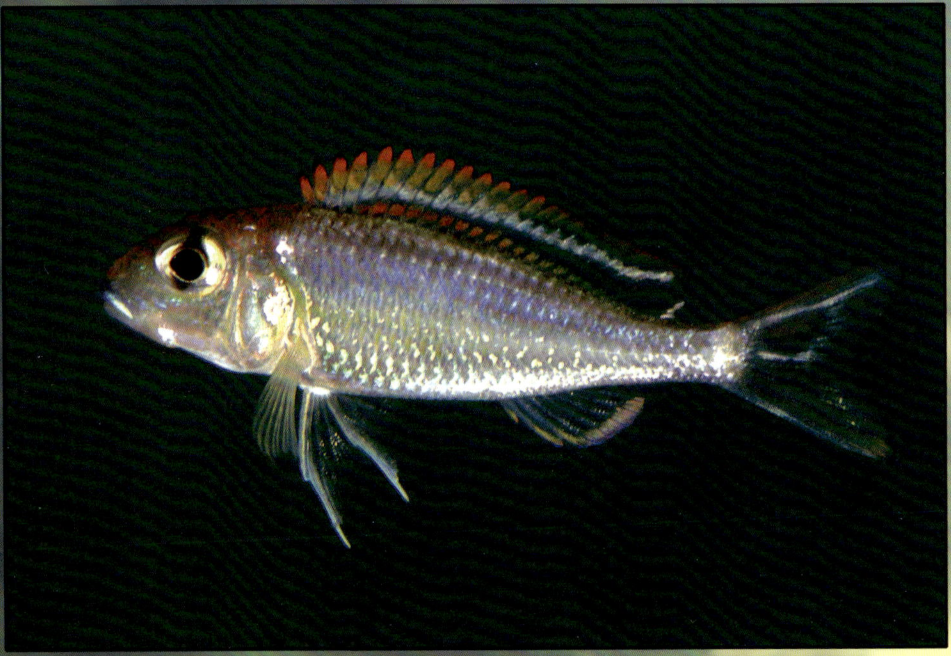

kleiner als die Männchen, die im Durchschnitt eine Gesamtlänge von etwa 60 cm haben.

Einige Tage vor dem Ablaichen sucht das Paar das Gebiet nach einer geeigneten Stelle ab. Kuwamura (1986b) fand, daß bestimmte Laichplätze in einer Gegend B. microlepis mehr anzuziehen scheinen als andere, denn er sah bis zu vier verschiedene Paare an genau derselben Stelle ablaichen. B. microlepis benutzt nicht immer flache Felsen, um seine Eier darauf abzusetzen; ich habe Eier auf Schneckengehäusen aber auch auf reinem Sand gesehen. Alle Nester liegen jedoch in der Nähe von Felsen. Wenn auf Sand abgelaicht wird, wird vor der eigentlichen Paarung vom Weibchen ein flacher Krater gegraben. Das Weibchen leitet den Ablaichvorgang ein, indem es beginnt, reihenweise Eier abzusetzen, die vom Männchen befruchtet werden, wenn das Weibchen das Nest verläßt. Obwohl alle Eindringlinge aus der unmittelbaren Umgebung des Nestes vertrieben werden, richtet sich doch die meiste Aggression gegen Artgenossen, die bis zu 10 m weit vom Nest weggejagt werden. Kuwamura (1986b) merkte an, daß das Ablaichen fast zwei Stunden lang dauern kann und daß zwischen fünf- und zwölftausend Eier abgesetzt werden.

Es dauert etwa drei Tage bis die Jungen schlüpfen, und die Larven werden dann sofort vom Weibchen in eine kleine Grube in der Nähe überführt. Das Männchen nimmt am anfänglichen Transport nicht teil, jedoch bewachen beide die Larven. Während der nächsten fünf Tage, bevor die Larven freischwimmend werden, werden sie oft zwischen Gruben hin und her transportiert, manchmal bis 10 m weit weg. Dies wird von beiden Eltern unternommen und dient wahrscheinlich dazu, Räuber auszutricksen, die die Beute riechen, vor allem nachts jagende Welse. Wird der Geruch von genüßlichen Jungfischen über eine Gegend von 100 m2 verbreitet, ist es schwieriger, die Larven zu finden, die sich in einer kleinen Grube von 15 cm Durchmesser zusammenkauern.

Acht Tage nach dem Ablaichen werden die Jungen mobil und wimmeln über dem Nest, wo sie Plankton fressen. Dies ist die verwundbarste Zeit, da die Eltern die Bewegungen der über 10.000 Jungfische nicht gleichzeitig kontrollieren können. Die Jungen bleiben in einer dichten Wolke zusammen, auf jeder Seite von einem Elter bewacht. Jedoch dringen von allen Seiten Räuber in die Menge ein und dezimieren sie beträchtlich.

Die meisten der Räuber dieser ersten Tage sind felsbewohnende Cichliden, weshalb das Paar die Jungen allmählich in tiefere, sandigere Regionen führt.

Bei Tieren in Gefangenschaft wurde festgestellt, daß das Weibchen etwa eine Woche vor dem Ablaichen zu fressen aufhört und daß es auch während der Zeit, in der es Jungfische hat, nicht frißt (Fohrman, 1994). Poll (1956) und Kuwamura (1986b) untersuchten brütende Weibchen und fanden, daß alle leere Mägen hatten, manchmal sogar die brütenden Männchen. Poll fand auch, daß die Innereien großer Tiere, die sexuell aktiv waren, fast völlig absorbiert waren und daher nicht funktionsfähig. Er meint, daß B. microlepis wahrscheinlich nur einmal im Leben zur Fortpflanzung kommt. Obwohl wir wissen, daß sich die Innereien bei anderen Fischen nach einem inaktiven Stadium völlig regenerieren können, stimme ich doch mit Poll überein, daß B. microlepis eine einmalig paarende Art ist, d. h. die Nachkommen werden in einem einzigen Laich produziert.

Brutpflegende Eltern sind zu beschäftigt mit dem Fernhalten von Räubern, um noch selbst jagen zu können. Man könnte jedoch auch damit argumentieren, daß nach einiger Zeit, wenn die Jungen verlassen werden, die Eltern wieder fressen könnten. Jedoch konnte ich mehrmals beobachten, daß B. microlepis Jungfische mit einer durchschnittlichen Länge von etwa 15 cm verteidigten, die daher durchschnittlich 9 Monate alt gewesen sein müssen! Ganz sicher konnten diese Eltern nicht wieder brüten, da sie sehr dünn waren, und ich bezweifle, daß sie es jemals wieder taten.

Seichte, sedimentreiche Buchten

Der seichte, sedimentreiche Biotop wird hier als eine Mischung aus Sand, Schlamm und Felsen an einer langsam abfallenden Küste charakterisiert. Die Felsen liegen im sehr niedrigem Wasser — der seichte, sedimentreiche Biotop ist nicht tiefer als etwa 3 m — und sind von einer Schicht Schlammsediment bedeckt. Der Schlamm stammt von einem Fluß in der Nähe, weshalb solche Biotope gewöhnlich in der Nähe von Flußmündungen in seichten Buchten gefunden werden. Auch Wasserpflanzen kommen in diesen Biotopen vor, und die vier am häufigsten vorkommenden Arten höherer Pflanzen sind *Vallisneria spiralis*, *Ceratophyllum demersum*, *Myriophyllum spicatum* und *Hydrilla verticillata* (Kasselmann, 1998). Obwohl manchmal algenfressende Cichliden in solchen sedimentreichen Biotopen vorkommen, sind diese doch viel häufiger in anderen Felsbiotopen zu finden und wurden deshalb bereits früher behandelt.

Substratbrüter

Das niedrige Wasser und die starken Sedimentablagerungen hindern viele Höhlenbrüter daran, Tunnelnester unter Felsen zu graben, und nur zwei Arten sollen hier erwähnt werden: *Telmatochromis dhonti* und *Lepidiolamprologus pleuromaculatus*. *T. dhonti* ist besser als *T. caninus* bekannt, jedoch wird der letzte Name als Juniorsynonym betrachtet (Poll, 1986). *T. dhonti* ist sehr weit verbreitet und wurde vor allem in der nördlichen Sektion des Sees gesehen, obwohl er auch in Moliro (Kongo) und Utinta (Tansania) beobachtet wurde. Man kann ihn in vielen verschiedenen Biotopen finden, jedoch kommt er am häufigsten in sehr seichtem Wasser vor. Oft lebt er in trübem Wasser, einmal wurde er sogar im Fluß Lukuga gefunden (Poll, 1956). *T. dhonti* ist ein Raubfisch, der alles frißt, was er verschlucken kann. Im Aquarium ist es eine recht aggressive Art, die sowohl Artgenossen als auch andere Arten angreift.

Die Männchen, die maximal eine Gesamtlänge von etwa 12,5 cm erreichen können, verteidigen ein Brutrevier, in dem mehrere Weibchen, die etwa halb so lang wie die Männchen sind, ihre Nester haben. Eine Zwergform von *T. dhonti* ist auch auf Schneckenhausbeeten zuhause und verwendet leere Schneckengehäuse zum Brüten (siehe S. 219).

Lepidiolamprologus pleuromaculatus brütet auch in Schneckenhausansammlungen, wird jedoch, wie *T. dhonti*, öfter in seichten, sedimentreichen Felsbiotopen gefunden. Das Verbreitungsgebiet von *L. pleuromaculatus* ist begrenzt; er wurde nur in den nördlichsten Bereichen des Sees gefunden. Fast alle für die Aquaristik exportierten Tiere stammen aus der Gegend von Bujumbura (Burundi).

Die maximale Gesamtlänge des *L. pleuromaculatus* ist annähernd 11 cm; dennoch ist es ein Fischfresser, der auf Jungtiere anderer Arten Jagd macht — manchmal auch auf schneckenhausbrütende Cichliden. Die Männchen haben gelegentlich mehr als ein Weibchen (Sato & Gashagaza, 1997) und verteidigen eine kleine Felsgruppe als ihr Revier. Die Eier sind nicht gut versteckt und werden auf einem Fels (oder einem Schneckengehäuse) abgesetzt. Nachdem die

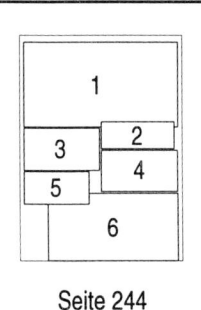

Seite 244

Ein Männchen (1) und ein Weibchen (2) des *Callochromis stappersii* im Aquarium.
3. *Callochromis pleurospilus* (von Sambia) im Aquarium.
4. Ein maulbrütendes *Callochromis melanostigma* Weibchen (Burundi).
5 und 6. Ein balzendes *C. melanostigma* Männchen (von Burundi).

Seite 245

1. Ein *Callochromis macrops* Männchen beim Anbalzen eines Weibchens bei Halembe, Tansania.
2. Ein *C. macrops* Männchen in der Kasaba Bay. Foto Hans Herrmann
3. Ein *C. macrops* Nest bei Kasanga, Tansania.
4. *C. macrops* bei Moliro, Kongo.
5. Ein balzendes *C. macrops* Männchen bei Katoto, Sambia.
Ein Weibchen (6) und ein Männchen (7) des *C. macrops* bei Kasanga.

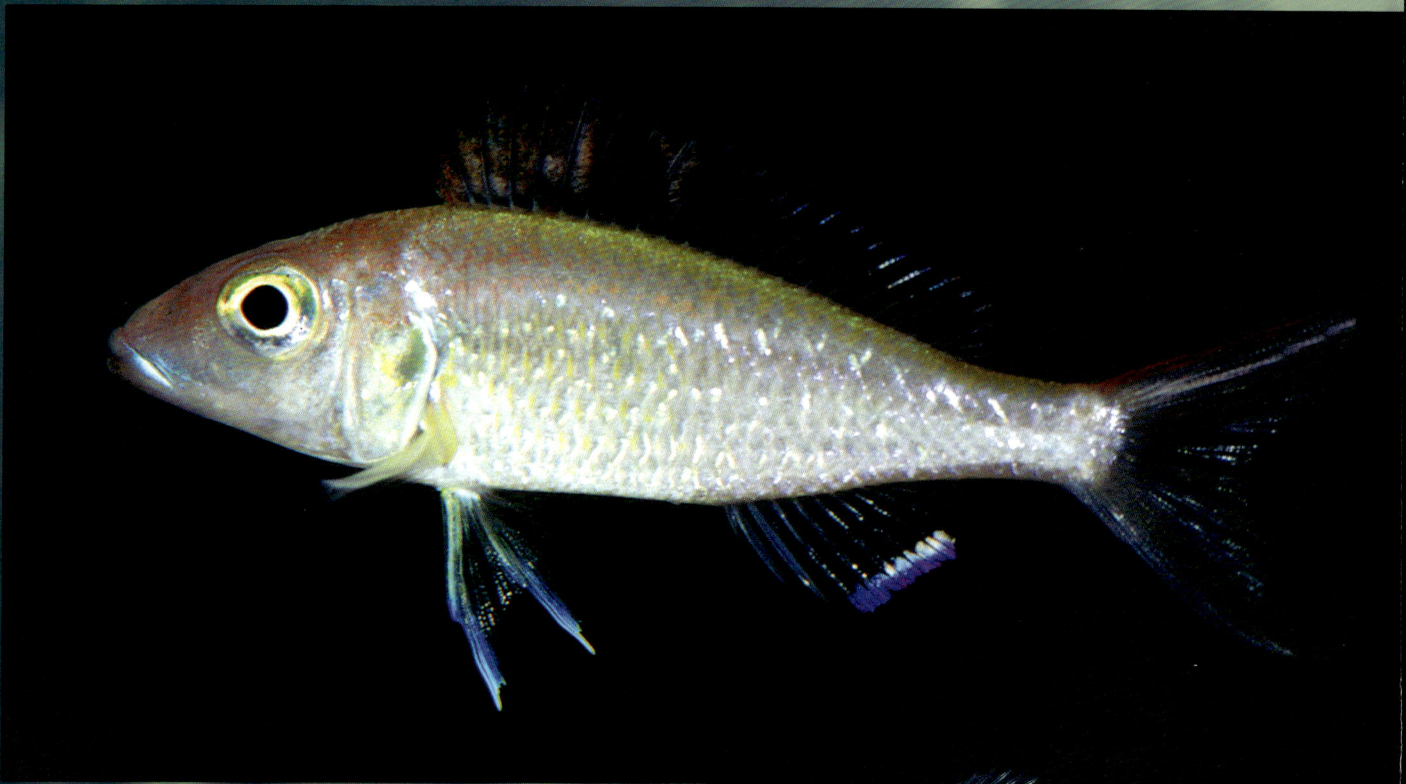

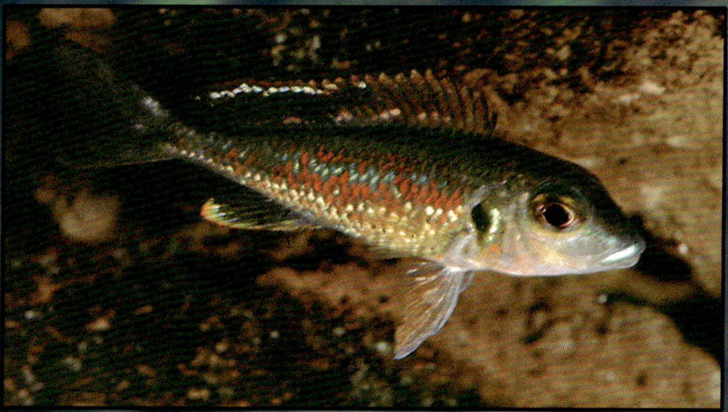

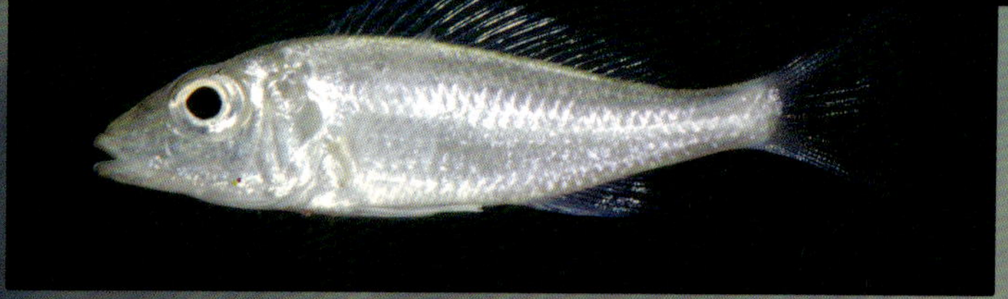

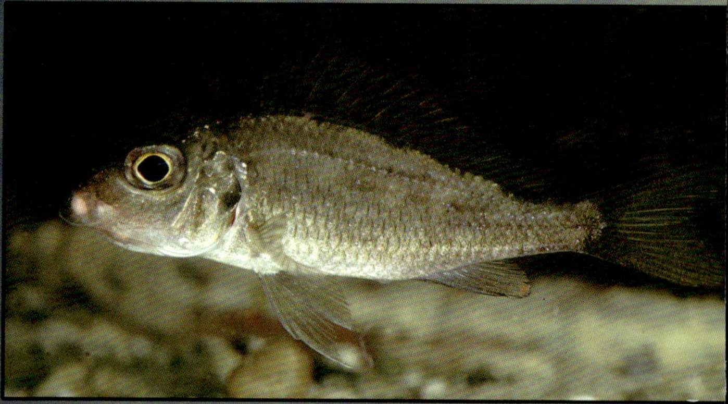

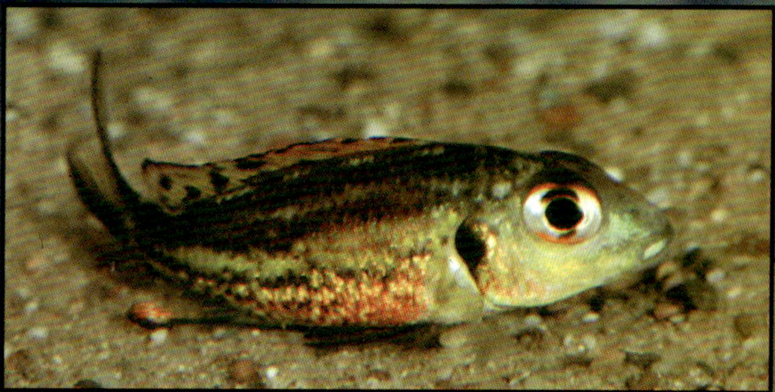

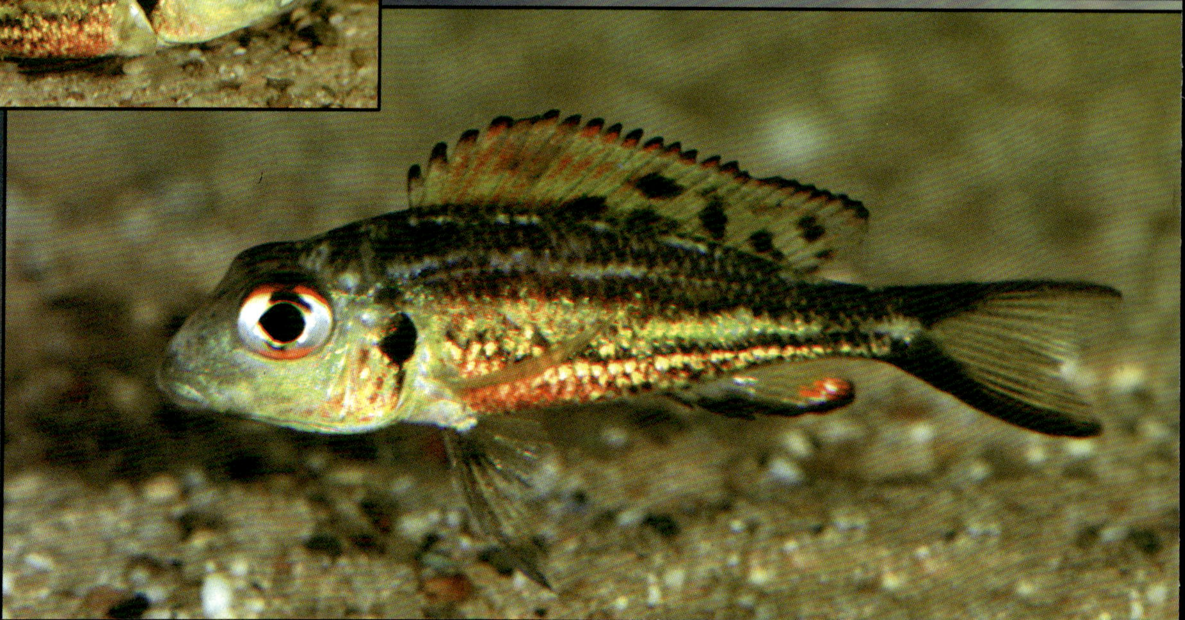

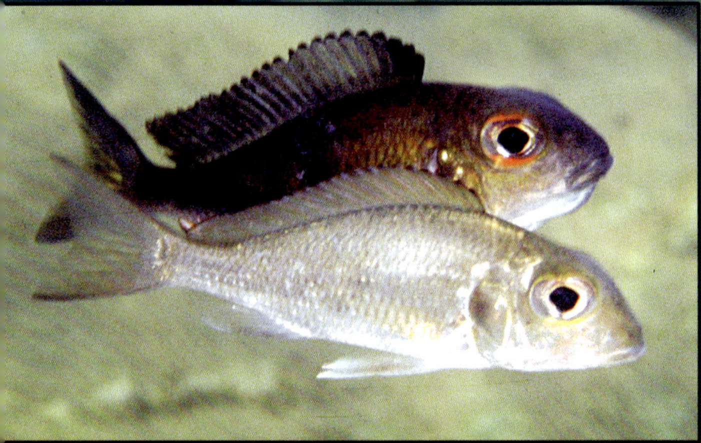
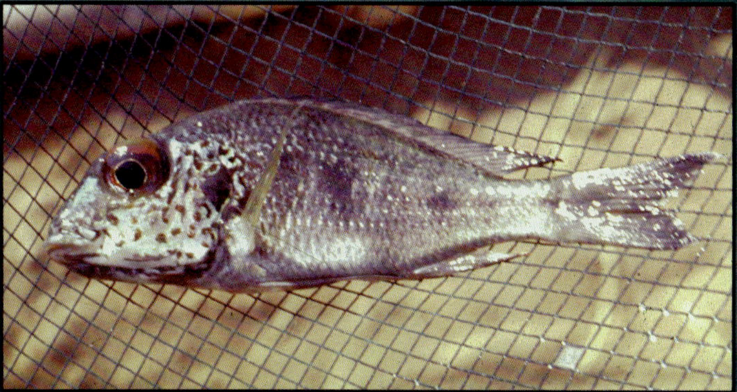
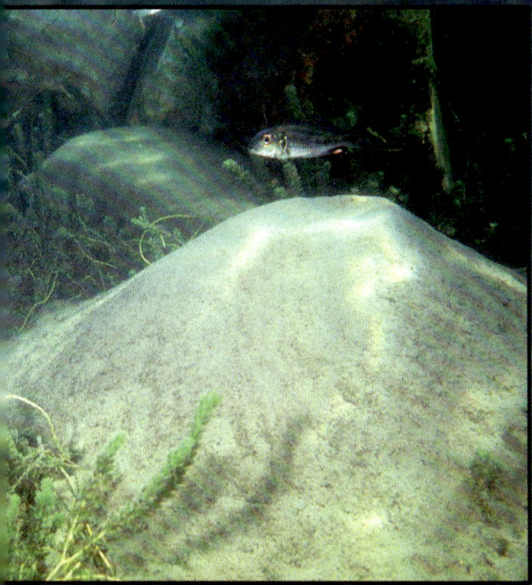
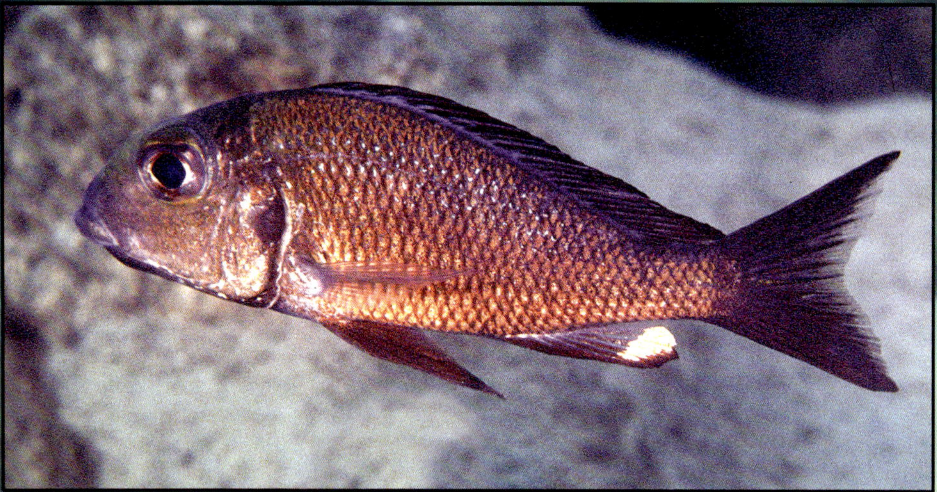
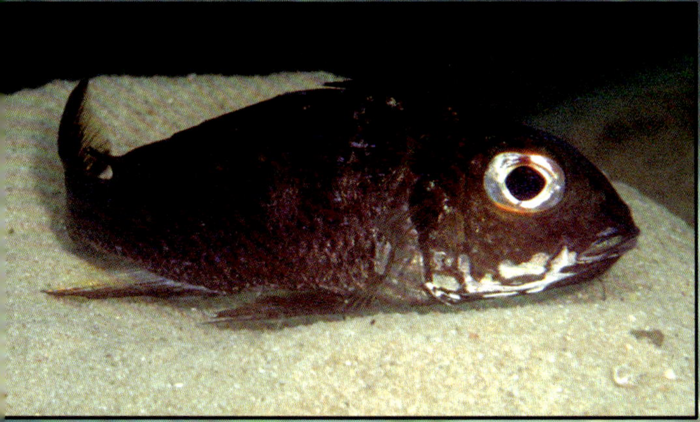
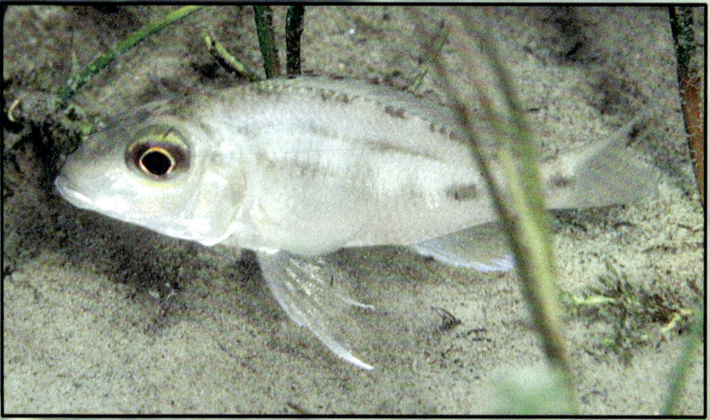
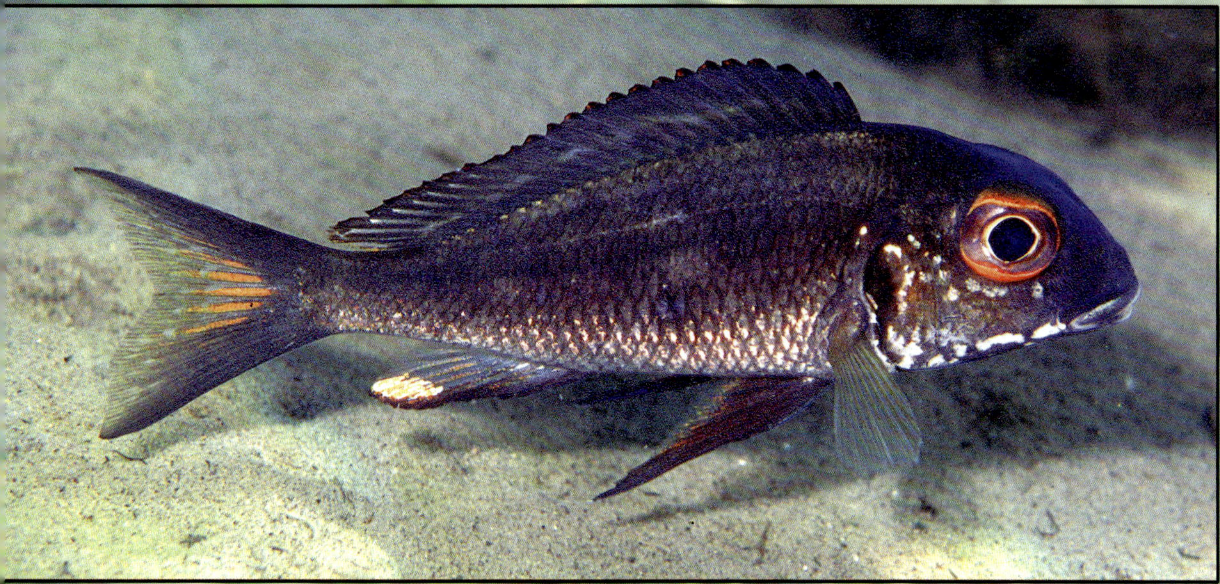

Larven geschlüpft sind, werden sie in eine Sandgrube übertragen, wo sie vom Weibchen versorgt werden. Das Gelege ist im Durchschnitt etwa 50 Eier groß.

Sandkegelbauer

Die Gattung *Callochromis* besteht aus vier Arten, die sandsiebende Cichliden sind und im Flachwasser gefunden werden. *C. pleurospilus* und *C. stappersii* sind die kleinsten und werden etwas über 11 cm groß. *C. macrops* und *C. melanostigma* sind größer und können maximal eine Gesamtlänge von etwa 16 cm erreichen. *Callochromis* bilden auf Nahrungssuche große Schwärme, wie es auch alle anderen sandbewohnenden Arten mit einer kleinen Körpergröße tun.

Callochromis Arten sind Predatoren die alles, was sie im Sand finden, auffressen. Die obere Sandschicht wird systematisch durchkaut, und die Futterpartikel werden aussortiert. Ihre Nahrung besteht aus Insektenlarven, kleinen Schnecken, winzigen Muscheln, Würmern und anderen Wirbellosen. Im Aquarium hinterlassen sie den Boden mit kleinen Gruben übersät, ganz ähnlich, wie man es im See sieht.

Callochromis Arten sind Koloniebrüter, die ihre Sandturmnester in die Nähe von Felsen oder Wasserpflanzen bauen. Die meisten Brutarenen findet man in weniger als 2 m tiefem Wasser. *C. pleurospilus* Männchen (und wahrscheinlich auch *C. stappersii*) bauen kleine Sandburgnester von etwa 15 cm Durchmesser und mit einem erhöhten Rand. Die größeren *Callochromis* Arten bauen größere und höhere Nester. Ihre Nester bestehen normalerweise aus einem Sandhaufen, etwa 20-30 cm hoch über dem Boden und mit einer flachen Ablaichplattform. Manchmal wird das Nest auf einem kleinen Fels angelegt, wobei dieser völlig von Sand umschlossen wird und sich fast gleichhoch vom Boden abhebt wie reguläre Nester. Die Laichtürme liegen normalerweise etwa 2-3m weit auseinander. Weil die Nester hoch angelegt werden, sind sie für die Weibchen, die sich dicht am Boden aufhalten, besser sichtbar. Die reifen Weibchen drängen sich im Schutz der Wasserpflanzen oder am Rand einer felsigeren Region des Biotops zusammen. Maulbrütende Weibchen findet man oft einzeln oder in kleinen Gruppen, ebenfalls in der Vegetation des Biotops versteckt.

Die Männchen balzen die Weibchen mit großem Eifer an und versuchen sie zu ihrem Laichplatz hinzuführen. Andere Männchen werden heftig aus der Nachbarschaft des Nestes vertrieben. Das Männchen zeigt dem Weibchen die Stelle, an der es seine Eier absetzen soll, indem es seine Afterflosse ins Zentrum des Laichplatzes hält. Die Afterflosse wird dabei derart aufgefaltet, daß ein großer, orangeroter Punkt auf dieser Flosse einem dreidimensionalen Ei ähnelt! Ein laichbereites Weibchen beantwortet seinen Ruf, indem es ins Revier hineinschwimmt. Das Weibchen setzt dann einige Eier auf der Plattform ab, dreht sich um und pickt sie auf. Gleichzeitig hält das Männchen seine gefaltete Afterflosse vor das Maul des Weibchens und stößt seinen Samen aus. Zusammen mit den Eiern wird die Samenflüssigkeit des Männchens aufgenommen, wodurch die Eier befruchtet werden. Die Gelegegröße des kleineren *Callochromis* liegt bei 15-50 Eiern und die der beiden größeren Arten bei 25-60 Eiern.

C. pleurospilus ist seeweit verbreitet, jedoch haben die drei anderen Arten ein begrenztes Verbreitungsgebiet. Die Typusexemplare von *C. stappersii* wurden bei Tulo und in der Kilewa Bay (Tansania) gefangen, die Aquariumpopulation stammt jedoch von einer unbekannten Stelle im Kongo. Von *C. pleurospilus* sind geographische Varianten bekannt, und drei verschiedene Formen wurden für die Aquaristik exportiert: die rotgepunktete Variante aus Burundi, eine rote Variante aus Sambia, und der sog. "Callochromis Greshakei" oder "Callochromis Rainbow" mit einem breiten, roten Rand auf der Rückenflosse und einem bläulichen Körper (Tansania).

C. macrops hat ein großes Verbreitungsgebiet und wird fast überall im See gefunden, außer im extremen Norden, nördlich von Nyanza Lac (Burundi). Er kommt sympatrisch mit *C. pleurospilus* vor, jedoch scheint Letzterer auf extrem seichtes, weniger als 1 m tiefes Wasser beschränkt zu sein. *C. macrops* kommt nicht zusammen mit *C. melanostigma* vor, und diese Art könnte auch eine geographische Variante von *C. macrops* sein. *C. melanostigma* kommt nur entlang der Nordufer vor; nördlich von Nyanza-Lac und Cape Caramba (Kongo).

Mehrere geographische Varianten von *C. macrops* sind bekannt. Die Form bei Kigoma gleicht *C. melanostigma*, jedoch fehlt ihr die schwarze Zeichnung auf der Rückenflosse. Viele deutliche Varianten kommen entlang der sambischen Uferlinie vor. Es ist bemerkenswert, daß diese Varianten eine derart variable Färbung bezüglich der nächsten, unterschiedlichen Form aufweisen. Der sog. "Rote Macrops" aus Sambia wird in der Nkamba Bay gefunden und hat einen goldroten Schimmer auf dem Körper. Ein noch dunkleres Rot wird auf der Flanken der Ndole- und Sumbu-Variante gefunden. Die Ndole Variante hat schwarze Markierungen auf einer blauen Rückenflosse, während die Sumbu Variante zusätzlich Markierungen auf den Wangen trägt. Nicht weit von diesen roten Formen kommt eine purpurgefärbte Form in der Kasaba Bay vor. Es ist bemerkenswert, daß geographische Variation bei einer sandbewohnenden Art existiert. Es könnte nahelegen, daß das Brutbiotop (seichte Felsküsten) eine wichtige Rolle in der Auftrennung unterschiedlicher Populationen spielt.

Ctenochromis horei

C. horei ist wahrscheinlich die am häufigsten im seichten, sedimentreichen Biotop vorkommende Art und wird überall im See gefunden. Die Männchen können maximal eine Gesamtlänge von etwa 18,5 cm erreichen, die Weibchen von etwa 14 cm. Es handelt sich hier um einen Allesfresser, der Wasserpflanzen, aber auch Wirbellose und kleine Fische frißt. C. horei wird am häufigsten in bewachsenen Regionen gefunden, wo die Männchen oft eine Stelle im Pflanzenbeet säubern — die häufigsten Pflanzen in solchen Beeten sind Hornblatt und *Vallisneria* — als Laichplatz. Solche Stellen haben einen Durchmesser von etwa 30 cm und sind sehr auffällig, vor allem wenn man über das Pflanzenbeet schnorchelt. Die Weibchen sieht man meistens zwischen den Pflanzen oder auf dem Sand in kleinen Gruppen auf Nahrungssuche.

Das Brüten findet bei C. horei in allen Jahreszeiten statt, und die Populationsdichte ist an den meisten Stellen zu hoch, um es allen adulten Männchen zu ermöglichen, gleichzeitig ein Revier zu besetzen. Es scheint ein dauernder Streit zwischen den Männchen um die besten Brutstellen zu bestehen, und zu einer gegebenen Zeit zeigen nur wenige große Männchen Brutfärbung, was andeutet, daß sie ihren Höhepunkt erreicht haben. Maulbrütende Weibchen ziehen vereinzelt zwischen den Pflanzen umher, wobei sie sehr dicht am Boden verbleiben. Manchmal verstecken sie sich zwischen den Felsen.

Die Gelegegröße reicht bei C. horei von 25-100 Eier, jedoch fand Sato (1986), daß bei Uvira (Kongo) 15% der von C. horei Weibchen bebrüteten Eier Welseier waren. *Synodontis multipunctatus* ist ein Brutparasit, der seine Eier von Cichliden ausbrüten läßt. Ein Welsmännchen und -weibchen werden durch den Geruch ablaichender Cichliden selber zum Ablaichen stimuliert. Wenn ein Cichlidenweibchen einige Eier absetzt und sich umdreht, um sie aufzupicken, intervenieren die Welse, indem sie schnell die gerade gelegten Eier verschlingen und durch eine Charge eigener Eier ersetzen. Das verwirrte Weibchen pickt die kleineren Welseier auf, weil es glaubt, es seien seine eigenen, und setzt den Ablaichvorgang fort. Danach bebrütet es beide Eisorten aus, seine eigenen und die des *Synodontis*. Jedoch wachsen die Welseier viel schneller als die Cichlideneier, und sobald die Welsjungen ihren Dottersack absorbiert haben, beginnen sie die Eier und Larven ihres Gastgebers zu fressen (siehe Foto S. 248). Solange das Weibchen brüten will, bleiben die Welse im Maul des Weibchens, und wenn das zu lange dauert, beginnen die

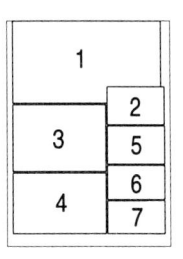

Seite 248

1. Ein *Ctenochromis horei* Männchen bei Isanga, Sambia.
2. Ein maulbrütendes *C. horei* Weibchen sucht zwischen den Felsen Schutz (Msalaba, Tansania).
3. Ein brutpflegendes *C. horei* Weibchen bei Isanga.
4. *Synodontis multipunctatus* im Aquarium. Foto Mark Smith.
5. Ein junger *S. multipunctatus*, ein Brutparasit, der ein Cichlidenei im Maul des Weibchens frißt. Foto Max Bjørneskov.
6. *Synodontis dhonti* bei Katete, Sambia.
7. *Synodontis nigromaculatus* bei Katete. Dieser Wels kommt auch außerhalb des Tanganjikasees vor.

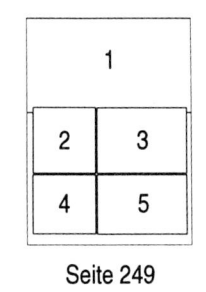

Seite 249

1. *Limnotilapia dardennii* bei Chisanza, Sambia.
2. Ein *L. dardennii* Männchen bei seinem Nest (Insel Mvuna, Tansania).
3. Junge *L. dardennii*, die sich von Wasserpflanzen ernähren (Isanga).
4 und 5. *Simochromis loocki* fressen Grünalgen, die auf Wasserpflanzen wachsen (Isanga).

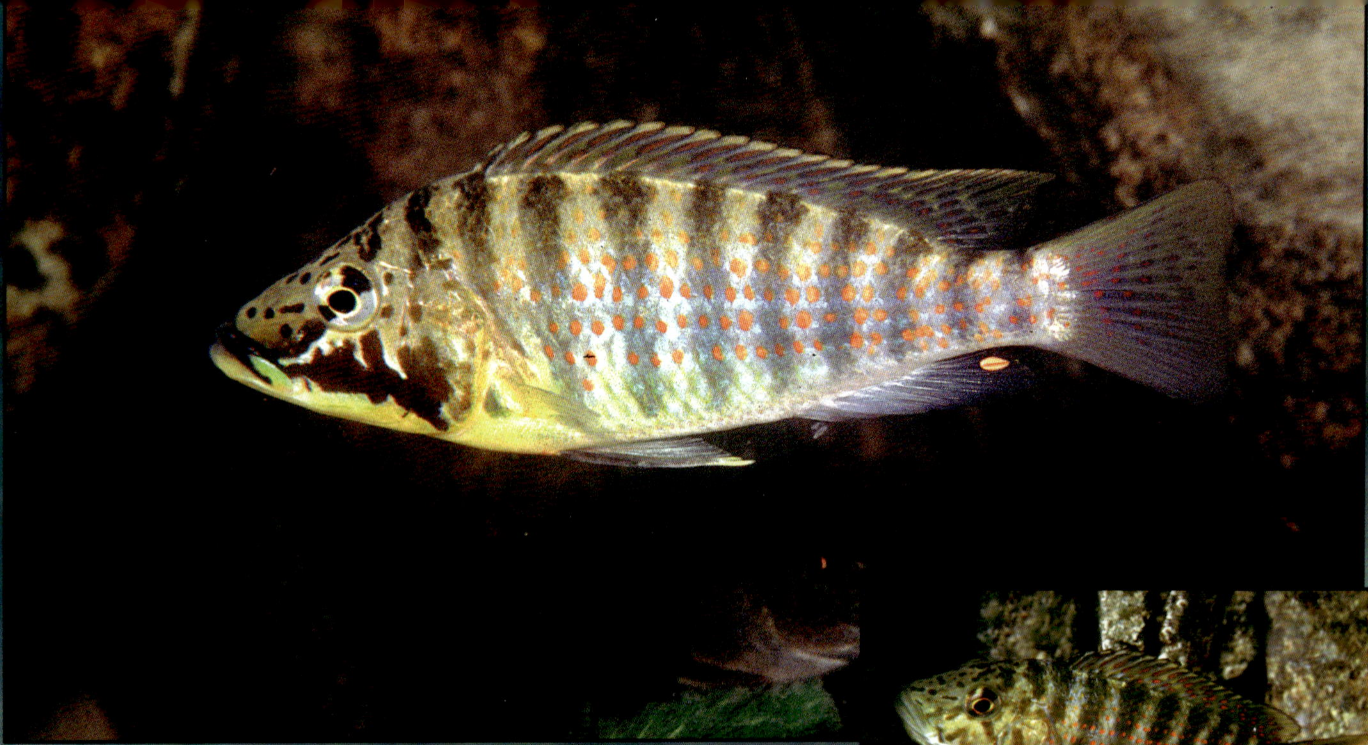
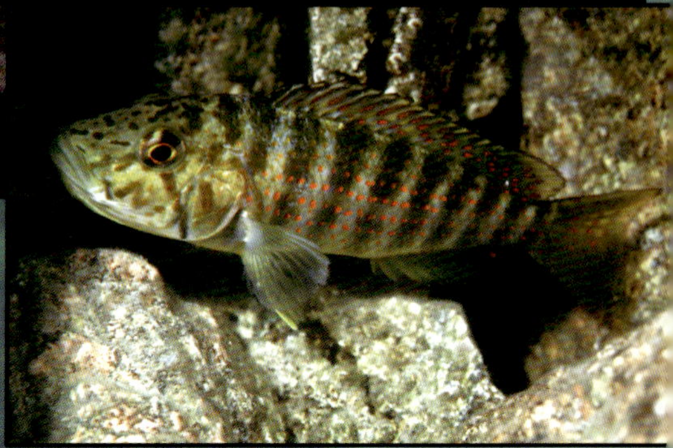
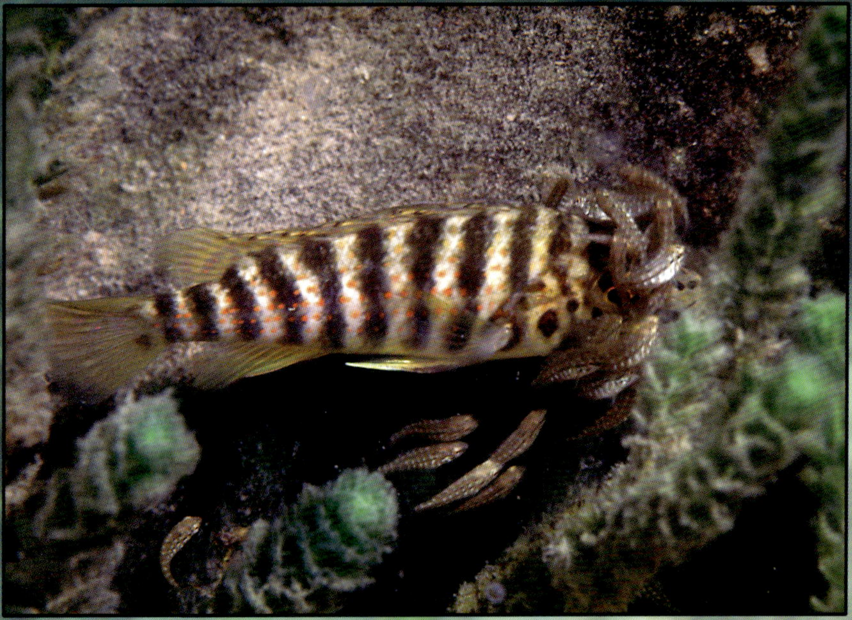
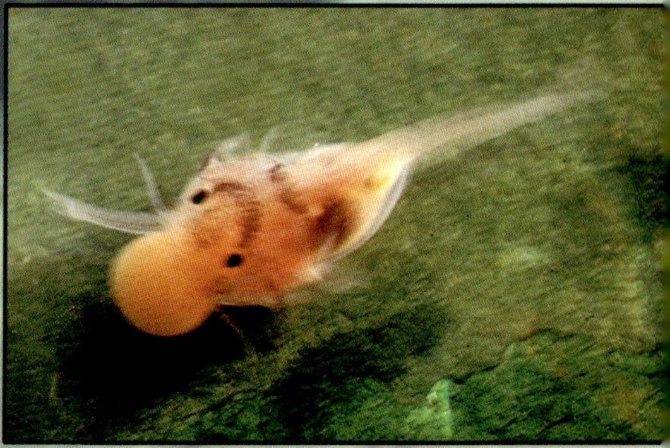
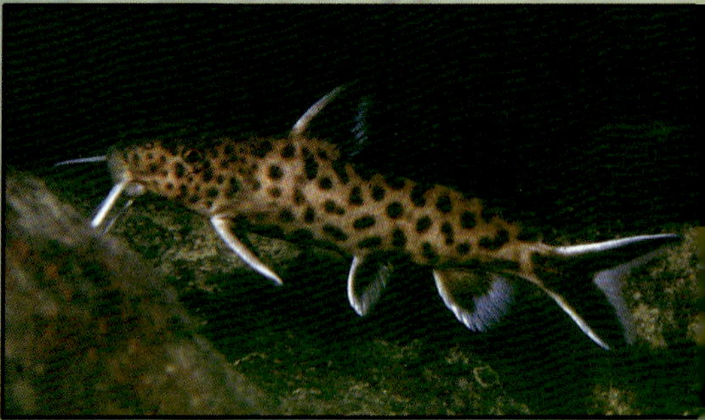
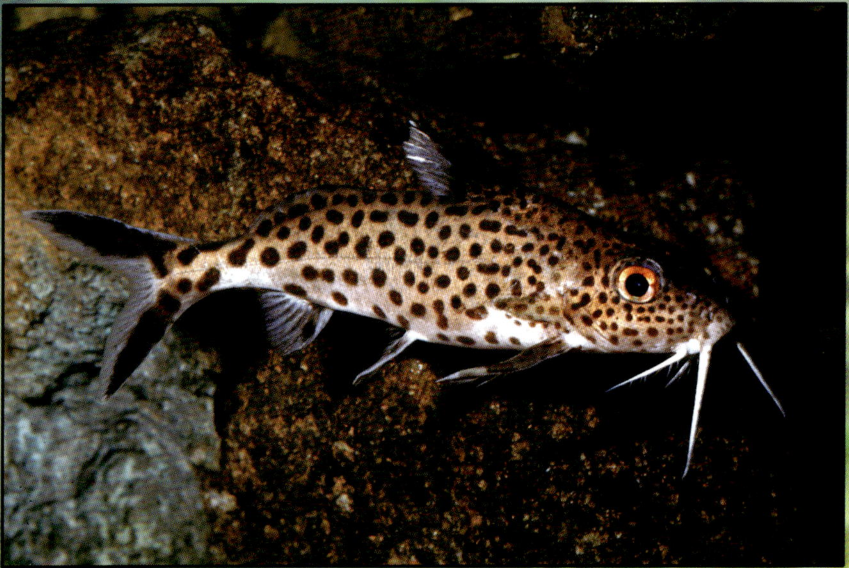
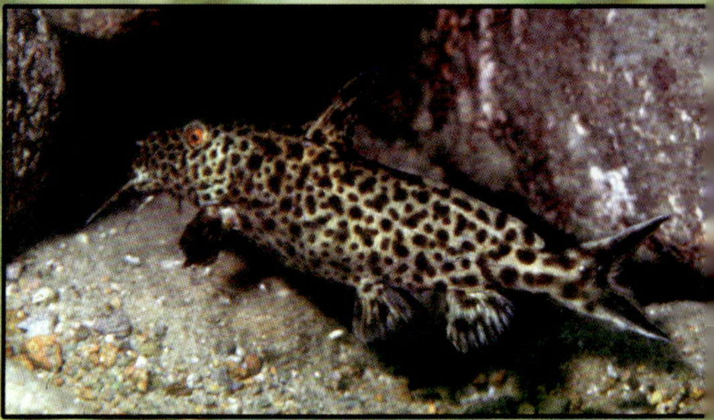

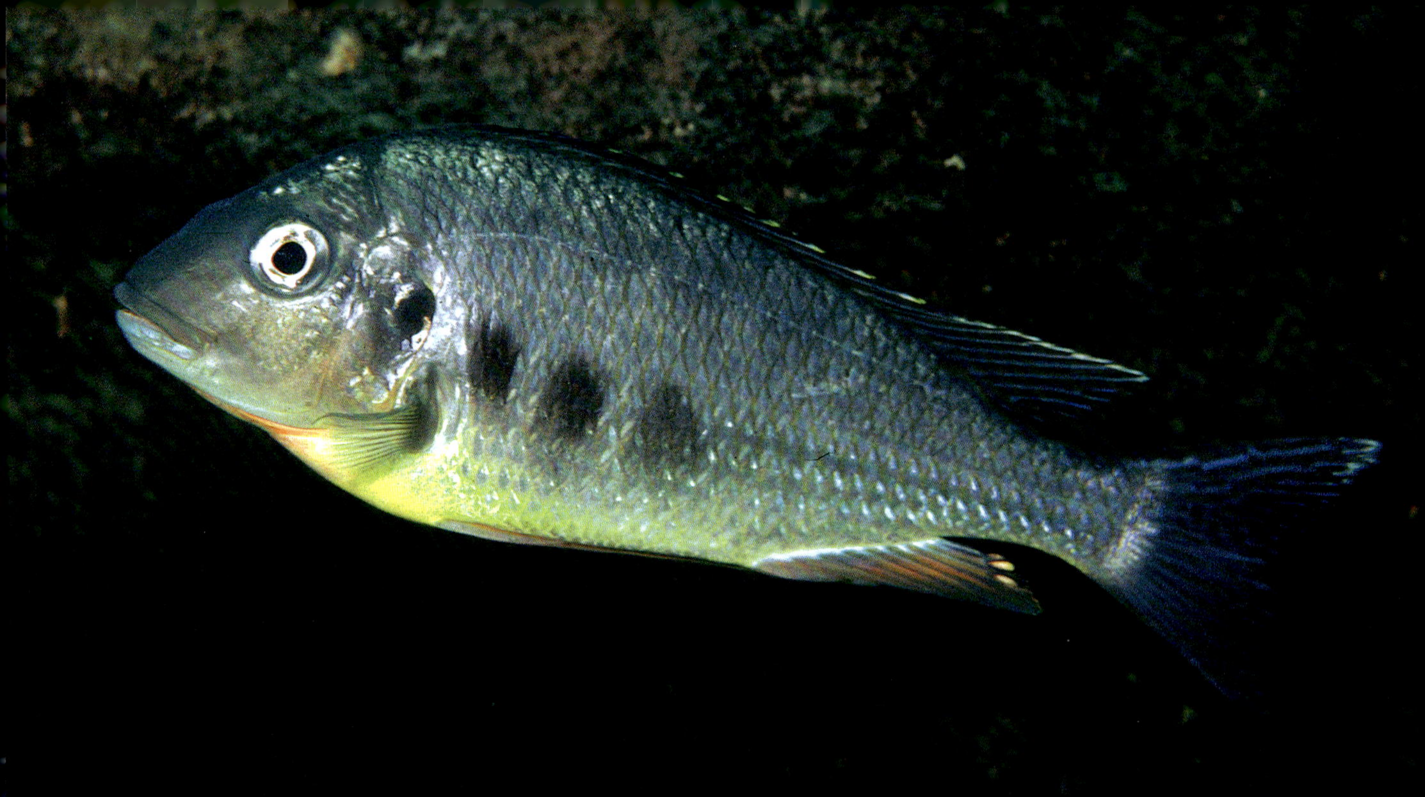
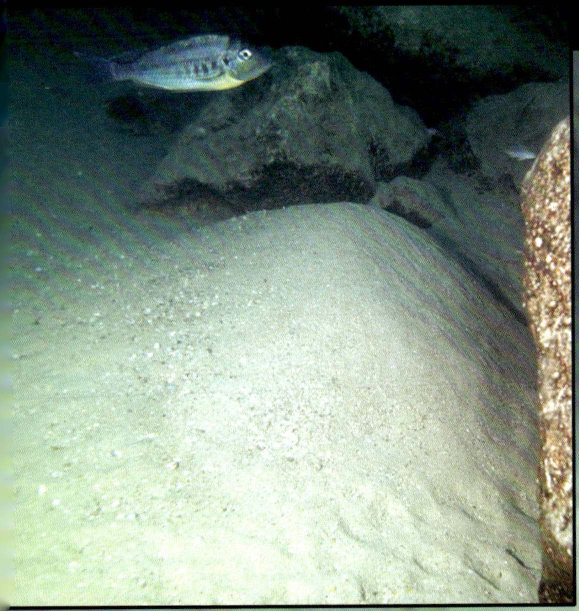
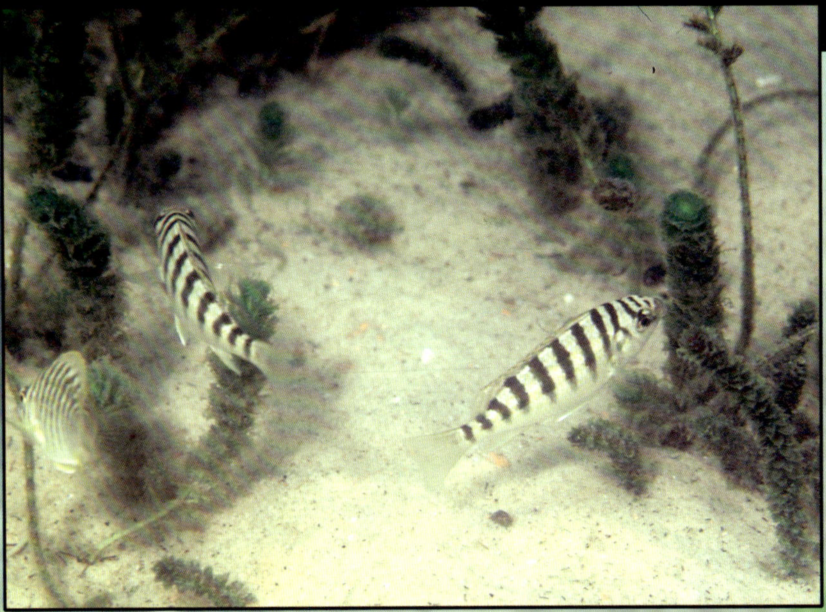
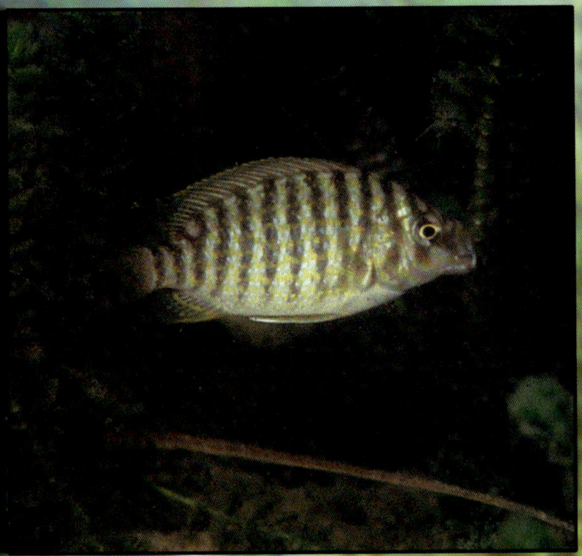
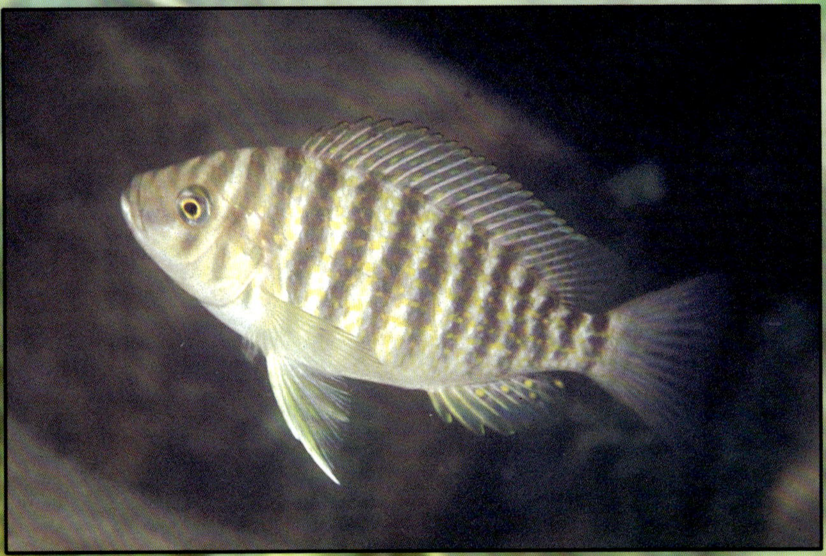

größeren, hungrigen Welse ihre kleineren Geschwister aufzufressen. Wenn das Weibchen seine reguläre Brutperiode durchzieht, bleiben normalerweise nur wenige Welse übrig.

Durch Aquariumbeobachtungen wissen wir, daß *S. multipunctatus* fast jeden maulbrütenden Cichliden akzeptiert und ihre Jungen wurden sowohl von Viktoria- als auch Malawimaulbrütern als Gasteltern ausgebrütet. Im See parasitiert *S. multipunctatus* auf mehreren verschiedenen Arten, von denen *C. horei* und *Simochromis babaulti* die häufigsten sind (Sato, 1986).

Limnotilapia dardennii

L. dardennii ist seeweit verbreitet und kommt recht häufig in seichtem, sedimentreichem Biotop vor, vor allem in der Nähe von Vegetation. Es ist eine große Art, die von den Fischern sehr geschätzt wird; große Mengen werden gewöhnlich auf lokalen Märkten angeboten. Die Männchen können maximal eine Gesamtlänge von etwa 26 cm erreichen; die Weibchen werden selten größer als 20 cm. Adulte *L. dardennii* werden meistens über Sandboden zwischen oder in der Nähe von Vegetation gefunden, manchmal weit entfernt von Felsubstrat; die Jungfische sind in extremen Seichtgebieten recht häufig zu sehen, und territoriale Männchen bauen gewöhnlich ihre Nester in der Übergangszone in etwas tieferem Wasser — ihre Nester sieht man gewöhnlich in 3-10 m Tiefe. Es handelt sich hier um einen Allesfresser, der jedoch meistens auf Pflanzen und Algen angewiesen ist.

Die Männchen, die gegenüber artgleichen Männchen recht aggressiv ihre Revierverteidigung betreiben, bauen riesige Nester in der Übergangszone. Ein großer Sandhügel von über 50 cm Höhe wird in unmittelbarer Nähe eines großen Felses aufgeworfen, wobei die Seite, die dem Fels gegenüberliegt, als Laichplatz hergerichtet wird (siehe Foto S. 249). Abgelaicht wird innen im Nest, manchmal im engen Spalt am Boden zwischen dem Sandhügel und dem Fels. Wegen der Größe der Weibchen kann die Zahl der Eier pro Gelege über 100 betragen, und die Eier selbst sind ebenfalls groß: 6 mm (Poll, 1956). Maulbrütende Weibchen sammeln sich in kleinen Gruppen und sitzen ruhig auf dem Boden in der Nähe von Felssubstrat. Poll erwähnt auch, daß der Höhepunkt der Brutsaison von *L. dardennii* zwischen März und Mai liegt, jedoch kann man brütende Männchen und maulbrütende Weibchen das ganze Jahr über sehen.

Obwohl das Männchen eine auffallende Brutfärbung hat, ist keine geographische Variation bekannt. Wahrscheinlich liegt das daran, daß es bei der Nahrungssuche gewöhnlich große Sandbiotope durchquert.

Simochromis

Im seichten, sedimentreichen Biotop sind *Simochromis* Arten das, was *Tropheus* Arten im reinen Felsbiotop sind. Sie haben einen ähnlichen Körperbau und fressen ebenfalls Algen, die sie von Felsen abpicken. Jedoch sind in diesem Biotop die Felsen mit Sand und Schlamm bedeckt, und die erntbaren Algen befinden sich auf den Steinen und Kieselsteinen im extremen Flachwasser, wo sie aufgrund der Wasserbewegung relativ sauber von Sediment sind. *Simochromis* Arten sind echte Vegetarier und sammeln die feine Schicht Kieselalgen und Algen, die das Substrat bedecken, auf. Ihr Darmkanal ist drei- bis fünfmal so lang wie die Gesamtlänge des Fischs (Poll, 1956), was ebenfalls auf einen Pflanzenfresser hinweist.

Die beiden am häufigsten im Flachwasserbiotop vorkommenden *Simochromis* Arten sind *S. babaulti* und *S. diagramma*. Beide Arten sind seeweit verbreitet, jedoch nur bei *S. babaulti* haben sich geographische Varianten ausgebildet. Die Männchen der Population im Südwestteil des Sees, die als unterschiedliche Art beschrieben wurde — *S. pleurospilus* — tragen viele Reihen roter Punkte auf den Seiten. In den nördlichen Populationen sind nur wenige rote Punkte auf der Flanke der Männchen vorhanden. Ferner sind die Männchen durch einen kurzen, schwarzen Streifen auf dem Hartstrahlenbereich der Rückenflosse gekennzeichnet, ein Merkmal, das bei keinem anderen Tanganjikacichliden vorkommt. Dem anderen Geschlecht fehlt dieser Streifen, jedoch ist dieses mit einem kirschroten Fleck auf der Wange und der Afterflosse geschmückt.

S. babaulti kommt in sehr flachem Wasser vor, selten tiefer als 2 m. *S. diagramma* wird normalerweise in tieferen Schichten als *S. babaulti* gefunden, jedoch selten tiefer als 4 m. Manchmal ziehen große Schwärme adulter *S. diagramma* durch den Biotop. Die maximale Gesamtlänge liegt für *S. babaulti* bei etwa 11 cm, für *S. diagramma* dagegen bei 20 cm. Beide Arten sind territorial und stecken ihre Reviere im felsigen Teil des Biotops ab. Revierverteidigende *S. babaulti* Männchen findet man sehr dicht an der Uferlinie, in weniger als 1m tiefem Wasser — wahrscheinlich sind große Raubfische im extrem flachen Wasser sehr selten. Ihre Reviere bestehen aus wenigen Steinen, die eine recht ebene Plattform bilden. Der Laichplatz des *S. diagramma* liegt in den wenigen Höhlen des Biotops versteckt, und die Männchen bewachen den Eingang zur Höhle eifrig gegen jeden Eindringling.

Zwei weitere Arten, *S. marginatus* und *S. margaretae*, kommen im flachen Biotop vor, jedoch beschränkt sich ihre Verbreitung auf den nördlichen Bereich des Sees. *S. marginatus*, der etwa genauso groß wie *S. babaulti* ist, wurde anhand eines einzigen Tieres beschrieben, das im Kongo an der Halbinsel Ubwari gefangen wurde. Er wurde jedoch auch in der Nähe von Nyanza Lac gefunden (Herrmann, 1992) und bei Miyako in Tansania (Kuwamura, 1987b). Männchen dieser Art sind durch ein schwarzes, randständiges Band auf der Rückenflosse charakterisiert; den Weibchen fehlt ein solches Band. *S. margaretae* ist *S. marginatus* sehr ähnlich — die Männchen tragen ein schwarzes, randständiges Band auf der Rückenflosse — und es ist nicht unwahrscheinlich, daß beide die gleiche Art sind. Der einzige Unterschied liegt in der Breite der Schwanzwurzel: bei *S. margaretae* ist sie breiter als lang, während sie bei *S. marginatus* länger als breit ist. *S. margaretae* wurde nur in der Kigoma Bay gefunden.

Simochromis loocki

S. loocki, der zur Zeit auf seinen taxonomischen Status hin untersucht wird, scheint seeweit verbreitet zu sein, obwohl kein Bericht über den extrem nördlichen Bereich des Sees vorliegt. Die einzige Stelle, an der ich *S. loocki* beobachtete, war in der Nähe von Isanga in Sambia. Es waren nur junge und halbwüchsige Tiere, die sich vorwiegend von Wasserpflanzen ernährten. Wie *Petrochromis* Arten, die Algen von den Felsen kämmen, kämmt *S. loocki* Algen von Planzen ab! Yamaoka (1997) merkte an, daß sich diese Art — er nennt sie *Interochromis loocki* — ausschließlich von einzelligen Algen ernährt, daß sie jedoch vom Felssubstrat und sogar vom Schlammboden in 30 m Tiefe frißt. Es kann deshalb sein, daß die Tiere, die ich im flachen, sedimentreichen Biotop fand, Jungfische waren, die sich durch Abkämmen der Kieselalgen von Pflanzen ernährten, und daß sie, wenn sie älter werden, in andere Biotope abwandern. Die maximale Gesamtlänge von *S. loocki* liegt bei etwa 10 cm.

Große Cichliden

Tilapien kommen in afrikanischen Flüssen und kleinen Seen sehr häufig vor und sind die Überlebenskünstler der Cichlidenfamilie; sie halten sehr hohe Wassertemperaturen aus, sehr schlechte Wasserbedingungen, sehr ärmliche Ernährung und sehr schlechte Biotope. Tilapien sind Alleskönner, die sich leicht an widrige Situationen anpassen, aber auch an neue Biotope. Weil sie aber Generalisten sind, können sie auch durch den Erfolg anderer Cichliden, die sich auf ein besonderes Gebiet spezialisiert haben, in den Schatten gestellt werden, vor allem in einer sich sehr wenig verändernden Umgebung. Eine derartige Situation findet man in den großen Seen Afrikas, und die Tilapien dieser Seen haben sich, obwohl sie häufig vorkommen, kaum in unterschiedliche Richtungen hin entwickelt, wie es die anderen Cichliden taten. Im Tanganjikasee kommt nur eine einzige tilapiine Form vor:

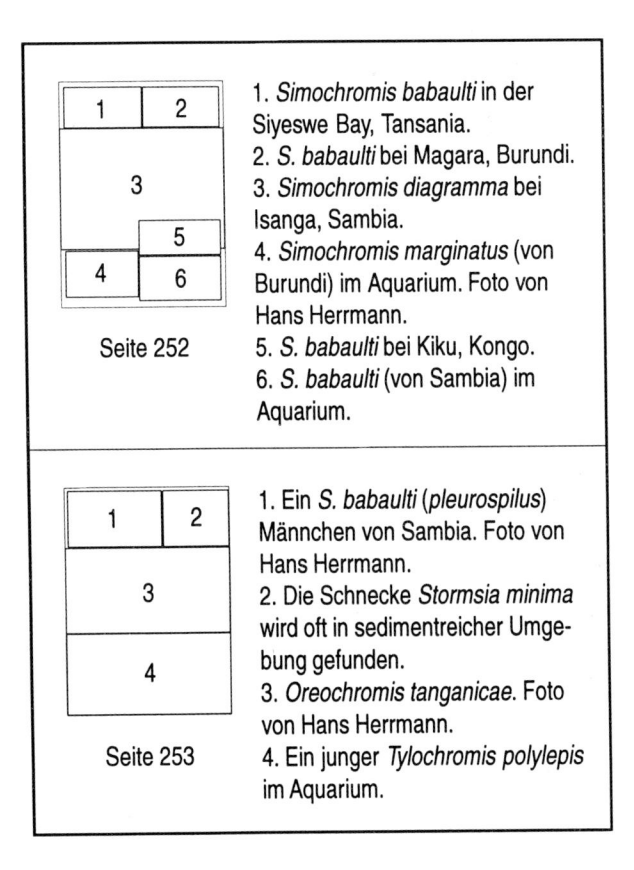

Seite 252
1. *Simochromis babaulti* in der Siyeswe Bay, Tansania.
2. *S. babaulti* bei Magara, Burundi.
3. *Simochromis diagramma* bei Isanga, Sambia.
4. *Simochromis marginatus* (von Burundi) im Aquarium. Foto von Hans Herrmann.
5. *S. babaulti* bei Kiku, Kongo.
6. *S. babaulti* (von Sambia) im Aquarium.

Seite 253
1. Ein *S. babaulti* (*pleurospilus*) Männchen von Sambia. Foto von Hans Herrmann.
2. Die Schnecke *Stormsia minima* wird oft in sedimentreicher Umgebung gefunden.
3. *Oreochromis tanganicae*. Foto von Hans Herrmann.
4. Ein junger *Tylochromis polylepis* im Aquarium.

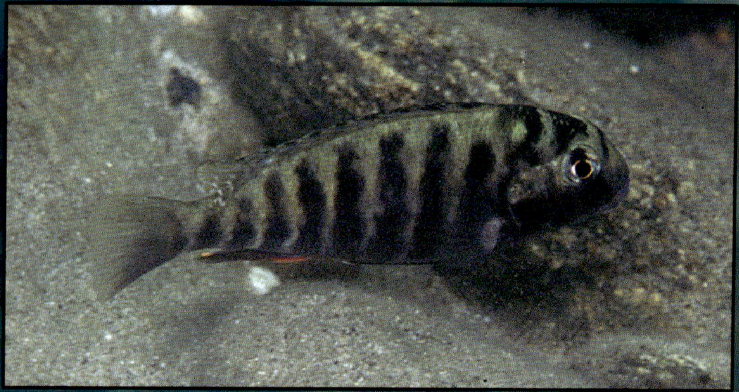

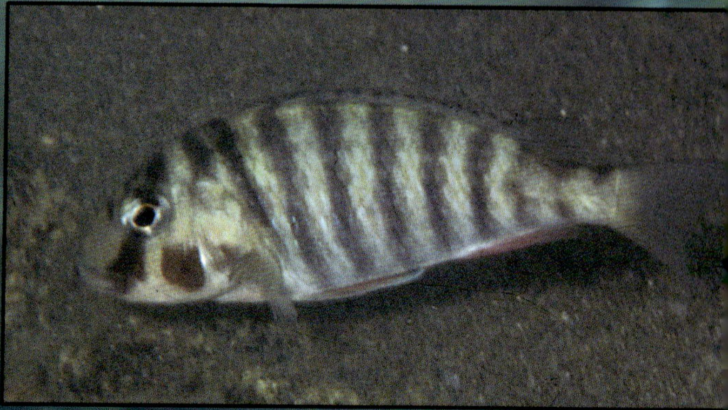

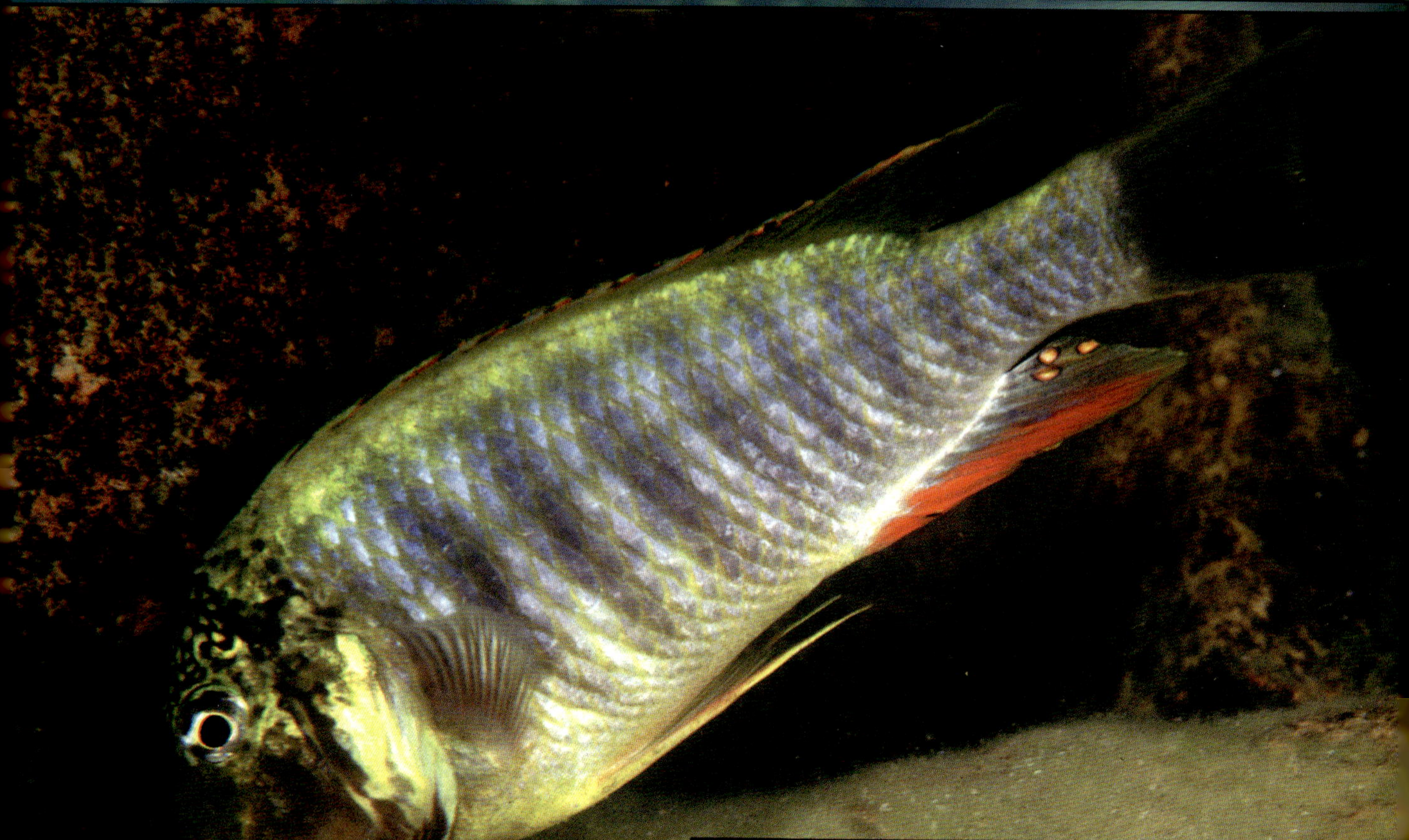

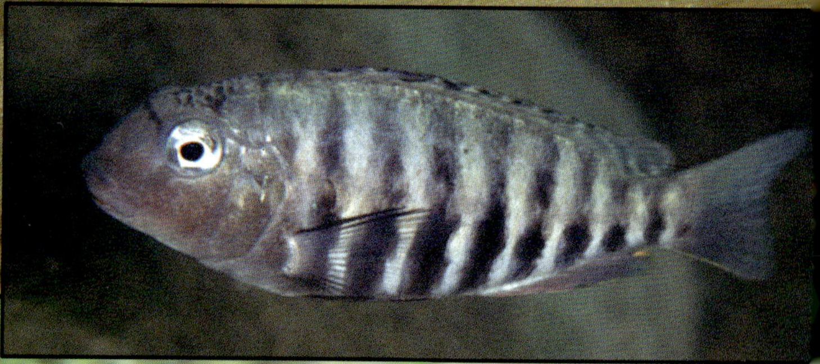

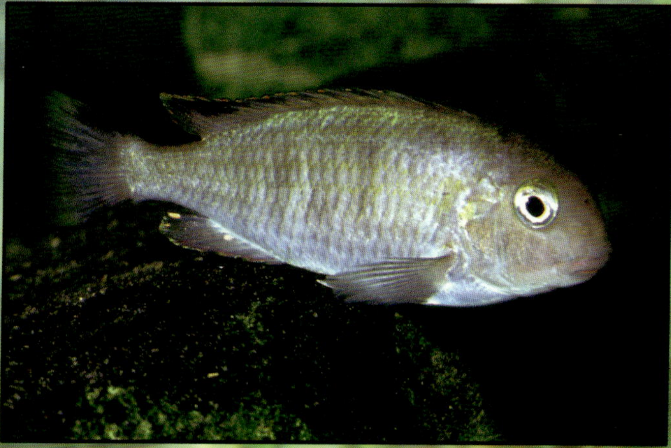

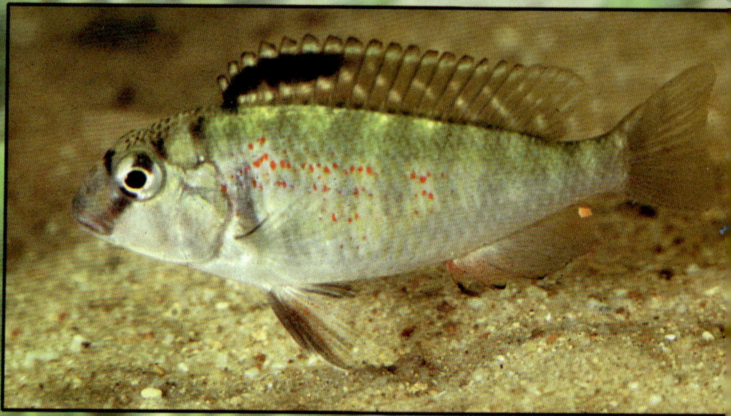

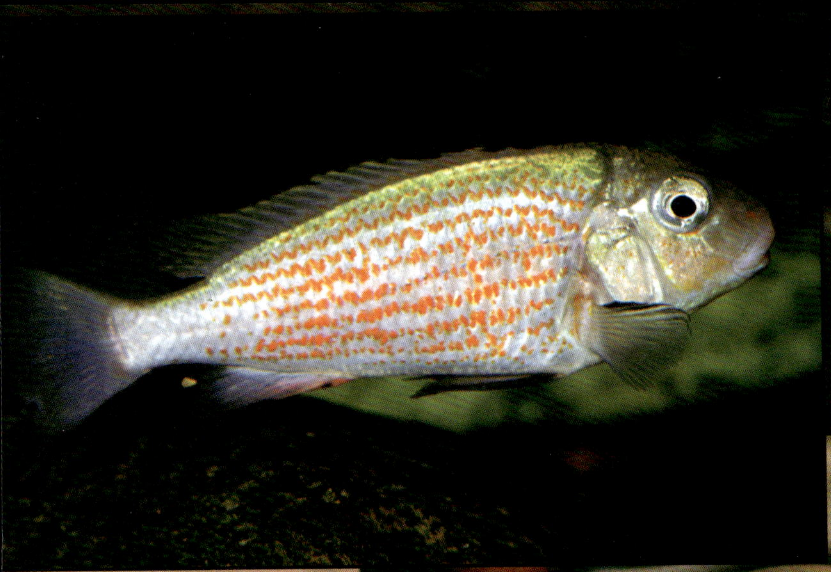
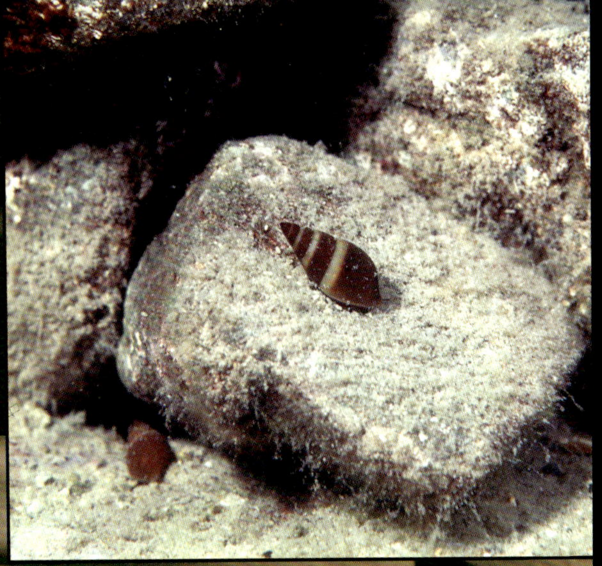
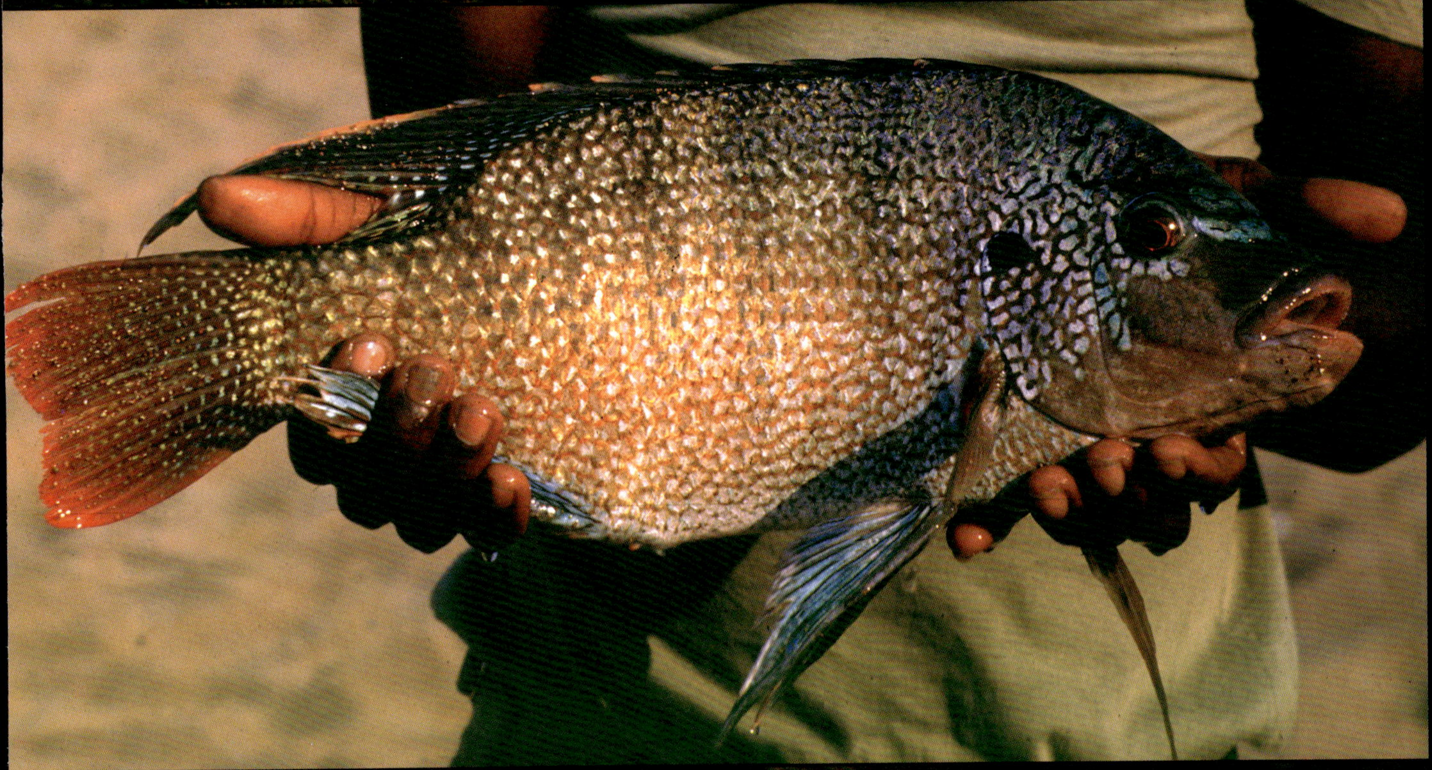
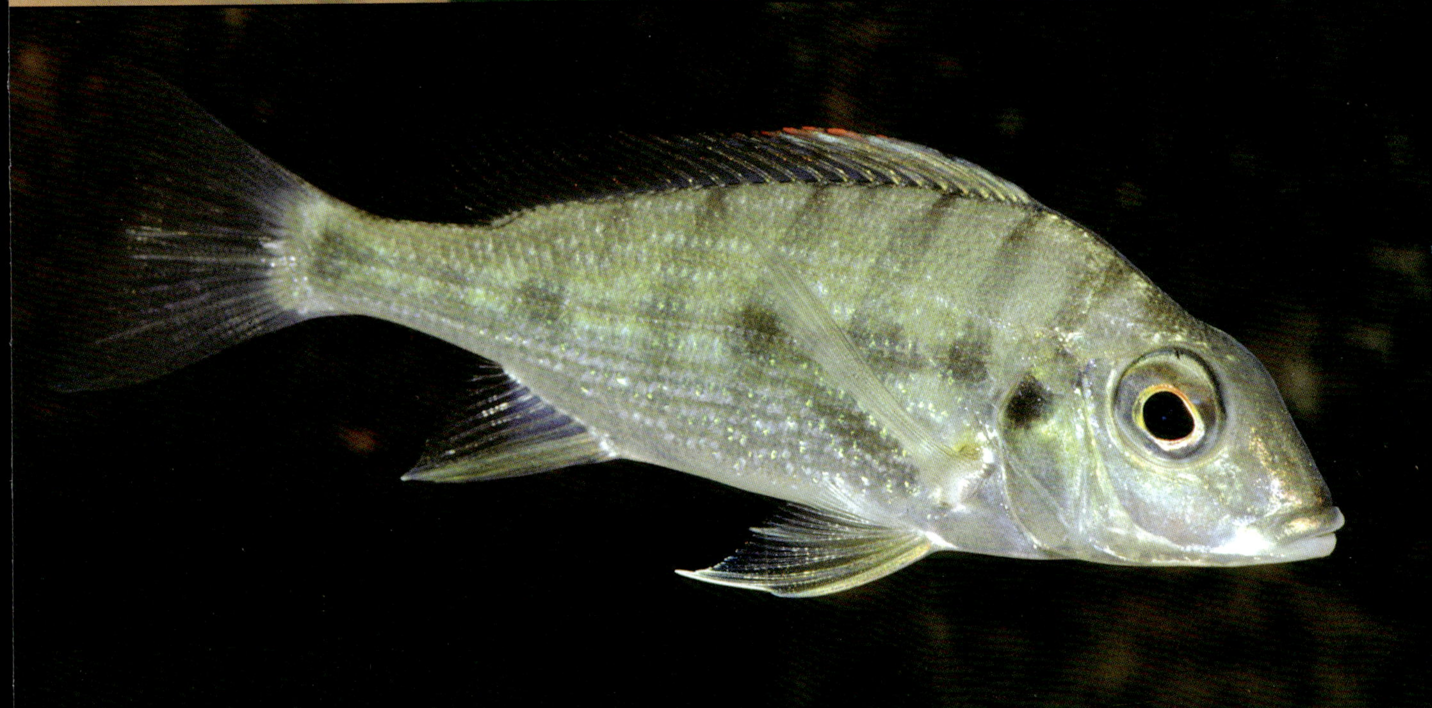

Oreochromis tanganicae. Zwei anderen Arten, *O. niloticus* und *O. karomo*, kommen in Sümpfen um den See vor, wurden jedoch niemals im See selbst gefunden.

O. tanganicae kann eine Gesamtlänge von über 40 cm erreichen und wiegt über 2 kg. Deshalb ist diese Art bei den einheimischen Fischern sehr begehrt und wird mit Kiemennetzen gefangen. *O. tanganicae* ist ein Pflanzenfresser, der sich von der Schlickschicht auf Sand, Pflanzen und Felsen ernährt. Gewöhnlich findet man ihn auf Nahrungssuche in großen Schulen, die durch verschiedene Biotope ziehen, vorwiegend jedoch durch sedimentreiche Gebiete. Ihre Nahrung besteht aus Algen und Kieselalgen, die von den vielen Zähnen auf den Schlundknochen bearbeitet werden. Der Darm von *O. tanganicae* ist etwa sechsmal so lang wie die Gesamtlänge des Fischs (Poll, 1956). Das lockere Material des Aufwuchses wird mit Schabbewegungen der Lippen aufgesammelt. Die Lippen sind dicht mit langen, beweglichen Zähnen besetzt, ähnlich denen der *Petrochromis* Arten.

O. tanganicae ist ein Maulbrüter, bei dem die Männchen sehr große Sandburgnester bauen. Solche Nester kann man in sehr flachem Wasser, in der Nähe von Vegetation finden. Die maulbrütenden Weibchen sammeln sich in großen Gruppen und fressen während der Inkubationszeit der Eier und Larven nicht.

Ein weiterer Maulbrüter, *Tylochromis polylepis*, scheint sich noch in einer Übergangsphase von einer Flußart zu einer echten Seeart zu befinden. Er kommt, manchmal in großen Stückzahlen, nur in der Nähe von Flußmündungen, jedoch auch stromaufwärts vor. Poll (1956) nimmt an, daß diese Art höhere Pflanzen, z. B. *Vallisneria* frißt, jedoch lassen die molarähnlichen Zähne auf den Schlundknochen und der relativ kurze Darm (zweimal die Gesamtlänge des Fischs) darauf schließen, daß diese Art eher ein generalisierter Wirbellosenfresser ist mit einer Fähigkeit, kleine Schneckengehäuse aufzuknacken. Bei Magenuntersuchungen wurden große Mengen Sandkörner gefunden, woraus man schließen kann, daß sie ihre Nahrung vom Boden aufgenehmen. Über das Brutverhalten von *T. polylepis* ist nichts bekannt, und es ist auch möglich, daß er sich gar nicht im See fortpflanzt.

Der Schlammbiotop

Schlammböden kommen im Tanganjikasee sehr häufig vor, und die meisten Böden unterhalb von 60 m Tiefe sind schlammig. Der hier diskutierte Biotop hat einen horizontalen Boden oder nur wenig Gefälle und liegt normalerweise in 10-50 m Tiefe. Der Schlamm ist hier kein sehr lockeres Sediment, sondern bildet, mit feinkörnigem Sand vermischt, eine recht feste Substanz. Das Substrat ist stabil genug, um darin gegrabene Höhlen und Tunnels zu tragen, und einige Arten haben einen Lebensstil entwickelt, der es ihnen ermöglicht, in und um Schlammböden zu leben. Es gibt sogar zwei winzige Substratbrüter auf diesem sehr offenen Biotop, die zu den kleinsten Buntbarschen des Sees gehören.

Winzige Schlammtunnelbrüter

Es war nicht einfach, die wahre Identität von *Neolamprologus kungweensis* und *N. signatus* zu bestimmen, und dieser Zustand war für lange Zeit verwirrend. *N. kungweensis* wurde anhand von Tieren, die in der Nähe von Bulu Point in Tansania gefangen wurden und alle Weibchen waren, beschrieben (Poll, 1952, 1956). Gleichzeitig beschrieb Poll auch *N. signatus*, anhand von Tieren, die in der Nähe von Moba im Kongo gefangen wurden und, wie der Zufall es will, alle Männchen waren. Später (Konings, 1988) wurde festgestellt, daß *N. kungweensis* aus Tansania einen sehr deutlichen, sexuellen Dichromatismus zeigt: die Weibchen tragen einen sehr großen, umrandeten Punkt auf der Rückenflosse, die jedoch bei den Männchen durchsichtig und unmarkiert ist. Anatomisch sind beide Arten sehr ähnlich, und wegen der ungewöhnlichen Zusammensetzung der Typusserie wurde die falsche Schlußfolgerung gezogen, daß diese beiden Arten eine einzige Art seien (Konings, 1988). Mit der Entdeckung von *N. signatus* in Sambia wurde jedoch offensichtlich, daß es sich in der Tat um zwei unterschiedliche Arten handelt.

Vor kurzem wurde *N. laparogramma* als mögliche dritte Art der winzigen Schlammtunnelbrüter beschrieben (Bills & Ribbink, 1997). Jedoch ist die Morphologie dieser Form mit der der beiden anderen identisch und in der Färbung besteht nur ein geringfügiger Unterschied mit *N. signatus*. In der Tat ist die Färbung die einzige Möglichkeit, sie von *N. signatus* zu unterscheiden. Obwohl *N. signatus* und *N. kungweensis* morphologisch eigentlich identisch sind, gibt es eine Anzahl Merkmale in der Farbzeichnung beider Geschlechter, die zur deutlichen Unterscheidung dieser beiden Formen beitragen. Beide haben auch getrennte Verbreitungsgebiete im See und können leicht bei Begegnung unter Wasser unterschieden werden. Im Falle von *N. laparogramma* ist das anders: die Männchen und Weibchen ähneln sehr denen von *N. signatus* und unterscheiden sich nur geringfügig in Details ihrer Farbzeichnungen. *N. laparogramma* wurde anhand von Tieren beschrieben, die in der Nähe von Mpulungu und der Insel Mbita (Mbete) gefangen wurden und unterscheiden sich von *N. signatus* von Sumbu und Moba folgendermaßen: *N. signatus* Männchen zeigen bis zu 13 senkrechte Bänder auf dem Körper, *N. laparogramma* Männchen bis zu 8, vorwiegend auf der Vorderhälfte des Körpers. Der Unterschied in der Farbzeichnung der Weibchen der beiden Formen ist nicht deutlich, zumindest nicht bei Aquariumtieren, und besteht in einem unterschiedlichen Muster pigmentierter Schuppen auf

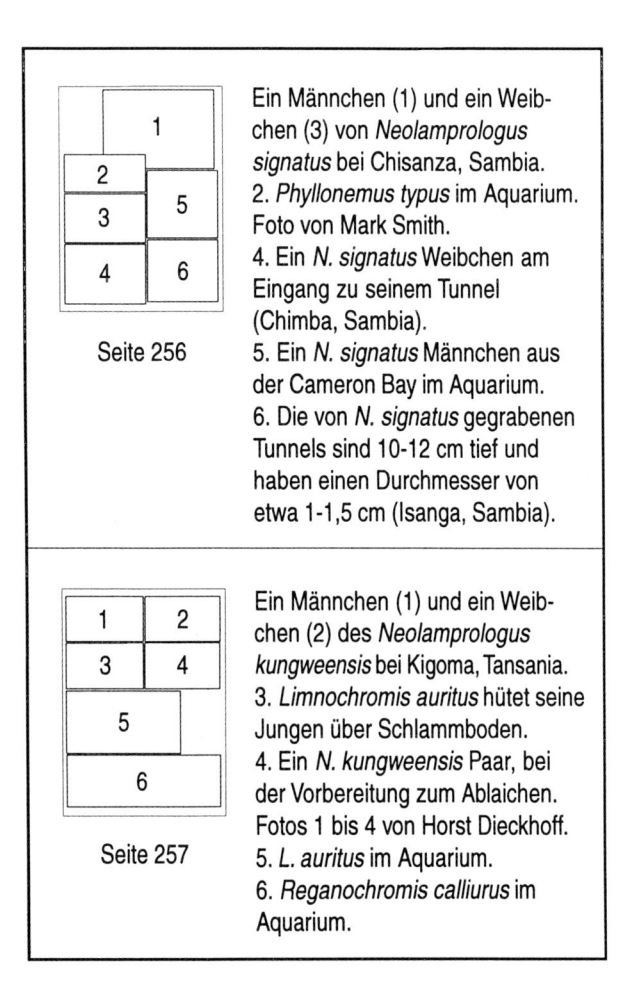

1	
2	
3	5
4	6

Seite 256

Ein Männchen (1) und ein Weibchen (3) von *Neolamprologus signatus* bei Chisanza, Sambia.
2. *Phyllonemus typus* im Aquarium. Foto von Mark Smith.
4. Ein *N. signatus* Weibchen am Eingang zu seinem Tunnel (Chimba, Sambia).
5. Ein *N. signatus* Männchen aus der Cameron Bay im Aquarium.
6. Die von *N. signatus* gegrabenen Tunnels sind 10-12 cm tief und haben einen Durchmesser von etwa 1-1,5 cm (Isanga, Sambia).

1	2
3	4
5	
6	

Seite 257

Ein Männchen (1) und ein Weibchen (2) des *Neolamprologus kungweensis* bei Kigoma, Tansania.
3. *Limnochromis auritus* hütet seine Jungen über Schlammboden.
4. Ein *N. kungweensis* Paar, bei der Vorbereitung zum Ablaichen. Fotos 1 bis 4 von Horst Dieckhoff.
5. *L. auritus* im Aquarium.
6. *Reganochromis calliurus* im Aquarium.

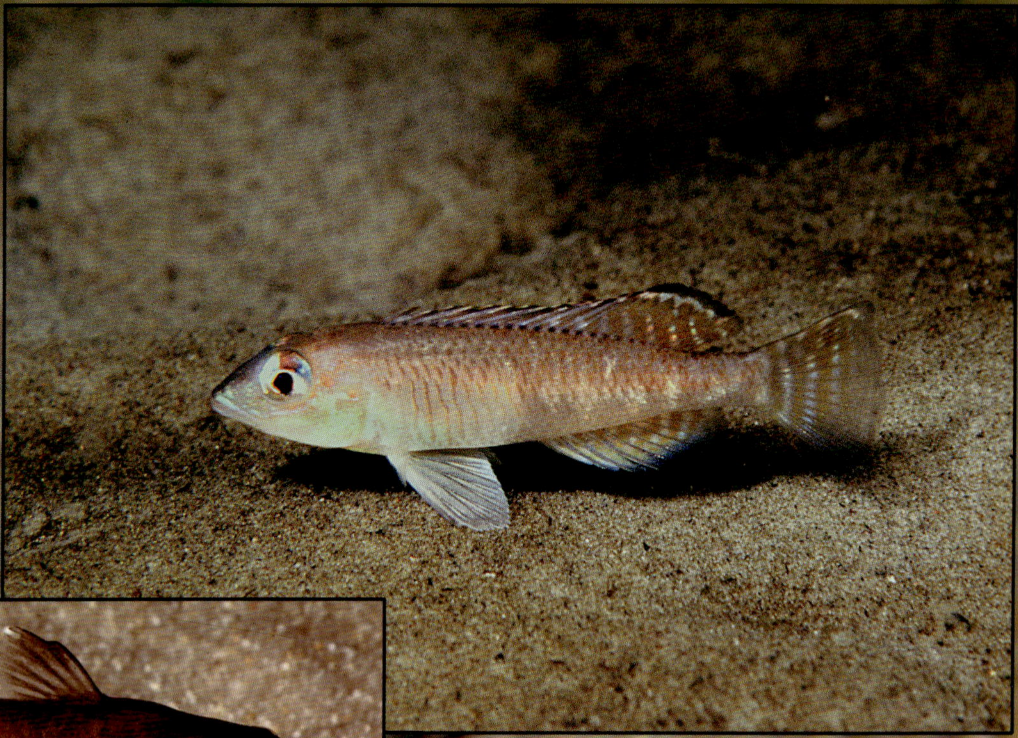

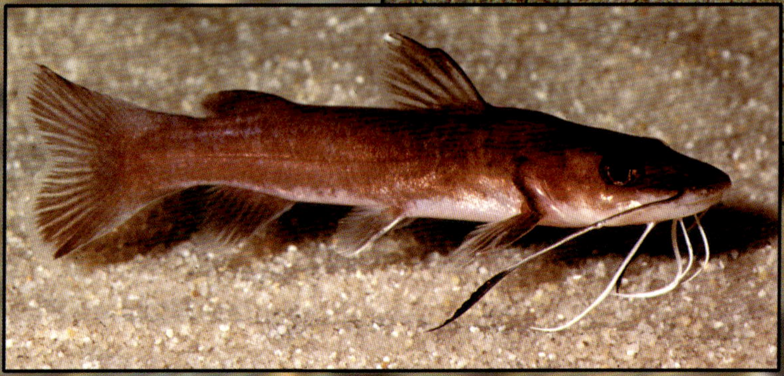

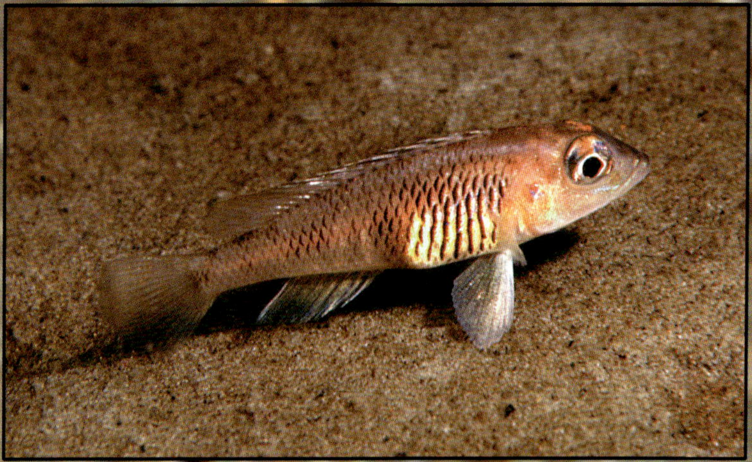

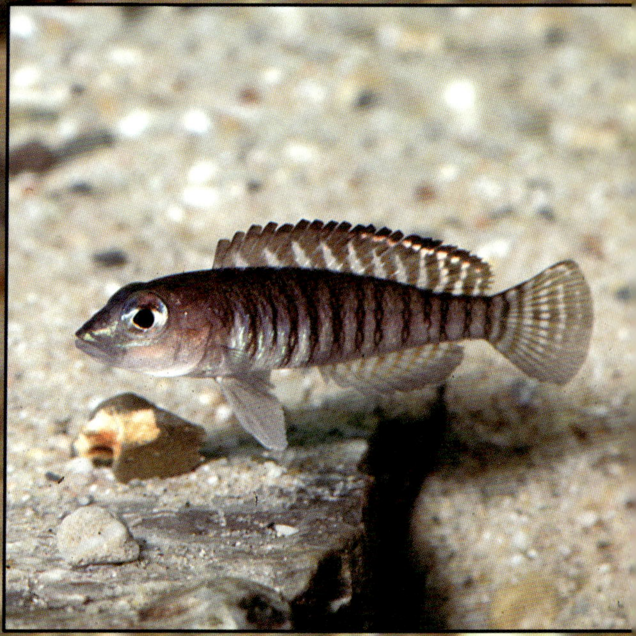

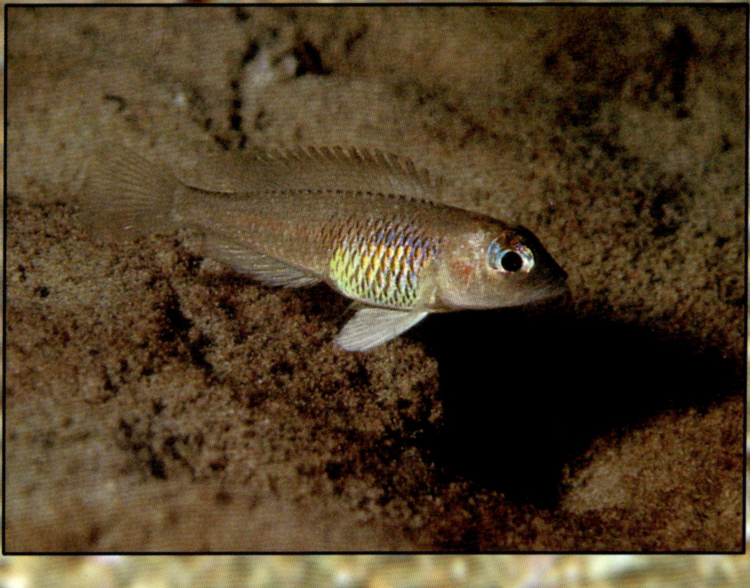

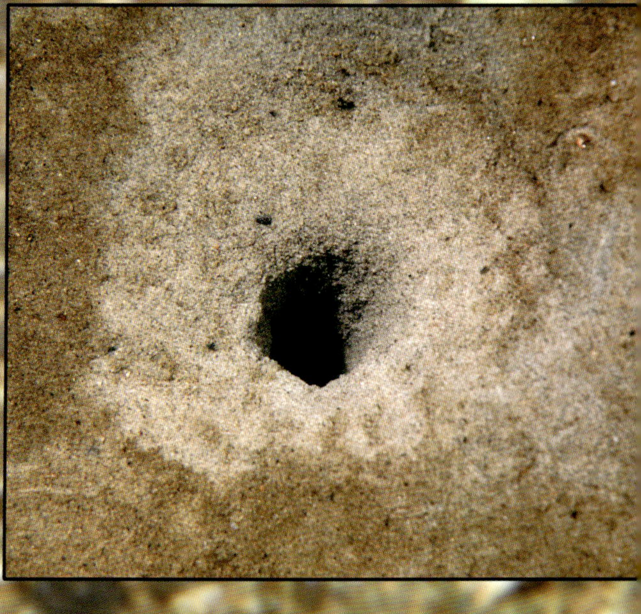

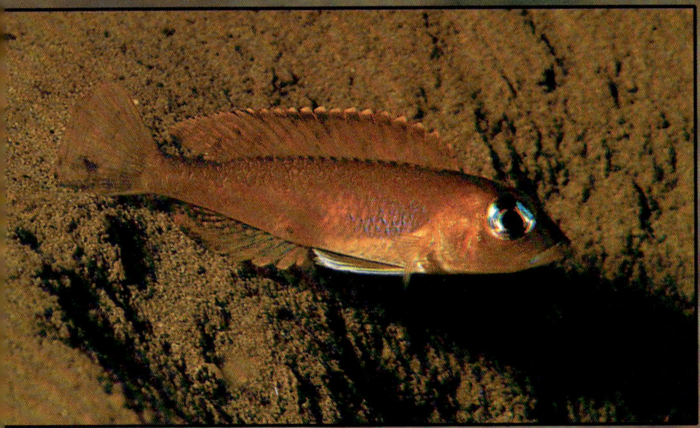
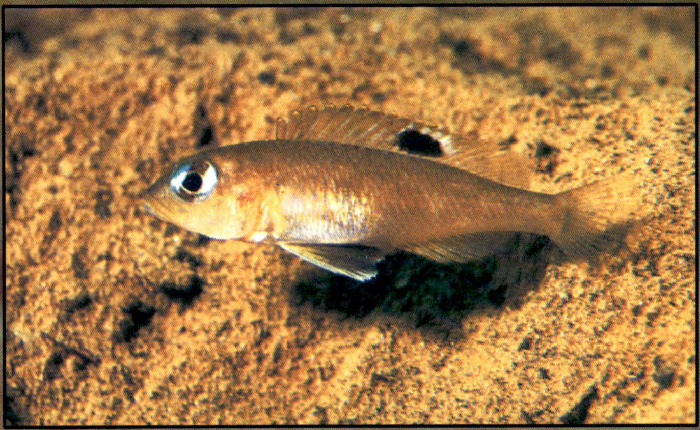
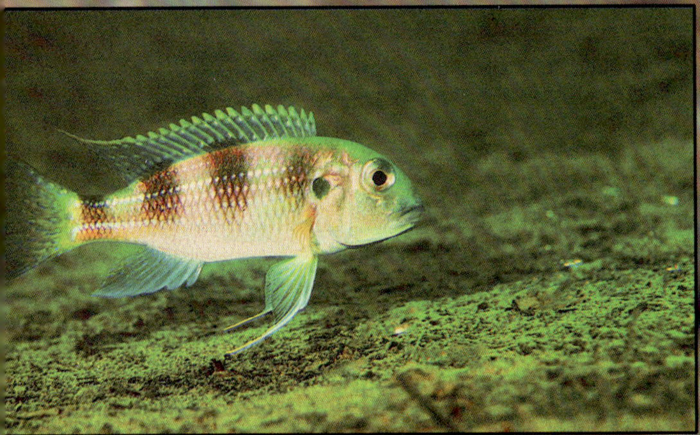
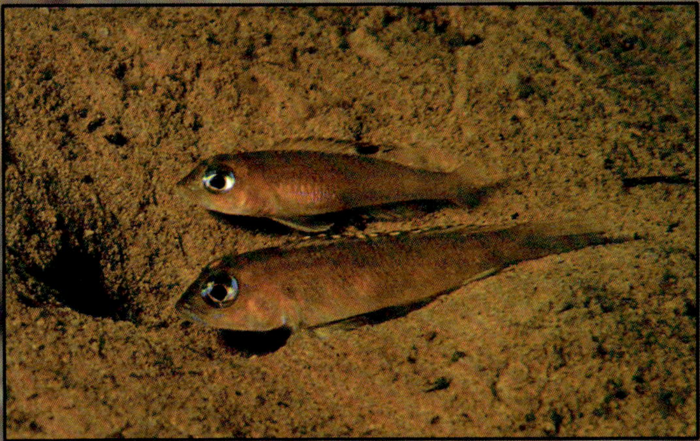
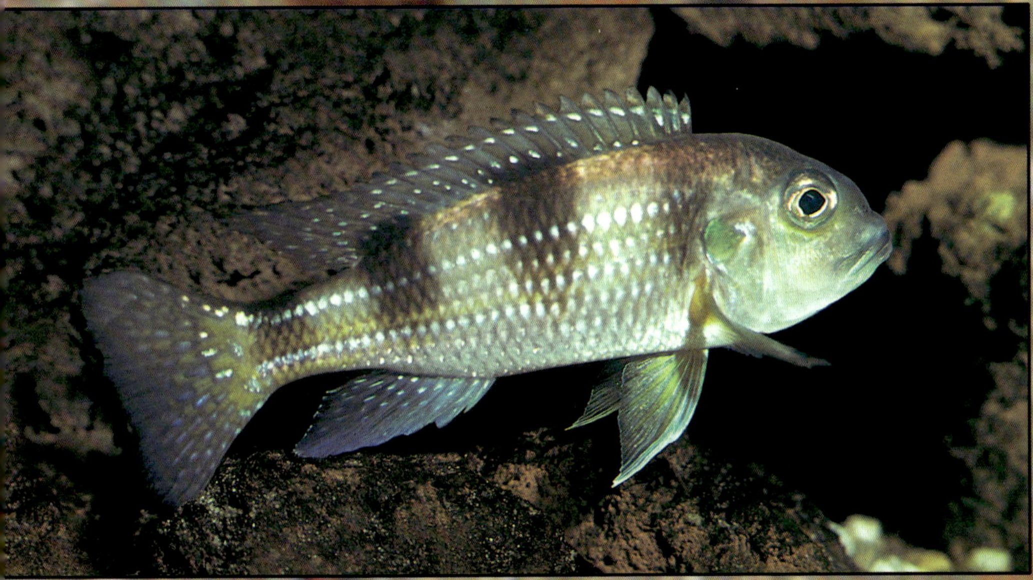
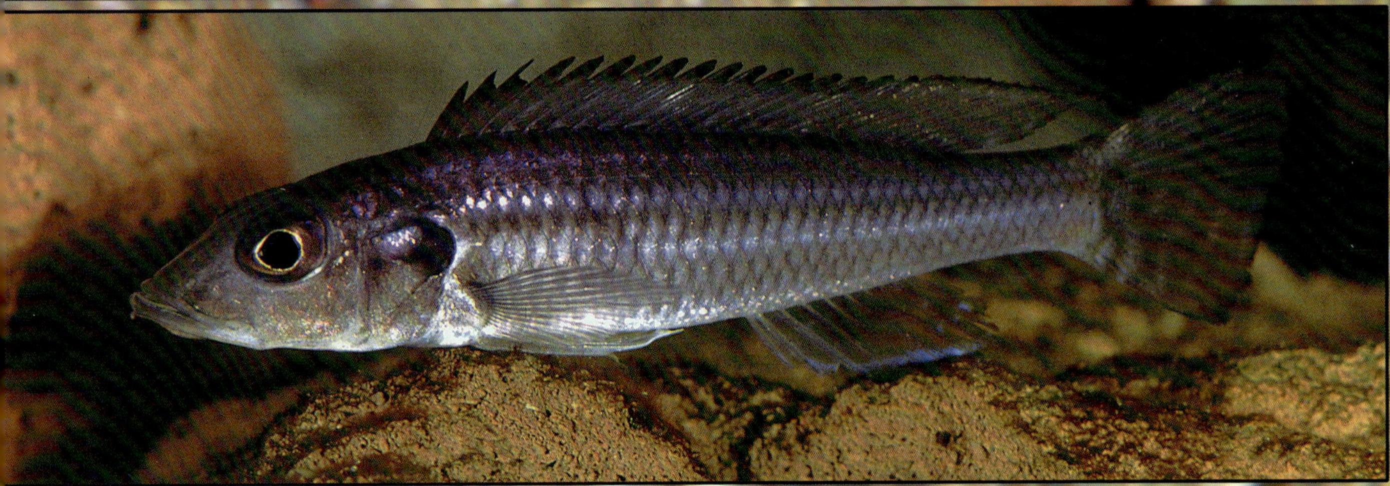

dem Bauch. Bei *N. laparogramma* bilden diese Schuppen 5-9 senkrechte Linien auf dem Bauch, während sie bei *N. signatus* ein unregelmäßiges Muster bilden.

Bisher wurden geographische Varianten mit unterschiedlichen Farbmustern gewöhnlich nicht als unterschiedliche Arten angesehen, und es besteht, meiner Meinung nach, auch kein Grund, diese beiden Farbformen des *N. signatus* anders zu behandeln. Ein anderer Unterschied als die Färbung wurde nicht festgestellt, und ich möchte deshalb vorschlagen, *N. laparogramma* als Juniorsynonym von *N. signatus* zu betrachten.

N. signatus und *N. kungweensis* kommen hauptsächlich über flachen Schlammböden vor, und ihre Gegenwart wird durch zahlreiche Löcher im Boden angezeigt. Solche Löcher haben einen Durchmesser von etwa 1 cm und sind etwa 12 cm tief. Abdrücke dieser Lebensquartiere zeigten, daß sie nicht gerade nach unten gegraben werden, sondern immer leicht gewinkelt sind (Bills & Ribbink, 1997). Männchen und Weibchen bewohnen getrennte Löcher, aber gewöhnlich findet man mehr Löcher als Bewohner. Die Löcher liegen etwa 50 cm weit auseinander.

Die Nahrung dieser kleinen Buntbarsche besteht aus Zooplankton und anderen kleinen Wirbellosen, denen sie beim Graben begegnen oder wenn diese vielleicht versuchen, in der Höhle des Fischs Zuflucht zu suchen. Solche Höhlen stellen richtige Fallen für alles, was auf dem Boden herumkriecht, dar.

Bills & Ribbink erwähnen, daß diese Schlammtunnelbrüter monogam sind und daß die Reviere Höhlen für das Weibchen und das Männchen umschließen. Abgelaicht wird im Loch des Weibchens, und bemerkenswerterweise kleben die Eier dieses Substratbrüters nicht fest! Es war von Aquariumbeobachtungen bekannt, daß Eier des *N. signatus*, die in leere Schneckengehäuse abgelaicht wurden, nicht im Schneckenhaus festklebten, sondern herumrollten, wenn das Schneckenhaus hochgehoben wurde. Büscher (1998) berichtet, daß auch die Eier von *N. kungweensis* nicht kleben. Auch Eier des *Hypsophrys nicaraguensis*, einem substratbrütenden Cichliden aus Zentralamerika, kleben nicht am Substrat fest, und es wurde festgestellt, daß diese Art auch Tunnel im Schlammsubstrat an vertikalen Flußufern anlegt (Ron Coleman, pers. Mittl.). Es scheint also, daß Cichliden, die ihre Eier und Larven in Löchern mit unstabilen Wänden haben, diese nicht am Substrat festkleben. Wahrscheinlich ist dies für die Eier vorteilhaft, damit sie beim (teilweisen) Kollabieren des Lochs nicht unter der schweren Last des Schlamms und Sands vergraben werden, weil sie auf dem Boden festgeklebt sind. Andererseits können sich auf Schlammböden viele kleine Partikel auf der Aussenseite von festgeklebten Eiern festsetzen, die dann die Eier ersticken würden.

Man könnte aber auch damit argumentieren, daß solche Eier, die an einen Lebensstil in einem Schlammtunnel angepaßt sind, schließlich zum Maulbrüten geführt haben: diese Technik würde es den Eltern ermöglichen, die Eier und Larven leichter, wenn ein Loch eingestürzt oder beschädigt wurde, zu einem besseren transportieren, oder als Alternative sie ganz im Maul behalten, bis sie unabhängig werden. Natürlich entwickelte sich das Maulbrüten nicht über Nacht, jedoch können die losen Eier eines Substratbrüters einen ersten Schritt in die richtige Richtung bedeuten. Maulbrüten als Brutmechanismus, die Nachkommen in den Anfangsstadien ihres Lebens zu beschützen, hat sich mehrmals bei unterschiedlichen Linien der Tanganjikacichliden entwickelt; vielleicht hat es sich einmal auch bei Schlammtunnelbrütern entwickelt.

Ein maulbrütender Schlammtunnelbewohner

Limnochromis auritus ist ein Schlammbewohner und ein Maulbrüter, und seine Vorfahren könnten substratbrütende Schlammbewohner gewesen sein, die zum Maulbrüten übergingen. Es ist ein beidelterlicher Maulbrüter mit kleinen, zahlreichen Eiern, und die Brutperiode ist sehr kurz. In dieser Hinsicht hebt er sich nicht sehr von Substratbrütern ab.

L. auritus — seine maximale Gesamtlänge ist etwa 17 cm — wird überall im See gefunden und wurde aus großen Tiefen, aber auch aus seichtem Wasser vermeldet. Er mag kein helles Licht und versteckt sich in Tunnels und Löchern, die in den Schlammboden gegraben werden. In tieferen Wasserschichten, in die das Tageslicht kaum vordringt, lebt er wahrscheinlich im Freien. *L. auritus* ist eine gesellig lebende Art und gräbt zahlreiche, manchmal über 1 m tiefe Tunnels (Horst Dieckhoff, pers. Mittl.). Solche Tunnels haben unterirdische Verbindungen, so daß der Fisch einer eindringenden Wasserkobra (oder einem neugierigen Fischfänger) entkommen kann.

L. auritus frißt Schnecken und andere Wirbellose, die wahrscheinlich während ihrer Grabaktivitäten freigelegt werden. Die Jungfische fressen Zooplankton. Der Darmkanal hat nur 30% der Gesamtlänge des Fischs, was auf eine leichtverdauliche Kost hindeutet.

Abgelaicht wird im Tunnel, und obwohl Männchen und Weibchen einen einzigen Tunnel miteinander teilen können, ist aus Beobachtungen im Aquarium zu schließen, daß zum Ablaichen ein sehr enger Tunnel bevorzugt wird, in den nur ein einziger Fisch paßt. Im Aquarium geht dem Ablaichen intensives Graben und Schaufeln voraus, wobei beträchtliche Mengen Sand bewegt werden. Ist ausreichend Sand vorhanden, so daß die Sicht des Paars vor der Außenwelt blockiert werden kann, folgt gewöhnlich ein Ablaichvorgang. Der Sand wird gegen die Vorderscheibe des Aquariums aufgehäuft, wodurch eine große Grube im hinteren Teil des Aquariums entsteht. Wichtig ist, daß für das Paar zum Ablaichen irgendeine Art dunkle Höhle vorhanden ist. Die beste Alternative ist ein Plastikrohr mit einem Durchmesser von etwa 5 cm und einer Länge von etwa 50 cm (Mackie Kilts, pers. Mittl.). Eine Seite der Röhre sollte geschlossen sein. Das eigentliche Brüten findet im kleinst möglichen Tunnel statt.

Das Ablaichen beginnt, wenn das Männchen in den Tunnel hineinschwimmt und seinen Samen ausstößt. Danach schwimmt es rückwärts wieder aus dem Tunnel und das Weibchen schwimmt hinein und beginnt, Eier abzulaichen. Die Eier werden wahrscheinlich befruchtet, sobald sie vom Weibchen ausgestoßen werden. Viele Eier werden vom Weibchen produziert und aufgesammelt, manchmal auch vom Männchen, wenn es direkten Zugang dazu hat. Jedoch spuckt das Männchen die aufgepickten Eier vor dem Weibchen wieder aus. Hin und wieder unterbricht das Weibchen die Eiablage und schwimmt rückwärts aus dem Tunnel heraus, begibt sich zum Männchen und stößt mit der Nase an dessen Bauchregion. Durch dieses Schnappen nach seiner Geschlechtsöffnung wird das Männchen wahrscheinlich dazu stimuliert, mehr Samen auszustoßen, was es dann im Tunnel tut. Nachdem sich das Männchen wieder aus dem Tunnel zurückgezogen hat, schwimmt das Weibchen wieder hinein und setzt die Eiablage fort (Baasch, 1987; Kilts, pers. Mittl.). Diese Ablaichtechnik gleicht der von *Cyphotilapia frontosa*, wenn auch nicht in einem Tunnel. Bei der letztgenannten Art geht der Eiablage ebenfalls der Ausstoß von Samenflüssigkeit am Laichplatz durch das Männchen voraus.

Nach einer Weile sind zu viele Eier vorhanden, als daß sie noch bequem in die Mundhöhle des Weibchens passen würden. Dann behält auch das Männchen die aufgesammelten Eier in seinem Maul, und jetzt brüten beide Eltern die Nachkommen. Nach etwa zwei Tagen hat sich die Zahl der Eier entweder verringert oder sie passen besser ins Maul eines einzigen Elters, da jetzt nur das Männchen oder das Weibchen die Eier oder Larven trägt. Die Larven werden häufig zwischen den Eltern ausgetauscht, wodurch einer von ihnen fressen kann. Während eines solchen Austauschs wird die gesamte Brut, manchmal Hunderte Larven, vor dem Maul des anderen Elters ausgespuckt, der sie aufpickt und weiter bebrütet. Für einen Maulbrüter ist die Inkubationszeit kurz, denn die Jungen werden schon nach 9 Tagen freigesetzt. Beide Eltern bewachen die Nachkommen noch für eine recht lange Zeit nachdem sie freigesetzt wurden.

Die Ablaichtechnik des *L. auritus* gleicht in mancher Hinsicht der eines Substratbrüters, z. B. setzt das Weibchen eine Reihe Eier ab, die dann vom Männchen befruchtet werden. Das Männchen verweilt in einiger Entfernung, wenn das Weibchen die Eier absetzt. Die Eier sind noch nicht vorhanden, wenn das Männchen seinen Samen ausstößt, um sie zu befruchten, was die Instinkthandlung des Männchens nicht zu beeinflussen scheint. Zwei

1	2
3	4
5	6
7	

Seite 260

1. Die Spitzen der Brustflossen des *Triglachromis otostigma* haben Sensoren.
2. Ein *T. otostigma* Paar im Aquarium.
3. Junge *T. otostigma* sind durch einen attraktiven schwarzen, von einem Hof umrandeten Fleck auf dem weichstrahligen Teil der Rückenflosse gekennzeichnet.
4. *T. otostigma* am Eingang zu seinem Tunnel (Chituta, Sambia).
5. *Xenotilapia caudafasciata*.
6. *Xenotilapia longispinis*.
7. *Xenotilapia nigrolabiata*, in einem Kiemennetz in der Nähe von Kipili, Tansania, gefangen.

1	
2	3
4	

Seite 261

1. Flußpferde sind in Schammbuchten sehr häufig anzutreffen (Nkamba Bay, Sambia).
2. Die Wasserkobra, *Boulengerina annulata stormsi*, ist an Land sehr aggressiv, jedoch unter Wasser, wenn sie alleingelassen wird, harmlos.
3. Der Barbe *Varicorhinus tanganicae* bei Kekese, Tansania.
4. Die Fang- und Zuchtstation von Rift Valley Tropicals bei Isanga, Sambia.

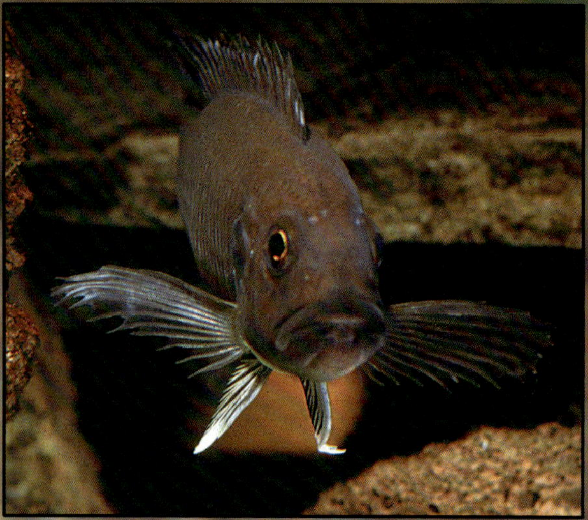
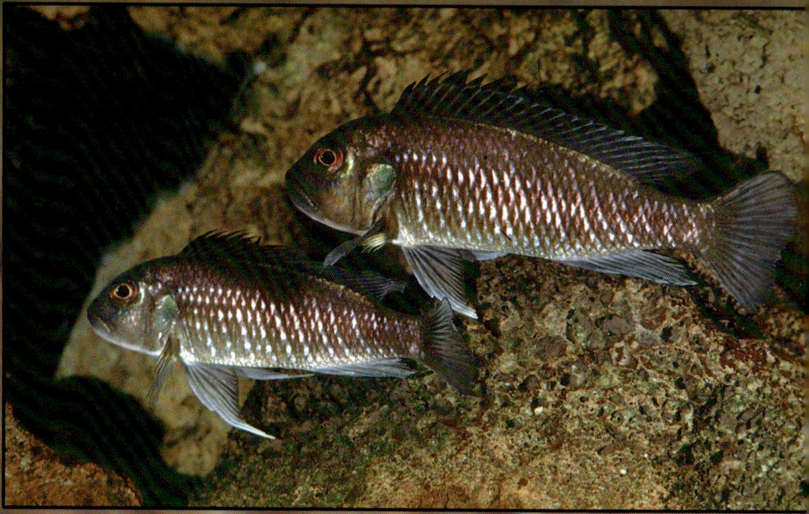
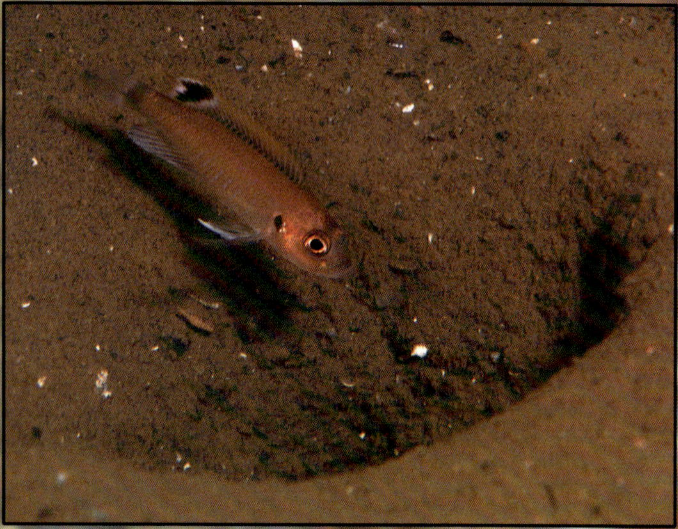
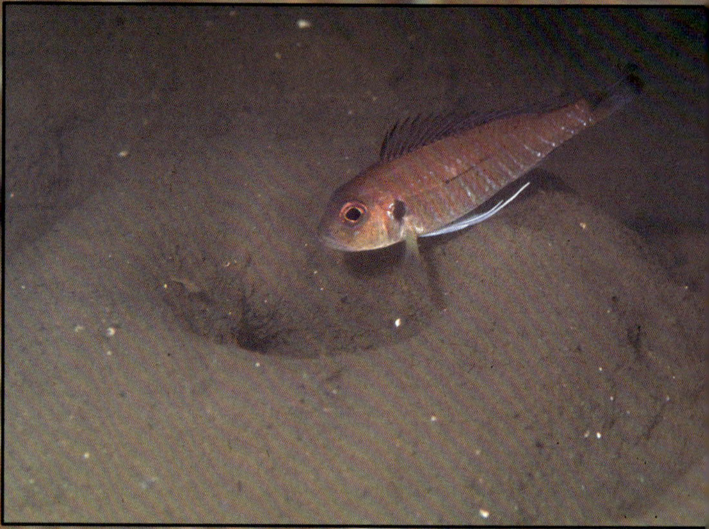
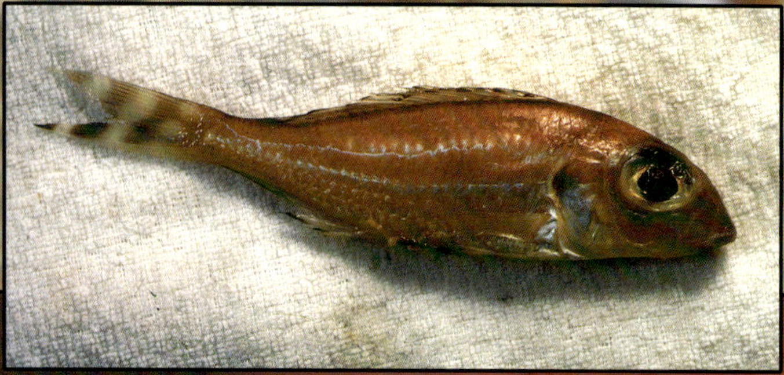
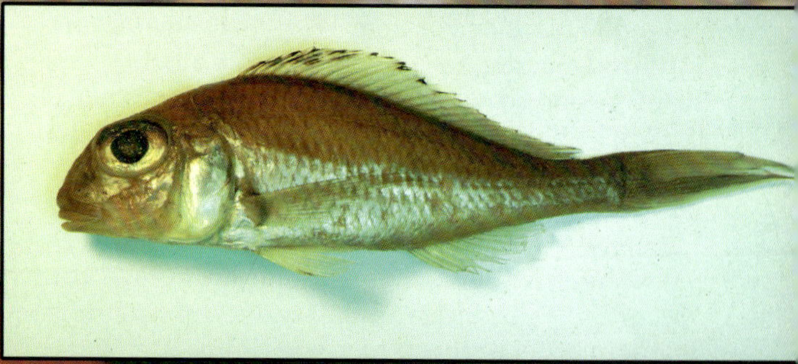
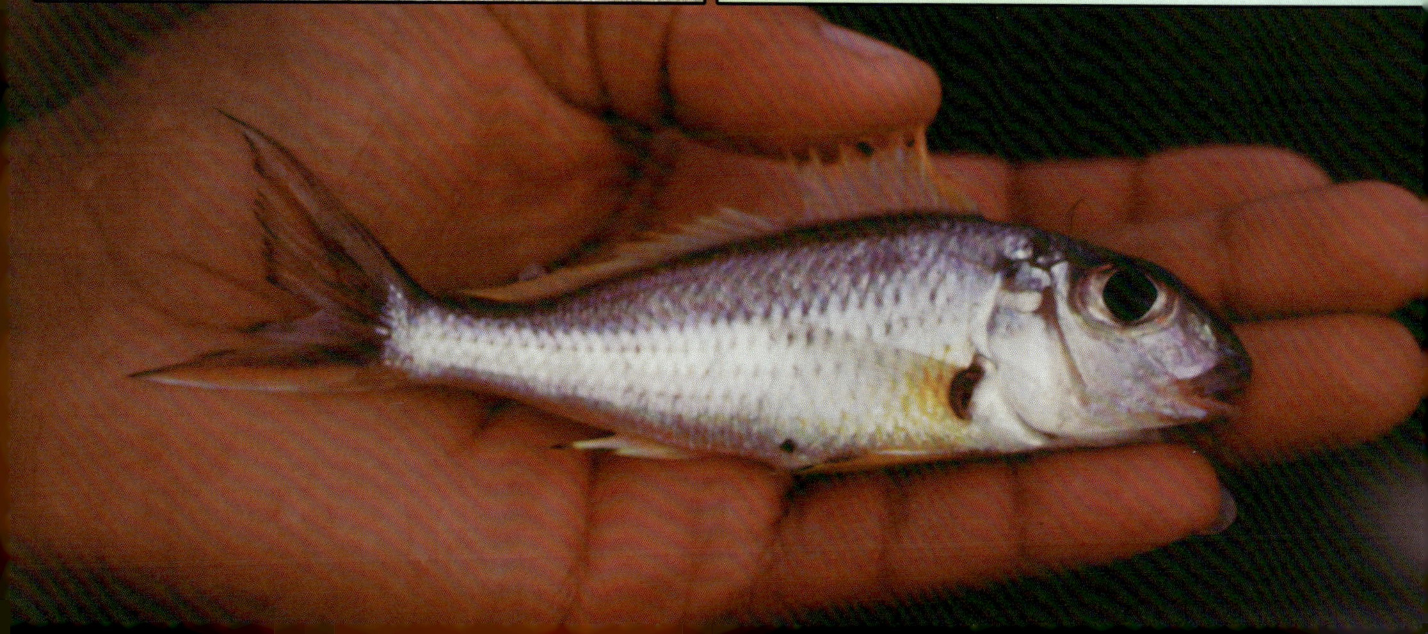

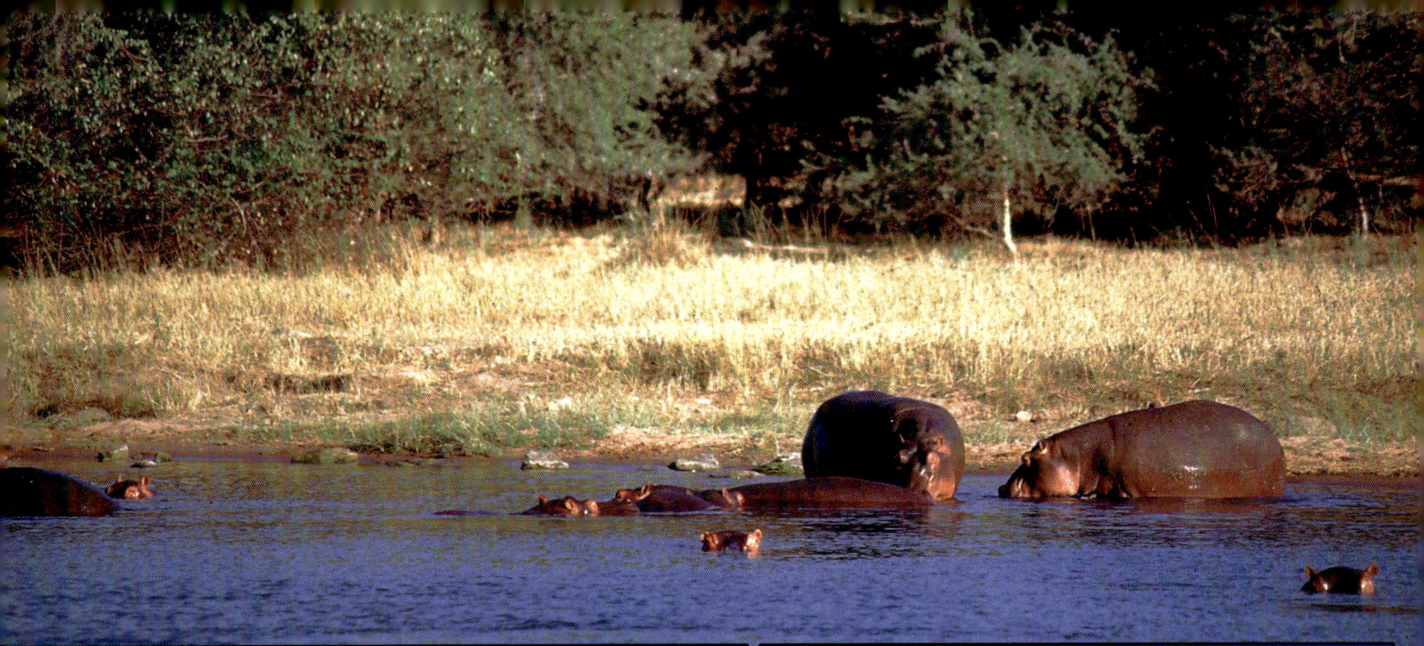

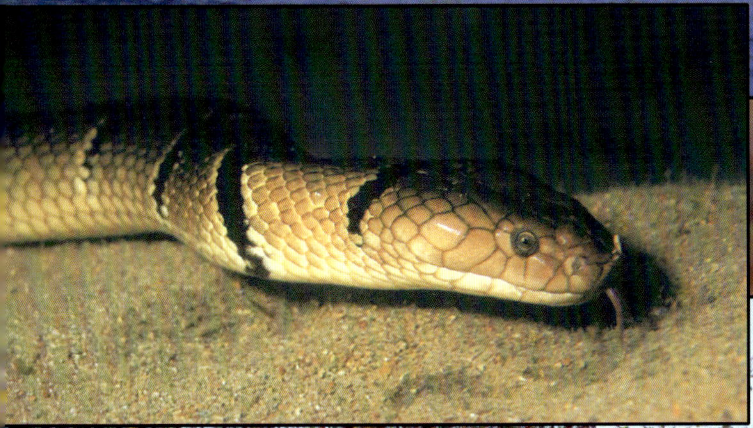

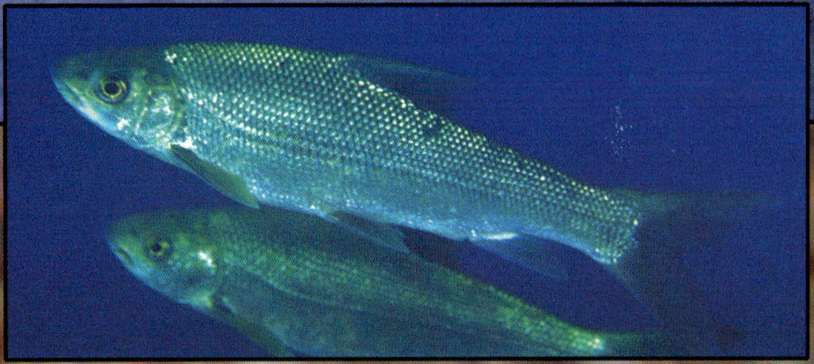

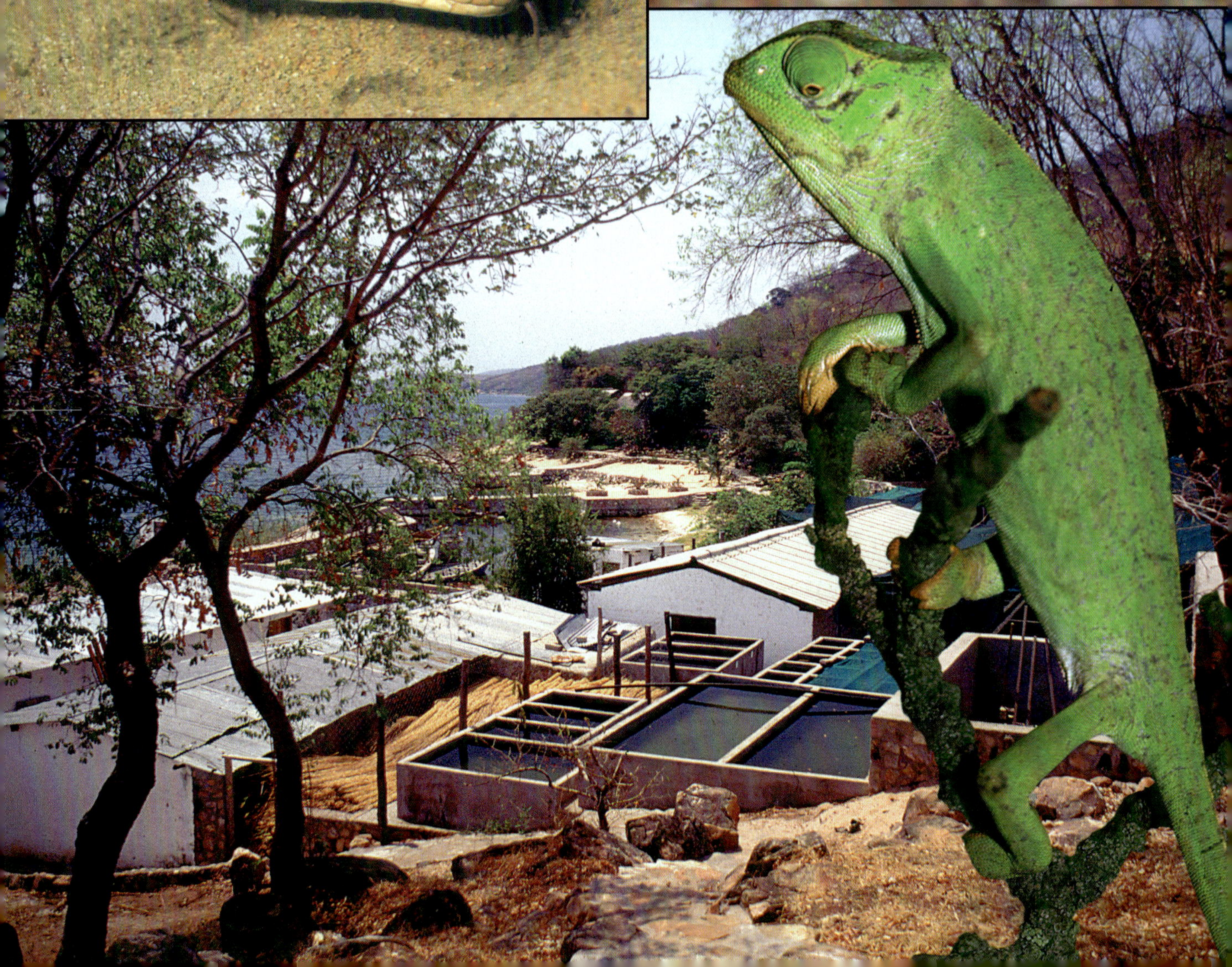

andere Arten derselben Gattung, L. staneri und L. abeelei, brüten wahrscheinlich auf ähnliche Art und Weise, jedoch kommen sie in sehr tiefem Wasser vor, weshalb nichts über ihren Lebensstil bekannt ist (sieh S. 134).

Schlammfresser

Triglachromis otostigma ist sehr gut an ein Leben auf Schlammböden angepaßt und hat seltsame Brustflossen. Die unteren 7-8 Strahlen der Brustflosse haben freie Spitzen, an denen keine Membrane befestigt ist. Die Spitzen dieser Strahlen können nach unten zum Boden hin abgebogen werden und dienen als Sinnesorgan. In Gefangenschaft werden diese Brustflossen, wenn Futter ins Aquarium gegeben wurde, in Aktion gesetzt. Ist das Futter sichtbar, wird es aus dem freien Wasser entnommen, wenn T. otostigma jedoch Futter riecht, aber nicht sieht, beginnt er den Beckenboden mit seinen Brustflossen abzutasten.

T. otostigma ist der einzige bisher bekannte Cichlide des Sees, der Schlamm frißt (Coulter, 1991). Mit den fadenförmigen Fortsätzen der Brustflossenstrahlen betastet er das Schlammsediment. Wurde etwas Interessantes wahrgenommen, bewegt sich der Fisch rückwärts und schaufelt ein Maulvoll Schlamm auf, in der Hoffnung den Gegenstand, der zuvor gefühlt wurde, damit aufzunehmen. Untersuchte Tiere hatten ihren Magen mit Schlamm aufgefüllt (Coulter, 1991). Die Darmlänge mißt etwa 2,5mal die Gesamtlänge des Fischs, was auf eine ballastreiche Nahrung (z. B. Schlamm) hindeutet. Die maximale Gesamtlänge dieses Cichliden liegt bei 10 cm, und er kommt überall im See vor.

In seinem natürlichen Lebensraum gräbt T. otostigma große Löcher und Tunnels in den weichen Boden, und er kommt in Niedrigwasser in der Nähe von Flußmündungen, aber auch in tiefen Wasserschichten vor. Normalerweise findet man einen Komplex aus mehreren Tunneleingängen im gegenseitigen Abstand von weniger als 50 cm dicht beieinander. Der Abstand von Komplex zu Komplex beträgt mehrere Meter. Es scheint, daß jeder Komplex von einer Familie aus einem Männchen, einem Weibchen und mehreren Jungtieren bewohnt zu sein scheint. Der Eingang zum Tunnel ist recht groß mit einem Durchmesser von etwa 5 cm und ist manchmal mit einen Sandring markiert.

Im Aquarium geht bei T. otostigma dem Brüten angestrengtes Graben voraus. Der Kies in den meisten Becken eignet sich nicht zum Tunnelgraben, weshalb große Gruben ausgehoben werden. In Gefangenschaft kann man das Brüten stimulieren, wenn man dem Paar ausreichend Material zum Graben anbietet. Auch ein dunkler Tunnel (eine PVC Röhre mit einem Durchmesser von etwa 5 cm) scheint unersetzlich. Die kleinen Eier — Poll (1956) zählte bis zu 100 Eier im Bauch eines geschlechtsreifen Weibchens, und diese waren kaum größer als 1 mm — werden in der Höhle abgesetzt. Das Paar bleibt zusammen und wahrscheinlich werden die Jungen mehrmals während der Inkubationszeit zwischen den Eltern ausgetauscht. Die Jungfische halten sich im Tunnelkomplex der Eltern auf, und sogar noch bei einer Größe von etwa 4 cm kann man sie in die großen Löcher ein- und ausgehen sehen. Die Jungfische tragen einen sehr charakteristischen, von einem Hof umrandeten Punkt auf der Rückenflosse (er sieht fast wie ein sog. Tilapia-Fleck aus), der jedoch mit ihrem Heranreifen verschwindet.

Reganochromis calliurus

R. calliurus brütet ähnlich wie L. auritus. Der Unterschied besteht darin, daß R. calliurus, der normalerweise über Schlammboden lebt, keine Tunnels oder große Gruben zum Ablaichen gräbt (zumindest nicht in Gefangenschaft), sondern dunkle Höhlen zwischen Felsen bevorzugt. Obwohl R. calliurus über Schlammboden lebt, wurde er im Aquarium niemals beim Graben nach Futter beobachtet. Er frißt Garnelen, winzige Krebse und kleine Fische (Poll, 1956), die er vom Boden aufschöpft. Seine Gesamtlänge liegt maximal bei etwa 15 cm; die Weibchen bleiben etwas kleiner als die Männchen. R. calliurus kommt überall im See vor, wird jedoch niemals in großer Zahl gesehen.

Dickmann (1986) berichtete, daß Gelege bis zu 60 Jungfische enthielten. Die Eier waren beträchtlich größer (2,5 mm) als bei L. auritus (1-1,5 mm). Die Larven werden häufig zwischen den Eltern ausgetauscht und die Inkubationszeit ist recht kurz.

Xenotilapia

Man glaubt, daß vier Xenotilapia Arten auf Schlammboden leben, jedoch wurde keine von ihnen bisher in ihrem natürlichem Lebensraum beobachtet. Einige leben einfach zu tief, als daß sie in freier Natur beobachtet werden könnten, während andere in zu trübem Wasser leben und wahrscheinlich für Beobachter unsichtbar sind.

X. nigrolabiata, eine Art, die nur aus tiefem Wasser bekannt ist, erreicht maximal eine Gesamtlänge von 13 cm, und die Männchen in Brutfärbung sind durch eine schwarze Oberlippe charakterisiert. Über ihr Brutverhalten ist nichts bekannt, da das Männchen jedoch eine sehr auffällige Brutfärbung hat, gehört diese Art wahrscheinlich zur Gruppe der mütterlichen Maulbrüter. *X. nigrolabiata* frißt Zooplankton (Poll, 1956).

Zwei andere Arten in diesem Biotop, *X. longispinis* und *X. burtoni*, fressen das gewöhnliche *Xenotilapia* Futter, bestehend aus Insektenlarven und Krebstieren. Diese beiden Arten sind durch einen vergrößerten Hartstrahlenbereich der Rückenflosse charakterisiert, was bei *X. longispinis* auffällig, bei *X. burtoni* aber sehr auffällig ist. Der vordere Abschnitt der Rückenflosse ist bei beiden Arten durch einige schwarze Flecken markiert, jedoch fehlt *X. burtoni* der schwarze Rand auf dem Schwanz, der bei *X. longispinis* zu sehen ist. *X. burtoni* gehört zu den sehr wenigen Arten der Gattung, die auf Sand- oder Schlammboden leben, und hat eine sehr begrenzte Verbreitung: er wurde nur in der Burton Bay gefangen. Meiner Meinung nach ist *X. burtoni* sehr wahrscheinlich mit *X. longispinis* artgleich und nur eine geographische Variante der letztgenannten Art. Jedoch ohne eine der Arten in freier Natur gesehen zu haben, ist ein solcher Vorschlag natürlich wertlos.

X. caudafasciata kommt überall im See vor und wurde aus relativ tiefen Wasserschichten gefangen, meistens unterhalb von 40 m (Poll, 1956). Die Männchen sind schön markiert: mit zwei oder drei senkrechten Bändern auf dem Schwanz und einem horizontalen Band, senkrecht zu den Strahlen in der Bauchflosse. Ein überraschendes Merkmal ist, daß alle gefangenen Männchen im Durchschnitt um 1,5 cm kleiner sind als die Weibchen. Die Männchen werden im Durchschnitt etwa 10,5 cm lang, die Weibchen dagegen 12 cm, und haben eine maximal gemessene Gesamtlänge von 15,6 cm. Ein anderes Merkmal setzt *X. caudafasciata* von anderen *Xenotilapia* Arten ab: die Stellung der äußeren Zähne auf dem Unterkiefer. Bei allen anderen *Xenotilapia* Arten stehen diese Zähne fast horizontal und zeigen nach außen. Es wurde argumentiert, daß derart positionierte Zähne wie die Zinken einer Gabel arbeiten können und das Graben im Sand erleichtern. Die äußeren Zähne bei *X. caudafasciata* zeigen jedoch gerade in umgekehrte Richtung: nach innen. Dies könnte eine Anpassung an das Schlicksubstrat sein, das er nach Beute durchsiebt, oder, wenn es keine Anpassung an seinen Nahrungsmechanismus ist, könnte dies eine Andeutung dafür sein, daß er keinen gemeinsamen Vorfahren mit den anderen *Xenotilapia* Arten hat.

Nachwort

Obwohl sich unsere Kenntnis über die Tanganjikacichliden in den letzten Jahren stark erweitert hat, bleibt uns noch viel zu lernen übrig, müssen noch viele Rätsel gelöst werden, und sind noch viele Fragen zu beantworten. Während des letzten Jahrzehnts drang immer mehr die Erkenntnis in der Wissenschaft durch, daß das Studium der Cichliden in ihrem natürlichen Lebensraum ein wichtiger, wenn nicht sogar notwendiger Zusatz zu traditionellen taxonomischen Studien ist. Ferner aber auch, daß ernsthafte Aquarianer mit einem wachen Auge für's Detail und einer Bereitschaft, peinlich genau buchzuführen, in der Lage sind, einen wertvollen Beitrag zu unserer Kenntnis der Fische und ihres Verhaltens zu leisten. Die Zusammenarbeit aller interessierter Parteien kann nur von Vorteil sein. Deshalb setze ich viel Hoffnung in dieses Buch, daß es sich für Wissenschaftler, die sich für die Cichliden in ihrem natürlichen Lebensraum interessieren, wertvoll erweisen wird, und daß es Aquarianer befähigen wird, geeignete Umgebungen für ihre Pfleglinge zu schaffen. Vielleicht werden sogar einige (aus beiden Gruppen!) dazu inspiriert, meinen Fußstapfen zu folgen und den Tanganjikasee zu besuchen, um selber diese wunderbaren Cichliden zu sehen, u. z. in ihrem natürlichen Lebensraum.

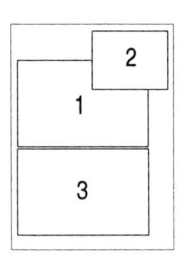

Seite 264

1. & 2. Die Fischfänger von Rift Valley Tropicals legen weite Abstände zurück, um spezielle Cichliden zu fangen. Nach einer Reise von mehreren Tagen müssen sie soviele Fänge wie möglich machen und ihre Beute lebend zur Station zurückbringen. 3. Das Lager wird für die Nacht bei Wampembe, Tansania, aufgeschlagen.

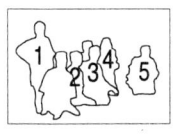

Seite 265

Eine Besuchergruppe aus Amerika an der Station von Rift Valley Tropicals beim zur Schau stellen ihrer Unterwasserausrüstung. Der Besitzer der Station, Toby Veall (1), hat den Autor bei der Vorbereitung mehrerer Expeditionen unterstützt. Der Autor, Ad Konings (5), wird von Laif DeMason begleitet (4) und den Somermeyers, Steve (3) und seine Frau Kimberley (2).

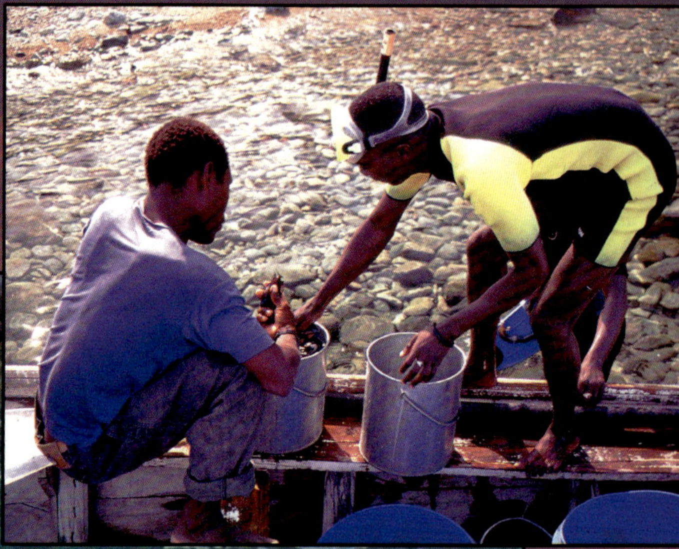
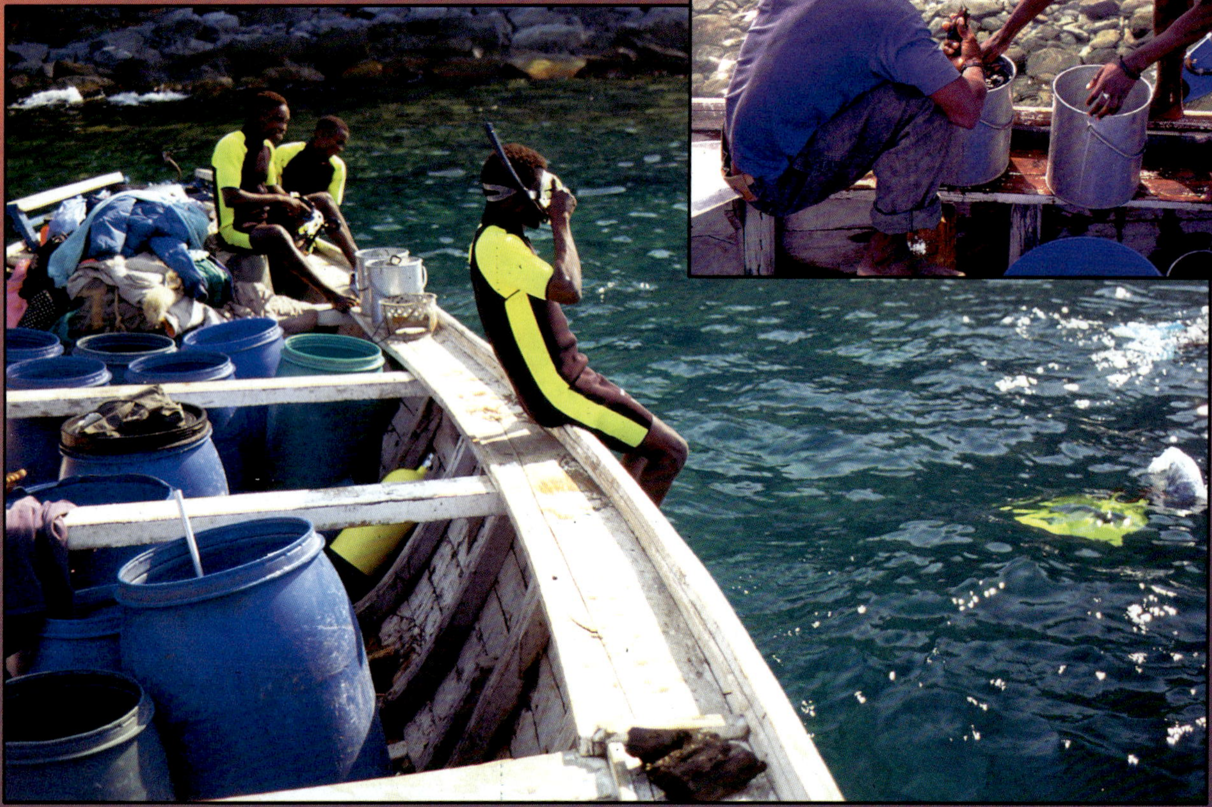
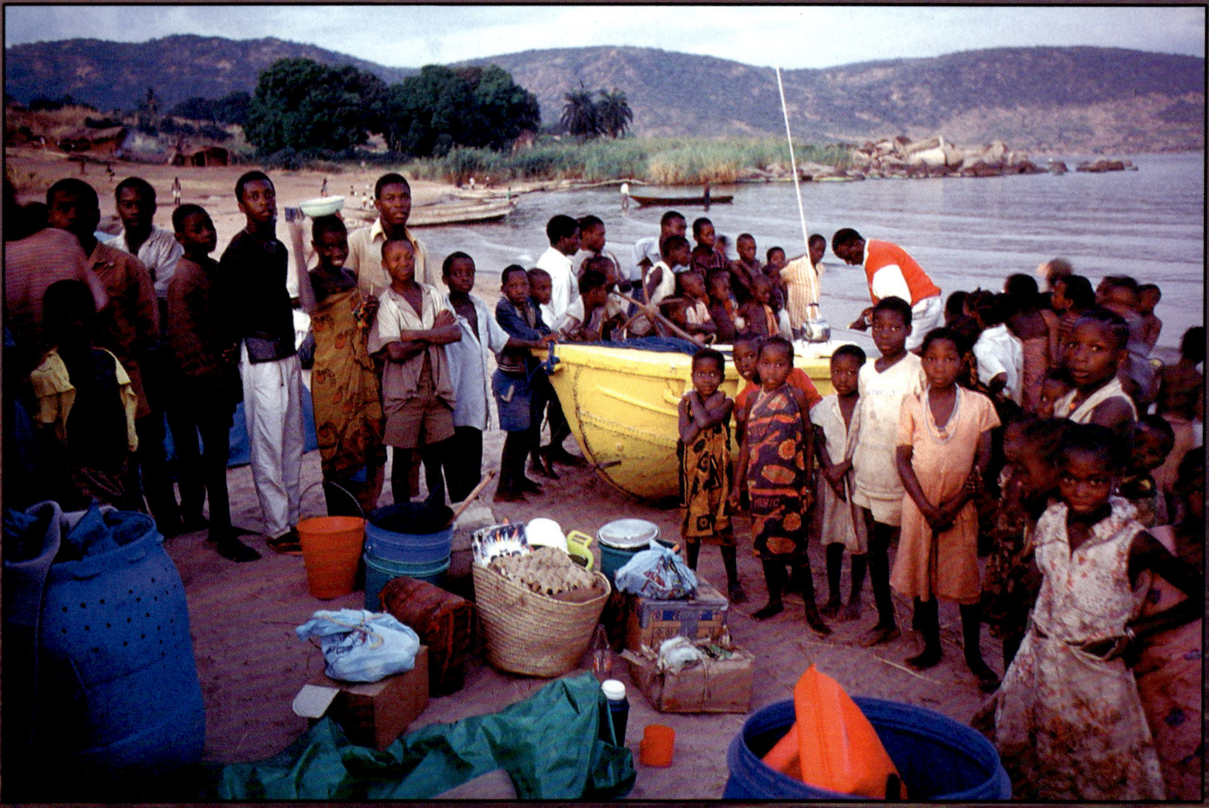

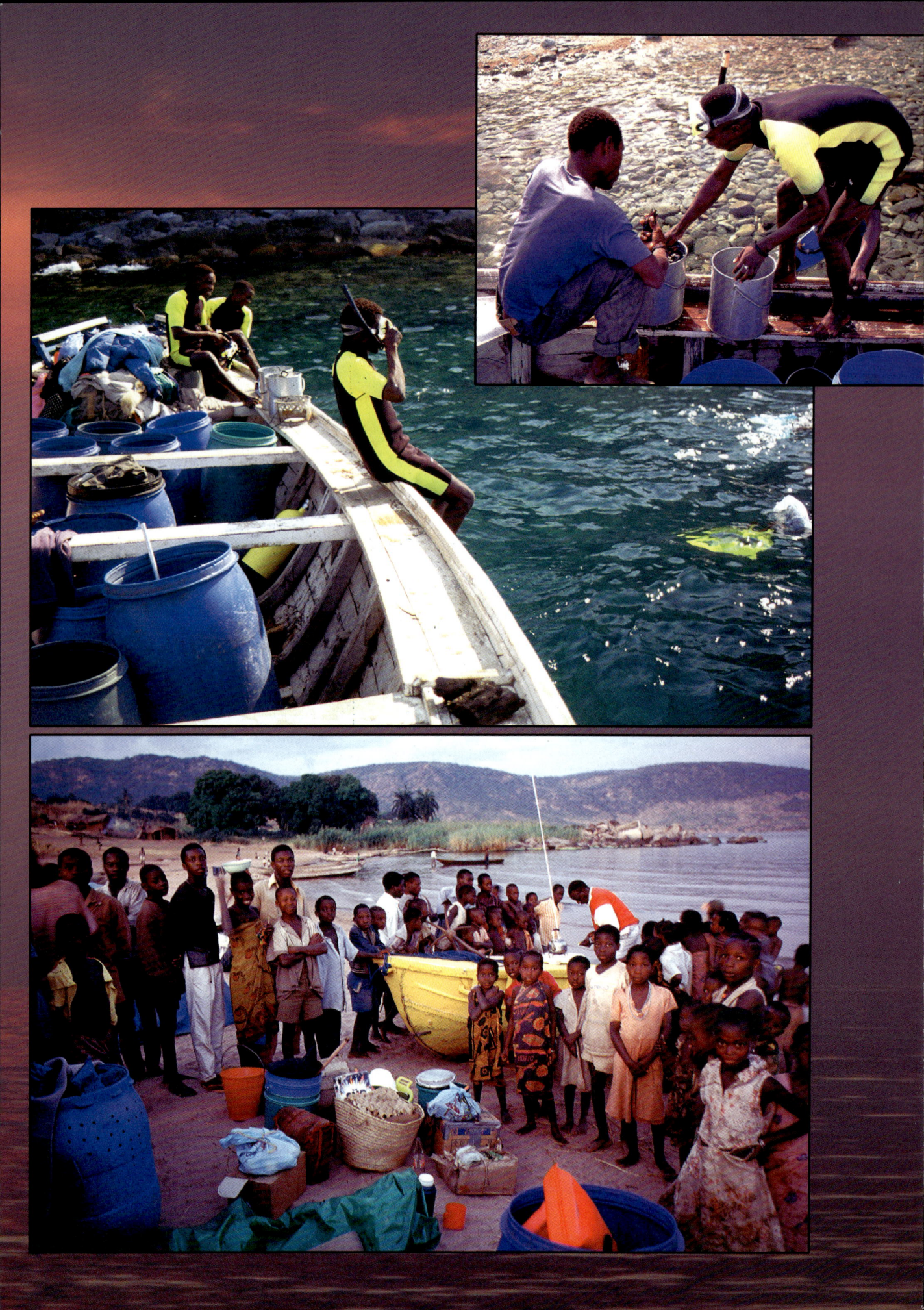

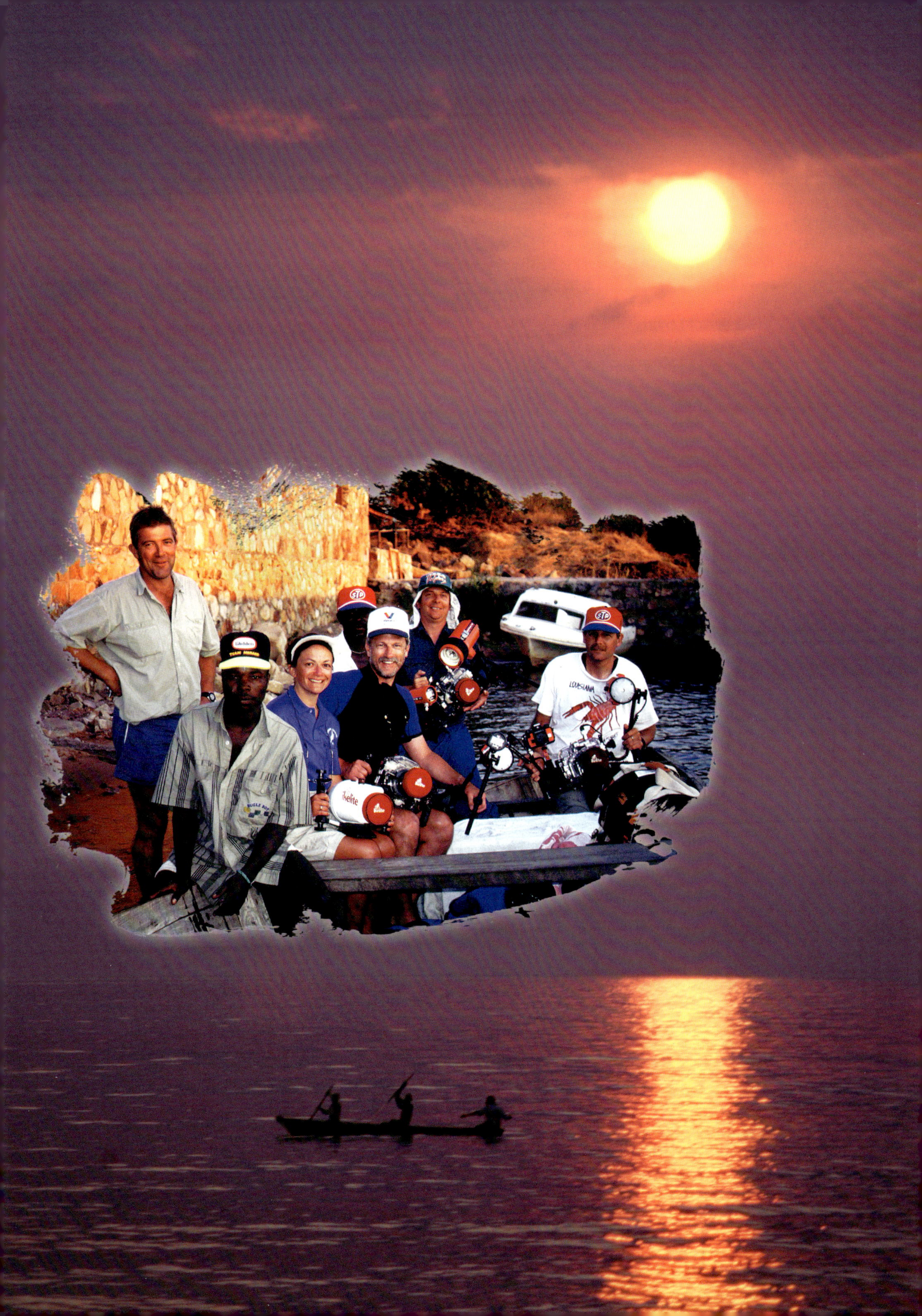

Literatur

ALLEN, B. (1996) Spawning *Bathybates minor* — an aquarium first. *Cichlid News*, 5 (2): 22-24

BAASCH, P. (1987) Maulbrüter mit Elternfamilie: *Limnochromis auritus*. *DCG-Info*, 18 (4): 66-71.

BAILEY, R.M. & D.J. STEWART (1977) Cichlid fishes from Lake Tanganyika: additions to the Zambian fauna including two new species. *Occ. Papers Mus. Zool.*, University of Michigan, 679: 1-30.

BARLOW, G.W. (1991) Mating systems among cichlid fishes. In: M.H.A. Keenleyside (Ed.) *Cichlid Fishes. Behaviour, ecology and evolution*. Chapman & Hall, London.

BILLS, R. & A. RIBBINK (1997) Description of *Lamprologus laparogramma* sp. nov., and re-diagnosis of *Lamprologus signatus* Poll 1956 and *Lamprologus kungweensis* Poll 1952, with notes on their ecology and behaviour (Teleostei; Cichlidae). *S. Afr. J. Sci.*, 93: 555-565.

BOULENGER, G.A. (1898) Report on the collection of fishes made by Mr. J.E.S. Moore in Tanganyika during his expedition 1895-1896. *Trans. Zool. Soc. Lond.* XV. prt 1, nr. 1: 1-30.

BOULENGER, G.A. (1899) Second contribution to the ichthyology of Lake Tanganyika. On the fishes obtained by the Congo Free State expedition under Lieut. Lemaire in 1898. *Trans. Zool. Soc. Lond.* XV, part 9: 87-95.

BOULENGER, G. A. (1900) Diagnoses of new fishes discovered by Mr. J.E.S. Moore in Lake Tanganyika. *Ann. Mag. N.H.* (7) 7: 478-481.

BRICHARD, M. (1979) The "Sunset" — a new fish from Lake Tanganyika. *TFH*, 27 (#276):40-42.

BRICHARD, P. (1978) *Fishes of Lake Tanganyika*. TFH Publ., Neptune, New Jersey, USA.

BRICHARD, P. (1989) *Book of cichlids and all the other fishes of Lake Tanganyika*. TFH Publ., Neptune, New Jersey, USA.

BÜSCHER, H.H. (1989) Ein neuer Tanganjika-Cichlide aus Zaire — *Neolamprologus marunguensis* n. sp. (Cichlidae; Lamprologini). *DATZ*, 42: 739-743.

BÜSCHER, H.H. (1991a) Neuen Schneckencichliden aus dem Tanganjikasee — *Lamprologus meleagris* n. sp. und *L. speciosus* n. sp. (Cichlidae; Lamprologini) *DATZ*, 44: 374-382.

BÜSCHER, H.H. (1991b) Ein neuer Tanganjika-Cichlide aus Zaire — *Neolamprologus pectoralis* n. sp. (Cichlidae; Lamprologini). *DATZ*, 44: 788-792.

BÜSCHER, H.H. (1992a) *Neolamprologus leloupi* und *N. caudopunctatus*. *DATZ*, 45: 39-44.

BÜSCHER, H.H. (1992b) Verbreitung und Ökologie von *Neolamprologus buescheri*. *DATZ*, 45: 305-310.

BÜSCHER, H.H. (1992c) Ein neuer Cichlide aus dem Tanganjikasee — *Neolamprologus similis* n. sp. *DATZ*, 45: 520-525.

BÜSCHER, H.H. (1992d) *Neolamprologus nigriventris* n. sp.: ein neuer Tanganjikasee-Cichlide (Cichlidae, Lamprologini). *DATZ*, 45: 778-783.

BÜSCHER, H.H. (1997) Ein neuer Cichlide aus dem Tanganjikasee — *Neolamprologus helianthus* n. sp. (Cichlidae, Lamprologini). *DATZ*, 50: 701-706.

BÜSCHER, H.H. (1998) Buntbarsche in Schneckenhäusern. *DATZ Sonderheft Tanganjikasee*, 6: 51-59.

CAPART, A. (1949) Sondages et carte bathymétrique du Lac Tanganika. Résultats scientifiques de l'exploration hydrobiologique du Lac Tanganika (1946-1947). *Inst. royal Sci. Nat. Belg.*, 2 (2): 1-16.

COHEN, A.S., M.G. SOREGHAN & C.A. SCHOLTZ (1993) Estimating the age of formation of lakes: an example from Lake Tanganyika, East-African Rift system. *Geology*, 21: 511-514.

COLOMBE, J. & ALLGAYER, R. (1985) Description de *Variabilichromis*, *Neolamprologus* et *Paleolamprologus*, genres nouveaux du lac Tanganyika, avec redescription des genres *Lamprologus* Schilthuis 1891 et *Lepidiolamprologus* Pellegrin 1904. *Rev. Franc. des Cichlidophiles*, 49: 9-28.

COULTER, G.W. (1991) *Lake Tanganyika and its life*. Oxford University Press; London & New York.

DeVOS, L., M. NSHOMBO, & D. THYS van den AUDENAERDE (1996) *Trematocara zebra* (Perciformes: Cichlidae), nouvelle espèce du nord-ouest du lac Tanganyika (Zaire). *Belg. J. Zool.* 126: 3-20.

DeVOS. L., L. RISCH, & D. THYS van den AUDENAERDE (1996) *Xenotilapia nasus*, nouvelle espèce de poisson des zones sous-littorale et benthique du nord du lac Tanganyika (Perciformes: Cichlidae). *Ichthol. Explor. Freshwaters*, 6 (4): 377-384.

DICKMANN, H-B. (1986) *Reganochromis calliurum*. Der Sanfte aus dem Tanganjikasee. Bericht über erste (?) Nachzuchten. *Das Aquarium* 206 (8): 402-406.

ECCLES, D.H. & E. TREWAVAS (1989) *Malawian cichlid fishes — The classification of some Haplochromine genera*. Lake Fish Movies, Herten, Germany.

EYSEL, W. (1990) Tanganjikasee-Cichliden: Die Übergattung Ectodini — 1. *Ectodus descampsi*. *DCG-Info*, 21 (6): 119-124.

EYSEL, W. (1992) Staubsauger-Cichlide. Vorkommen, Pflege und Vermehrung von *Gnathochromis permaxillaris*. *Das Aquarium*, 274: 12-17.

FOHRMAN, K. (1994) Bred in an aquarium: *Boulengerochromis microlepis*. *Cichlids Yearbook*, 4: 22-23.

FRYER, G. & ILES. T.D. (1972) *The cichlid fishes of the Great Lakes of Africa*. TFH Publ., Neptune, New Jersey, USA.

GASHAGAZA, M.M. (1991) Diversity of breeding habits in Lamprologini cichlids in Lake Tanganyika and the mechanism of their coexistence. *Physiol. Ecol. Japan*, 28: 29-65.

GASHAGAZA, M.M., K. NAKAYA & T. SATO (1995) Taxonomy of small-sized cichlid fishes in the shell-bed area of Lake Tanganyika. *Jap. J. Ichthyol.*, 42: 291-302.

GEERTS, M. (1991) The last minutes of speciation. *Cichlids Yearbook*, 1: 94-95.

GREENWOOD, P.H. (1965) The cichlid fishes of Lake Nabugabo, Uganda. *Bull. Brit. Mus (N. Hist.) Zool.* 12 (9): 315-357.

GREENWOOD, P.H. (1983) The *Ophthalmotilapia* assemblage of cichlid fishes reconsidered. *Bull. Br. Mus. Nat. Hist. (Zool.)*, 44: 249-Z90.

GREENWOOD, P.H. (1984) What is a Species Flock? In: A.A. Echelle & I. Kornfield (Eds). *Evolution of fish species flocks*. Univ. Maine at Orono Press. USA.

HABERYAN, K.A. & HECKY, R.E. (1987) The late Pleistocene and Holocene stratigraphy and paleolimnology of Lakes Kivu and Tanganyika. *Paleogeography, Paleoclimatology, Paleoecology*. 61: 169-197.

HERRMANN, H-J. (1990) *Die Buntbarsche der Alten Welt. Tanganjikasee*. Ulmer Verlag, Stuttgart, Germany.

HERRMANN, H.-J. (1992) *Simochromis marginatus*. *Cichlids Yearbook*, 2: 16.

HERRMANN, H.J. (1994a) *Ophthalmotilapia nasuta* from Resha, Burundi. *Cichlids Yearbook*, 4: 12-13.

HERRMANN, H.J. (1994b) An intriguing yellow *Petrochromis*. *Cichlids Yearbook*, 4: 14-17.

HERRMANN (1995) Breeding in *Lamprologus meleagris* Büscher, 1991. *Cichlids Yearbook*, 5: 18-19.

HERRMANN, H.J. (1996) On the differences between *Petrochromis polyodon* and *P. famula*. *Cichlids Yearbook*, 6: 18-19.

HORI, M. (1983) Feeding ecology of thirteen species of *Lamprologus* (Teleostei: Cichlidae) coexisting at a rocky shore of Lake Tanganyika. *Physiol. Ecol. Japan*, 20: 129-149.

HORI, M. (1987) Mutualism and commensalism in a fish community in Lake Tanganyika. Pp 219-239 in: *Evolution and coadaptation in biotic communities* (S. Kawano, J.H. Connell & T. Hidaka; Eds.) Univ. Tokyo Press, Tokyo.

HORI, M. (1993) Frequency-dependent natural selection in the handedness of scale-eating cichlid fish. *Science*, 260: 216-219.

KARLSSON, M. (1998) Från tidens vägskäl. *Ciklidbladet*, 4/98: 22-37.

KASSELMANN (1998) Wasserpflanzen. *DATZ Sonderheft Tanganjikasee*, 6: 26-29.

KAWANABE, H. (1981) Territorial behaviour of *Tropheus moorei* (Osteichthyes: Cichlidae) with a preliminary consideration on the territorial forms in animals. *Afr. Stud. Monogr.*, 1: 101- 108.

KOCHER, T.D., J.A. CONROY, K.R. McKAYE, J.R. STAUFFER & S.F. LOCKWOOD (1995) Evolution of NADH dehydrogenase subunit 2 in East African cichlid fish. *Mol. Phylogenet. Evol.*, 4: 420- 432.

KOHDA, M. & M. HORI (1993) Dichromatism in relation to the tropic biology of predatory cichlid fishes in Lake Tanganyika, East Africa. *J. Zool.*, 229: 447-455.

KOHDA, M. & Y. YANAGISAWA (1992). Vertical distributions of two herbivorous cichlid fishes of the genus *Tropheus* in Lake Tanganyika, Africa. *Ecol. Freshw. Fish*, 1: 99-103.

KONINGS, A. (1980) Aquarist's guide to *Lamprologus brevis*. *Buntbarsch Bulletin*, 77: 3-7.

KONINGS, A. (1988) *Tanganyika Cichlids*. Verduijn Cichlids. Zevenhuizen, Holland.

KONINGS, A. (1991a) *Neolamprologus* sp. "Cygnus". *Cichlids Yearbook*, 1: 11.

KONINGS, A. (1991b) *Microdontochromis tenuidentatus*. *Cichlids Yearbook*, 1: 19.

KONINGS, A. (1992) Clues to a step-wise speciation. *Cichlids Yearbook*, 2: 6-9.

KONINGS, A. (1993) The *Neolamprologus brichardi* complex. *Cichlids Yearbook*, 3: 6-13.

KONINGS, A. (1995) *Neolamprologus meeli*, an interesting shell-brooder. *Cichlids Yearbook*, 5: 20-21.

KONINGS, A. (1998) A visit to the central Tanzanian coast of Lake Tanganyika. *Cichlid News*, 7 (2): 6-15.

KONINGS, A. & H.W. DIECKHOFF (1992) *Tanganyika secrets*. Cichlid Press, St. Leon-Rot, Germany.

KRÜTER, R. (1991) *Trematocara nigrifrons* Boulenger, 1906. *Cichlids Yearbook*, 1: 18.

KUWAMURA, T. (1986a) Parental care and mating systems of cichlid fishes in Lake Tanganyika: a preliminary field survey. *J. Ethol.* 4, pp 129-146.

KUWAMURA, T. (1986b) Substratum spawning and biparental guarding of the Tanganyikan cichlid *Boulengerochromis microlepis*, with notes on its life history. *Physiol. Ecol. Japan*, 23 ,pp 31-43.

KUWAMURA, T. (1987a) Male mating territory and sneaking in a maternal mouthbrooder, *Pseudosimochromis curvifrons* (Pisces; Cichlidae). *J. Ethol.*, 5: 203-206.

KUWAMURA, T. (1987b) Distribution of fishes in relation to the depth and substrate at Myako, east-middle coast of Lake Tanganyika. *Afr. Stud. Monogr.*, 7: 1-14.

KUWAMURA, T. (1988) Biparental mouthbrooding and guarding in a Tanganyikan cichlid *Haplotaxodon microlepis*. *Jap. J. Ichthyol.*, 35: 62-68.

KUWAMURA, T. (1992) Overlapping territories of *Pseudosimochromis curvifrons* males and other herbivorous cichlid fishes in Lake Tanganyika, *Ecol. Res.*, 7: 43-53.

KUWAMURA, T. (1997) The evolution of parental care and mating systems among Tanganyikan cichlids. Pp. 57-86 in: H. Kawanabe, M. Hori, & M. Nagoshi (Eds.). Fish communities in Lake Tanganyika. Kyoto Univ. Press, Kyoto, Japan.

KUWAMURA, T., M. NAGOSHI & T. SATO (1989) Female-to-male shift of mouthbrooding in a cichlid fish, *Tanganicodus irsacae*, with notes on breeding habits of two related species in Lake Tanganyika. *Env. Biol. Fish.*, 24: 187-198.

LIEM, K.F. & D.J. STEWART (1976) Evolution of the scale-eating cichlid fishes of Lake Tanganyika: A generic revision with a description of a new species. *Bull. Mus. Comp. Zool. Hare.*, 147: 319-350.

MATTHES, H. (1959a) Une sous-espèce nouvelle de *Lamprologus leleupi*: *L. leleupi melas*. *Fol. Sci. Afr. Centr.*, V (1): 18.

MATTHES, H. (1959b) Un Cichlidae nouveau du lac Tanganika — *Julidochromis transcriptus* n. sp. *Rev. Zool. Bot. Afr.*, LX, 1-2: 126-130.

MATTHES, H. (1962) Poissons nouveaux ou interessants du Lac Tanganika et du Ruanda. *Musee Royal de l'Afrique centrale, Tervuren, Sciences Zoologiques*, (8)3: 27-88.

McKAY, K.R. & W.N. GRAY (1984) Extrinsic barriers to gene flow in rock-dwelling cichlids of Lake Malawi. In: A.A. Echelle & I. Kornfield (Eds). *Evolution of fish species flocks*. Univ. Maine, Orono Press.

NAGOSHI, M. 1987. Survival of broods under parental care and parental roles of the cichlid fish, *Lamprologus toae*, in Lake Tanganyika. *Japan. J. Ichthyol.*, 34: 71-75.

NELISSEN, M. (1977) Description of *Tropheus moorii kasabae* n. ssp. (Pisces Cichlidae) from the south of Lake Tanganyika. *Rev. Zool. Afr.*, 91, nr 1: 237-242.

NELISSEN, M. & D. THYS van den AUDENAERDE (1975) Description of *Tropheus brichardi* sp. n. from Lake Tanganyika (Pisces Cichlidae). *Rev. Zool. Afr.*, 89 (4): 974-980.

NISHIDA, M. (1997) Phylogenetic relationships and evolution of Tanganyikan cichlids: a molecular perspective. Pp. 1-24 in: H. Kawanabe, M. Hori, & M. Nagoshi (Eds.). *Fish communities in Lake Tanganyika*. Kyoto Univ. Press, Kyoto, Japan.

NSHOMBO, M., Y. TANAGISAWA & M. NAGOSHI (1985) Scale-eating in *Perissodus microlepis* (cichlidae) and change of its food habits with growth. *Jap. J. Ichthyology*, 32 (1): 66-73.

POLL, M. (1946) Revision de la Faune ichthyologique du lac Tanganika. *Ann. Mus. Congo Belge, Sci. Zool.*, ser I, 4 (3): 141-364.

POLL, M., 1948. Descriptions de cichlidae nouveaux recueillis par la missien hydrobiologique belge au lac Tanganika (1946-1947). *Bull. Mus. R. Hist. Natur. Belgique* XXIV (26): 1-31.

POLL, M. (1956) Poissons Cichlidae, *Résult. scient. Explor. hydrobiol. belge Lac Tanganika* (1946-1947). vol. III (5B): 1-629.

POLL, M. (1974) Contribution a la faune ichthyologique du lac Tanganika d'après les recoltes de P. Brichard. *Rev. Zool. Afr.* 88 (1): 99-110.

POLL, M. (1981) Contribution a la faune ichthyologique du lac Tanganika. Revision du genre *Limnochromis* Regan 1920. Description de trois genres et d'une espece nouvelle: *Cyprichromis brieni*. *Ann. Soc. R. Zool. Belg.*, III (1- 4): 163-179.

POLL, M. (1984) *Haplotaxodon melanoides* sp. n. du lac Tanganika. *Rev. Zool. Afr.* 98 (3): 677-683.

POLL, M. (1986) Classification des cichlidae du lac Tanganyika tribus, genres et espèces. Mémoires de la classe des sciences. *Académie royale de Belgique. Collection in-8°-2e série*, T. XLV, (2): 1-163.

POLL, M. & H. MATTHES (1962) Trois poissons remarquables du lac Tanganika. *Ann. Mus. royal Afr. Centr. Sci. Zool.* 8° (111): 1-26.

SALVAGIANI, P. (1996) Problems with breeding *Benthochromis tricoti*. *Cichlids Yearbook*, 6: 15-17.

SATO, T. (1986) A brood parasitic catfish of mouthbrooding cichlid fishes in Lake Tanganyika. *Nature*, 323: 58-59.

SATO, T. & M.M. GASHAGAZA (1997) Shell-brooding cichlid fishes of Lake Tanganyika: their habitats and mating systems. Pp 219-240 in: H. Kawanabe, M. Hori, & M. Nagoshi (Eds.). *Fish communities in Lake Tanganyika*. Kyoto Univ. Press, Kyoto, Japan.

SCHOLZ, C.A. & B.R. ROSENDAHL (1988) Low lake Stands in Lake Malawi and Tanganyika, East Africa, delineated with Multifold seismic Data. *Science*, 240: 1645-1648.

SEEGERS, L. (1992) Neu aus Tansania: Malagarasi-Grundelbuntbarsche. *Aquarium Heute*, 10: 112-117.

STAECK, W., 1980. Ein neuer Cichlide vom Ostufer des Tanganyikasee: *Lamprologus leleupi longior* n. ssp. *Rev. Zool. Afr.*, 94 (1): 11-14.

STIASSNY, M.L.J. (1997) A phylogenetic overview of

the lamprologine cichlids of Africa (Teleostei, Cichlidae): a morphological perspective. *S. Afr. J. Sci.*, 93: 513-523.

STURMBAUER, C. & A. MEYER (1993) Mitochondrial phylogeny of the endemic mouthbrooding lineages of cichlid fishes from Lake Tanganyika in eastern Africa. *Mol. Biol. Evol.*, 10: 751-768.

STURMBAUER, C., E. VERHEYEN & A. MEYER (1994) Mitochondrial phylogeny of the Lamprologini, the major substrate spawning lineage of cichlid fishes from Lake Tanganyika in Eastern Africa. *Mol. Biol. Evol.*, 11: 691-703.

TAKAHASHI, K., Y. TERAI, M. NISHIDA, & N. OKADA (1998) A novel family of short interspersed repetitive elements (SINEs) from cichlids: the pattern of insertion of SINEs at orthologous loci support the proposed monophyly of four major groups of cichlid fishes in Lake Tanganyika. *Mol. Biol. Evol.*, 15(4): 391-407.

TAKAHASHI, T. & K. NAKAYA (1997) A taxonomic review of *Xenotilapia sima* and *X. boulengeri* (Cichlidae; Perciformes) from Lake Tanganyika. *Ichthyol. Res.*, 44 (4): 335-346.

TAKAMURA, K. (1984) Interspecific relationships of aufwuchs-eating fishes in Lake Tanganyika. *Env. Biol. Fish.*, 10: 225-241.

TIERCELIN, J-J. & A. MONDEGUER (1991) The geology of the Tanganyika trough. Pp 7-48 in: G.W. Coulter (Ed.). *Lake Tanganyika and its life*. Oxford University Press; London & New York.

TIJSSELING, G. & I. TIJSSELING (1982) Gedrag van *Tropheus moorii* in het aquarium. *NVC periodiek*, 42: 11-22.

TREWAVAS, E. & M. POLL (1952) Three new species and two new subspecies of the genus *Lamprologus*. Cichlid fishes of the Lake Tanganyika. *Bull. Inst. R. Sci. Natur. Belgique*, XXVIII, 50.1-16.

VAILLANT, L. (1899) *Protopterus retropinnis* et *Ectodus foae*, espèces nouvelles de l'Afrique Equatoriale. *Bull. Mus. Paris*: 219-221.

VERHEYEN, E., L. RÜBER, J. SNOEKS & A. MEYER (1996) Mitochondrial phylogeography of rock-dwelling cichlid fishes reveals evolutionary influence of historical lake level fluctuations of Lake Tanganyika, Africa. *Phil. Trans. Roy. Soc. Lond. B*, 351: 797-805.

WALTER, B. & F. TRILLMICH (1994) Female aggression and male peace-keeping in a cichlid fish harem: conflict between and within the sexes in *Lamprologus ocellatus*. *Behav. Ecol. Sociobiol.*, 34: 105-112.

YAMAOKA, K. (1983a) Feeding behaviour and dental morphology of algae scraping cichlids (Pisces: Teleostei) in Lake Tanganyika. *Afr. Stud. Monogr.*, 4: 77-89.

YAMAOKA, K. (1983b) A revision of the cichlid fish genus *Petrochromis* from Lake Tanganyika, with description of a new species. *Jap. J. Ichthyol.*, 30: 129-141.

YAMAOKA, K. (1990) Feeding behaviour of *Asprotilapia leptura*, an epilithic algal feeding cichlid fish in Lake Tanganyika. *Japan. J. Ichthyol.*, 37: 80-82.

YAMAOKA, K. (1997) Trophic ecomorphology of Tanganyikan cichlids. Pp. 25-56 in: H. Kawanabe, M. Hori, & M. Nagoshi (Eds.). *Fish communities in Lake Tanganyika*. Kyoto Univ. Press, Kyoto, Japan.

YANAGISAWA, Y. (1985) Parental strategy of the cichlid fish *Perissodus microlepis*, with particular reference to intraspecific brood farming out. *Env. Biol. Eishes*, 12: 241-249.

YANAGISAWA, Y. (1986) Parental care in a monogamous mouthbrooding cichlid *Xenotilapia flavipinnis* in Lake Tanganyika. *Jap. J. Ichthyol.*, 33: 249-261.

YANAGISAWA, Y. & M. NISHIDA (1991) The social and mating system of the maternal mouthbrooder *Tropheus moorii* (Cichlidae) in Lake Tanganyika. *Japan. J. Ichthyol.*, 38: 271-282.

YANAGISAWA, Y. & M. NSHOMBO (1983) Reproduction and parental care of the scale-eating cichlid fish *Perissodus microlepis* in Lake Tanganyika. *Physiol. Ecol. Japan*, 20, pp 23-31.

YANAGISAWA, Y., H. OCHI & A. ROSSITER (1996) Intra-buccal feeding of young of in an undescribed Tanganyikan cichlid *Microdontochromis* sp. *Env. Biol. Fish.* 47: 191-201

YANAGISAWA, Y. & T. SATO (1990) Active browsing by mouthbrooding females of *Tropheus duboisi* and *Tropheus moorii* (Cichlidae) to feed the young and/or themselves. *Env. Biol. Fish.*, 27: 43- 50.

YUMA, M. & T. KONDO (1997) Interspecific relationships and habitat utilization among benthivorous cichlids. Pp. 87- 104 in: H. Kawanabe, M. Hori, & M. Nagoshi (Eds.). *Fish communities in Lake Tanganyika*. Kyoto Univ. Press, Kyoto, Japan.

Index

Altolamprologus 23
Altolamprologus calvus 87, **88**, 90
Altolamprologus compressiceps 87, **88**, **89**, 90, 91, **92**, 203
Altolamprologus sp. "compressiceps shell" → *A. compressiceps*
Altolamprologus fasciatus 87, **92**, 203
Asprotilapia leptura 106, **108**
Aulonocranus dewindti 190, **192**
Baileychromis centropomoides 134, **134**
Bathybates fasciatus 135, **137**
Bathybates ferox **137**, 138
Bathybates graueri **136**, 138
Bathybates horni **137**, 138
Bathybates leo 135, **136**, **137**
Bathybates minor 134, **136**, **137**
Bathybates vittatus **137**, 138
Benthochromis melanoides 158
Benthochromis tricoti **20**, **157**, 158
Boulengerochromis microlepis **1**, **237**, 239
Callochromis 158
Callochromis macrops **245**, 246
Callochromis melanostigma **244**, 246
Callochromis pleurospilus **241**, **244**, 246
Callochromis stappersii **244**, 246
Cardiopharynx schoutedeni **233**, 235
Chalinochromis brichardi **101**, 102
Chalinochromis sp. "bifrenatus" → *C. popelini*
Chalinochromis sp. "ndobnoi" 102, **104**
Chalinochromis popelini 102, **104**
Ctenochromis benthicola **112**, 126
Ctenochromis horei 247, **248**
Cunningtonia longiventralis 191, **193**
Cyathopharynx 186
Cyathopharynx foai **20**, 187, **188**, **189**
Cyathopharynx furcifer 187, **188**, 238
Cyathopharynx grandoculis → *C. foai*
Cyphotilapia frontosa **21**, 115, 118, **120**, **121**, 158
Cyprichromis 118, 158
"Cyprichromis Kibigi" 147, **152**
Cyprichromis leptosoma 143, **145**, 149, 150
Cyprichromis sp. "leptosoma jumbo" 143, **145**, 146, **148**, **152**, **153**
Cyprichromis microlepidotus 143, 146, **148**, 154
Cyprichromis pavo 143, **145**, 146
Cyprichromis sp. "zebra" **145**, 150
Ectodus descampsi 235, **236**, 238
Ectodus sp. "descampsi ndole" 235, **236**
Enantiopus melanogenys 227, **228**, **229**
Enantiopus sp. "kilesa" 227, **228**

Eretmodus cyanostictus 26, **28**, **29**, 30
Eretmodus sp. "cyanostictus north" **28**, **29**, 31
«Gnathochromis» pfefferi 183, **184**, **204**, 206
Gnathochromis permaxillaris 123, **128**, 183
Grammatotria lemairii **201**, **236**, 238
Greenwoodochromis bellcrossi 123, **128**
Greenwoodochromis christyi 122, **128**
Haplotaxodon microlepis **153**, 154
Hemibates stenosoma 17, **133**, 138
Interochromis loocki 251
Julidochromis dickfeldi 103, **104**
Julidochromis marlieri **5**, 102, 103, **105**, 178
Julidochromis ornatus 175, **177**, 178
Julidochromis regani 102, 175, **176**, **177**
Julidochromis transcriptus 103, **105**, 178
«Lamprologus» 23
«Lamprologus» brevis **201**, 207, **212**, 214, **217**, 218
«Lamprologus» callipterus **201**, **204**, **205**, 206, 210
«Lamprologus» calliurus **205**, 207
«Lamprologus» caudopunctatus 163, **164**, **165**, 203
«Lamprologus» sp. "caudopunctatus kipili" 163, **164**
«Lamprologus» finalimus 166
Lamprologus kiritvaithai → *Lepidiolamprologus boulengeri*
Lamprologus kungweensis → *Neolamprologus kungweensis*
Lamprologus laparogramma → *Neolamprologus signatus*
Lamprologus leleupi melas → *Neolamprologus leleupi*
Lamprologus leleupi longior → *Neolamprologus leleupi*
«Lamprologus» leloupi 163, **165**
Lamprologus lemairii → *Lepidiolamprologus lemairii*
Lamprologus meleagris → *«Lamprologus» stappersii*
«Lamprologus» multifasciatus **217**, 219
«Lamprologus» ocellatus **21**, **201**, 207, **208**, 210
«Lamprologus» ornatipinnis **209**, 211
«Lamprologus» sp. "ornatipinnis zambia" **209**, 211
«Lamprologus» sp. "shell zambia" **220**
Lamprologus signatus → *Neolamprologus signatus*
«Lamprologus» similis **217**, 219
«Lamprologus» speciosus 203, 207, **208**, 210
«Lamprologus» stappersi 207, **208**
«Lamprologus» wauthioni 210

Lepidiolamprologus 23
Lepidiolamprologus attenuatus 179, **180**, **181**, 203, 215
Lepidiolamprologus boulengeri 22, **212**, 214, 215
Lepidiolamprologus cunningtoni → *Neolamprologus cunningtoni*
Lepidiolamprologus elongatus 95, **96**, 206
Lepidiolamprologus hecqui 22, **201**, **212**, **213**, 214
Lepidiolamprologus kendalli **97**, 98
Lepidiolamprologus lemairii 22, 179, **180**
Lepidiolamprologus meeli 22, **213**, 214
Lepidiolamprologus sp. "meeli kipili" **181**, 182
Lepidiolamprologus nkambae → *L. kendalli*
Lepidiolamprologus pleuromaculatus 22, 203, 215, 219, **241**, 243
Lepidiolamprologus profundicola 99, 115, **117**
Lepidiolamprologus sp. "profundicola tanzania" 115, **117**
Lestradea perspicax **233**, 235, **236**
Lestradea stappersi → *Lestradea perspicax*
Limnochromis abeelei **132**, 134
Limnochromis auritus **257**, 258
Limnochromis staneri **132**, 134
Limnotilapia dardennii **249**, 250
Lobochilotes labiatus 182, **184**
Microdontochromis rotundiventralis 139, **140**, 235
Microdontochromis tenuidentatus 139, **140**
Neolamprologus bifasciatus 114, **116**
Neolamprologus brichardi 74, **76**, **81**, 82
Neolamprologus buescheri **5**, 111, **113**
Neolamprologus christyi **169**, 170
Neolamprologus crassus 74, 78, **80**,
Neolamprologus cunningtoni 22, 203, 219, **221**, 223
Neolamprologus cylindricus 83, **85**, 87
Neolamprologus falcicula 74, 79, **80**, 82
Neolamprologus furcifer 45, **93**, 94, 174
Neolamprologus gracilis 74, 78, **80**, 82
Neolamprologus hecqui → *Lepidiolamprologus hecqui*
Neolamprologus helianthus → *N. splendens*
Neolamprologus kungweensis 255, **257**
Neolamprologus leleupi 83, **84**, **85**, 86
Neolamprologus longicaudatus 95, **96**
Neolamprologus longior → *N. leleupi*
Neolamprologus marunguensis 74, 78, **80**, 82
Neolamprologus meeli → *Lepidiolamprologus meeli*
Neolamprologus modestus **161**, 162
Neolamprologus mondabu **161**, 162, 170, 203, 219
Neolamprologus mustax 83, **85**, 86
Neolamprologus niger **173**, 174
Neolamprologus nigriventris 171, **172**
Neolamprologus obscurus **173**, 174
Neolamprologus olivaceous → *N. pulcher*
Neolamprologus pectoralis 171, **172**
Neolamprologus petricola **161**, 162
Neolamprologus pleuromaculatus → *Lepidiolamprologus pleuromaculatus*
Neolamprologus prochilus 114, **116**
Neolamprologus pulcher 74, 75, **77**, **81**
Neolamprologus savoryi 74, 78, **81**, 82
Neolamprologus schreyeni **85**, 86
Neolamprologus sexfasciatus 166, **168**
Neolamprologus signatus 255, **256**
Neolamprologus splendens 74, 78, **81**
Neolamprologus tetracanthus 23, **220**, 223
Neolamprologus toae **169**, 170
Neolamprologus tretocephalus 166, **169**
Neolamprologus variostigma 114, **116**
Neolamprologus ventralis 114, **116**
Ophthalmotilapia boops 107, **108**
Ophthalmotilapia nasuta 191, **193**, 195, **196**
Ophthalmotilapia ventralis **4**, **24**, 39, **40**, **41**, 43, 107, 191
Ophthalmotilapia heterodonta 190, **192**
Oreochromis tanganicae 251, **253**
Paleolamprologus 22
Paracyprichromis brieni **141**, 142, **144**
Paracyprichromis nigripinnis 24, **141**, 142
Perissodus eccentricus 107, **109**
Perissodus microlepis 107, **109**, 155
Petrochromis 38, 46
Petrochromis ephippium 45, 50, **52**
Petrochromis famula 45, 47, **53**
Petrochromis fasciolatus 183, **185**
Petrochromis sp. "giant" 39, **44**,
Petrochromis sp. "gold" **185**, 186
Petrochromis sp. "kasumbe" 47, **48**
Petrochromis sp. "kipili brown" **44**, 50, **53**
Petrochromis macrognathus **37**, 39
Petrochromis sp. "macrognathus rainbow" **37**, 39
Petrochromis sp. "moshi yellow" 50, **52**
Petrochromis orthognathus **49**
Petrochromis sp. "orthognathus ikola" 47, **49**
Petrochromis sp. "orthognathus tricolor" 47, **49**
Petrochromis polyodon 46, **48**
Petrochromis sp. "red" 50, **53**
Petrochromis sp. "texas" 47, **48**
Petrochromis sp. "texas blue" 50, **53**
Petrochromis sp. "texas kipili" 47, **48**
Petrochromis sp. "texas red" 47, **48**
Petrochromis trewavasae 50, **52**
Plecodus elaviae 134, **136**
Plecodus multidentatus 131, **132**
Plecodus paradoxus 155, **156**
Plecodus straeleni 119, **121**
Pseudosimochromis curvifrons **36**, 38

Reganochromis calliurus 134, **257**, 262
Simochromis babaulti 250, **252**, **253**
Simochromis diagramma 250, **252**
Simochromis loocki **249**, 251
Simochromis margaretae 251
Simochromis marginatus 251, **252**
Simochromis pleurospilus → *Simochromis babaulti*
Spathodus 26, 30
Spathodus erythrodon 30, **32**, 34
Spathodus marlieri 27, 30, **32**, 34, 38
Tangachromis dhanisi **153**, 159
Tanganicodus 26
Tanganicodus irsacae 30, **33**, 34
Telmatochromis 98
Telmatochromis bifrenatus 98, **100**, **216**, 218
Telmatochromis brichardi 98, **100**, **201**, 218
Telmatochromis burgeoni → *T. temporalis*
Telmatochromis caninus → *T. dhonti*
Telmatochromis dhonti 102, 219, **241**, 243
Telmatochromis temporalis 98, **101**, 203, **216**, 218
Telmatochromis sp. "temporalis shell" → *T. temporalis*
Telmatochromis sp. "temporalis tanzania" 98, **100**
Telmatochromis vittatus **97**, 98, **100**, **101**, **216**, 218
Telmatochromis sp. "vittatus shell" → *T. vittatus*
Telotrematocara macrostoma 127, **129**, 131
Trematocara 127
Trematocara caparti **156**, 159
Trematocara kufferati **156**, 159
Trematocara marginatum **129**, 130
Trematocara nigrifrons **129**, 130
Trematocara stigmaticum **129**, 130
Trematocara unimaculatum **129**, 130
Trematocara variabile **129**, 130
Trematocara zebra 127, **130**
Trematochromis schreyeni 159, **159**
Triglachromis otostigma **260**, 262
Tropheus 51
Tropheus annectens **25**, 51, 54, 62, 66, **68**, 70, **73**
Tropheus sp. "black" 51, 54, 58, **61**, 62, 66, 70, **73**
Tropheus brichardi 51, 54, 62, **64**, **65**, 70, **73**
Tropheus duboisi **cover**, 51, 54, 59, 66, **69**
Tropheus sp. "ikola" 51, 62, **69**
Tropheus kasabae → *Tropheus moorii*
Tropheus moorii **25**, 51, 54, **56**, **57**, 58, 70, **72**, **73**
Tropheus sp. "mpimbwe" 51, 62, **68**, **73**
Tropheus polli → *Tropheus annectens*
Tropheus sp. "red" 51, 54, 58, **60**, **73**
Tylochromis polylepis **253**, 254
Variabilichromis moorii 22, **93**, 94
Xenochromis hecqui **132**, 134
Xenotilapia bathyphilus 231, **232**
Xenotilapia boulengeri 227, 234 → *X. sima*
Xenotilapia burtoni 263

Xenotilapia caudafasciata **260**, 263
Xenotilapia flavipinnis **224**, **225**, 226
Xenotilapia sp. "fluorescent green" **232**, 235
Xenotilapia longispinis 199, **260**, 263
Xenotilapia nasus 234, **235**
Xenotilapia nigrolabiata **260**, 262
Xenotilapia ochrogenys 227, **229**
Xenotilapia sp. "ochrogenys ndole" 227, **229**, 235
Xenotilapia ornatipinnis **232**, 234
Xenotilapia papilio 122, **124**
Xenotilapia sp. "papilio katete" 122, **124**
Xenotilapia sp. "papilio sunflower" **25**, 122, **125**
Xenotilapia sima **232**, **233**, 234
Xenotilapia spilopterus 195, **197**, 199, **200**